QUE ET AGRICOLE

RBRES FRUITIERS

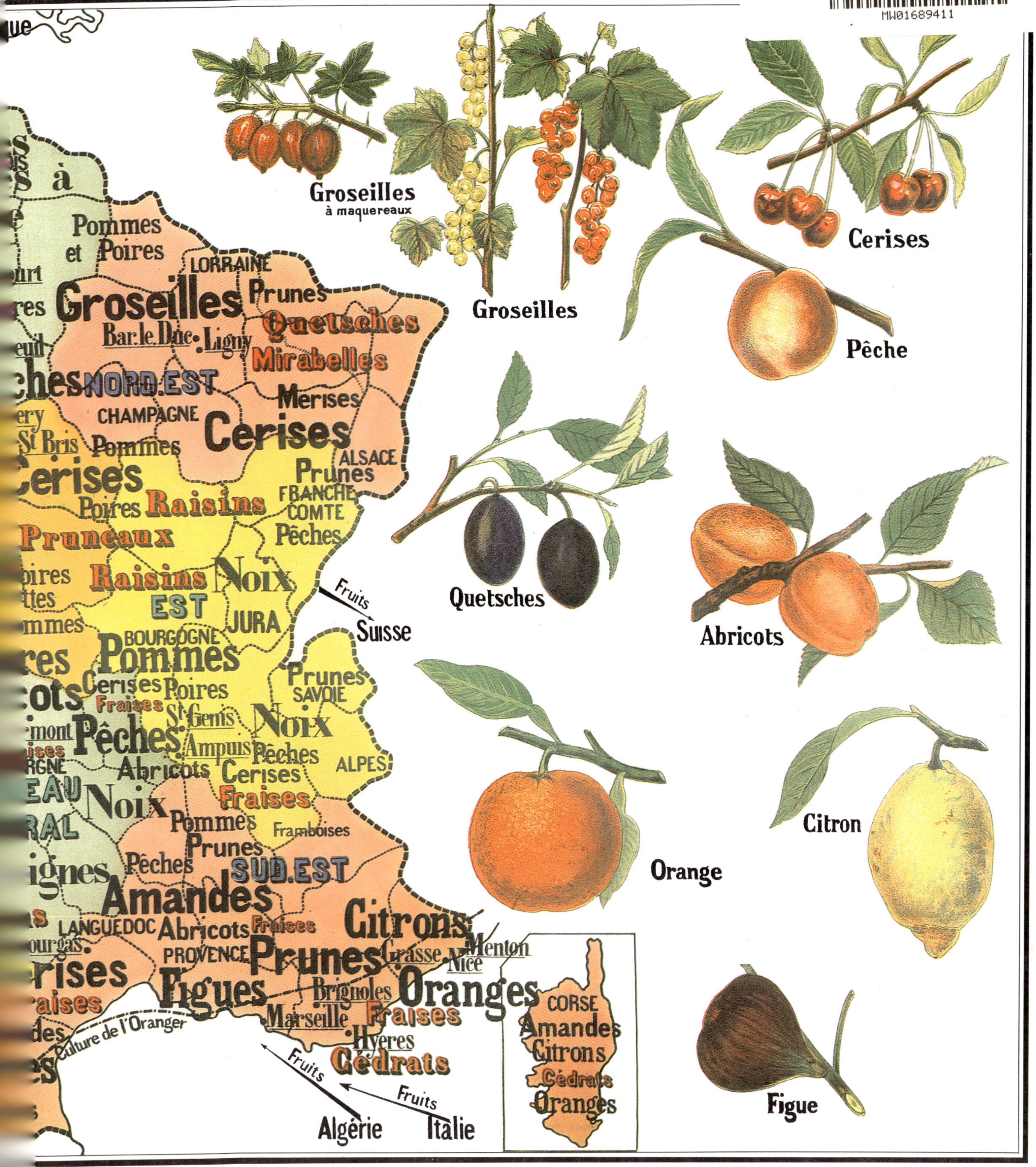

teurs, 46, Rue du Bac, Paris

FRANCE MA DOUCE

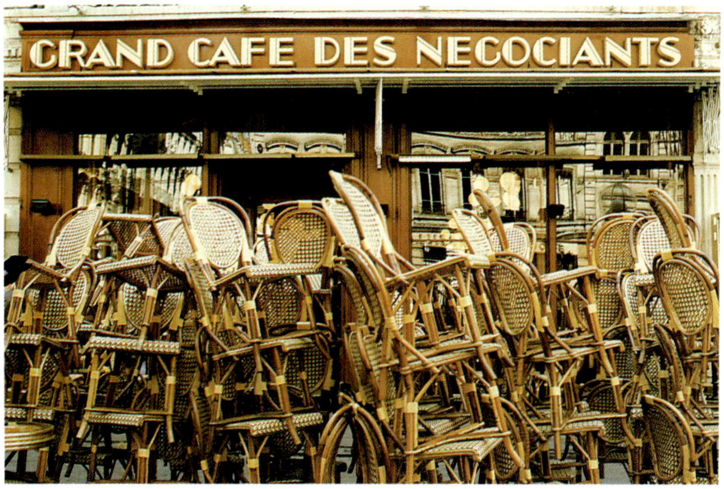

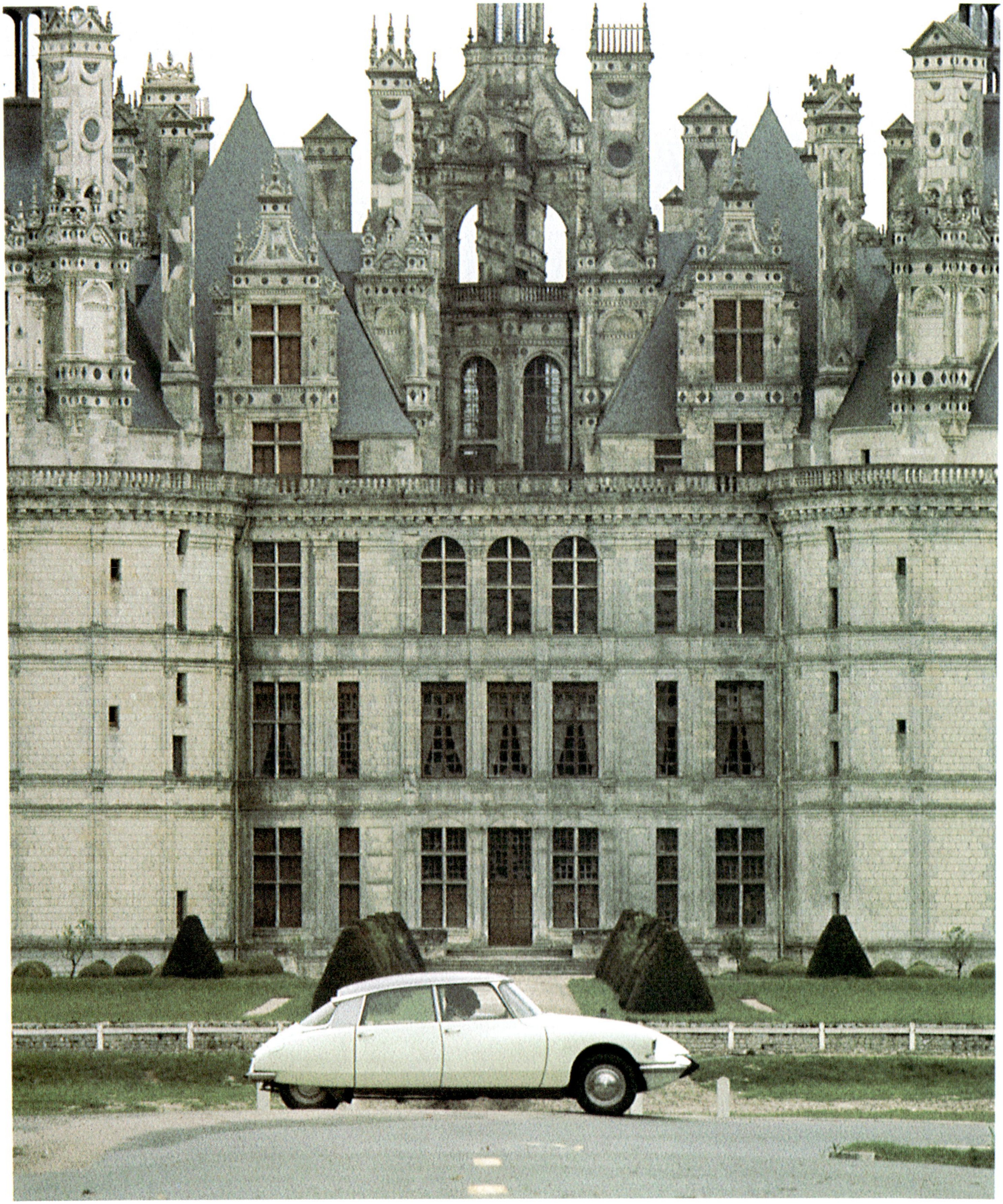

TERENCE CONRAN

FRANCE MA DOUCE

Pierrette Pompon Bailhache
et Maurice Croizard

maquette de Stafford Cliff

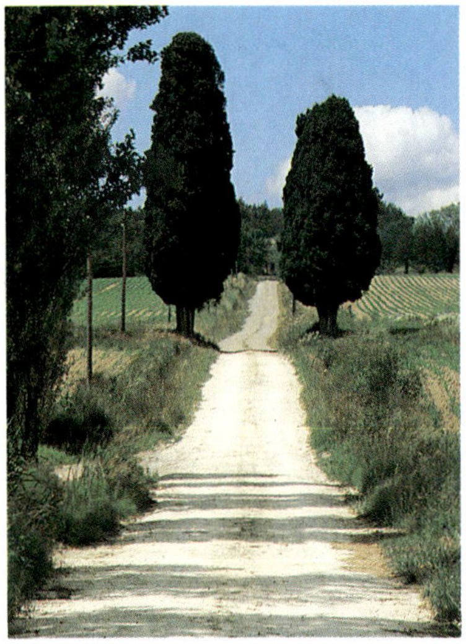

Flammarion

Je dédie ce livre à Michael Wickham et à Cynthia qui était son épouse à l'époque où tous les deux me firent découvrir les merveilles de la France. Depuis, j'y suis revenu souvent en compagnie de Caroline et de nos enfants pour d'heureuses vacances dans notre maison en Dordogne, et récemment en Provence — plus nous y allons, plus nous faisons de découvertes et plus tout nous paraît merveilleux.

J'ai également la chance de faire de fréquents séjours à Paris pour y rencontrer mes collègues français d'Habitat et de la FNAC. Ils ont contribué à l'entente cordiale et m'ont aidé à comprendre et apprécier la différence.

Ce livre a été l'une des choses les plus agréables que j'ai faites dans ma vie, en raison du sujet, en raison aussi des encouragements qu'Hilary Arnold, mon éditeur, n'a cessé de me prodiguer. Pompon Bailhache a pris en note mes longs monologues, stimulant ma mémoire et comblant bien des lacunes de mes connaissances avec charme, intelligence, élégance et patience.

Stafford Cliff, mon directeur artistique et moi-même, qui avons goûté les mêmes plaisirs visuels pendant tant d'années, avons partagé la déception d'avoir à abandonner en si grand nombre de belles images de la France parce que notre livre était déjà plein à craquer. Mais cela n'est-il pas symbolique de la France ?

Terence Conran.

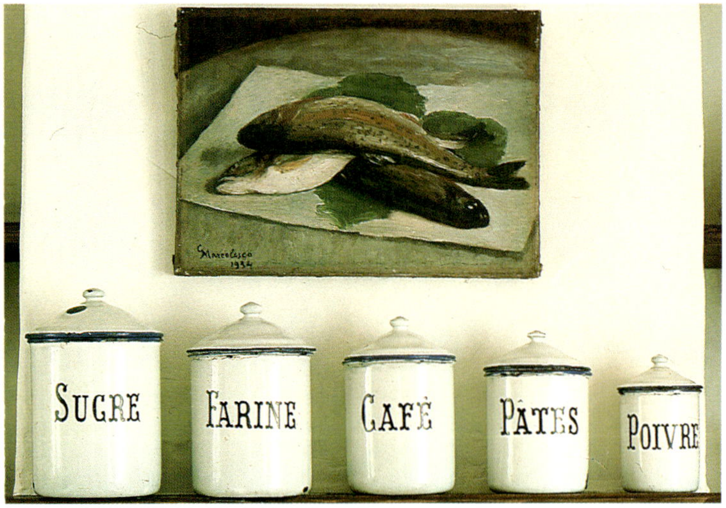

Page de faux-titre : terrasse d'un café de Lyon.
Frontispice : une DS Citroën devant le château de Chambord.
Page de titre : un chemin dans le Gers.
Ci-dessus : pots émaillés traditionnels.

Traduction des légendes : Elisabeth Santa-Croce

Éditeurs responsables : Steve Dobell, Emma Russel, assistés de Jane Hughes.
Iconographie : Nadine Bazar, Jenny de Gex, Emma Thackara, assistées de Barbara Poulenc-Deflandre.
Maquette : Kit Johnson, David Johnson.

Titre de l'ouvrage original : *Terence Conran's France*
publié par Conran Octopus Limited 37 Shelton Street, Londres.

Numéro d'édition : 12924
Dépôt légal : octobre 1988
Imprimé en Espagne par Cayfosa
ISBN : 2.7242.3600.9

SOMMAIRE

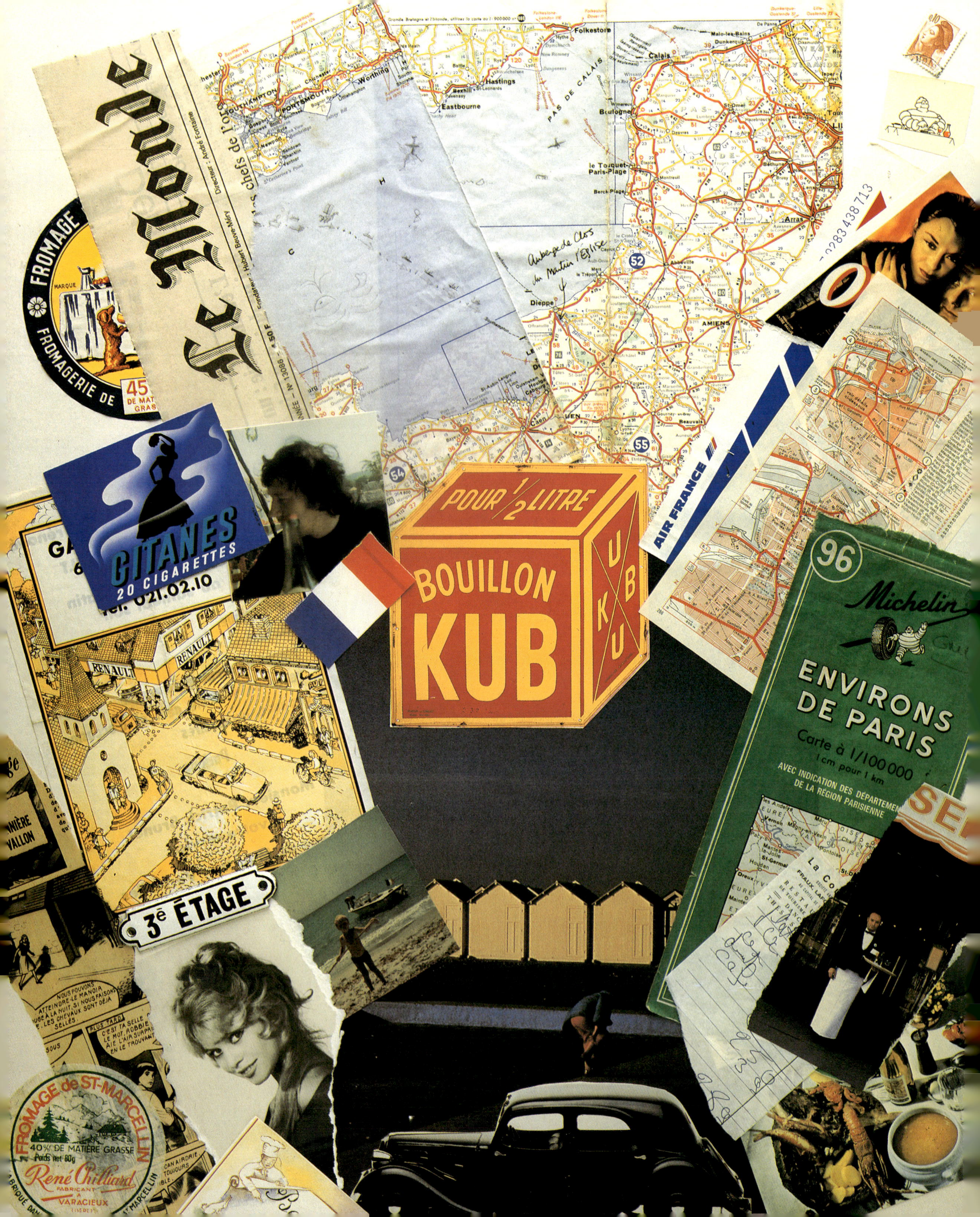
Le Monde
FROMAGE
FROMAGERIE DE
POUR 1/2 LITRE
BOUILLON
KUB
KUB
GITANES
20 CIGARETTES
AIR FRANCE
96
Michelin
ENVIRONS DE PARIS
Carte à 1/100 000
1 cm pour 1 km
AVEC INDICATION DES DÉPARTEMENTS DE LA RÉGION PARISIENNE
RENAULT
3e ÉTAGE
PAS DE CALAIS
Folkestone
Calais
Boulogne
Dieppe
AMIENS
Arras
Hastings
Eastbourne
PORTSMOUTH
FROMAGE de ST-MARCELLIN
40% DE MATIÈRE GRASSE
René Chilliard
FABRICANT
VARACIEUX

PREMIÈRES IMPRESSIONS

La France a été ma principale source d'inspiration. Tant de choses, y compris des caractéristiques importantes d'Habitat et de mon travail de décorateur, résultent de ce désir d'interpréter, pour l'apporter aux autres, ce que j'admire le plus en France. Elle semble l'exemple même d'un certain art de vivre et ses qualités, si elles étaient bien comprises et adaptées aux autres pays, pourraient améliorer notre monde. Ainsi en Grande-Bretagne notre mode de vie s'est certainement beaucoup transformé au cours des dernières décennies grâce à la France. Nous allons bien plus souvent au restaurant, nous buvons du vin régulièrement, nous investissons dans des vêtements bien coupés et nos placards renferment de la vaisselle paysanne française. Pendant des siècles, le style français, précieux et prétentieux, fut réservé à une élite — c'est cela qui distinguait les riches du reste de la population. Nous avons fini par assimiler un autre caractère propre aux Français — cette facilité à faire du banal et de l'ordinaire un vrai plaisir.

Je suis allé en France en 1952, c'était mon tout premier voyage à l'étranger — il m'a marqué à jamais. Je l'ai fait dans une Lagonda décapotable qui appartenait à mon ami Michael Wickam, photographe, créateur de mobilier, peintre et bon vivant. Il fut un guide merveilleux, l'œil plein de curiosité et faisant preuve d'un grand discernement. Ces vacances servirent de base à mon propre travail de décorateur et plus tard m'ont aidé à définir un concept de vente au détail.

Visiter un pays étranger, loin des pressions de la vie quotidienne, amène à regarder l'environnement familier avec plus de liberté et de détachement, à en assimiler les détails et à élargir son horizon. L'impact fut d'autant plus profond en 1952 que je venais d'Angleterre, où régnait l'extrême austérité du pessimisme d'après-guerre. La grisaille, le manque d'entrain et la misère pesaient sur tout. La France, elle, était radicalement différente — elle débordait d'abondance, de sensualité et de pittoresque. Bien qu'elle passât, à cette époque, par une grave récession économique, elle m'apparut cependant comme un paradis terrestre.

Après avoir traversé la Bretagne, nous avons longtemps séjourné dans le Limousin à Donzenac, qui nous apparut comme une ville entièrement construite en ardoise. Plus tard, ce fut Lamothe-Fénelon, en compagnie de Nancy Cunard. Aux yeux d'un jeune Anglais qui savait à peine ce qu'était le vin, Nancy me donnait l'impression d'en boire constamment — du vin ordinaire, le moins cher, qui laissait des traces pourpres sur ses dents. Elle nous avait averti, par ces mots : « Mes chéris, je ne peux plus rien boire de délicat, cela me dégoûte maintenant. Je n'aime vraiment que ça. »

J'étais très jeune, sans expérience et facilement impressionnable — et ce fut tant mieux car je me suis laissé aller à l'exubérance des choses les plus simples. J'étais trop pauvre et ignorant pour me précipiter sur tout ce qu'il y avait à voir, guide en main, et pour essayer de découvrir l'élégance surfaite des châteaux historiques ou me mettre à la recherche des restaurants trois étoiles. Tout cela est venu plus tard ! Je m'émerveillais alors que l'on pût servir dans un routier un steak avec une bouteille de vin ordinaire — rien n'aura jamais si bon goût. Je ne me lassais pas de l'agitation, des couleurs et de l'abondance graphique des marchés, de la beauté des extérieurs délabrés et pauvres des constructions rurales, de la lumière et de la texture de la campagne, du dessin franc et fonctionnel de la typographie publicitaire comme, par exemple, celui des cafetières émaillées.

Lorsque, en 1964, nous avons ouvert le premier magasin Habitat, il s'agissait, en quelque sorte, de vendre la France aux Anglais, en important tout ce que j'aimais. Mon personnel, qui avait une expérience britannique de la vente, aurait voulu, par exemple, présenter une poêle en fonte avec une tasse blanche sur une nappe à carreaux dépliée avec soin et cacher tout le stock. Je voulais tout mettre dans le magasin, et qu'on l'empile jusqu'au plafond. Jamais auparavant on avait entendu chose pareille — c'était une vraie révolution ! En fait non ! C'était simplement ce que les Français avaient toujours fait dans les quincailleries, laissant des objets bien conçus parler d'eux-mêmes en les présentant en masse — en les posant là pour qu'on les touche, qu'on les examine avant de les emporter chez soi.

Ce livre n'est pas une encyclopédie mais ma propre vision — aussi variée que l'est le pays et tout aussi pleine d'idées préconçues et soigneusement sélectionnées qu'une opinion personnelle peut en renfermer. C'est un petit bout de France, où j'ai rassemblé les choses que j'admire et apprécie le plus et qui m'ont influencé. J'espère qu'il saura refléter l'âme française et rembourser une partie de la dette que j'ai envers ce pays.

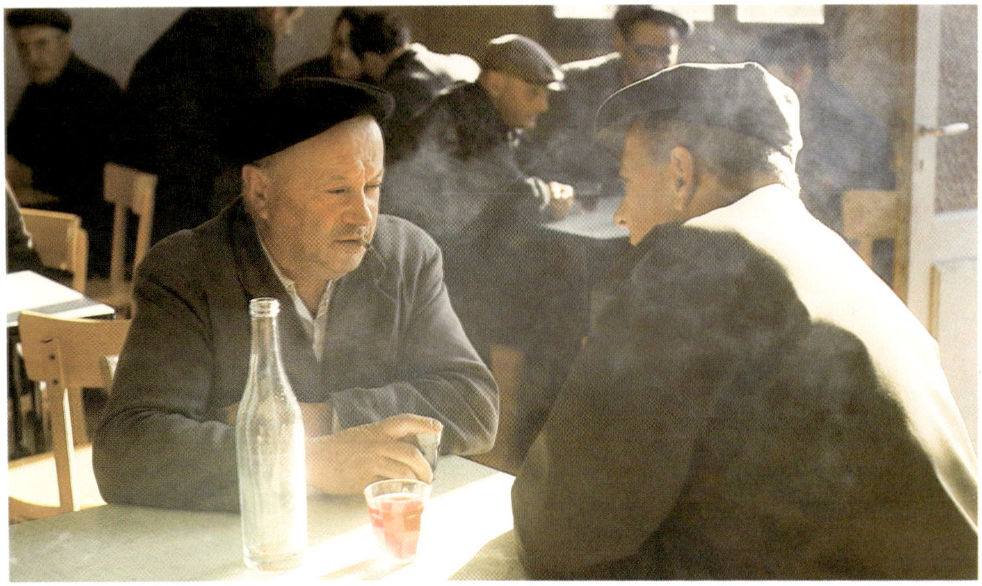

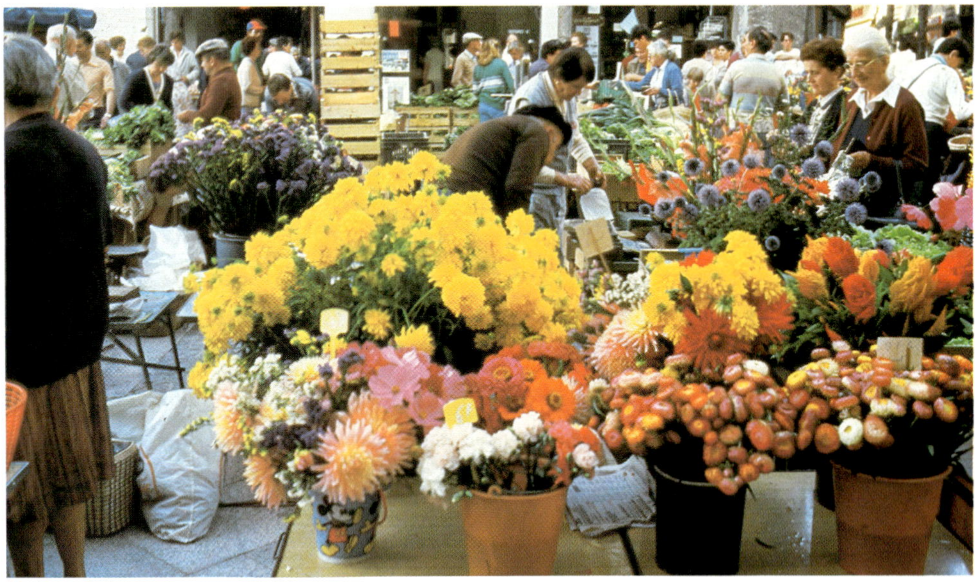

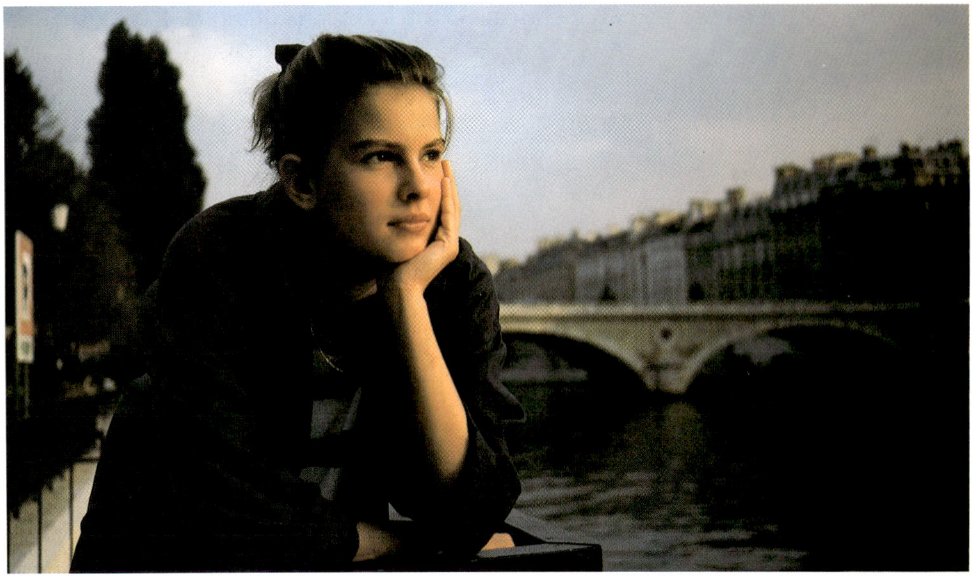

Le lointain souvenir de mon premier voyage en France, en 1952, est empreint de sensualité. Il faudrait aujourd'hui prendre un avion et se rendre à l'autre bout du monde pour éprouver une telle sensation. Il régnait une odeur étrangement exotique qui m'a surpris dès que j'ai mis le pied sur le quai de Calais, et que j'ai reconnue plus tard comme un mélange de fort tabac, de riches parfums et d'ail frais. Je fus aussi immédiatement étonné par l'élégance des femmes, qu'elles soient jeunes et belles vêtues avec chic, ou plus âgées et veuves habillées de noir.

Le paysage et l'architecture ne m'ont pas immédiatement impressionné. Ce qui me frappa profondément fut l'abondance et la beauté des choses ordinaires. Les légumes et les fruits empilés en énormes tas créaient un merveilleux spectacle de couleur et de texture qui attirait l'œil bien avant que ces produits frais et délicieux ne vous mettent en appétit. Les fleurs — en grands bouquets d'une même sorte — étaient plongées dans des seaux, sans arrangement pompeux. J'étais habitué au style restreint et formel ainsi qu'au rationnement austère d'après-guerre qui régnait alors en Grande-Bretagne. L'exubérance des étalages qui se répandaient sur les trottoirs français était pour moi quelque chose de complètement nouveau.

Le café le moins cher avait un air de sophistication simple, avec sa porcelaine blanche et ses pots à café en métal, son linge empesé, ses sols carrelés, ses tables à dessus de marbre et ses chaises caractéristiques. Je découvrais avec émerveillement la bouillabaisse, le steak frites. Chaque journée était une promesse, comblée dès le lever par le croissant accompagné d'un bol de café au lait. Une carafe de vin était servie à chaque repas, incluse dans le prix ridiculement bas du menu.

Mais ce sont les marchés qui m'impressionnèrent le plus. Aujourd'hui encore, j'éprouve le même plaisir à faire mes courses à un marché de campagne. Les marchés sont la forme la plus ancienne et la plus simple de la vente au détail, ce qu'il y a de plus attrayant et d'agréable. On y participe à un événement social, que la possibilité de flâner et d'examiner à loisir tous les produits pour repartir avec le meilleur, en sachant qu'il vient directement des fermes et des champs voisins, rend extrêmement attrayant.

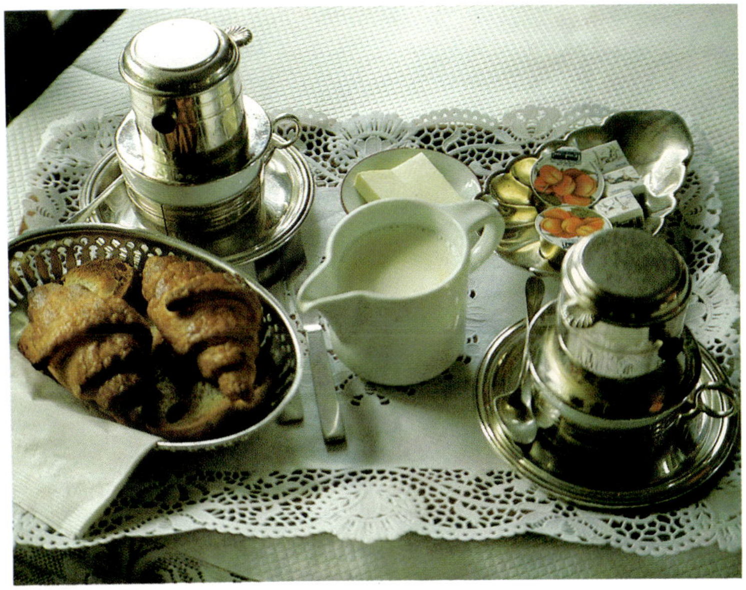

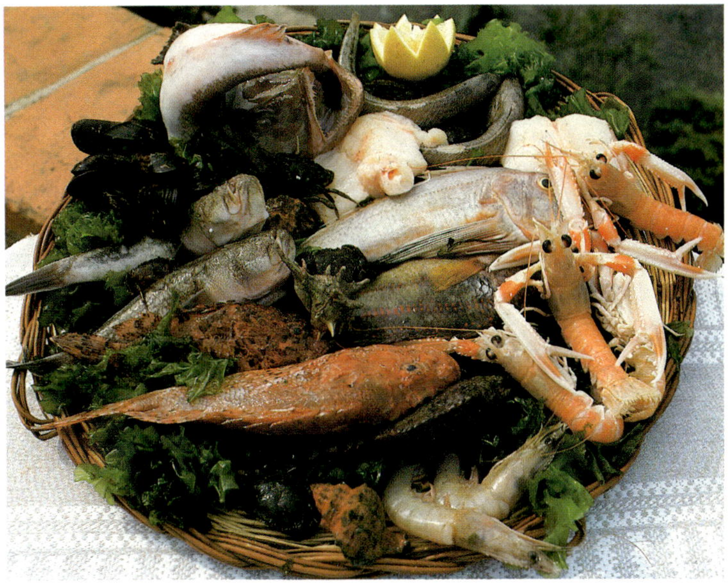

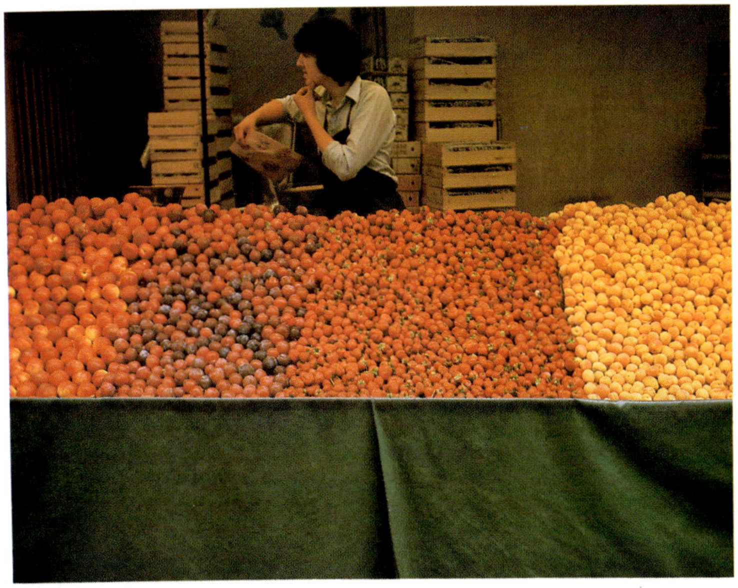

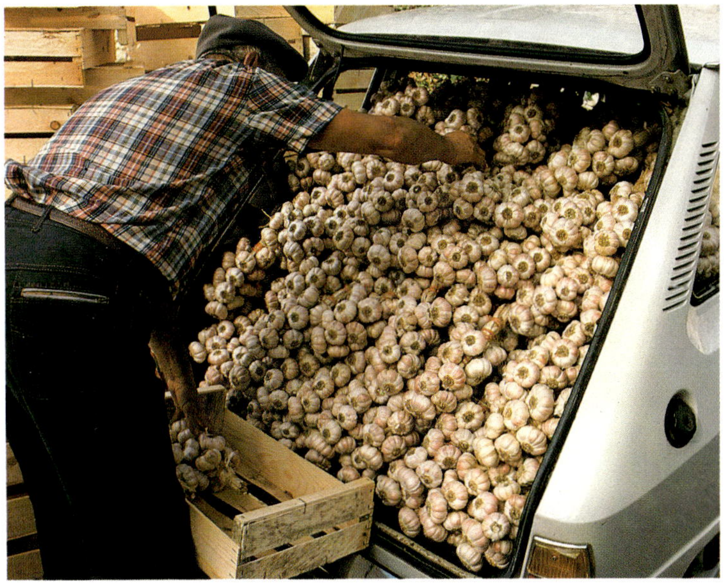

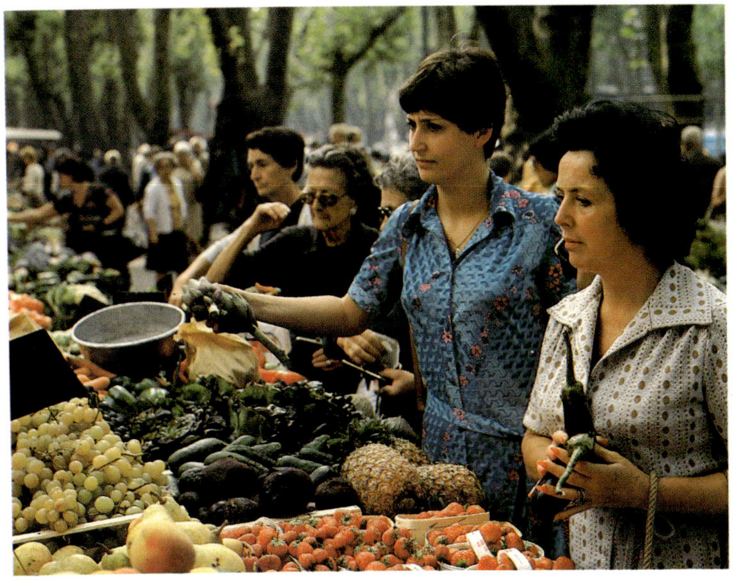

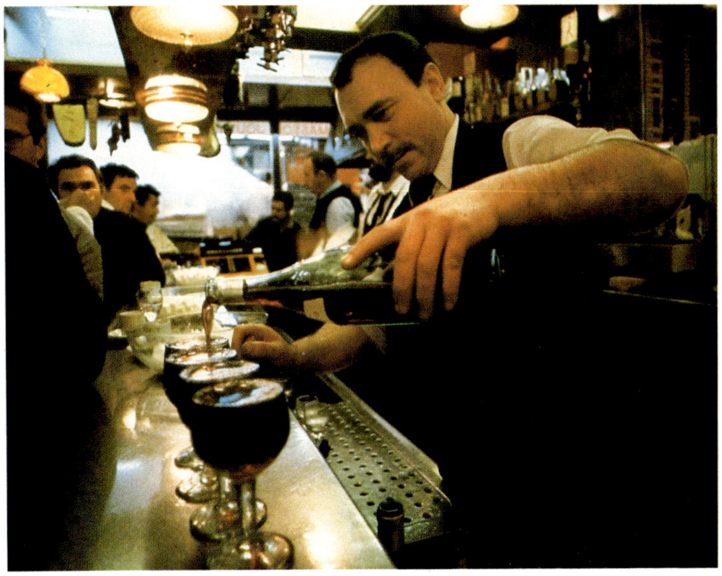

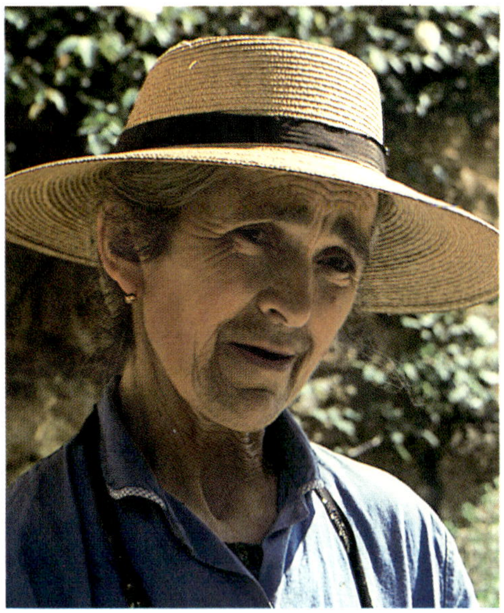

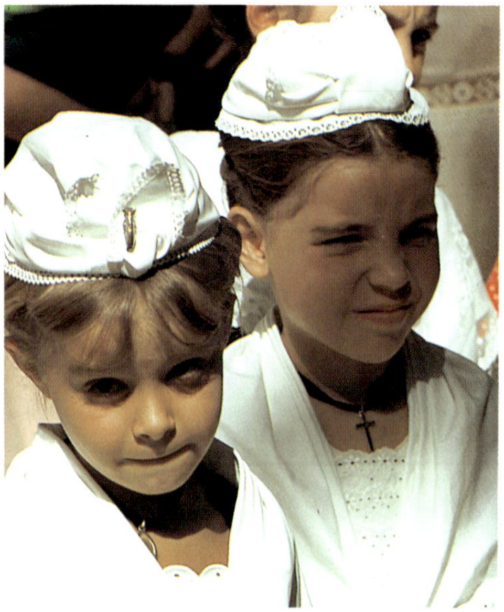

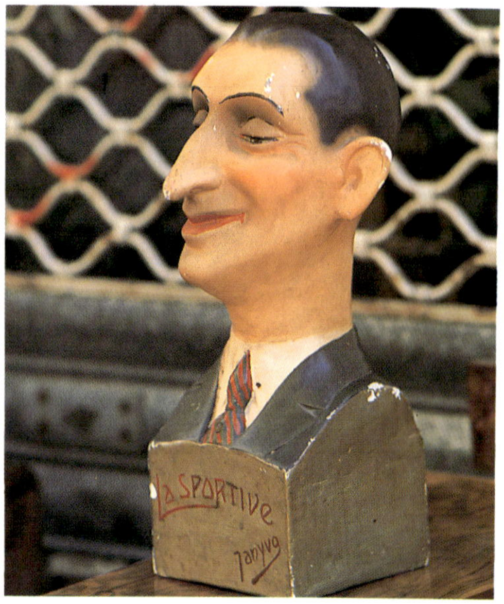
La SPORTIVE

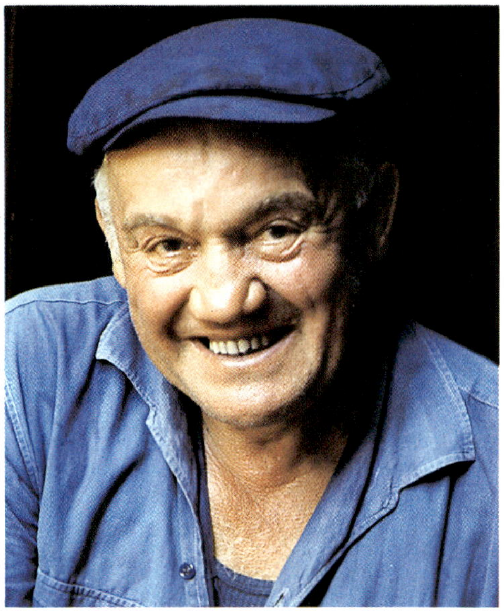

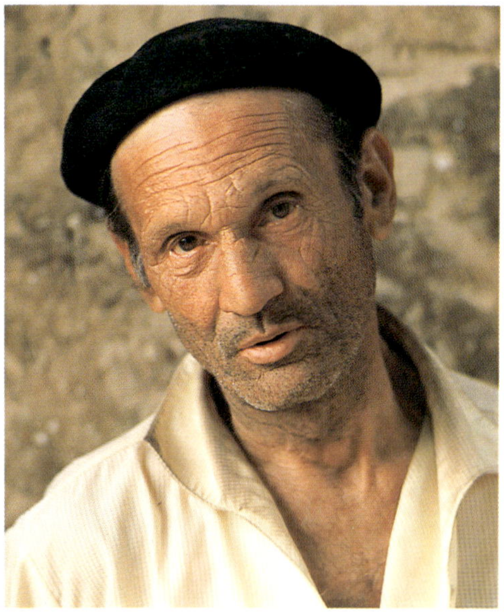

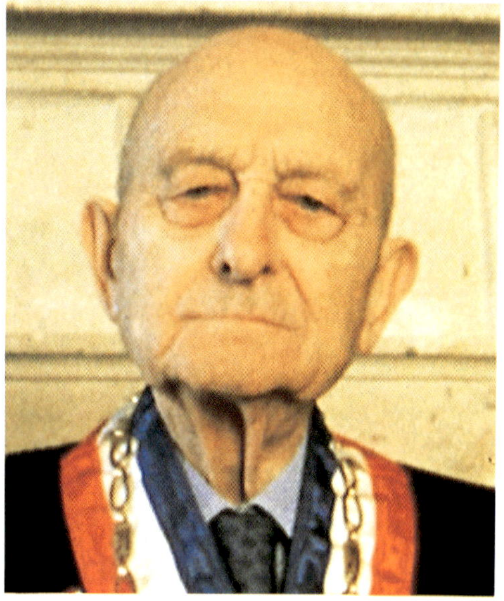

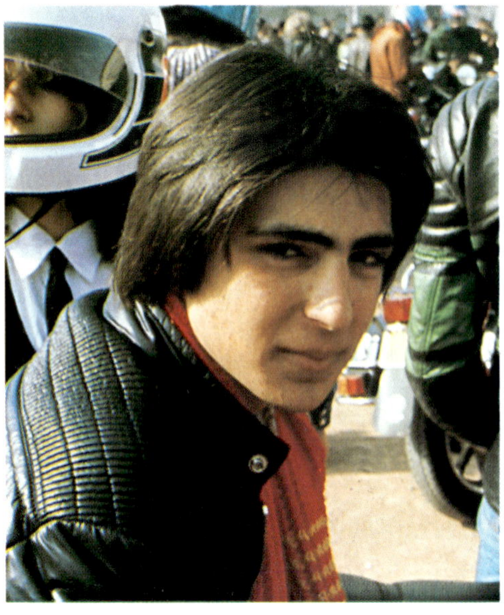

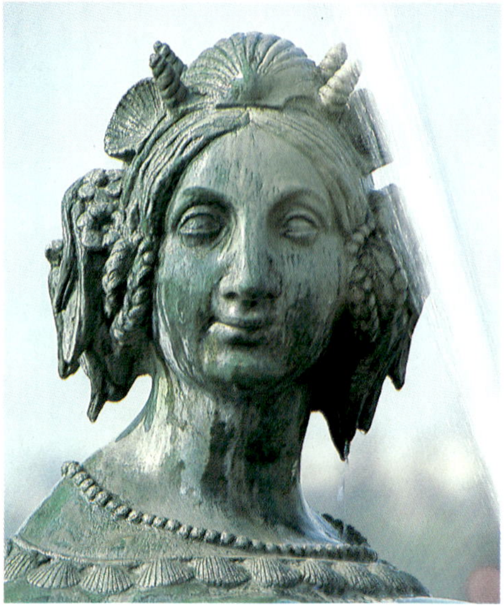

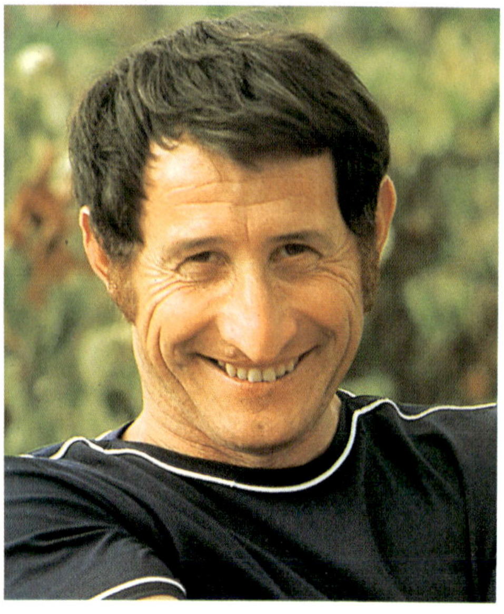

Quelle variété dans ce sang ancestral à l'origine de tous ces visages français ! Lorsque les Romains ont envahi ce qui est maintenant la France, au premier siècle av. J.-C., ils rencontrèrent Gaulois et Basques. Au cours des cinq cents années qui suivirent, ils furent rejoints par des marchands venus de Grèce et de Phénicie, des tribus germaniques dominatrices, dont les Francs auxquels le pays doit son nom, des Scandinaves à la recherche de terres arables et de pâturages et d'anciens Bretons fuyant les Vikings qui étaient venus s'installer en Grande-Bretagne. Les populations vivant dans les régions les plus lointaines, sur les zones frontalières, ont naturellement le sang et les caractéristiques des nations voisines mais tant les Catalans français, les populations d'Alsace et de Lorraine, les descendants de race italienne implantés près de Nice et les populations de langue flamande au nord du pays, que les Bretons et les Basques passionnés d'indépendance, défendraient avec ardeur qu'ils sont les premiers et les seuls Français. Aujourd'hui, cette France cosmopolite comprend un grand nombre d'immigrés, la plupart européens, plus particulièrement des Portugais et des Italiens, ainsi que des immigrants venus de ses anciennes colonies d'Afrique et d'Asie du Sud.

Cependant, si quiconque essayait de décrire ou de définir le visage typique du Français, il ne pourrait que faire allusion à un type particulier d'un département et d'une région. Il est possible de généraliser en matière de vêtements et de manières, rarement pour ce qui est des traits du visage. La France est un pays de contrastes, de contradictions, le fruit d'une juxtaposition extraordinaire, et c'est ce qui se reflète dans les visages de son peuple. De certains émane cette fière sophistication propre à la nation la plus élégante du monde, d'autres le traditionalisme doux et rural d'une culture paysanne.

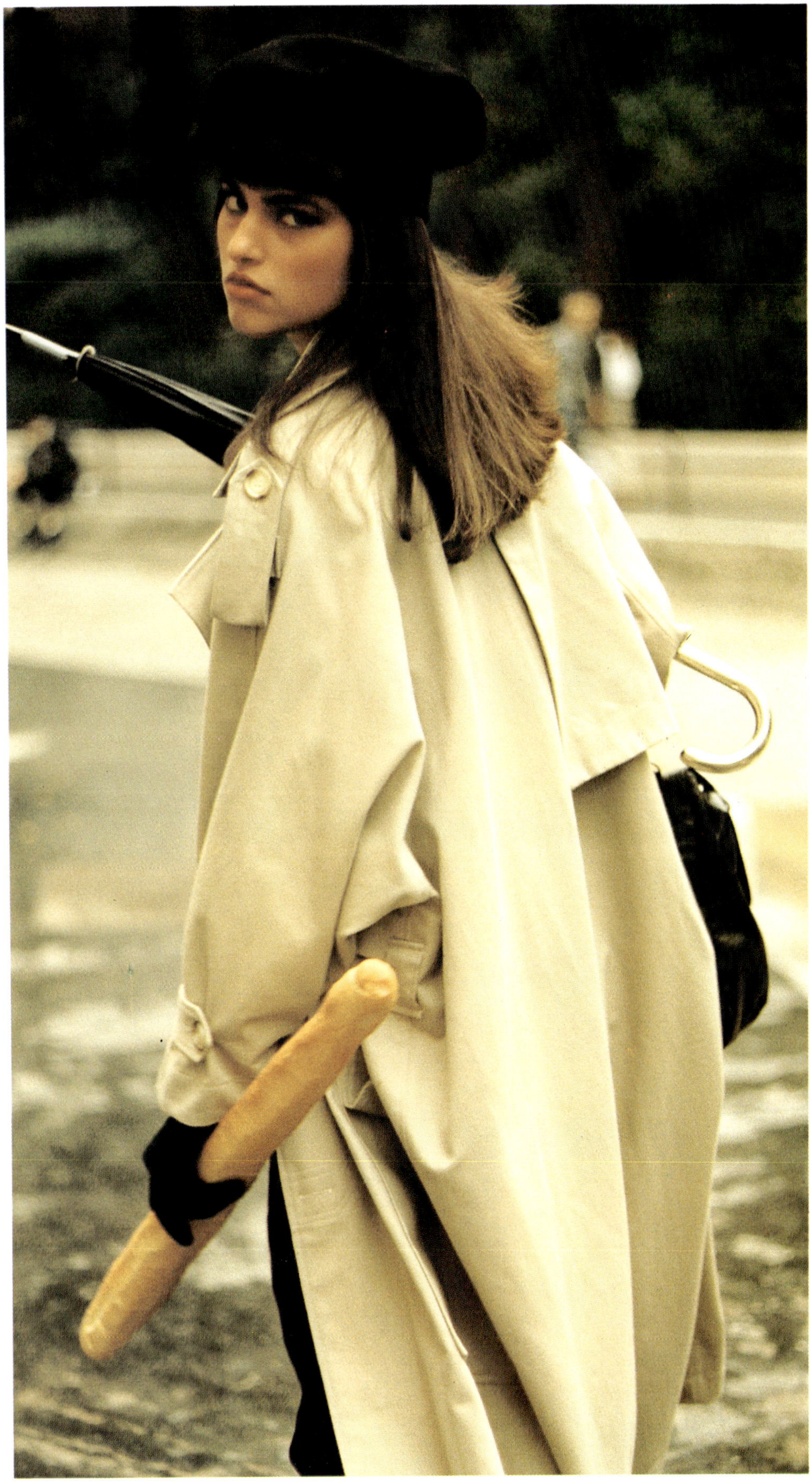

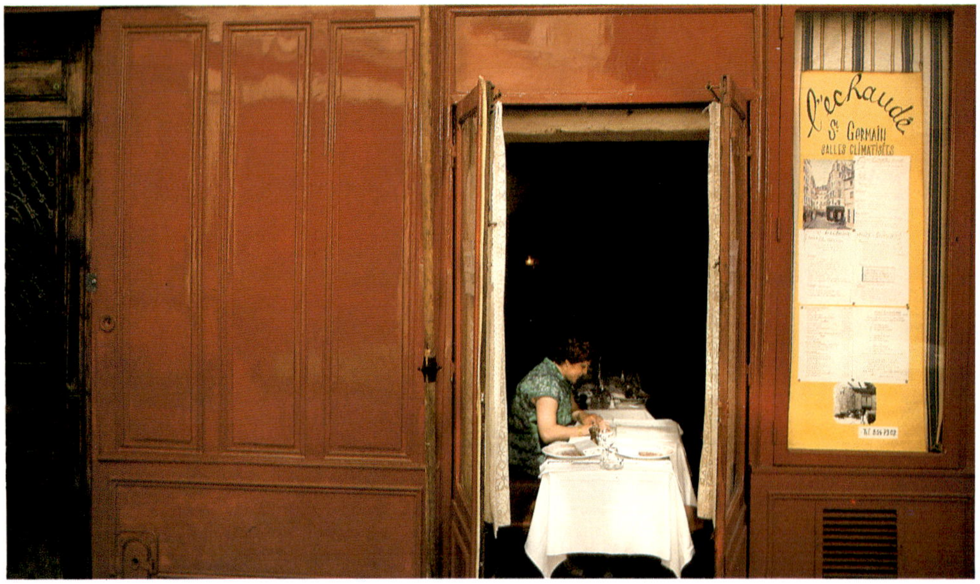

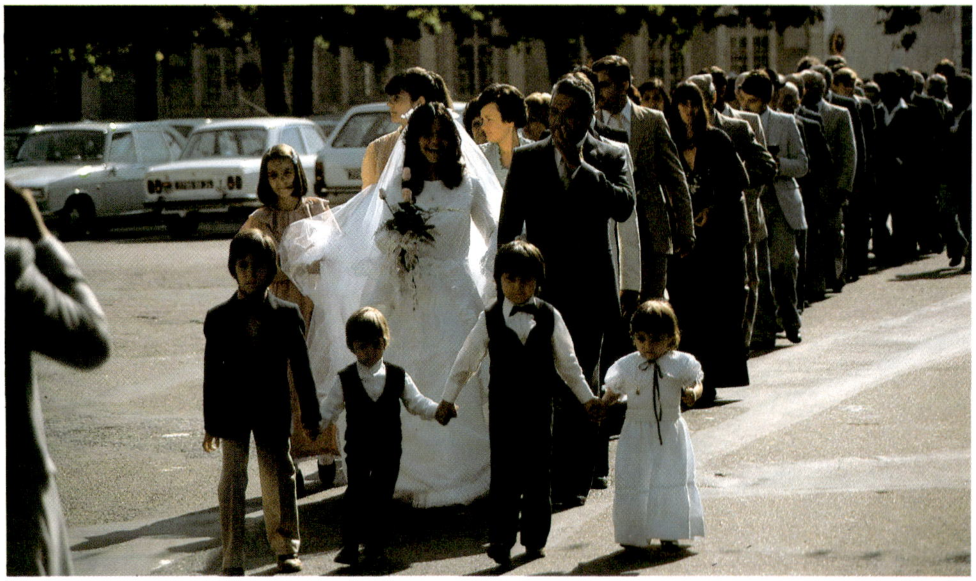

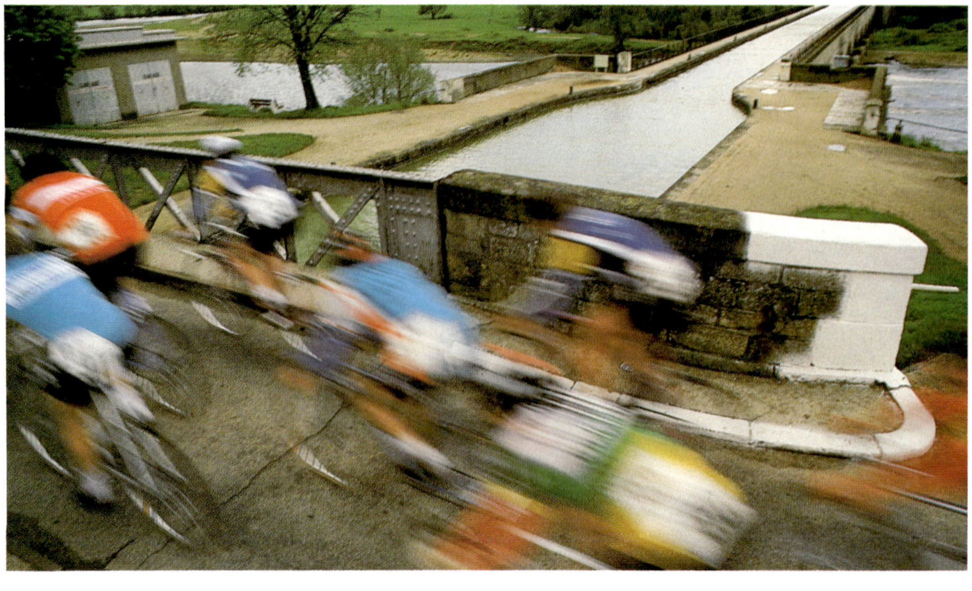

Voici quelques visions fugitives de la France — des images si vives qu'elles laissent une impression inoubliable. Elles expriment toutes une caractéristique essentiellement française. Vous passerez probablement devant ce restaurant de la rive gauche *(en haut, à gauche)*, vaguement conscient que comme des milliers d'autres restaurants traditionnels français le seul fait de le regarder est un plaisir en soi. Il doit son attrait à la peinture extérieure, dont la qualité et la couleur sont ce qui se fait de mieux dans le monde entier. Vous pourrez peut-être apercevoir brièvement le linge frais et immaculé ainsi que la porcelaine d'un blanc pur. Et vous saurez immédiatement que si vous vous décidez à y manger, les mets y seront très bons ; que l'on y servira du bon vin dans une carafe classique, la salade dans un saladier de verre transparent et la charcuterie sur un plat ovale blanc et simple. Ce style, dont je ne saurais trop vanter les qualités, sert uniquement à mettre en valeur les mets sans distraire en rien l'attention. Cette élégante simplicité des environnements et des objets est tout autant un plaisir que les aliments eux-mêmes. C'est l'une des raisons pour lesquelles, quelle que soit sa qualité, la cuisine française n'a jamais aussi bon goût qu'en France. Cette procession de mariage *(au centre, à gauche)* traduit un aspect très différent de la vie en France. L'amour de la pompe et du cérémonial, la solidarité familiale se lisent sur le visage de ce père qui conduit sa fille à l'église en tête du cortège. Le sérieux de ces cyclistes, traversant à toute allure le canal du Midi *(en bas, à gauche)* dans une course où comptent aussi bien l'endurance que la forme physique et la force, est pour un Anglais source d'étonnement. Alors que nous prenons nos bicyclettes pour faire nos courses ou nous promener en toute détente sur terrain plat, le cycliste français est une créature tout autre, qui possède une détermination à toute épreuve, un esprit hautement compétitif. Dans leur accoutrement typique, ajusté comme une seconde peau, ne prenant pour tout rafraîchissement qu'une gorgée d'eau de temps à autre, ils font pour moi partie du paysage de la France rurale.

Jeter un coup d'œil furtif à deux femmes faisant du racolage à la fenêtre d'une maison de passe *(en haut, à droite)* est chose tout aussi commune dans le Soho de Londres ou les bas quartiers de Berlin. Mais la prostituée française a une sérieuse réputation à défendre : celle de meilleure du monde. L'obsession romantique qui nous anime, nous étrangers, pour l'exquise qualité des vins et des mets français, la beauté pastorale de ce pays et la grandeur de son architecture, s'accorde mal à la sexualité flagrante que l'on rencontre dans les rues et les night-clubs parisiens, pourtant si prisée. C'est l'explicite terre à terre et l'indulgence ensorcelante que nous savourons. La réputation qu'ont les Français d'ériger la sexualité en art remonte à très longtemps. Elle atteignit son apogée pendant les années polissonnes de 1890-1900, lorsque la France affichait une attitude libérale à l'opposé de l'hypocrisie de la pruderie qui régnait dans l'Angleterre victorienne. D'une façon ou d'une autre, cette réputation a duré jusqu'à la libéralisation générale des attitudes au XXe siècle et les Français ont conservé leur supériorité en la matière.

Un autre caractère essentiel des Français est leur attitude envers les enfants, attitude qui se manifeste aussi bien dans la réputation d'excellence de la France en matière d'éducation académique que dans la façon d'élever les enfants, qui peuvent dès leur jeune âge participer à un repas arrosé de vin au restaurant jusqu'à une heure tardive. Le visiteur est aussi impressionné par le chic merveilleux des vêtements et des accessoires pour enfants, comme ces petits cartables portés avec tant de désinvolture *(au centre, à droite)*. C'est peut-être avec une certaine envie que nous comparons ces adultes miniatures aux chérubins crasseux que nous étions.

La vieille vespasienne *(en bas, à droite)* est en rapide disparition, remplacé par des W.-C. publics « tout automatique ». L'indiscrétion notoire de ces belles inventions baroques était pourtant bien attrayante, signe de l'indifférence avec laquelle les Français affichent ouvertement leurs faiblesses humaines quitte à faire rougir le visiteur étranger.

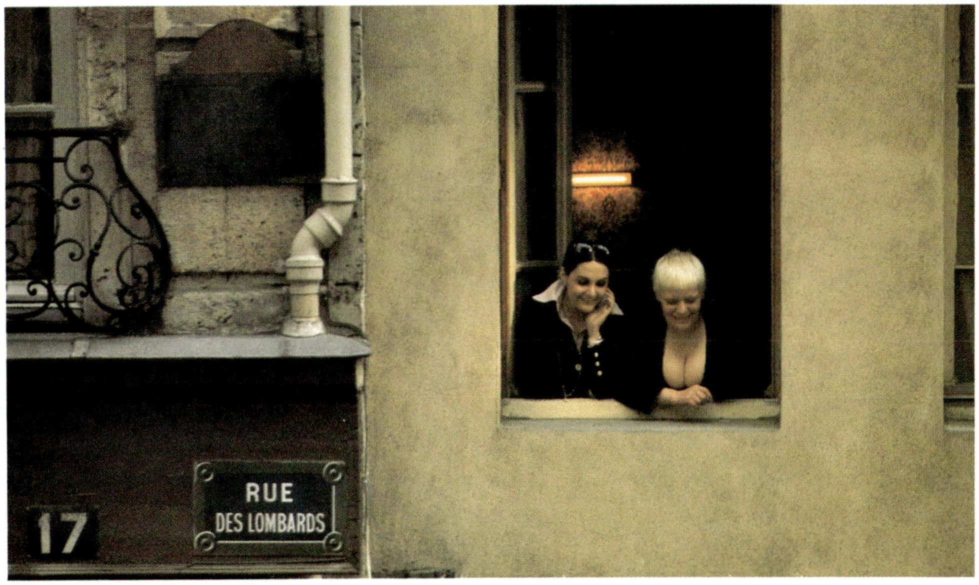

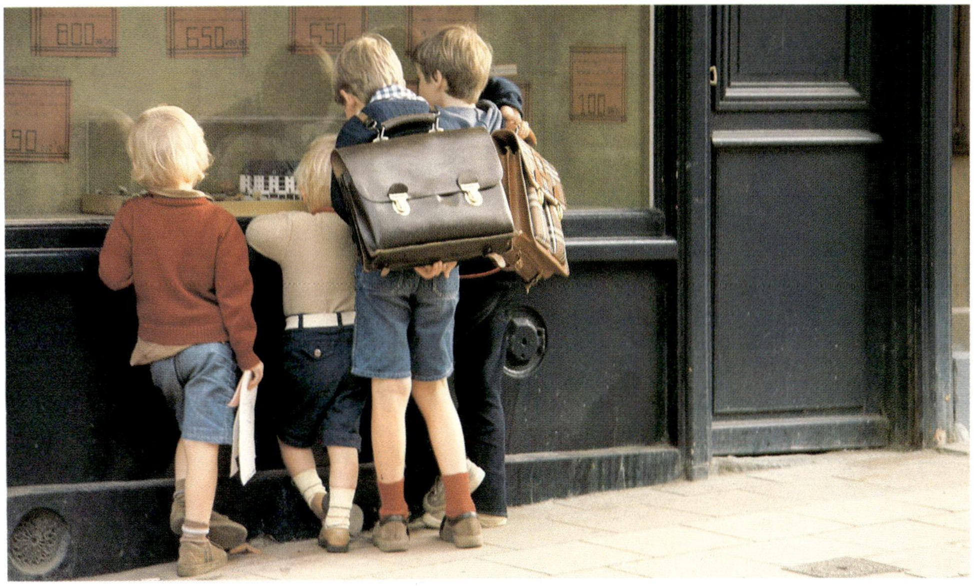

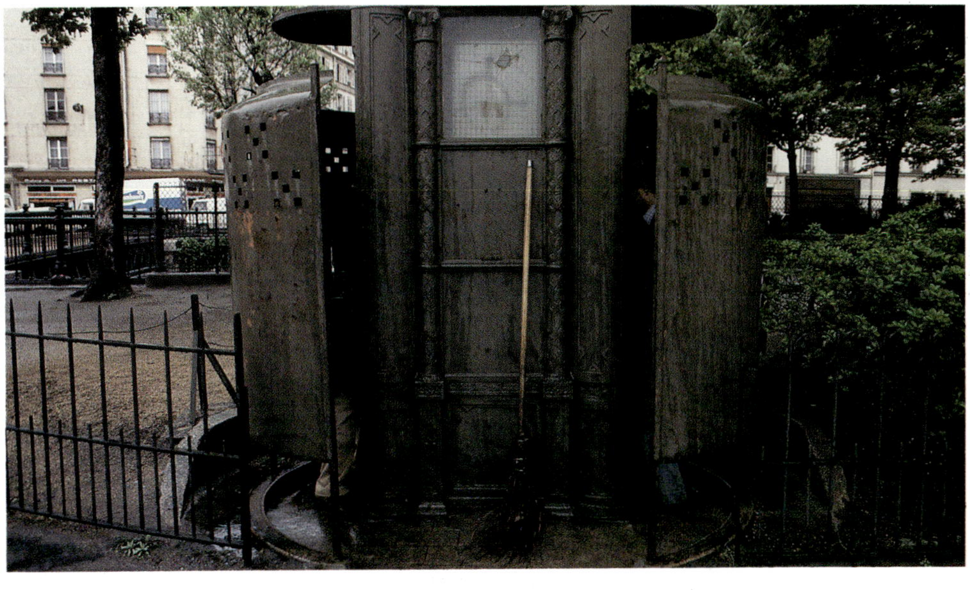

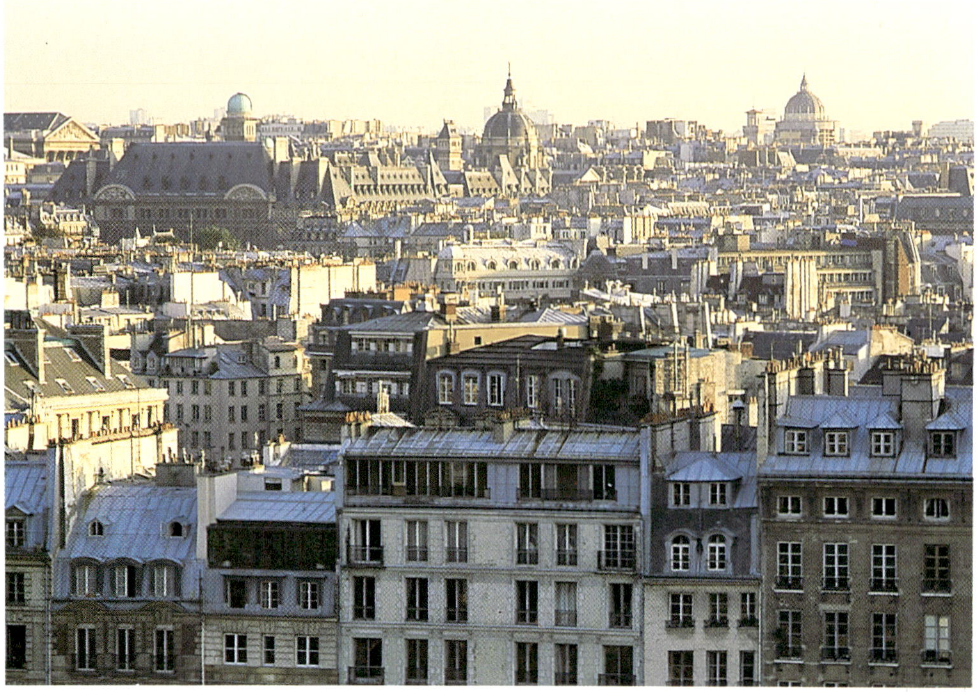

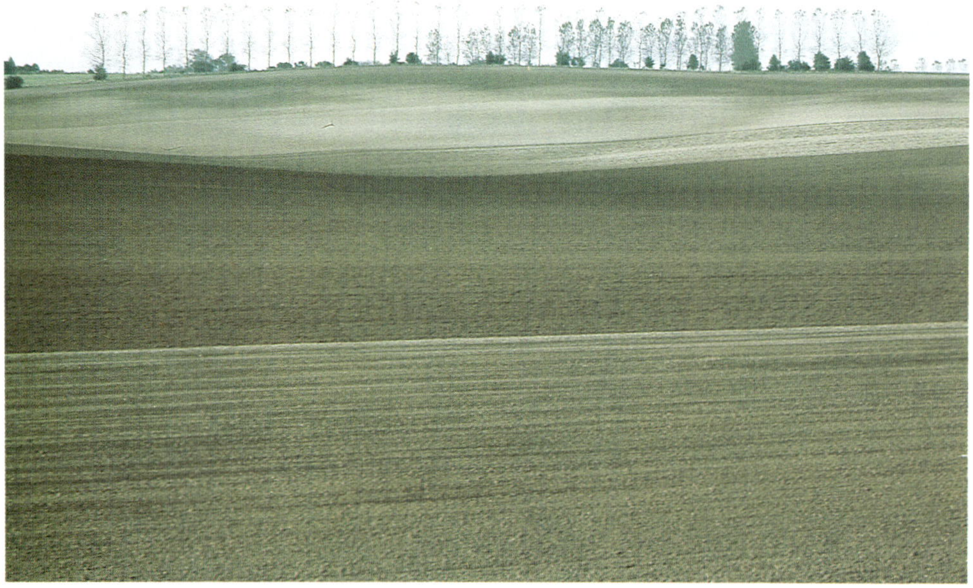

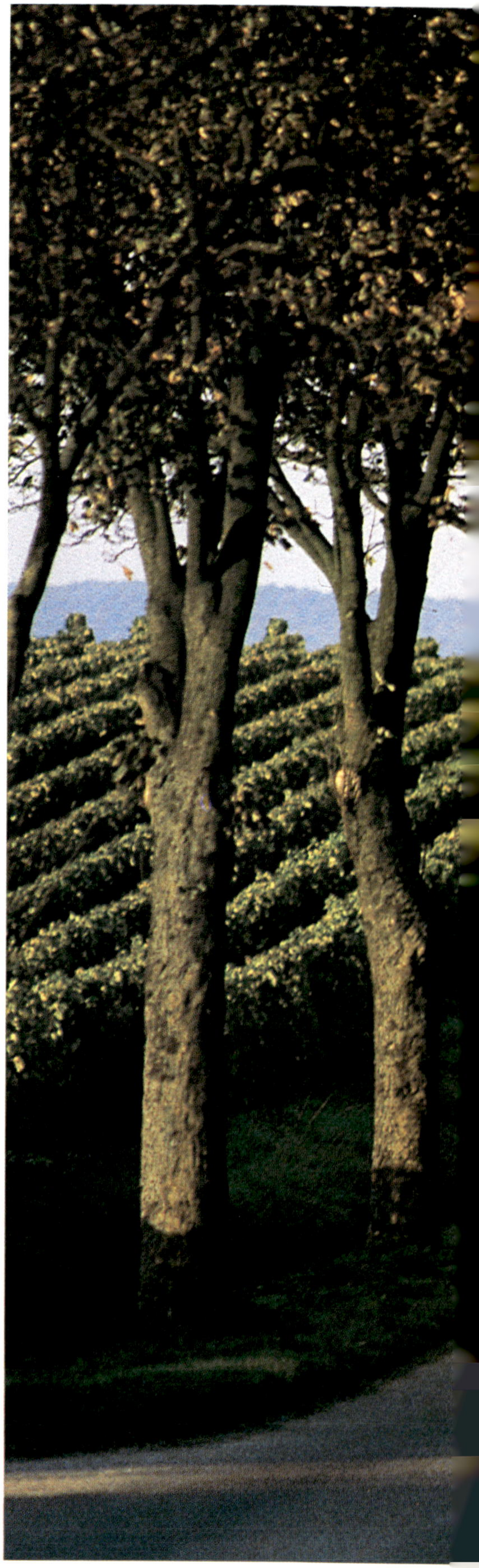

La beauté physique de la France est le fruit de l'action conjuguée de la sensibilité humaine et de la nature. Seuls des matériaux entièrement naturels ont été utilisés pour construire le centre de Paris — pierre couleur de miel et ardoise bleu-gris, choisies pour leur harmonie — et cette zone bénéficie d'une protection stricte contre les ravages de l'industrie et la multiplication des gratte-ciel. Les toits de Paris *(en haut)* ressemblent plus à ceux d'une ville Renaissance de province qu'à ceux d'une grande capitale.

Les fermiers de Picardie ont donné à ce paysage uniforme *(ci-dessus)* une texture régulière tout en y apportant des détails qui en rehaussent la beauté. Les vents violents qui soufflent à travers la plaine sont arrêtés par une ligne d'arbres tandis que les traces de cultures séculaires sont gravées sur le sol.

Les arbres en bord de routes protègent le voyageur contre les éléments et sont un raffinement apporté par l'homme dans la campagne française. Ces routes ont conservé une simplicité fonctionnelle dont on retrouve l'expression dans les lignes graphiques des vignes et de la traditionnelle Dyane.

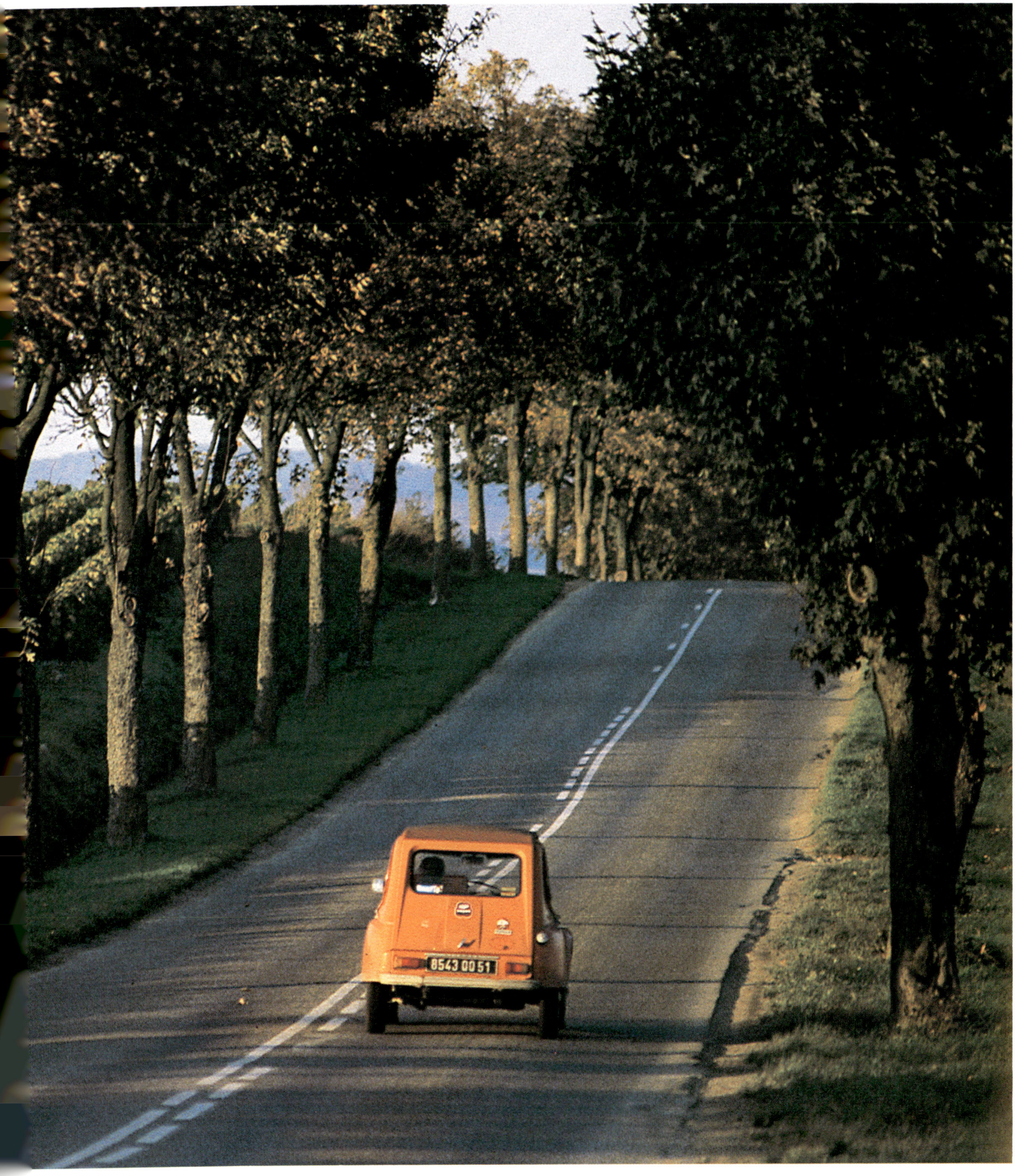
8543 00 51

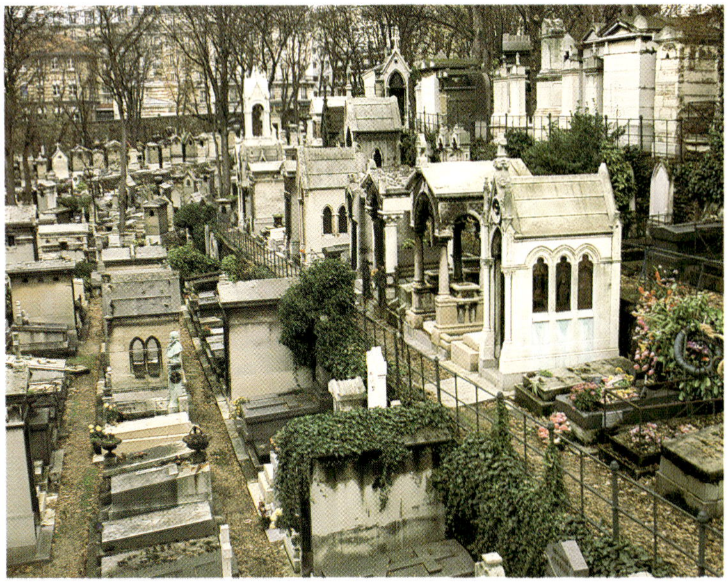

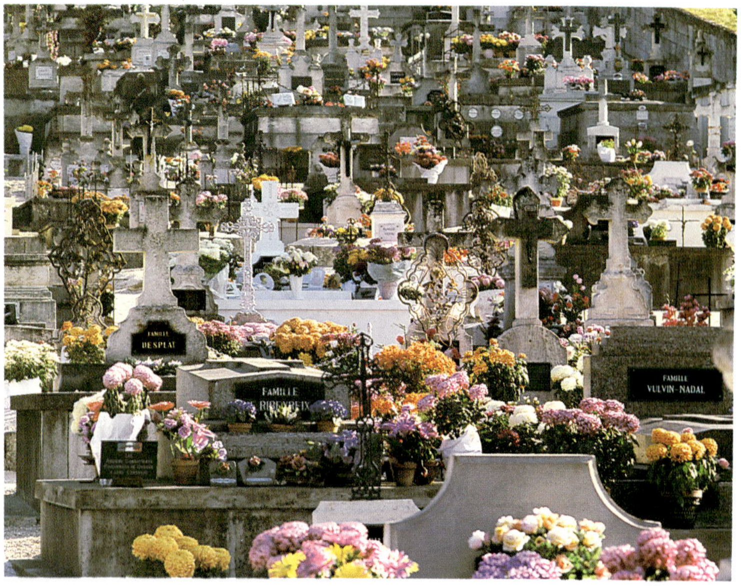
FAMILLE DESPLAT
FAMILLE VULVIN-NADAL

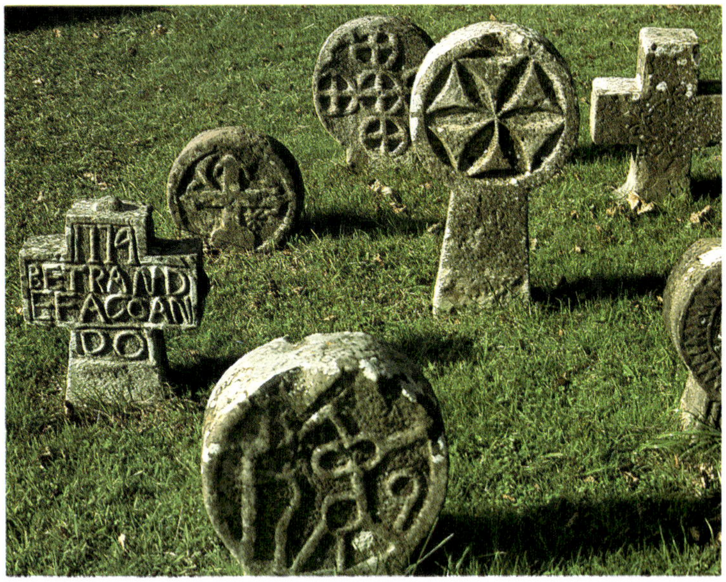

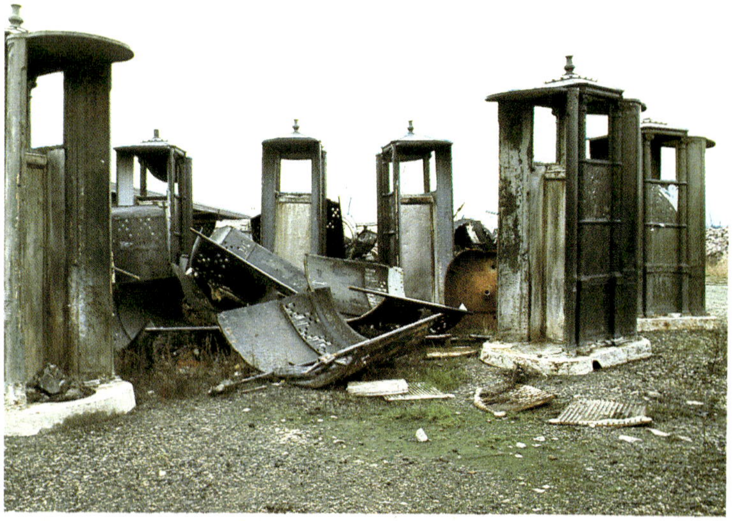

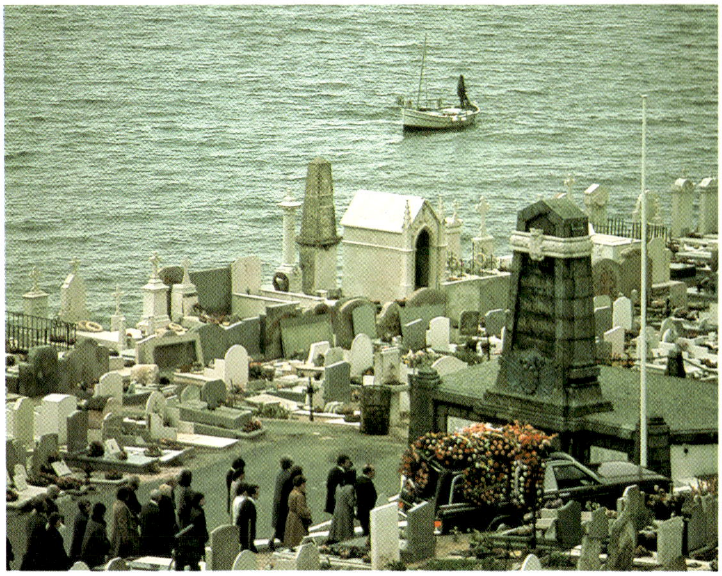

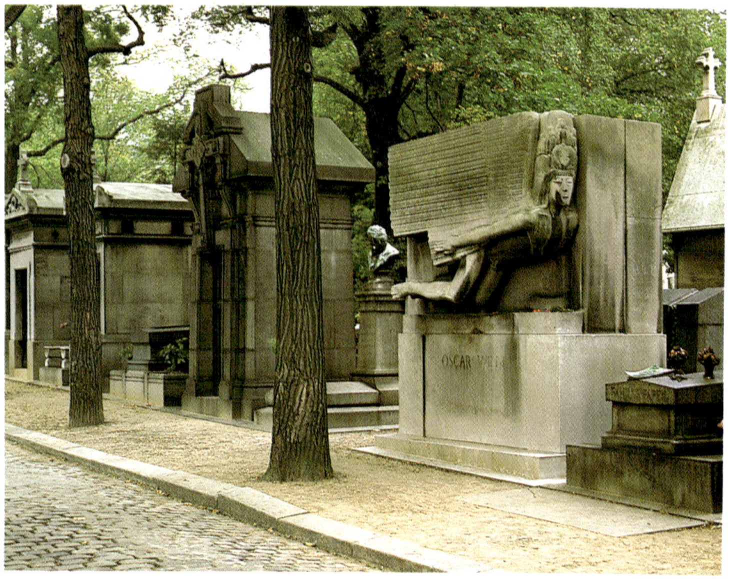

Dans tout pays quel qu'il soit, les cimetières sont toujours un objet de fascination pour des raisons historiques, sociales, ou tout simplement pour leur paisible beauté. Cimetières soigneusement entretenus à la périphérie des villages ou cimetières imposants au cœur de Paris, on y trouve de délicates couronnes aux motifs complexes, en perles de verre tressées sur du fil métallique, d'anciennes croix celtes qui rappellent l'Écosse ou le pays de Galles.

Le Père-Lachaise a été créé par Napoléon, qui désirait ajouter un cimetière d'importance historique à sa capitale. Il a agrandi un vieux cimetière juif, y faisant poser un monument à la mémoire d'Héloïse et Abélard. C'est parmi ces tombes que les derniers insurgés de la Commune de Paris livrèrent un ultime et sanglant combat, au mois de mai 1871, avant d'être enterrés sous le mur contre lequel ils furent fusillés. Ce cimetière reste un endroit de pèlerinage politique et un lieu de mystère où l'on célèbre encore la mémoire de personnages célèbres comme Colette, Balzac, Piaf, Hugo, Bizet, Corot, Delacroix, Chopin, Géricault et Jim Morrison.

À droite : au cimetière de Barsac, les couronnes et leurs traditionnelles billes de verre.

Page opposée :
En haut, à gauche : le Père-Lachaise à Paris.

En haut, à droite : dans un cimetière de village, à Tocane Saint-Apre en Dordogne, beaucoup de fleurs pour un dernier hommage.

Au centre, à gauche : au Pays basque, croix anciennes du cimetière d'Arcangues.

Au centre, à droite : un cimetière pour vieilles vespasiennes dans la banlieue de Paris.

En bas, à gauche : procession funèbre à travers le cimetière de Saint-Tropez.

En bas, à droite : la tombe d'Oscar Wilde au Père-Lachaise.

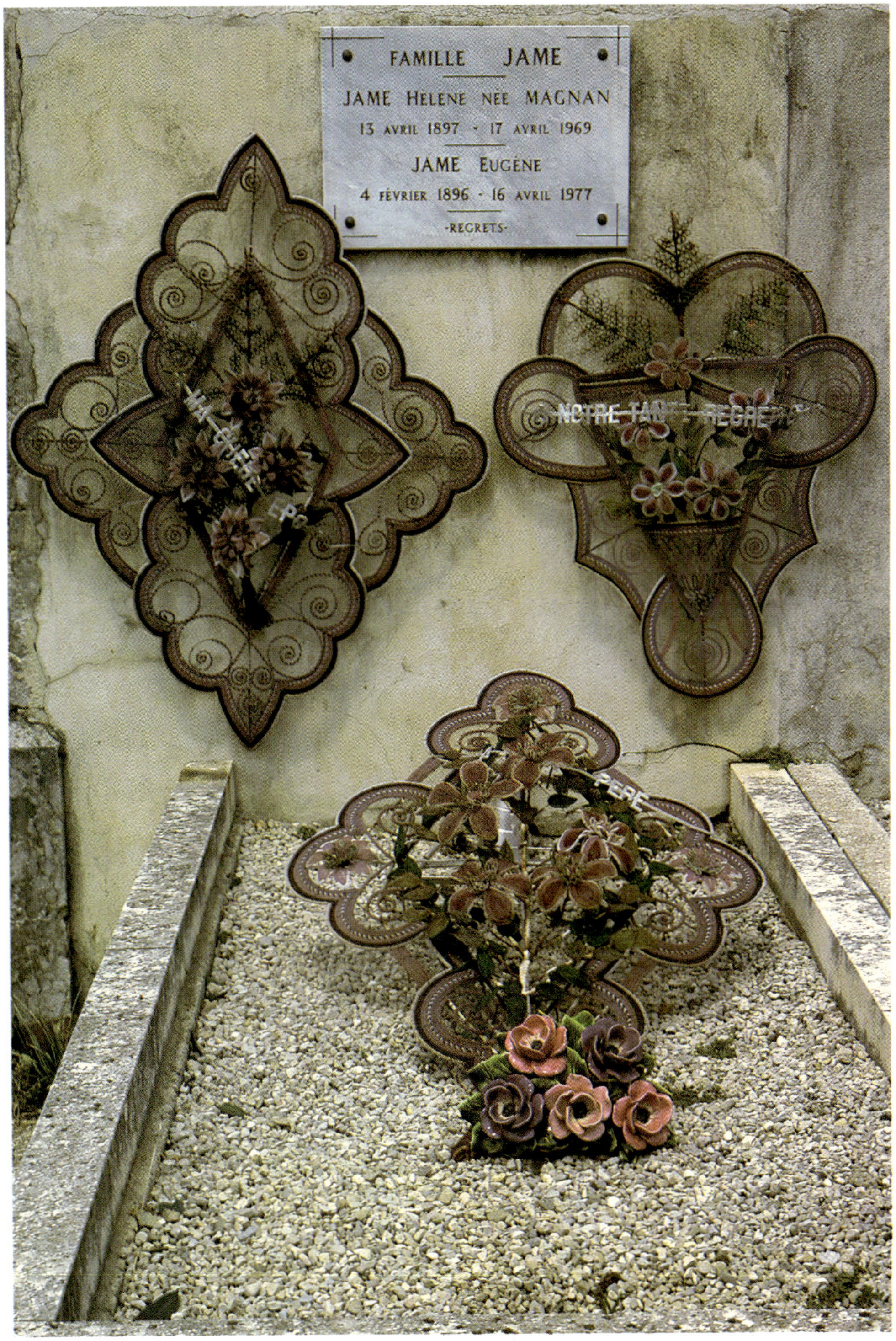

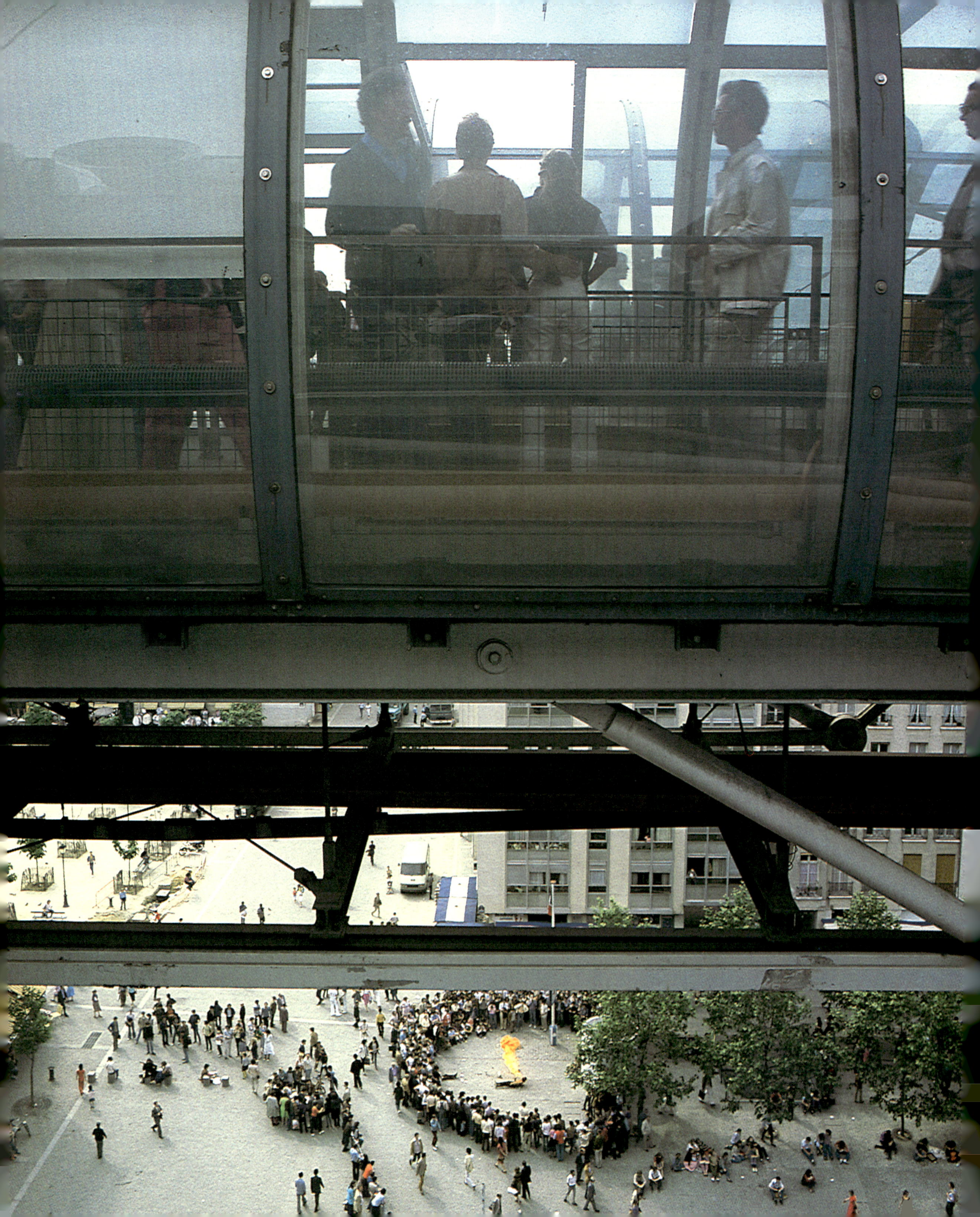

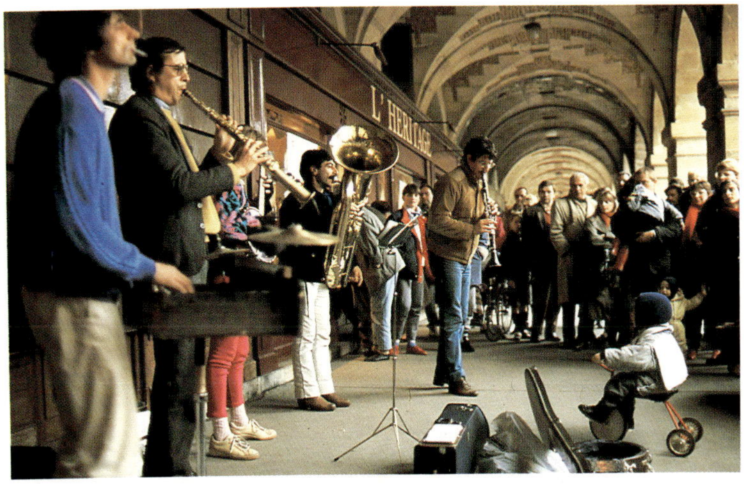

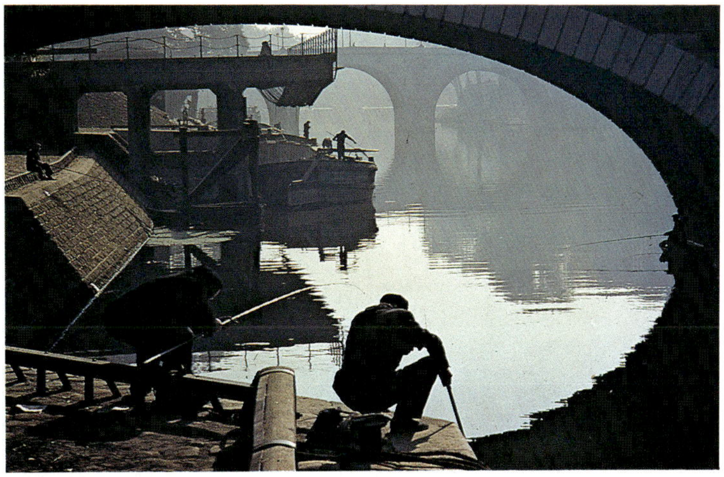

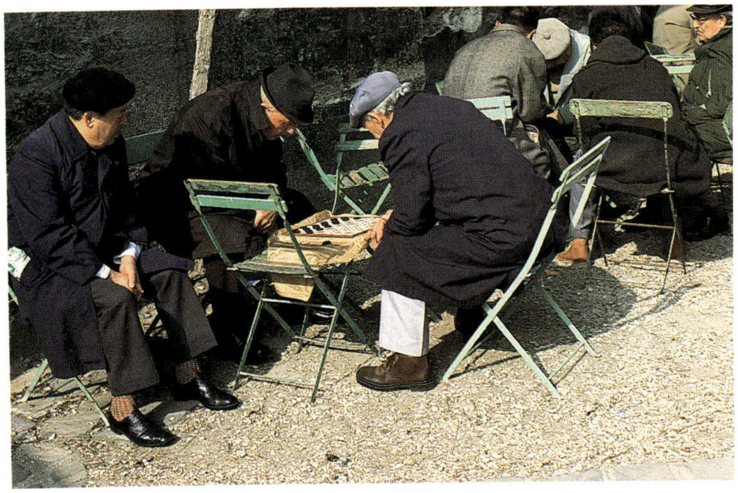

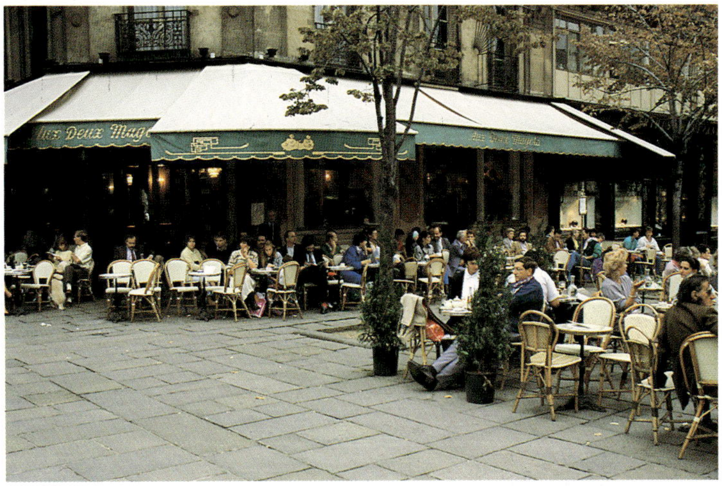

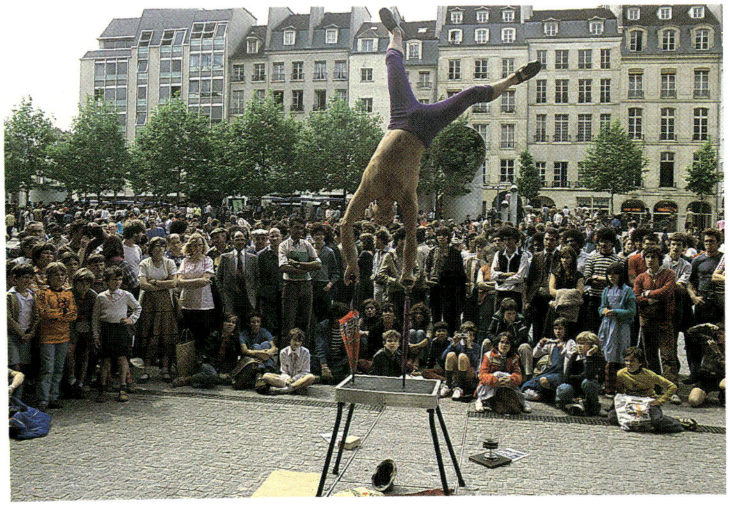

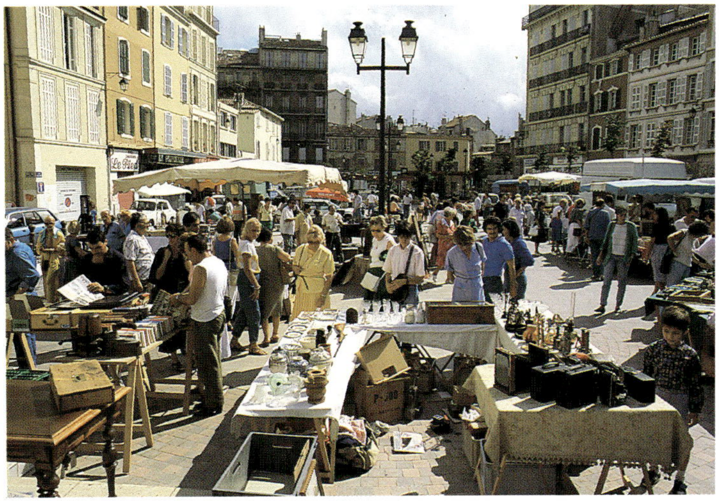

Ci-contre : les passerelles vitrées du centre Beaubourg et en contrebas, des cracheurs de feu en pleine action.

En haut, à gauche : des musiciens donnent un concert sous les arcades de la place des Vosges.

En haut, à droite : pêcheurs sur les berges de la Seine.

Au centre, à gauche : jeu de dames au Jardin des Plantes.

Au centre, à droite : animation aux terrasses des cafés, boulevard Saint-Germain.

En bas, à gauche : acrobaties impressionnantes à Beaubourg.

En bas, à droite : le marché aux puces de Marseille, un dimanche.

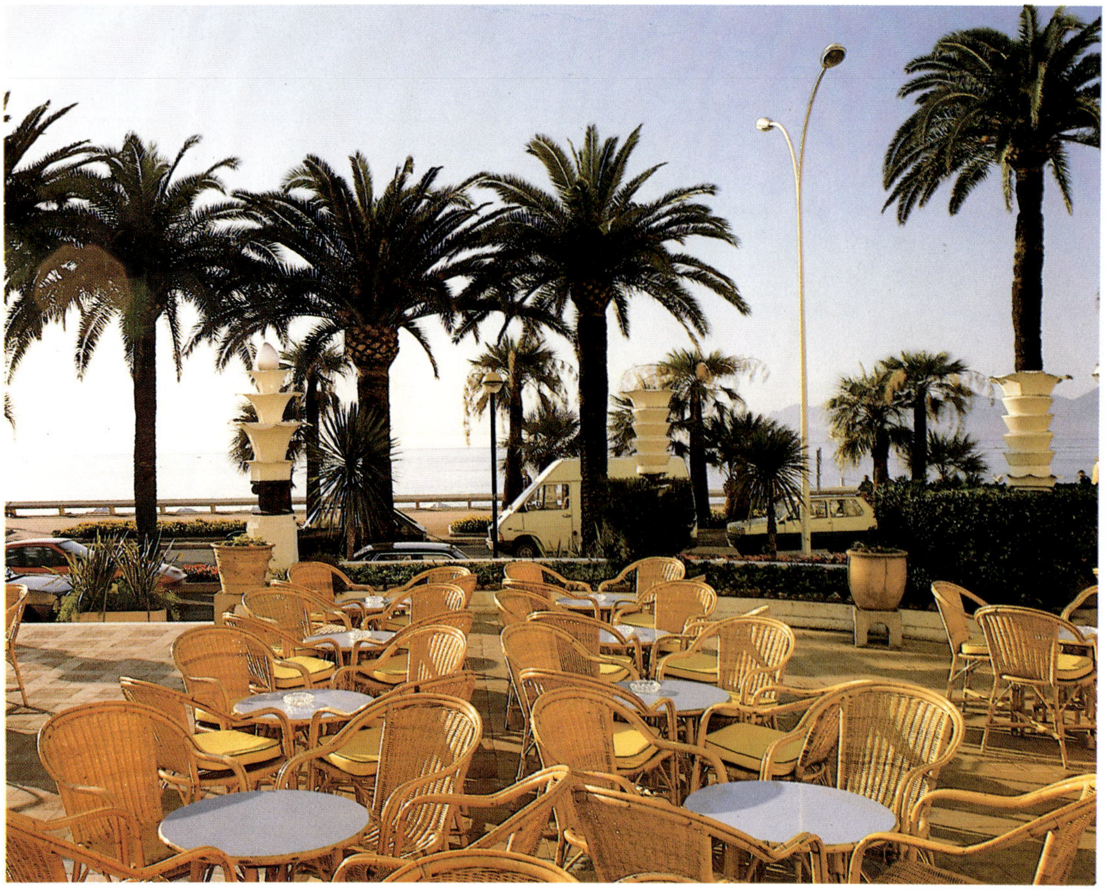

Ci-contre : à Cannes, palmiers et chaises de café symbolisent la douceur de vivre sur la Promenade des Anglais.

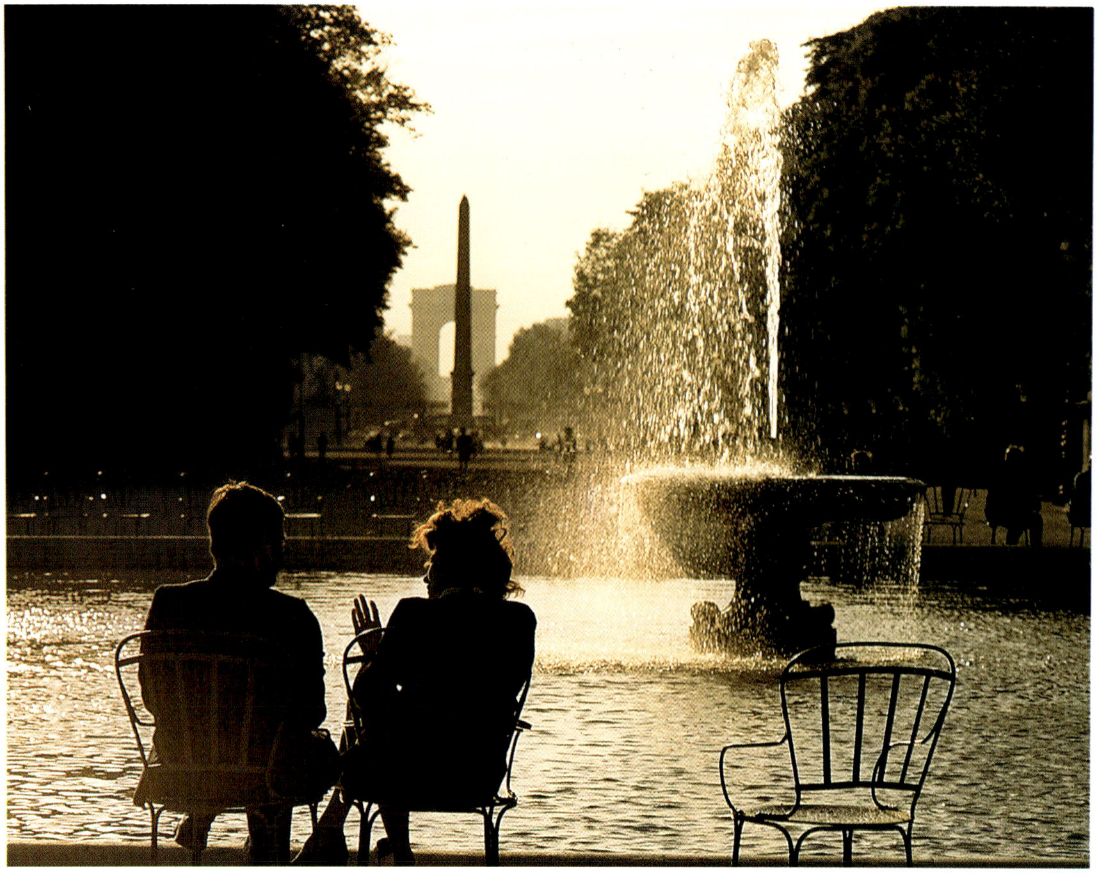

Ci-contre : deux amis en grande conversation avec, en toile de fond, un cadre magnifique au cœur de Paris : le jardin des Tuileries. La perspective remonte de l'obélisque de Louqsor, au centre de la place de la Concorde, vers le haut des Champs-Élysées et l'Arc de Triomphe.

Ci-contre : repas en terrasse sur le cours Mirabeau à Aix-en-Provence.

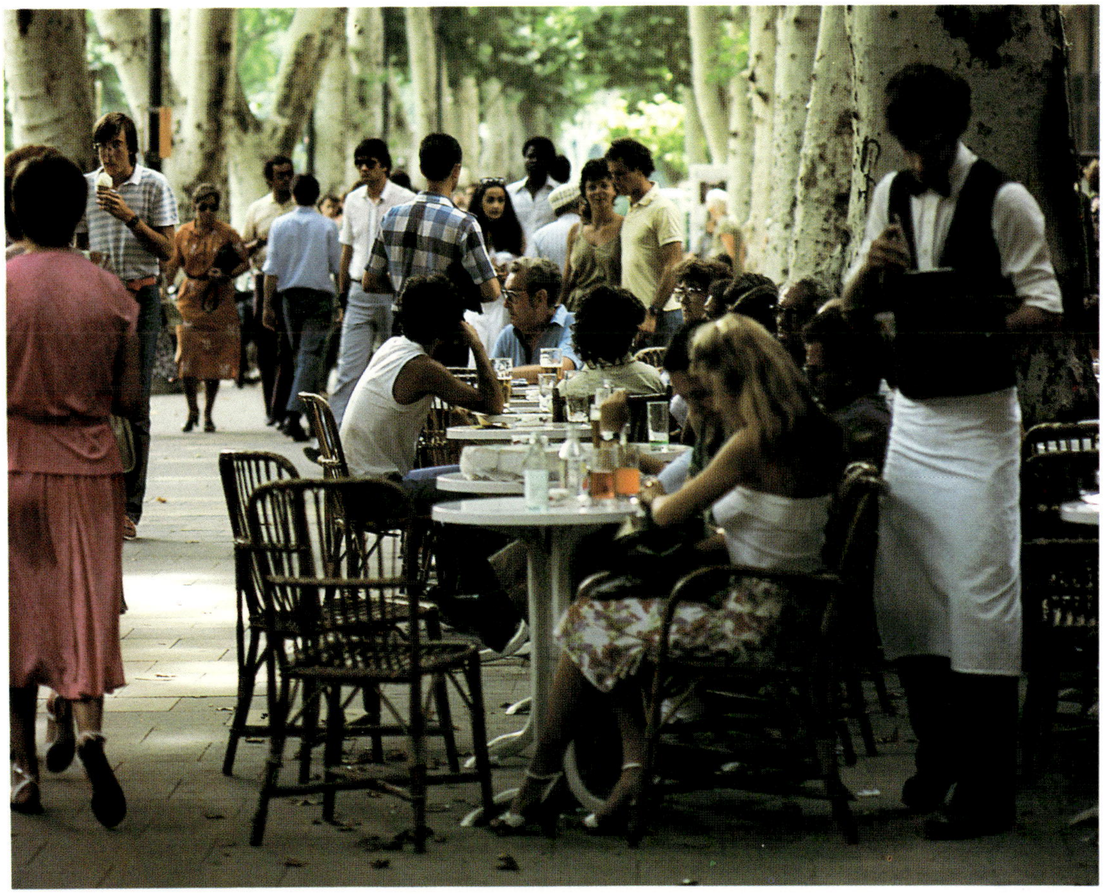

Ci-contre : les Halles telles qu'elles étaient avant leur destruction bien inutile – souvenir inoubliable de Paris.

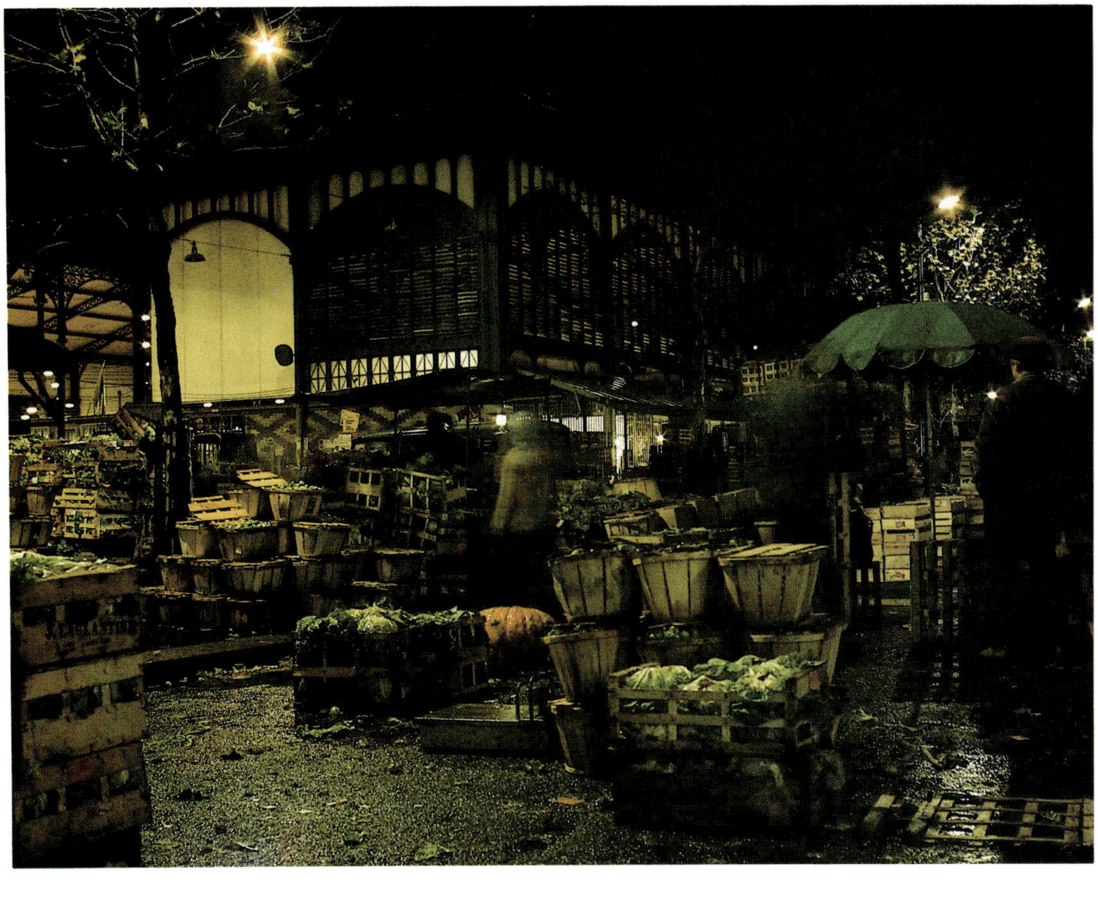

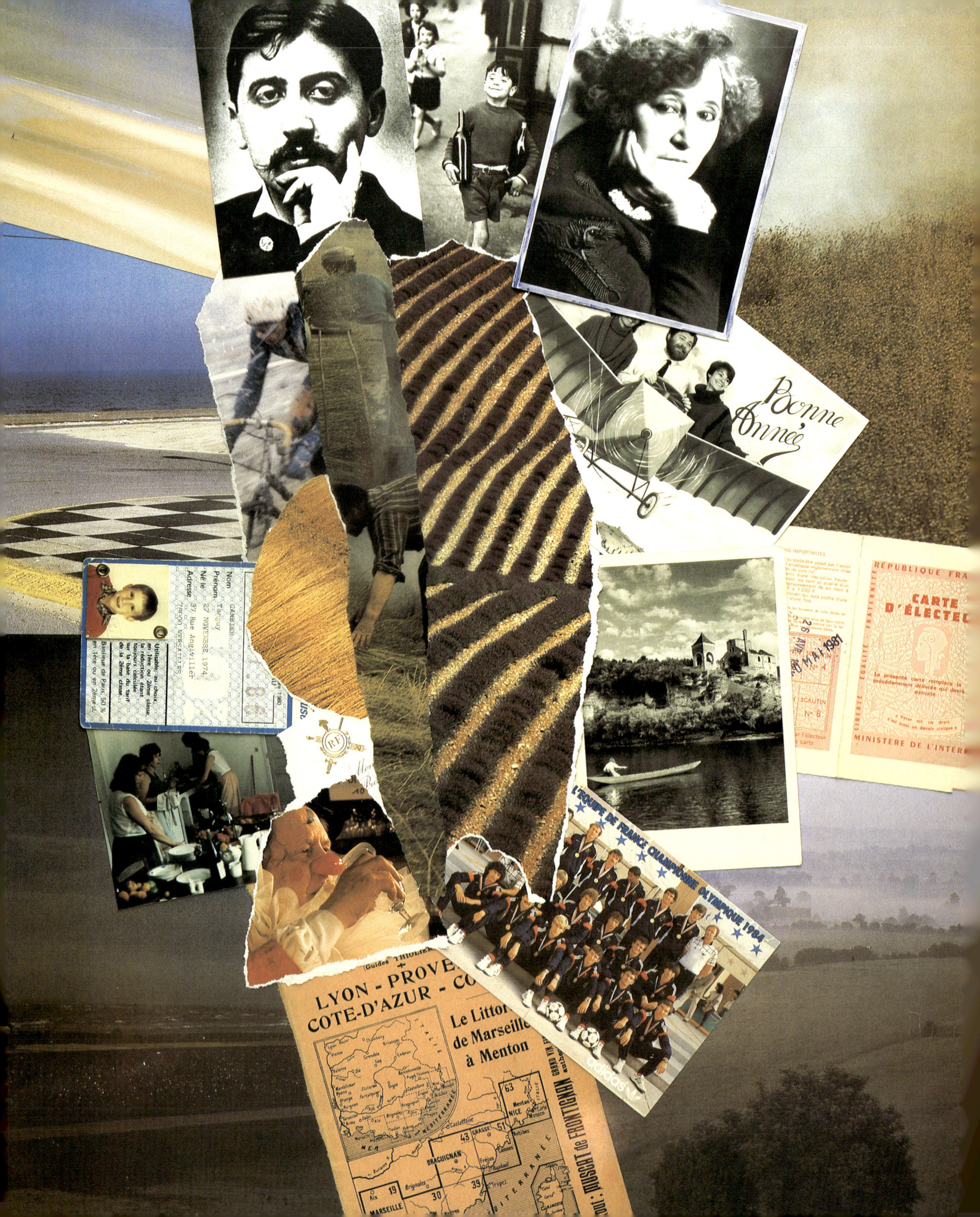

Bonne Année
RÉPUBLIQUE FRA
CARTE D'ÉLECTE
MINISTÈRE DE L'INTÉR
L'ÉQUIPE DE FRANCE CHAMPIONNE OLYMPIQUE 1984
LYON - PROVE
COTE-D'AZUR - CO
Le Littor
de Marseille
à Menton

LES VISAGES DE LA FRANCE

La France se distingue entre toutes les nations par la richesse de sa personnalité. Le visage qu'elle présente au monde est à la fois passionné et intellectuel, d'une beauté plastique et d'un rayonnement considérables. Les six pays qui bordent ses frontières — Espagne, Italie, Allemagne, Luxembourg, Belgique et Suisse ; les quatres mers qui baignent ses côtes, Méditerranée, océan Altantique, Manche et mer du Nord — sont très dissemblables, et chacun a son influence. Le pays qu'ils enserrent, malgré des différences régionales prononcées, se fonde sur une identité nationale solide et stable que la France a vaillamment défendue au cours des âges. La France est un amalgame prodigieusement varié de régions et de populations, avec des contrastes frappants dans les paysages et les styles de vie. La différence entre la ville et la campagne y est clairement marquée. Qu'est-ce donc qui unit ce pays si varié, aux frontières tracées par des événements historiques qui le dépassèrent lui-même ? Plus qu'aucune autre chose, c'est une joie de vivre !

Gertrude Stein disait : « Les Français ne sont heureux que lorsqu'ils sont entièrement engagés dans l'entreprise de la vie — qui est l'occupation normale, pour eux l'occupation primordiale. Lorsque, pour une raison ou une autre, ils cessent de s'y intéresser, naturellement et immédiatement, ils se mettent à parler de révolution. » Et c'est cette passion pour la vie qui a rendu la France célèbre pour sa cuisine aussi bien que pour son art, aussi influente en matière de mode que de politique. La France est un pays tellement agréable à visiter ! Ses plaisirs sont là, à vos pieds et vous n'avez qu'à vous laisser emporter avec délices par l'art de vivre français.

Les Français célèbrent leur élite culturelle, mais aussi ceux qui influent sur la vie de tous les jours. Ingénieurs, concepteurs, cuisiniers, journalistes sont fêtés et honorés, comme le sont ceux qui excellent dans leur métier, qu'ils soient commerçants, boulangers, maçons, artisans, professeurs ou vignerons. Bien que certains de ses héros nationaux soient nés hors de France — Picasso, Joséphine Baker, Cassandre, Jacques Tati sont parmi ceux qui traversèrent notre siècle —, cette ouverture aux étrangers est extraordinaire chez une nation connue pour son chauvinisme et dont les propres écrivains, artistes, philosophes et vedettes de toutes sphères peuvent égaler ou dépasser les meilleurs de la terre.

L'explication en est, je pense, que la France a derrière elle une longue histoire, durant laquelle elle a su prendre ce que d'autres cultures pouvaient lui apporter de meilleur, lui donner une audience universelle en l'adaptant mais aussi en l'adoptant. Il n'est pas jusqu'à la Déclaration des droits de l'homme que les Français proclamèrent en 1789, durant les premiers mois de la Révolution, qui n'ait été à l'origine anglo-saxonne, mais les Français l'ont étonnamment faite leur. La France a également longtemps été un asile pour les artistes et les écrivains, les réfugiés politiques, les minorités opprimées, les animateurs de talent et les exilés de la fiscalité — tous sont absorbés et intégrés mais conservent leur identité culturelle.

Ses solides racines dans la richesse de son héritage historique et culturel, son sens aigu des choses faites correctement et avec élégance, ses idées nettes et le respect profond du passé, son orgueil passionné pour tout ce qui est Français et avant tout son amour pour la vie, tels sont les éléments qui confèrent à la France un caractère national si puissant et si fascinant.

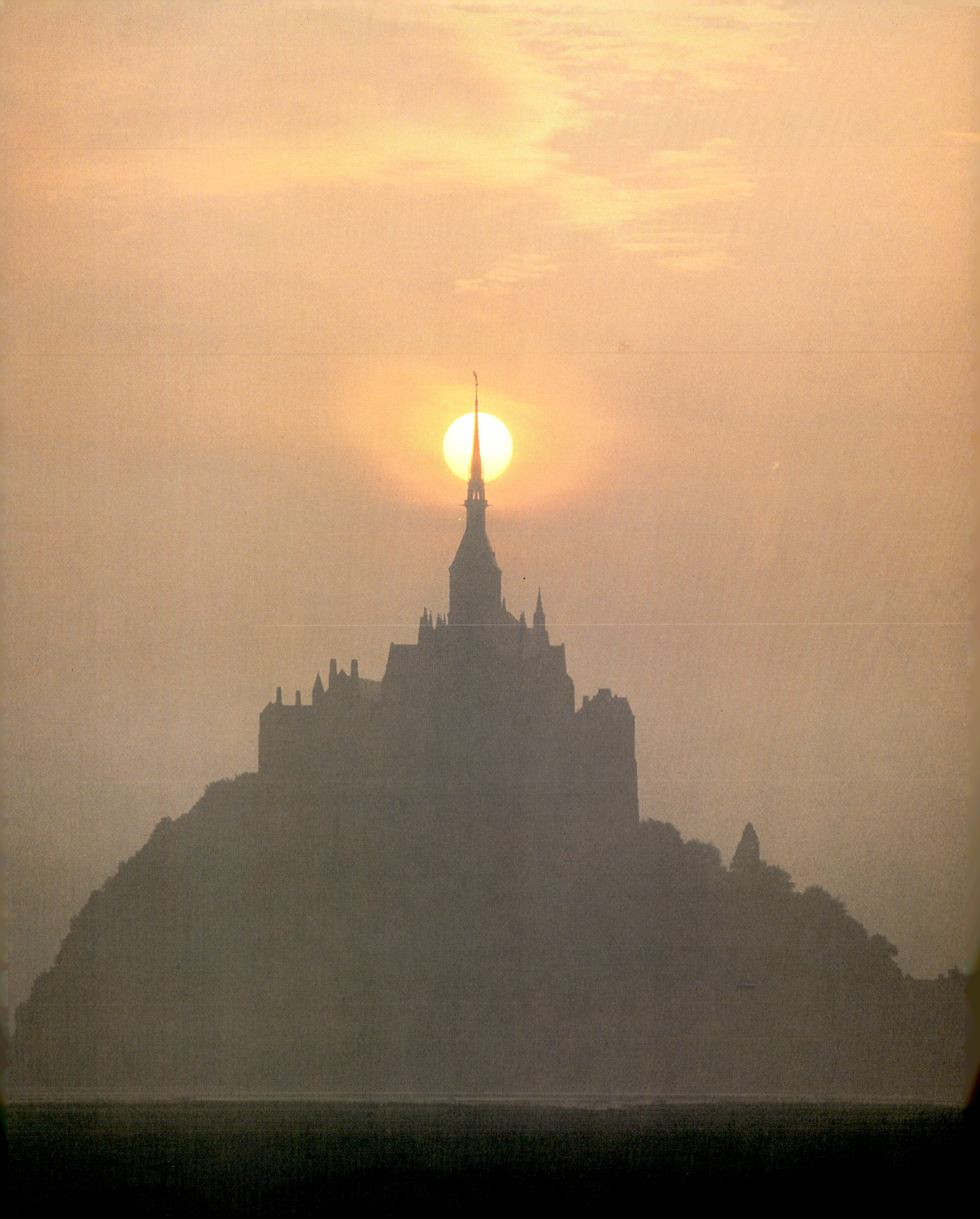

La légende raconte qu'au XIIIe siècle de notre ère l'archange saint Michel apparut en songe à saint Aubert, évêque d'Avranches, et lui demanda de bâtir un oratoire sur un îlot granitique haut de 78 mètres dans l'immense baie qui borde d'un côté la Bretagne, de l'autre la Normandie. Cet îlot s'appelait alors Mont-Tombe et selon la mythologie celtique les âmes y étaient transportées après la mort dans une barque invisible. Une autre légende raconte qu'une femme enceinte se rendant en pèlerinage à l'oratoire devenu abbaye bénédictine fut surprise par la marée et appela l'archange au secours. Celui-ci écarta les flots devant elle. En reconnaissance elle nomma « Péril » l'enfant né peu après. Et l'abbaye devint désormais le « Mont-Saint-Michel au péril de la Mer ».

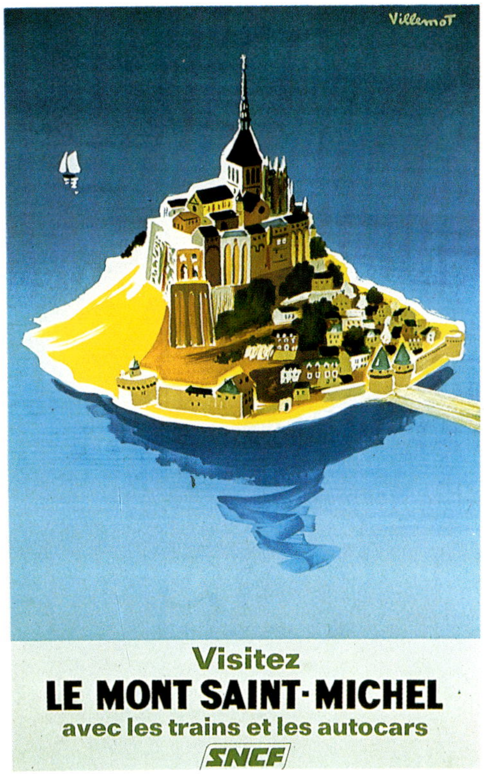

Ici, en effet, la mer est redoutable. Les grandes marées y sont les plus fortes d'Europe, peut-être du monde, le flux déferlant, dit-on, à l'allure d'un cheval au galop, sans compter que le promeneur imprudent risque de s'enliser dans des sables mouvants. Depuis plus d'un siècle (1877) une digue relie le Mont à la terre ferme et les voitures peuvent se garer au pied du rocher, mais lorsqu'on y séjourne un jour de forte marée, on a quand même toujours l'impression d'y vivre un cataclysme.

La splendide abbaye du Mont-Saint-Michel, à laquelle conduit une rue montante bordée de restaurants et de marchands de souvenirs, est un résumé de toute l'architecture religieuse d'Occident. À la base, deux chapelles carolingiennes ; au sommet, une abbatiale romane complètement remaniée au XVIIIe siècle et dont la flèche se termine par un saint Michel terrassant le dragon sculpté en 1897. Dans la main de l'archange, l'épée sert de paratonnerre. Depuis sa fondation le Mont a en effet été dévasté à douze reprises par des incendies provoqués par la foudre.

Les bâtiments gothiques de la façade nord, aumônerie, salle des Hôtes, réfectoire, cellier, salle des Chevaliers etc., et surtout le cloître d'une pureté de ligne incomparable, ont été baptisés la « Merveille » et méritent bien ce nom. L'extraordinaire est qu'ils ont été construits d'un seul jet, en vingt-cinq ans à peine, entre 1203 et 1228. À partir de cette époque, le Mont devint une abbaye militaire d'où les moines chevaliers repoussèrent tous les assauts pendant la guerre de Cent Ans. Ce qui n'empêcha pas les Anglais, maîtres de la région, de distribuer des sauf-conduits aux fidèles venant y faire pèlerinage.

À la Révolution, le Mont-Saint-Michel fut rebaptisé Mont-Libre et, paradoxalement, transformé en prison jusqu'en 1863. Aujourd'hui ce haut lieu de la foi est devenu un haut lieu du tourisme. Ses spécialités gastronomiques sont, outre les fruits de mer, l'agneau de pré-salé, élevé dans les prés reconquis sur la mer tout au long de l'immense baie, et, unique en France et plus que centenaire, la fameuse omelette de la Mère Poulard.

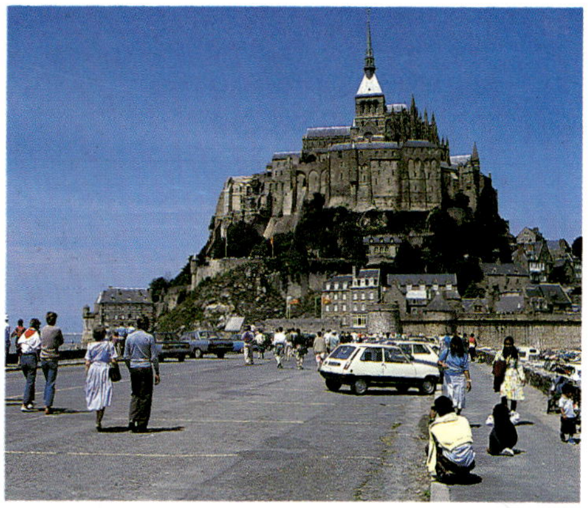

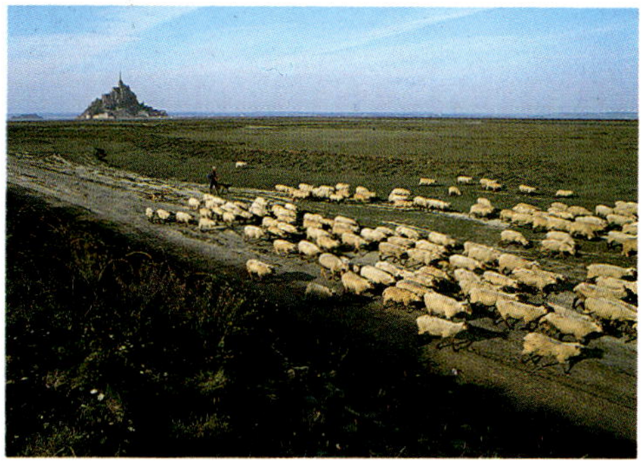

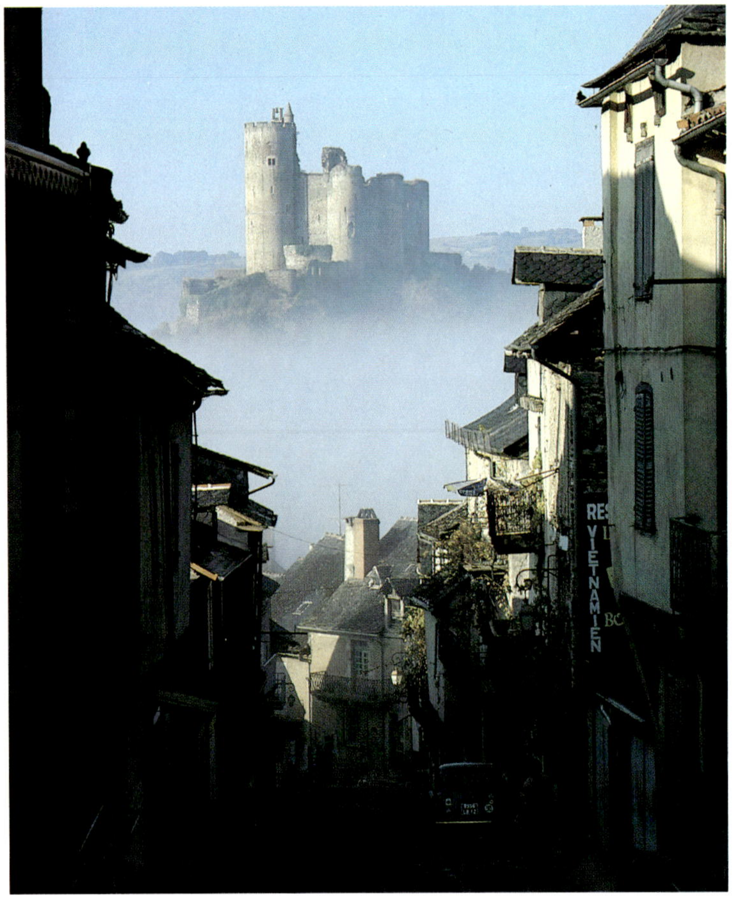

Châteaux, palais, manoirs, forteresses, gentilhommières, peuplent le paysage français. Il en existe plus de 10 000 officiellement recensés sans compter beaucoup d'autres qui ne sont pas dans les guides, mais que le touriste découvre au hasard des chemins.

Ils sont particulièrement nombreux en Aquitaine, surtout dans le Périgord où la légende raconte qu'un saint passa jadis, avec sa hotte peuplée de châteaux, qu'il glissa en escaladant les collines de Dordogne, et qu'ainsi ses châteaux se répandirent à foison. La vérité est que le duché d'Aquitaine (devenu anglais à la suite du mariage au XIIe siècle de son héritière Aliénor, répudiée par le roi de France, avec le futur roi d'Angleterre Henri II Plantagenêt) eut toujours des frontières incertaines et controversées. Celles-ci avaient donc besoin de solides bastions. Dans les deux camps.

C'est ainsi que le château de Commarque *(à droite)*, dont les ruines émergent d'un nid de verdure, joua un grand rôle pendant la guerre de Cent Ans et fut, à la suite d'une trahison, occupé par les Anglais avant d'être reconquis par le sénéchal de Périgord.

Le château de Najac *(ci-dessus)*, plus à l'est dans l'Aveyron, est un lieu deux fois historique. D'abord parce que les Anglais, après l'avoir conquis, y signèrent un traité d'alliance avec le duc d'Aragon contre le comte de Toulouse. Ensuite parce qu'après avoir été abandonné par ses occupants il devint une place forte de l'hérésie albigeoise.

Le Moyen Âge passé, les châteaux cessèrent d'être des forteresses pour devenir des demeures seigneuriales et, bien plus tard, les résidences des bourgeois enrichis par la révolution industrielle. Mais l'histoire de la belle architecture des châteaux s'est arrêtée vers 1850. Aucun architecte dans le monde n'en a plus jamais construit au XXe siècle. On se contente de restaurer ceux qui existent ou d'en faire des copies. Et c'est pour cela sans doute que les Français aiment plus que jamais leurs vieux châteaux.

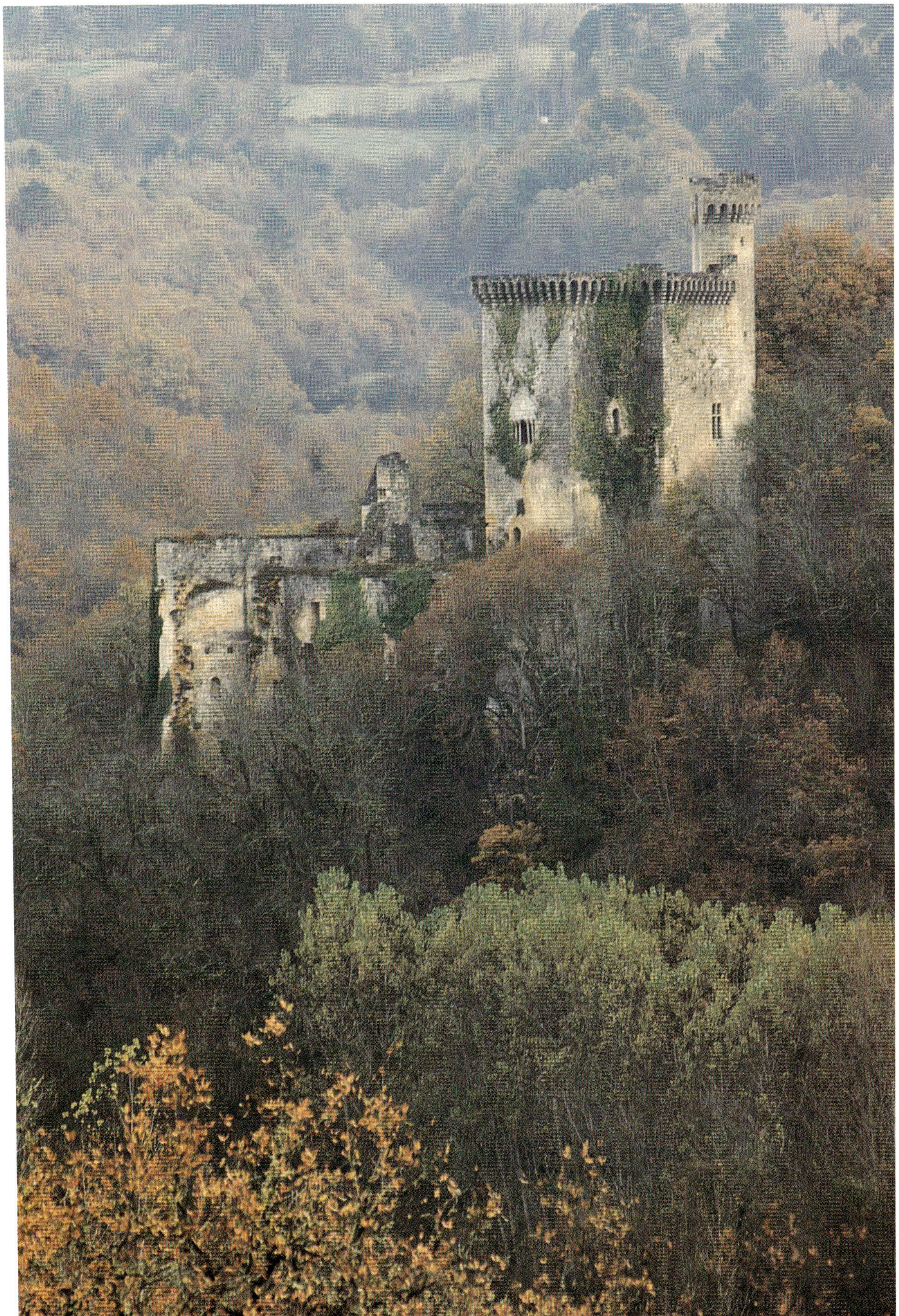

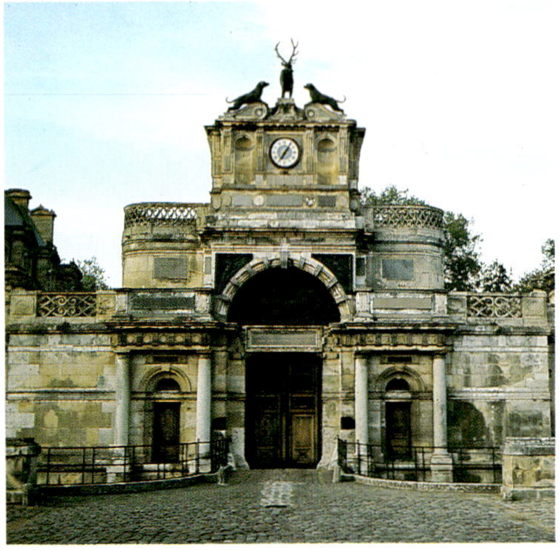

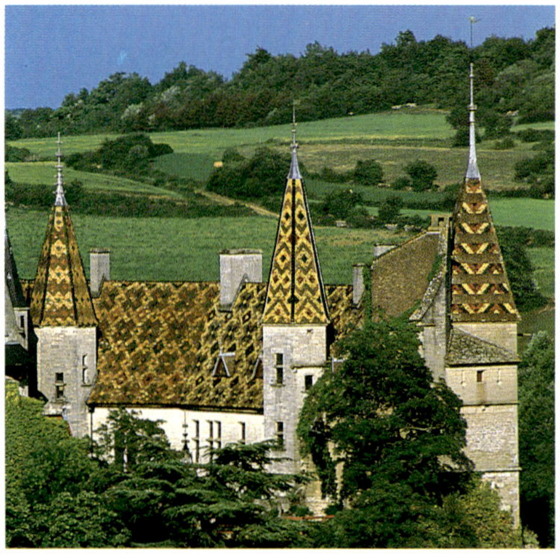

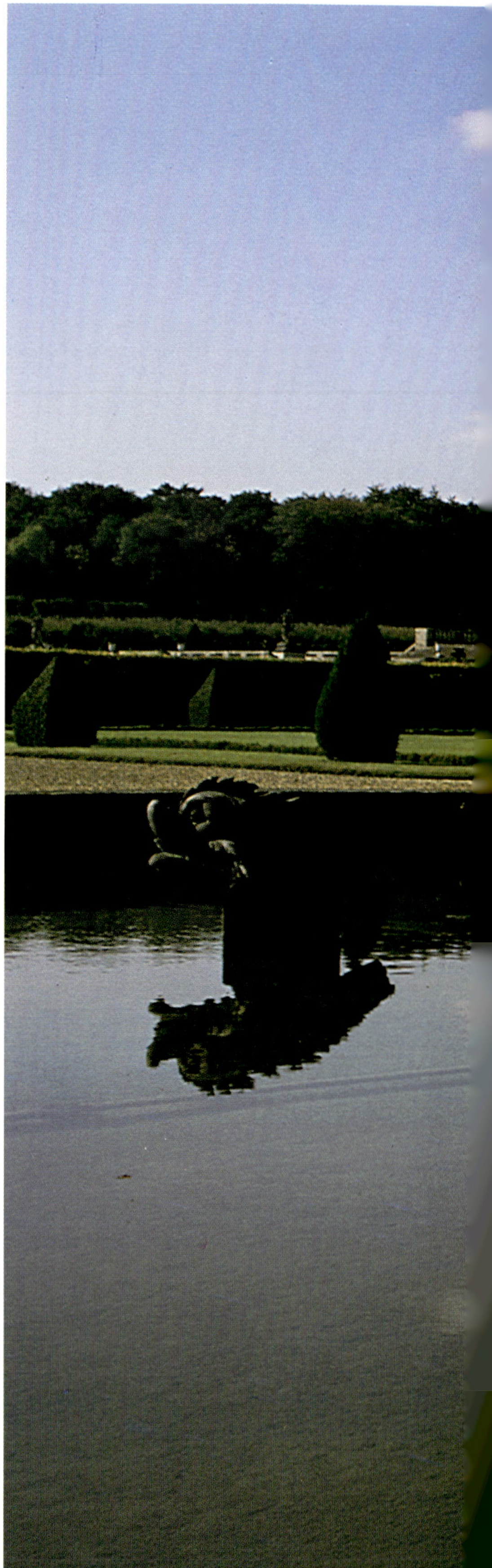

Tous ces châteaux de France ont leur histoire, héroïque ou galante.

Voici Anet *(ci-dessus, à gauche)*, en Normandie, chef-d'œuvre de l'architecture de la Renaissance. C'est le roi de France Henri II qui le fit construire pour sa belle maîtresse Diane de Poitiers, de dix-neuf ans son aînée. Elle avait d'abord été l'une des favorites de François Ier, le père d'Henri, et déjà reçu de lui en cadeau l'une des merveilles du pays de Loire, le château de Chenonceaux.

Le château d'Anet était, selon les propos de l'ambassadeur d'Angleterre en 1554, « empli d'objets si somptueux et si princiers qu'il n'en avait jamais vu de semblables ». À l'époque, les chiens sculptés au-dessus du grand portail étaient animés par une mécanique qui les faisait aboyer tous les quarts d'heure contre un cerf qui frappait du sabot sur une plaque de bronze !

Voici encore Vaux-le-Vicomte *(à droite)* en Île-de-France que fit construire, au milieu du XVIIe siècle, le richissime ministre des Finances du jeune roi Louis XIV, Nicolas Fouquet. Joyau de l'architecture classique, Vaux est entouré d'un parc qui est le plus bel exemple de ce que les ingénieurs de l'époque appelaient l'architecture hydraulique. C'est l'harmonie parfaite entre la pierre, les plantes et l'eau.

Hélas, Vaux ne porta pas bonheur à son propriétaire. Une trop somptueuse fête blessa l'orgueil du roi qu'il avait eu l'audace d'inviter. Louis XIV destitua Fouquet, le fit juger et enfermer dans une forteresse où il mourut mystérieusement. Mais plus tard, le roi s'adressa à ses architectes, à ses ingénieurs et à ses jardiniers pour bâtir Versailles.

Tout autre est le château à tours pointues *(ci-dessus, à droite)* qui domine le village bourguignon de La Rochepot, élevé au XVe siècle sur l'emplacement d'une forteresse en ruine par le chevalier Régnier Pot. Détruit à la Révolution, il a été reconstruit au début du siècle par le fils de Sadi Carnot, le président de la République assassiné à Lyon en 1894 par un anarchiste. Sous ses murs se déroule le prestigieux vignoble des Hautes Côtes de Beaune.

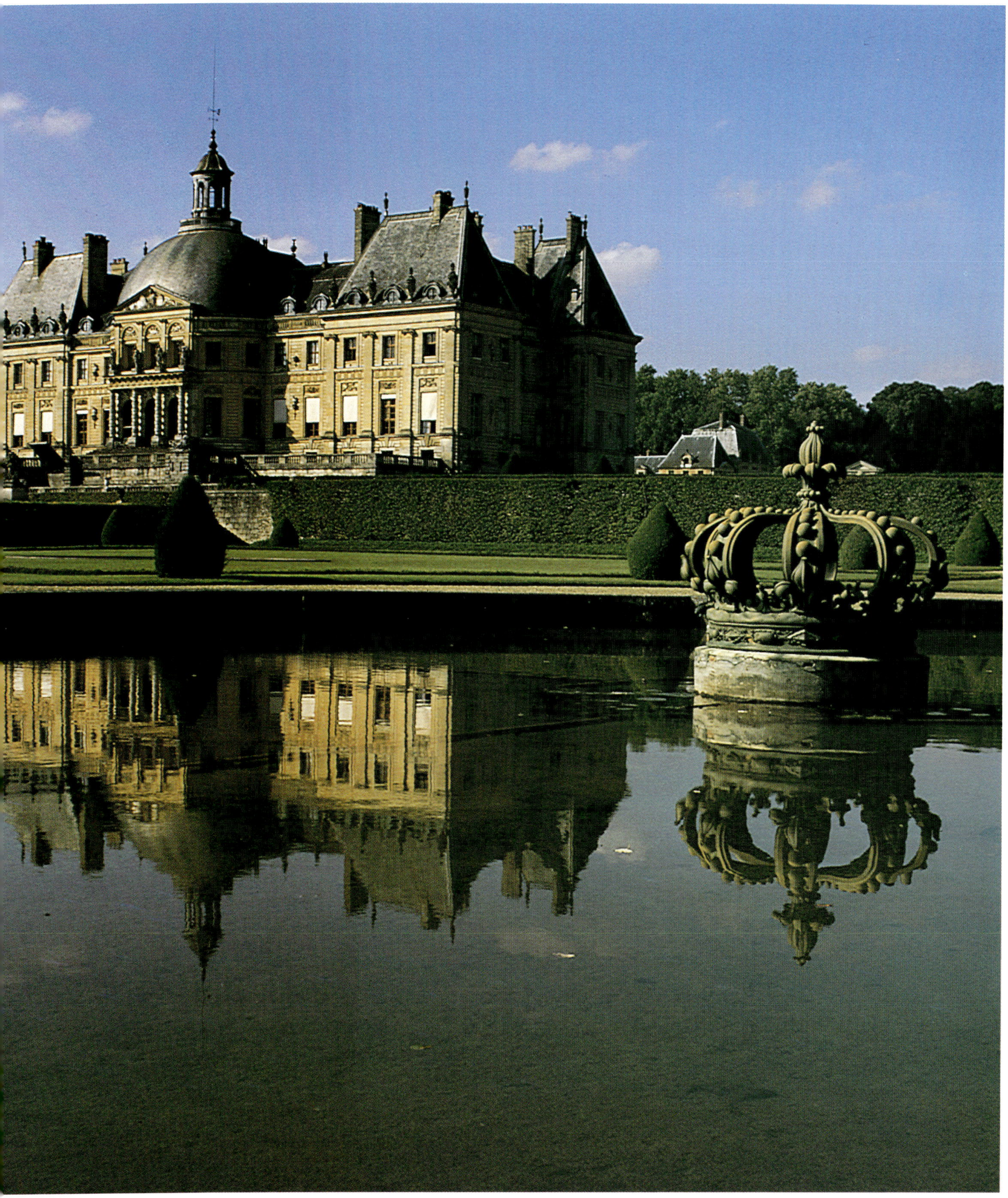

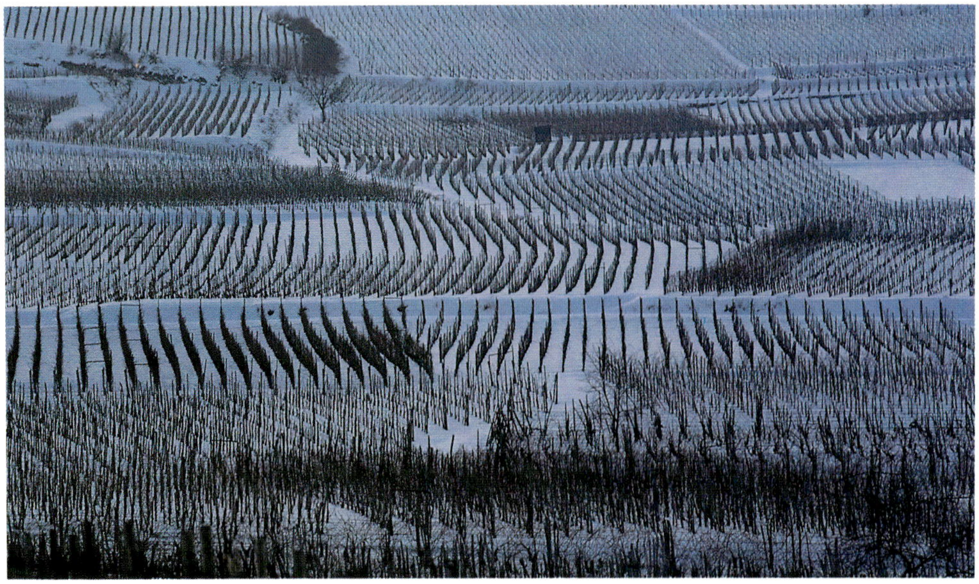

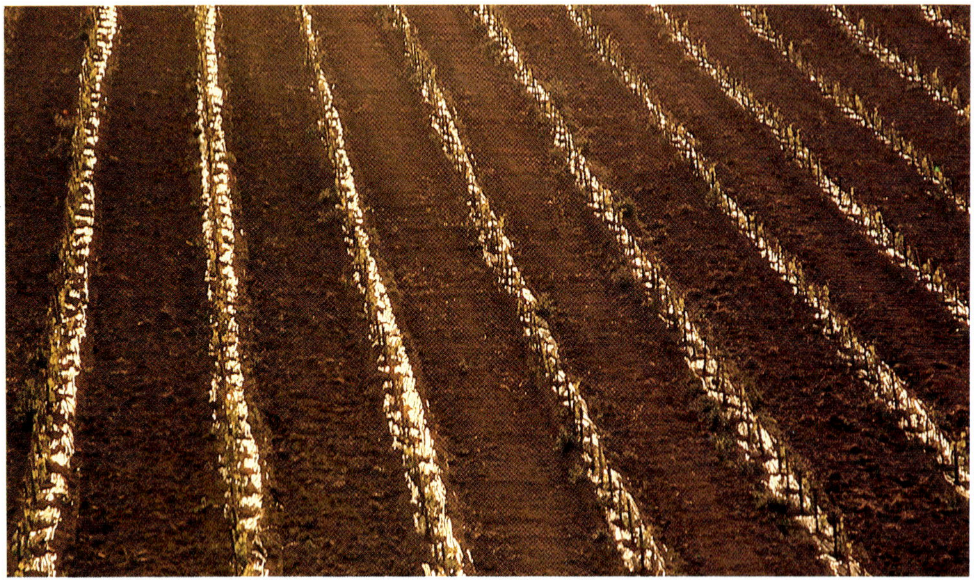

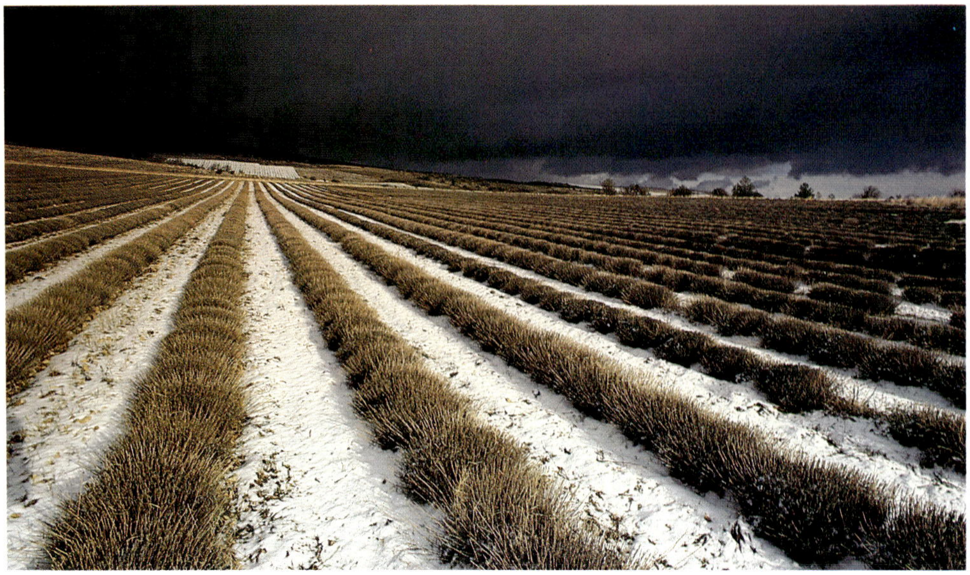

« Labourage et pâturage sont les deux mamelles de la France... », disait au bon roi Henri IV son ministre Sully à l'aube du XVIIe siècle. Tous les petits écoliers de l'hexagone ont prononcé, en pouffant de rire le plus souvent, cette phrase célèbre. Pourtant au cours des siècles, la sentence a été largement entendue puisque le paysage français, au sortir des villes, est agricole dans sa majeure partie et représente grosso modo 60 % du territoire.

Ainsi, un voyageur assis dans le train peut regarder, sans se lasser et en toutes saisons, défiler à sa fenêtre ces dessins géométriques, plantations et sillons, que forment les morceaux de terres cultivés, soulignés, encadrés parfois du réseau innombrable des petites routes départementales, le plus souvent et surtout dans les régions du sud, héritage des anciennes voies romaines.

Cette abstraction linéaire cache une féconde réalité, celle d'un pays gros producteur de céréales, de fruits, de légumes, de betteraves à sucre, de tabac, sans oublier la vigne, généreuse bien-aimée, soignée en toutes saisons, dont les sarments noirs, bien alignés, forment l'hiver une espèce d'écriture du sol, une promesse de vendange et de bouteilles.

En haut, à gauche : le vignoble d'Alsace.

Au centre, à gauche : les bâches de plastique protégeant les rangées de melons, captent les rayons du soleil couchant.

En bas, à gauche : en hiver, les champs de lavande près du mont Ventoux en Provence.

À droite : jeunes vignes près de Ludes, en Champagne.

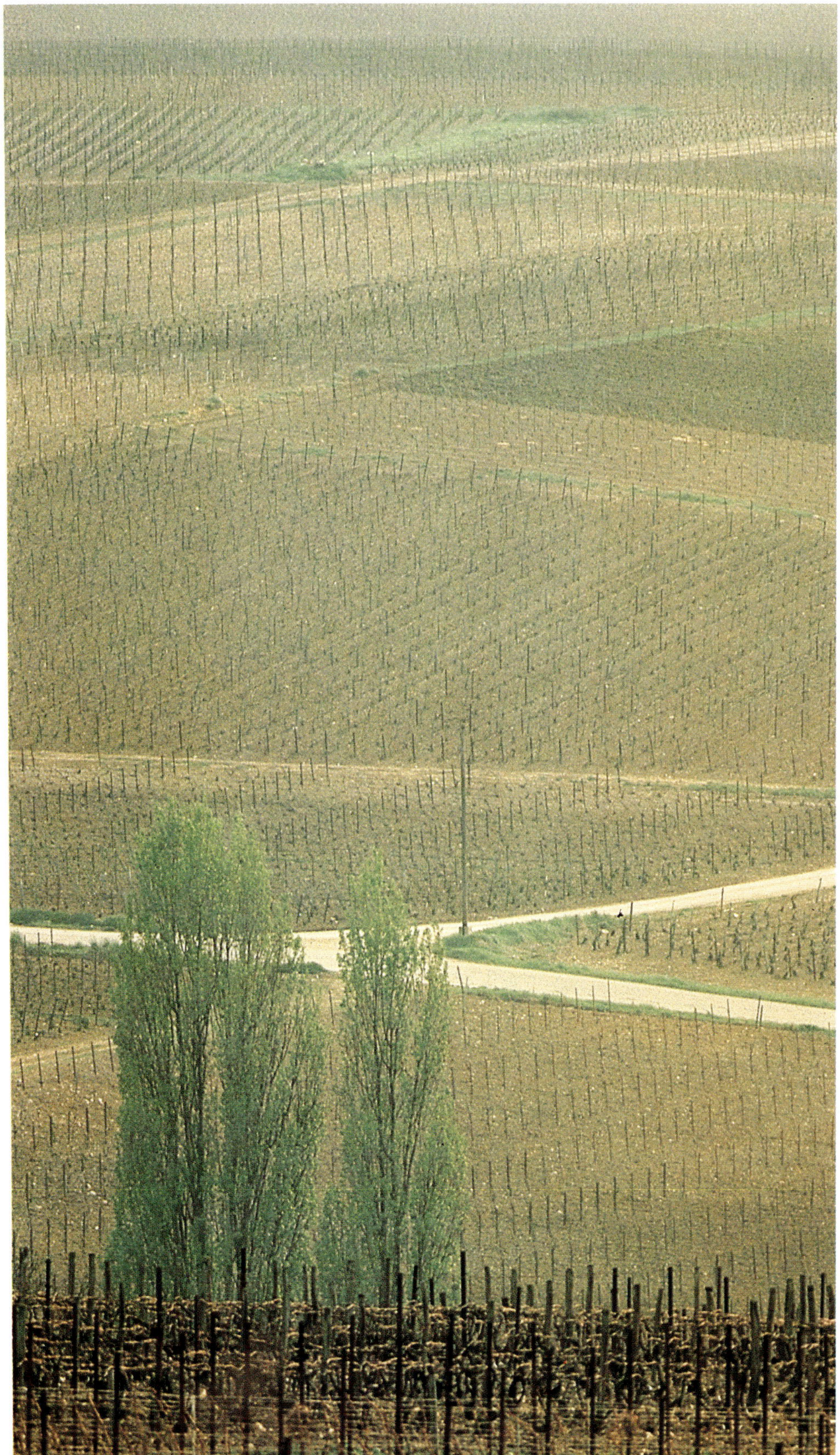

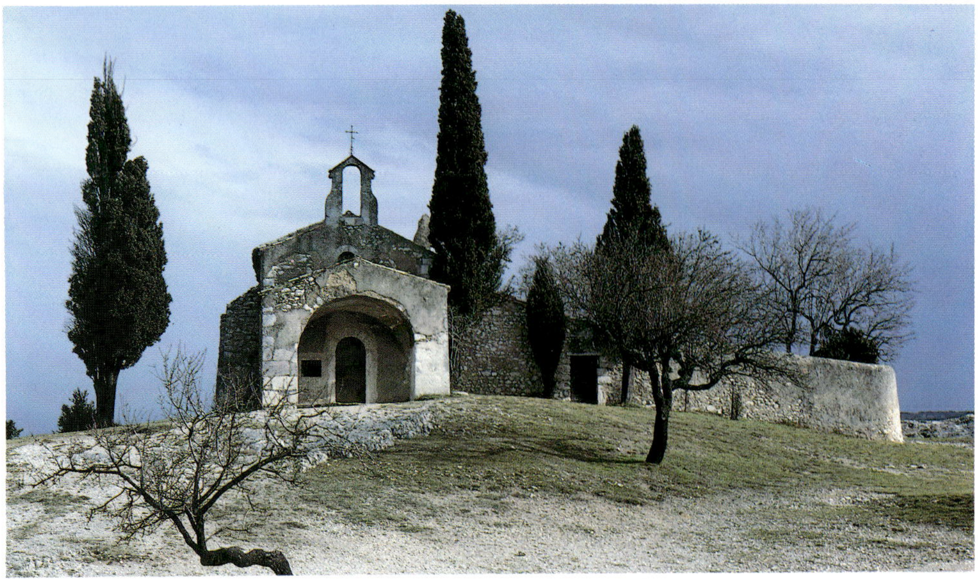

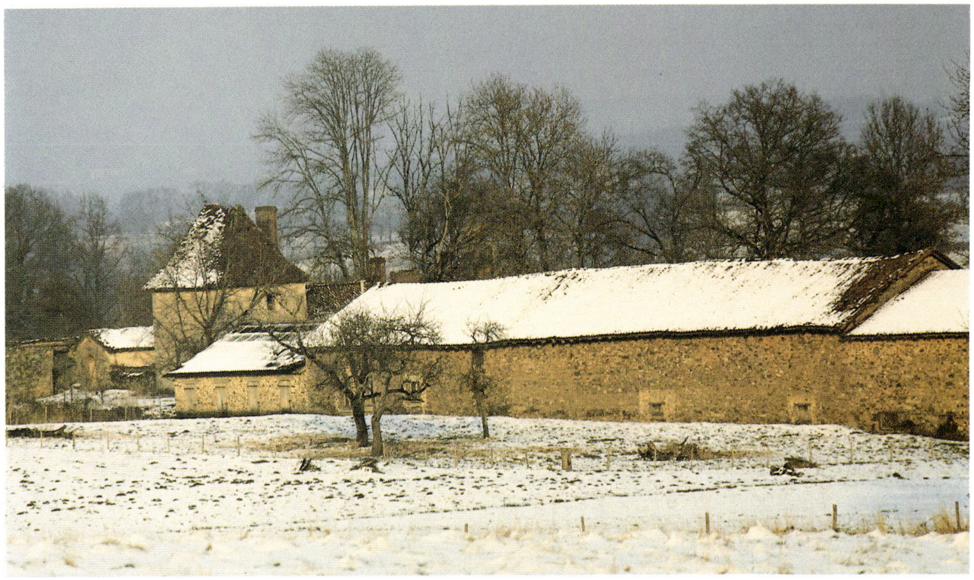

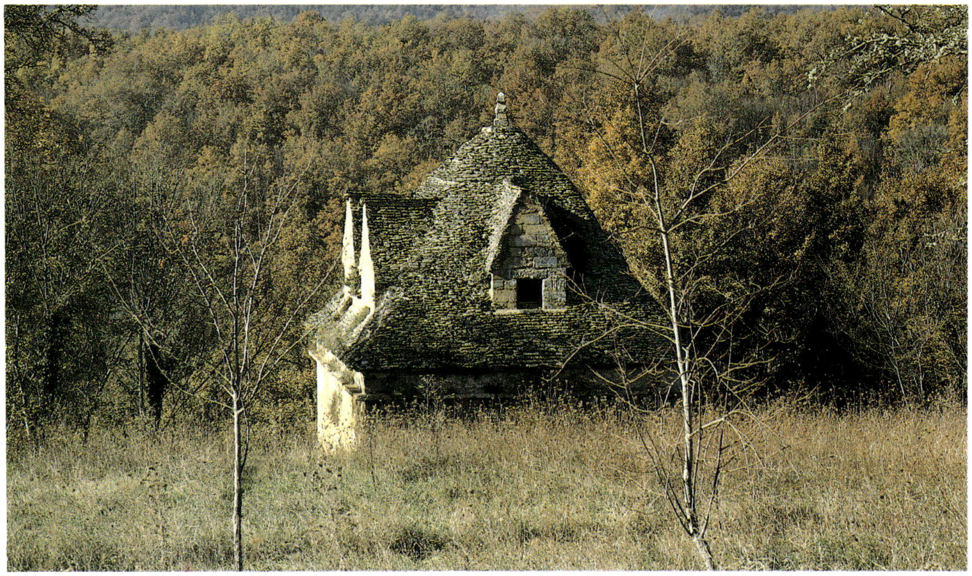

Partout au monde, avant que n'apparaissent les techniques modernes du bâtiment, les maisons étaient construites dans les matériaux du pays. En France, la variété des sols a fourni des éléments de construction si différents que, parfois très rapidement, d'un village à l'autre, tout change. Il suffit de franchir une rivière ou de monter une colline pour que, par exemple, les tendres pierres blanches de la vallée de la Loire, celles qui vont si bien avec l'ardoise d'Anjou et les peupliers argentés, soient peu à peu remplacées par une pierre plus dure, plus foncée ; alors qu'autour les bois s'épaississent, les châtaigniers apparaissent, l'herbe devient plus drue.

Regardons cette chaumière bretonne dont le granit rose s'harmonise avec la lande fleurie de bruyères. Sa voisine, la normande, est à colombage et le chaume qui la recouvre vient du champ voisin.

Mais, pour trouver des maisons tout en bois en France, il faut monter haut dans les montagnes ; car à part le chalet savoyard qui sait s'entourer de hauts sapins, on n'aime pas beaucoup ce genre de construction : à cause sans doute d'une défiance vis-à-vis de sa légèreté, de la peur de l'incendie, ou des lois diverses qui, même en région forestière, en interdisent l'édification. Peut-être aussi les Français qui, il y a peu de temps encore, étaient soudés à leur terre et ne se déplaçaient pratiquement pas, avaient-ils l'impression que le bois ne leur fournissait pas une maison « pour la vie ».

Descendons au sud, vers les contreforts des Alpes, là où villages, maisons et châteaux s'accrochent aux rochers : pierres encore, le plus souvent recouvertes de crépi dont les couleurs si naturelles sont puisées directement dans la terre du pays. Cette même terre qui a alimenté la pâte de la tuile romaine des toitures. L'architecture, lorsqu'elle reste traditionnelle, est directement liée au climat : elle s'ouvre ou se referme avec le soleil qu'il faut attraper ou dont il faut se protéger. Parfois, avec des rideaux d'arbres, des cours, les bâtiments luttent vaillamment contre le vent. Certaines régions aux rudes saisons, construisent haut, d'autres bas, comme pour mieux s'effacer devant les intempéries.

C'est cette correspondance secrète entre le bâtiment, qu'il soit modeste ou somptueux, et ce qui l'entoure qui fait l'harmonie dont la France, dans sa diversité, est si prodigue.

À gauche : la chapelle d'Eygalières, en Provence ; ferme près de Saint-Léonard de Noblat, dans le Limousin ; maison près de Beynac, en Dordogne.

À droite : école près de Garentreville en Île-de-France.

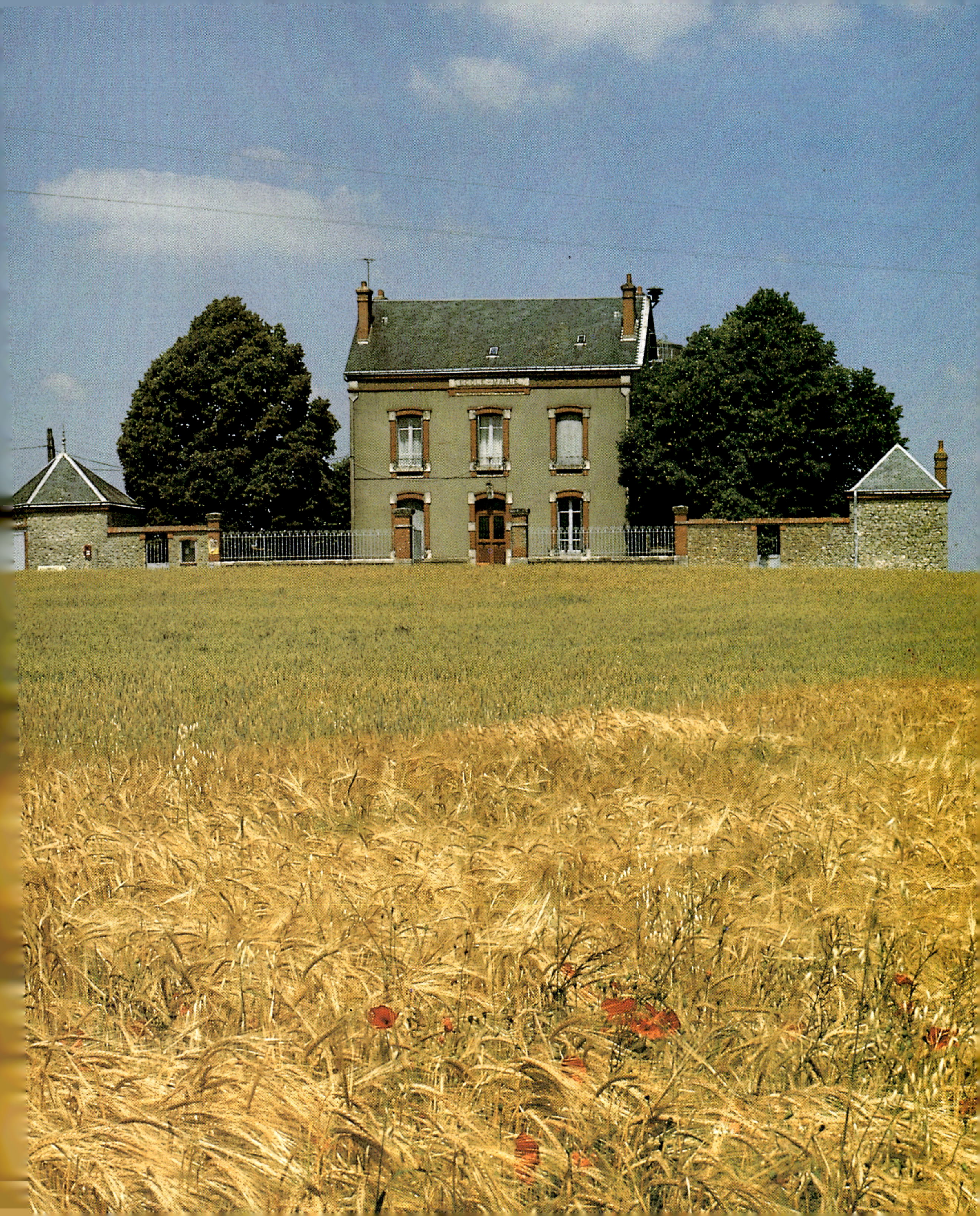

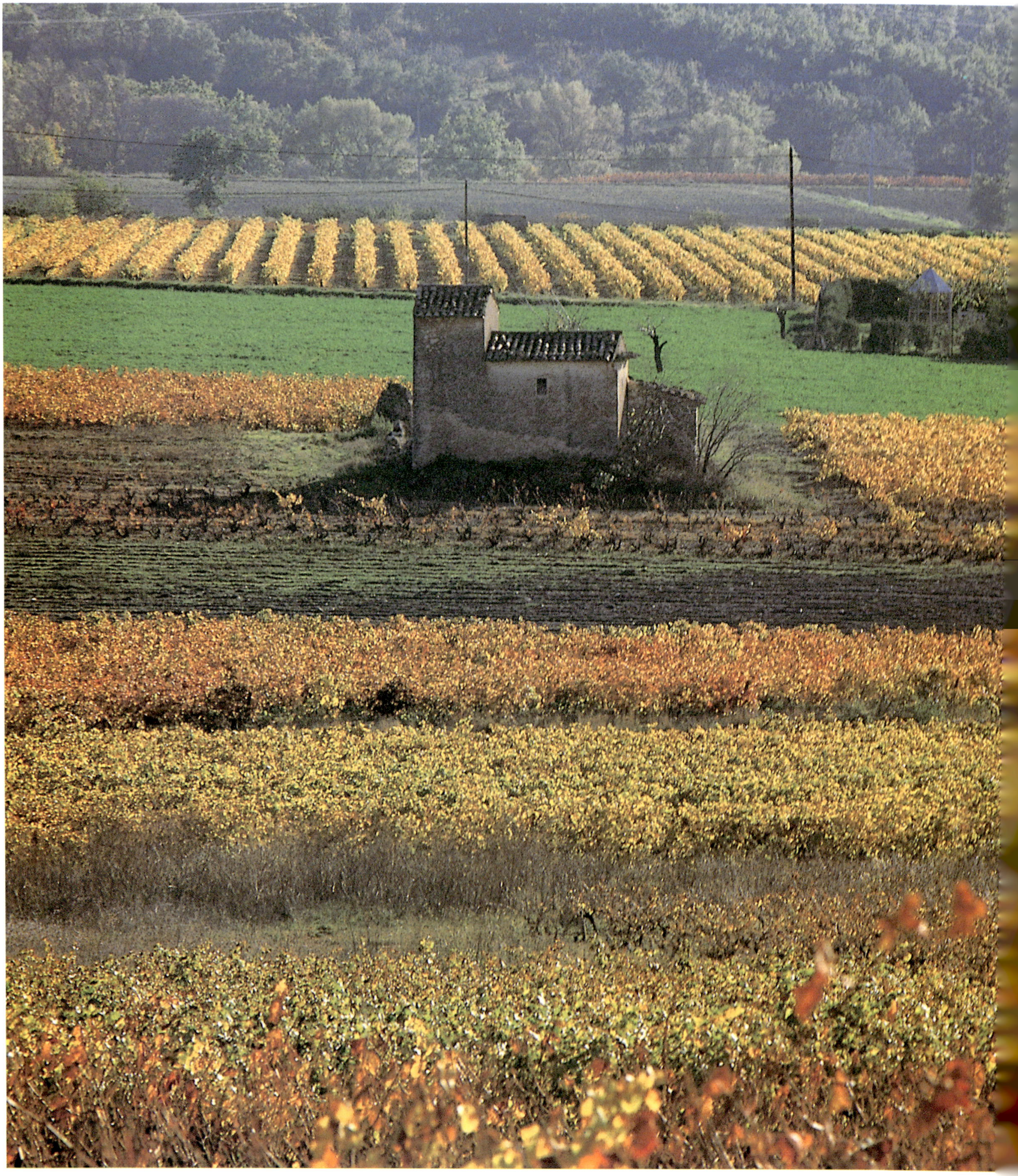

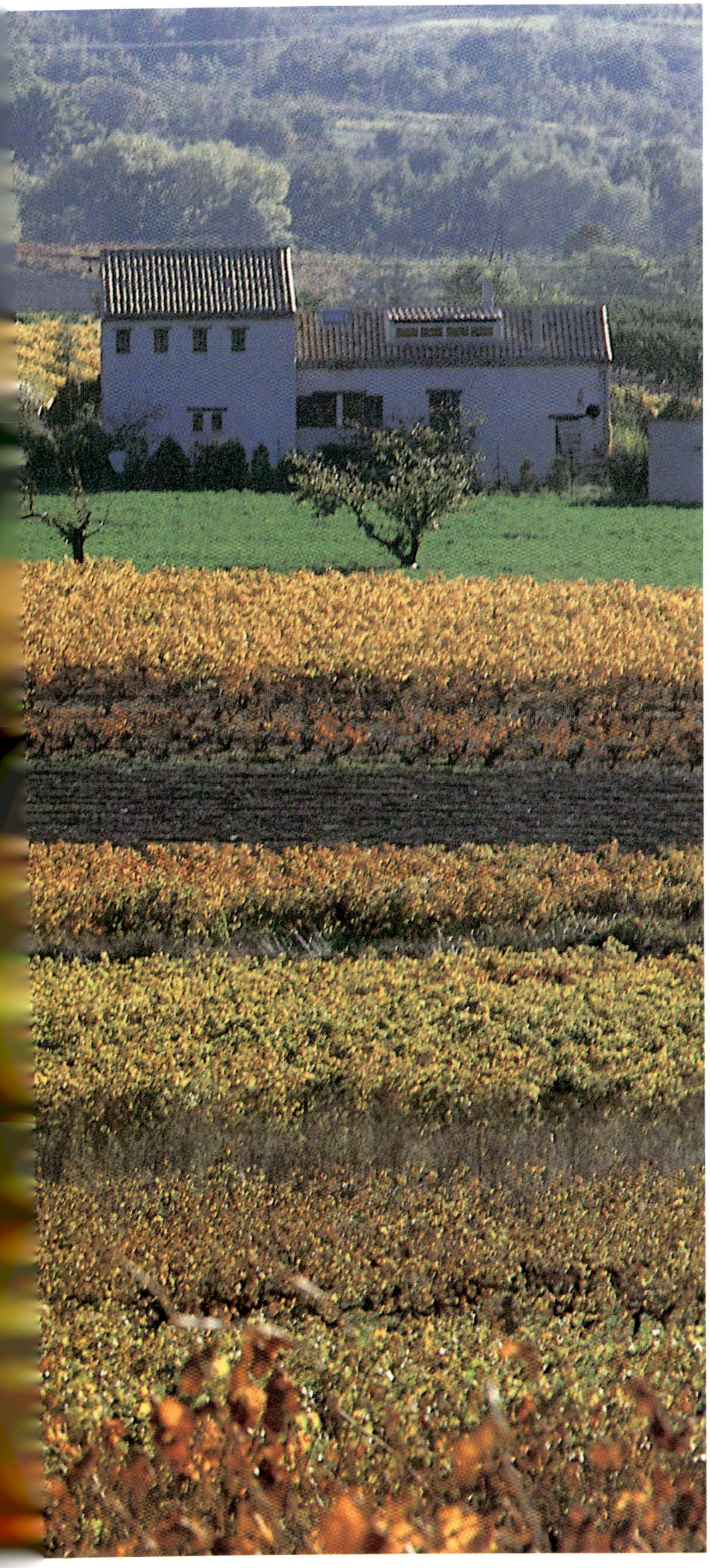

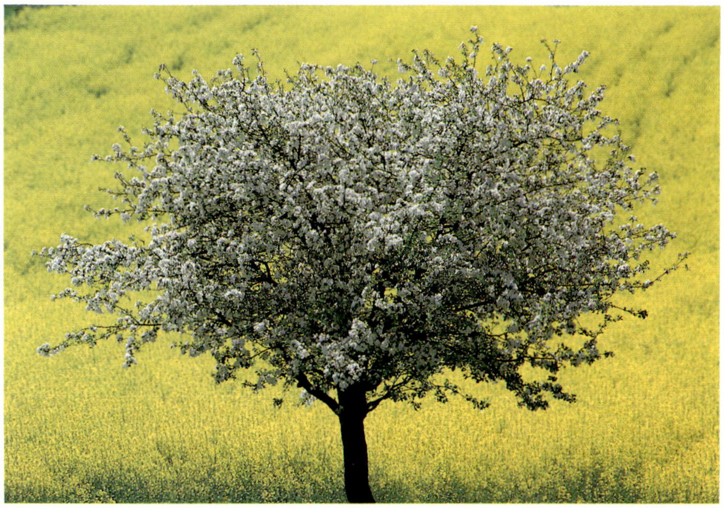

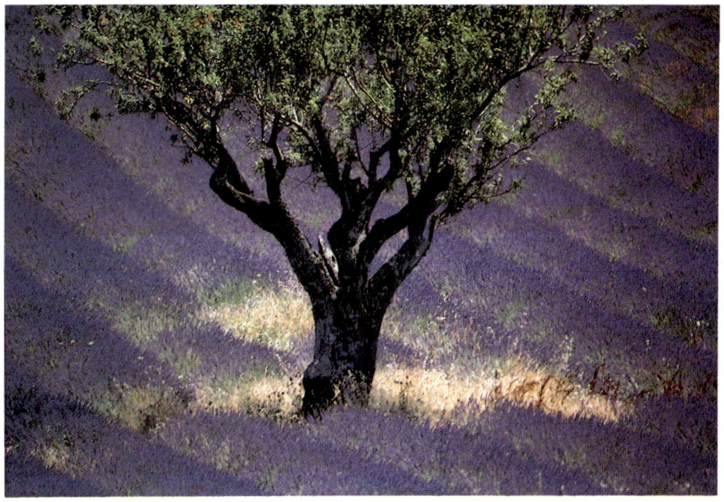

Les couleurs sont une fête et, dans la nature, elles s'accompagnent naturellement d'odeurs. Ouvrons les yeux et le nez pour une promenade de rêve au début de l'été sur les collines de la Drôme plantées de lavande bleue. À l'automne, oublions les engrais, en bordure de forêt dans les plaines limoneuses de la Beauce, le long d'un champ labouré dont la terre ouverte offre les échantillons les plus somptueux des ocres et des bruns. Changeantes couleurs aussi d'un paysage à l'autre puisque les roches en sont le fond. Roses et granitiques sont les petits chemins du Morvan, gris et argentés ceux d'Auvergne et de Bretagne, jaunes et sablonneux les sentiers des Landes.

Les vignes à elles seules sont une palette entière ; le vert tendre des jeunes pousses appelle à respirer l'odeur subtile et souvent ignorée de ses fleurs ; le sulfate y laisse des taches bleues, et l'hiver, les ceps noirs s'harmonisent avec les ciels brumeux.

En France, le morcellement des terres, malgré les techniques modernes de culture, subsiste dans beaucoup de régions ; ainsi la nature bienveillante et domestiquée dispense diverses touches de couleur dans des formes petites et délimitées, si bien juxtaposées entre elles que l'on pourrait croire que cette tache jaune et brillante d'un champ de colza est là juste pour notre plaisir.

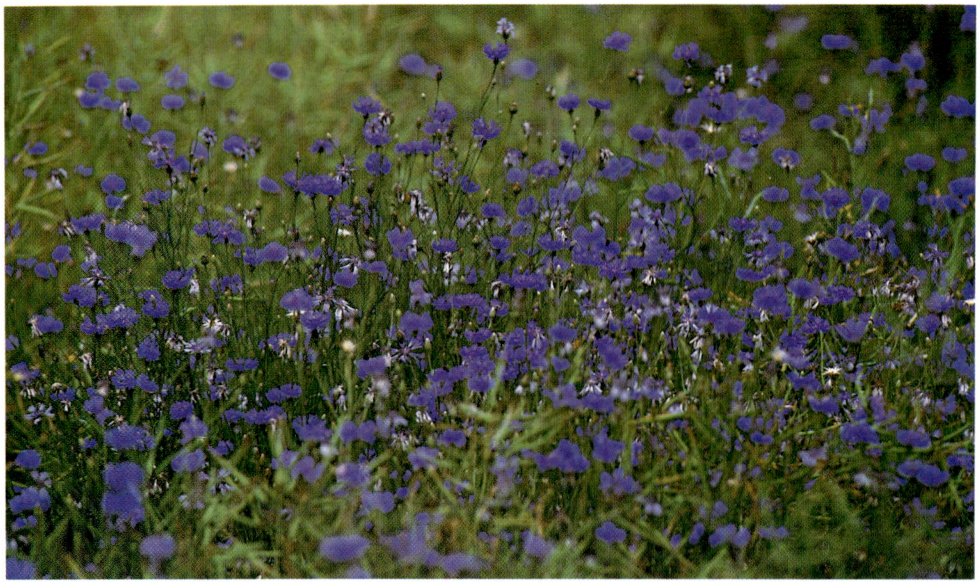

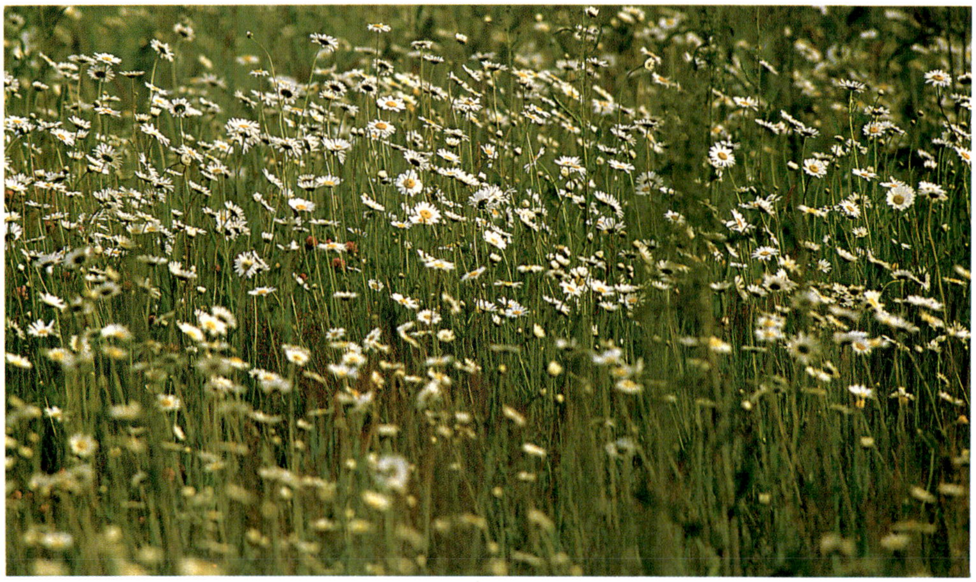

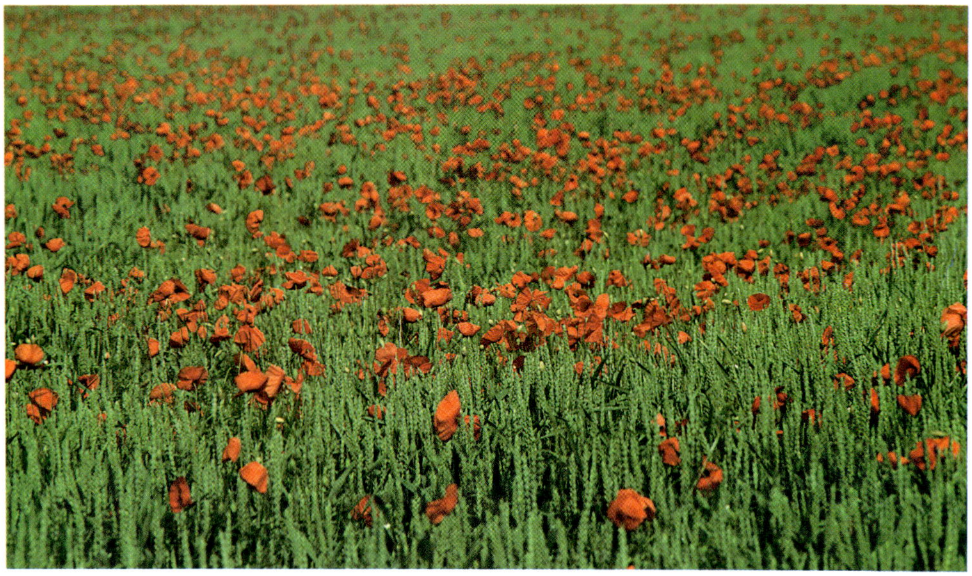

Les fleurs sauvages, celles qu'on appelle ici les fleurs des champs et qu'on retrouve à travers tout le paysage français, ont souvent et symboliquement les couleurs du drapeau.

Le bleu, c'est celui du bleuet, la fleur des romances tendres et ingénues ; ou la couleur du célèbre paquet de Gauloises dont les amateurs disent avec conviction qu'elles n'ont pas d'équivalent dans le monde.

Le blanc, c'était autrefois la couleur du lis royal, c'est aujourd'hui plus démocratiquement la simple marguerite qu'effeuillent les amoureux en disant : « Je t'aime, un peu, beaucoup, à la folie... pas du tout. » Ou bien encore la petite pâquerette qui jaillit partout jusqu'au bord des routes dès les premiers jours du printemps.

Le rouge enfin est la couleur de ces coquelicots qui parsèment l'été les champs de blé mûr à la veille de la moisson, mais qui sont aussi le symbole moins heureux du sang versé sur d'autres champs, les champs de bataille de la Somme, de la Marne ou de la Meuse, le sang des Alliés des deux guerres.

Fleurs des champs, fleurs des bois... Dans toutes les villes de France, le 1er Mai est non seulement la fête du travail mais aussi celle du muguet. Au coin de chaque rue, des jeunes gens, des enfants surtout, qui l'ont cueilli le matin même, ont le droit exceptionnellement de le vendre brin par brin sur des étalages de fortune. Et pas un Français ne rentre chez lui ce jour-là sans son muguet.

Fleur d'été, la renoncule ou bouton-d'or que les enfants approchent de leur cou, où l'apparition d'une coloration veut dire qu'ils aiment leur tartine bien beurrée ! Fleur d'hiver, le mimosa qui colore de son jaune éclatant les collines du Midi mais ne dédaigne pas non plus d'égayer bien plus au nord les jardins bretons. Fleurs de montagne, le cyclamen, la digitale ou l'édelweiss, qui poussent bien plus haut sur les sommets, et qu'il est parfois pénible d'aller cueillir. Fleurs comestibles, la fleur d'oranger ou celle de l'acacia, la violette, la capucine, qui se mangent en beignet. Ou bien le tournesol, ce grand soleil cher à Van Gogh qui servait autrefois à nourrir les bêtes, et dont on extrait aujourd'hui une huile légère à l'usage de ceux qui veulent ménager leurs artères...

Toute la France aime les fleurs, pas une maison de village qui n'ait sa rose trémière, Beaucoup de villes dessinent avec des fleurs leur nom sur des parterres à l'attention des touristes ; ce qui est sympathique faute d'être toujours très joli. Mais rien n'égale la somptueuse flore méditerranéenne dont la ville reine est Grasse où les fleurs se transforment en parfums qui ont conquis le monde.

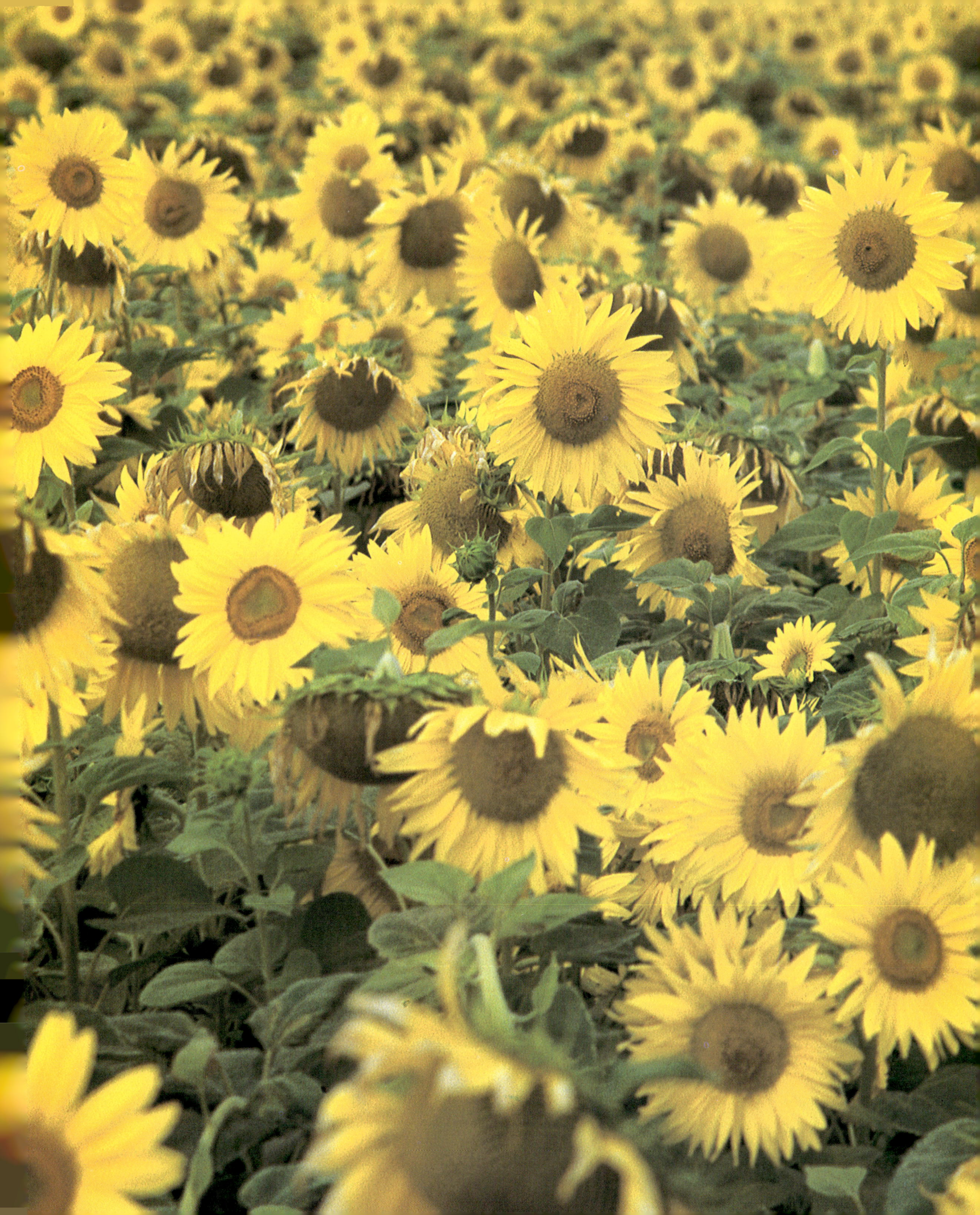

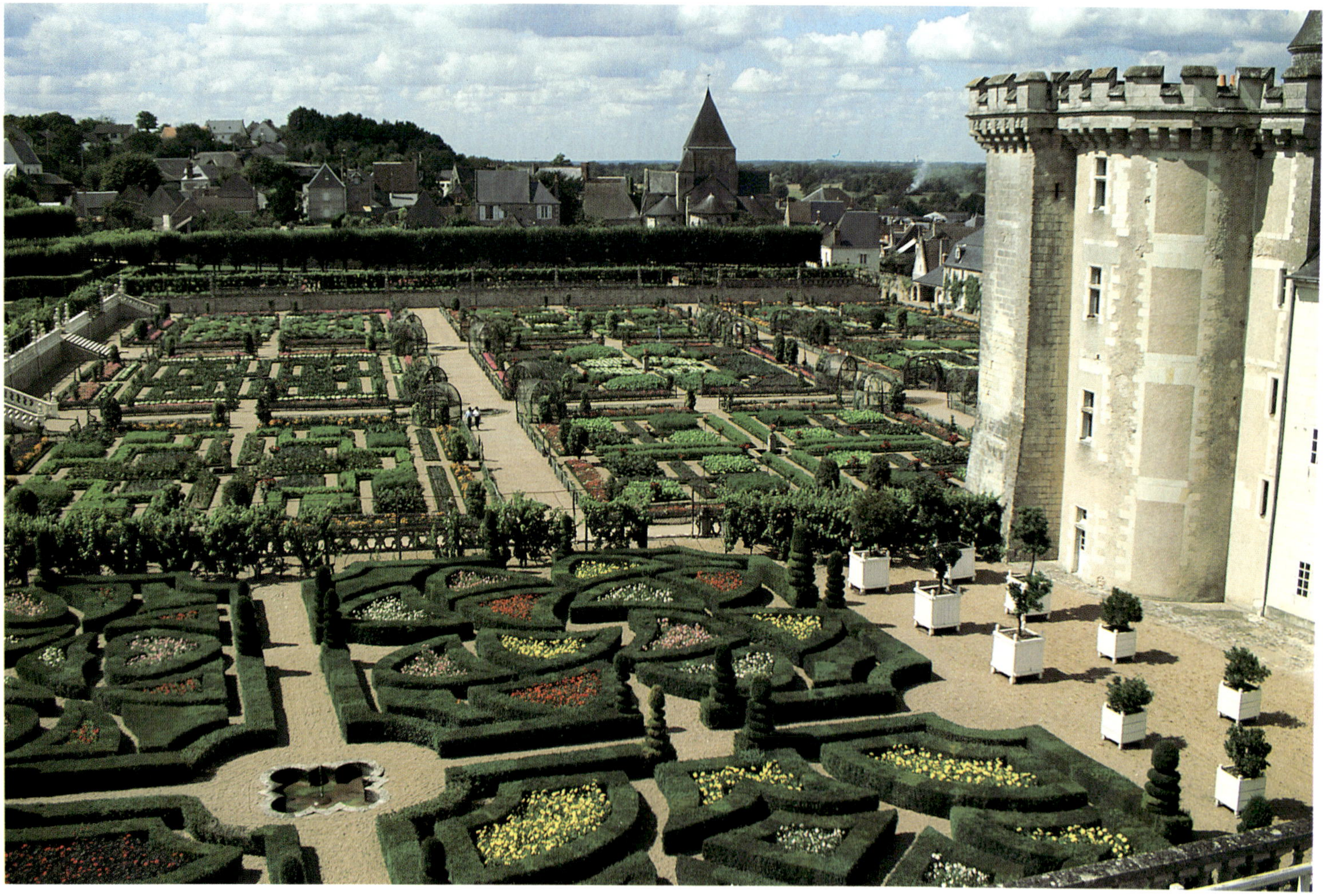

On appelle la Touraine le jardin de la France. Et, au pied des coteaux boisés qui dominent la vallée où coulent côte à côte la Loire et le Cher avant de se rejoindre, le jardin du château de Villandry est sûrement le plus beau jardin de la Touraine.

Trois terrasses superposées. En bas, le potager, avec tous les légumes d'hier et d'aujourd'hui, à l'exception de la pomme de terre qui ne fut introduite en France qu'au XVIIIe siècle par Parmentier. Au centre, le jardin d'ornement est constitué par un parterre aux motifs symboliques sur le thème de l'amour, rehaussé d'ifs et de buis taillés. En haut, le jardin d'eau avec son grand miroir de 90 mètres de long et 75 mètres de large. À cet ensemble s'ajoute un verger planté de toutes sortes d'arbres fruitiers dominant toute la vallée.

Bien que cette superbe ordonnance du début du XVIe siècle soit l'œuvre de jardiniers italiens ramenés en France par le roi Charles

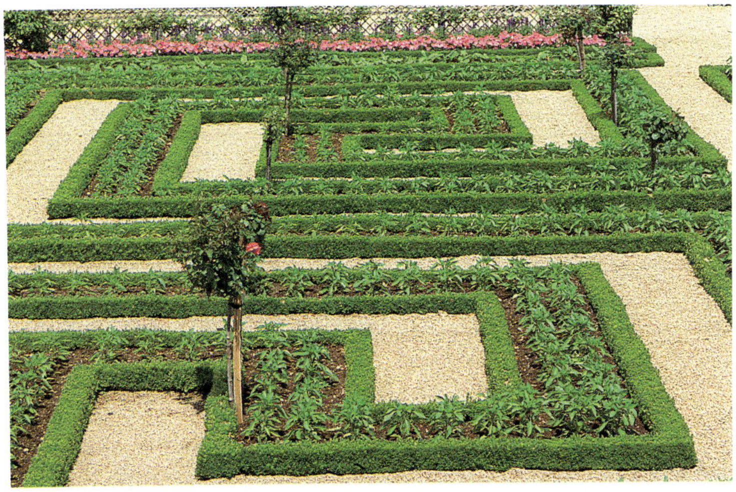

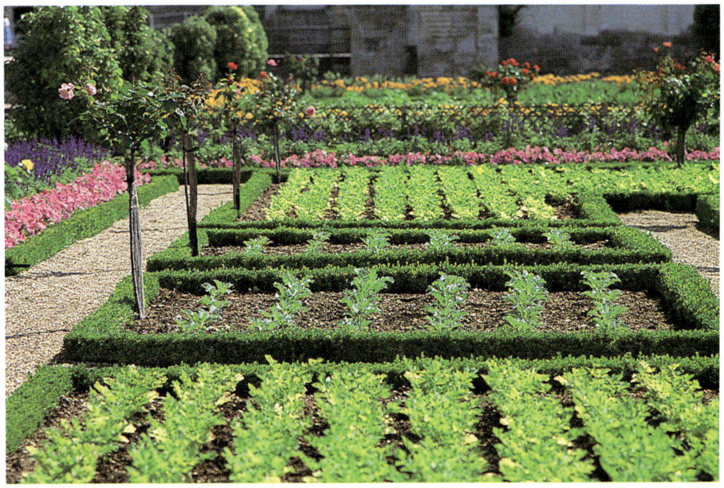

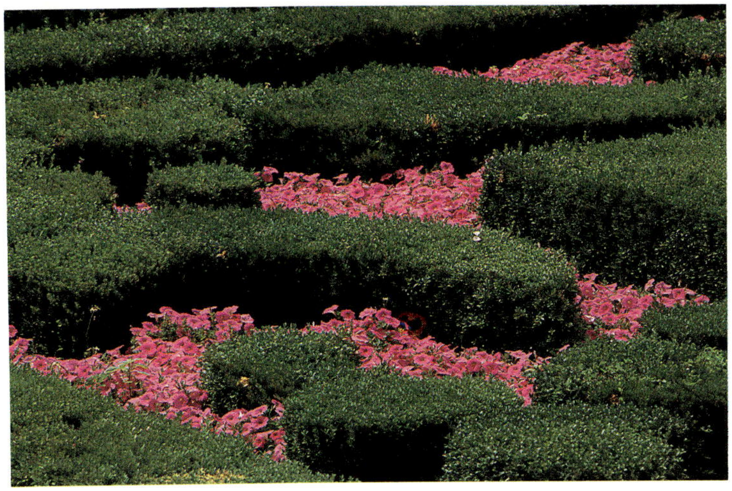

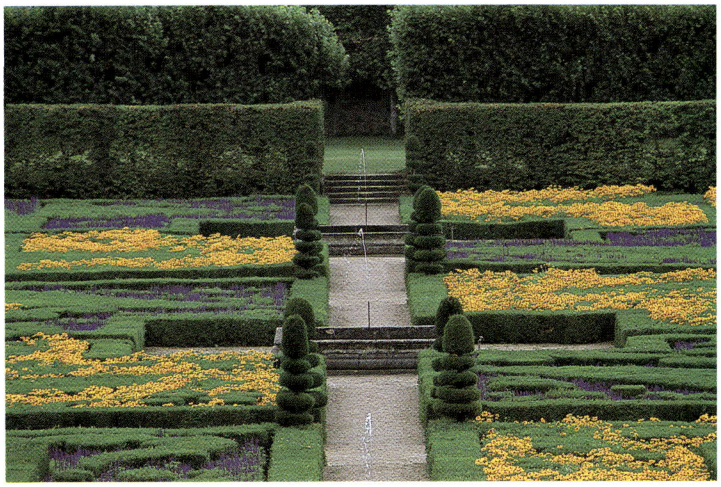

VIII après l'expédition, d'ailleurs malheureuse, qu'il avait entreprise pour faire valoir ses droits sur le royaume de Naples, la tradition française des jardins s'y exprime largement.

Avec le temps, les merveilles végétales de Villandry allaient connaître de sérieux avatars. Alors que le rigoureux jardin à la française avait triomphé à l'époque classique, vers le début du XIXe siècle la mode était au désordre apparent et plus romantique du jardin anglais. Pour satisfaire à cette mode, les châtelains d'alors s'en donnèrent à cœur joie et bouleversèrent tout de fond en comble. Heureusement un siècle plus tard, un nouveau propriétaire, en même temps qu'il restaura le château, entreprit patiemment de reconstituer tout ce qu'avaient fait disparaître ses prédécesseurs. Et aujourd'hui le parc de Villandry a retrouvé sa splendeur originelle.

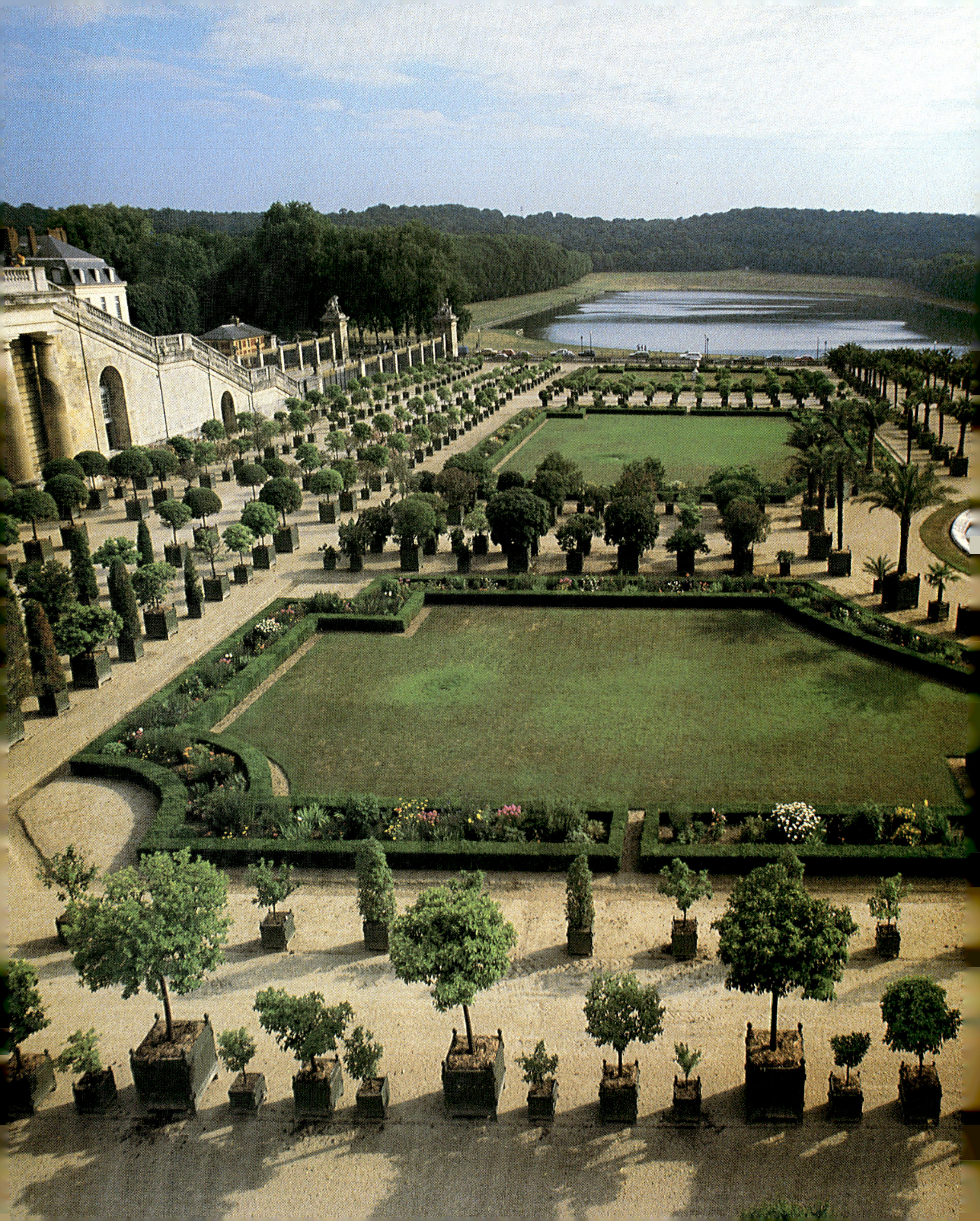

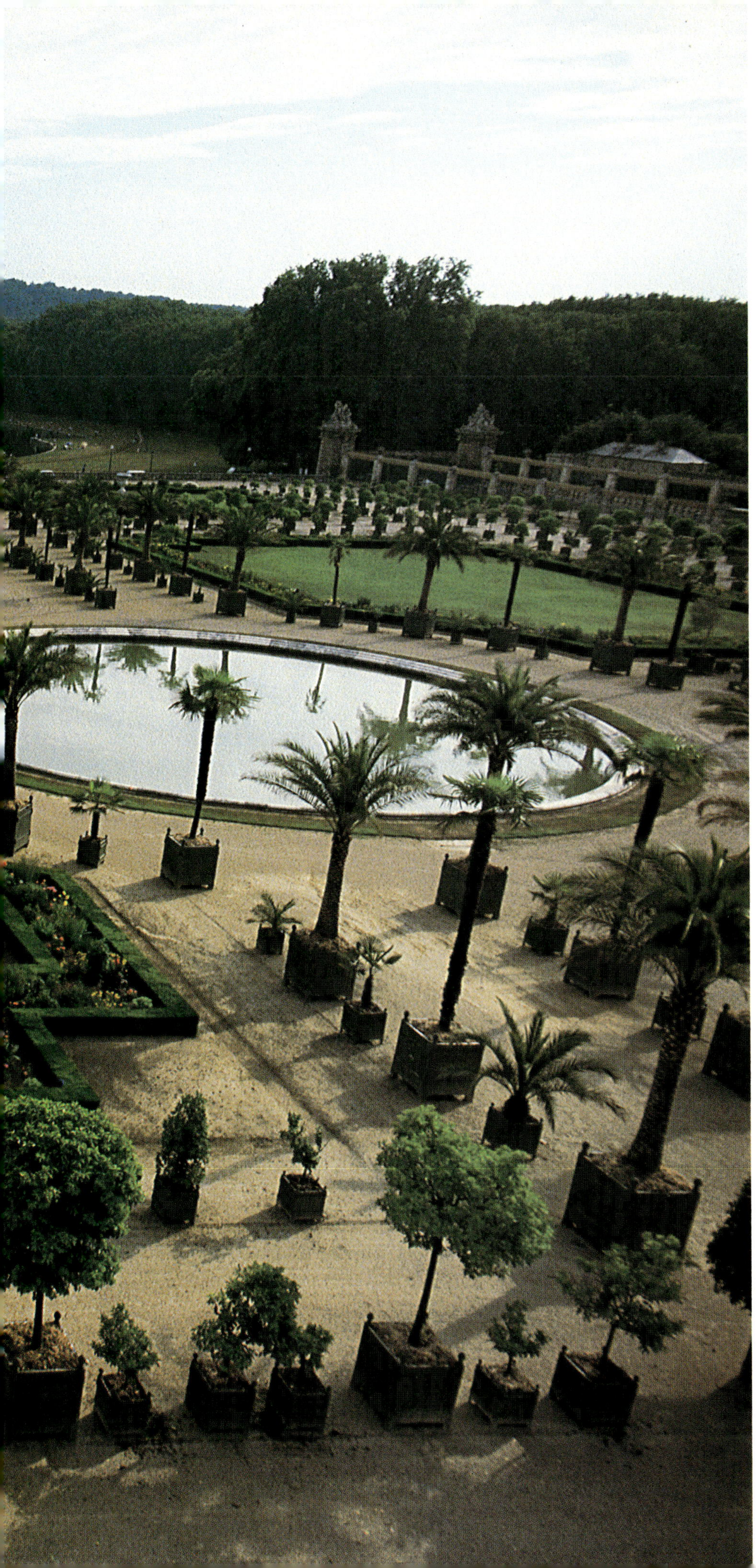

Mille trois cents arbres prennent pension à la mauvaise saison, en principe du 15 octobre au 15 mai, à l'intérieur de l'admirable Orangerie de Versailles, que construisit à la fin du XVIIe siècle l'un des plus grands architectes de son temps, Jules Hardouin-Mansart. En trois siècles, pas une pierre n'a bougé de cet immense édifice sobre et classique, dont la galerie centrale qui mesure 155 mètres de long est dominée par une statue de Louis XIV, omniprésent à Versailles. Le monarque est entouré non seulement d'orangers mais aussi de palmiers, de grenadiers, d'eugenias, d'eucalyptus à qui l'on peut faire prendre l'air du parc dans leurs grands pots carrés blancs quand le temps le permet. Mais, noblesse oblige, le plus vieux est un oranger qui a trois cents ans, l'âge de sa demeure. Ses oranges sont belles mais, comme celles de ses compagnons, pas très bonnes à manger, plutôt amères et fibreuses.

Les jardiniers de l'Orangerie ont l'hiver des pensionnaires parisiens : les orangers de l'Élysée. C'est l'armée qui a la charge de les prendre aux premiers froids et de les ramener aux beaux jours — dans le parc présidentiel.

La fascination de la Côte d'Azur opère encore, même si sans doute, pour la plupart des gens, l'ambiance y est devenue un peu déprimante et ne correspond plus à l'image qu'on s'en faisait. L'éclat véritable, la qualité se rencontrent parfois encore dans la pureté d'un ciel bleu dont les nuages sont chassés régulièrement aux périodes froides par un grand vent qui souffle du nord ou du nord-ouest vers la Méditerranée : le mistral. Une lumière d'une limpidité exceptionnelle nimbe ces maisons du sud, d'une architecture qui semble sculptée dans la glace à la vanille avant d'être badigeonnée de ces teintes vives qui très rapidement, à cause de la lumière, fondent et s'accordent avec le paysage.

Le rêve est d'avoir une chambre donnant sur la mer, des murs blancs, un sol en terre cuite, un grand lit, des draps en coton immaculés et des persiennes qu'on ferme à demi pour laisser passer quelques rayons de soleil.

Cette côte provençale commence aux Calanques qui vont de Marseille à Toulon avec des falaises élevées, des rochers qui plongent sur la mer, elle s'étend sur la côte des Maures aux caps pointus et aux baies admirables : la rade de Bormes, le golfe de Saint-Tropez ; puis c'est la côte de l'Esterel, dont le massif pourpre domine le bleu profond de la Méditerranée. De Cannes à Nice, la côte s'assagit, s'ouvre, se développe pour aboutir à la véritable Riviera française, de Nice à Vintimille, au pied de la chaîne des Alpes et bordée par les splendides routes des trois corniches.

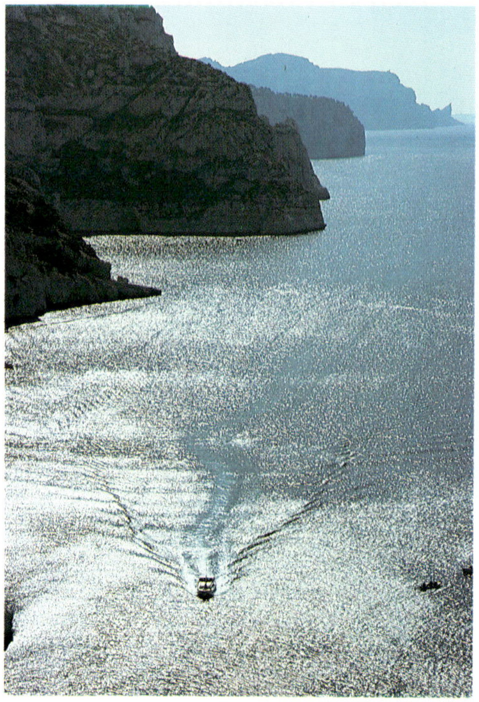

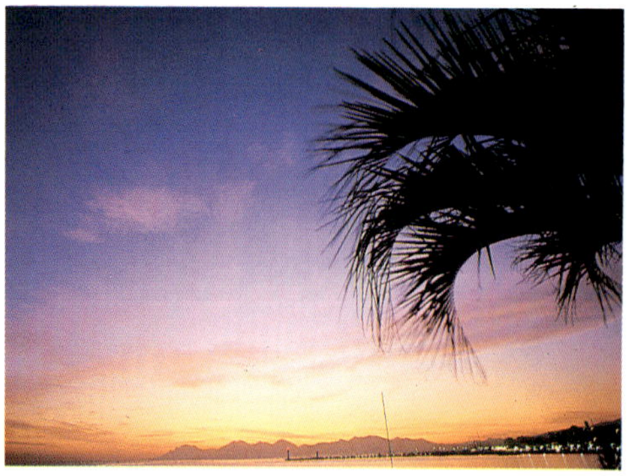

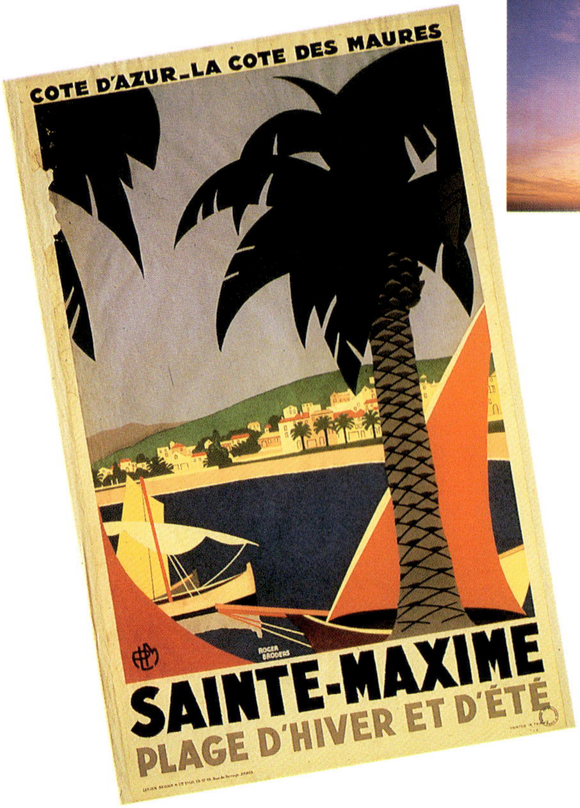

En haut, à gauche : les falaises du massif de Puget, entre Marseille et Cassis.

En bas, à gauche : romantisme de la Méditerranée.

À droite : à Cannes, la Grande Bleue vue du haut de l'un des temples du tourisme – le Carlton.

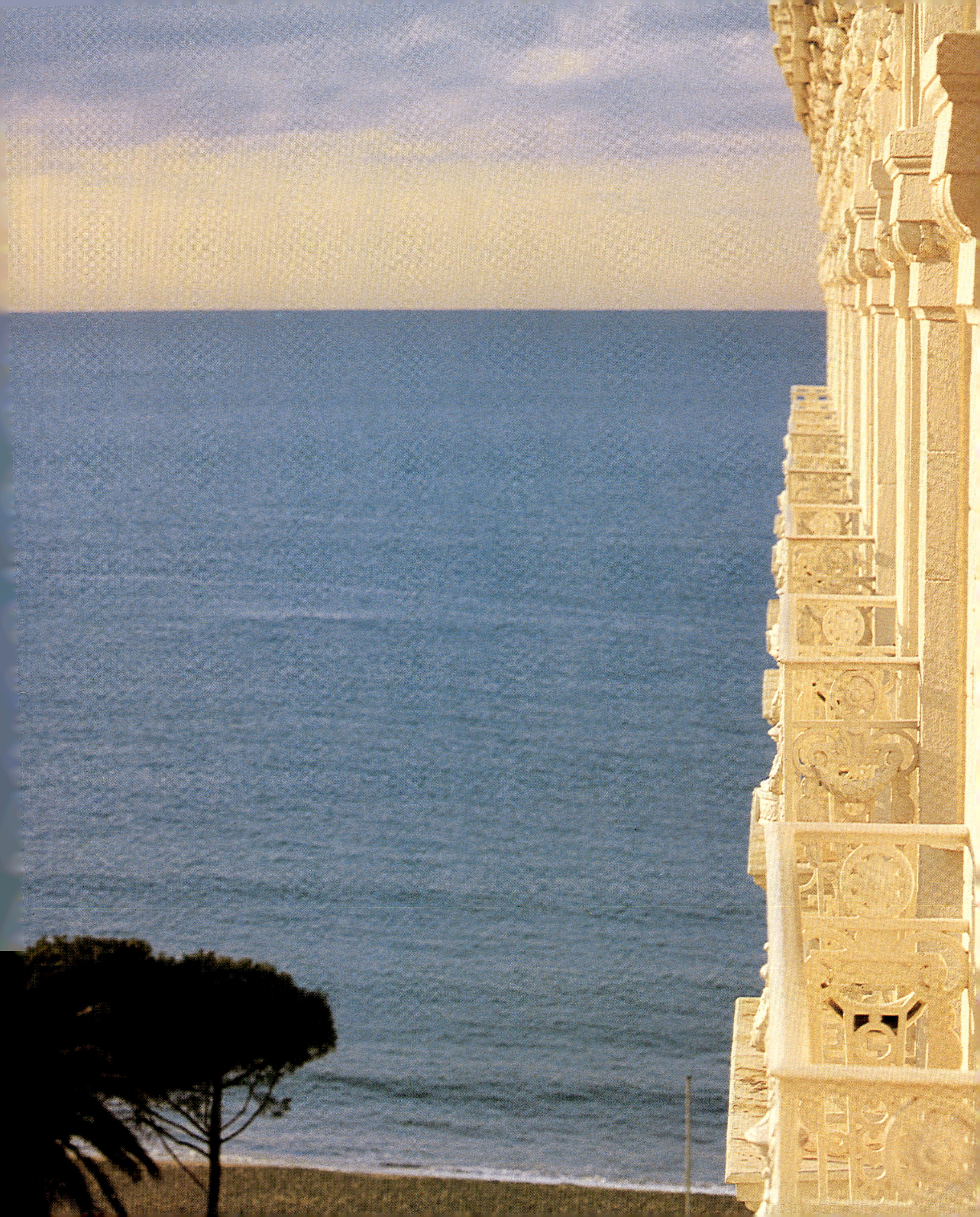

Un ciel bleu parfait, le soleil qui brille sans relâche, des propriétés sublimes et des jardins remplis de fleurs, des kilomètres de béton, un brin de montagne et puis la mer ; la « Grande Bleue », selon l'expression populaire... Tous ces contrastes qui se manifestent entre une vulgarité parfois incroyable et la plus grande des sophistications font la Côte d'Azur...

Cannes en est l'un des fleurons ; un souvenir parmi tant d'autres : un jeune couple, beau, brillant, amoureux, sort d'un somptueux yacht vers deux heures, s'installe à une table de bistrot, dehors sur le port, commande un camembert, se le partage accompagné d'une bouteille de vin blanc, puis remonte sur le bateau. Le comble du chic et de la désinvolture pour le jeune Anglais qui les regarde...

Cannes n'était qu'un petit port de pêche lorsqu'il fut découvert en 1834 par lord Brougham et ses amis londoniens venus y passer l'hiver. À la fin du siècle dernier, ce fut la construction de la Croisette et du Carlton dont les coupoles s'inspirent, dit-on, des seins de la Belle Otéro. Depuis 1946, chaque année en mai le festival du film attire une foule nombreuse de gens du cinéma et du show-biz, avec toutes ses excentricités de rigueur.

Mais si la Côte d'Azur est l'endroit idéal pour se faire voir, c'est aussi la destination classique des vacanciers de la France entière. Tous viennent adorer le dieu Soleil, se pressant dans les campings-caravanings, inves-

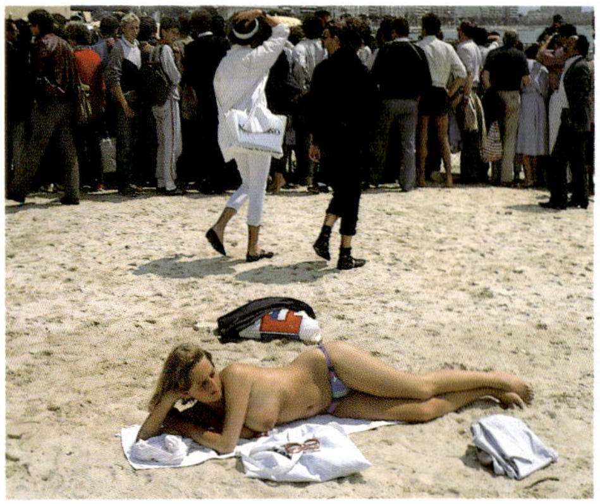

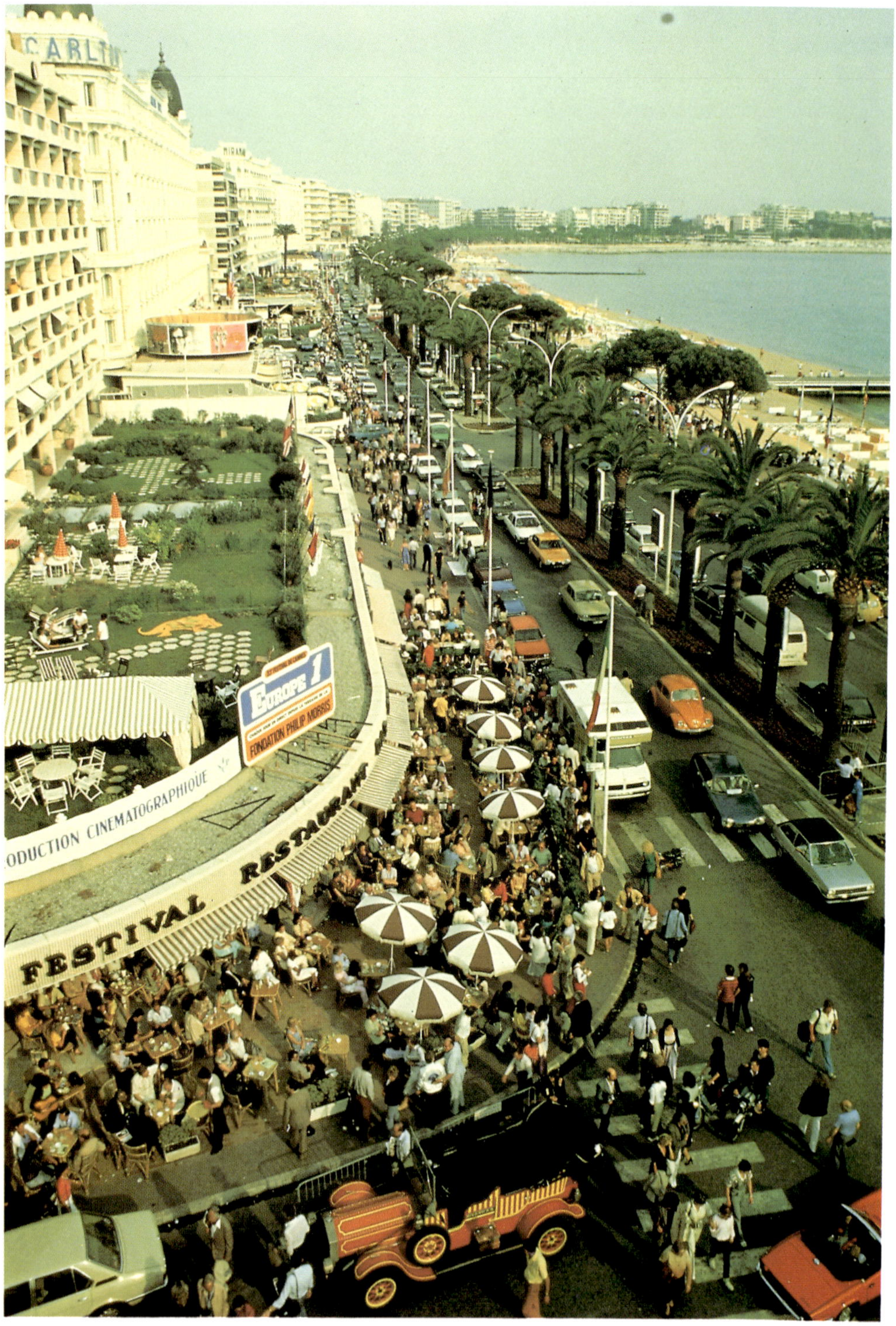

tissant plages, villes et villages. Les plus riches arrivent par la mer dans des bateaux somptueux. Les grandes propriétés ferment leurs portes et leurs habitants restent au bord des piscines. En été, la circulation dans des villes comme Saint-Raphaël, Saint-Trop', Nice, est plus intense qu'aux pires heures de pointe parisiennes. Il faut dire qu'en ce mois d'août, la France étant l'un des seuls pays du monde qui arrête pratiquement toute activité pour cause de vacances, il est délicieux de se retrouver dans un Paris désert, où se promènent quelques touristes à la recherche d'une boulangerie restée ouverte...

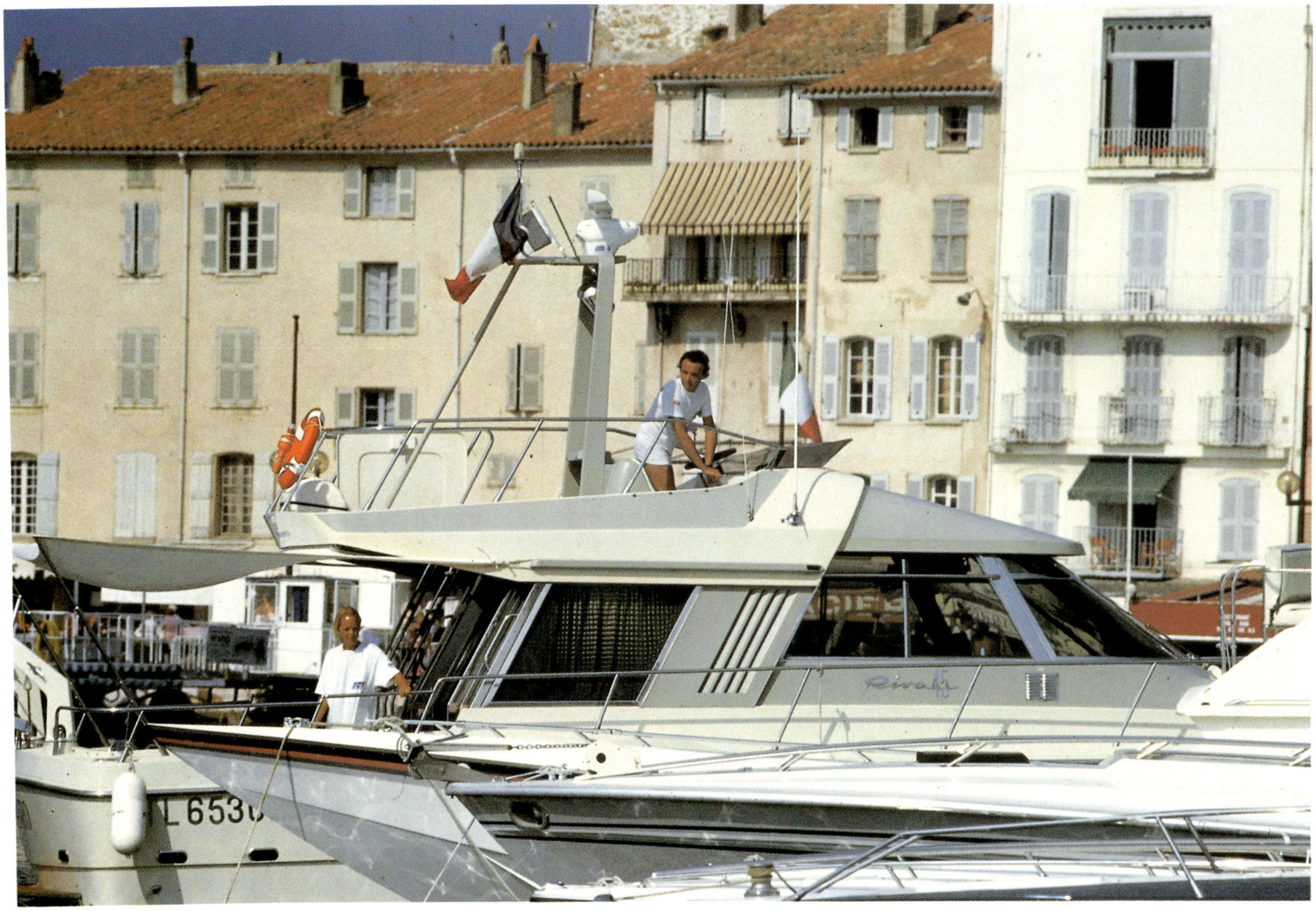

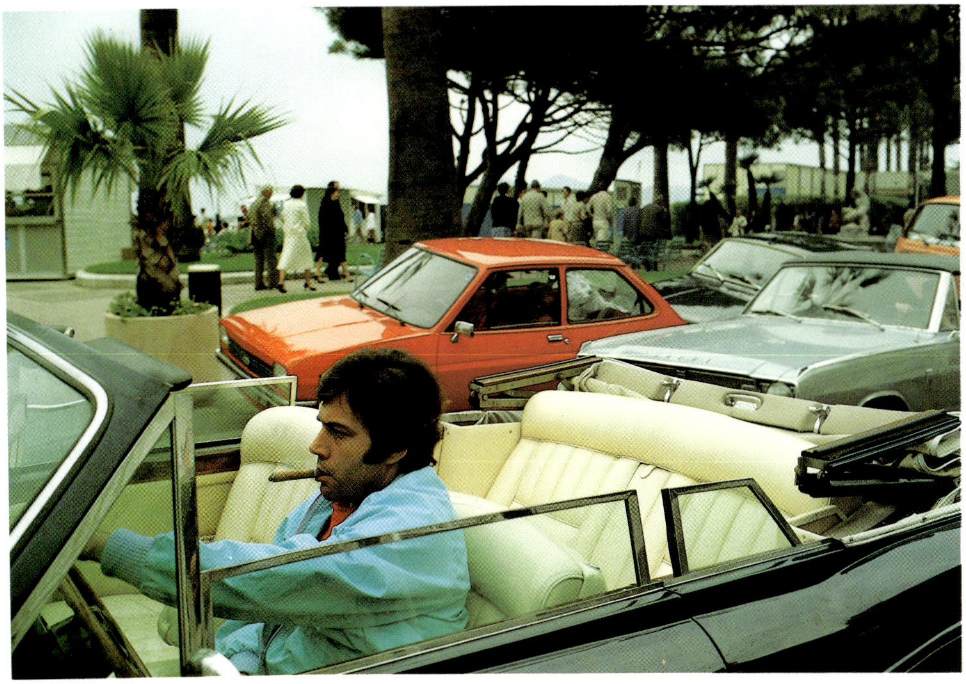

Page opposée :
À gauche : « Je sais qu'il est impoli de fixer les gens, mais personne ne m'accordera donc un regard ? »

À droite : le front de mer à Cannes.

Sur cette page :
Ci-dessus : escale à Saint-Tropez pour un petit verre.

À gauche : heure de grande affluence à Cannes. Si ce n'était les embouteillages, on pourrait vraiment se croire en croisière !

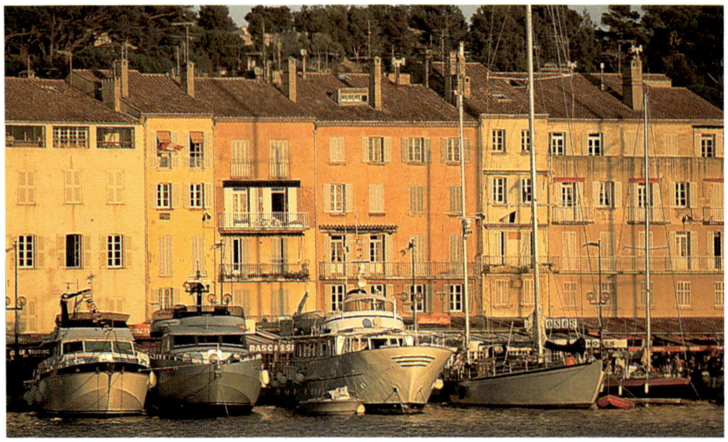

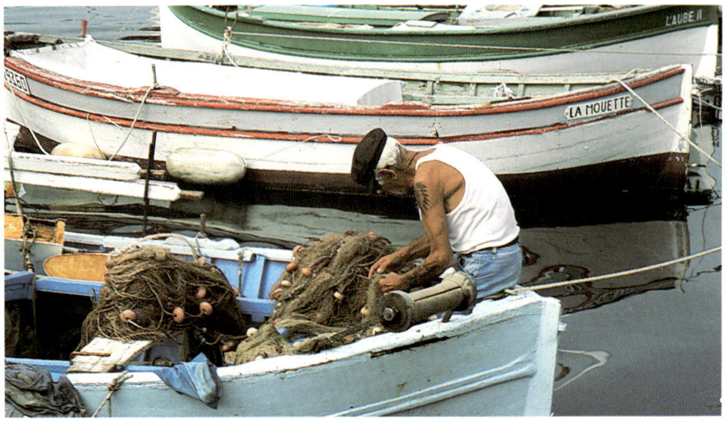

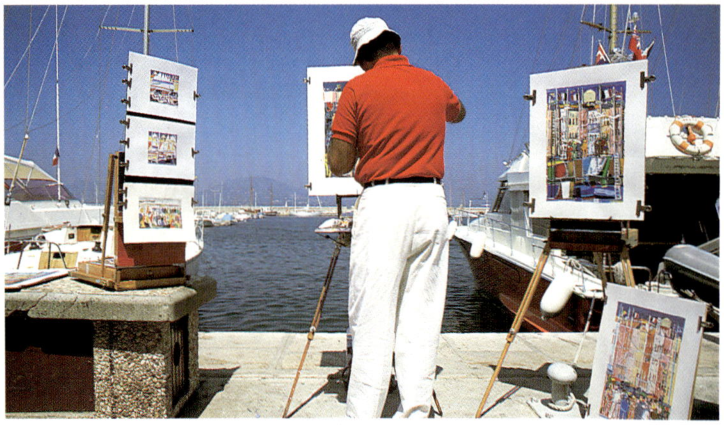

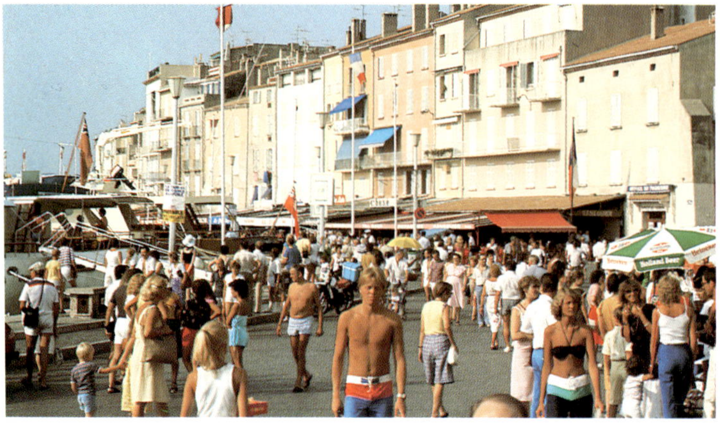

Nombreux sont encore les bienheureux qui ont connu Saint-Tropez « avant ». Chacun y va de sa petite histoire qui s'accompagne en général de souvenirs amoureux... la terrasse de Sennequier, les petits restaurants où l'on buvait du rosé de Provence et où l'on mangeait la bouillabaisse, les frimeurs et les frimeuses qui déambulaient, tous de jeunes et superbes créatures. C'était l'époque de Brigitte Bardot, des robes en vichy serrées à la taille et des premiers soutiens-gorge qui s'enlevaient discrètement sur les plages de Tahiti ou de Pampelonne. Les bateaux, les yachts, les nuits chaudes de fête, le luxe qui commençait à s'étaler... La mer et le soleil étaient pour tout le monde car, à cette époque, il n'était pas vraiment besoin d'avoir tellement d'argent pour profiter de ce village magique aux maisons blanches, ocre et roses, aux jardins clôturés de lauriers-roses, de jasmin et de chèvrefeuille.

Aujourd'hui, ce décor est une toile de fond. On monte toujours à la citadelle contempler du haut de la terrasse du donjon l'admirable golfe ; la plage, le chic, la nourriture, le vin, la mode, le sexe sont là, mais toute cette excitation a quelque chose d'artificiel. On est bien loin du temps où des peintres comme Signac, Matisse, Bonnard, éblouis par ses couleurs, venaient y planter leur chevalet... Saint-Tropez est devenu un phénomène de mode, où l'on pratique sur les plages, épaule contre épaule, hanche contre hanche, le nu intégral, où les stylistes du prêt-à-porter viennent chercher idées et inspiration, où les ruelles charmantes commencent à sentir la frite vers huit heures du soir, et où l'on dort bercé au son de quelques scies disco... Dans cet endroit contemporain, complètement fascinant, le meilleur et le pire se côtoient.

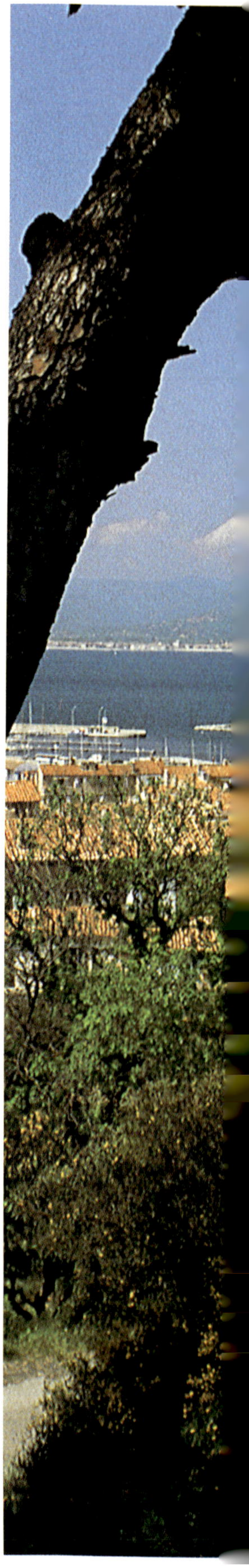

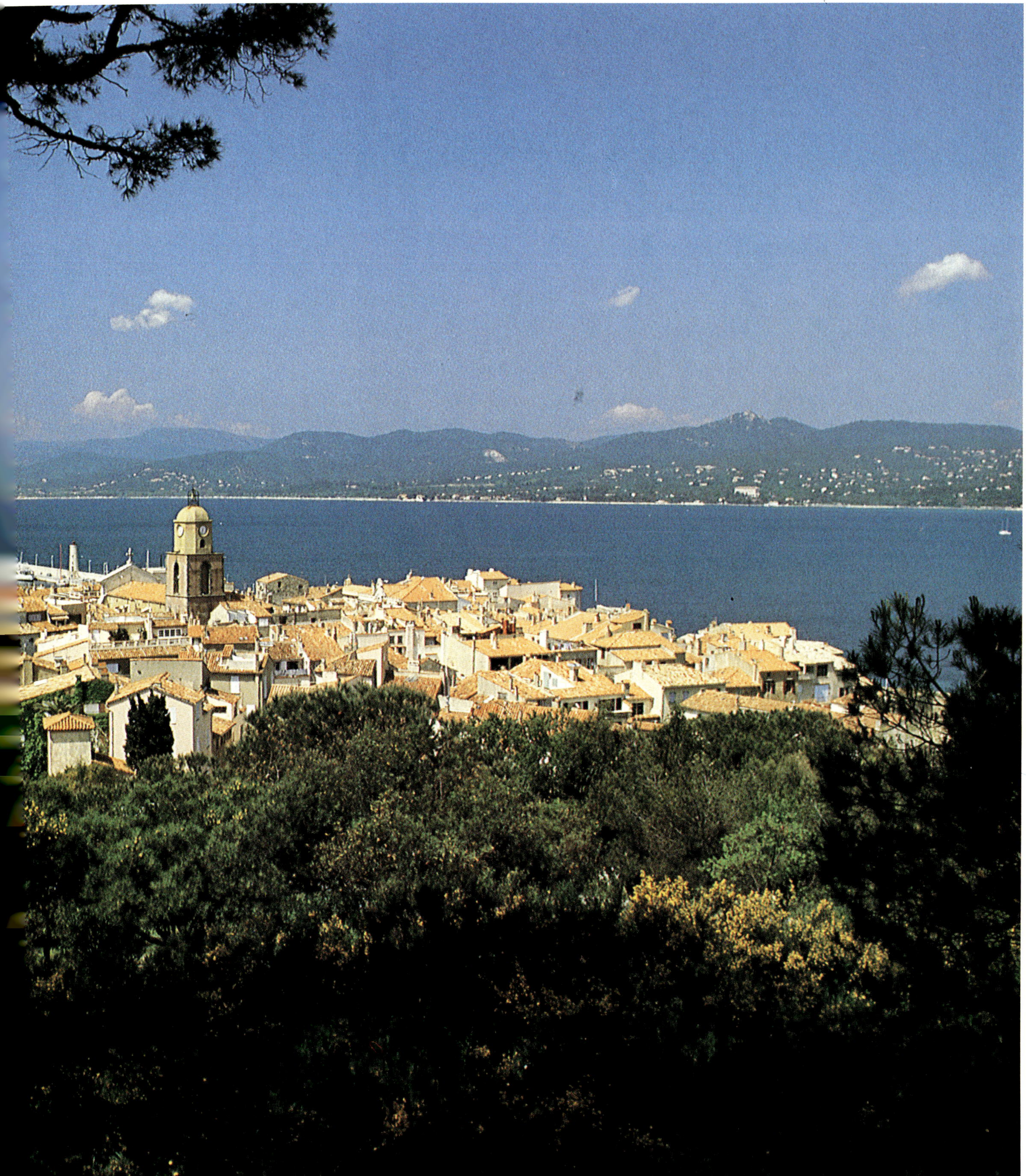

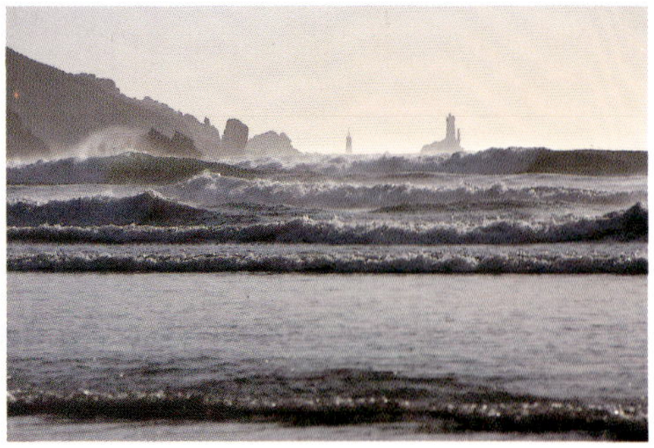

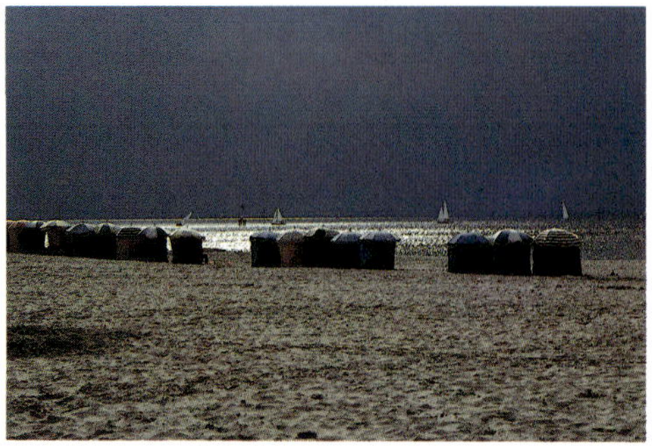

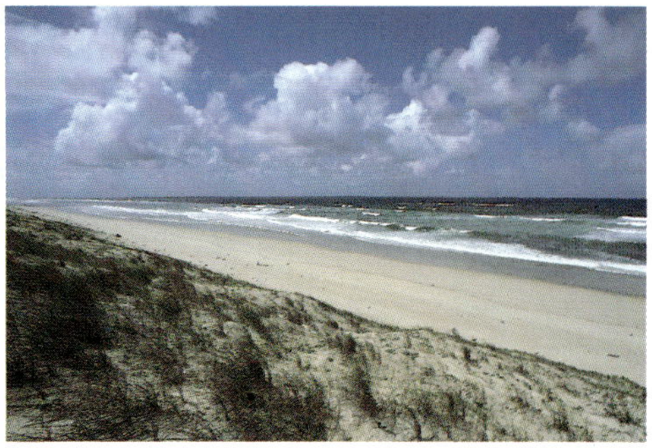

Quatre mers, la mer du Nord, la Manche, l'Atlantique et la Méditerranée, baignent la France sur 3 200 kilomètres de côtes aux reliefs les plus divers. Côtes de craie verticales et blanches, côtes de granit déchiquetées et prolongées par des récifs, larges baies, dunes, estuaires profonds, étangs en lagunes, rien n'est plus changeant que ce paysage maritime où la mer elle-même n'a pas la même couleur selon les heures ou les saisons. Les Français ont donné à leurs côtes des noms qui font rêver. Il y a la Côte d'Opale, avec ses caps Blanc-Nez *(à droite)* et Gris-Nez d'où l'on voit distinctement l'Angleterre ; la Côte d'Albâtre, avec les superbes falaises d'Étretat ; la Côte de Grâce ; la Côte Fleurie, dont Trouville *(ci-dessus, au centre)* et Deauville sont les fleurons ; la Côte d'Émeraude, qui commence avec les vieilles cités corsaires de Saint-Malo et Saint-Servan et ourle, plus au sud, le Finistère *(ci-dessus, en haut)* ; la Côte d'Amour, aux abords de la Baule ; la Côte de Jade, en face de l'île de Noirmoutiers ; la Côte d'Argent *(ci-dessus, en bas)*, autour de Biarritz ; et naturellement, la Côte d'Azur dont nous avons vu les images.

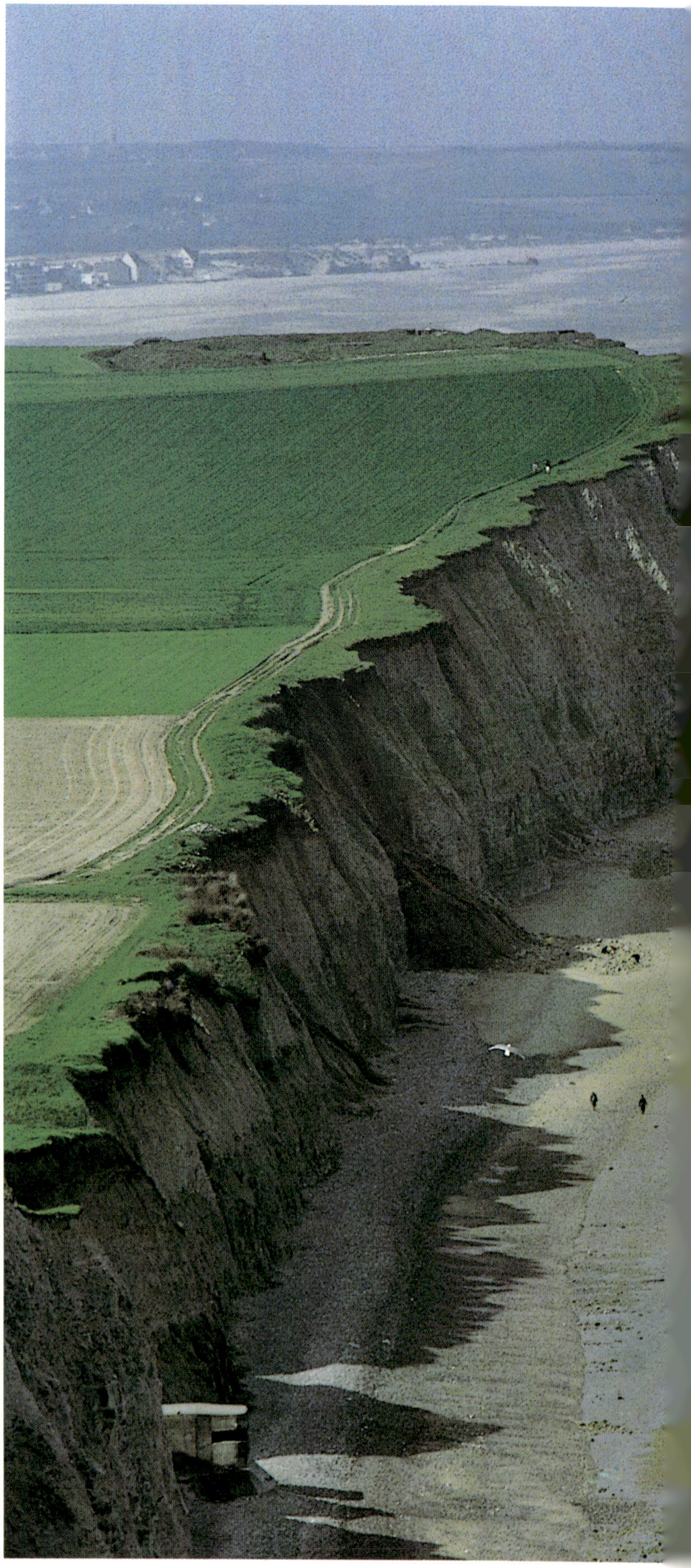

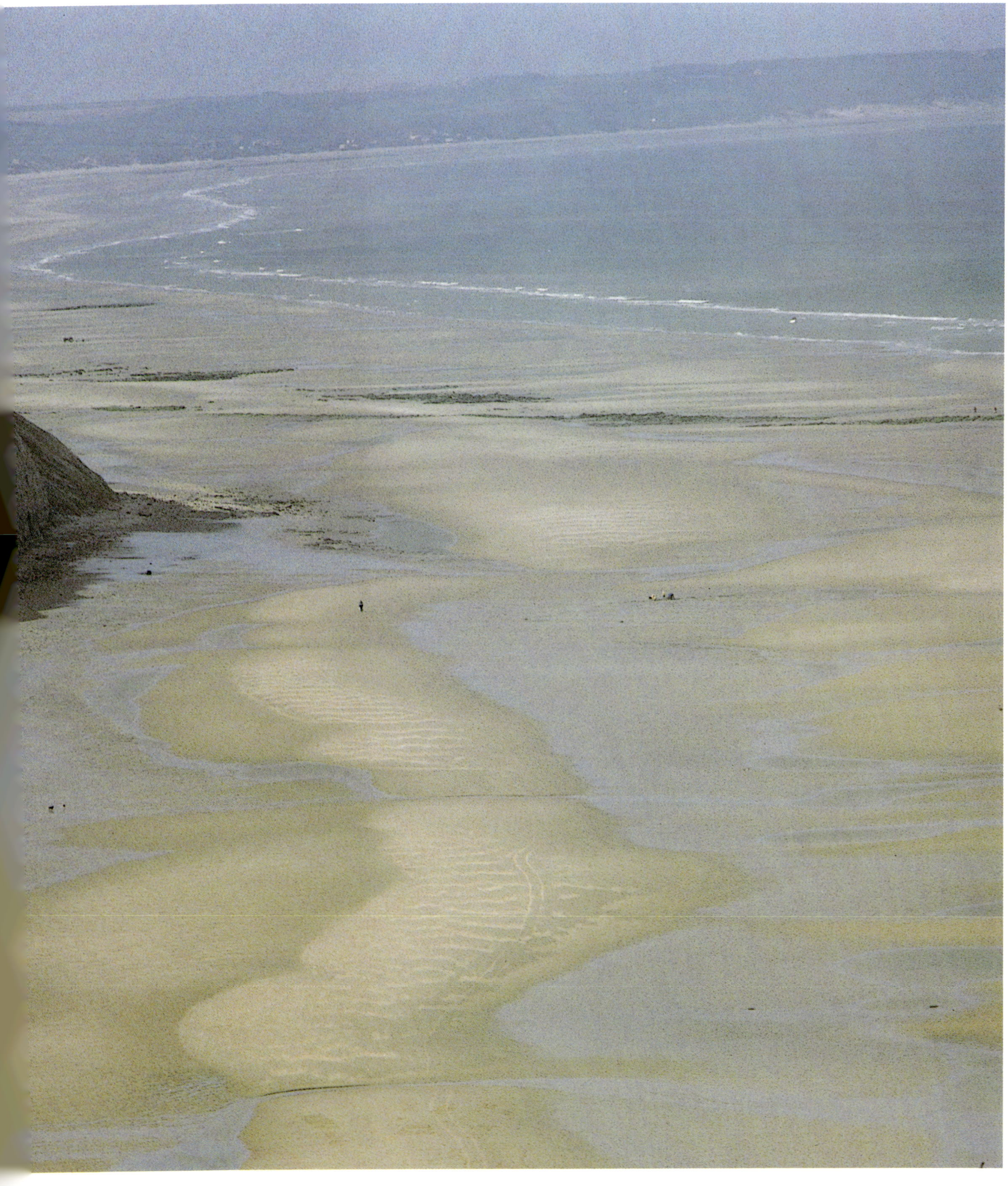

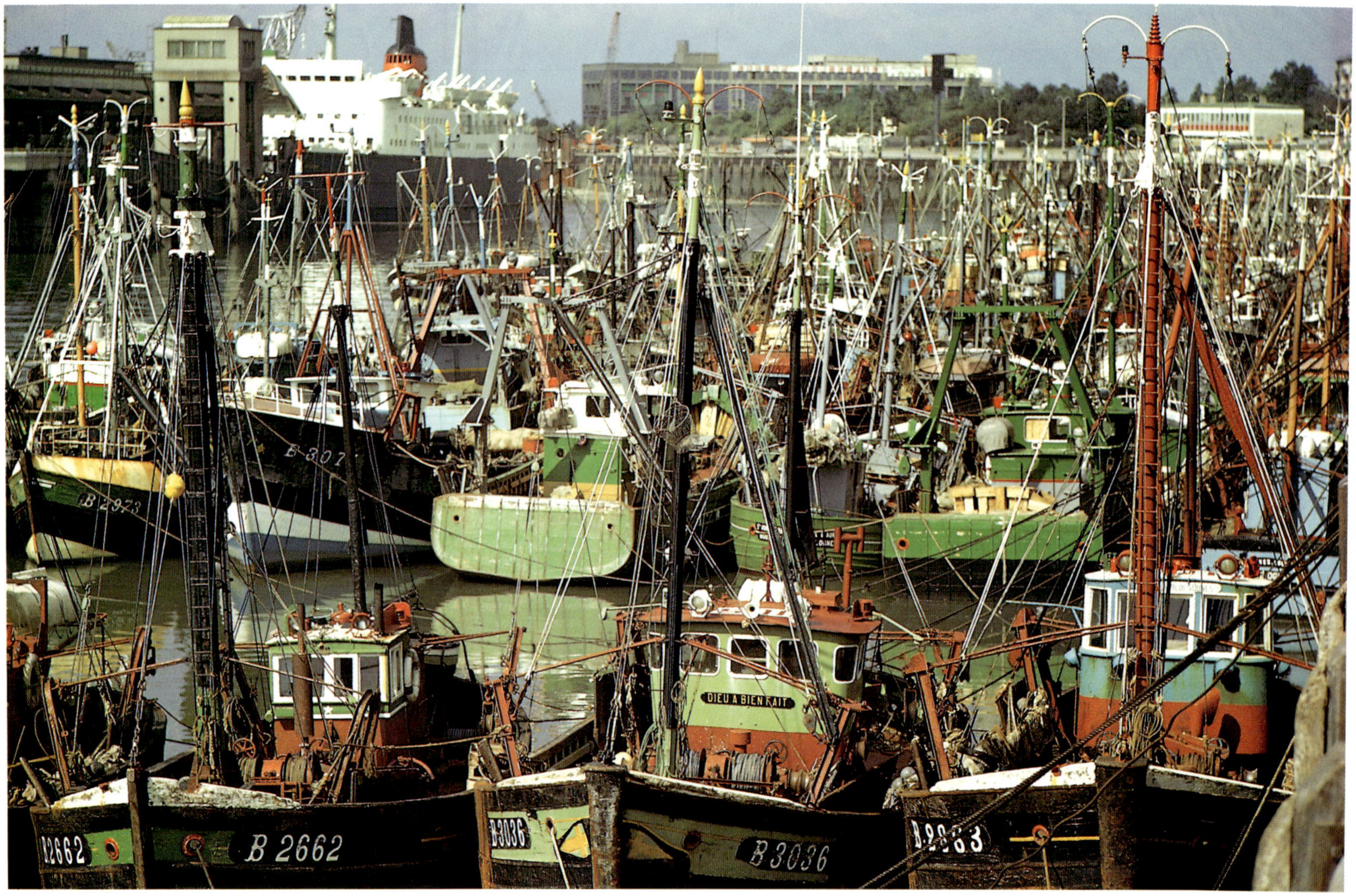

Dès qu'arrive l'été, ces côtes voient leur population doubler, décupler même en certains endroits, en même temps que les grandes villes se vident. C'est le moment sacré des vacances que la plupart des Français aiment prendre au bord de la mer (40 %, contre 20 % à la montagne et 3 % à la campagne). L'air vif et l'eau froide ne découragent pas plus les amoureux du Touquet, d'Étretat ou de Dieppe que le crachin normand ceux de Trouville ou de Deauville et de toutes les stations voisines, qui ne font toutes ensemble qu'une longue plage de sable fin.

Plus loin la Bretagne, plus sauvage, avec ses petites criques et ses grandes plages séparées par des falaises de granit et de schiste, est le domaine des familles : les dépliants touristiques affirment qu'au nord, sur la Manche, le Gulf Stream réchauffe l'eau (ce qui n'est pas toujours évident). Mais les jours de grand soleil, la température y est d'une douceur de paradis.

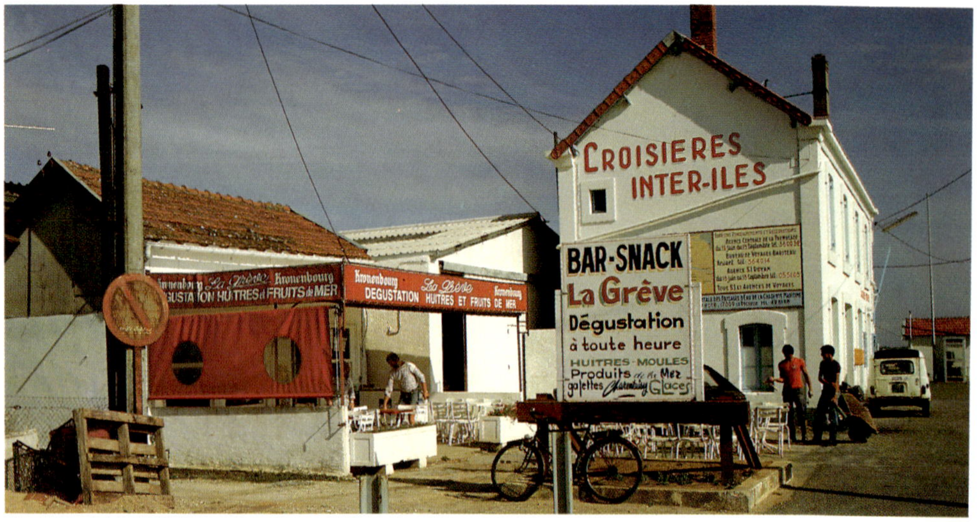

En haut : Boulogne.

Ci-dessus : La Tremblade.

Page opposée : Honfleur, l'île de Ré, Deauville et Biarritz.

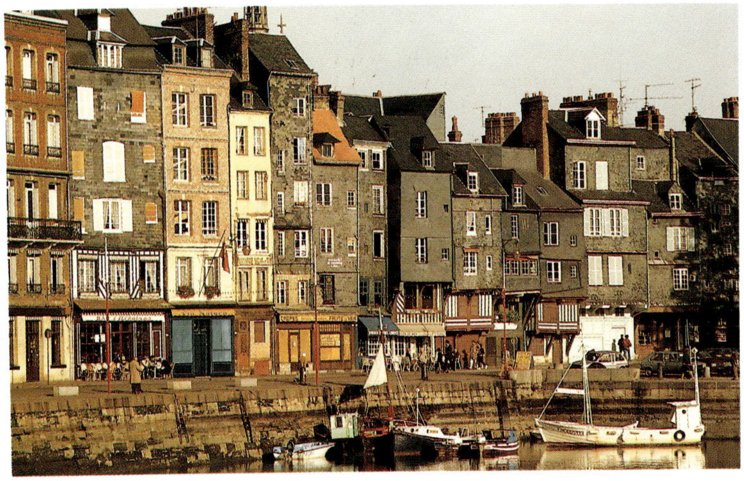

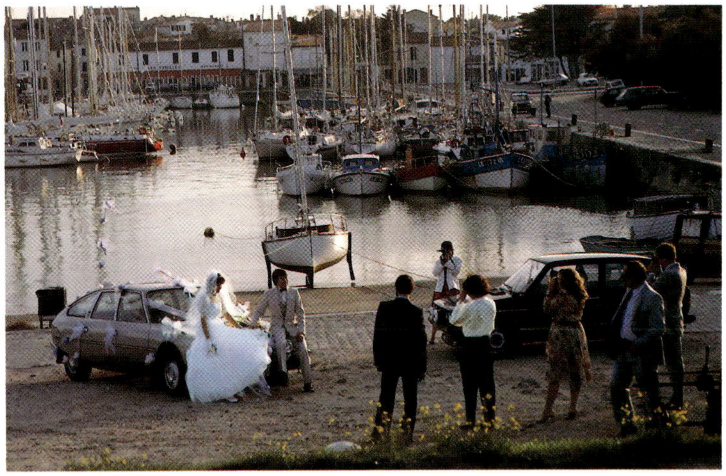

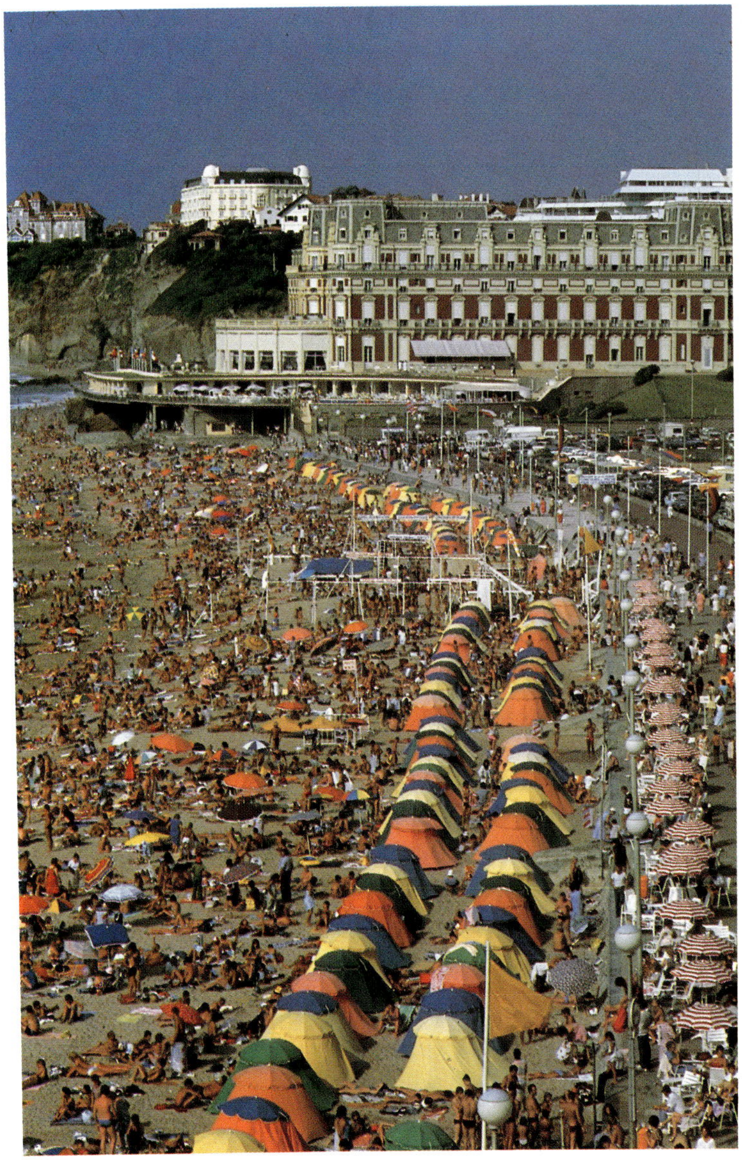

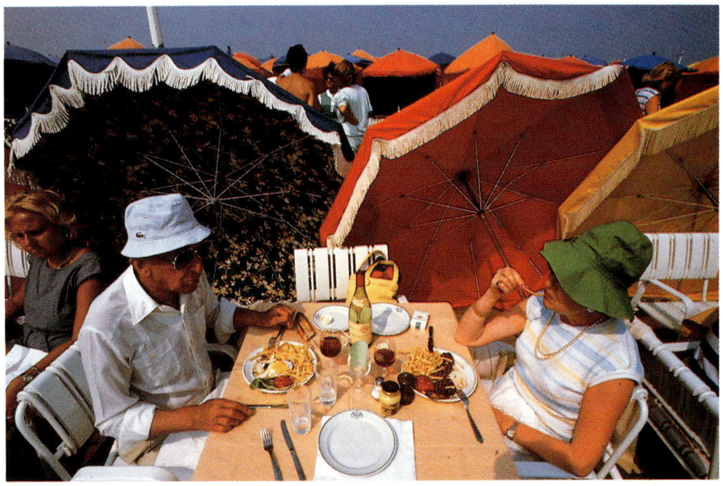

Elle est plus chaude sur l'Atlantique ; dans le golfe du Morbihan, en Vendée, en Charente et dans les petites îles de Noirmoutiers, d'Yeu, de Ré, d'Oléron ou, au sud de la Gironde, sur le bassin d'Arcachon. Puis la mer devient redoutable — impossible de s'y baigner, tout au long de la côte des Landes qu'on appelle Côte Sauvage — avant de se radoucir au Pays basque, autour de Biarritz l'une des plus « chics », comme on disait autrefois, de toutes les stations balnéaires françaises. L'une des plus anciennes aussi. Au Second Empire déjà, elle était, chaque mois de septembre, le rendez-vous des têtes couronnées.

Le Pays basque est, à cause de ses rouleaux, le lieu préféré des surfistes. Ici, comme sur l'ensemble du littoral, tout au long de l'été, des milliers de petits carrés blancs peuplent la mer à tout heure du jour. Une vogue sans précédent a déferlé sur les plages françaises : la planche à voile.

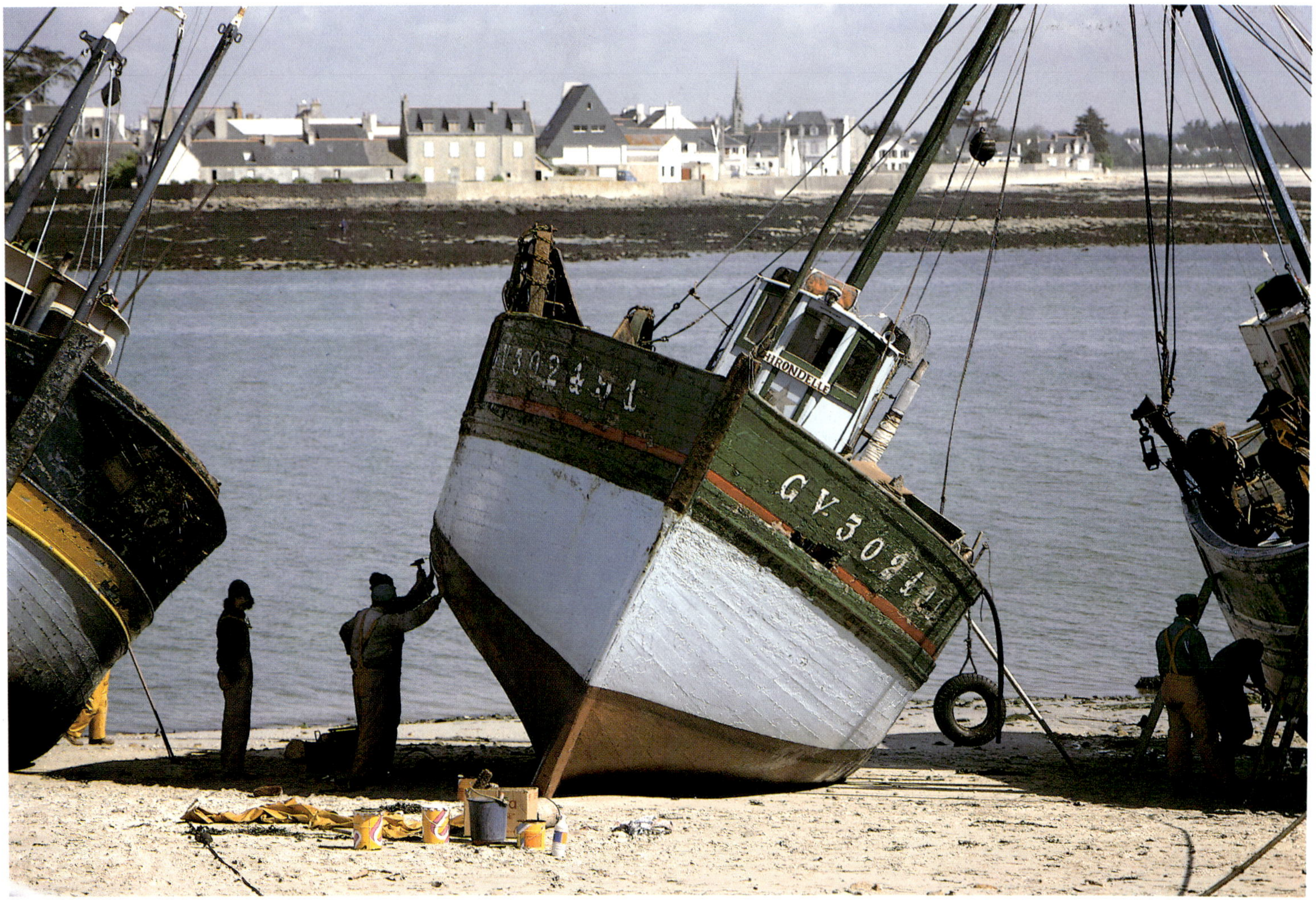

Ci-dessus : en Bretagne, chalutiers échoués sur la berge à marée basse à Loctudy.

À droite : élevage d'huîtres dans le Bassin d'Arcachon en Gironde.

Page opposée : ce pêcheur des environs de Nantes exhibe fièrement le panier à lamproie qu'il a lui-même tressé.

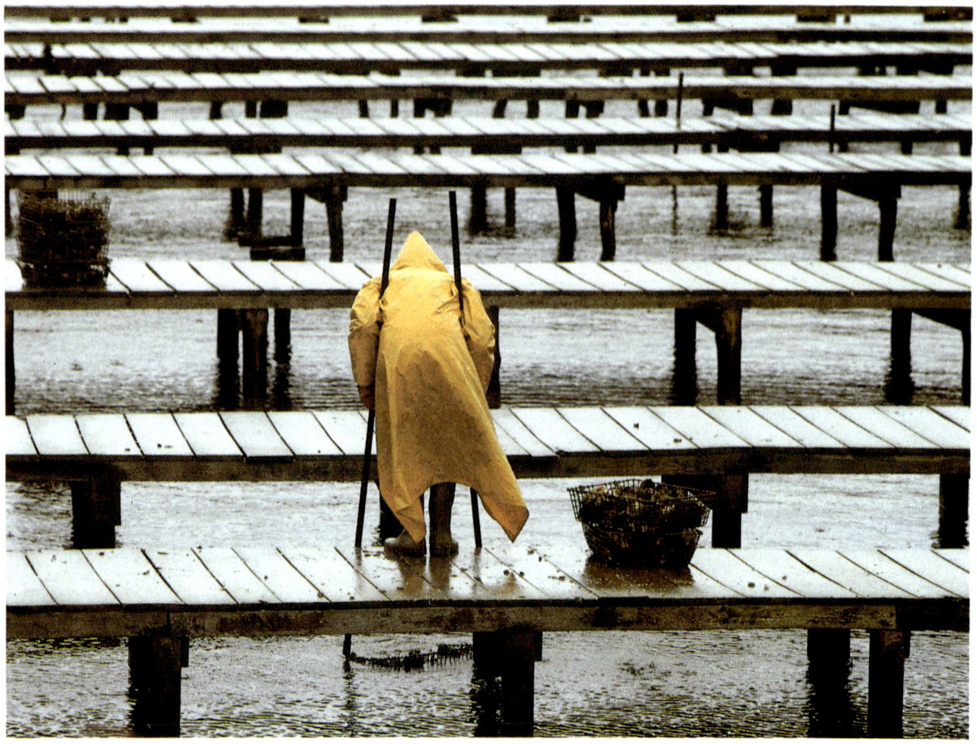

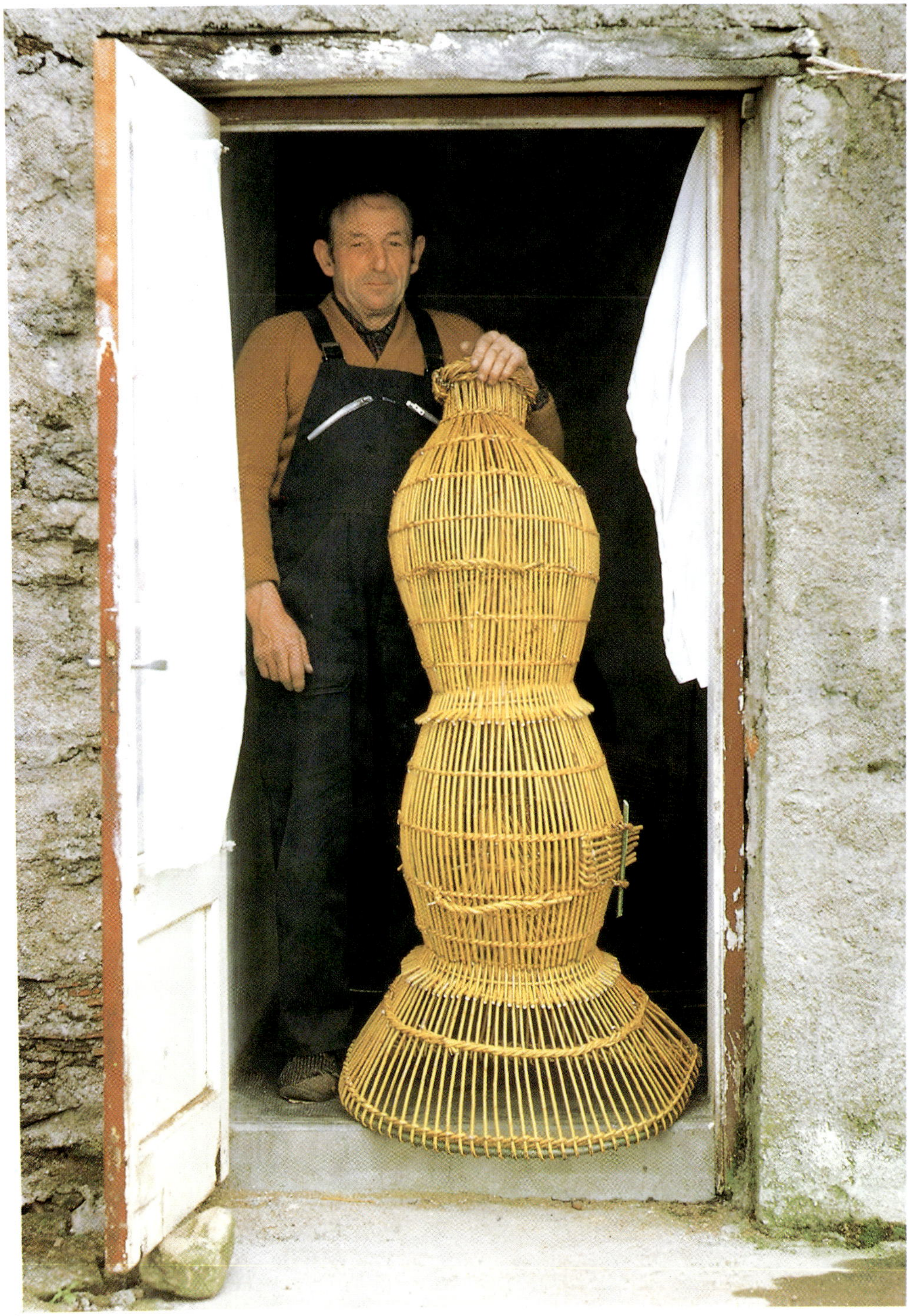

Les côtes françaises bordent des mers souvent poissonneuses, et la pêche y est une activité ancestrale qui n'avait pour but que de nourrir la population côtière avant que se soient développés les moyens de transport rapide et de conservation. La voile, qui connaît aujourd'hui une telle vogue dans le sport et la grande compétition, n'est presque pas utilisée par les pêcheurs. La moindre barque est équipée d'un moteur. Mais ce qui a révolutionné la pêche, c'est d'une part le chalut, cette immense nasse traînée sur le fond par de gros navires, et d'autre part l'industrie du froid qui permet au poisson de garder sa fraîcheur.

Boulogne est le plus important port de pêche français, suivi de Dieppe, Fécamp, Cherbourg en Normandie, Saint-Malo, Roscoff, Douarnenez, Concarneau, Guilvinec et Lorient en Bretagne, La Rochelle en Vendée et Saint-Jean-de-Luz dans le Pays basque.

Harengs et maquereaux, poissons d'eaux froides, se pêchent dans la mer du Nord et la Manche. Soles, colins, turbots, merlans dans la Manche comme dans l'Atlantique. La sardine et le thon ont besoin d'une eau plus tiède ; leur pêche est une spécialité des ports du sud de la Bretagne, de la Vendée et de l'Aquitaine. On pratique traditionnellement la pêche à la sardine avec des filets bleus invisibles dans l'eau. On va chercher le thon beaucoup plus loin, et jusqu'en Afrique. Quant à la morue, que les terre-neuvas, ces grands voiliers partis de Saint-Malo, de Paimpol ou du Pays basque, allaient jadis chercher vers Terre-Neuve ou l'Islande, on la pêche plutôt aujourd'hui aux abords de la Norvège ou du Groenland. Et les morutiers sont devenus de véritables usines dont le poisson sort prêt à être consommé.

N'oublions pas enfin les huîtres de Cancale, de Belon, de Marennes ou d'Arcachon, qu'on élève partout de la Bretagne aux Pyrénées et que des centaines d'écaillers vendent dans des échoppes devant les vitrines des cafés et des restaurants aux habitants des grandes villes.

Une péniche au fil de l'eau, image traditionnelle de la France où le monde de la batellerie a fait les grandes heures du cinéma d'avant-guerre. Regret peut-être d'avoir à la fin du XIXe siècle un peu négligé, au profit du chemin de fer puis des routes, un réseau fluvial exceptionnel.

Un réseau qui a ses « autoroutes » : quatre grands fleuves qui drainent vers quatre mers l'eau des milliers d'affluents, rivières et canaux. La Seine, sage et paisible, navigable presque tout au long de son cours. La Loire, longue et fantasque, seul fleuve français à dépasser les mille kilomètres et qui, aux basses eaux, laisse place dans son cours inférieur à de vastes bancs de sable. La Garonne aux crues redoutables dont l'estuaire, la Gironde, est un véritable bras de mer. Le Rhône, né au cœur des Alpes, le plus puissant des fleuves de France et son plus grand producteur d'énergie, qui se jette en Méditerranée alors que son voisin de naissance, le Rhin, coule vers le nord et ne borde le sol français que sur 180 kilomètres, et encore sur une seule rive, car il constitue la frontière avec l'Allemagne.

Paris, Rouen, Le Havre sur la Seine, Orléans, Tours, Angers, Nantes sur la Loire, Toulouse et Bordeaux sur la Garonne, Lyon, Avignon, Marseille sur le Rhône, Strasbourg sur le Rhin, presque toutes les grandes villes de France ont été bâties sur le cours de ces fleuves ou sur leurs grands affluents. Il y a des siècles qu'on s'est efforcé de les rendre navigables puisque c'est entre 1539 et 1585 qu'une rivière bretonne, la Vilaine, a été la première à être canalisée au moyen d'écluses. Puis on les a reliés ou doublés par des canaux, qui sont eux-mêmes, avec le temps, devenus des rivières. Beaucoup ont été laissés à l'abandon avec l'arrivée de moyens plus modernes de transport des marchandises, mais ils sont aujourd'hui peu à peu réhabilités.

La vogue écologiste en a fait d'ailleurs des lieux de tourisme, car on peut maintenant effectuer, aussi bien sur le canal Saint-Martin à Paris que sur le canal du Midi ou le canal de Bourgogne, de petites ou de grandes croisières, en patache ou en coche d'eau.

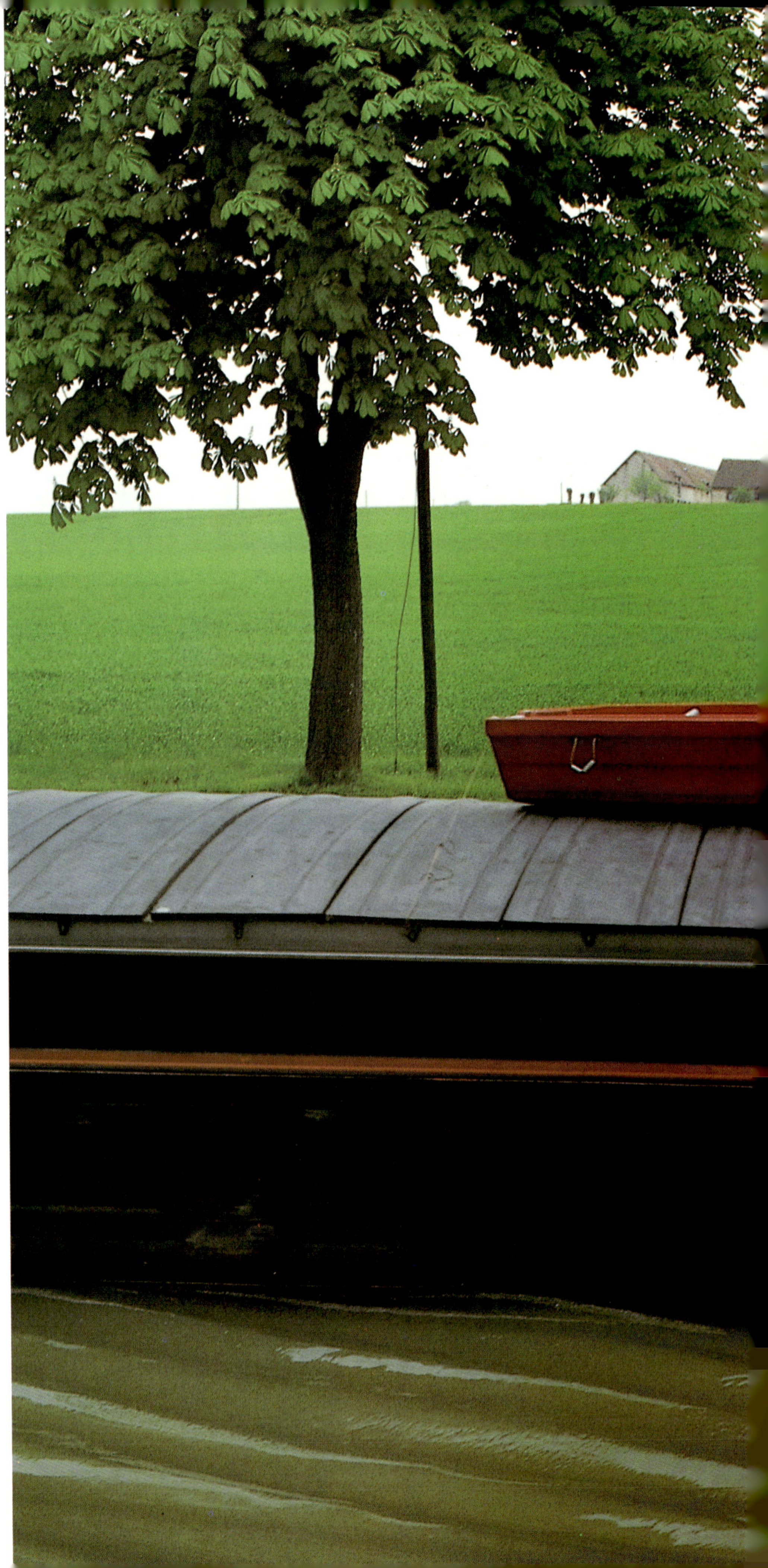

Une péniche sur l'un des canaux de la Loire.

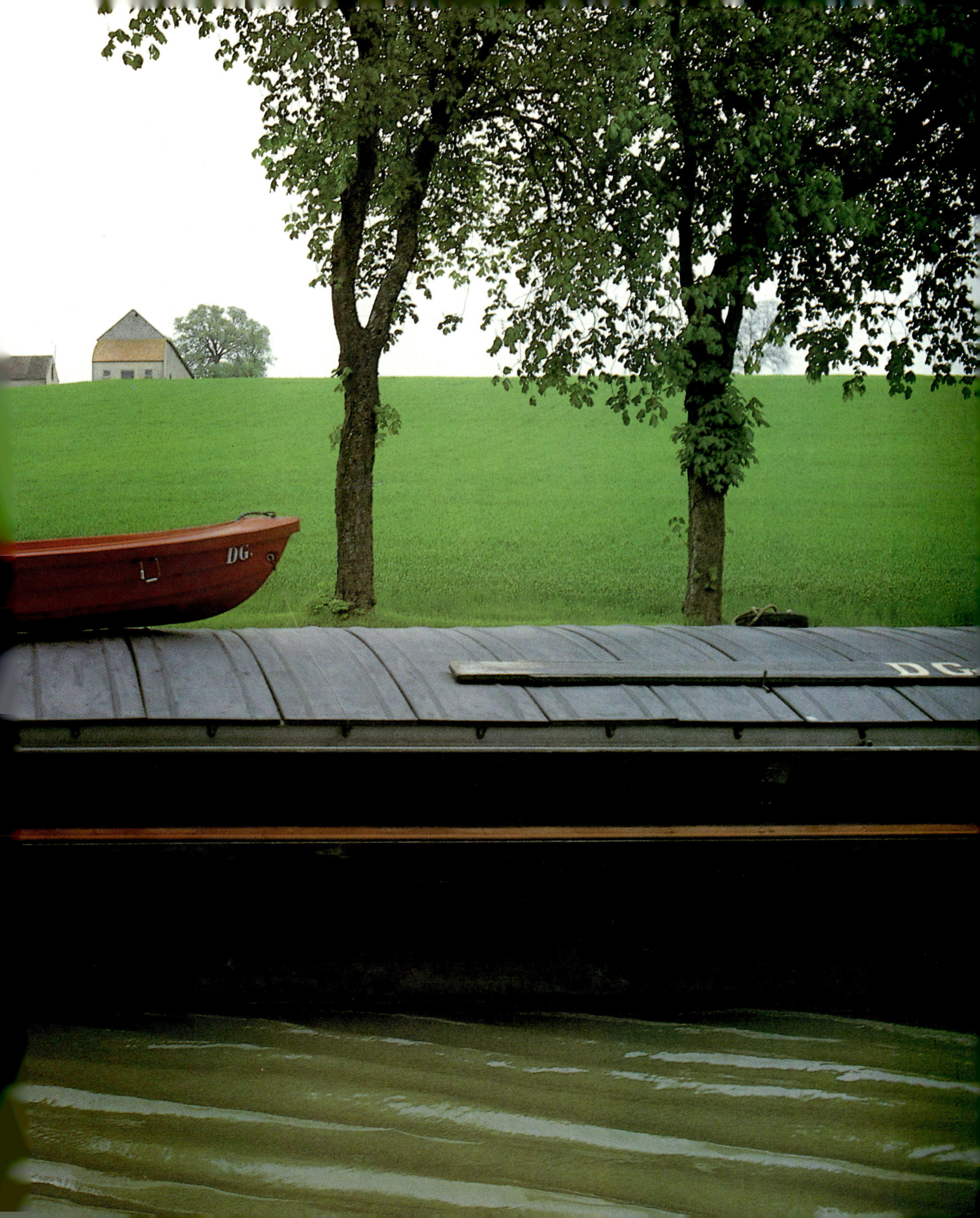
DG.
DG

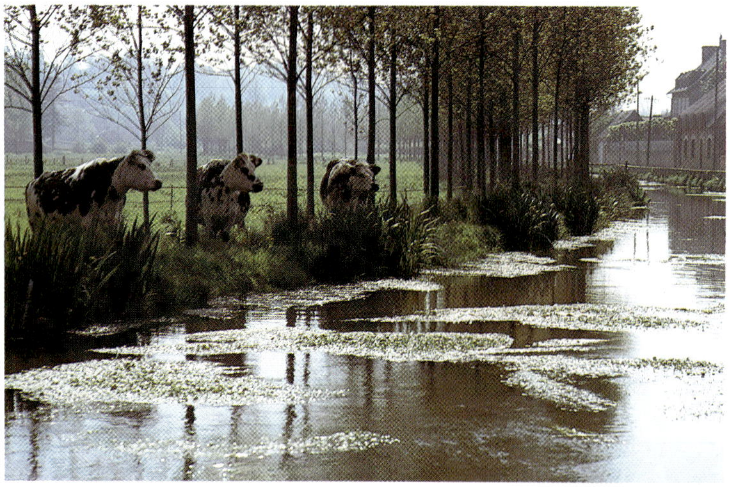

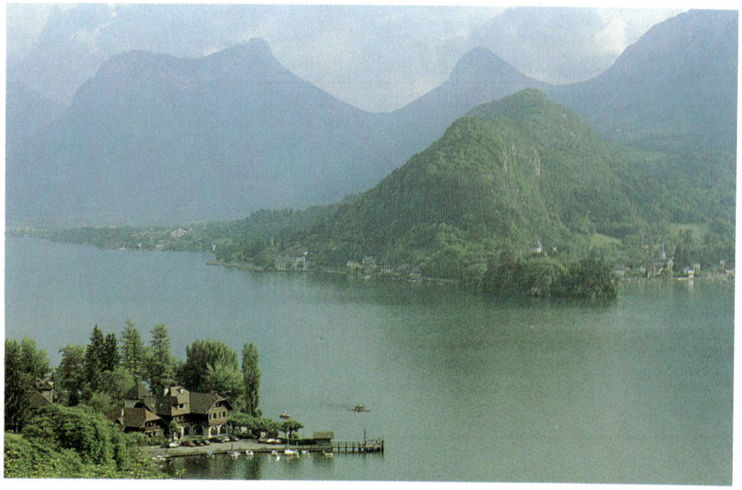

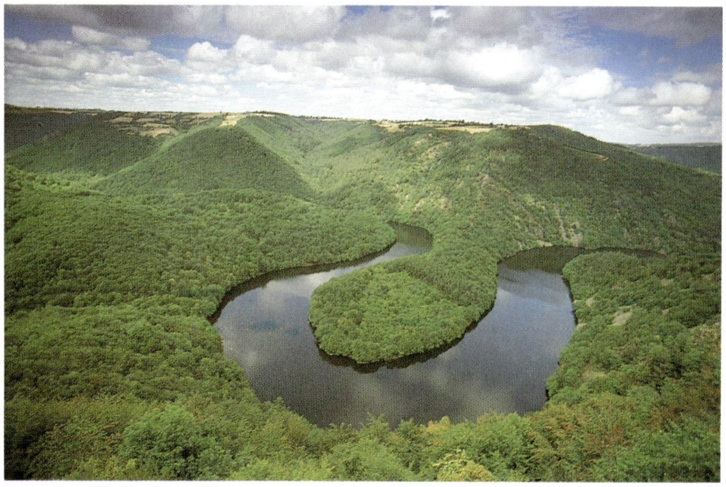

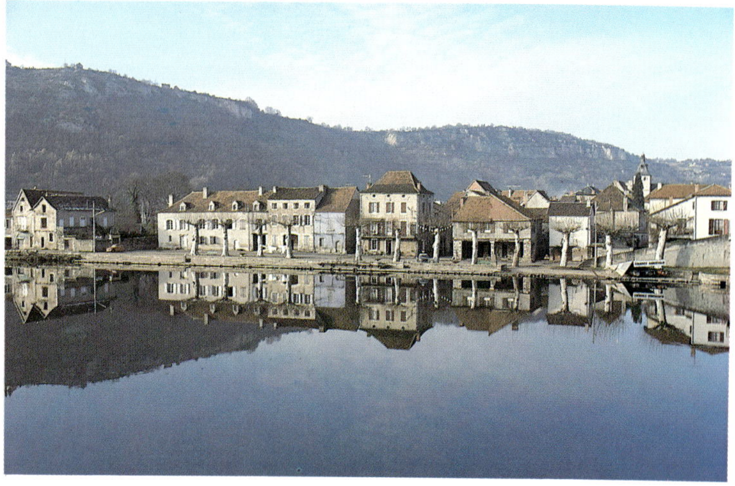

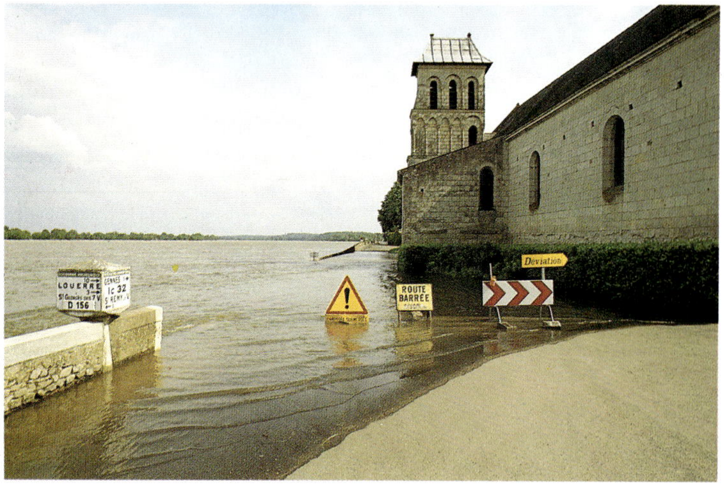
LOUERRE
D 156
GENNES
Ic 32
ROUTE BARRÉE
Deviation

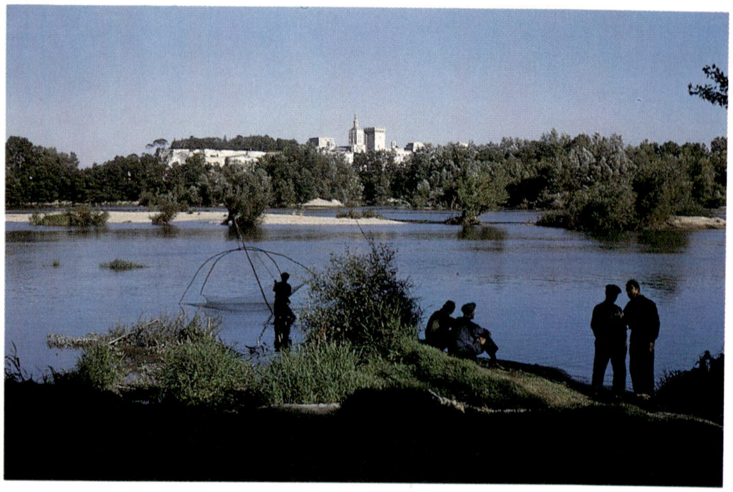

normande
(extrême
Tal-
n-
n-
ne *(à*
), le Lot
r à l'ancien
épublique Pom-
re à Thoureil *(à*
uche, en bas), charmante
ade entre Saumur et
ngers, un après-midi paresseux sur les bords du Rhône *(à gauche, en bas)*, voici quelques aspects du paysage aquatique français. Et puis un autre, dans un lieu qui ne s'est pas vraiment ouvert au tourisme et qui possède pourtant bien du charme avec ses prés bordés de peupliers de l'espèce « blanc du Poitou », de frênes et d'aulnes, avec ses bras d'eau où glissent silencieusement les barques des habitants : le Marais poitevin *(à droite)*.

Surnommé la « Venise verte », ce marais est le vestige d'un ancien golfe marin parsemé d'îles qui, au début de notre ère géologique, s'étendait jusqu'à Niort. Peu à peu comblé par une sorte de vase argileuse, aménagé dès le Moyen Âge par des moines, protégé ensuite de la mer par des polders et des digues, il a pris cette étrange configuration entre terre et eau. La barque y est le moyen de transport habituel : barque légère appelée « yole » pour transporter les personnes ; barque plus large dite « plate » pour le bétail, le grain et le matériel lourd. Les maraîchins vivent dans des maisons basses qui ont toutes des cales pour ranger les barques.

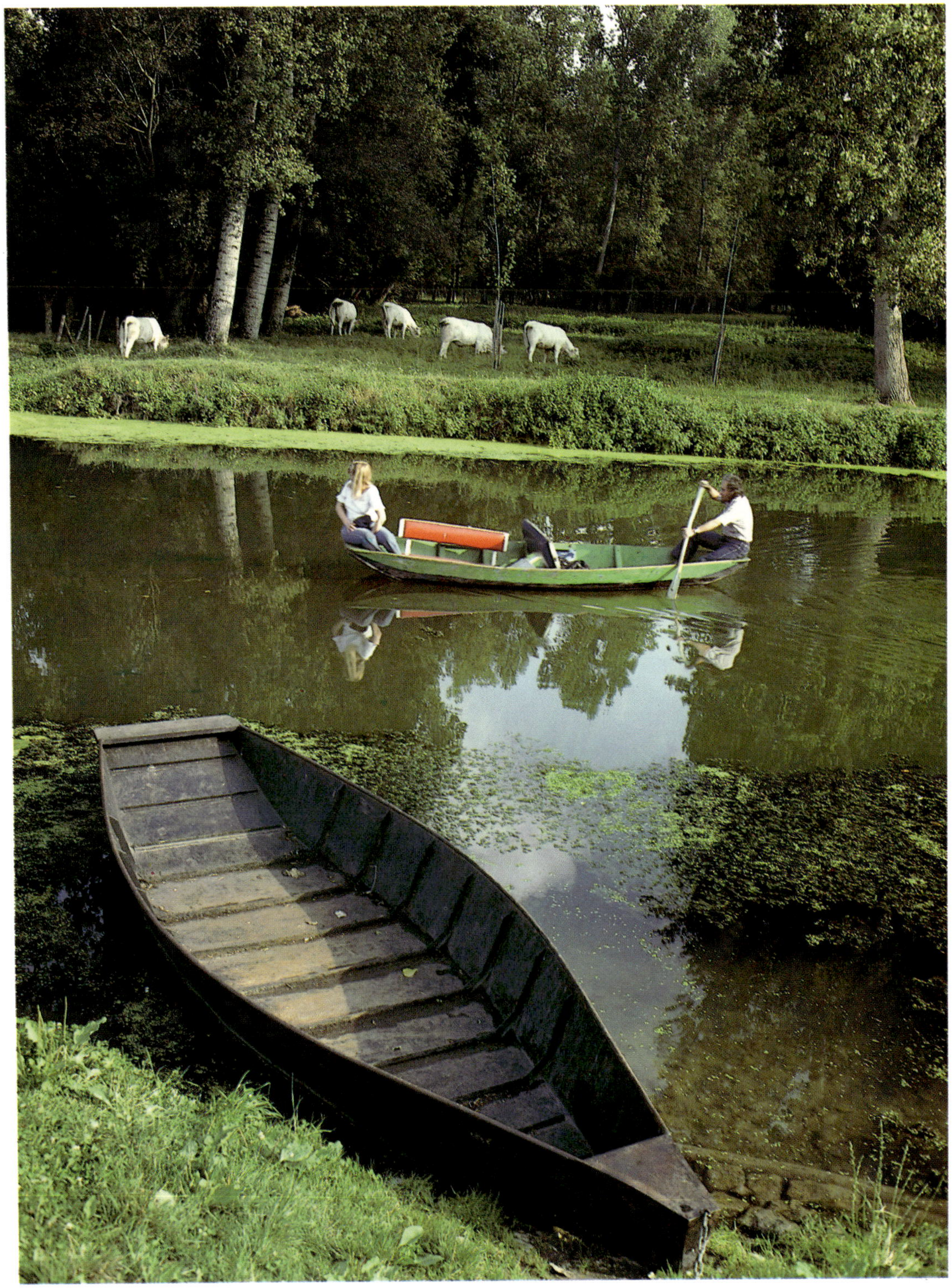

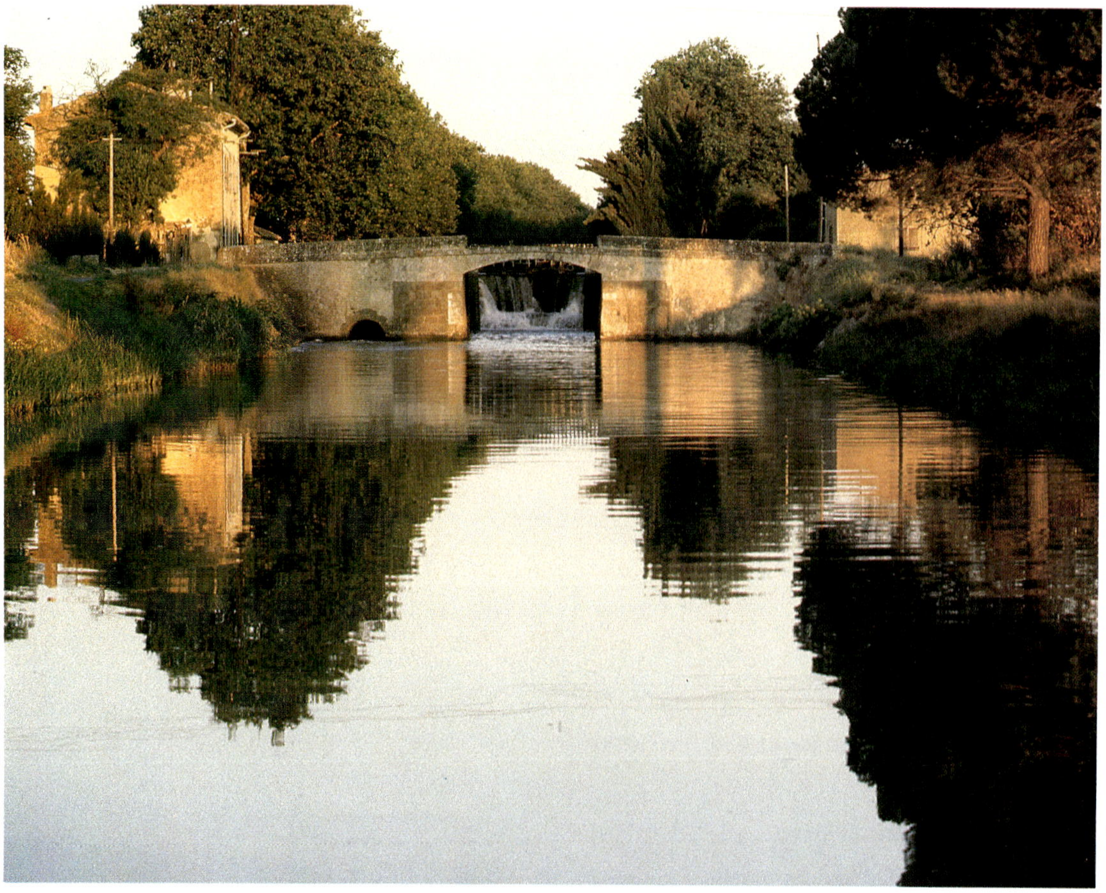

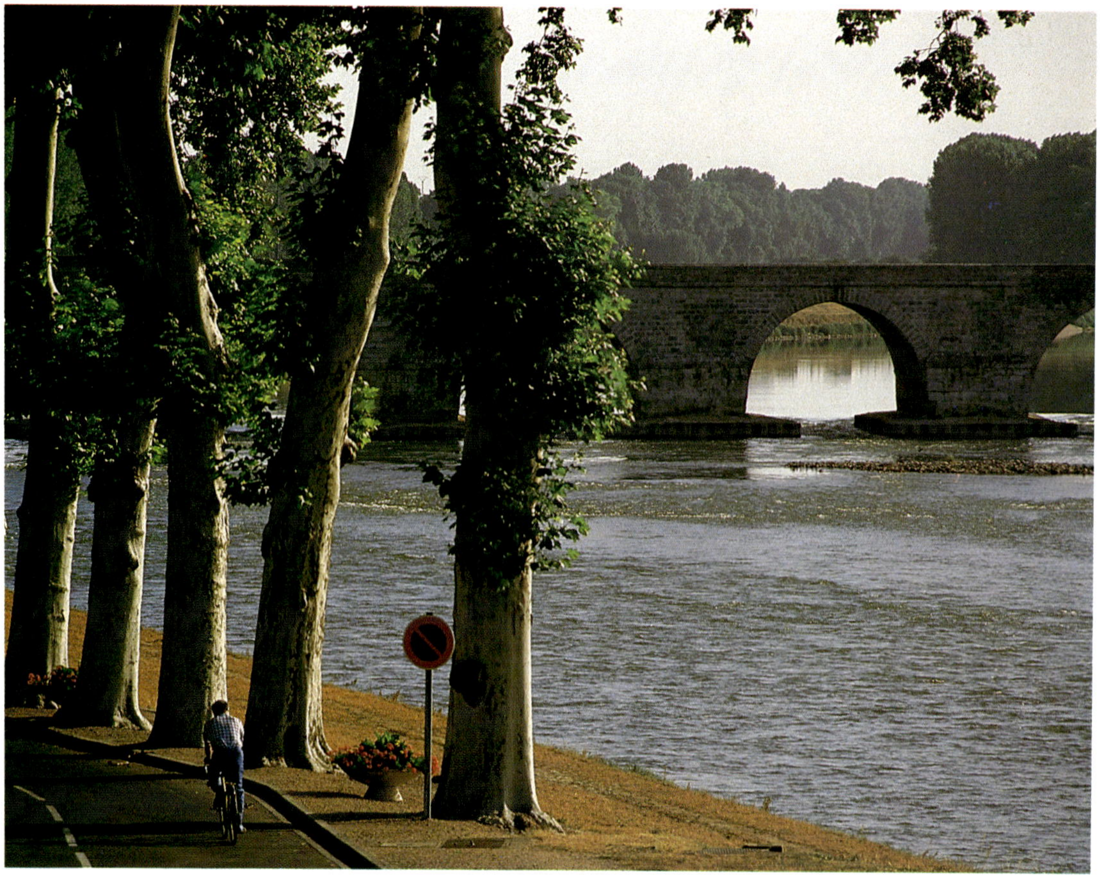

Il est révélateur que Dupont soit l'un des noms les plus répandus en France (huit colonnes dans le dernier annuaire téléphonique de Paris) et que ce mot revienne dans tant de locutions familières : faire un pont d'or, couper les ponts...

Dès l'Antiquité d'ailleurs, les Romains appelaient *pontifex* (faiseur de pont) leurs plus hauts dignitaires et le pape, vicaire de Dieu, est toujours appelé souverain pontife. Selon une vieille légende française, le Diable aurait aussi été jadis « faiseur de pont », d'où un grand nombre de « ponts du Diable ». Lorsqu'on faisait appel à lui pour les achever, il réclamait en paiement la première âme qui s'y aventurerait. Mais les hommes, malins eux aussi, s'arrangeaient pour faire passer d'abord sur le pont un chat ou un chien...

La France évoque volontiers dans ses poèmes et ses chansons des ponts sur lesquels on danse, ou bien d'où l'on regarde l'eau s'écouler comme l'amour ou comme la vie.

Ponts charmants et sans histoire, comme celui que l'on voit ici enjambant le canal du Midi *(à gauche, en haut)*. Ou ponts chargés d'histoire comme celui de Beaugency *(à gauche, en bas)* qui, gothique à l'origine, fut jusqu'aux temps modernes le seul à traverser la Loire entre Orléans et Blois. Il a sa place dans la légende de Jeanne d'Arc (« Orléans, Beaugency, Notre-Dame-de-Clercy, Vendôme... », dit la chanson), à la reconquête du royaume.

Le pont Valentré *(à droite, en haut)*, sur lequel on traverse le Lot à Cahors, est un superbe ouvrage fortifié dominé par trois tours et qui date du XIVe siècle. Il est en arc brisé, forme rapportée d'Orient par les croisés.

Mais combien plus ancien est le pont du Gard *(à droite, en bas)*, non loin de Nîmes, la cité aux arènes, et d'Uzès, ville médiévale qui connut sous la Renaissance une grande prospérité. La construction du pont du Gard a commencé en l'an 18 av. J.-C., sur l'ordre d'Agrippa, gendre de l'empereur Auguste. Plus qu'un pont c'était un aqueduc, comme seuls savaient en construire les Romains, destiné à amener jusqu'à Nîmes, colonie en plein essor, l'eau d'une source lointaine.

L'ouvrage, d'une hauteur de près de 50 mètres, comporte trois étages, dont le premier se compose de six arches, le second de onze et le troisième de vingt-deux. C'est l'un des plus beaux souvenirs laissés à la vieille Gaule par les légions romaines.

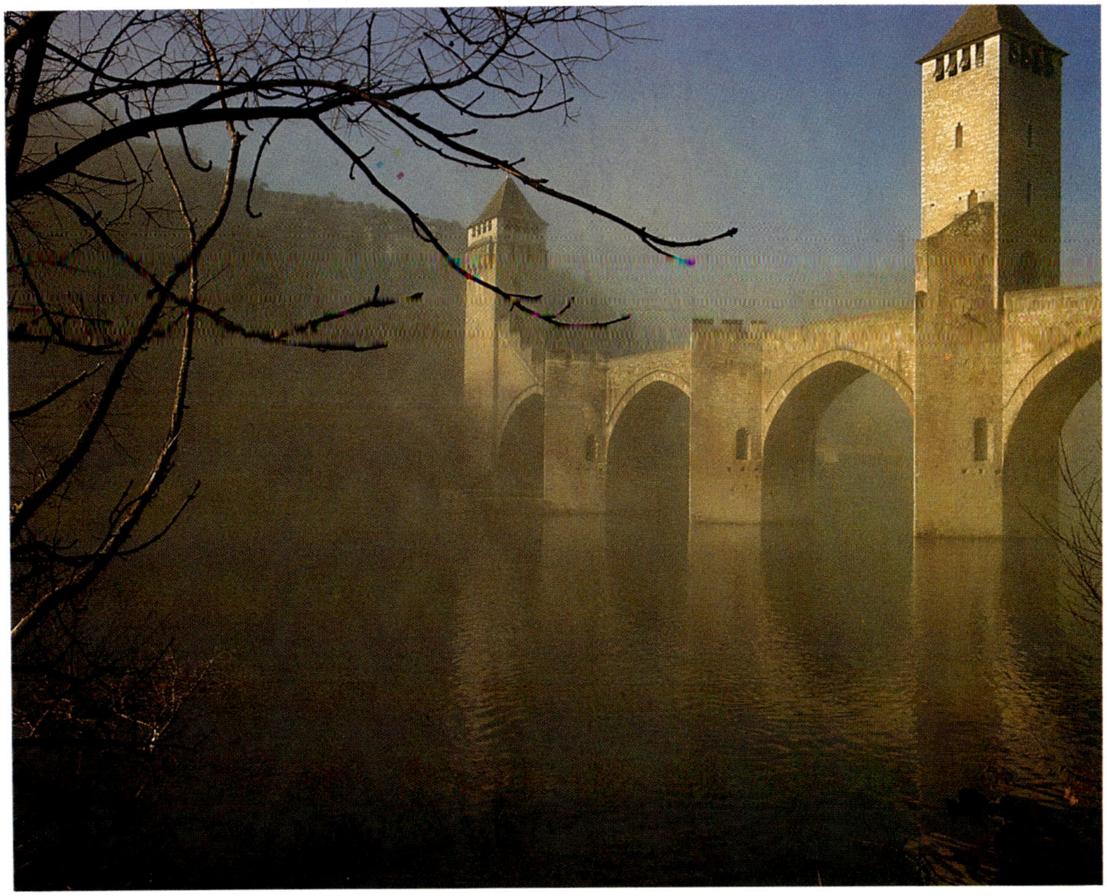

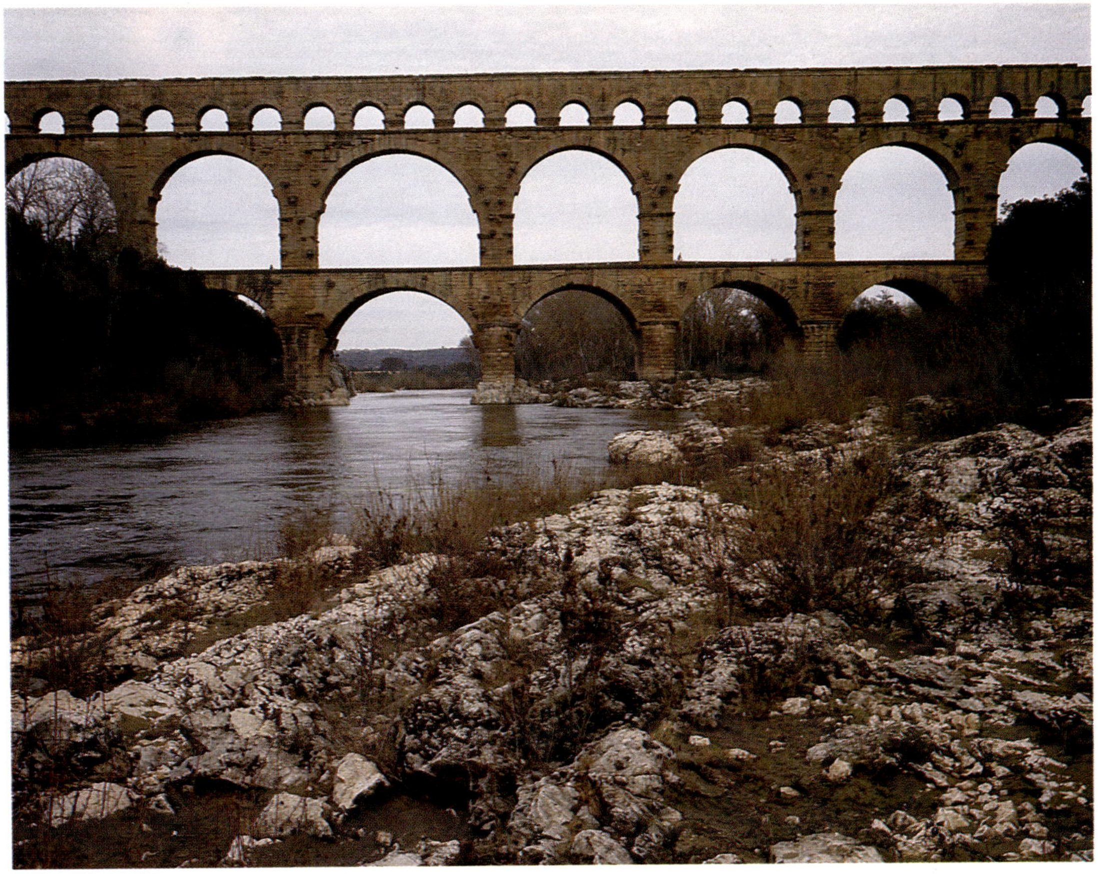

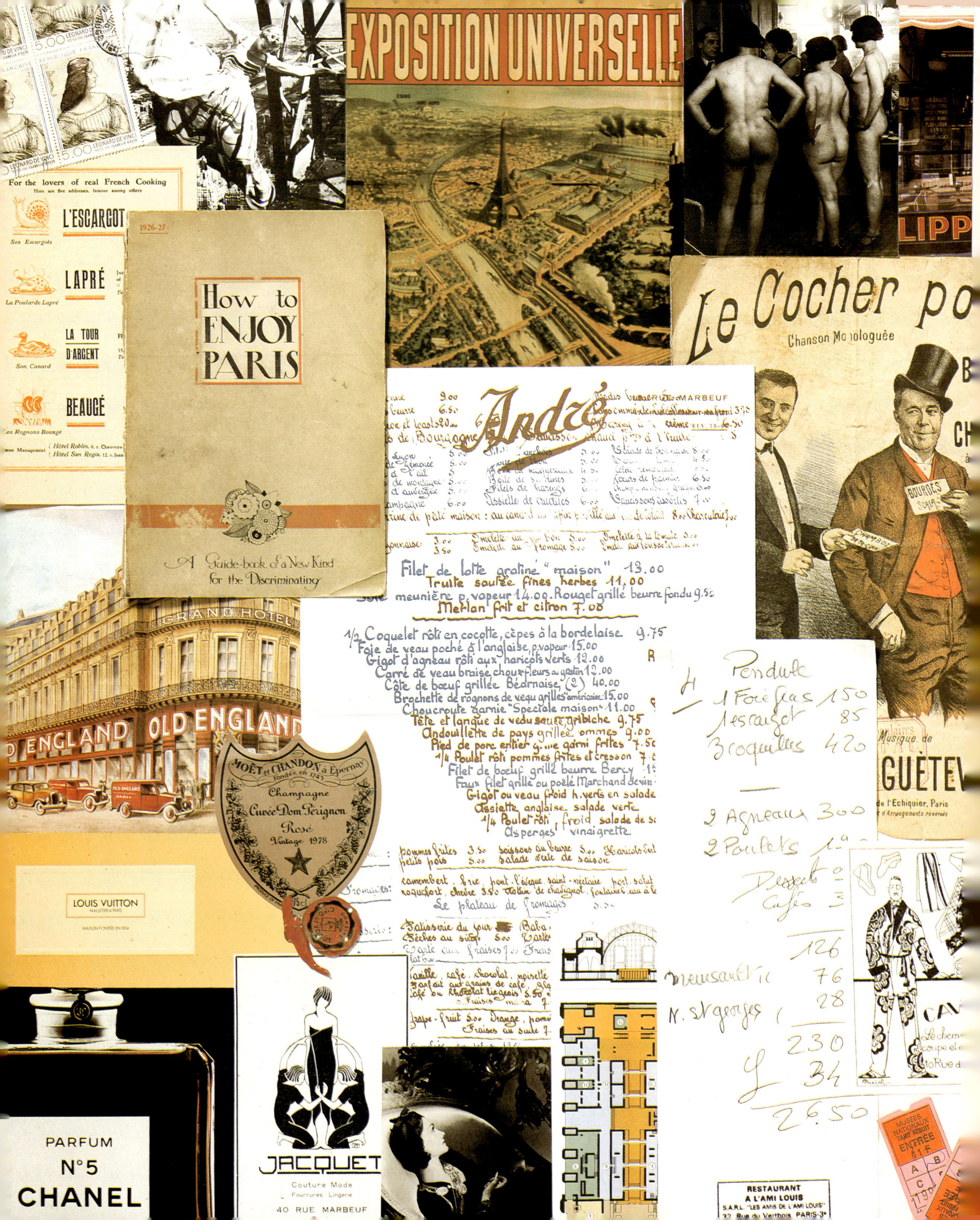

EXPOSITION UNIVERSELLE
For the lovers of real French Cooking
Here are five addresses, famous among others
L'ESCARGOT
Ses Escargots
LAPRÉ
La Poularde Lapré
LA TOUR D'ARGENT
Son Canard
BEAUGÉ
Les Rognons Beaugé
Hôtel Roblin
Hôtel San Regis
1926-27
How to ENJOY PARIS
A Guide-book of a New Kind for the Discriminating
LIPP
Le Cocher
Chanson Monologuée
André
Filet de lotte gratiné "maison" 13.00
Truite sautée fines herbes 11.00
Merlan frit et citron 7.00
1/2 Coquelet rôti en cocotte, cèpes à la bordelaise 9.75
Foie de veau poché à l'anglaise, p.vapeur 15.00
Gigot d'agneau rôti aux haricots verts 12.00
Côte de boeuf grillée Béarnaise 40.00
Choucroute garnie "Spéciale maison" 11.00
Andouillette de pays grillée 9.00
Asperges vinaigrette
Le plateau de fromages
Pâtisserie du jour
GRAND HOTEL
OLD ENGLAND
MOËT et CHANDON à Epernay
Fondée en 1743
Champagne
Cuvée Dom Pérignon
Rosé
Vintage 1978
LOUIS VUITTON
MALLETIER A PARIS
MAISON FONDÉE EN 1854
Pendule
1 Foie gras 150
1 escargot 85
3 coquilles 420
2 Agneaux 300
2 Poulets
Desserts
Cafés
126
76
28
230
34
2650
Musique de
de l'Échiquier, Paris
PARFUM
N°5
CHANEL
JACQUET
Couture Mode
Fourrures Lingerie
40 RUE MARBEUF
RESTAURANT
A L'AMI LOUIS
MUSÉES NATIONAUX
ENTRÉE

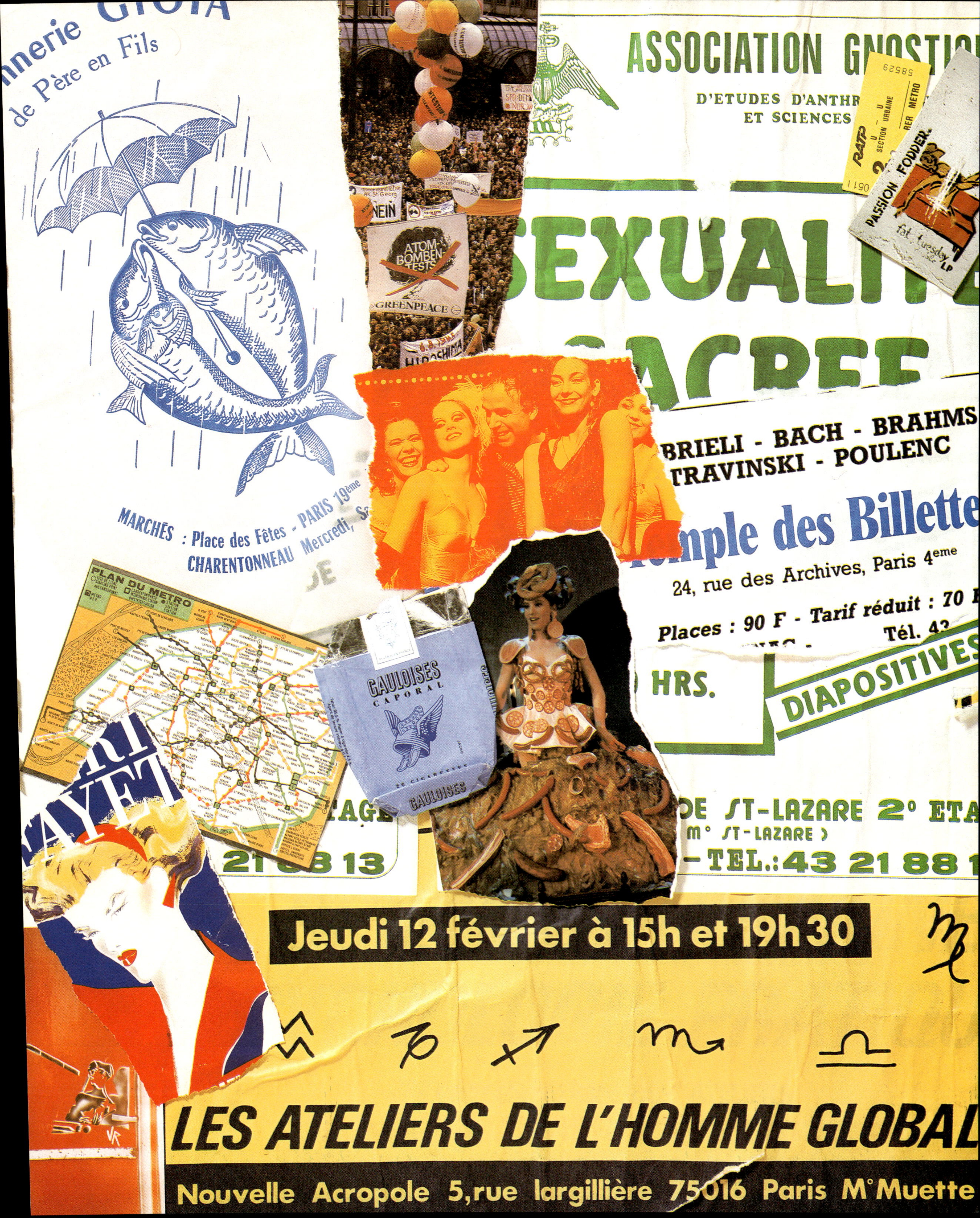

nnerie GIOIA
de Père en Fils
MARCHÉS : Place des Fêtes - PARIS 19ème
CHARENTONNEAU Mercredi,
ASSOCIATION GNOSTI
D'ETUDES D'ANTHR
ET SCIENCES
SEXUALITE
SACREE
BRIELI - BACH - BRAHMS
TRAVINSKI - POULENC
mple des Billette
24, rue des Archives, Paris 4ème
Places : 90 F - Tarif réduit : 70
Tél. 43
HRS.
DIAPOSITIVES
DE ST-LAZARE 2° ETA
M° ST-LAZARE)
-TEL.:43 21 88 1
21 88 13
ATOM-BOMBEN-TESTS
GREENPEACE
NEIN
HIROSHIMA
PASSION FODDER
fat tuesday
RATP
SECTION URBAINE
RER METRO
PLAN DU METRO
GAULOISES
CAPORAL
20 CIGARETTES
GAULOISES
Jeudi 12 février à 15h et 19h30
LES ATELIERS DE L'HOMME GLOBAL
Nouvelle Acropole 5,rue largillière 75016 Paris M°Muette

P A R I S

Ma première visite à Paris, où j'avais emmené une petite amie, était une aventure très audacieuse. Je ne savais pas du tout à quoi nous pouvions nous attendre. À cette époque-là le tourisme n'était pas encore développé, bien que le Guide Michelin existât déjà, et nous n'étions au courant de rien. Nos connaissances de la langue française étaient très limitées. Trouverions-nous même une chambre d'hôtel ?

J'avais heureusement quelques amis anglais à Paris. Je me rappelle être, sur leurs conseils, descendu dans un hôtel bon marché, qui, comme tous ces hôtels pas chers, logeait aussi une importante colonie de cafards. Ce fut merveilleux ! Ancien « Pavillon d'amour » attribué au grand architecte du XVIIIe siècle, Claude Nicolas Ledoux, il était situé rue des Beaux-Arts et s'appelait alors l'hôtel d'Alsace. Oscar Wilde s'y était réfugié en 1900 pour mourir bien « au-dessus de ses moyens ». Aujourd'hui, il a été complètement rénové avec velours et brocarts et on l'appelle l'Hôtel tout court. On y fait un luxueux séjour dans des chambres au mobilier historique. Mais attention à la note !

Je me souviens qu'il y avait à cette époque au coin de la rue un petit restaurant, les Beaux-Arts je crois, où un jour par semaine, le mardi ou le vendredi, je ne me souviens plus, on servait du steak frites sauce béarnaise. C'était une spécialité, un vrai plaisir.

À Paris, je ne m'arrêtais pas de marcher. C'était formidable. On passait son temps à découvrir des petites ruelles, des places pittoresques, tout y était nouveau. Dès que l'on avait quitté ces grandes avenues, que je trouvais fort déprimantes, et laissé derrière nous ce Paris d'Haussmann plus fait pour impressionner que pour intriguer, tout devenait passionnant. Le Paris que j'aimais, c'était la rive gauche vers la rue de Seine, c'était le Marais. Aujourd'hui, les grandes portes vertes brillent sous leur peinture neuve. Quand j'y étais, la peinture s'écaillait, c'était plein de charme. Il y avait alors en France une taxe sur les signes extérieurs de richesse, peut-être est-ce pour cela que rien n'était repeint.

L'un de mes plus grands plaisirs visuels fut de découvrir la neutralité de la couleur, ce gris fade de la pierre, des toits de zinc. Depuis que Malraux a fait nettoyer Paris on retrouve, surtout dans le centre, la merveilleuse couleur de la pierre, une couleur de miel. Ce qu'on remarque aussi dans le Paris d'aujourd'hui, c'est l'éclairage. Aucune ville au monde ne sait mieux éclairer ses bâtiments. Paris, la nuit, est superbe. À part Venise peut-être, c'est la ville la plus grandiose du monde, une vraie ville. Et puis bien sûr, il y a la Seine. Quand je suis arrivé, dans les années cinquante, elle avait un rôle beaucoup plus important qu'aujourd'hui. Il y avait toute une vie du fleuve. Un de mes premiers étonnements fut d'y rencontrer tant de pêcheurs à la ligne. Il y en avait partout. Quelle surprise aussi de découvrir l'île de la Cité et l'île Saint-Louis, véritable ville dans la ville !

Quant au métro parisien, il est remarquable et bien supérieur au nôtre, qu'il s'agisse de la propreté, de l'efficacité ou du niveau sonore. On ne sent plus aujourd'hui cette odeur qui lui était particulière et qui m'avait tant frappé. J'avais l'impression d'être accueilli par une bouffée de Gitane, un souffle d'ail et de parfum.

Évidemment, être anglais à cette époque, c'était risquer de se faire accueillir avec un brin de froideur. On se sentait à la fois étranger et toléré à Paris... surtout si l'on avait un peu d'argent. Ceci était étonnant car, avant la guerre, Paris était un grand centre touristique où tout était fait pour encourager le tourisme. On était servi avec beaucoup de courtoisie dans les cafés, mais l'on y sentait une légère irritation liée à notre présence. Elle se lisait sur les visages. C'était différent à la campagne.

L'un de mes endroits favoris est la Coupole. J'y vais toujours quand je suis seul à Paris, surtout en été où l'on y voit d'énormes bouquets de glaïeuls, une fleur que j'adore. J'aime aussi la Closerie des Lilas et la brasserie Lorraine, place des Ternes, sans chic particulier, mais si agréable.

Et que fait-on aujourd'hui à Paris ? La Défense ? L'idée de réaliser un espace de modernisme, hors de Paris, sur ce plateau triste que l'on aperçoit au bout des Champs-Élysées et de l'avenue de la Grande-Armée était raisonnable. Cela permettait de ne pas détruire Paris. Mais comment a-t-on pu permettre la construction de la tour Montparnasse ? Malheureusement, cette idée de créer une ville moderne, liée par un cordon ombilical à Paris, si elle était bonne au départ est un échec complet. La Défense est un ensemble morne, sans aucun charme et confus.

J'aime l'exubérance du Centre Pompidou, mais il aurait dû être à la Défense, pas là où il est. Et je regrette les superbes structures métalliques du vieux marché de Baltard qui se trouvait aux Halles, et que l'on a entièrement détruit. La pyramide du Louvre me fait hésiter. La façade du Louvre devrait s'y refléter, mais elle n'est pas très « distinguée ». Cependant on ne peut rien en dire encore. Sans doute la construction de l'Arc de Triomphe a-t-elle fait scandale en son temps, comme celle du Grand Palais ou de la tour Eiffel. Quelle idée folle, la construction de cette tour Eiffel ! Mais quelle tempête se déchaînerait si on la retirait de Paris. Il est vrai qu'il faut être prêt à changer. Je suis de cet avis, mais en y apportant un peu de sensibilité.

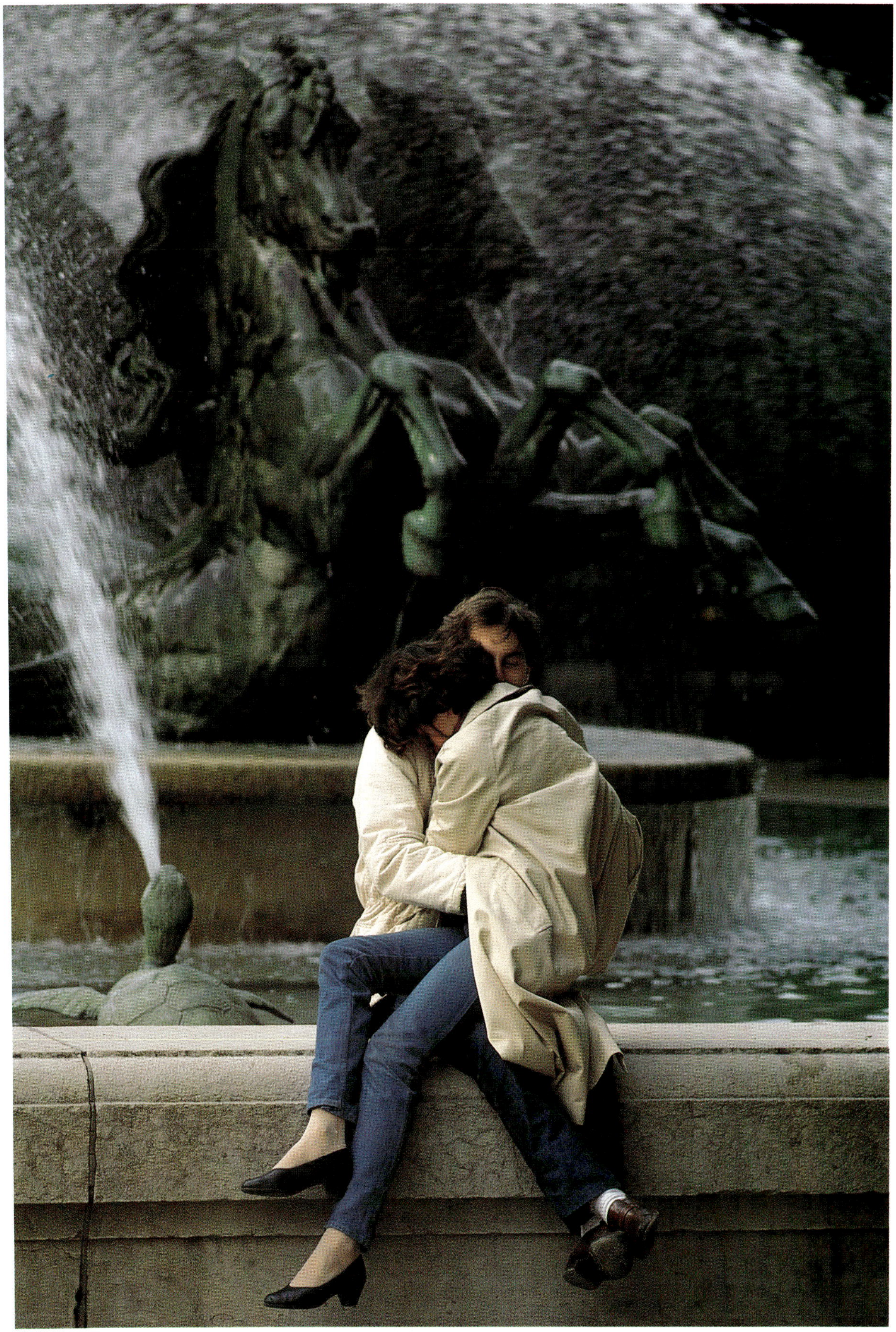

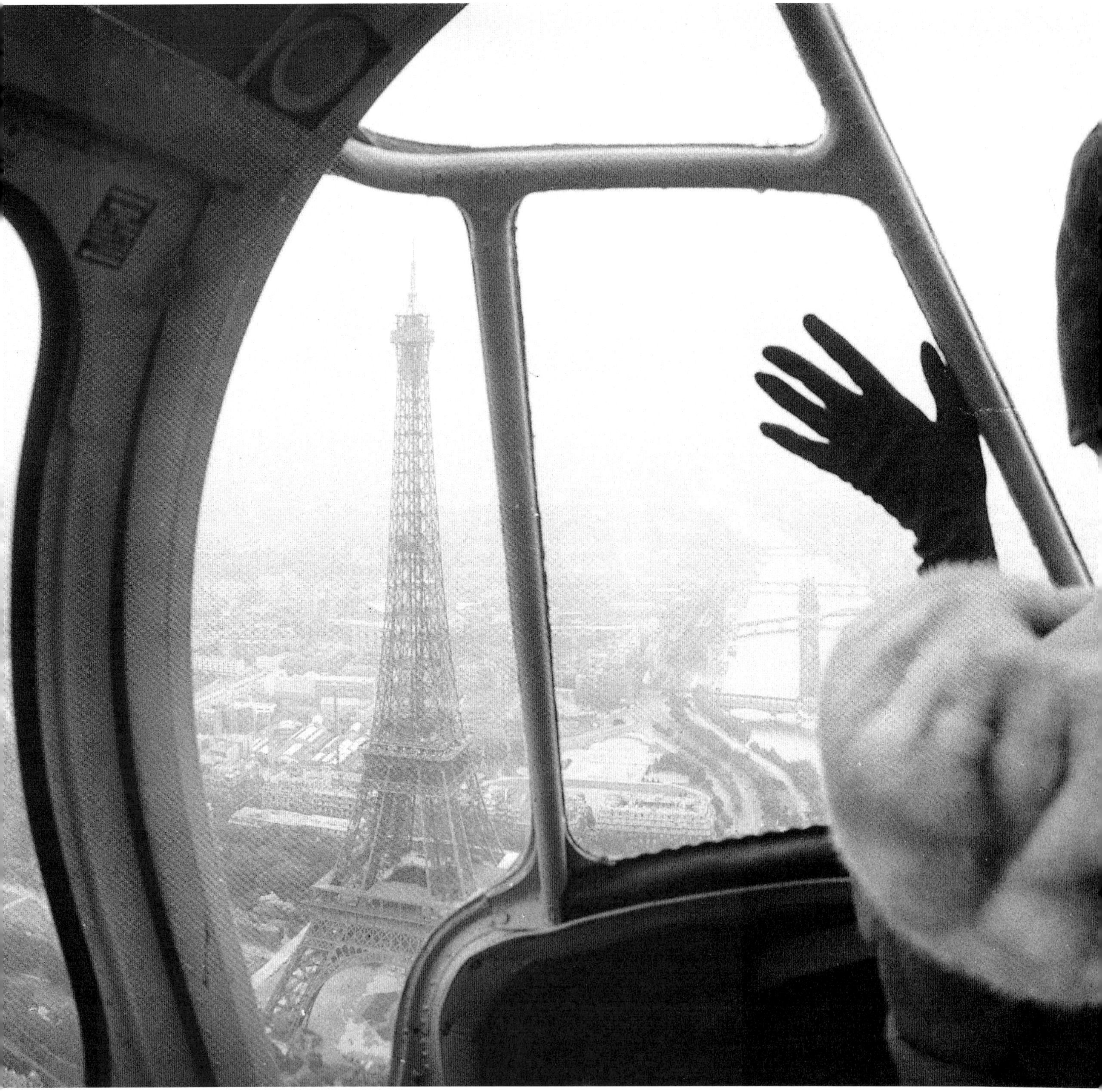

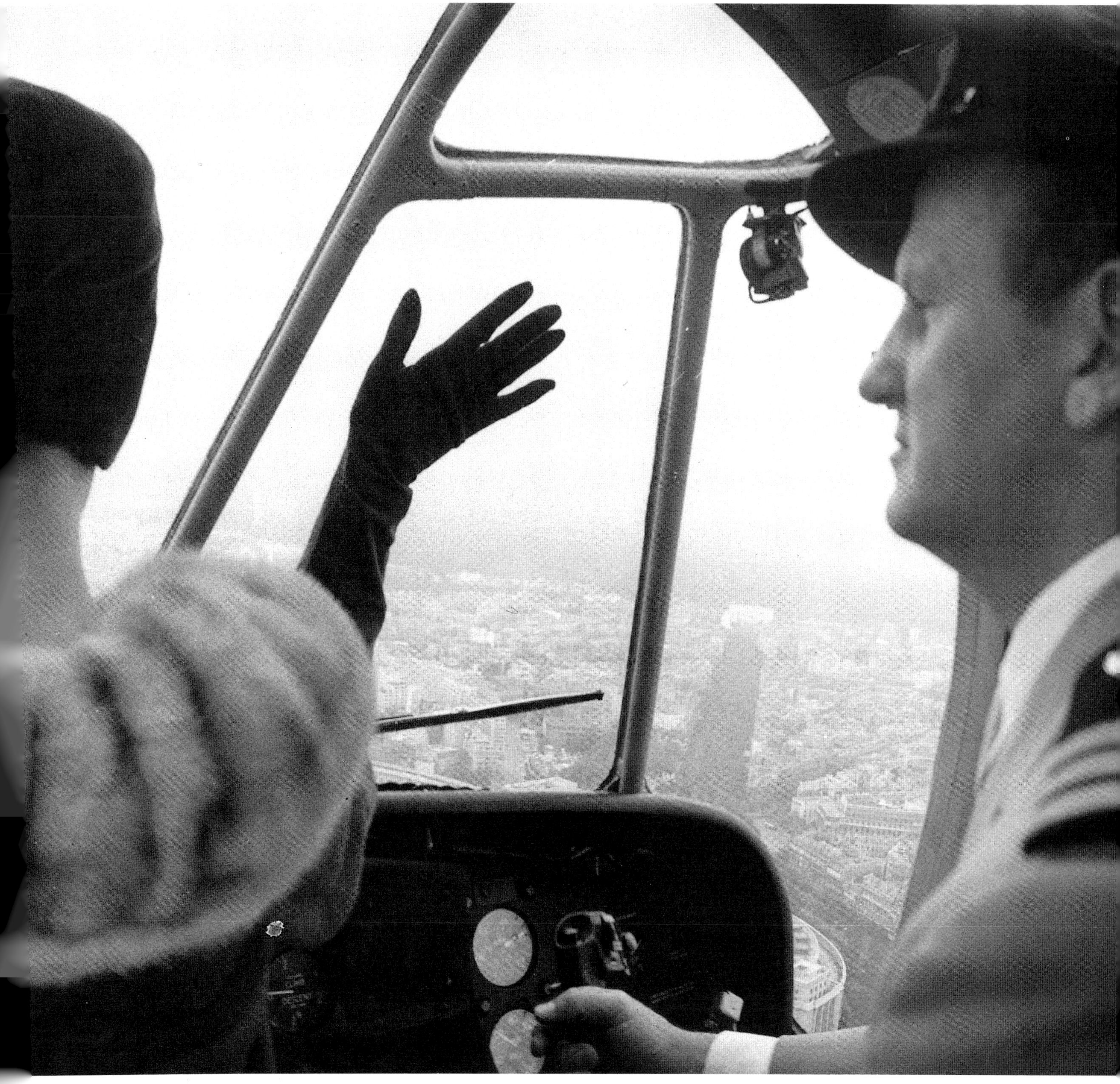

Bonjour Paris ! Le salut émerveillé d'une femme à la ville qui est le reflet même de son élégance. Paris, capitale mondiale de la mode, du « chic ». Un mot qui fait partie ici de l'air qu'on respire.

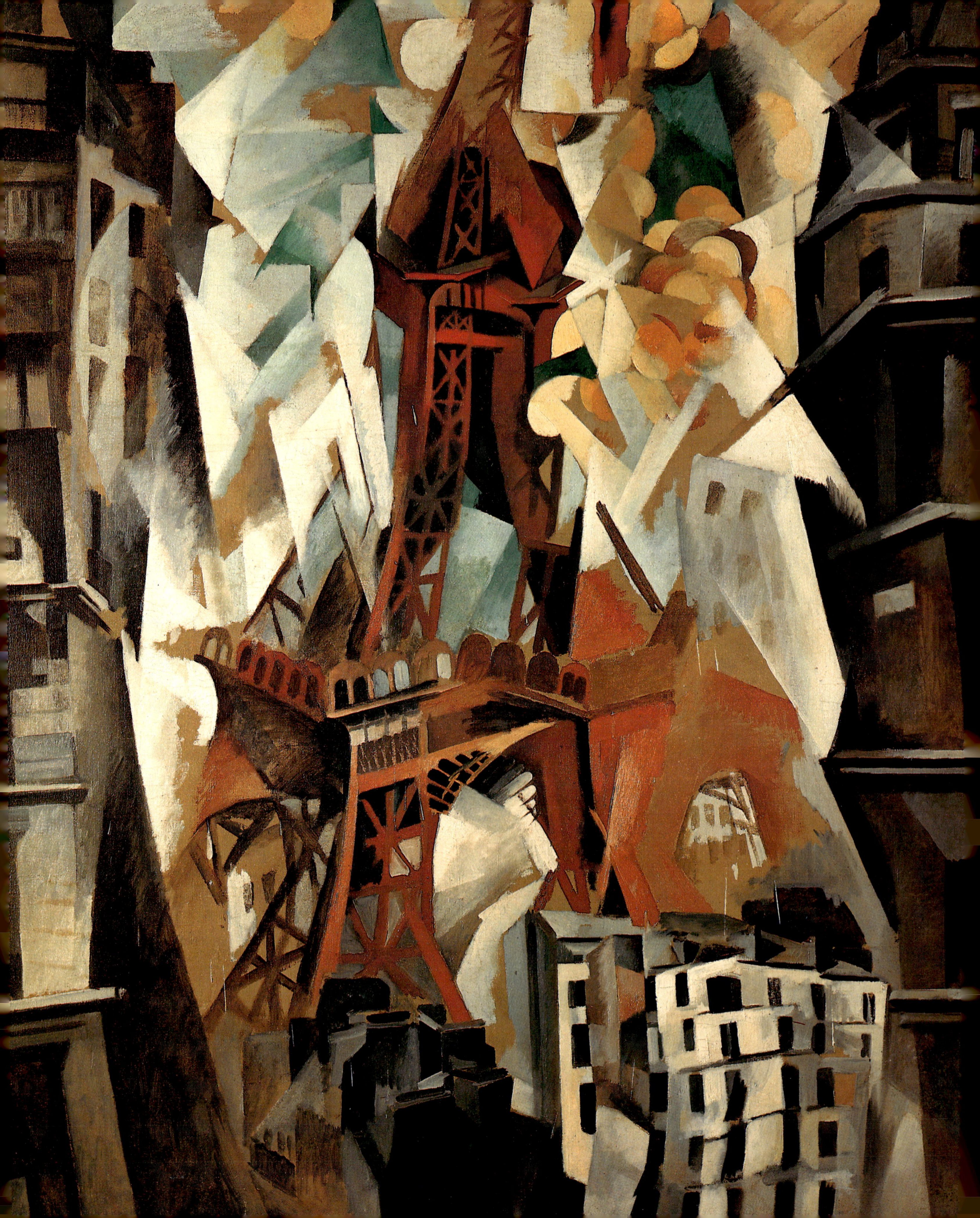

Cette vieille dame sera centenaire en 1989 et reste pour le monde entier le symbole de la capitale. On trouve la tour Eiffel en réduction chez tous les marchands de souvenirs et même dans des globes de verre ou de plastique où il neige quand on les retourne. Avec ses 300 mètres de haut, elle était le plus haut monument du monde jusqu'à ce que l'Empire State Building la détrône en 1931. Elle-même, pour son soixante-dixième anniversaire, a grandi de 20,75 mètres, car on l'a surmontée d'une cabine de télévision.

Lorsque l'ingénieur Gustave Eiffel réalisa ce chef-d'œuvre de l'architecture du fer composé de 150 000 pièces reliées par 2 500 000 rivets et qui pèse 7 000 tonnes, poids extraordinairement réduit par rapport à l'espace occupé, il fut accablé de critiques. Des artistes et des écrivains (dont Maupassant et Charles Garnier, l'architecte de l'Opéra) signèrent même contre la tour un « manifeste des trois cents ». En 1907, on parla de la démonter. Et puis des peintres comme Dufy, Seurat, le Douanier Rousseau et surtout Robert Delaunay, et des poètes comme Apollinaire ou Cocteau commencèrent à lui trouver du charme.

Elle allait devenir à la fin des années vingt la première enseigne lumineuse géante, affichant du haut en bas de ses 300 mètres le nom glorieux de Citroën.

Mais elle demande beaucoup de soins. Tous les sept ans, il faut la repeindre, ce qui réclame une main-d'œuvre ne craignant pas le vertige et 52 tonnes de peinture. Récemment, il a fallu changer de nombreuses pièces et rivets. Et les morceaux démontés ont eu beaucoup de succès chez les antiquaires américains.

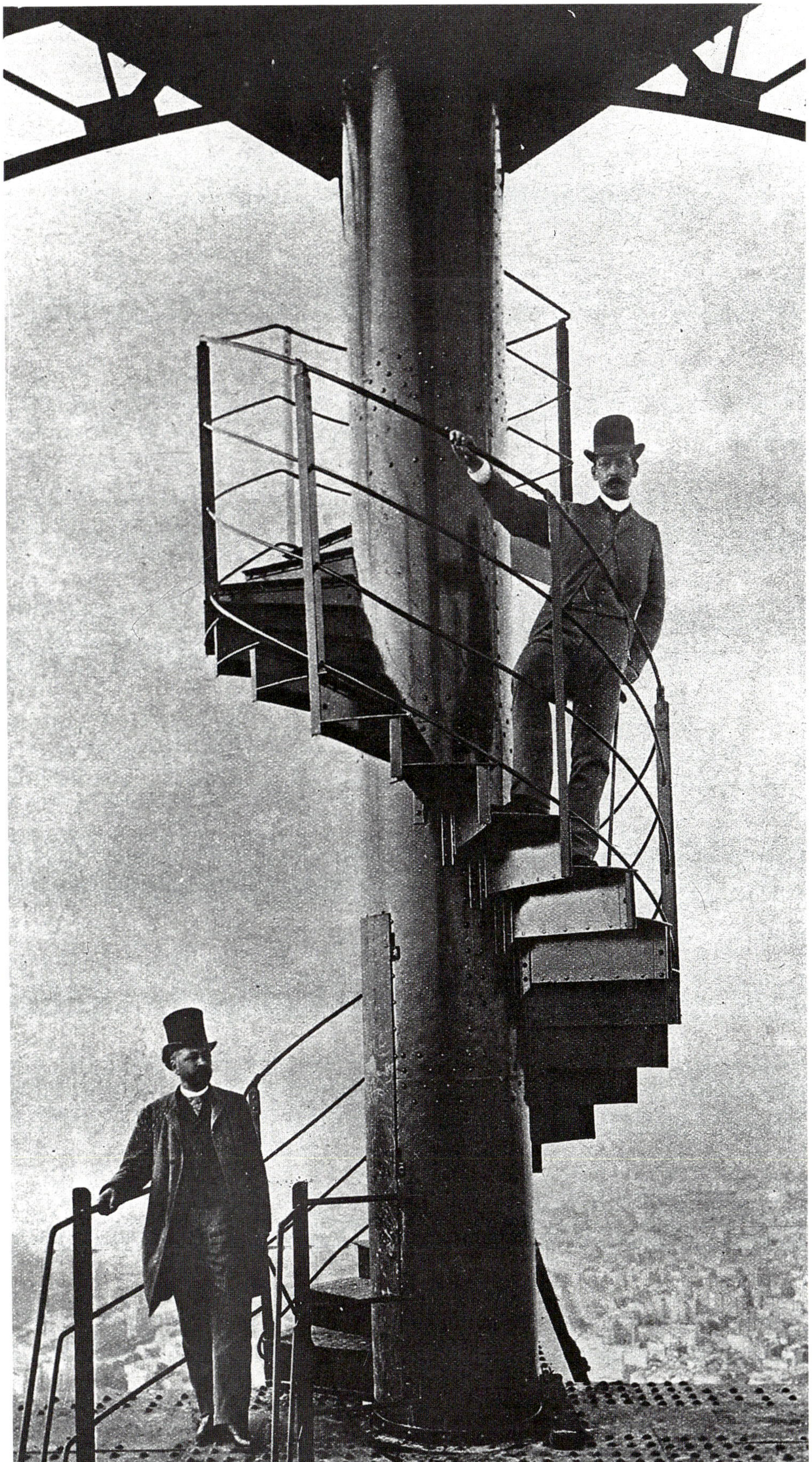

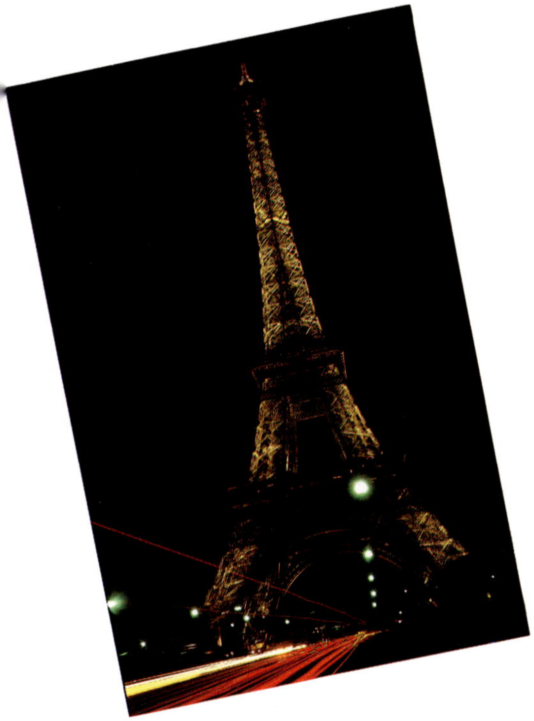

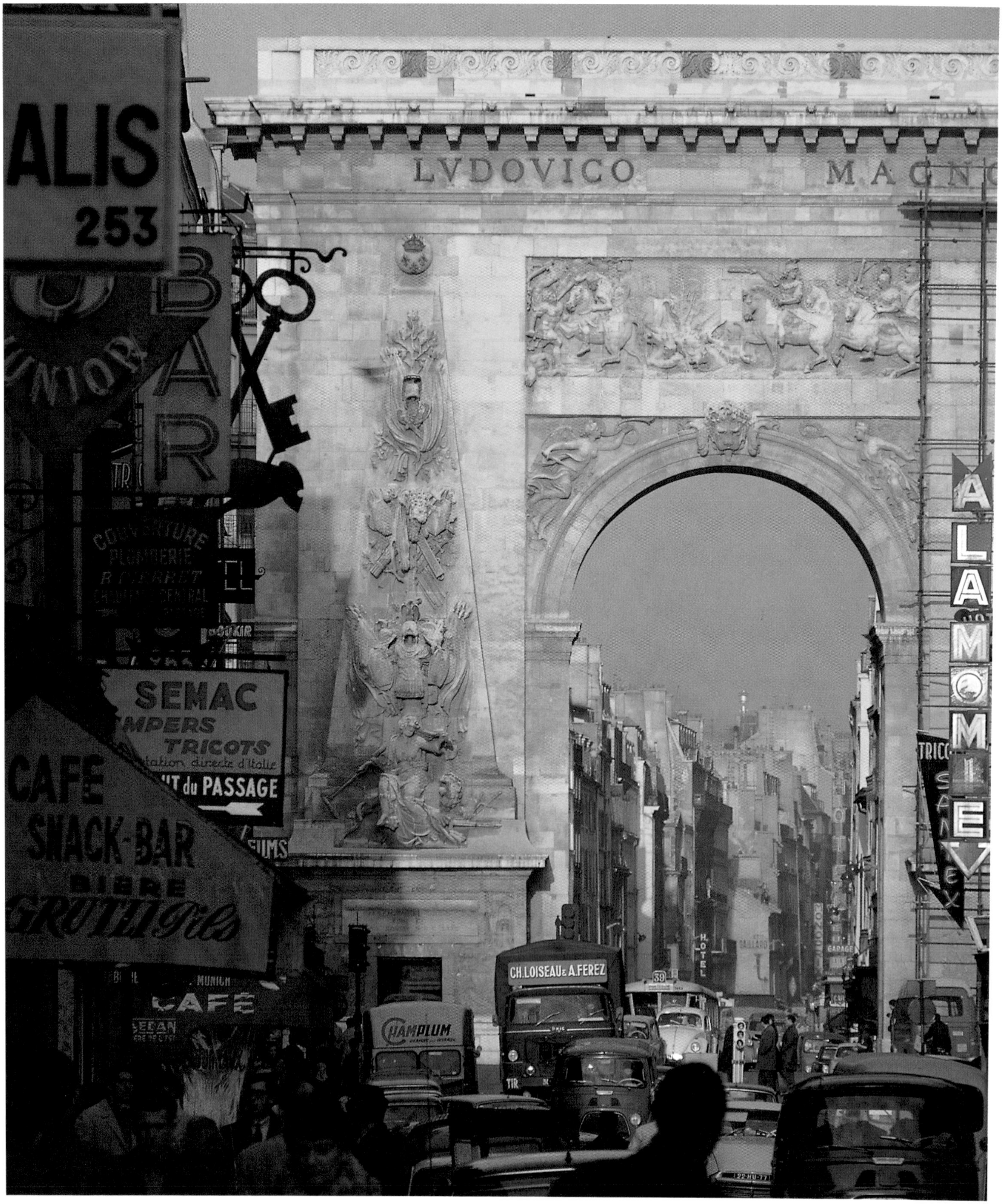
ALIS
253
LVDOVICO
COUVERTURE
PLOMBERIE
SEMAC
TRICOTS
du PASSAGE
CAFE
SNACK-BAR
BIERE
GRUTLI Pils
CAFE
CH.LOISEAU & A.FEREZ
CHAMPLUM
HOTEL

En haut des Grands Boulevards, la porte Saint-Denis *(à gauche)*, qui autrefois marquait la frontière entre Paris et les faubourgs, date du XVIIe siècle. Elle avait été construite pour célébrer les victoires de Louis XIV en Allemagne... victoires d'ailleurs sans lendemain.

L'arc de la porte Saint-Denis a été pendant un siècle et demi le plus haut de Paris, avec ses vingt-quatre mètres, avant d'être détrôné par celui de l'Étoile qui en mesure cinquante. Il est aujourd'hui perdu au milieu des voitures qui passent dessous et le contournent, sans le regarder.

La porte Saint-Denis n'est plus qu'un petit jalon sur les Grands Boulevards qui, de la Madeleine à la République, furent la grande promenade et le lieu de plaisir des Parisiens pendant le XIXe et la première moitié du XXe siècle.

En haut des Champs-Élysées, sur la place de l'Étoile, rebaptisée aujourd'hui Charles-de-Gaulle, l'Arc de Triomphe *(à droite)* est sûrement avec la tour Eiffel le monument le plus populaire de Paris. Il fut commandé à l'architecte Jean Chalgrin par Napoléon qui voulait un « gigantesque autel de la patrie ». Mais il a mis trente ans à être achevé, l'Empire s'étant effondré entre-temps. C'est le roi Louis-Philippe qui l'a inauguré en 1836.

L'Arc de Triomphe avec sa flamme du souvenir et la tombe du soldat inconnu de la guerre 14-18 se dresse majestueusement au milieu de l'immense place où rayonnent, selon le plan d'Haussmann, douze larges avenues dont les Champs-Élysées. C'est le lieu le plus solennel de la capitale, que descendent tous les grands défilés, où viennent aussi se recueillir quand ils séjournent à Paris les chefs d'État étrangers.

L'Arc de Triomphe est le point culminant de la voie triomphale qui mène en ligne droite de la Défense à l'ouest, à la Nation à l'est, en passant par la Concorde et la Bastille.

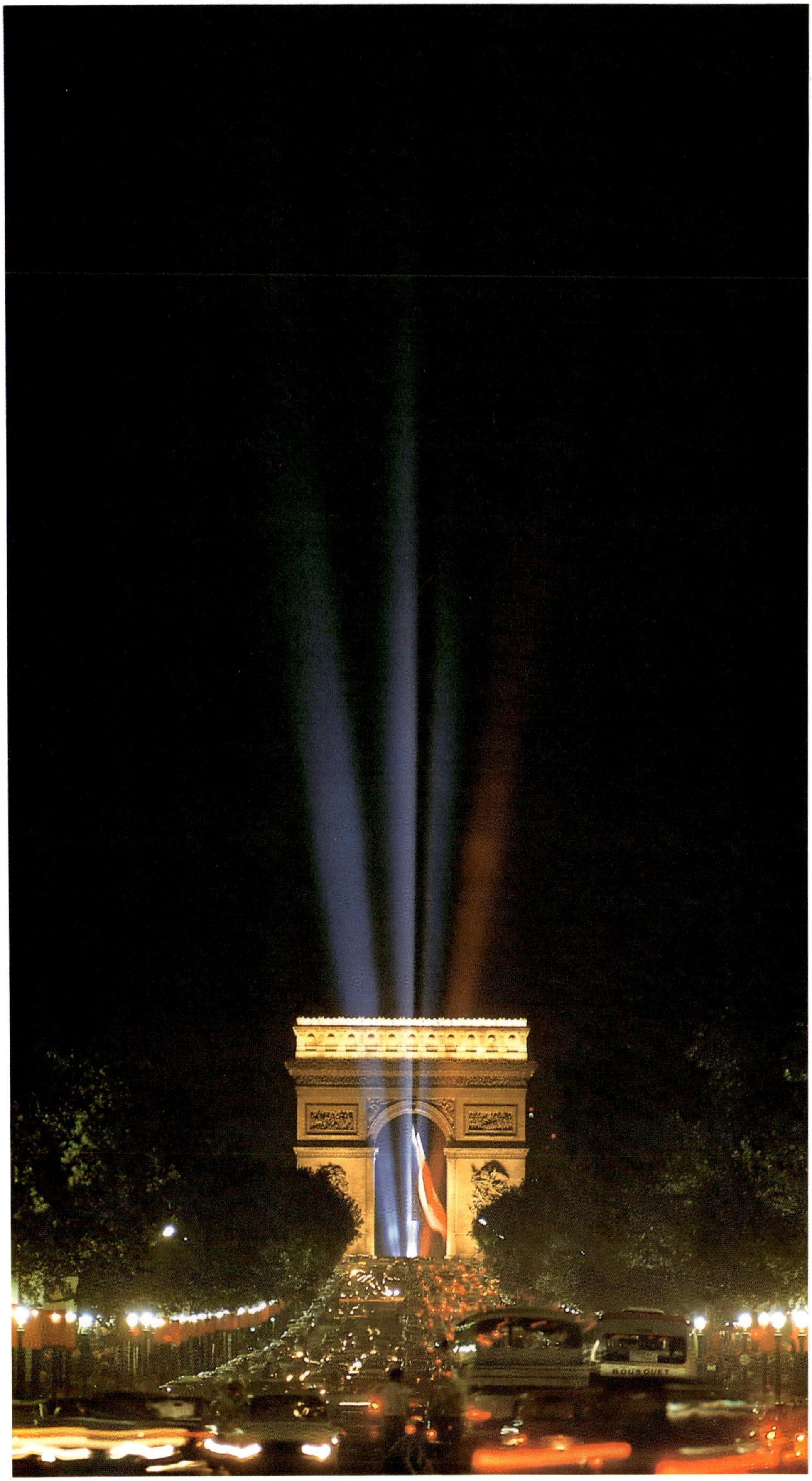

Page 66 : Gustave Eiffel (en chapeau haut-de-forme) sur les marches de sa tour.

Page 67 : Champs de Mars, la Tour rouge, *peinture de Robert Delaunay en 1911.*

Au commencement, Paris était une petite île au milieu d'un fleuve tranquille qui ne s'appelait pas encore la Seine. Une tribu celte de pêcheurs, les Parisii, l'occupait dans des huttes avant que les Gallo-Romains ne commencent à la construire sous le nom de Lutèce. Elle allait devenir Paris sous l'empereur Julien l'Apostat, puis l'île de la Cité sous Clovis au ve siècle.

Deux îlots, séparés par un chenal, la côtoyaient. On les appelait l'île aux Vaches et l'île Notre-Dame et le roi Saint Louis aimait y rendre la justice (sous un chêne naturellement !) en pleine nature. Au XVIIe siècle, on combla le chenal pour ne faire qu'une seule île et on commença à y construire des maisons : on lui donna le nom d'île Saint-Louis.

Aujourd'hui, avec sa cathédrale Notre-Dame qui domine le fleuve comme un vaisseau de pierre, avec le Palais de Justice et la Sainte-Chapelle, cette merveille gothique, avec la Conciergerie et ses tours pointues où les victimes de la Terreur attendirent la charrette qui les menait à l'échafaud, avec sa charmante place Dauphine ouvrant sur le Pont-Neuf, avec ses rues aux si jolis noms, rue Chanoinesse, rue de la Colombe, rue des Ursins, avec son marché aux fleurs qui devient le dimanche un marché d'oiseaux, l'île de la Cité reste le vrai cœur de Paris. Elle en constitue d'ailleurs aussi, en partie du moins, le Ier arrondissement.

L'île Saint-Louis, avec ses merveilleux quais bordés de vieux hôtels, l'hôtel de Lauzun, l'hôtel Lambert... avec son dédale de rues étroites, est un coin du XVIIe siècle qui survit, intact ou presque, isolé des remous de la capitale.

Vues du ciel, ces deux îles font, entre le Pont-Neuf et le pont Sully, une sorte de long navire au milieu du fleuve ; entre les vieux quartiers des deux rives, le Quartier latin sur la gauche et sur la droite, le Marais.

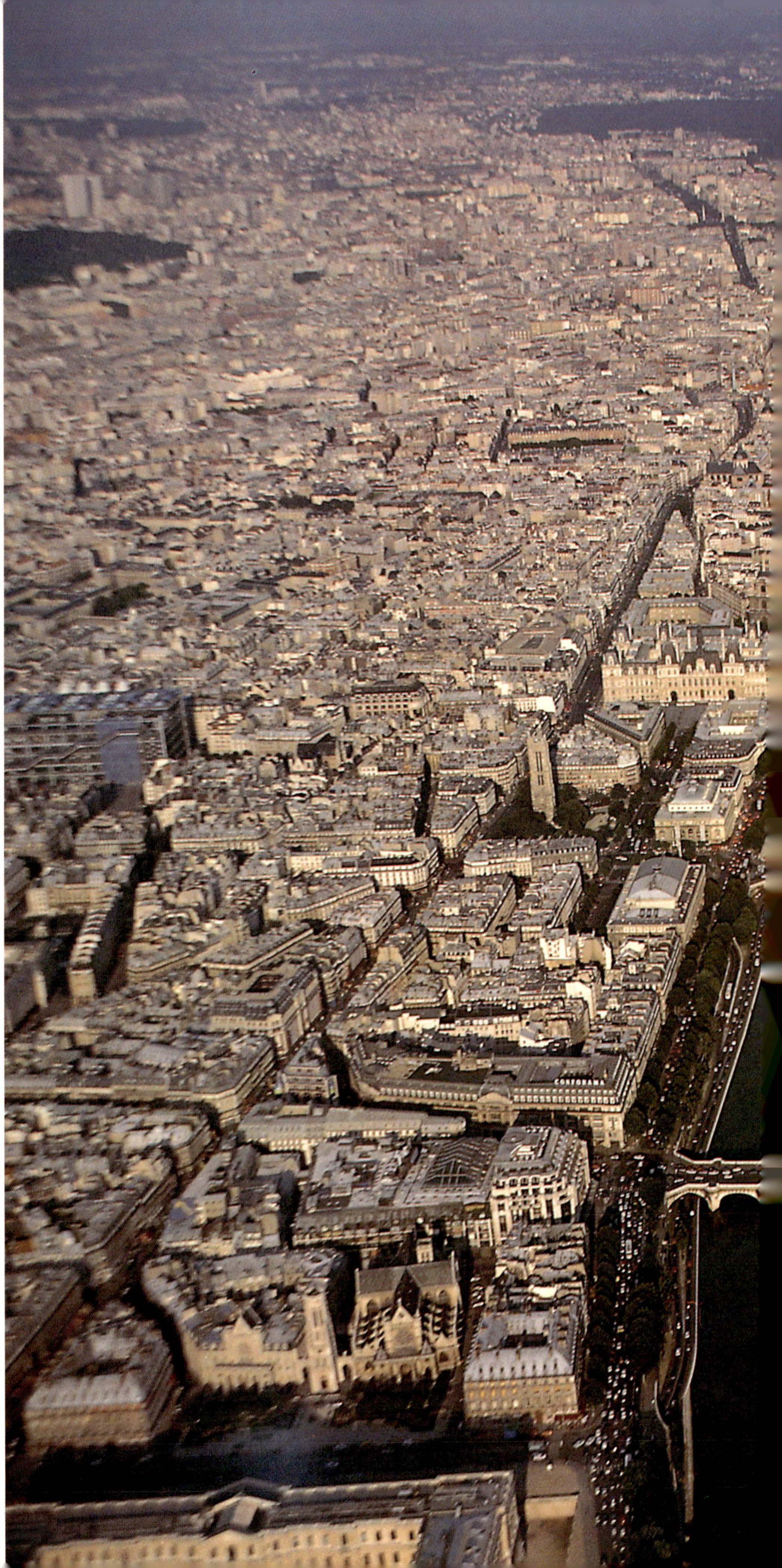

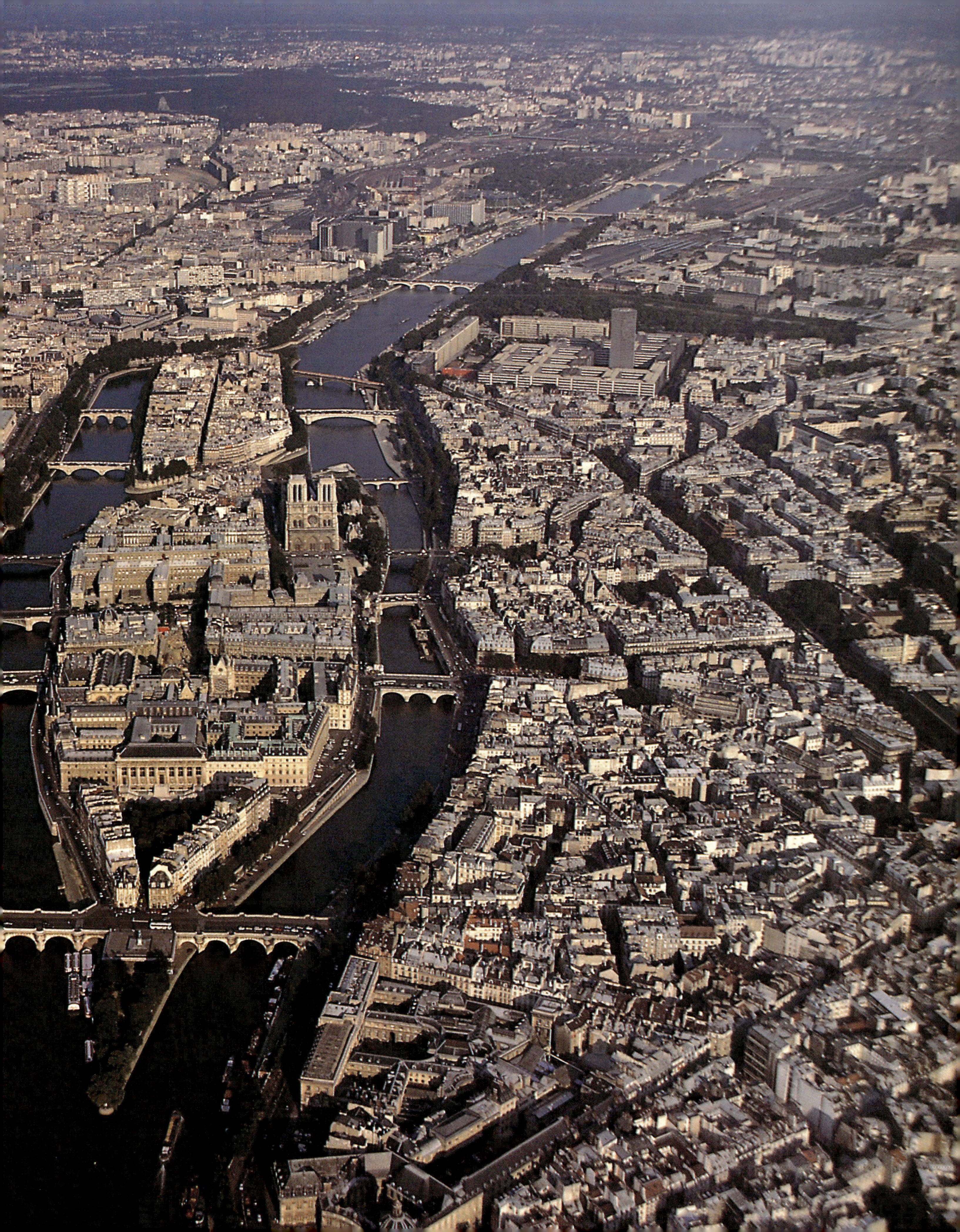

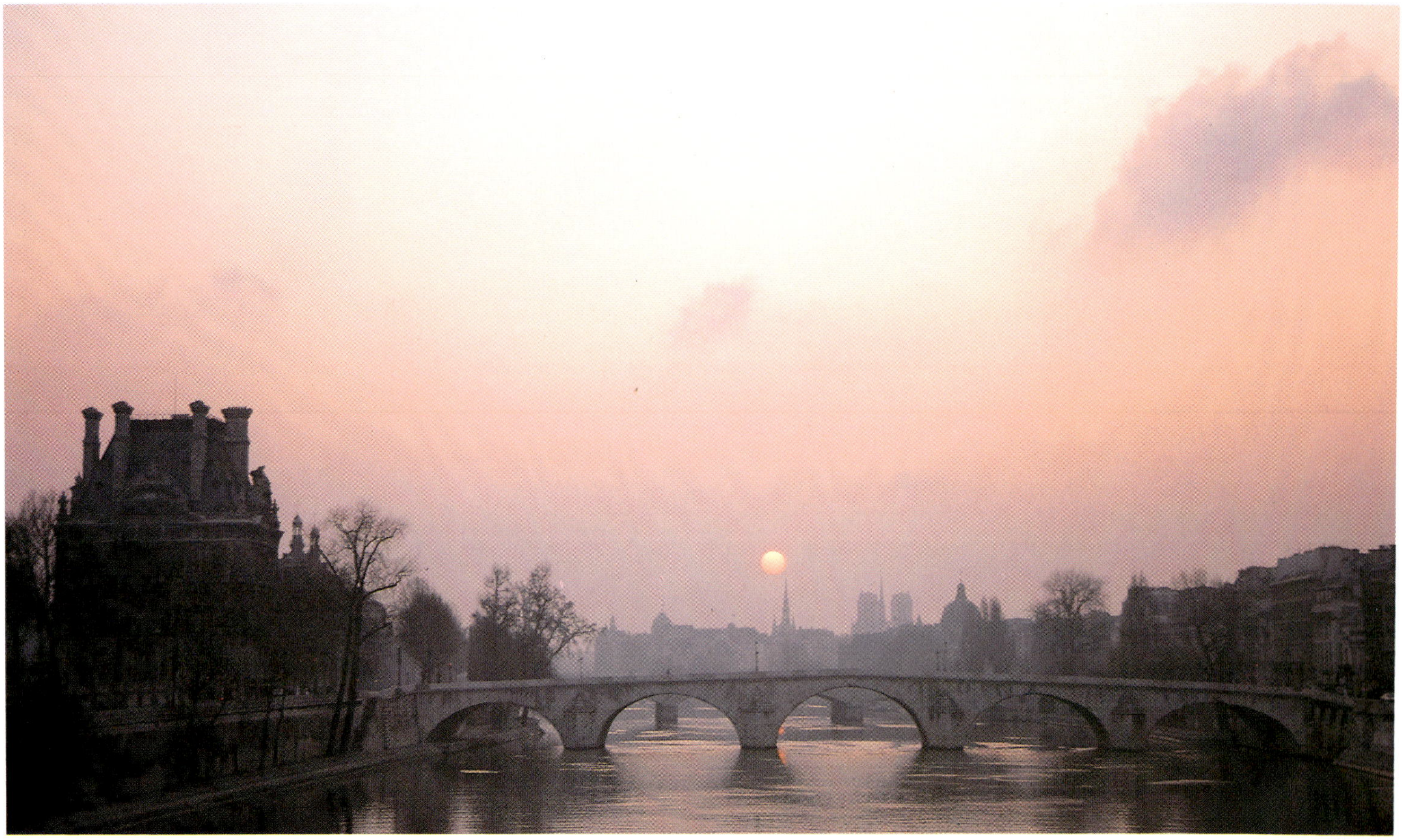

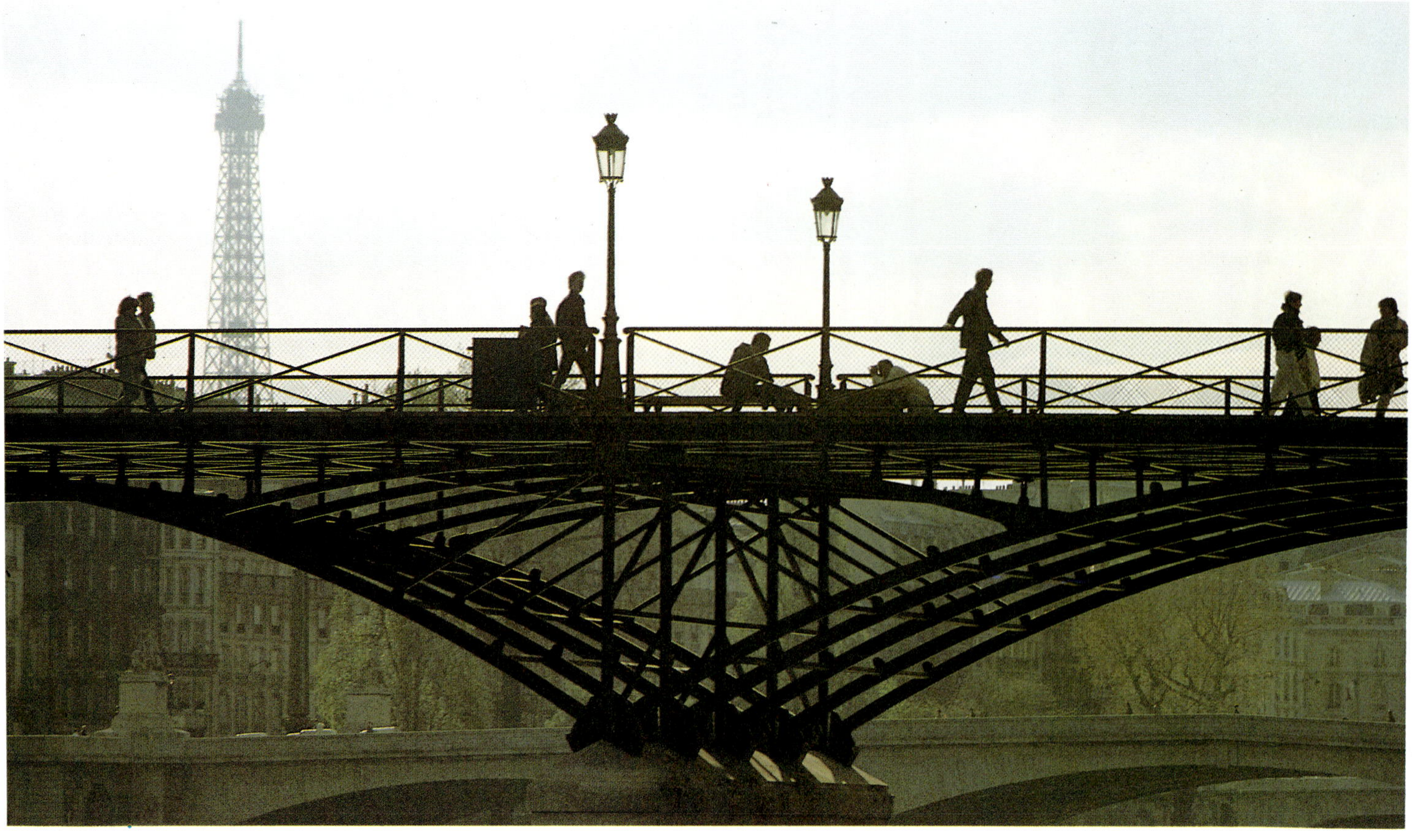

Sous Louis XIV, les gens de la maison du Roi pour aller du Louvre à leurs hôtels du faubourg Saint-Germain traversaient l'élégant pont Royal *(en haut, à gauche)*. Un peu plus haut, devant le Louvre encore, le pont des Arts *(en bas, à gauche)* vient d'être réouvert au public en 1986 après plusieurs années de travaux. Cette passerelle métallique du début du XIXe est l'un des rares lieux de passage au-dessus du fleuve qui soit réservé aux piétons. On n'y paie plus de péage comme autrefois, la vue y est admirable, le calme insolite et l'atmosphère poétique. Le pont des Arts débouche droit sur la coupole de l'Institut, ce lieu vénérable où chaque jeudi quarante immortels refont inlassablement leur dictionnaire de la langue française. Le pont Alexandre-III *(à droite)*, avec ses statues allégoriques, ses lions de pierre et ses lanternes florentines, tient son nom du tsar de toutes les Russies qui, peu avant sa construction, avait signé un traité d'alliance avec la France. Fleuron de l'architecture 1900, on découvre en le franchissant vers la rive gauche cet admirable chef-d'œuvre de l'architecture classique qu'est l'hôtel des Invalides.

Trente-quatre ponts enjambent ainsi cette voie superbe, dont Paris est né et qui reste sa plus majestueuse avenue : la Seine. Malheureusement, ses quais ont été trop longtemps laissés à l'abandon. Sur trente kilomètres de rive, il y en reste aujourd'hui à peine dix pour les promeneurs. Les voies express en occupent un bon quart, et des entrepôts, des chantiers, des sablières en bouchent encore une bonne partie du reste. Mais tout cela va changer dans les années qui viennent. Des projets sont à l'étude pour l'aménagement des anciennes usines Citroën, des abords du pont Henri-IV, pour Bercy et Tolbiac qui devraient être rendus aux Parisiens avec des jardins et des terrasses. Et peut-être même des restaurants. Ajoutons que, grâce à des stations d'épuration, la Seine commence à être débarrassée de ses pollutions. On va bientôt revoir ses pêcheurs et ses baigneurs de l'été.

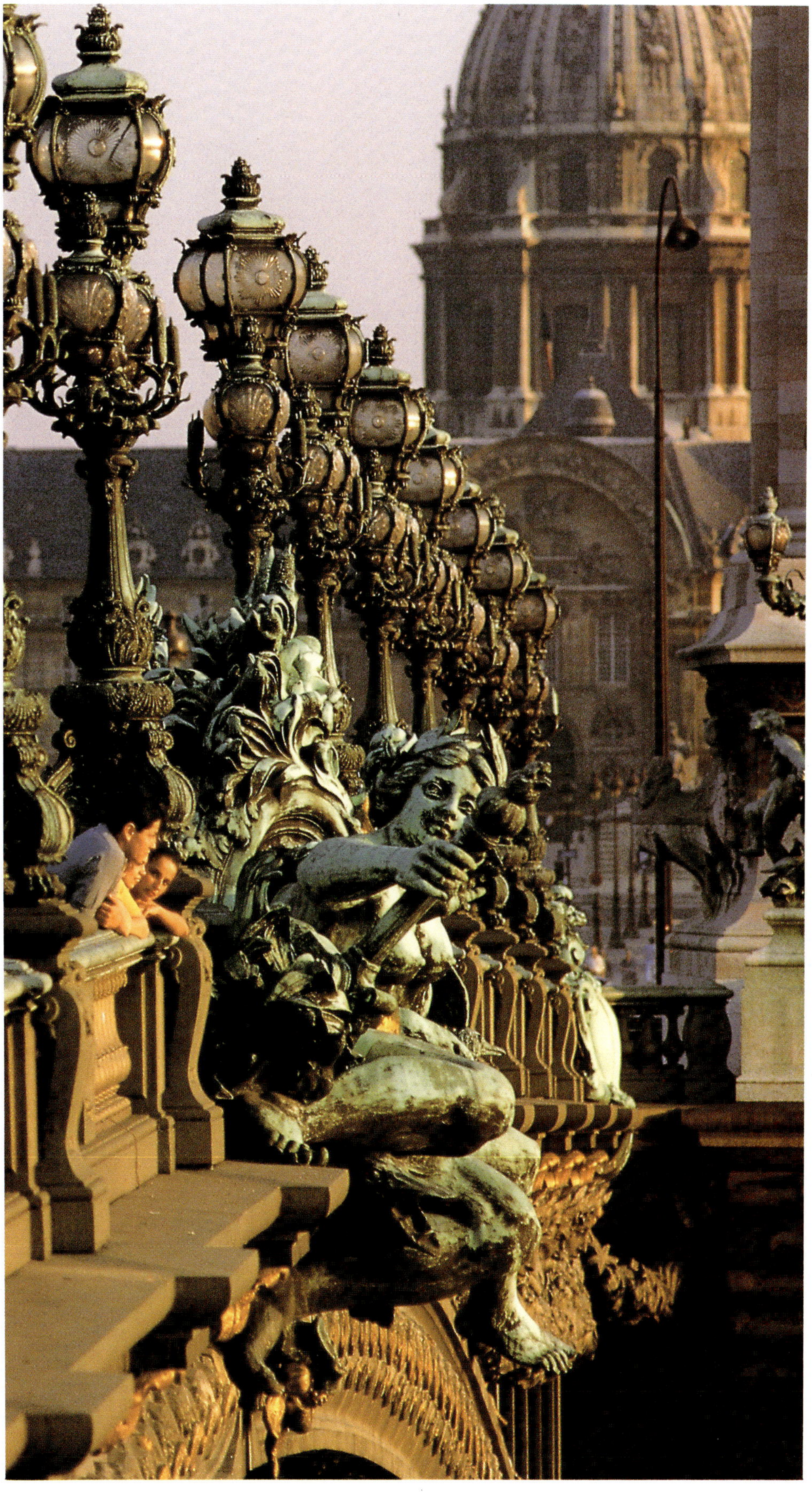

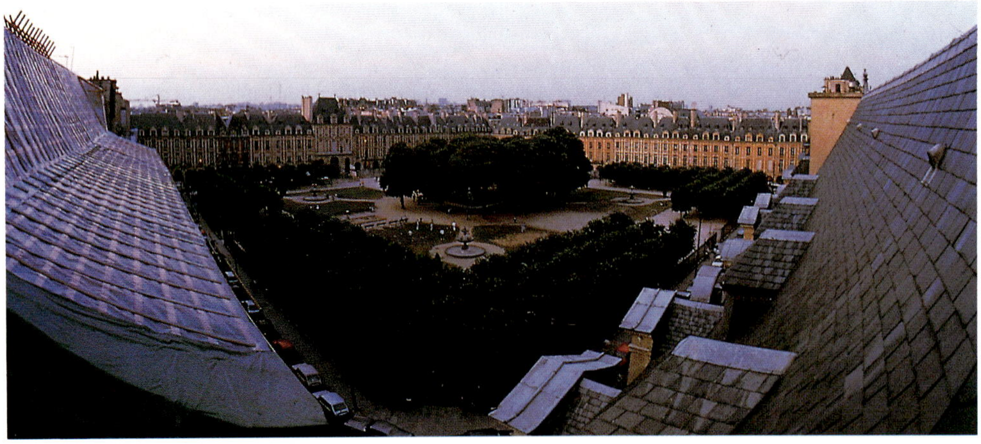

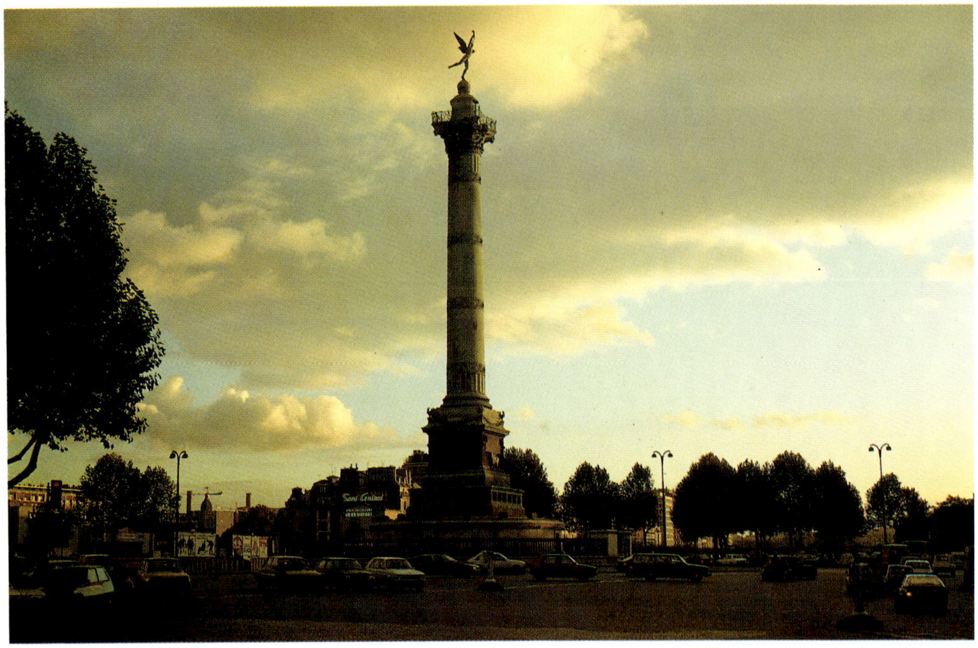

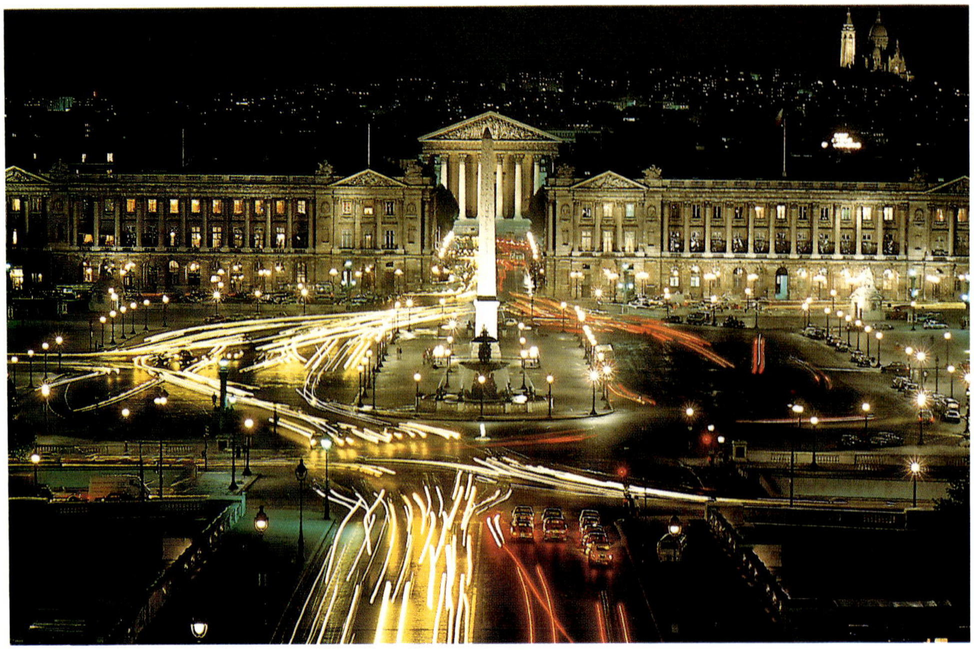

Paris a ses grands carrefours d'où partent avenues et boulevards comme des artères irriguant le cœur de la capitale. Mais aussi ses petites places fermées où il n'est pas toujours facile d'accéder et qu'on découvre avec enchantement.

En plein Marais, la place des Vosges *(en haut, à gauche)* est un peu les deux en même temps. Une place monumentale d'une parfaite unité architecturale, mais où l'on n'arrive que par de toutes petites rues... sans compter les sens interdits. On s'y croit dans un théâtre. Trente-six maisons aux façades rose et blanc, toutes semblables, et aux toits bleutés. Un vaste jardin public où des tilleuls ont remplacé les vieux ormes, morts de maladie. C'est la première vraie place publique de France conçue à l'aube du XVIIe siècle par un roi urbaniste, Henri IV, moins pour son propre prestige que pour l'agrément de ses sujets. Baptisé place Royale elle est devenue place de l'Individualité à la Révolution, puis place des Vosges en 1800 dans un but très prosaïque : honorer le département qui avait le premier payé ses impôts !

La place de la Bastille *(au centre, à gauche)* n'est pas loin, mais là, nous nous trouvons dans un vrai carrefour, un carrefour dans tous les sens du terme : de la circulation comme de l'histoire. La Bastille était en 1789 une vieille prison, symbole de l'absolutisme. Ils n'étaient pourtant que sept détenus pour une vingtaine de gardiens lorsque, le 14 juillet de cette année-là, le peuple de Paris la prit d'assaut. La Révolution commençait...

Quand on passe aujourd'hui sur la place de la Concorde *(en bas, à gauche)* encombrée de voitures, la plus grande place de France et peut-être la plus belle du monde, avec ses hôtels construits par Gabriel, ses statues, ses fontaines, ses jardins des Champs-Élysées et des Tuileries et, au centre, son obélisque venu de Louqsor, on évoque volontiers les équipages de la Belle Époque. Mais on imagine mal qu'il y a deux cents ans la guillotine y fut dressée et fit 1384 victimes dont le roi, la reine et finalement celui-là même qui les avait fait supplicier : Robespierre.

Mais passons la Seine, remontons vers Saint-Germain-des-Prés, tournons à gauche, et nous découvrirons cette fois une place minuscule et si paisible avec ses paulownias et ses réverbères à boule blanche. Elle s'appelle Fürstenberg *(à droite)*, du nom du cardinal inconnu qui la fit construire dans les écuries d'une abbaye. Le peintre Eugène Delacroix y eut son atelier. C'est aujourd'hui le lieu élu des antiquaires et l'un des plus charmants de Paris.

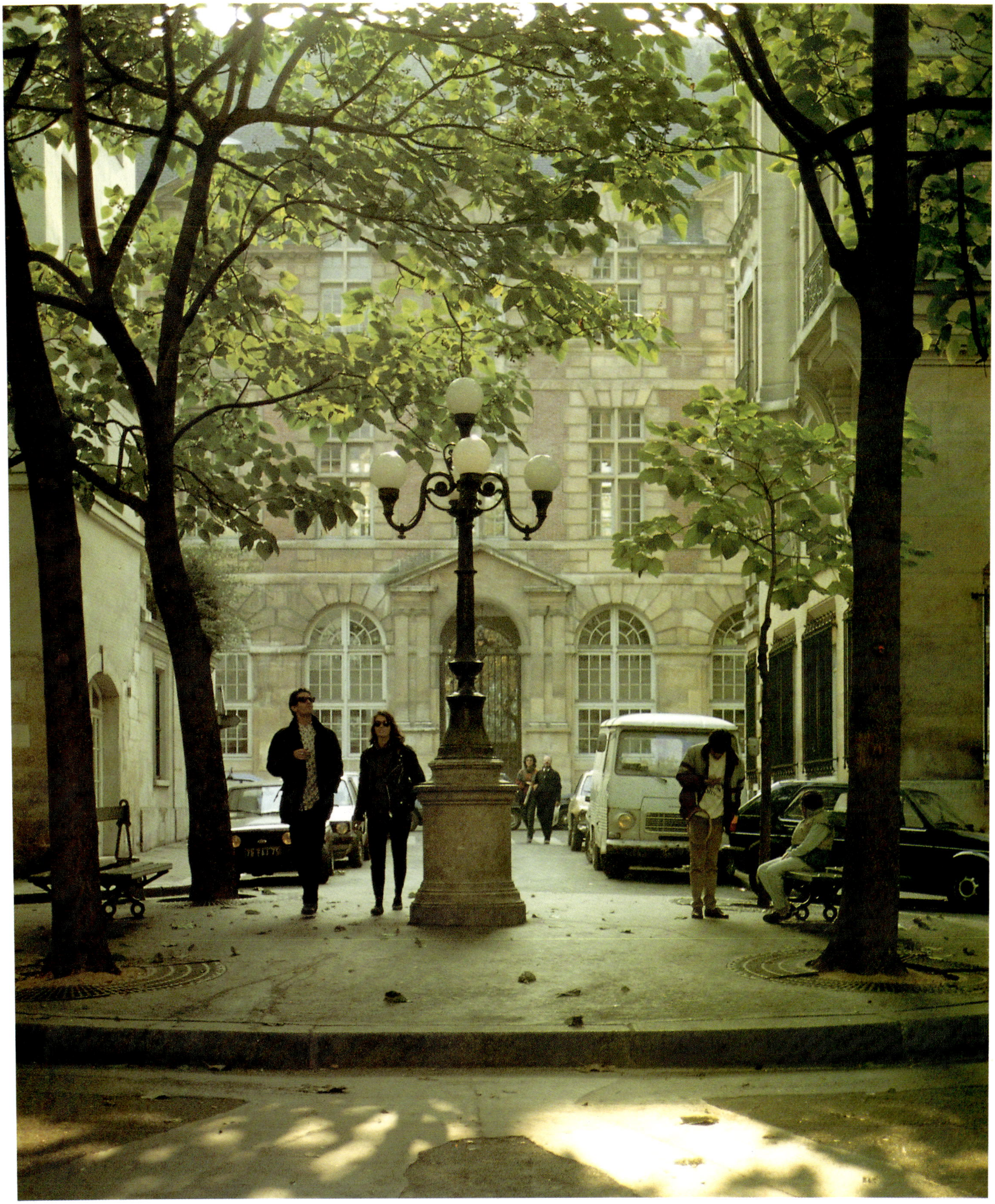

J'aime la place de la Madeleine pour l'extraordinaire diversité des boutiques d'alimentation de luxe, des bars et des restaurants qui entourent la sobriété classique de l'église aux vastes proportions.

1 **Lucas Carton**, 9 place de la Madeleine. A été l'un des plus grands restaurants parisiens dans son exquis décor de boiseries en citronnier, signé Majorelle, le décorateur de la Belle Époque ; on y servait « au guéridon ». Puis Lucas Carton s'est assoupi, et le voici à nouveau réveillé sous la prestigieuse direction d'Alain Sanderens à la cuisine inventive et légère. À noter une cave admirable, de collection. **2 L'Écluse**, 15 place de la Madeleine. Bistro à vin, on y déguste et l'on peut y grignoter quelques pâtés et salades. Chic et cher. **3 Caviar Kaspia**, 17 place de la Madeleine. Ici le caviar est russe, dont un succulent et souple « pressé » ; l'anguille fumée, grasse et exquise est norvégienne ; le saumon écossais. Des joies internationales pour l'amateur. Au premier étage, on peut goûter à tout cela en buvant de la vodka (polonaise ?). **4 Creplet Brussol**, 17 place de la Madeleine. Plus de deux cents fromages, dont les anglais. Monsieur Lefevre offre à ses clients un calendrier qui indique leur meilleure époque de dégustation. **5 Maison de la Truffe**, 19 place de la Madeleine. Le petit palais de « l'or noir » de la gastronomie. Plus tout ce qui va avec : foie gras, confits, cèpes, etc. **6 Hédiard**, 21 place de la Madeleine. Produits et légumes exotiques, une très belle cave riche en eaux-de-vie. Spécialité de massepains et pâtes de fruits ; un « quick lunch » au premier. **7 Thiebaut**, 30 place de la Madeleine. Tout pour le jardin : semences, oignons à fleurs, outils et mobilier. Existe depuis 1857. **8 Fauchon**, 26 place de la Madeleine. C'est là que se trouve la pâtisserie-confiserie, qui vend non seulement des chocolats maison, mais toutes les grandes spécialités françaises de douceurs diverses. **9 Fauchon**, 28 place de la Madeleine. Un monument pour les gourmands. On y trouve tout ce qui se mange, se grignote, se cuisine en provenance du monde entier. Grande cave et magnifique charcuterie fine. **10 La Ferme Saint-Hubert**, 21 rue de Vignon. Une crémerie de grande classe, d'exquis fromages blancs frais. **11 Le Fournil de Pierre**, 21 rue de Vignon. Toutes sortes de pains frais vendus au kilo, des cakes et feuilletés aux pommes. **12 La Maison du miel**, 24 rue Vignon. Tous les miels français, que l'on peut goûter avant de les acheter. **13 Tanrade**, 18 rue Vignon. Sirops de fruits, bonbons, marrons glacés, et surtout confitures dont une, unique au monde, aux groseilles épépinées. **14 Le marché aux fleurs**. Elles sont en bottes, toutes fraîches dans des grands seaux. Ouvert tous les jours sauf dimanche.

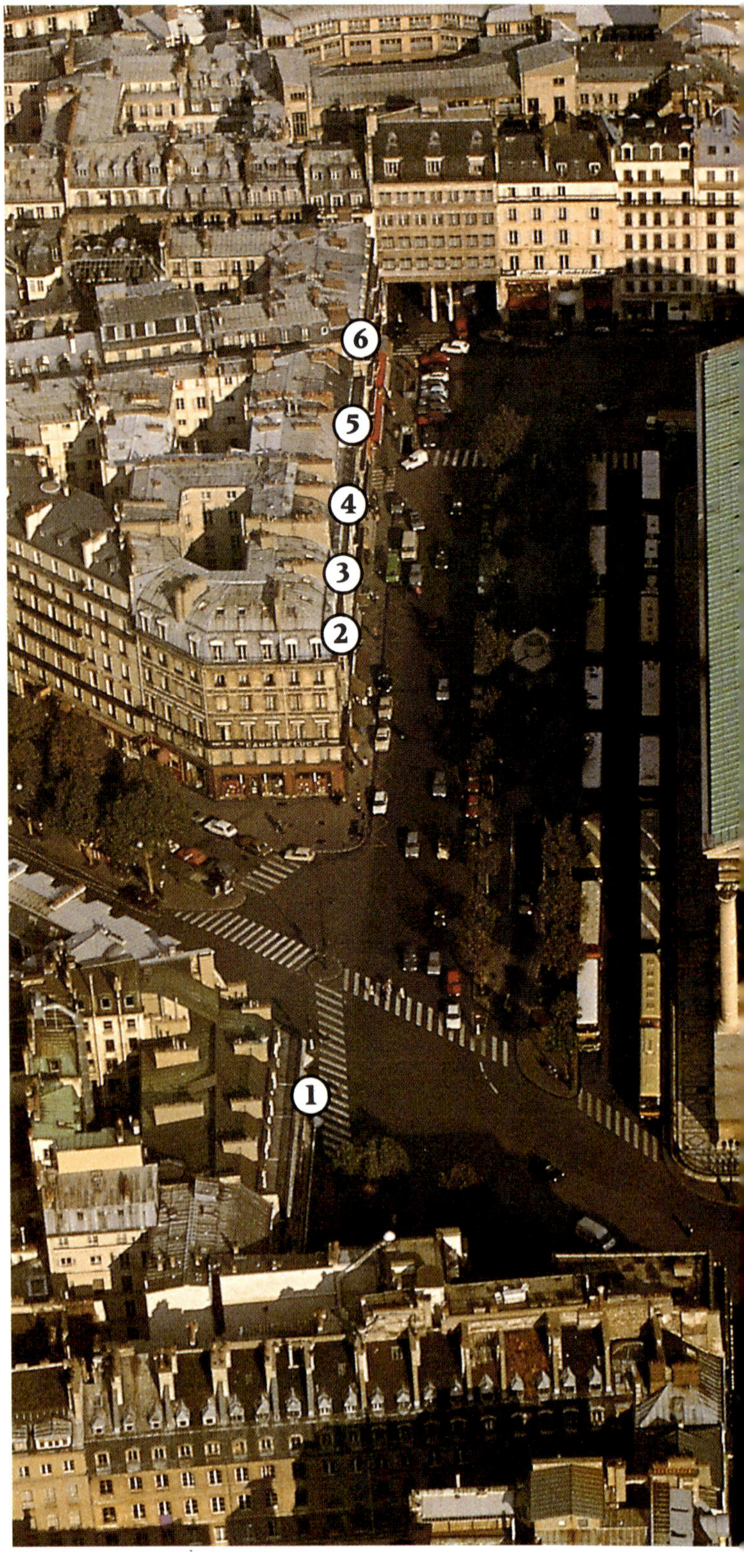

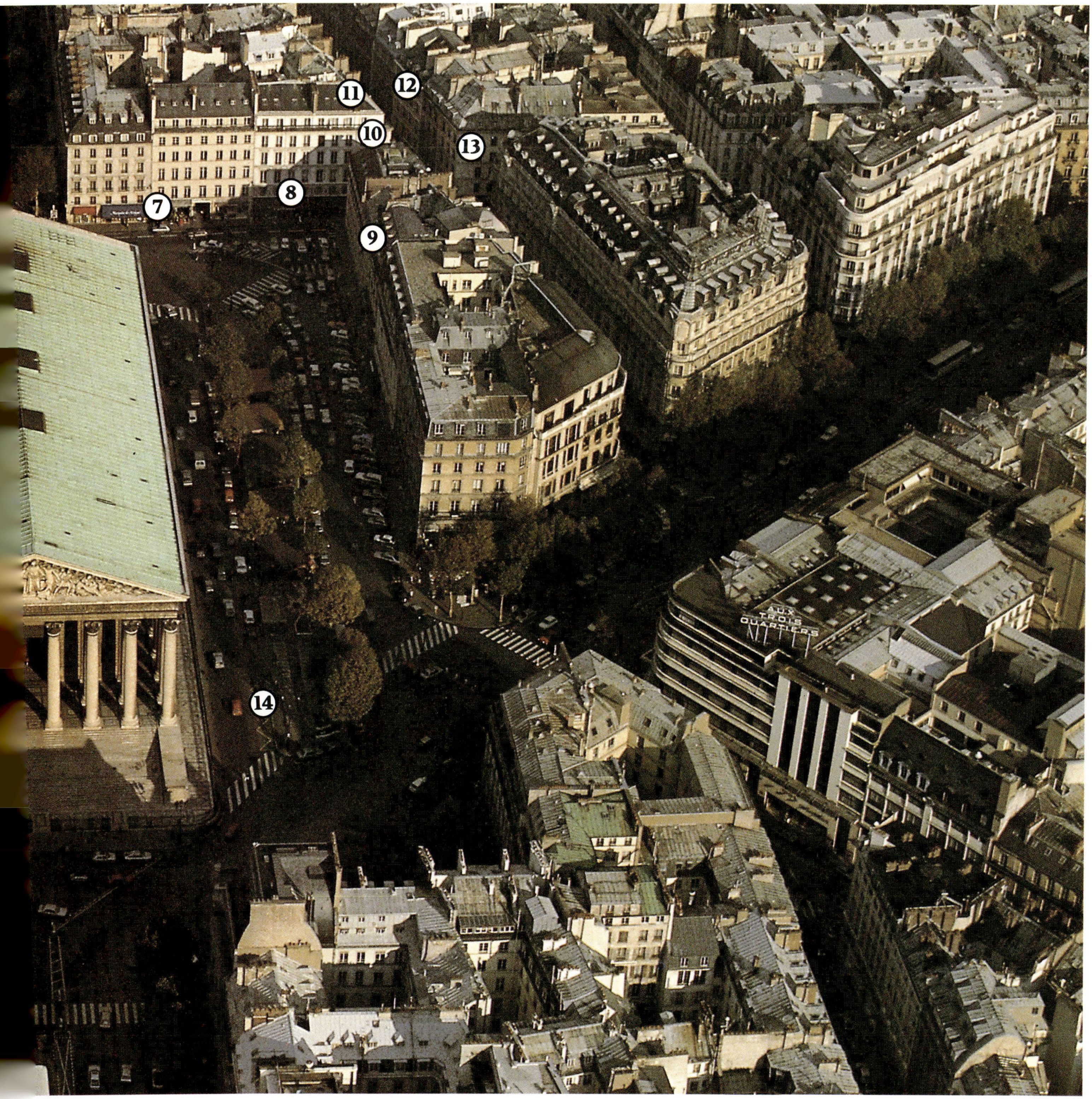
11
12
10
13
8
7
9
14
AUX TROIS QUARTIERS

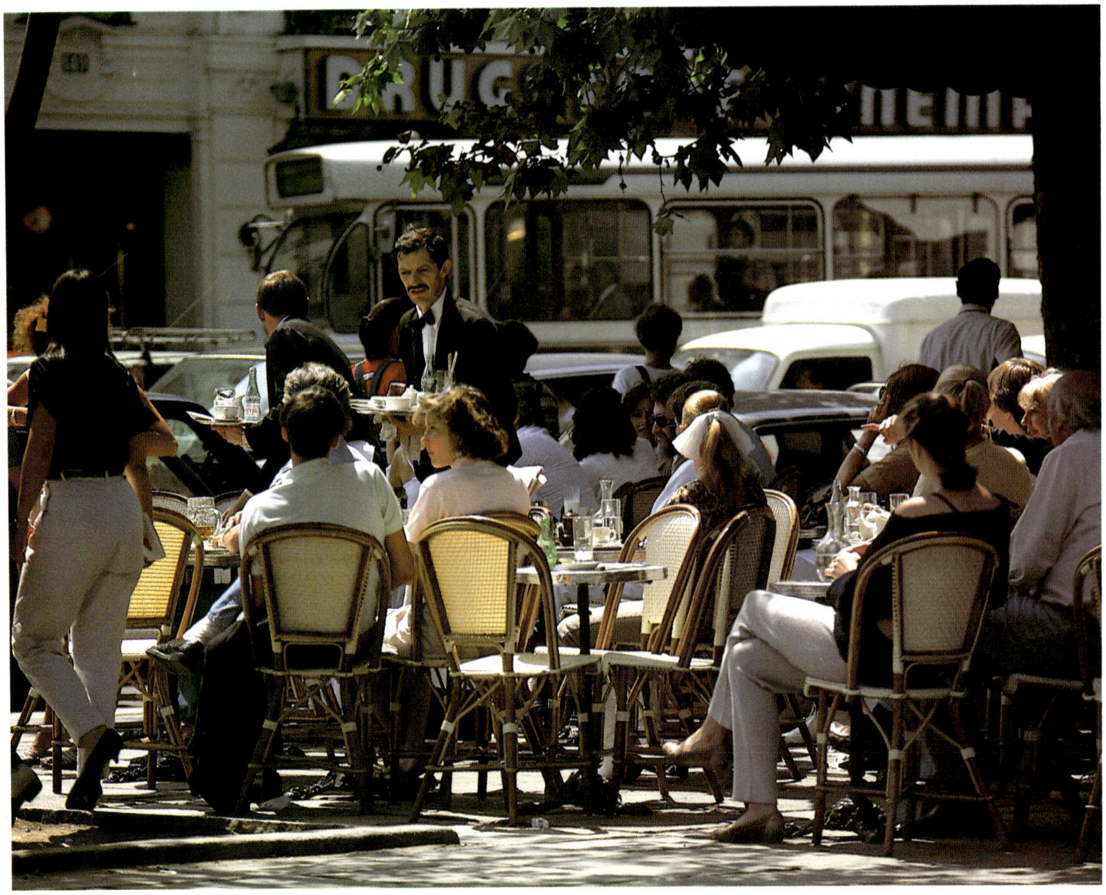

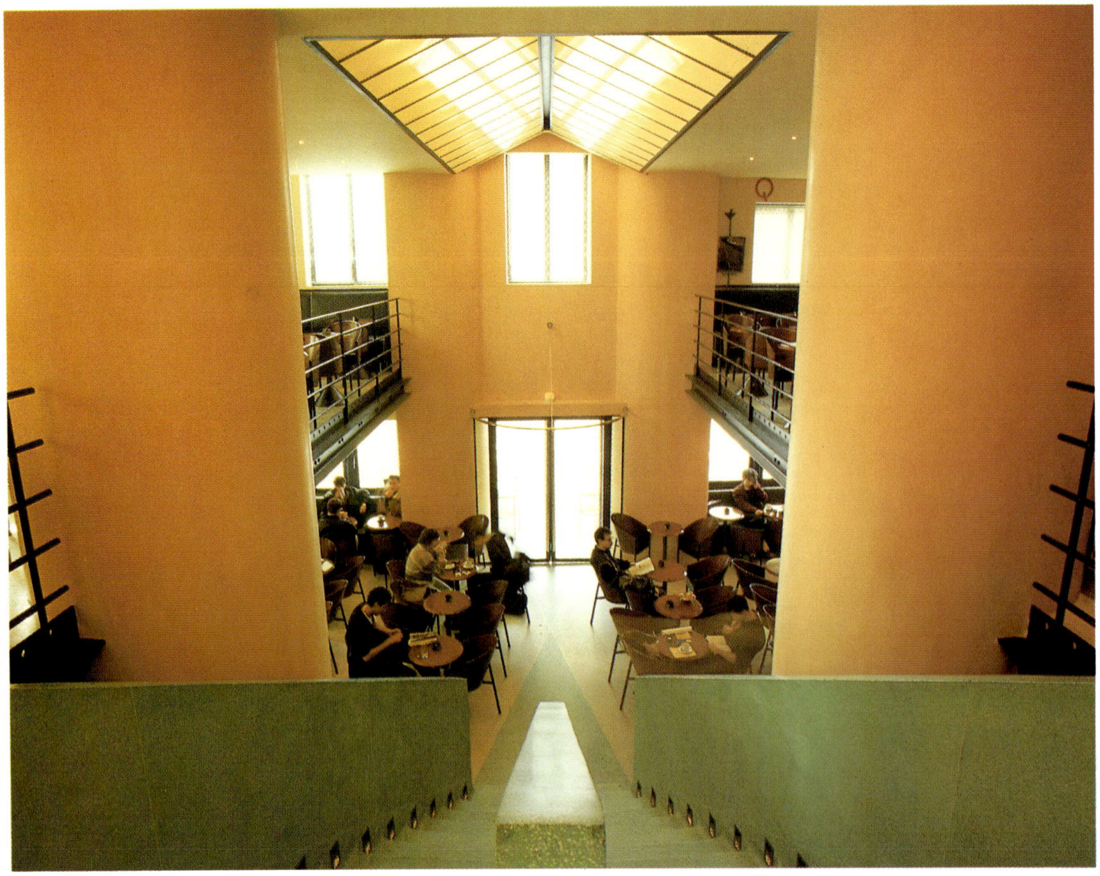

Les cafés sont une véritable institution à Paris. Résolument contemporains comme le café Costes aux Halles dessiné par Philippe Starck *(en bas, à gauche)* ou traditionnels, comme le Sauvignon *(en haut, à droite)*, dans le quartier des éditeurs, où l'on se presse pour déjeuner d'un sandwich au saucisson arrosé d'un vrai Beaujolais (c'est si rare !), ils frappent tous, même les plus modestes, par l'attention portée à la décoration, la beauté et la qualité des matériaux employés, depuis le comptoir en zinc jusqu'à la moindre chaise... Que d'argent dépensé, mais bien dépensé. Un café, c'est sans doute l'une des choses les plus chères à réaliser. Mais c'est la condition de la réussite. Et de la durée. Sous le Second Empire, il y avait à l'angle célèbre du boulevard Saint-Germain, face à l'église, un magasin de nouveautés à l'enseigne « les Deux Magots ». Le café qui l'a remplacé en gardant son nom *(en haut, à gauche)* est devenu avec son voisin le Flore le grand café littéraire de la capitale. Pendant l'occupation surtout, c'était le rendez-vous de l'intelligentsia, parce que, l'hiver, il y faisait tiède à cause du poêle à sciure de bois et parce qu'on n'y rencontrait jamais d'uniformes « vert-de-gris ». De l'autre côté du boulevard, la politique et les lettres se côtoient à la brasserie Lipp *(en bas, à droite)* sous des céramiques de la Belle Époque. Il faut souvent attendre longtemps sa place, on n'accepte pas les chèques et on ne fume pas la pipe, mais que de célébrités on y rencontre ! C'est un Alsacien, Lippmann, qui a fondé Lipp un peu après 1870, et lui a légué son nom et sa célèbre choucroute. Mais c'est un Auvergnat, Marcellin Cazes, qui l'a rendu célèbre à partir de 1920. Ainsi deux traditions se sont croisées. À Paris, la brasserie est le domaine privilégié des Alsaciens. Mais les patrons de café sont auvergnats. Leurs ancêtres se sont installés dans la capitale comme marchands de bois et charbon. Ils ont ajouté la buvette à leur commerce et, peu à peu, celle-ci est devenue prédominante.

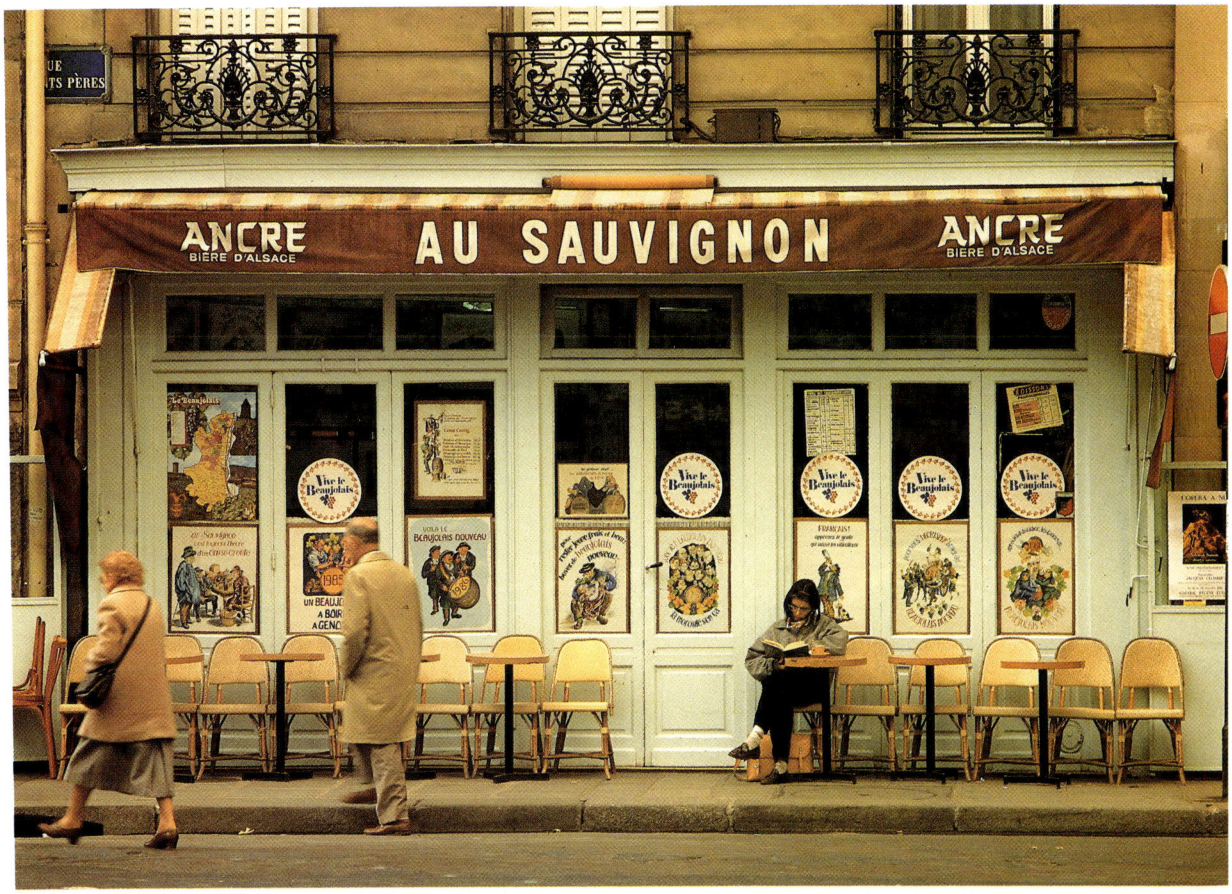
ANCRE
BIÈRE D'ALSACE
AU SAUVIGNON
ANCRE
BIÈRE D'ALSACE
Vive le Beaujolais

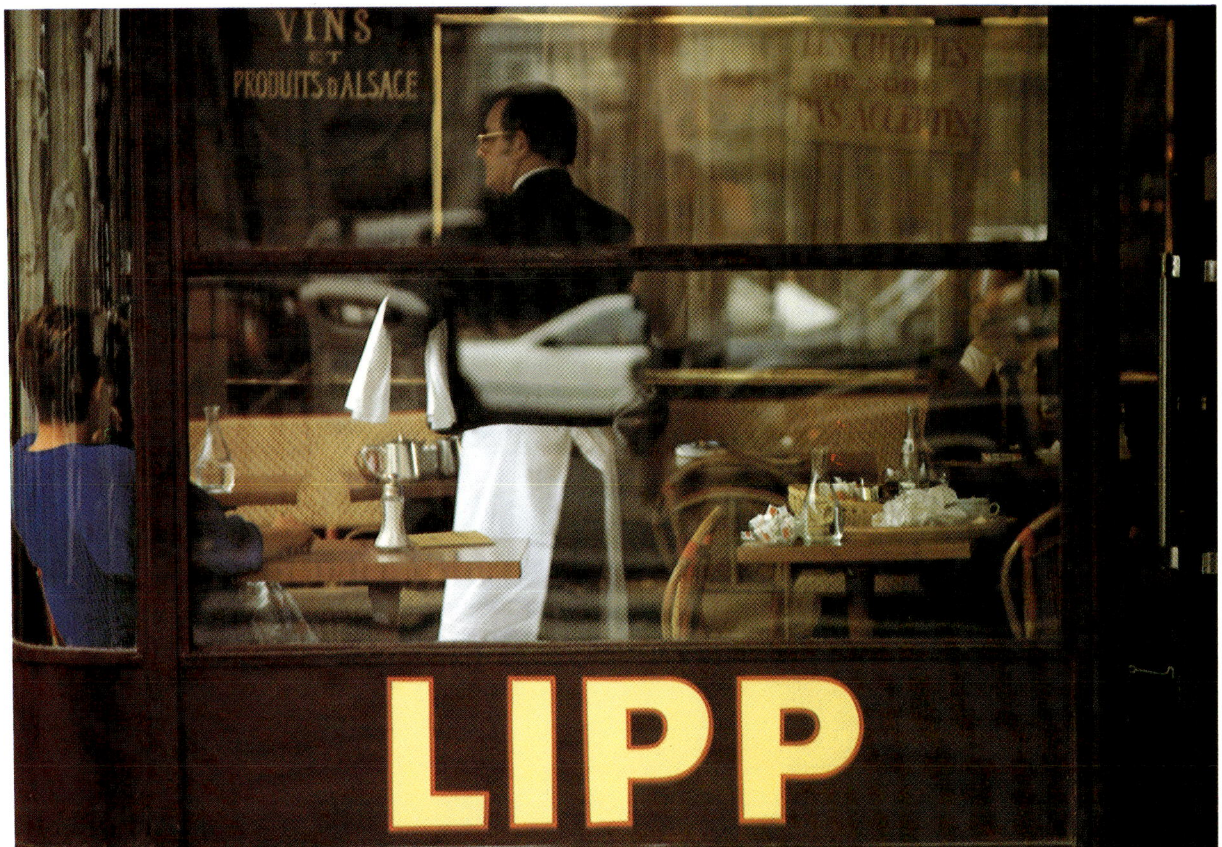
VINS
ET
PRODUITS D'ALSACE
LIPP

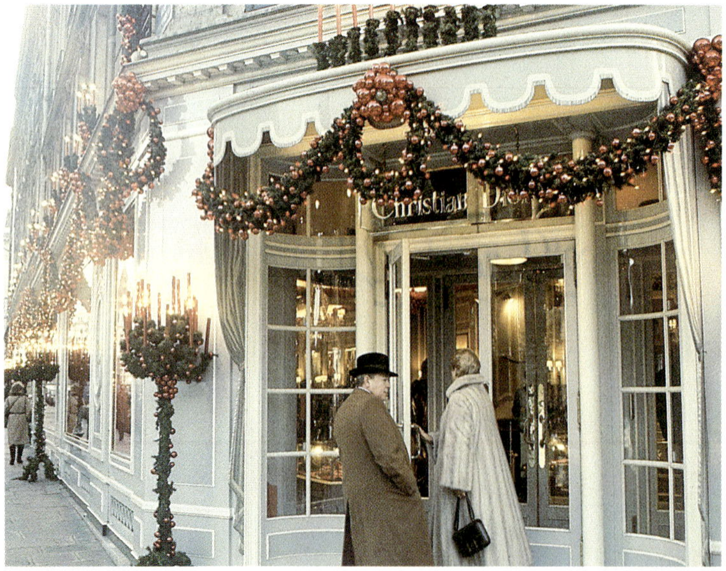
Christian

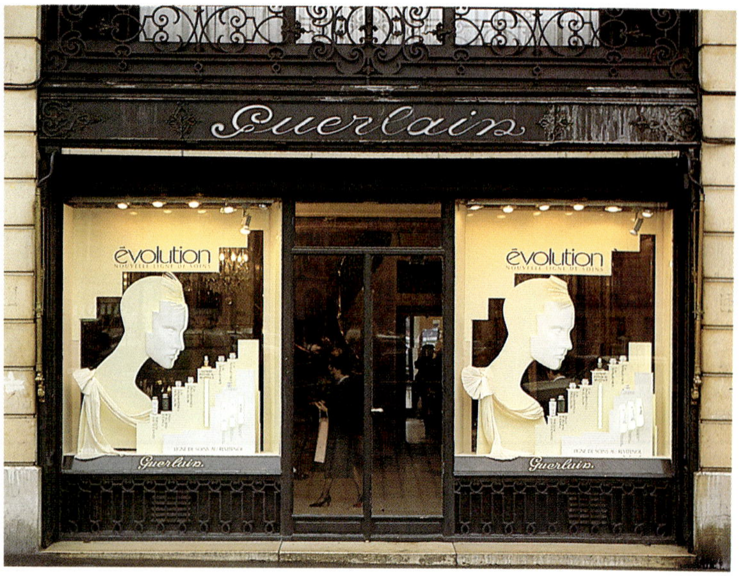
Guerlain
évolution
évolution
Guerlain
Guerlain

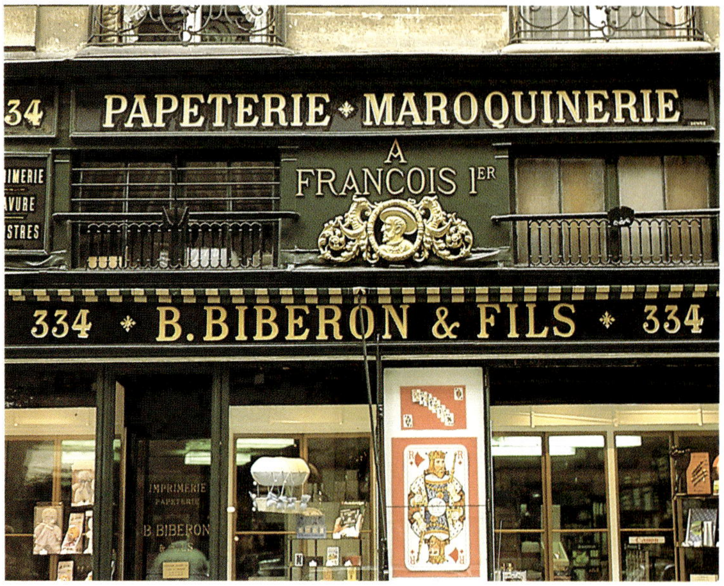
34
PAPETERIE ✦ MAROQUINERIE
A
FRANCOIS Ier
334 ✦ B. BIBERON & FILS ✦ 334
IMPRIMERIE
PAPETERIE
B. BIBERON

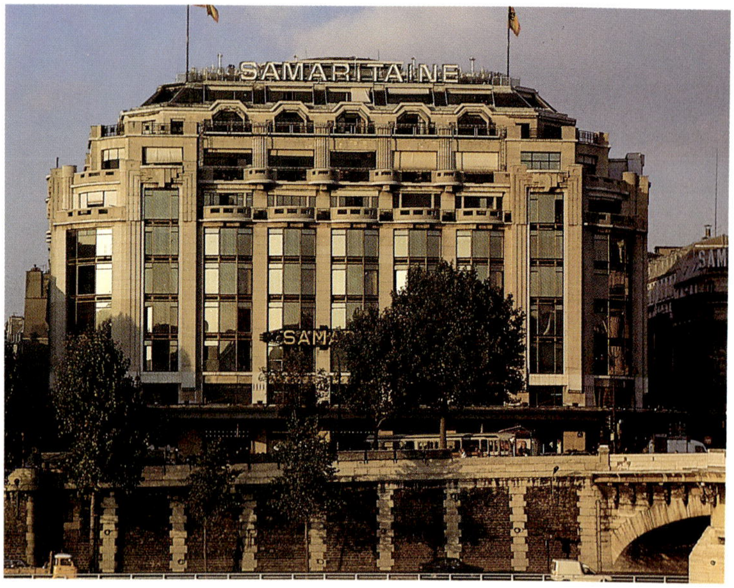
SAMARITAINE
SAMA

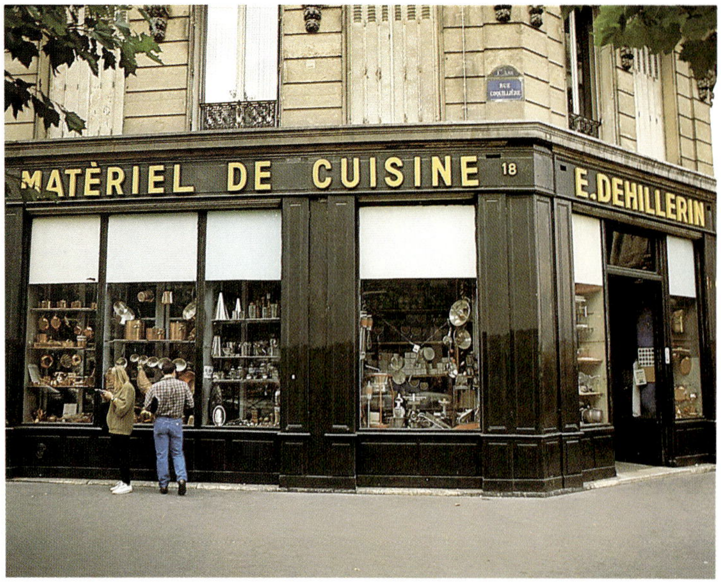
MATÉRIEL DE CUISINE 18
E. DEHILLERIN

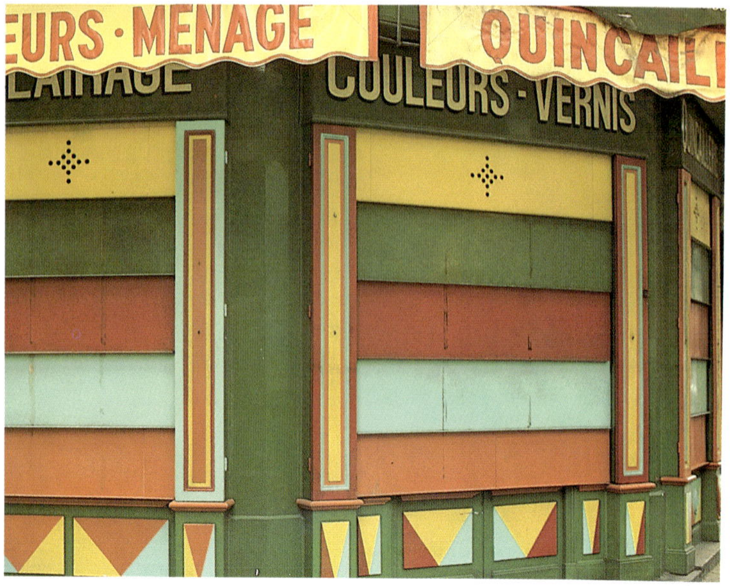
EURS · MENAGE
QUINCAIL
COULEURS · VERNIS

Se promener dans les quartiers élégants et s'arrêter devant les boutiques est une habitude bien parisienne qui mérite son appellation de lèche-vitrine. Sur ce haut lieu de la mode qu'est l'avenue Montaigne, les visiteurs sont à leur affaire : cette avenue n'est qu'une gigantesque vitrine. Mais le clou du spectacle reste la boutique Dior *(à l'extrême gauche, en haut)* avec sa peinture gris perle, sa décoration florale, et ses lumières, surtout pendant les fêtes de fin d'année. Les Champs-Élysées se sont aujourd'hui démocratisés. Reste, cependant, la très belle boutique Guerlain *(à gauche, en haut)*, dont l'institut de beauté, inauguré en 1938, fut décoré par les plus grands artistes de l'époque, Christian Bérard, Jean-Michel Franck et Diego Giacometti. Voici maintenant, au hasard des promenades, une très ancienne boutique au nom très juvénile *(à l'extrême gauche, au centre)*, et un célèbre quincailler des Halles *(à l'extrême gauche, en bas)* spécialisé dans le matériel de cuisine traditionnel. Et voici enfin un vieux marchand de couleurs *(à gauche, en bas)* qui a déjà baissé son rideau de fer. Presque toutes les petites boutiques sont équipées de ces rideaux protecteurs qu'on lève le matin et qu'on baisse le soir, avec une manivelle sur un crochet, toujours à grand fracas. Au siècle dernier, sont nés les grands magasins. C'est une très ancienne pompe à eau dressée à l'entrée du Pont-Neuf qui a donné son nom à la Samaritaine *(à gauche, au centre)*. Cet immense édifice de métal, de verre et de céramique, au décor floral exubérant, est si typique de l'époque qu'on a parlé d'un style « Samar ». De l'autre côté de la Seine, c'est dans le Paris d'Haussmann que, quelques années plus tard, naissaient le Printemps et les Galeries Lafayette *(à droite)* dont la grande coupole avec ses dentelles de métal reste un des plus beaux exemples d'une ferronnerie d'art qui a marqué la période précédant la Première Guerre mondiale.

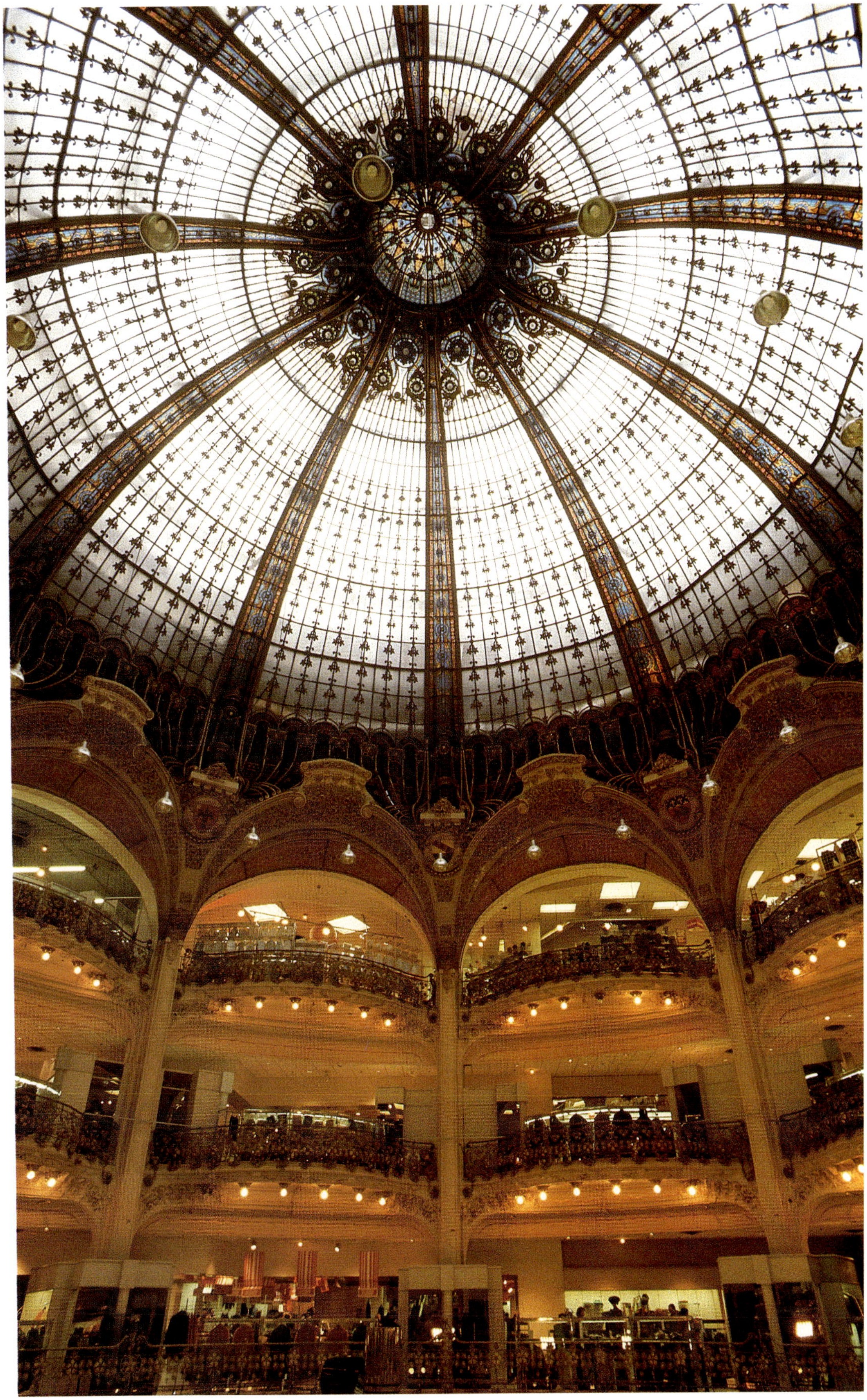

Tous les ans et deux fois par an, les pontifes de la mode, venus du monde entier, envahissent Paris, anxieux de ne pas manquer les tout derniers modèles de la prochaine saison. Leur émoi charge l'atmosphère d'électricité qui se répand sur la foule, entassée pour les présentations — sueur et parfum, chaleur et lumière confondus. Le rythme de la musique se fait entendre, couvert par le crépitement des flashes alors qu'apparaissent les modèles magnifiques portant, d'un pas dégagé, les secrets d'un grand couturier.

À l'avant-scène, des egos gonflés d'orgueil. Chaque couturier a sa chapelle de disciples et chaque éditeur de mode son entourage d'assistants. Derrière la scène, les artisans des ateliers des grandes maisons de couture ont travaillé pendant des mois, pratiquement sans sommeil, pour améliorer et apporter la dernière touche aux vêtements. La haute couture française est une industrie florissante dont seul un très petit nombre de femmes parmi les plus riches du monde peuvent s'offrir les modèles. À partir de ce noyau élitiste, de véritables empires se sont édifiés qui étendent leurs activités au prêt-à-porter, aux parfums et aux accessoires qui, des écharpes aux sacs de voyage, portent la griffe du couturier. Ainsi, Pierre Cardin, le couturier le plus riche, a posé sa griffe sur huit cent quarante accessoires, et même une boîte de sardines porte son nom ! Yves Saint-Laurent possède une marque de cigarettes parmi ses deux cent onze produits sous licence.

Pourtant, le rayonnement mondial de Paris dans le domaine de la mode n'est pas dû au pouvoir de l'argent mais à l'endurance de ses couturiers qui ont maintenu constamment la France à l'avant-garde de la mode, malgré les défis lancés par New York, Milan et Londres. Ces villes ont bien sûr de grands couturiers, mais aucune ne peut faire concurrence à cette tradition de la mode parisienne, aucune ne peut exhiber une liste aussi impressionnante de noms illustres. Aucune, surtout, n'est capable de produire, de promouvoir et de vendre avec une telle constance des vêtements d'une telle qualité de coupe et d'exécution.

Défilé de mode d'Emmanuel Ungaro en 1985.

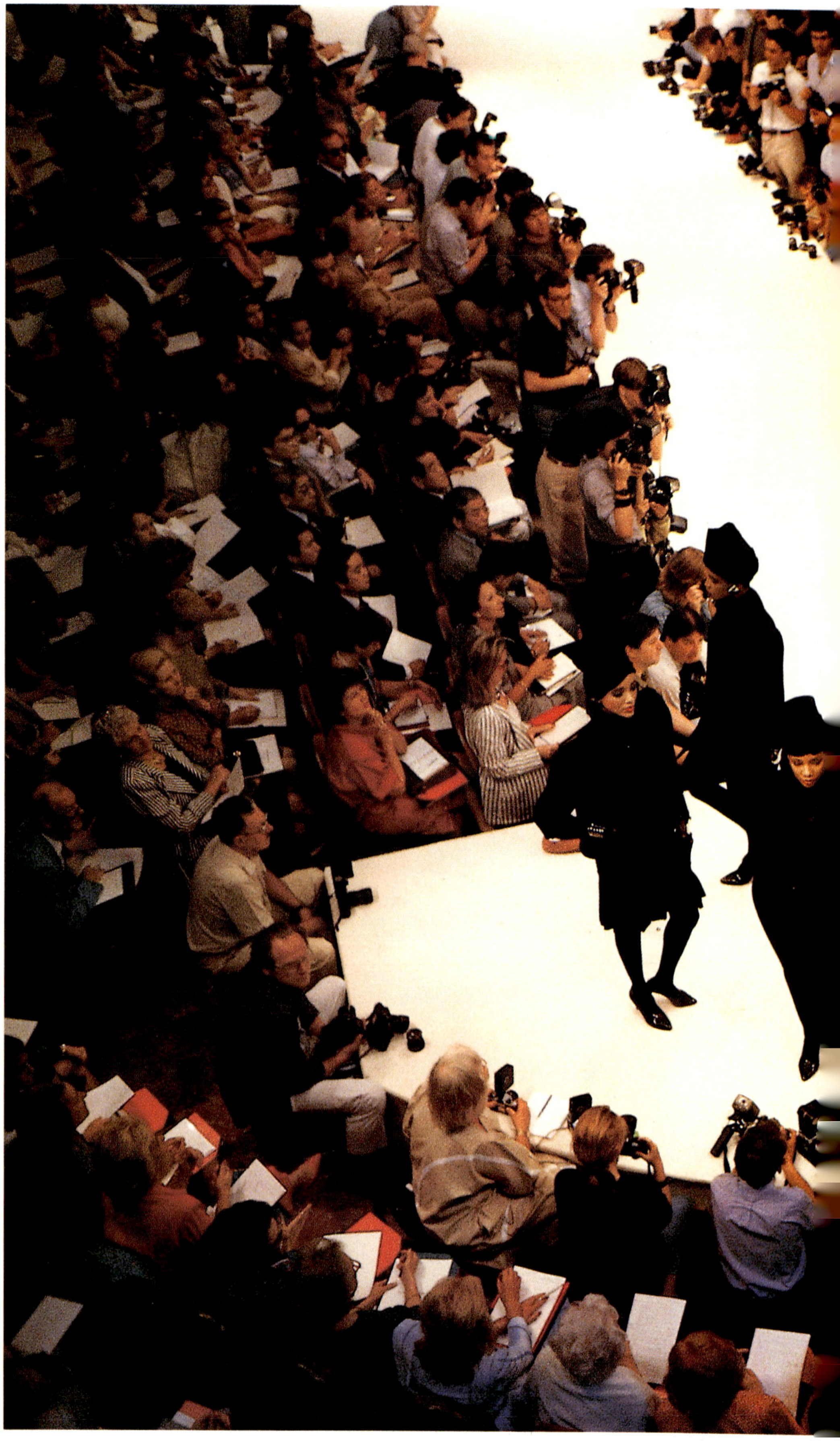

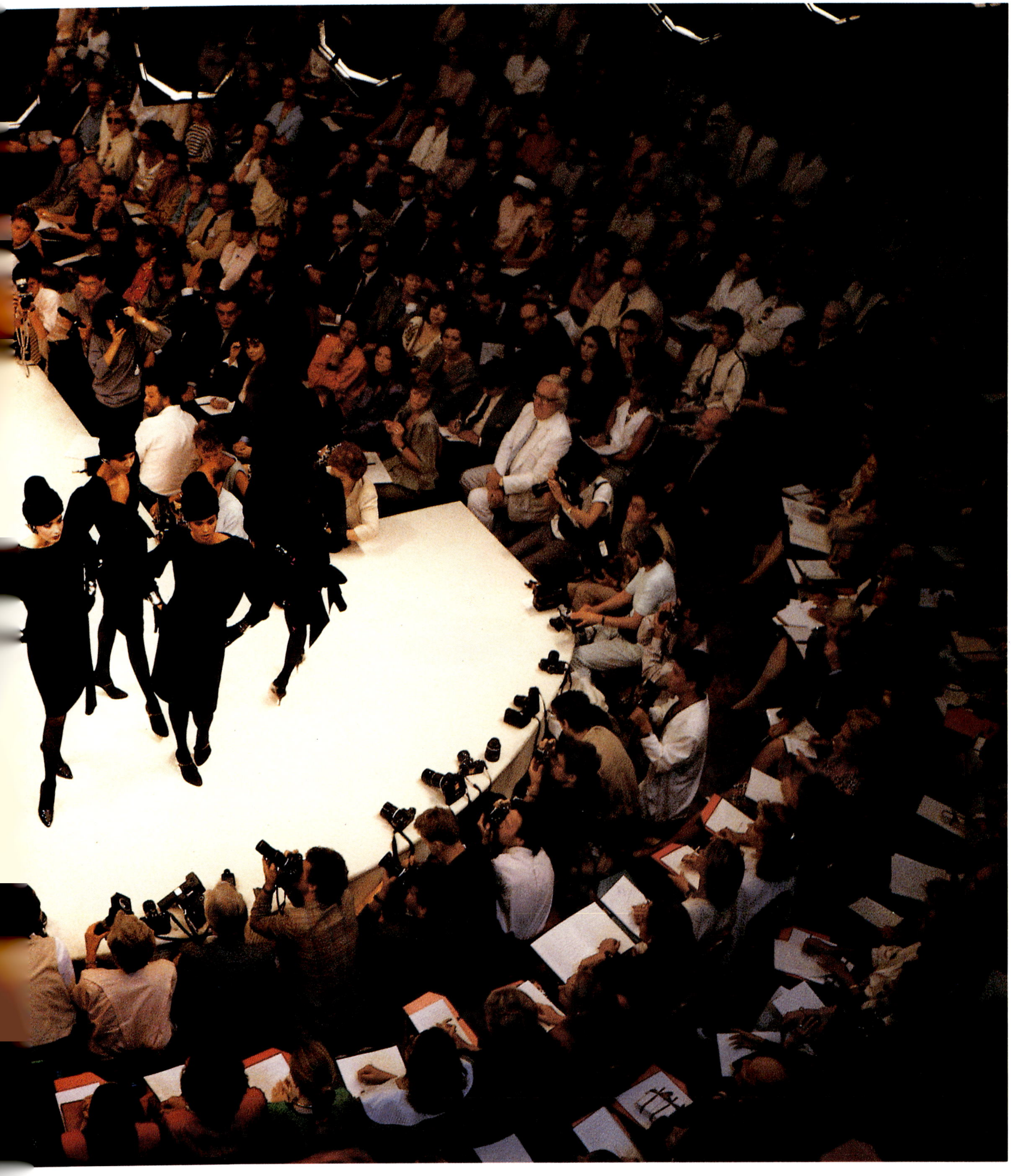

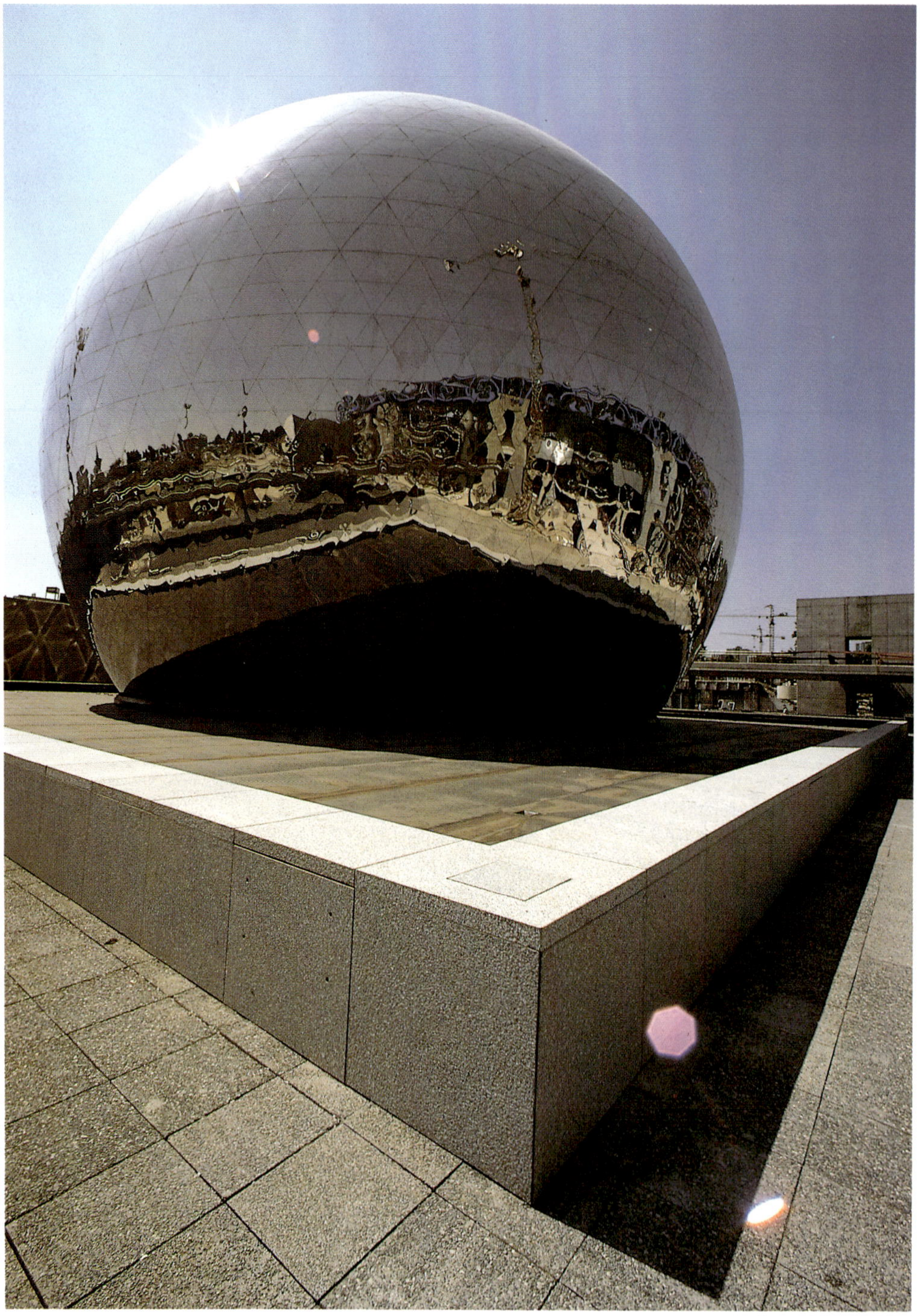

Une sphère faite de six mille quatre cent trente-trois miroirs triangulaires d'acier inoxydable qui étincellent au soleil. C'est la Géode *(à gauche)*, symbole et élément phare de la nouvelle Cité des sciences et de l'industrie, installée au nord-est de Paris, sur l'emplacement des anciens abattoirs de la Villette.

Inaugurée au printemps 1986, cette immense vitrine du monde futur, avec son Planétarium, sa Vidéothèque, son Inventorium, lieu réservé aux plus petits, et son espace Explora, sorte d'exposition permanente sur 30 000 mètres carrés et trois niveaux, a reçu pendant la première année de son existence trois millions et demi de visiteurs. Les deux tiers sont des enfants, pour beaucoup des écoliers venus en groupe avec leur professeur.

La Géode, authentique chef-d'œuvre de l'architecte Adrien Fainsilber, contient un espace de spectacle multimédia unique en France. C'est une salle de 370 places, coiffée d'un écran en aluminium perforé, de 26 mètres de diamètre, où l'on est littéralement plongé dans l'image et le son grâce à des techniques hypersophistiquées. Les spectacles présentés, *l'Eau et les hommes*, *Chronos* ou *The dream is alive* tourné en vol par les astronautes de la navette spatiale, donnent au spectateur l'illusion de vivre l'aventure qu'il regarde. Il vole au-dessus des montagnes, tombe dans les précipices, sent le sol se dérober sous ses pieds et sort de la salle terrifié et ravi. Il y a chaque après-midi une séance toutes les heures, mais il faut s'y prendre longtemps à l'avance pour avoir une place.

Un petit New York à la porte de Paris. C'est ce qu'imaginaient à la fin des années cinquante les constructeurs des tours qui commençaient alors à s'élever à l'angle de la capitale et au bout du grand axe Concorde — Champs-Élysées — Grande-Armée — avenue de Neuilly (aujourd'hui avenue du Général-de-Gaulle). Cette France de demain, qu'on n'osait pas encore construire intra-muros, ce fut la Défense.

Ici *(à droite)*, derrière un stabile de Calder de 15 mètres de haut, se profile la tour Fiat avec ses quarante-six étages, ses vingt-deux ascenseurs et ses quatre mille cinq cents employés. C'est une tour de la seconde génération, de quatorze ans plus jeune que la tour Nobel qui représentait la première. Aujourd'hui, c'est la tour Elf (troisième génération) qui domine de ses 180 mètres un gigantesque ensemble de 760 hectares se déployant sur trois communes : Courbevoie, Puteaux et Nanterre.

À côté de ces géants, le premier édifice de la cité nouvelle, le CNIT (Centre national de l'industrie et de la technique), palais d'exposition construit en 1958 mais dont la couverture de béton est d'une portée jamais encore dépassée, semble un peu écrasé aujourd'hui.

Le RER a mis la Défense à moins d'un quart d'heure du centre de Paris et plus de cent mille personnes travaillent maintenant dans l'ancien carrefour couronnant ce qu'on appelait jadis la Butte de Chantecoq et qui ne prit son nouveau nom qu'après le siège de Paris en 1871. Moins nombreux sont ceux qui l'habitent, en dépit des espaces verts, des centres commerciaux, des restaurants, des centres sportifs et de la circulation souterraine. Ce quartier des affaires, l'un des plus importants d'Europe mais ridicule dans ses ambitions « modernes », n'a pas encore réussi à devenir une ville.

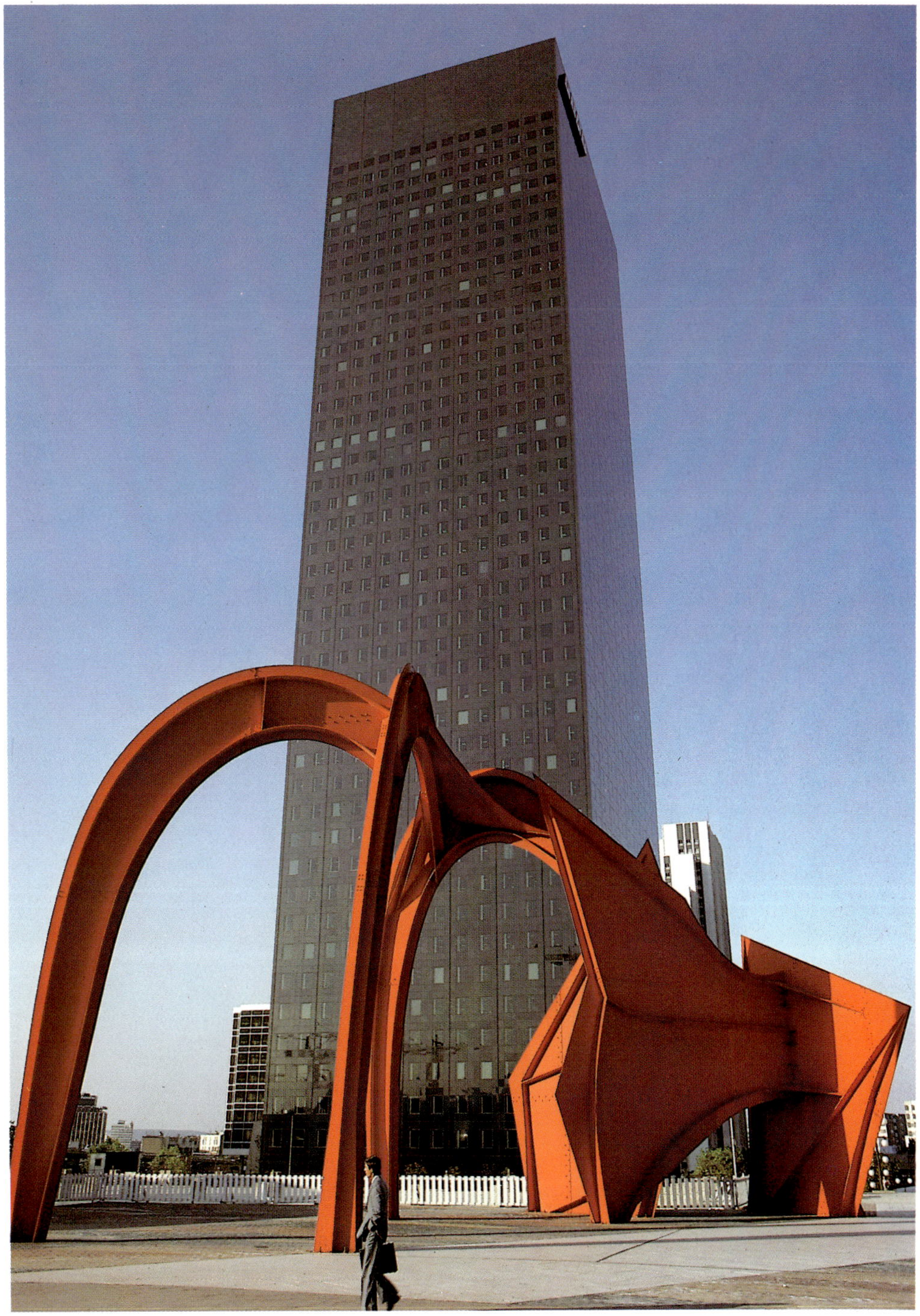

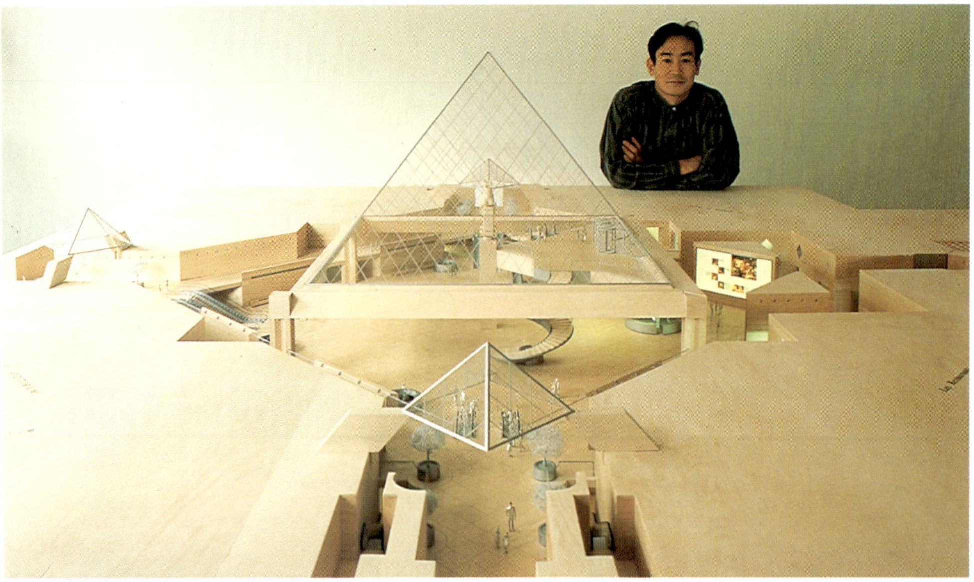

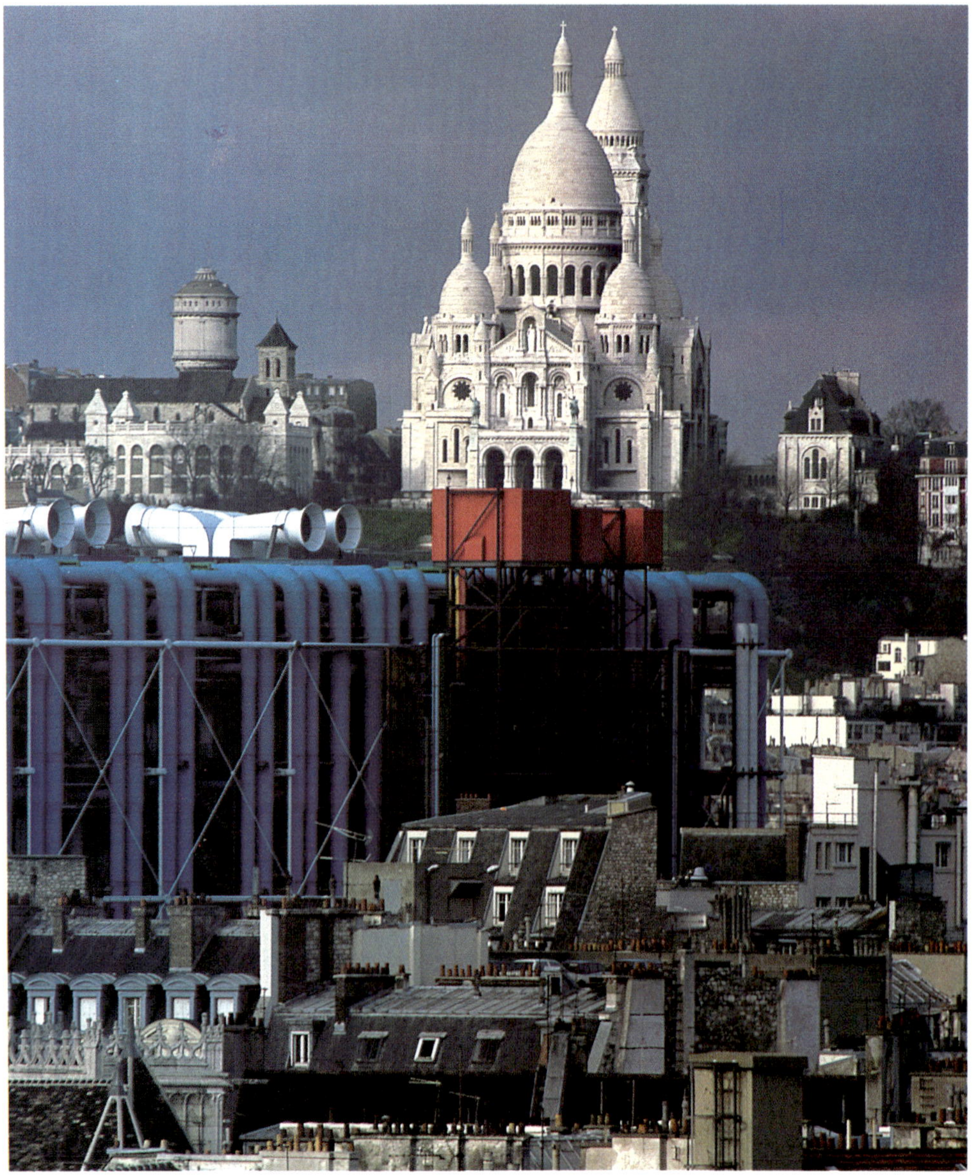

Certains Parisiens réfractaires l'appellent « l'usine » ou la « raffinerie ». Beaubourg *(en bas, à gauche)*, de son vrai nom le Centre Pompidou, qui a fêté ses dix ans le 2 février 1987, a encore ses détracteurs. Pour eux, Beaubourg avec ses gros tuyaux d'aération bleu vif, ses 150 000 tonnes d'acier et ses 50 000 mètres carrés de béton, avec son esplanade encombrée de bateleurs, déshonore Paris. Il y en a même qui n'y ont jamais mis les pieds. Ceux-là ne savent pas ce qu'ils perdent. D'ailleurs le verdict est éloquent : vingt-cinq mille visiteurs par jour. C'est le lieu culturel le plus couru de Paris, et dit-on du monde entier.

En dehors même de ses expositions célèbres, « Paris-Moscou », « Paris-Berlin », « Vienne », c'est un lieu où l'on vient sans raison précise. Un musée qui est aussi le contraire d'un musée et qui a rendu vie à son environnement, ce vieux quartier du Marais qui lui n'était plus qu'un quartier-musée.

Et puis quand on monte ses escalators dans leur gaine cylindrique de plexiglass, quelle vue sur toute la capitale !

Du coup, le vénérable musée du Louvre est à son tour en train de faire peau neuve : aménagement du sous-sol, installation d'escalators, disparition du ministère des Finances qui occupe une partie du bâtiment donnant sur la rue de Rivoli. Et là encore, la controverse est ouverte et vive. Mais elle s'est surtout focalisée sur la pyramide transparente *(en haut, à gauche)* de 32 mètres de haut, proposée par l'architecte chinois Ieoh Ming Pei, et qui, au milieu de la Cour Napoléon, permettra d'éclairer le futur hall central. Les Parisiens l'ont vue en maquette. Tous n'ont pas été convaincus.

L'ouverture, à la fin de l'année 1986, du musée d'Orsay *(en haut, à droite)* n'a pas non plus été sans faire quelques vagues. Cette ancienne gare 1900 (au demeurant très belle, bien qu'on l'ait longtemps considérée comme une affreuse pâtisserie) est désormais vouée à l'art du XIXe et du début du XXe siècle : 1848-1914. Tout le monde n'était pas d'accord pour y trouver côte à côte Monet et Detaille, l'académisme et l'avant-garde. En somme, qu'on permette au public de rejuger ce que l'histoire a déjà jugé. Et il le fait avec plaisir, puisque tous les jours et à toute heure, il faut faire la queue pour entrer.

Un nouveau musée au moins fait l'unanimité depuis son ouverture en septembre 1985. L'hôtel Salé *(en bas, à droite)*, noble demeure du Marais datant du XVIIe siècle, héberge désormais une part importante et significative de l'œuvre de Picasso, reçue en paiement de ses droits de succession. On n'aurait pu imaginer plus parfaite cohabitation du présent et du passé. Derrière ses murs Louis XIV, Picasso se sent chez lui.

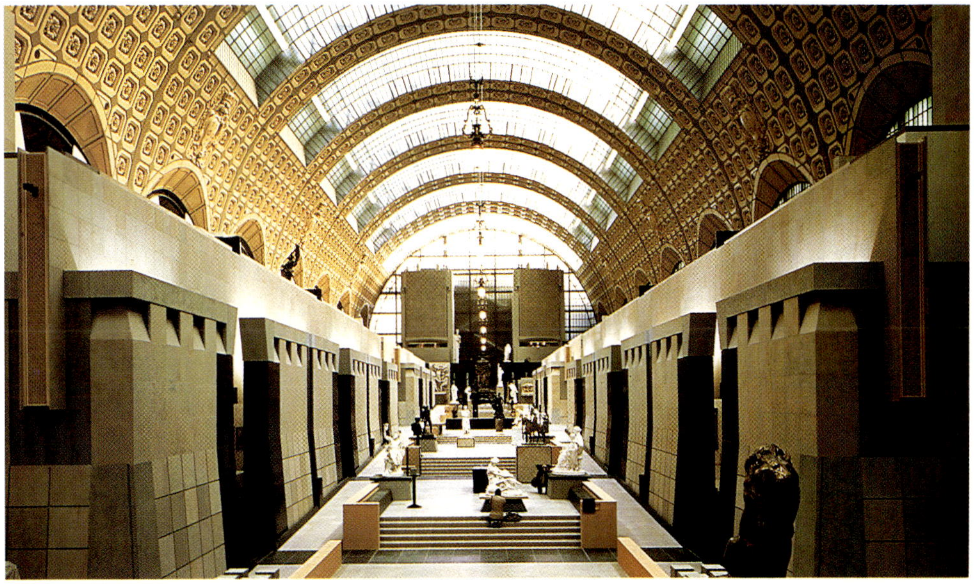

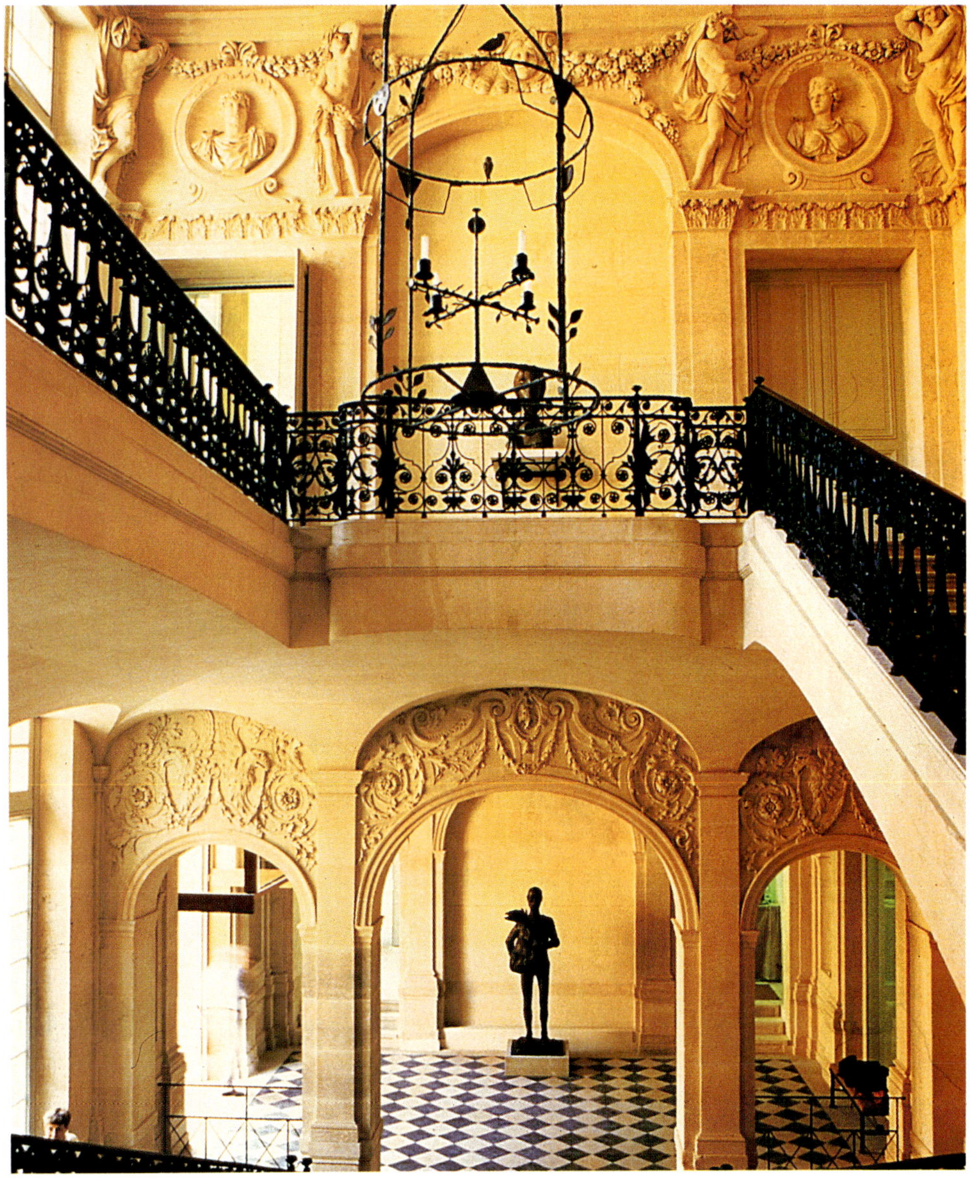

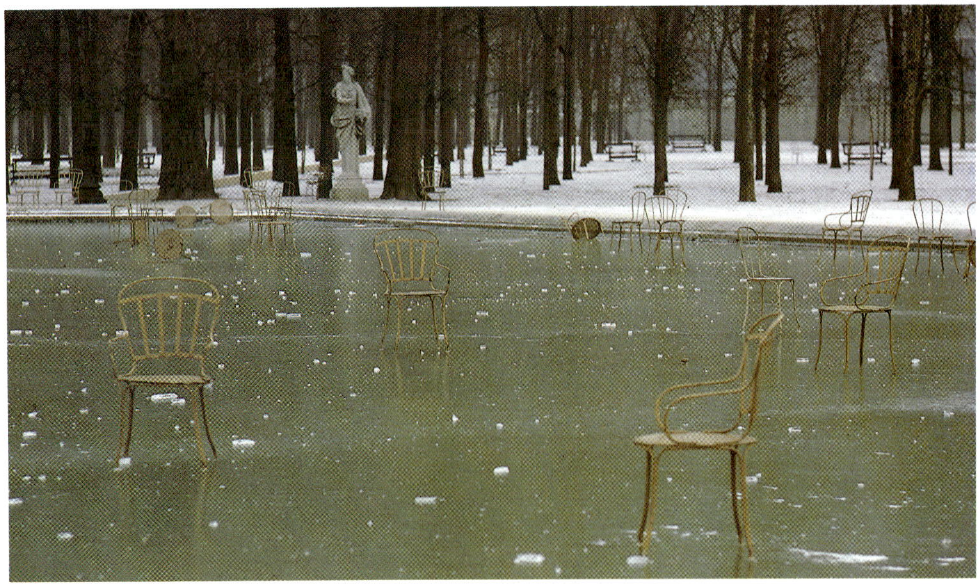

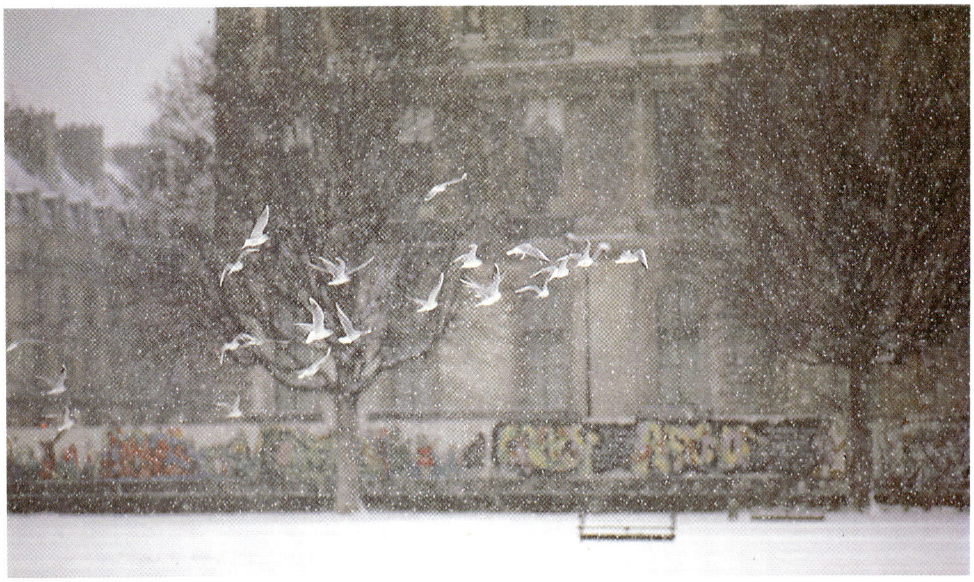

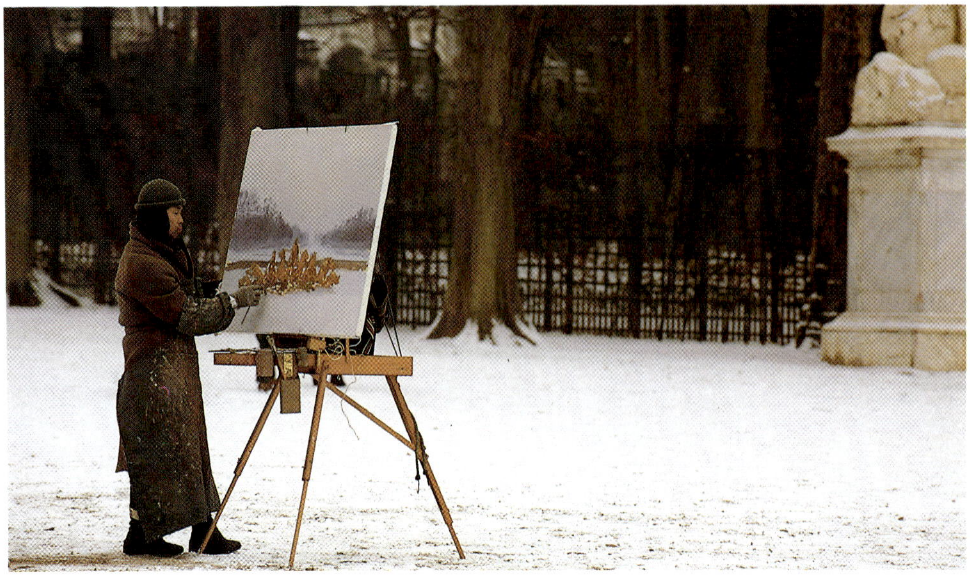

Bien que cela arrive rarement, quelques jours par an tout au plus, Paris est une ville faite pour recevoir la neige. Ce manteau blanc rend plus aristocratiques encore les belles façades de pierres grattées méticuleusement lors des entreprises de ravalement obligatoires. Ressortent alors ces couleurs douces et neutres; l'ivoire, tous les gris du zinc, des ardoises. Les larges portes cochères peintes dans un vert sombre et profond évoquent les denses forêts de résineux.

Mais c'est principalement dans les parcs et dans les jardins que la neige prend sa dimension conquérante. La lumière tourne d'un jaune très doux au bleu le plus léger et l'on retrouve toujours les couleurs de base de cette ville. Les pièces d'eau se solidifient et les innombrables moineaux, oiseaux fétiches des Parisiens, cherchent pitance ; miracle de la nature qui les protège du froid par un métabolisme particulier.

Ce Paris blanc, inattendu, il faut le déguster dans le silence ouaté des allées, s'en remplir les yeux et le cœur, il est si fugitif. Demain tout sera fondu et les trottoirs devenus boueux. Place alors aux valeureux balayeurs municipaux, venus le plus souvent de leur Afrique lointaine et qui découvrent en frissonnant, hiver après hiver, ce que l'on appelle le climat européen...

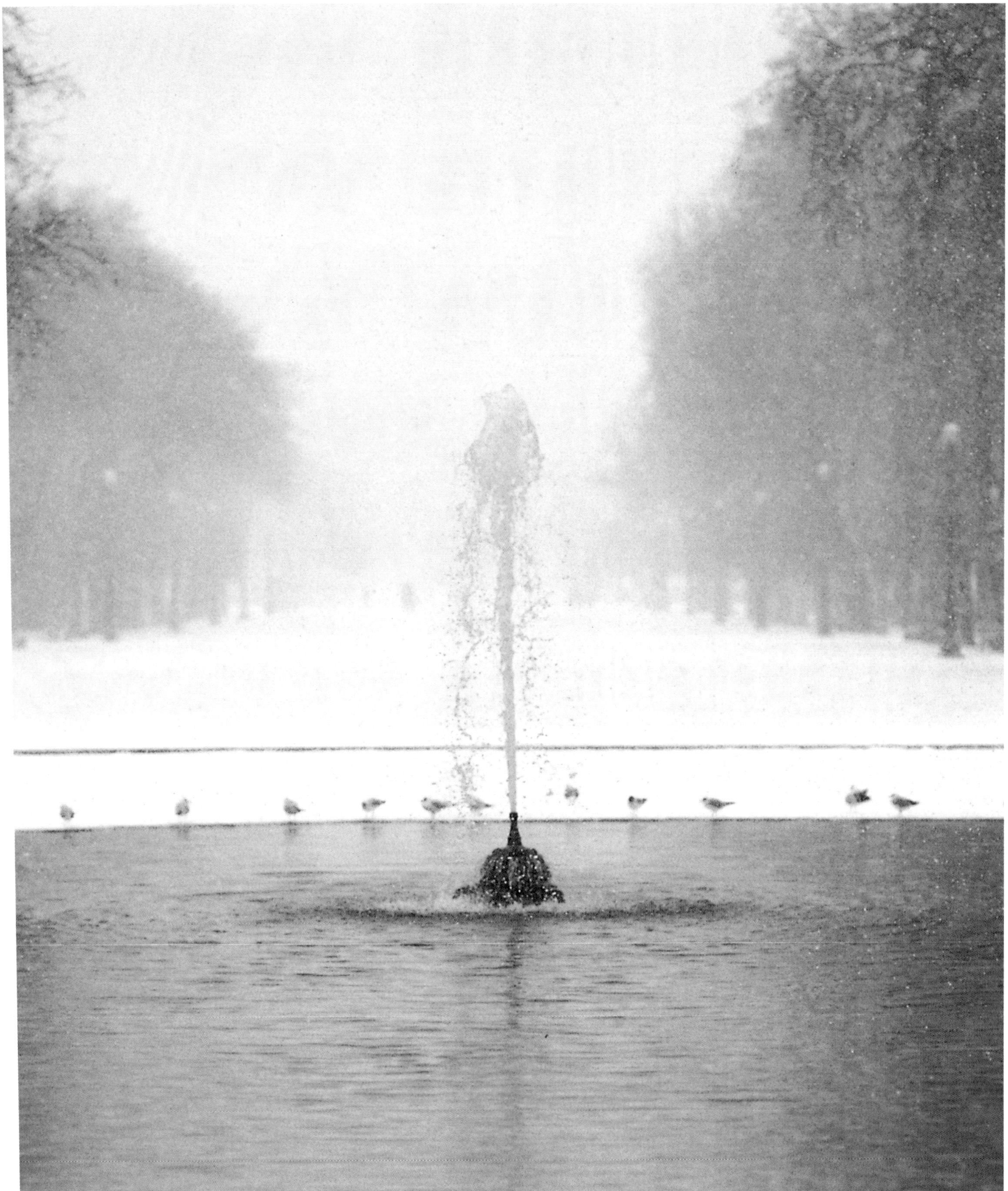

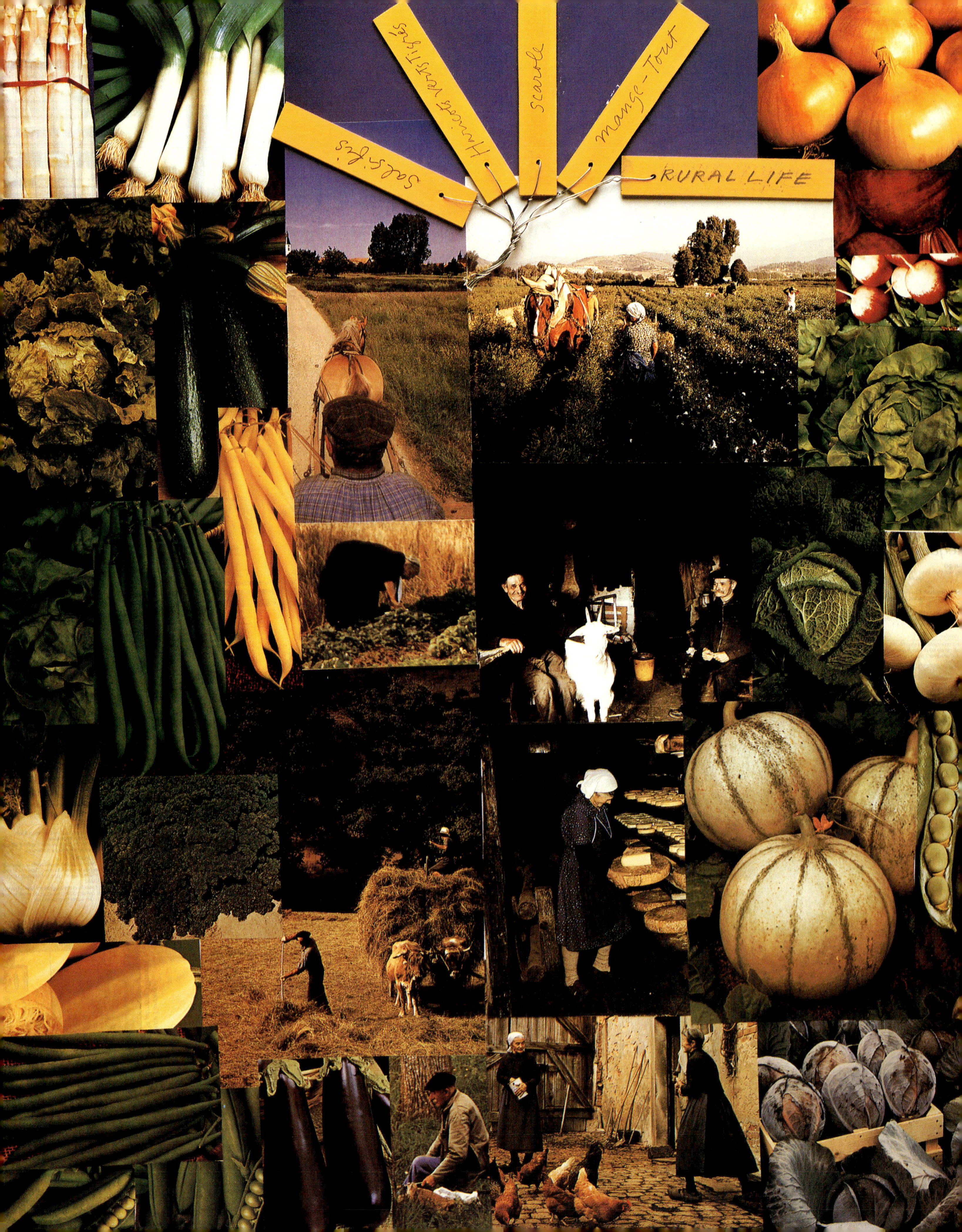

Salsifis
Haricots verts très fins
Scarole
mange-Tout
RURAL LIFE

LA VIE RURALE

Si vous demandez à un Français de vous parler de ses racines, le plus raffiné des citadins vous dira presque sûrement que l'un de ses grands-parents était paysan. Mais dans une génération seulement, cela ne sera plus vrai. Au tournant du XXe siècle, la moitié de la population française cultivait la terre, mais aujourd'hui ce chiffre n'est plus que de huit pour cent. La France est peu peuplée par rapport à ses voisins immédiats et depuis la Seconde Guerre mondiale, les villes n'ont fait que s'agrandir tandis que les campagnes se vidaient. Une croissance économique réussie a entraîné un développement massif de l'urbanisation.

Les méthodes agricoles et la distribution ont également énormément changé, la production agricole ne cessant d'augmenter. L'image de la France, nation de petits fermiers, recevant des subsides de la Communauté économique européenne et ignorant les pressions de l'économie moderne, n'est pas totalement vraie. De plus en plus, les exploitations traditionnellement petites sont regroupées dans de grandes propriétés, qui appartiennent souvent conjointement à des coopératives. Alors que dans les années trente, une ferme de quinze hectares était déjà considérable, on estime aujourd'hui que quatre-vingts hectares ou plus sont nécessaires à un exploitant pour vivre. Les fermiers français doivent faire face à l'invasion des produits alimentaires étrangers et prennent souvent des moyens d'action directs, bloquant les routes avec leurs camions, détruisant parfois d'énormes quantités d'artichauts et de tomates qu'ils ont cultivés mais n'ont pu vendre, essayant d'empêcher que le vin italien, l'agneau anglais ou les légumes espagnols n'arrivent sur la table des Français, compromettant ainsi le niveau de vie des agriculteurs.

Malgré ces changements, la campagne française a peu perdu de son charme aux yeux du visiteur étranger. Influencés par une vision romanesque de la France telle qu'elle est présentée à travers livres, films, peinture et revues, nous avons volontiers une vue idéalisée de la vie rurale en France, mais en fait, la réalité nous déçoit rarement. Il reste des îlots où vous pouvez vous sentir vivre dans un autre âge, où le paysan semble continuer la culture de la terre exactement à la manière de son père et où la vie du village se perpétue, identique, à travers les siècles. Ma maison en Provence est entourée par des champs et des oliveraies dont s'occupe un homme seul. Il travaille les sept jours de la semaine. Dehors dès sept heures du matin, il arrive fréquemment qu'il soit encore à ramasser son foin à la tombée de la nuit. Très souvent, il sort à minuit pour régler le débit des petits ruisseaux qui irriguent sa terre. Il est difficile d'imaginer qu'un jeune homme, habitué à la semaine de trente-cinq heures, désirera un jour prendre sa place.

Les Français semblent doués d'un instinct remarquable pour la culture ; les petites exploitations et les potagers minuscules qui abondent dans tout le pays semblent poser la question : « Est-ce vraiment la peine de cultiver des tomates, alors que l'on peut en acheter de grandes quantités pour peu d'argent au marché local ? » La réponse est clairement : « Oui » autant en raison de l'esprit d'économie des Français que pour le simple plaisir de cultiver et de manger les légumes frais du jardin.

Alors que les grandes villes de France ont été construites pour frapper l'imagination, la beauté plastique d'un village est ressentie à un niveau moins élevé, plus familier, plus accueillant et ceci est vrai aussi pour les personnes qui y habitent. Bien que la vie d'un village varie énormément d'une région à l'autre, on retrouve partout les magasins, les marchés, les cafés et les édifices municipaux qui sont les centres de la vie sociale et où les gens prennent le temps de parler de leur village, tout en ignorant le monde extérieur.

La tradition est la clé de notre amour pour la France paysanne. Rien ne peut nous plaire davantage que l'observation des rituels sur les marchés et dans les boutiques de la campagne. L'excellence de la cuisine en France tient à la qualité des ingrédients, dont les meilleurs sont toujours cultivés et préparés selon les méthodes traditionnelles, puis vendus en petites quantités en tant que spécialités régionales. Nous ramenons bon nombre de ces produits régionaux dans nos maisons et nous sommes influencés par le rythme et l'art de vivre français lorsque nous introduisons dans nos vies les cafés avec terrasse et le mobilier de jardin. Même le *denim* de nos jeans vient d'une ville du sud de la France.

La France rurale demeure enchanteresse, comme le sont les photographies qui illustrent ce livre — dont elles ne font peut-être qu'affadir la beauté et l'atmosphère uniques. Elles ne peuvent malheureusement pas vous apporter les merveilleuses senteurs qui embaument toute promenade à travers la campagne française.

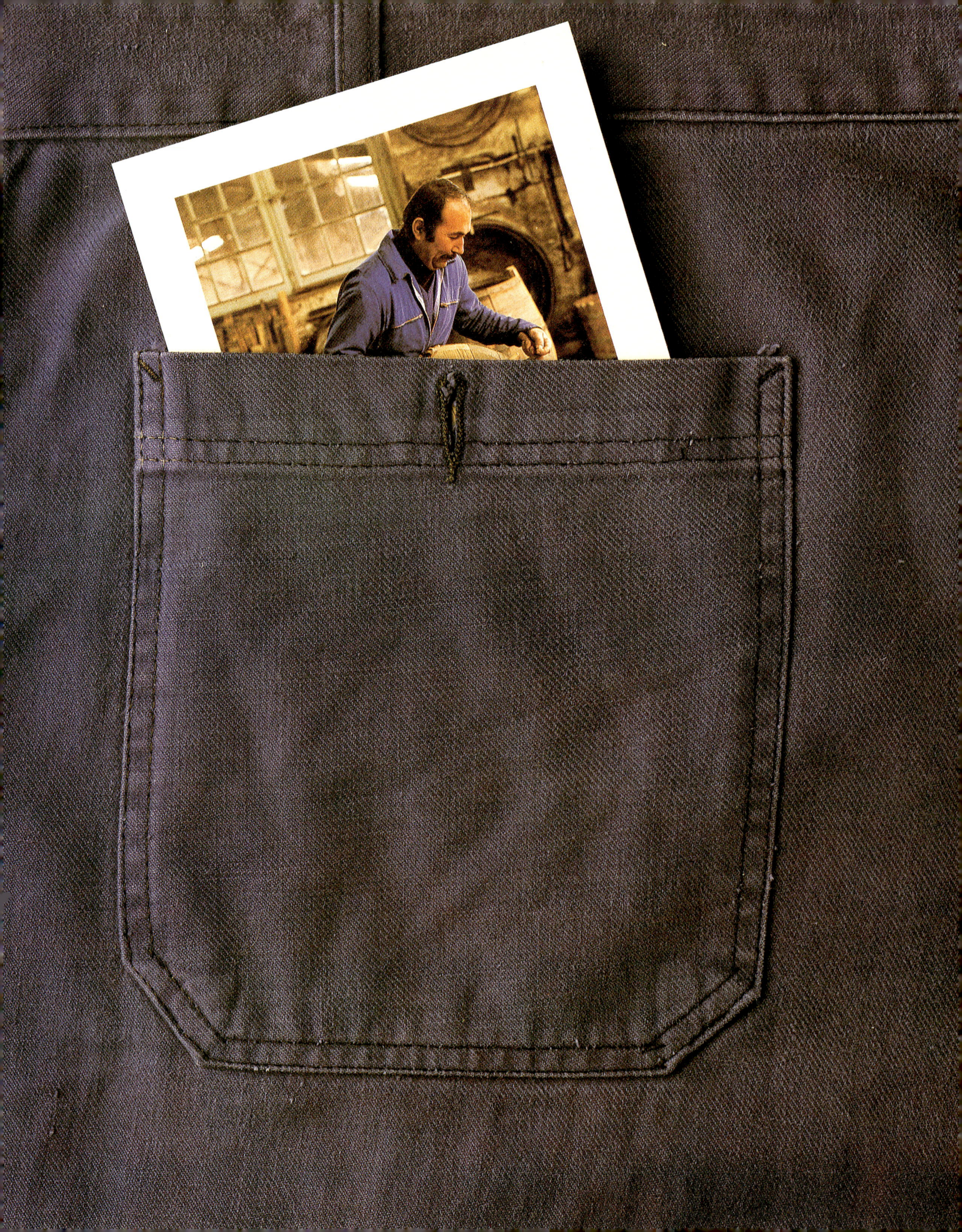

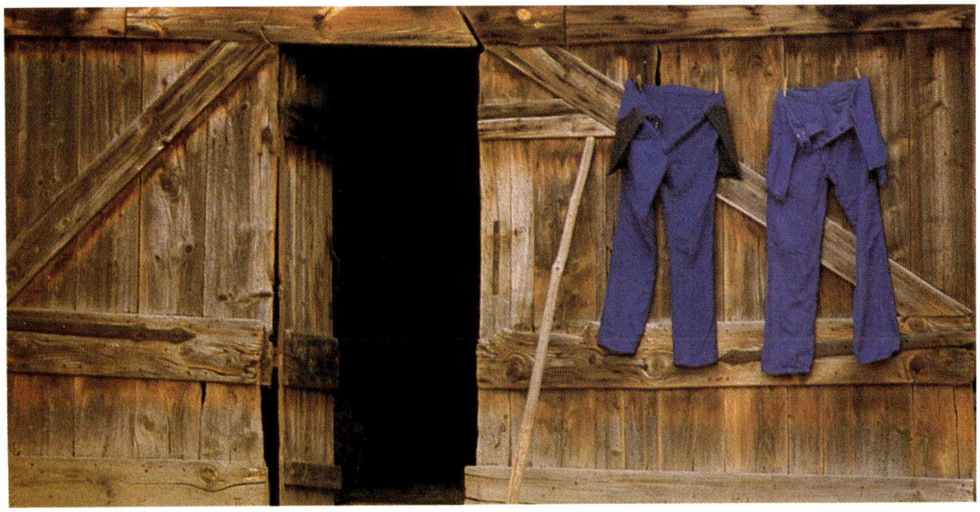

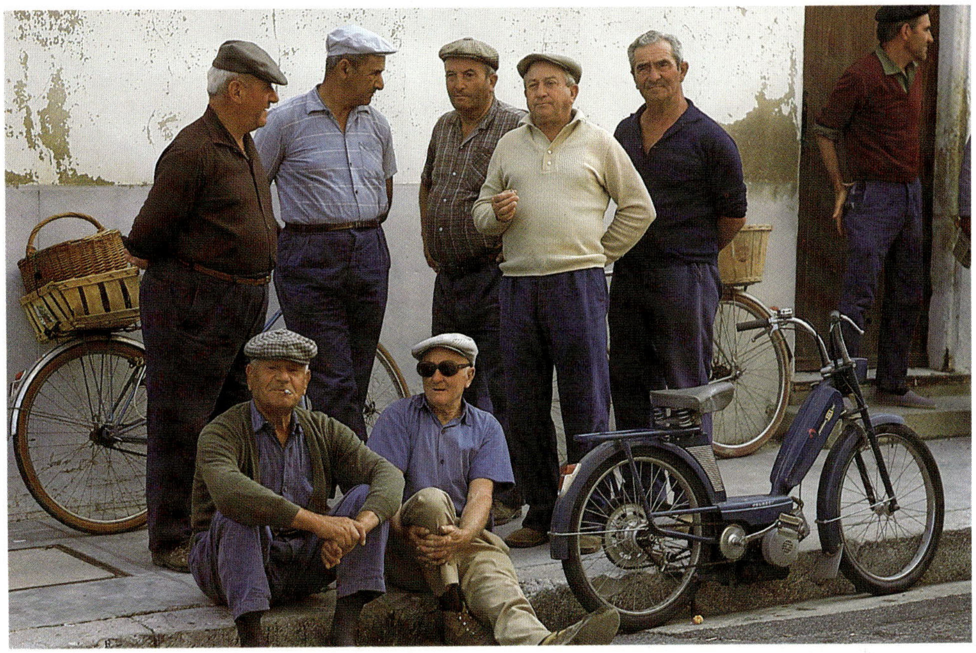

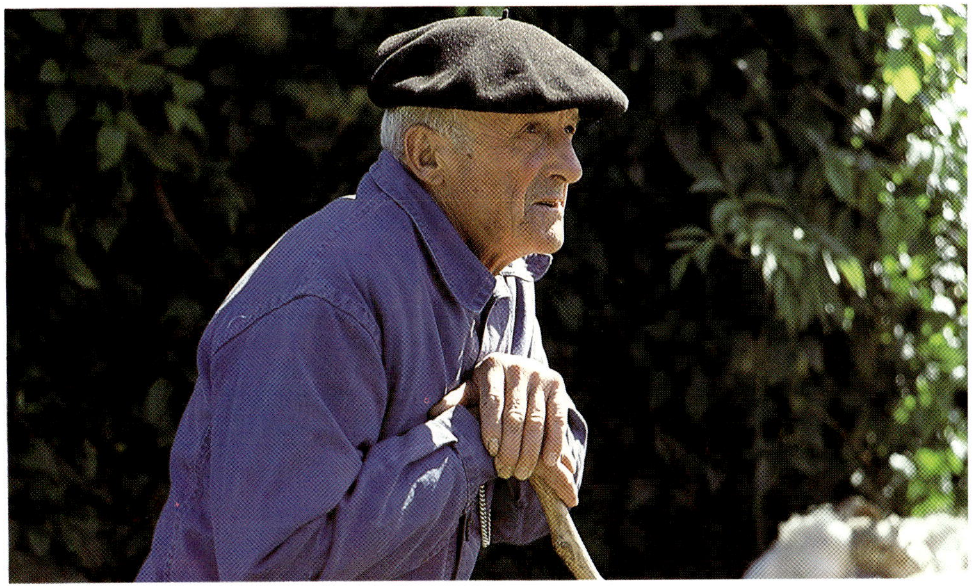

Marylin Monroe, Marlon Brando, James Dean l'ont lancé dans les années soixante et il est devenu le vêtement fétiche du monde entier. Après avoir franchi l'Atlantique, il a été reconnu par la jeunesse d'Europe puis par celle des autres continents comme le symbole d'un nouveau style de vie, libre, décontracté. Le blue-jean — car c'est de lui qu'il s'agit — fut inventé au milieu du XIXe siècle par un jeune homme nommé Levi Strauss, à l'intention des chercheurs d'or. Ceux-ci avaient besoin d'un pantalon solide et pratique, résistant aux aspérités des pierres et des rochers, à la boue et aux intempéries. Très vite, le blue-jean fut adopté par les cow-boys du Middle West et les militaires en campagne.

Peu d'Américains savent cependant que la fameuse toile de jean est à l'origine un produit français. On tissait en effet depuis toujours dans le Midi de la France une solide toile de coton épais, surtout utilisée comme toile de bâche et teinte en bleu indigo, qu'on appelait la « serge de Nîmes ». C'est cette serge de Nîmes qu'allait, après plusieurs expériences, adopter Levi Strauss pour fabriquer ses pantalons. Elle fut bientôt connue dans tous les États-Unis sous le nom de *denim*...

La coupe moulante avec taille basse et jambes étroites, les rivets de cuivre, la fameuse surpiqûre orange en double arc sur la poche arrière symbolisant l'aigle des Montagnes Rocheuses... tout cela remonte à une époque où le paysan français préférait le large pantalon en velours côtelé marron (revenu à la mode, lui aussi d'ailleurs, dans les classes sociales qui autrefois le regardaient avec mépris), et l'ouvrier, le bleu de travail ou le bleu de chauffe qui n'avaient avec la serge de Nîmes qu'une lointaine analogie de couleur.

Pendant la Deuxième Guerre mondiale, le blue-jean fut pour l'Amérique un produit stratégique réservé aux soldats. On n'imagine pas encore qu'avec la libération de l'Europe et l'engouement pour l'*american way of life* dont le western fut sur les écrans l'un des supports les plus populaires, il allait devenir l'instrument d'une véritable révolution sociologique.

Porté d'abord par les jeunes comme *sportswear*, et cela dans toutes les catégories sociales du fait de son prix peu élevé, il est devenu peu à peu l'uniforme de toute la jeunesse sans distinction de classes, avant de s'affirmer comme le vêtement de travail le plus commode aussi bien à l'usine que dans les champs. Il avait fallu plus d'un siècle et demi et d'innombrables traversées de l'Atlantique pour que la toile de Nîmes devienne enfin à la mode dans son pays d'origine.

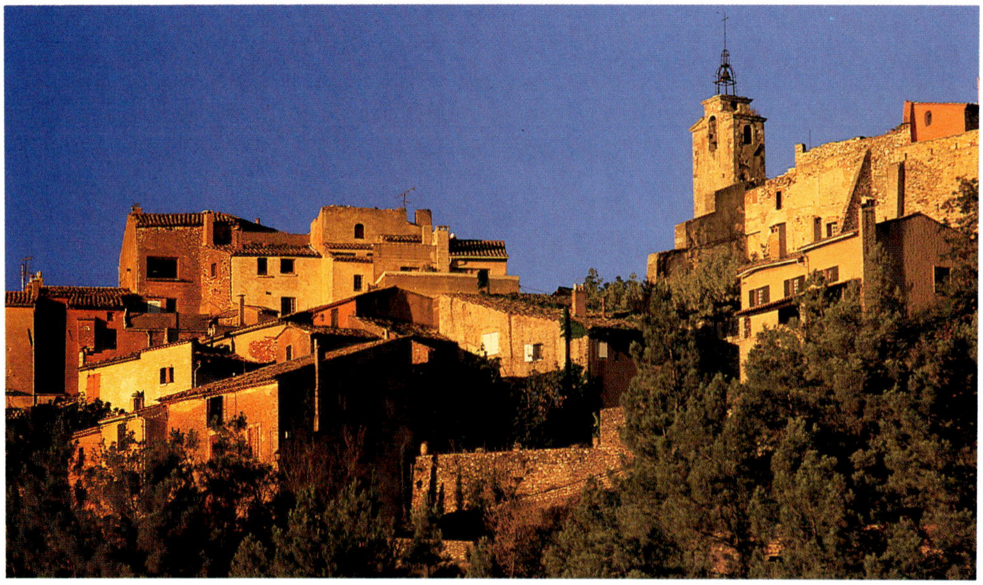

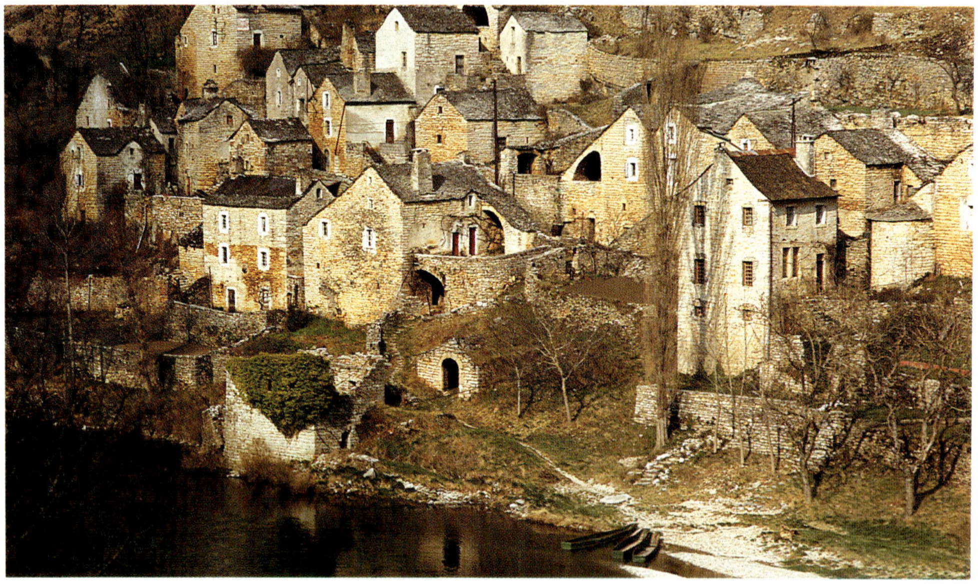

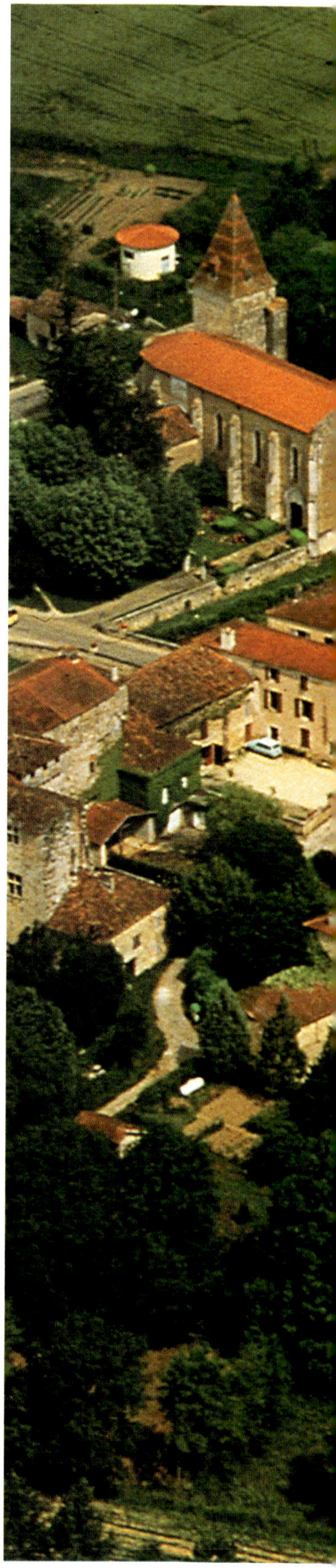

En France, qui dit village, dit clocher. Les maisons sont en effet le plus souvent groupées autour de l'église, que le village soit perché au sommet d'une colline ou situé au bord d'une rivière ou en plaine. Devant l'église, une place centrale. C'est la place du marché, où aboutissent rues et ruelles, espace vital, ombragé selon la région, par des platanes, des tilleuls ou des marronniers, avec son café de la Place où, dès les beaux jours, on s'installe à la terrasse pour l'apéritif.

Le clocher, il n'y a pas si longtemps, réglait la vie du village, sonnant les matines pour le lever, l'angélus à la tombée du jour, le carillon pour la grand-messe du dimanche, pour les baptêmes, les enterrements et aujourd'hui encore, même lorsqu'aucun curé ne dessert plus la paroisse, le tocsin appelle la population à l'aide en cas d'incendie ou autres sinistres. Toujours orienté à l'ouest, chaque clocher est surmonté d'une girouette, presque toujours un coq, qui sert encore de point de repère pour donner la direction dominante du vent. Ainsi les paysans alentour sont-ils mieux informés que par les prévisions météorologiques de la télévision et peuvent-ils prévoir le temps, qu'ils ne manqueront pas de commenter sans fin dans les cafés du pays.

Bien sûr à ce plan type il y a des villages qui font exception. Comme dans le sud-ouest de la France, où ils servaient de frontière pour les comtes de Toulouse face aux possessions anglaises d'Aquitaine. Ces villages fortifiés s'appelaient bastides.

En haut : Roussillon, en Provence.
Ci-dessus : un village dans la vallée du Tarn.
A droite : la bastide de Fourcès, dans le Gers.

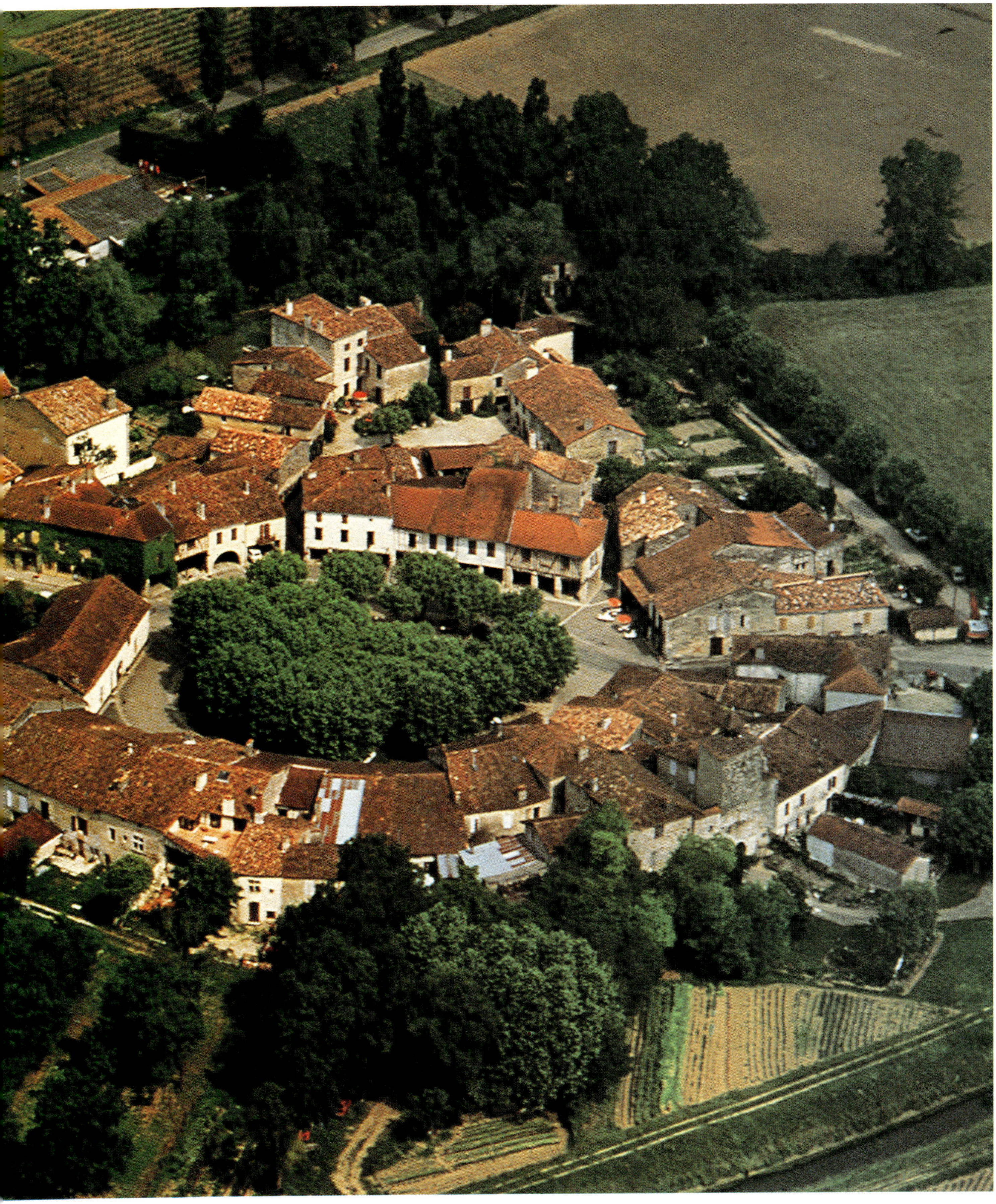

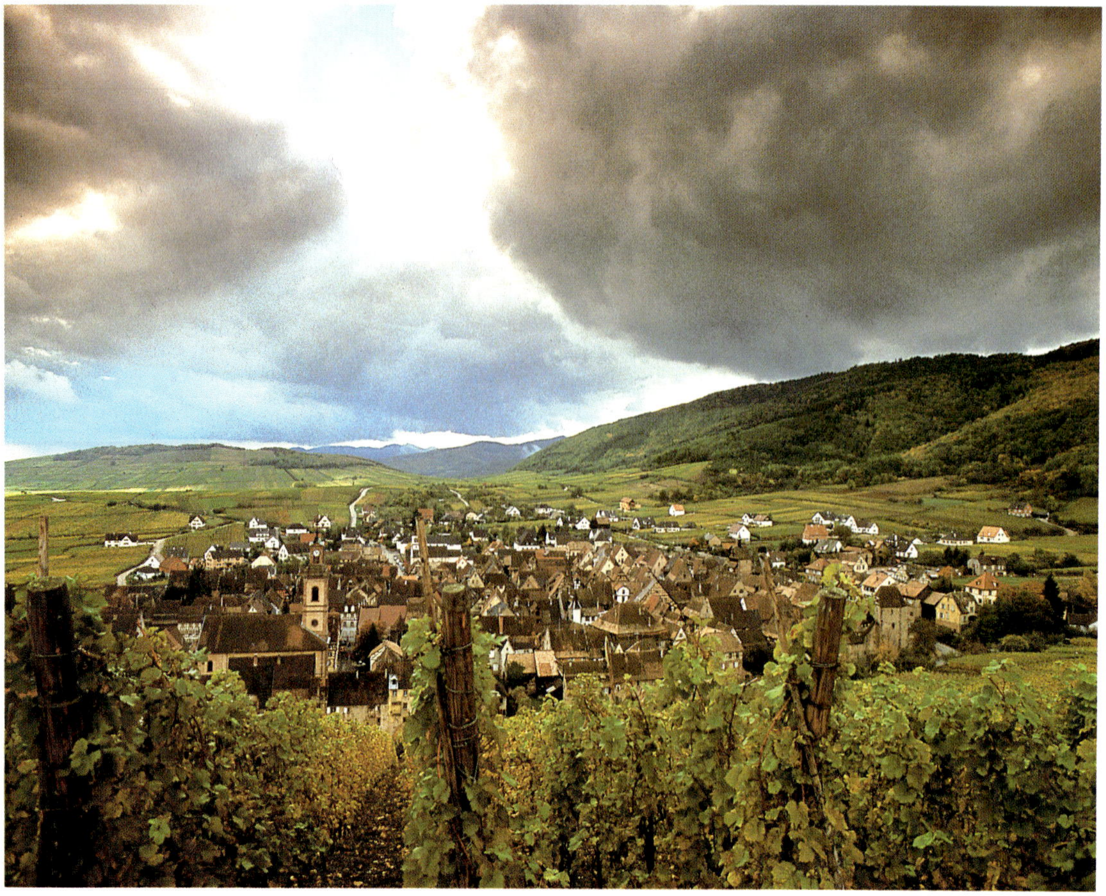

Ci-contre : le village pittoresque de Riquewihr en Alsace.

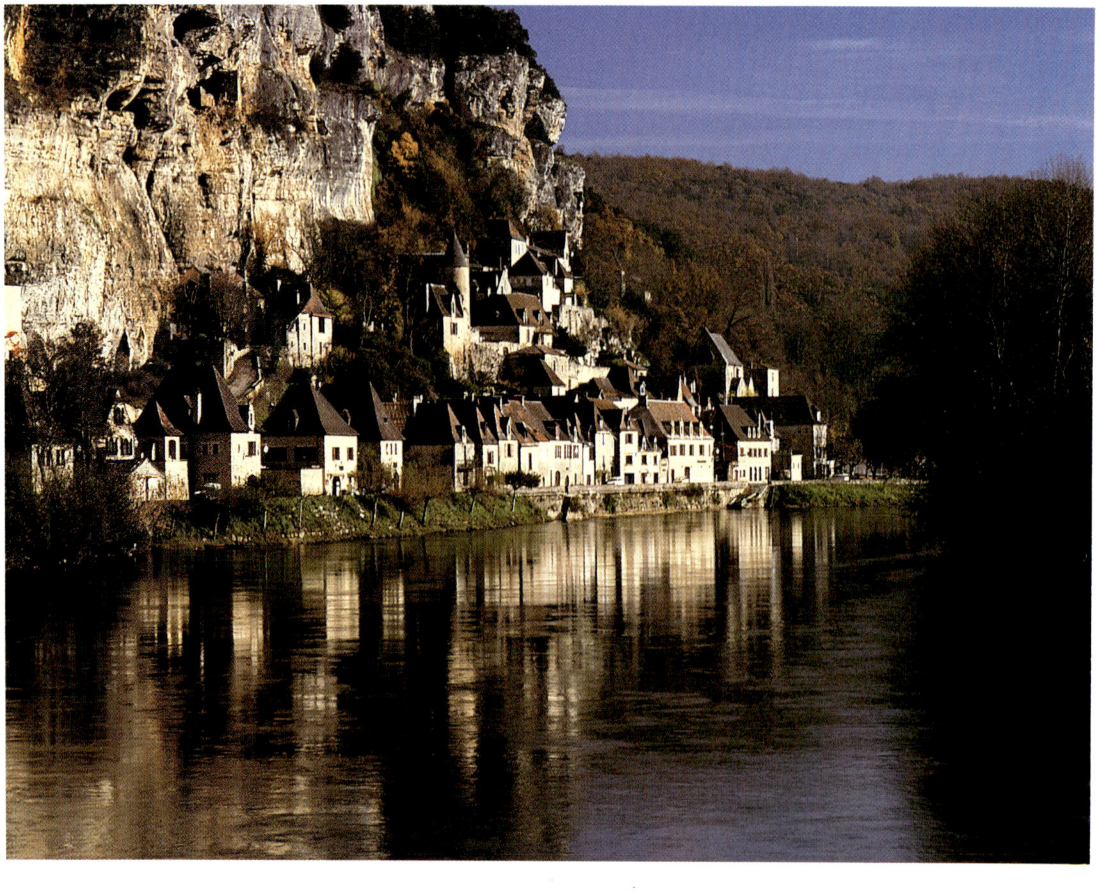

Ci-contre : la Roque-Gageac s'accrochant aux pentes escarpées des gorges de la Dordogne.

Ci-contre : Provenchère, village perché sur une colline, en Haute-Saône.

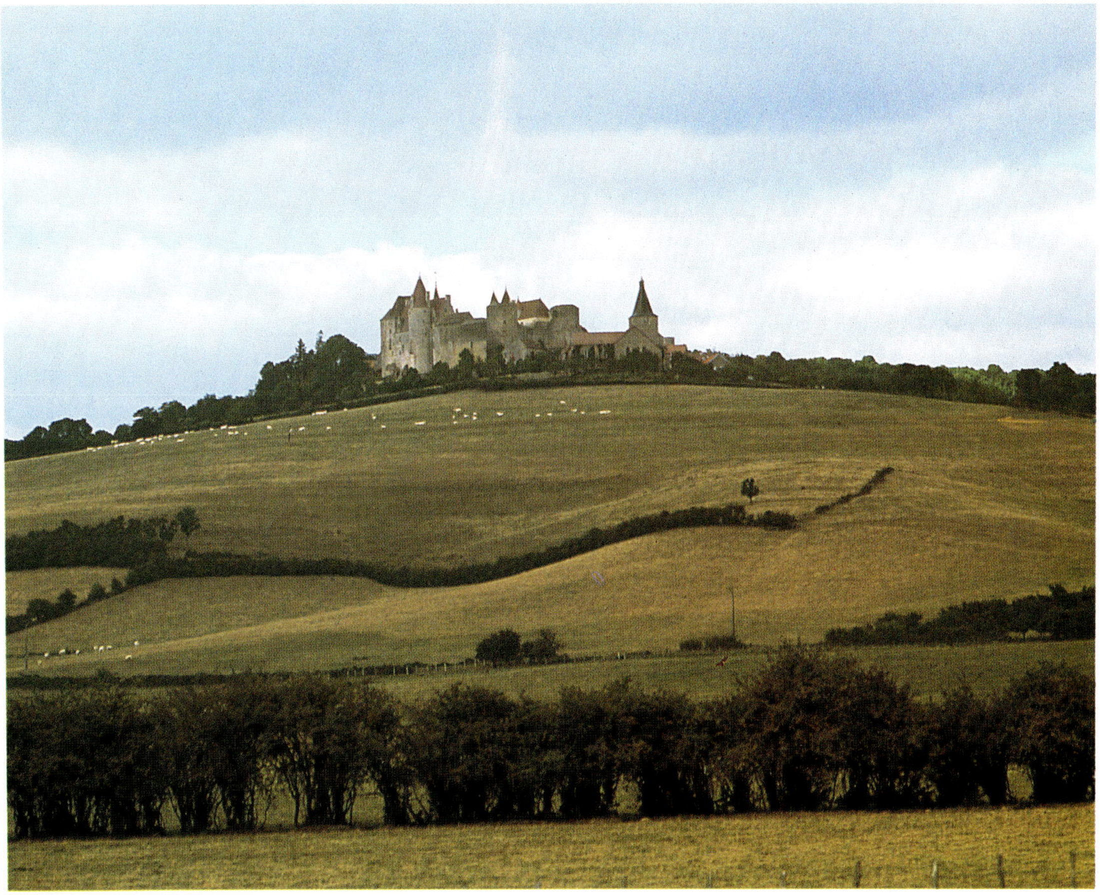

Ci-contre : scène hivernale près de Bourg-Saint-Maurice, en Haute-Savoie.

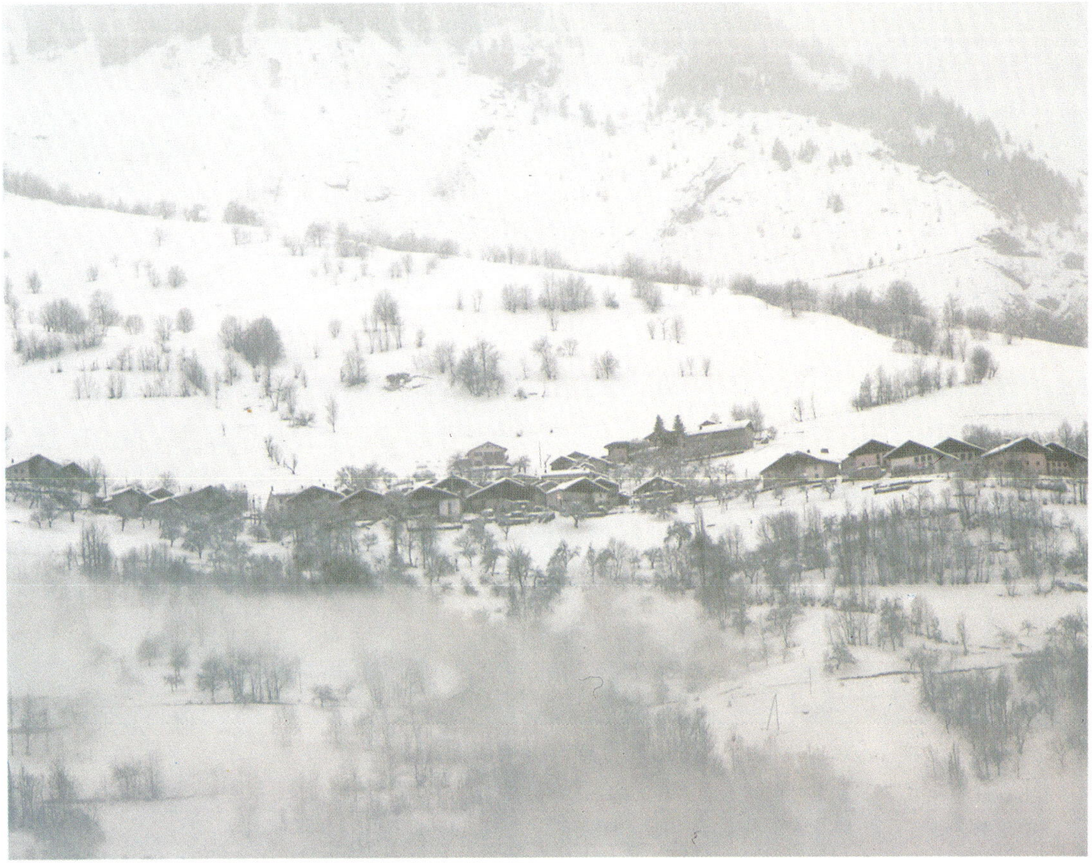

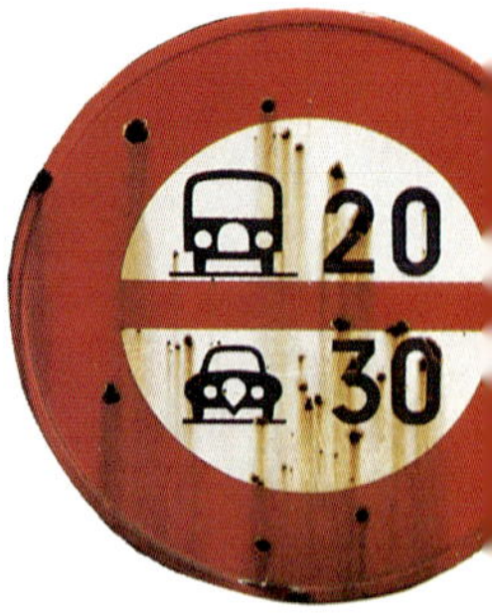

Maussane et le Paradou, deux villages qui se touchent presque et qui résument tout le charme de la Provence. Tout autour s'étendent des vignes et des champs d'oliviers entre lesquels des jardins, vergers et potagers bourgeonnants sont un plaisir pour les yeux avant de l'être pour la bouche. C'est ici le paradis des légumes et des fruits, que des rangées et des rangées de cyprès à perte de vue protègent du mistral.

Dès le début du printemps, on commence à récolter les primeurs sous leurs étranges tunnels de plastique qui les garantissent contre la gelée. À partir de Pâques, c'est la saison des asperges blanches et mauves suivies par les petits pois et les courgettes, puis quand le soleil commence à chauffer plus fort, les tomates juteuses, l'ail, des montagnes d'ail, les aubergines, les poivrons verts ou rouges. Ingrédients qui, mélangés à l'huile d'olive, composent la fameuse ratatouille.

À la même époque, dans les vergers, c'est une débauche de cerises et d'abricots puis de melons et de pêches. Ce vaste et abondant jardin compose un vigoureux et mystérieux

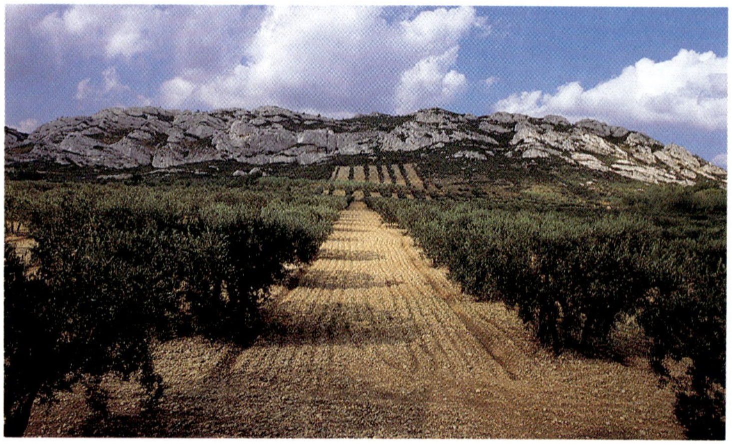

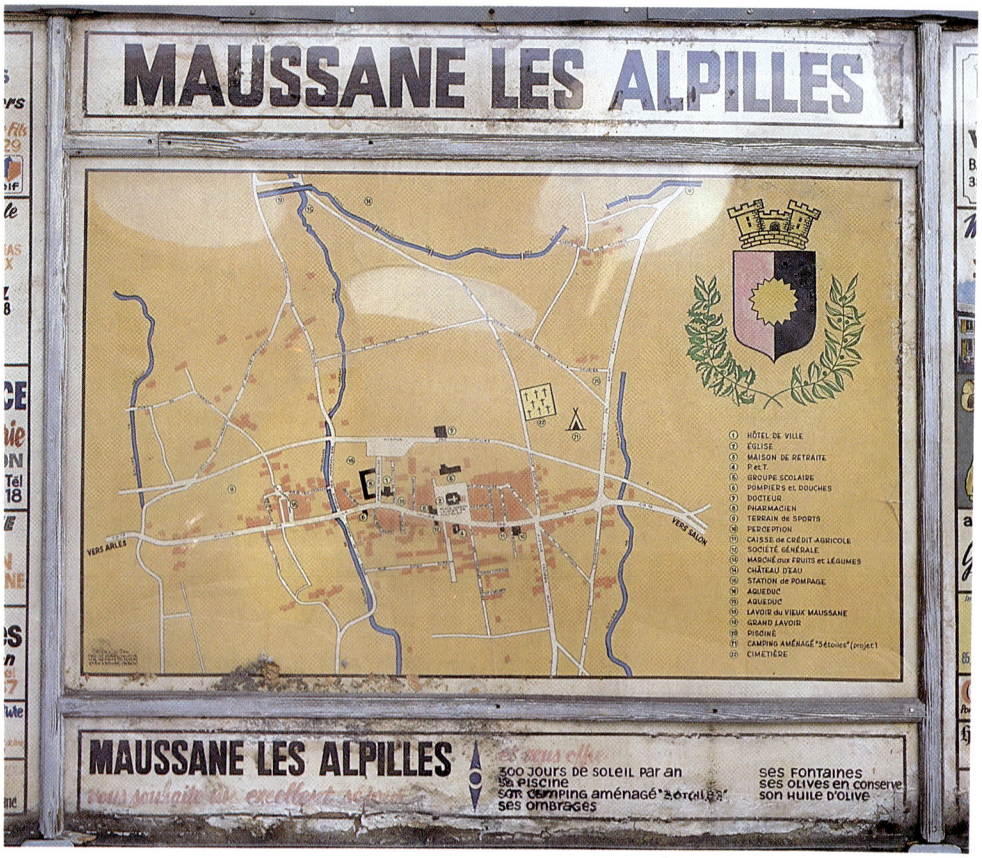

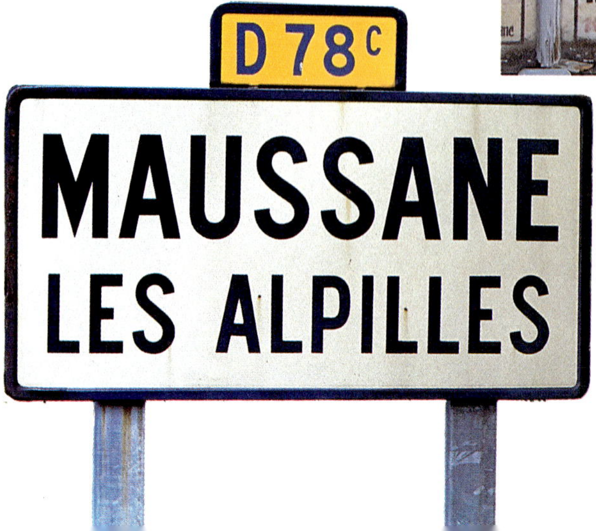

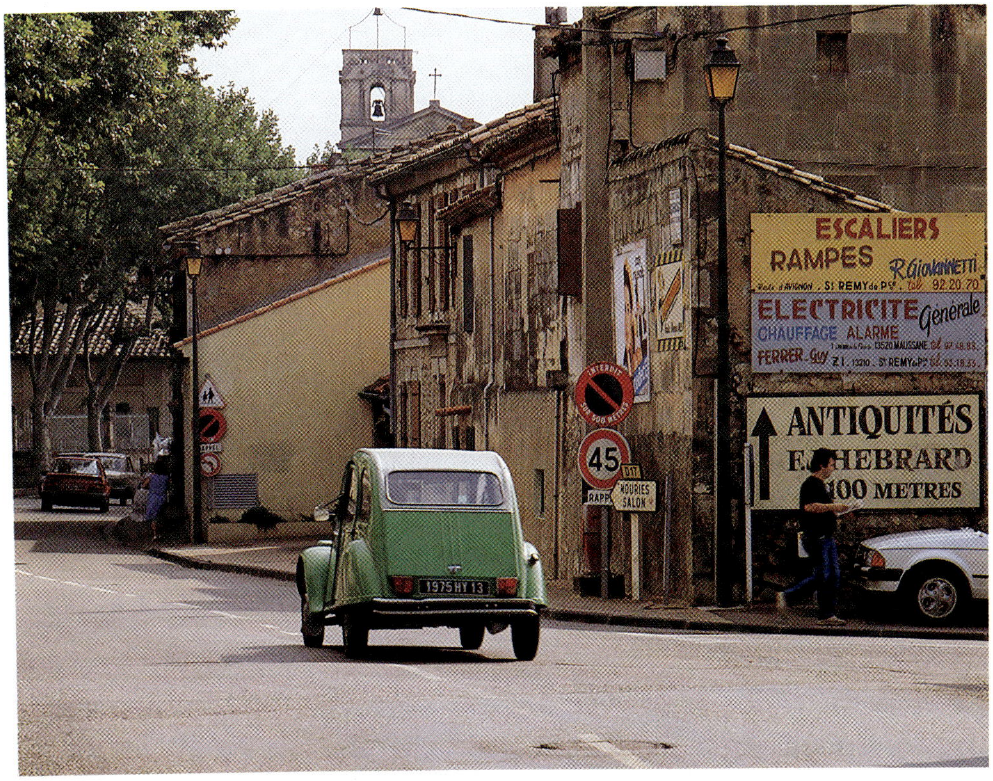

contraste avec les éboulis rocheux et la montagne toute proche, ces Alpilles, premiers contreforts des Alpes aux formes étranges superbement sculptées par le mistral en furie et où poussent le thym, le romarin, la marjolaine et la sauge, ces herbes qui donnent à la cuisine de Provence son goût inimitable.

Au centre du village de Maussane, une grande carte détaillée a été judicieusement installée à la demande des commerçants locaux pour renseigner les visiteurs. Non pas que les villageois vivent du tourisme, car tous cultivent d'abord la terre, mais le tourisme est pour eux un heureux moyen d'arrondir leur budget.

Panneaux et pancartes ne parviennent pas, comme c'est presque partout ailleurs le cas, à nuire au charme des lieux, surtout lorsqu'ils imposent aux voitures des vitesses limites si basses qu'il est impossible de les respecter...

Entre Maussane et le Paradou, la route est protégée de l'ardeur du soleil par de superbes platanes. Elle est aussi divisée en deux par une bande blanche afin de modérer (mais pas toujours avec succès) l'ardeur des conducteurs noctambules...

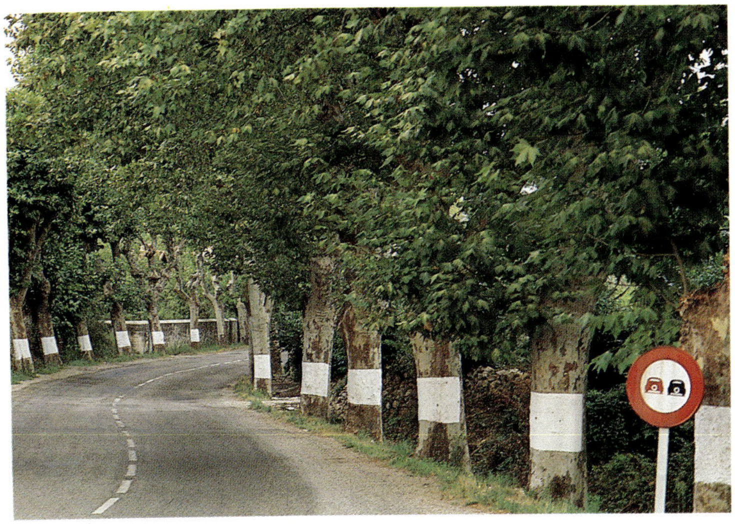

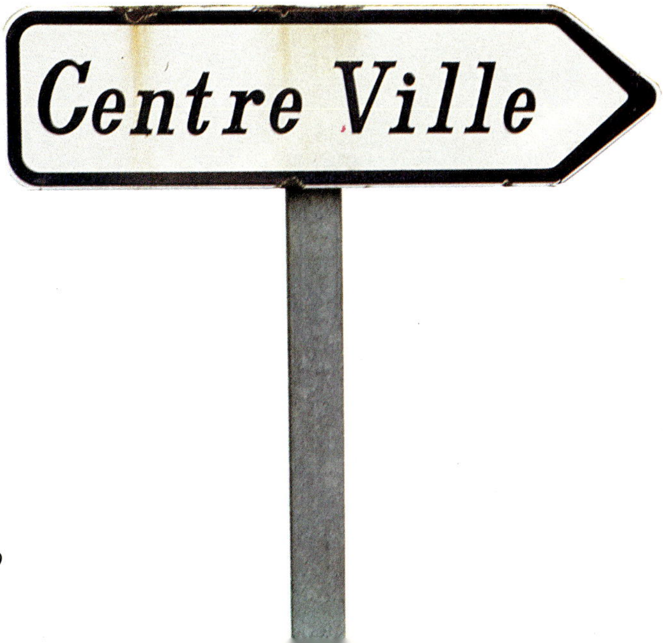

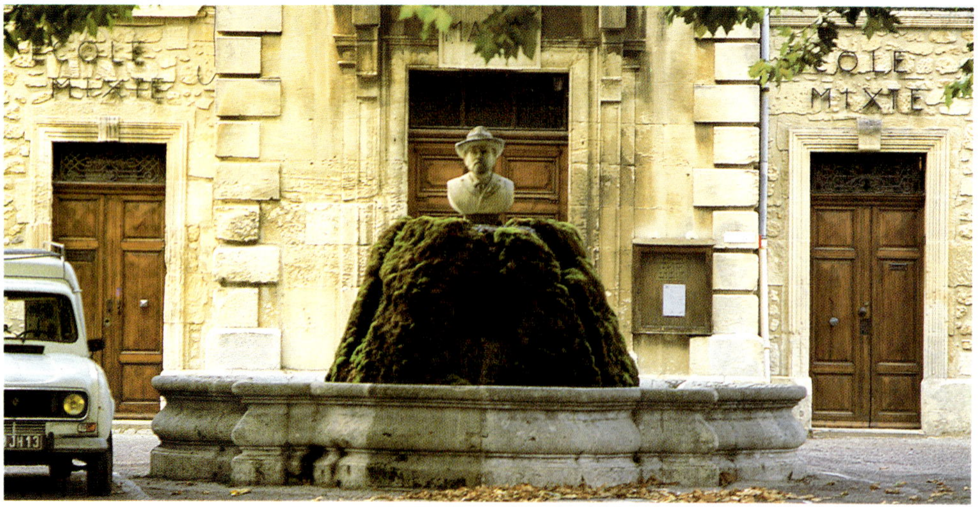

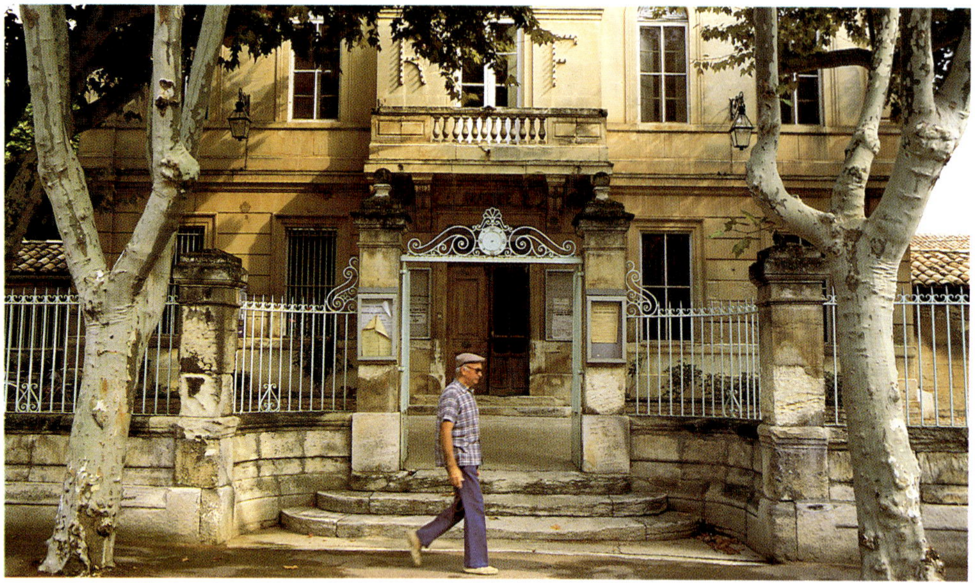

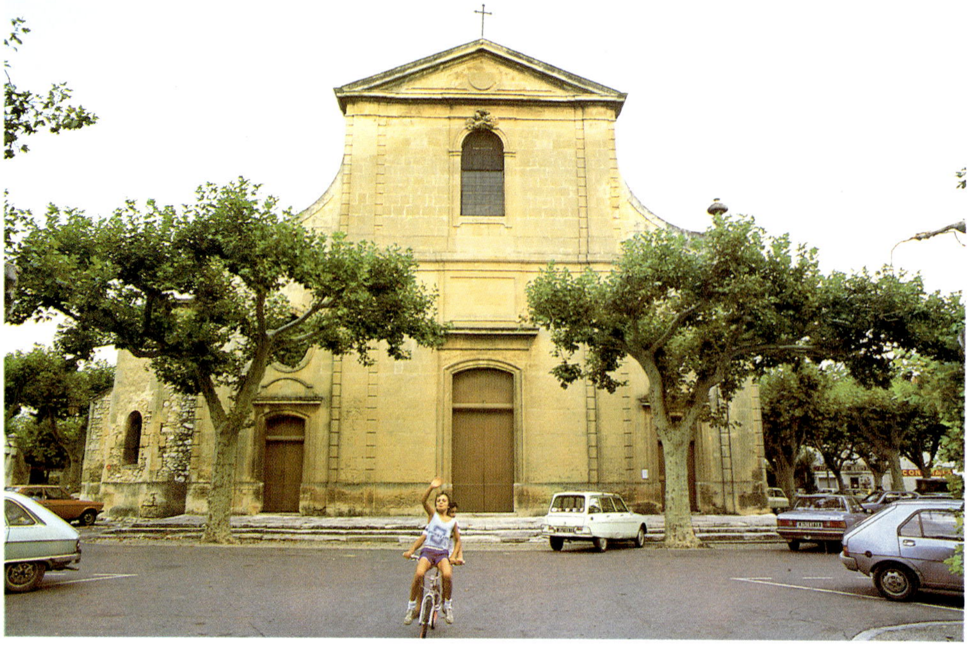

L'école, la mairie, l'église, c'est la trilogie de la vieille France républicaine, bâtiments construits dans le même style architectural, ici comme à travers la France entière.

Devant l'école, sur un rocher moussu au milieu d'une fontaine, trône le buste d'un poète local qui faisait chanter le provençal à la fin du siècle dernier, époque où fut instauré en France l'enseignement public obligatoire et gratuit. Mais 1968 est passé par là. Et les mots, jadis gravés au fronton du bâtiment, « École des garçons », « École des filles » ont disparu. C'est aujourd'hui l'« École mixte ». Et mieux vaut le préciser deux fois !

La mairie est à l'image de celle de tous les vieux villages français, une vraie « maison commune » à la porte de laquelle on placarde des avis de naissance, de mariage et de décès. Seul le tambour du village, dont le roulement précédait autrefois l'annonce de grands événements locaux, a aujourd'hui disparu.

Reléguée aussi dans le passé — mais pas encore partout cependant — la traditionnelle querelle entre le curé et l'instituteur, le second ayant dérobé au premier une partie de l'autorité morale que celui-ci détenait depuis la nuit des siècles. Il n'empêche que, partout en France, c'est le clocher qu'on voit le premier quand on s'approche d'un village. Et celui de Maussane domine une jolie église où subsistent quelques vestiges romans.

En tout cas, pour les hommes comme pour les dames, les nécessités naturelles et les besoins spirituels font ici bon ménage. De même que l'église se trouve au centre du marché hebdomadaire, il n'a semblé choquant à personne, ni même irrévérencieux, d'installer des toilettes publiques au pied d'un calvaire !

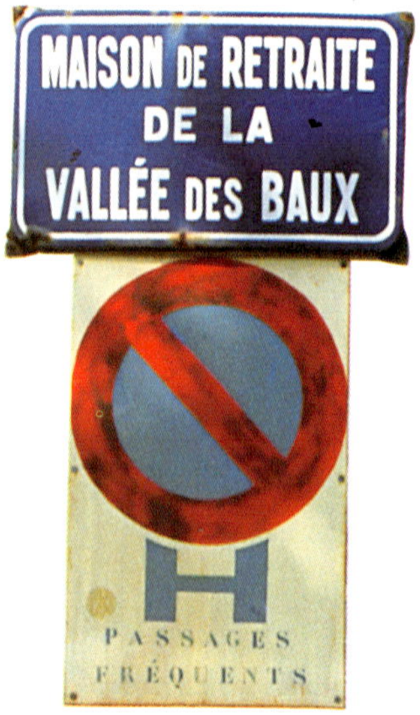

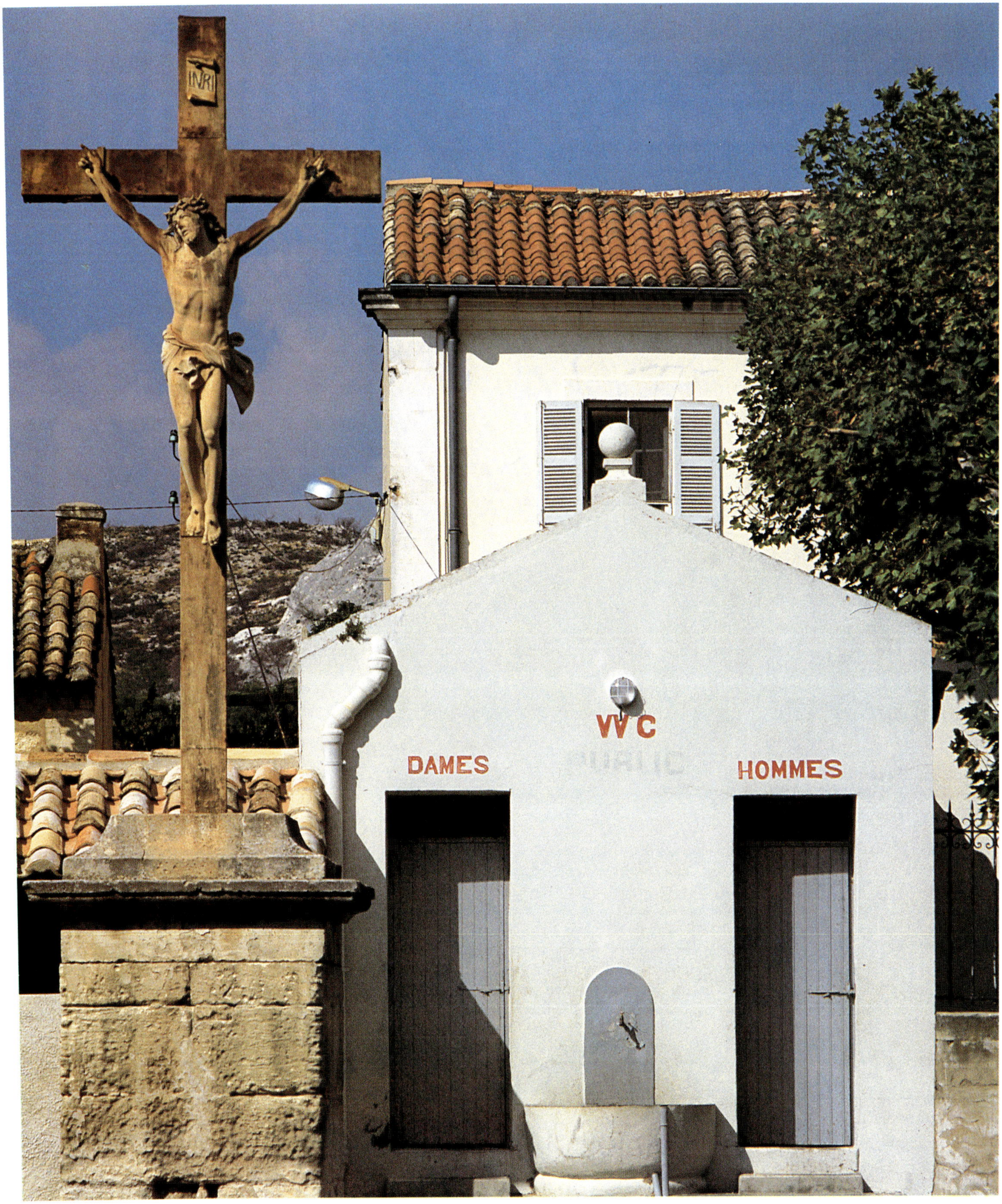
INRI
WC
DAMES
HOMMES

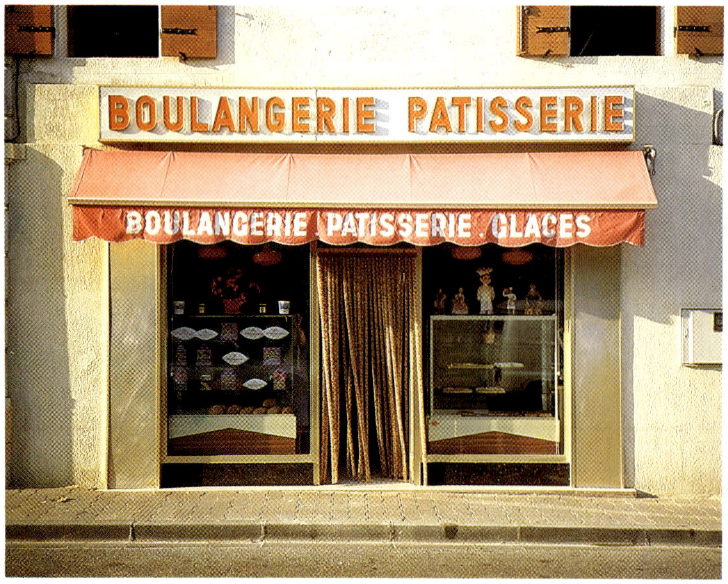

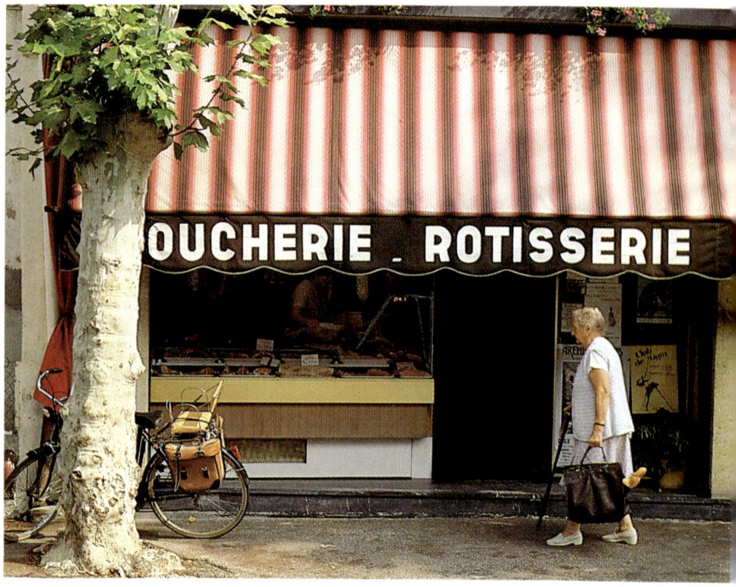

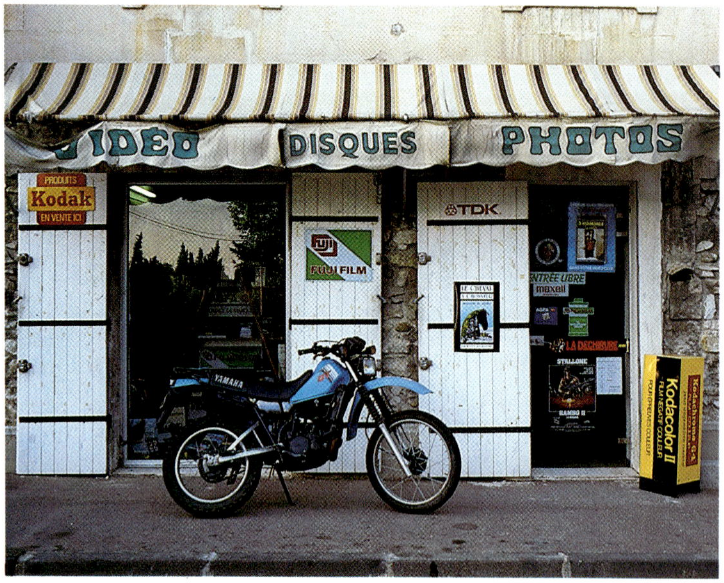

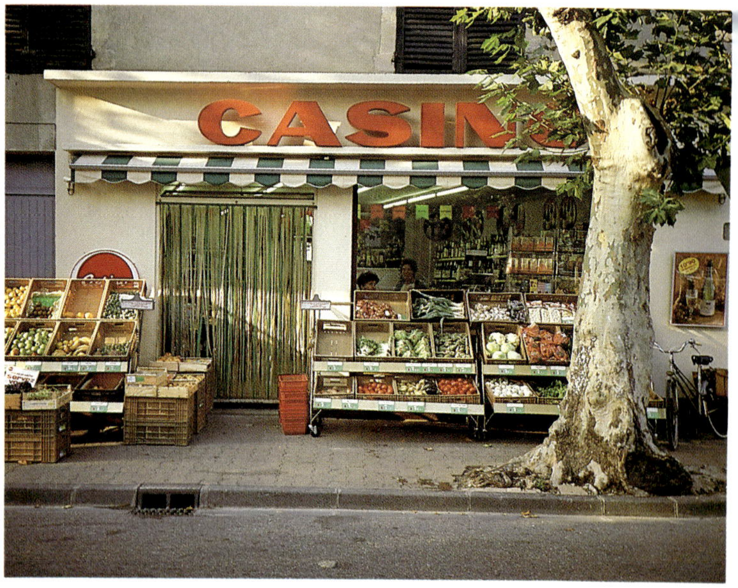

Pour quelqu'un qui arrive d'Angleterre, c'est une surprise. Pour une population de mille personnes il y a ici quatre restaurants, deux hôtels, deux cafés, trois boulangeries, deux bouchers, trois magasins d'antiquités, sans compter le coiffeur, le pharmacien, le photographe, le libraire, le bazar, la laverie et le petit supermarché Casino. Outre ses deux fournées quotidiennes, l'un des boulangers offre une excellente pâtisserie à ses clients du dimanche matin. Chez le boucher on trouve un succulent agneau de montagne, parfumé aux herbes dont il se nourrit, un lapin dodu qui est un délice et sur le comptoir, des cèpes séchés dans des bocaux, des morilles et des pâtes fraîches. Les jeunes ont un stade à leur disposition, mais aussi un magasin vidéo, qui donne la touche de modernisme et vend même des cassettes porno !

Les paysans, qui cultivent les oliviers, ont leur coopérative. Elle se charge de presser les olives d'un vert doré et recueille une huile

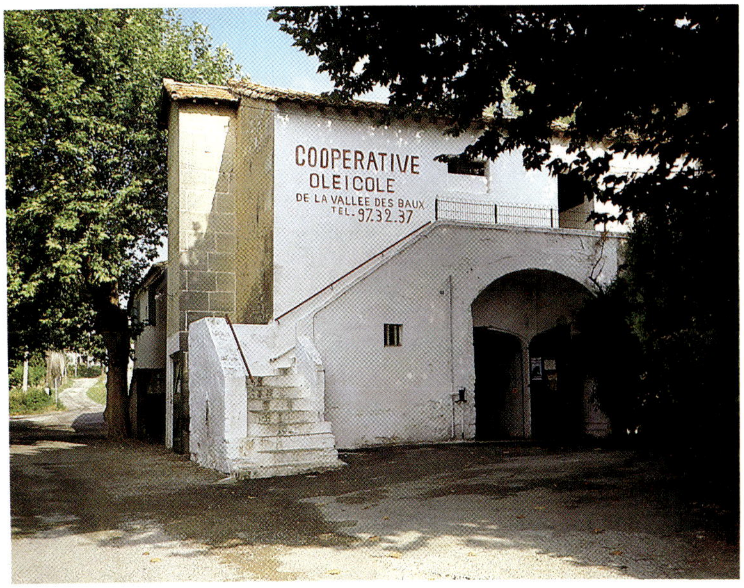

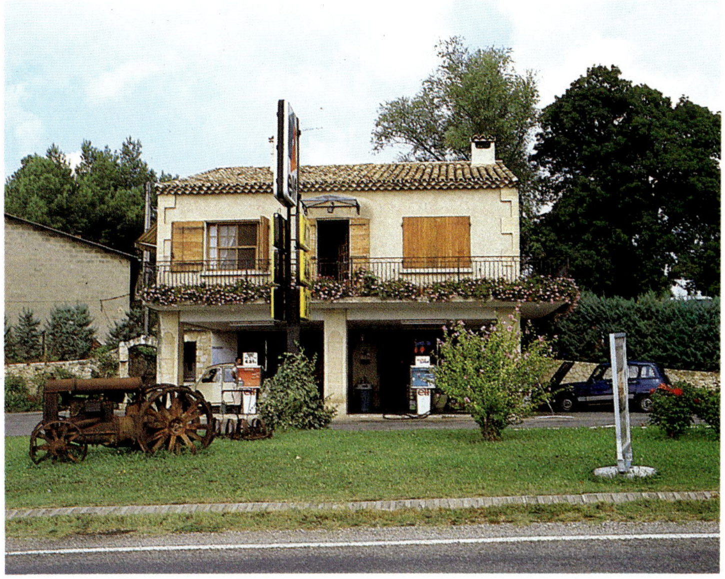

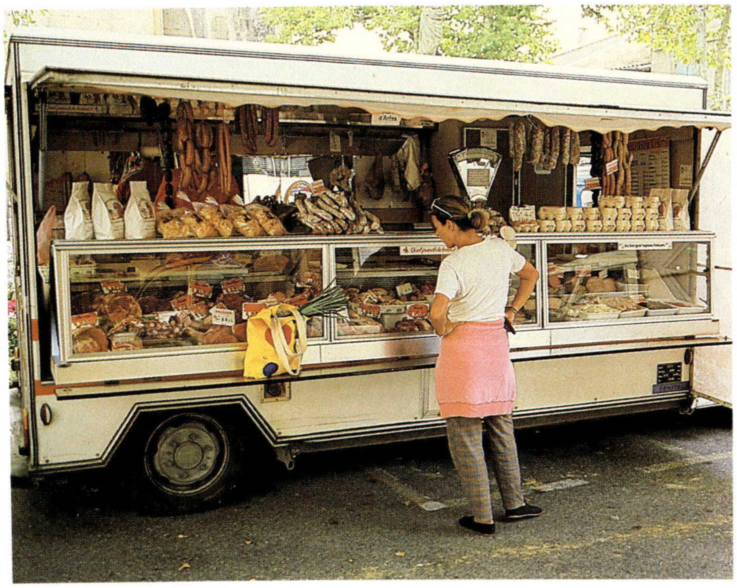

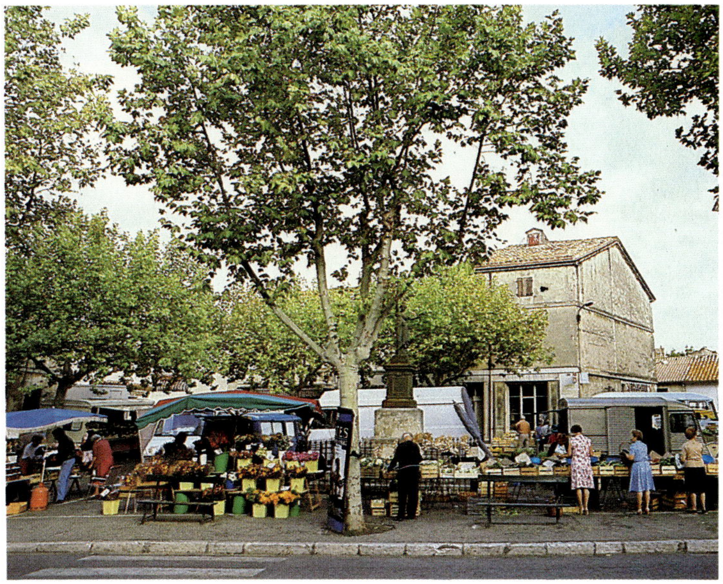

vendue dans des bidons en plastique de cinq litres. L'emballage n'est pas très romantique, mais cela n'empêche pas cette huile d'olive d'être à peu près la plus chère du monde. Elle l'est encore plus quand on l'achète dans des petits flacons décorés d'étiquettes vantant les mérites de l'huile extra-vierge, première pression de Maussane, Provence. L'une des meilleures charcuteries est celle qui s'installe sur le marché. Les boutiques concurrentes n'ont pas intérêt à s'endormir. Quant à la station-service, c'est une des plus jolies de France avec son petit balcon fleuri de géraniums et son vieux tracteur rouillé comme élément de décoration. Voici enfin le grand jour de la semaine, celui du marché sur la place de l'église. Les produits comestibles y côtoient les vêtements, les fleurs, les antiquités, les poteries... et le Bon Dieu se réjouit sûrement de voir, devant le lieu de son culte, ses créatures heureuses de profiter des biens de ce monde.

La pétanque, ou boules, après avoir été le jeu favori du seul Midi de la France est devenu celui du pays tout entier. La piste est poussiéreuse, semée de cailloux qu'il faut soigneusement éviter car ils font dévier la trajectoire de la boule. Dans la langue particulière du joueur de pétanque, on les appelle des « gratons ».

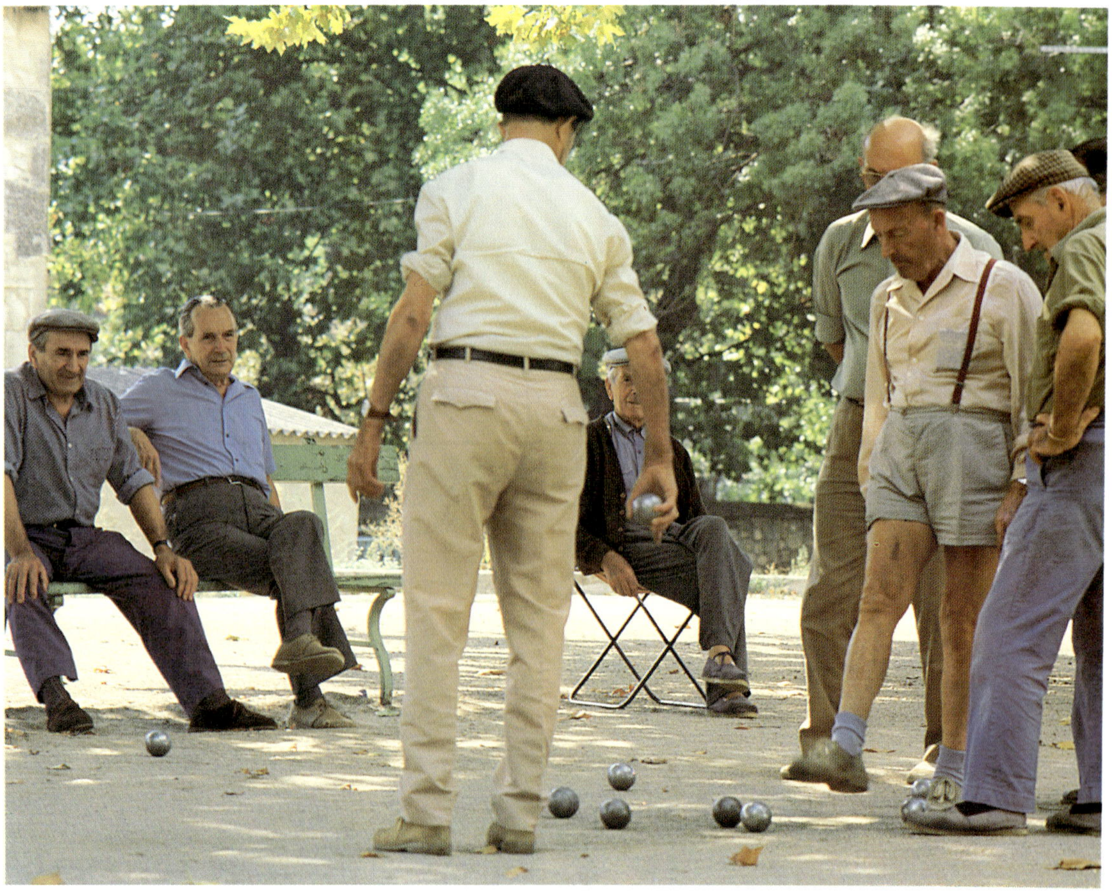

Les cafés de Maussane et du Paradou ont tous leurs clients attitrés qui, souvent, ne se souviennent même plus pourquoi ils les ont choisis. L'un, le café de la Fontaine, tire son nom du célèbre édifice qui lui fait face, orné de superbes cols-de-cygne qui projettent fièrement l'eau dans le bassin. En fait d'eau, ce sont plutôt avec de demis de bière à la pression que se rafraîchissent les clients du café, fatigués par une dure journée de travail dans les champs ou par une partie de pétanque sur le terrain voisin.

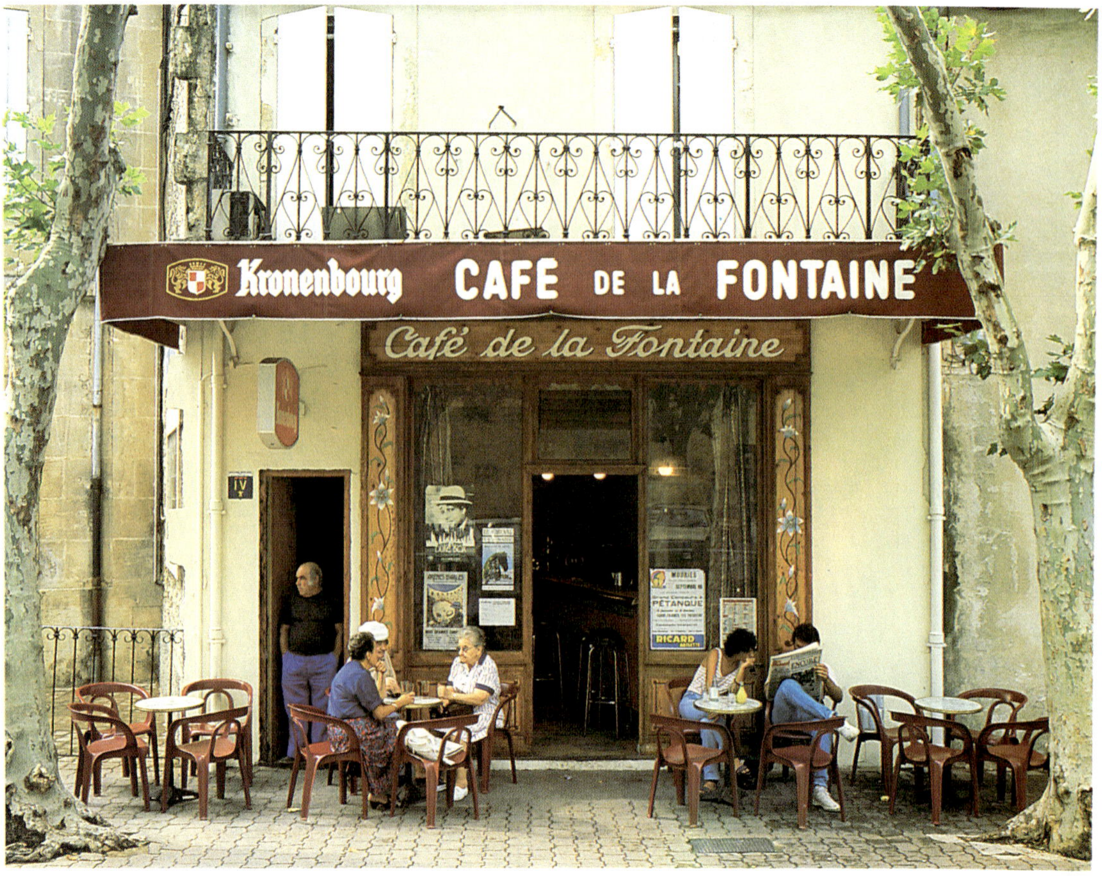

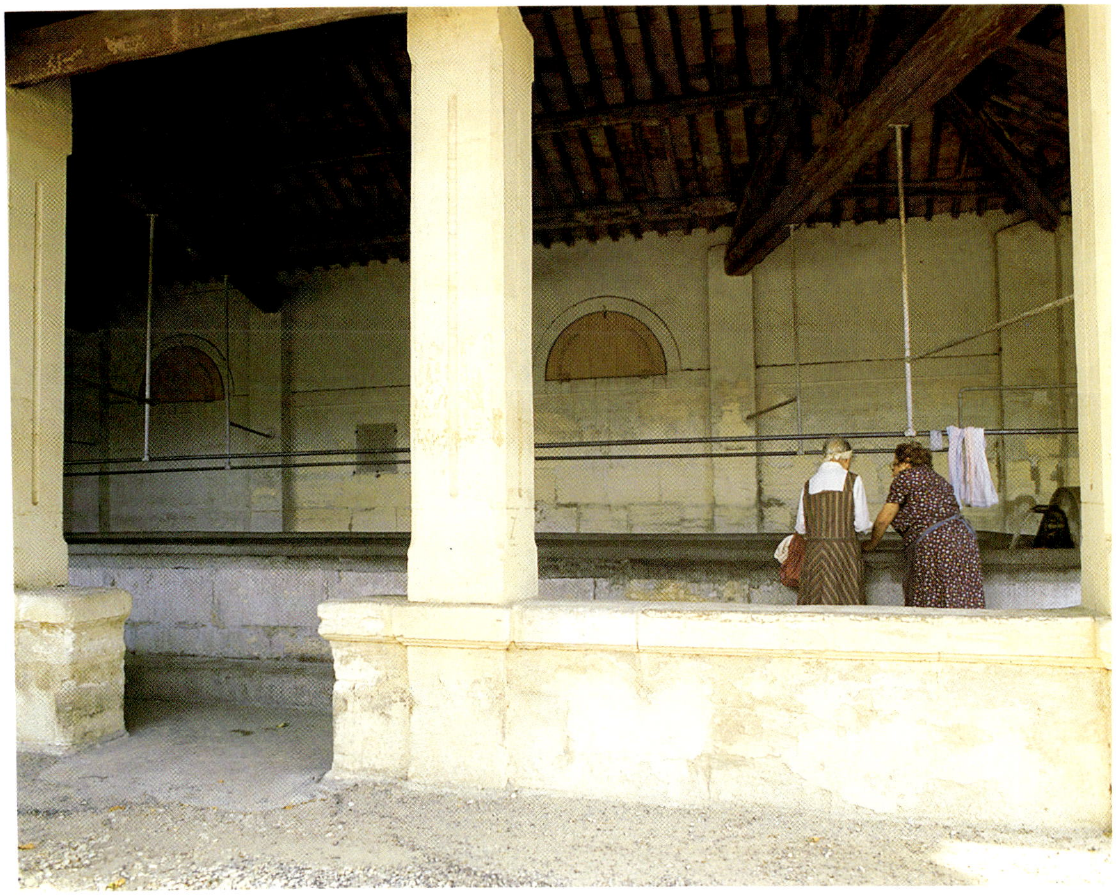

Pendant que les hommes jouent ou se désaltèrent, leurs épouses ont elles aussi un lieu de réunion : le lavoir. Maussane possède deux lavoirs publics, dont l'un remonte à l'époque napoléonienne. Il faut bien dire qu'on n'y rencontre désormais que de très vieilles femmes, car les jeunes ont, pour la plupart, leur machine à laver. Les coutumes se perdent et le lavoir n'est plus ce qu'il était. Mais ce qui en tout cas ne changera jamais dans ces merveilleux villages de Provence, c'est la qualité de la lumière qui jadis enchantait Cézanne et Van Gogh et à qui l'on doit tant de chefs-d'œuvre.

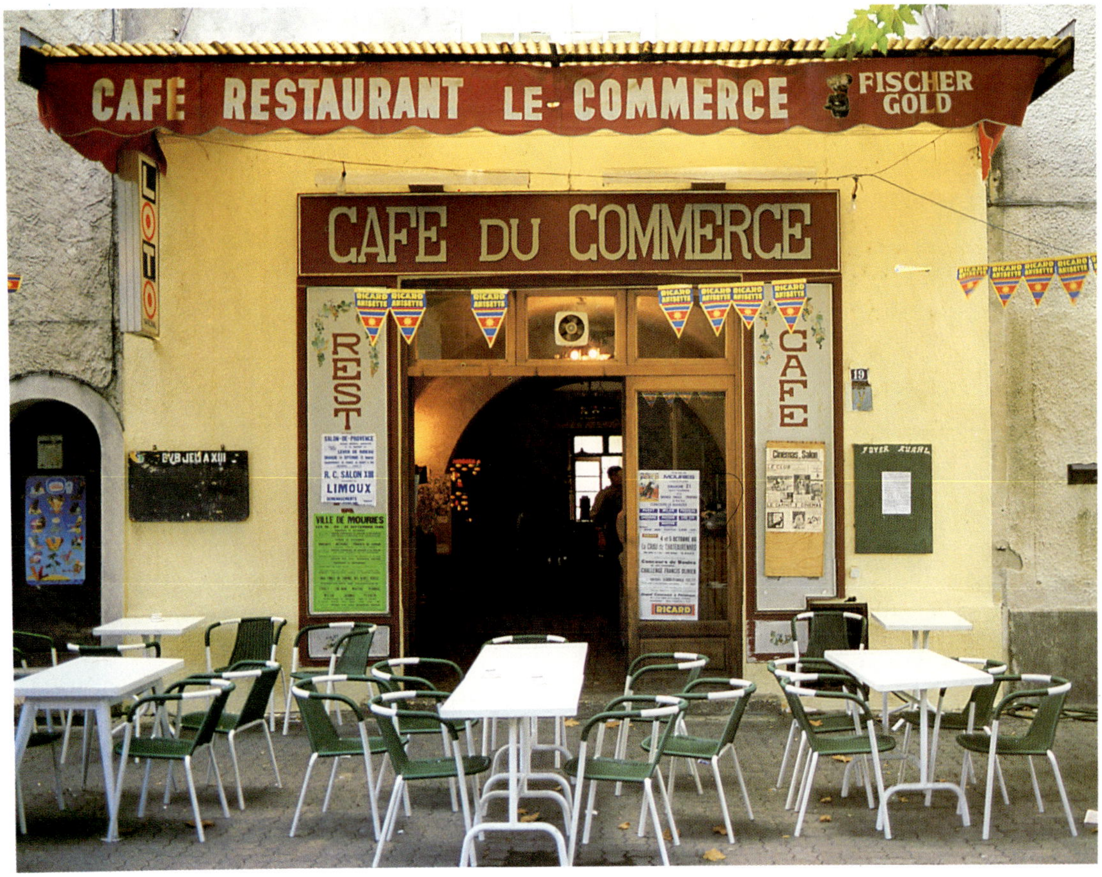

Pour fêter leur victoire ou se consoler de leur défaite, les joueurs ont à leur disposition un autre établissement, également situé sur la place du marché non loin de l'église, c'est le café-restaurant du Commerce.

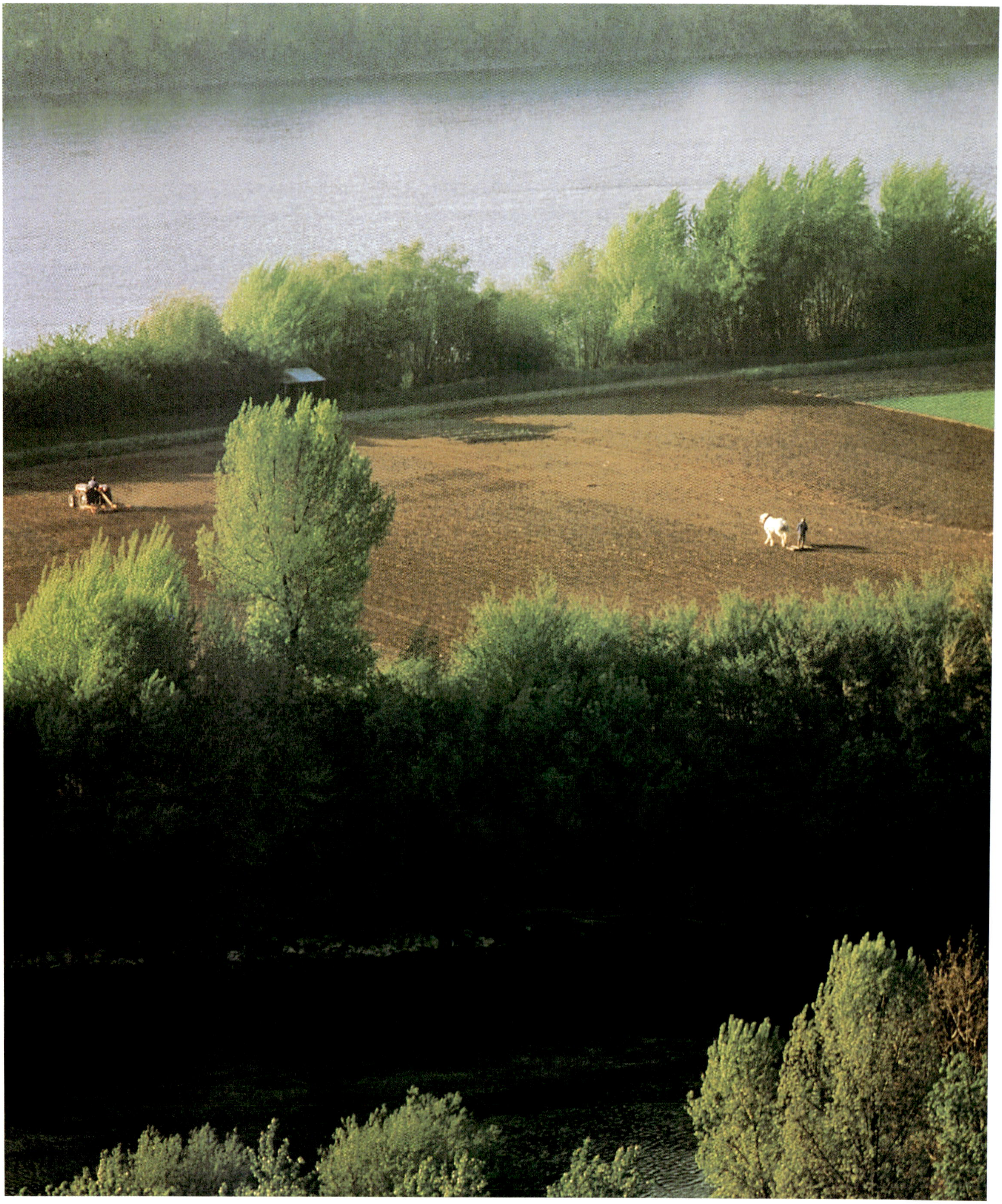

C'est devenu rare, mais il est encore possible d'observer dans certaines régions des habitudes archaïques qui se sont perpétuées pour les travaux des champs : un attelage tiré par des bœufs comme avant l'invention du moteur, ou un cheval de trait qui ne sert plus à rien mais qu'on garde encore à l'écurie. Cette survivance du passé ne se rencontre pas à chaque détour de route. Heureusement pour la place de la France dans l'Europe verte !

La taille moyenne des exploitations françaises est d'environ 25 hectares et 50 % des terres agricoles sont possédées par les paysans donc exploitées directement par leur propriétaire. Mais le fait d'être propriétaire de la terre qu'on cultive ne suffit plus maintenant à assurer un revenu satisfaisant. Les fermiers des grandes exploitations du Bassin parisien qui, eux, ne possèdent pas la terre mais seulement les animaux et le matériel, sont plus riches que les exploitants propriétaires de la France méridionale.

Au surplus, dans les pays bocagers il était rare que les champs d'un même exploitant soient d'un seul tenant. Ils étaient divisés en nombreuses parcelles isolées les unes des autres, et cet émiettement faisait perdre de l'espace, multipliait les charrois et gênait l'emploi des tracteurs. Les régions où il subsiste comptent parmi les plus pauvres de l'agriculture française.

Le remembrement a largement modifié le visage de la France agricole. En revanche, les petits champs qui existent encore produisent des légumes succulents dont on ne trouve le goût nulle part ailleurs. Le chou par exemple, qui se moque de la pluie et du beau temps, et qui, légume d'hiver et légume d'été, a une place de choix dans le folklore puisque, dès leur plus jeune âge, les enfants chantent : « Savez-vous planter les choux... à la mode de chez nous ? »

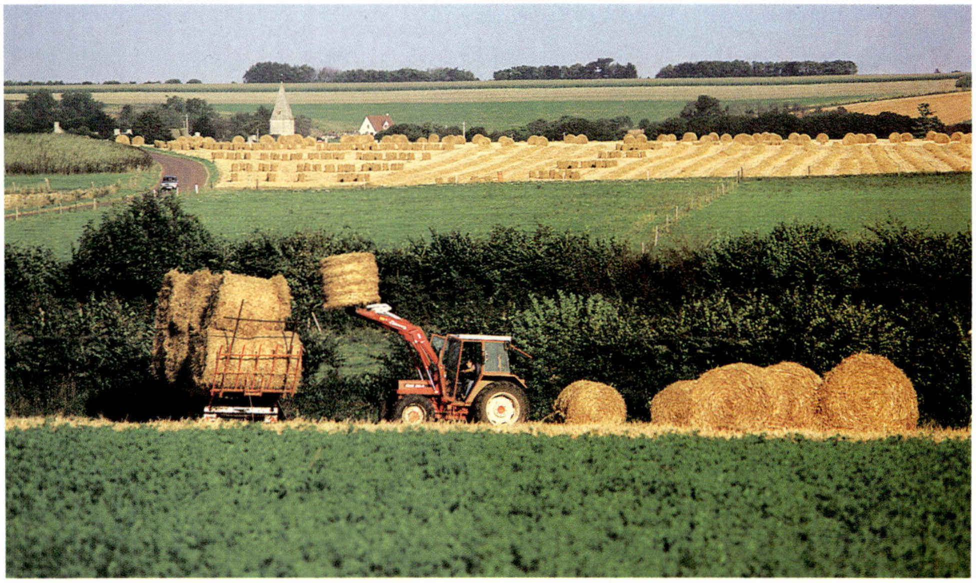

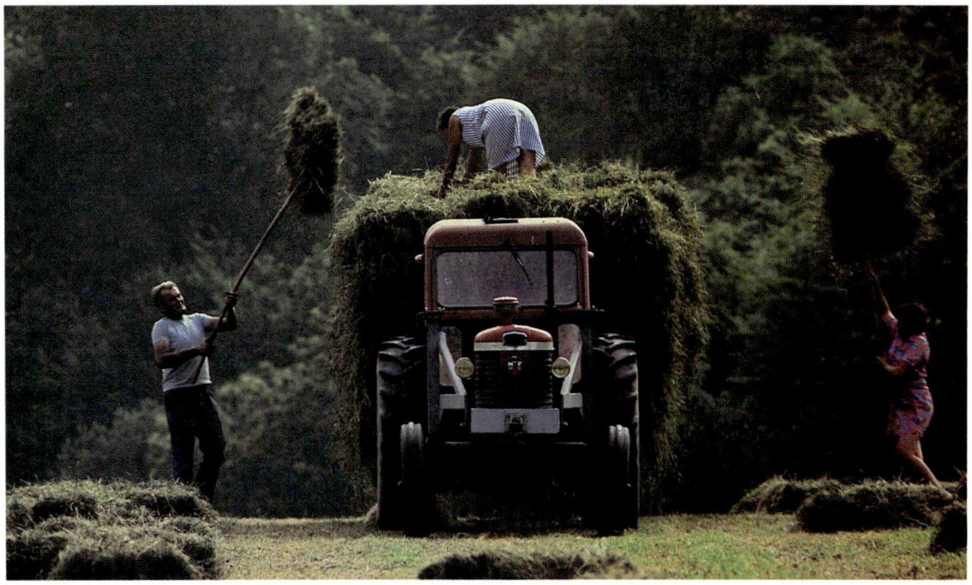

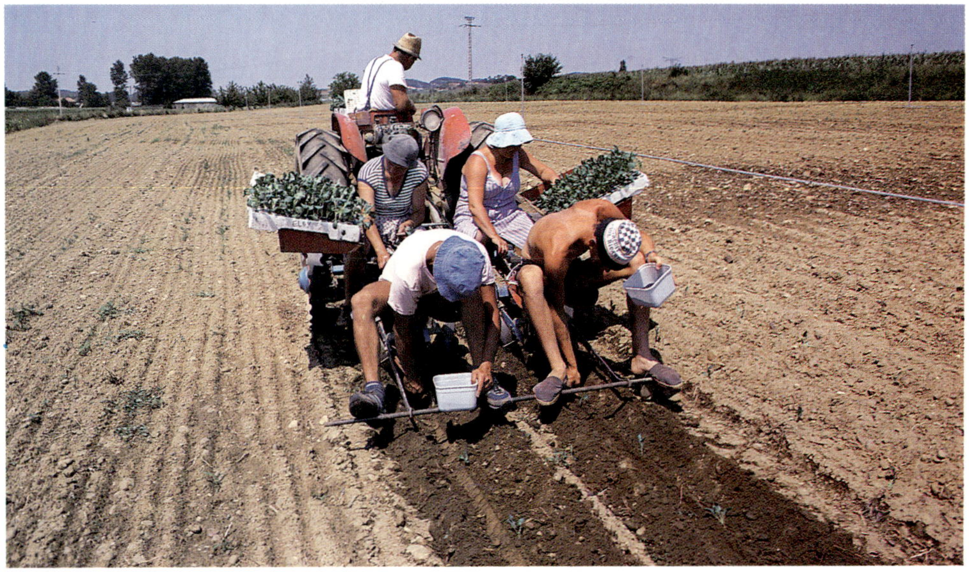

En haut, à droite : mécanisation des foins en Normandie.

Au centre, à droite : ... et selon une méthode plus artisanale dans la vallée pyrénéenne de La Barousse.

En bas, à droite : plantation des choux à Saint-Donat-sur-l'Herbasse dans l'Isère.

À gauche : cheval vapeur et cheval de trait cohabitent dans la vallée de la Loire.

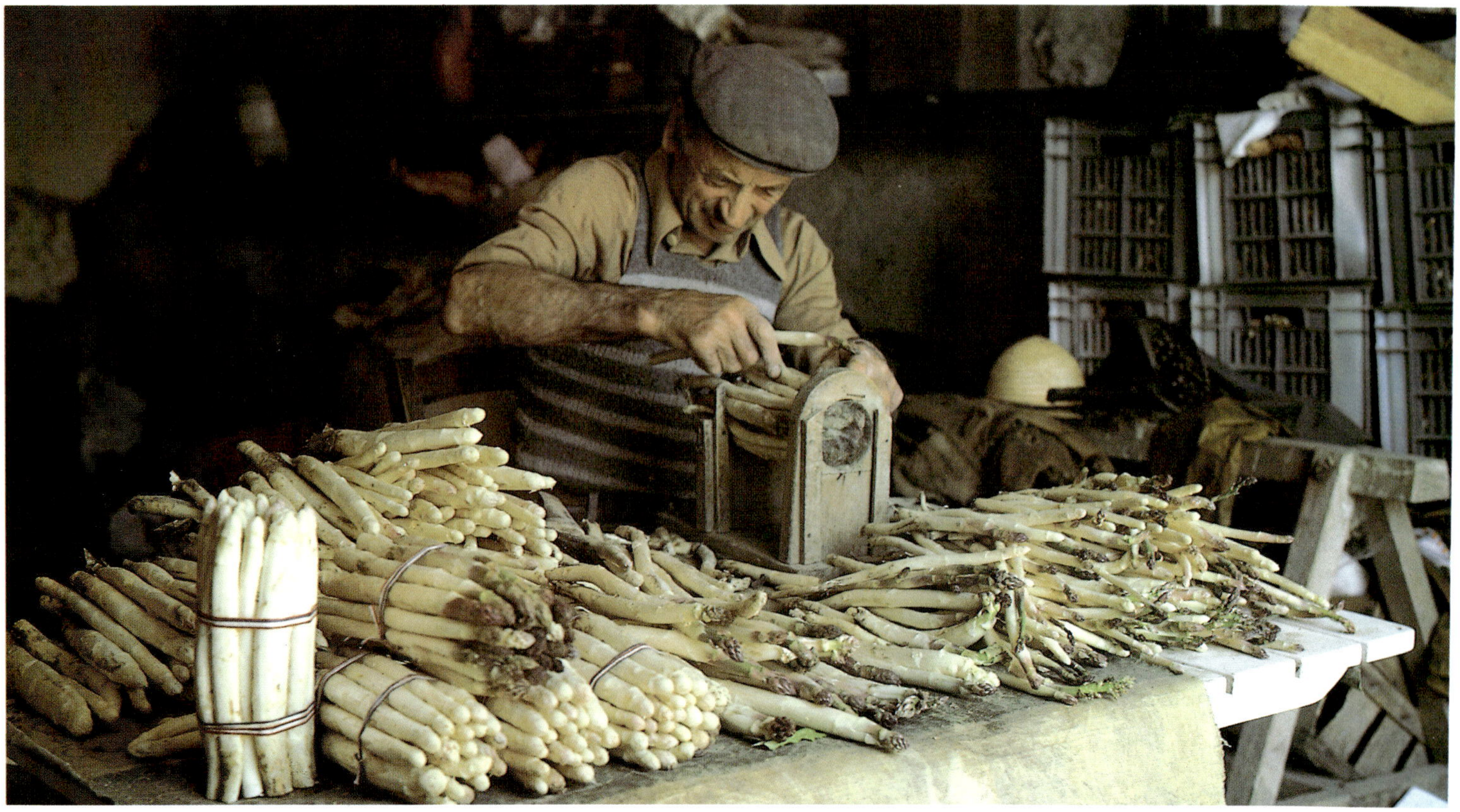

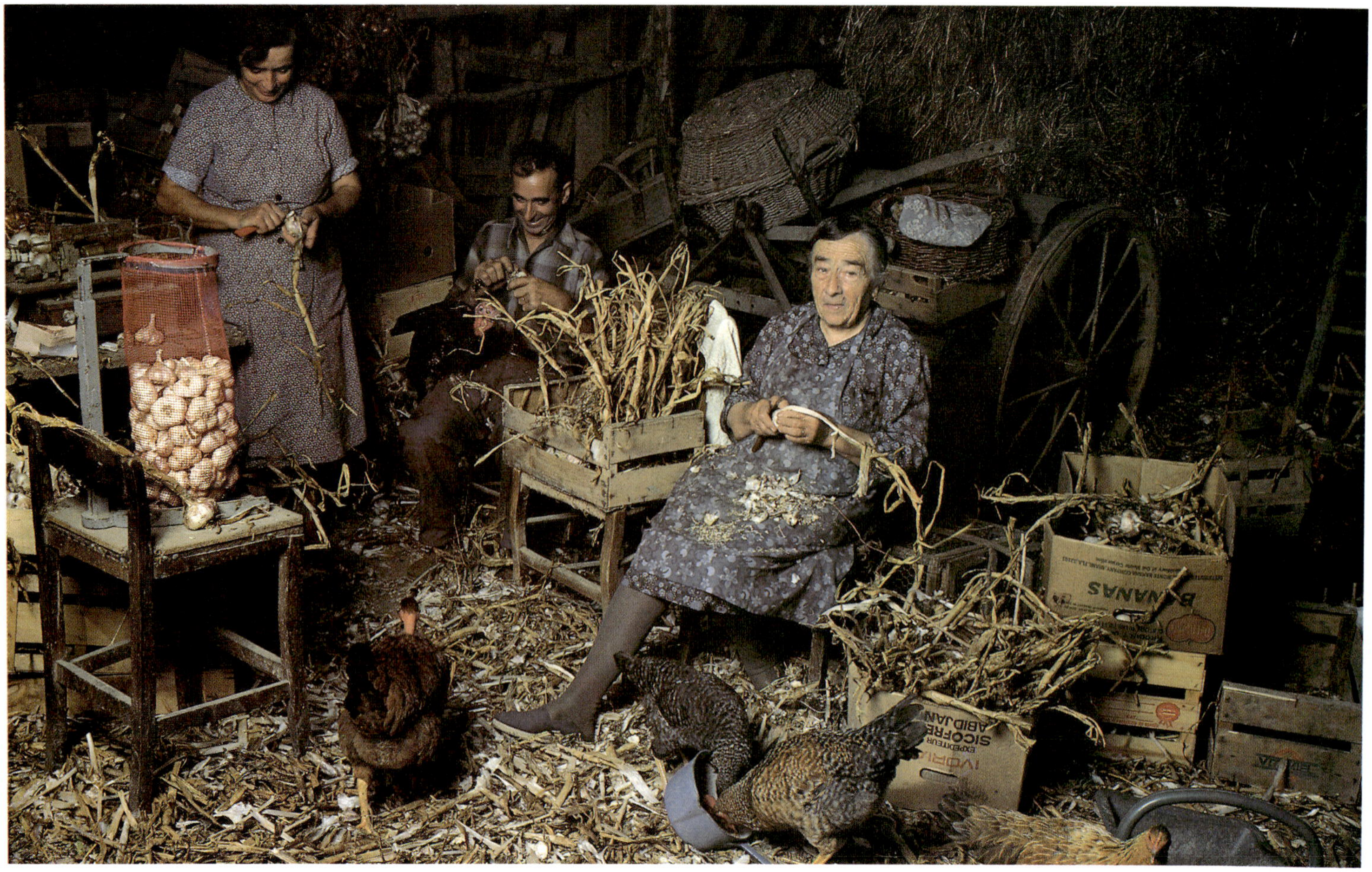

« Les cultures semées et plantées doivent être conduites à bon terme par les soins vigilants du jardinier. » Ainsi débute un vieux manuel potager. À bon terme, elles le sont ; récoltées comme il faut, certaines demandent encore une préparation de séchage comme l'ail qui reste quelques semaines la tête en bas avant d'avoir la queue élégamment tressée, ou le tabac qui, monopole d'État, est sévèrement contrôlé et ne peut être ni planté sans autorisation ni vendu par autre que la Régie nationale. La prune bleue d'Agen deviendra pruneau, fort recherché pour son goût exquis malgré son gros noyau. Cuite, elle ira se nicher en compote au centre d'une couronne de riz à l'impératrice, succulent entremets sucré et crémeux, ou encore dans la sauce d'un lapin ou la farce du boudin breton...

Les endives, légumes de l'hiver qui se mangent en salade, poussent à l'abri. Lorsque quelqu'un a mauvaise mine, sa pâleur incite les malveillants à le comparer à une endive. Quant à l'asperge, si on appelle ainsi par moquerie un enfant qui grandit trop vite, c'est que dès que l'asperge a sorti son bout rose de la terre sableuse un peu grasse qui la nourrit, elle se dépêche de pousser sa tige aristocratique toute droite et fine. On la consomme à l'apparition des premiers turions (ce sont les premiers bourgeons). Pour notre gourmandise, il y a les hâtives, fin mars, début avril, et les tardives des mois de juillet-août. Elles se mangent simplement à la vinaigrette ou, d'une manière plus raffinée, avec une sauce hollandaise. Il ne faut pas oublier qu'en France, le poireau est l'asperge du pauvre...

En haut, à gauche : mise en bottes des asperges.

En bas, à gauche : épluchage de l'ail à Tournecoupe, dans le Gers.

En haut, à droite : feuilles de tabac mises à sécher dans le Cher.

Au centre, à droite : casiers de pruneaux d'Agen.

En bas, à droite : tri de la chicorée dans les Yvelines.

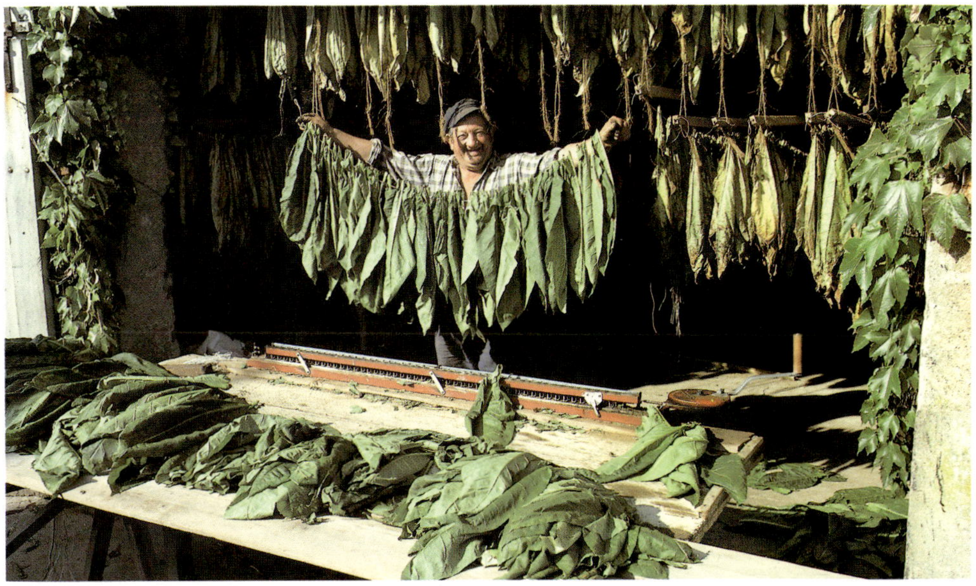

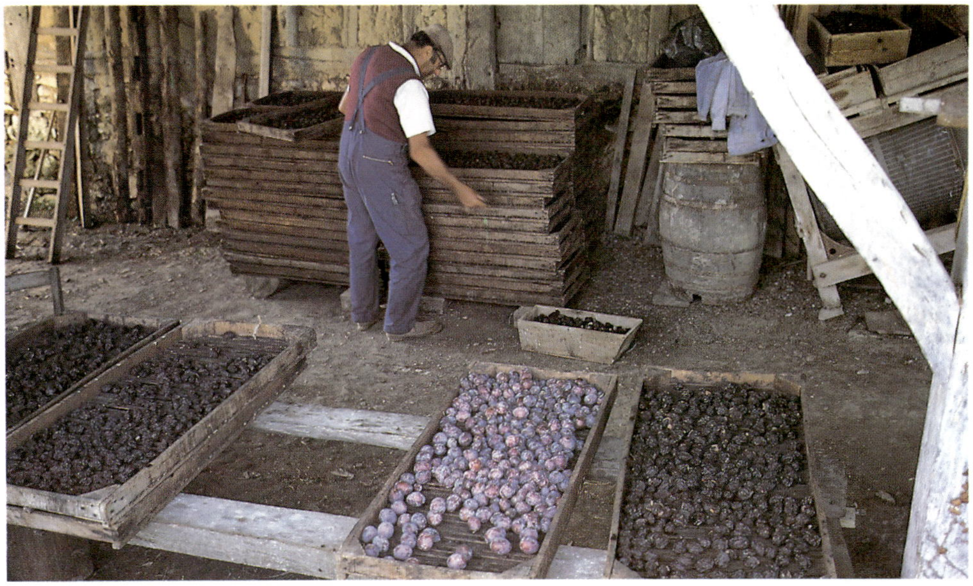

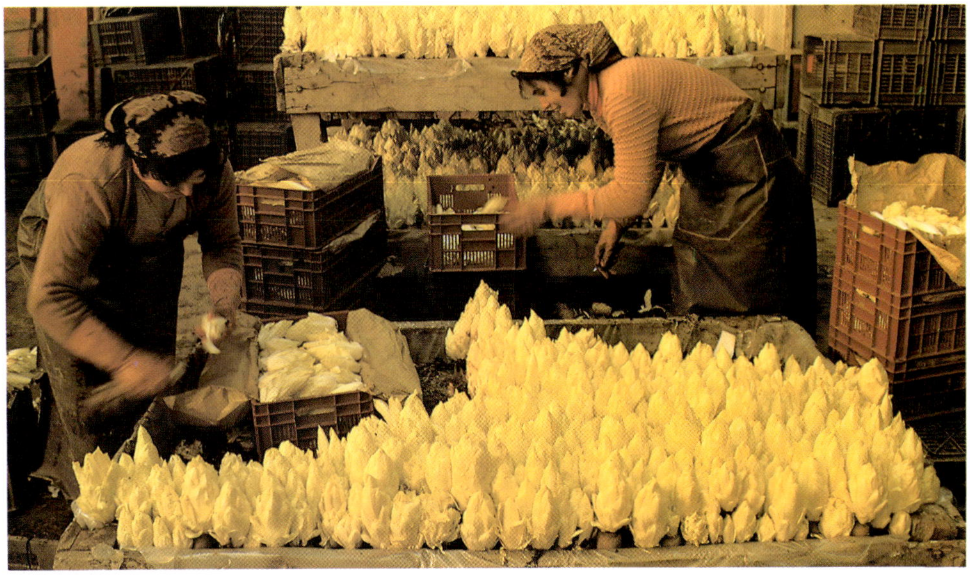

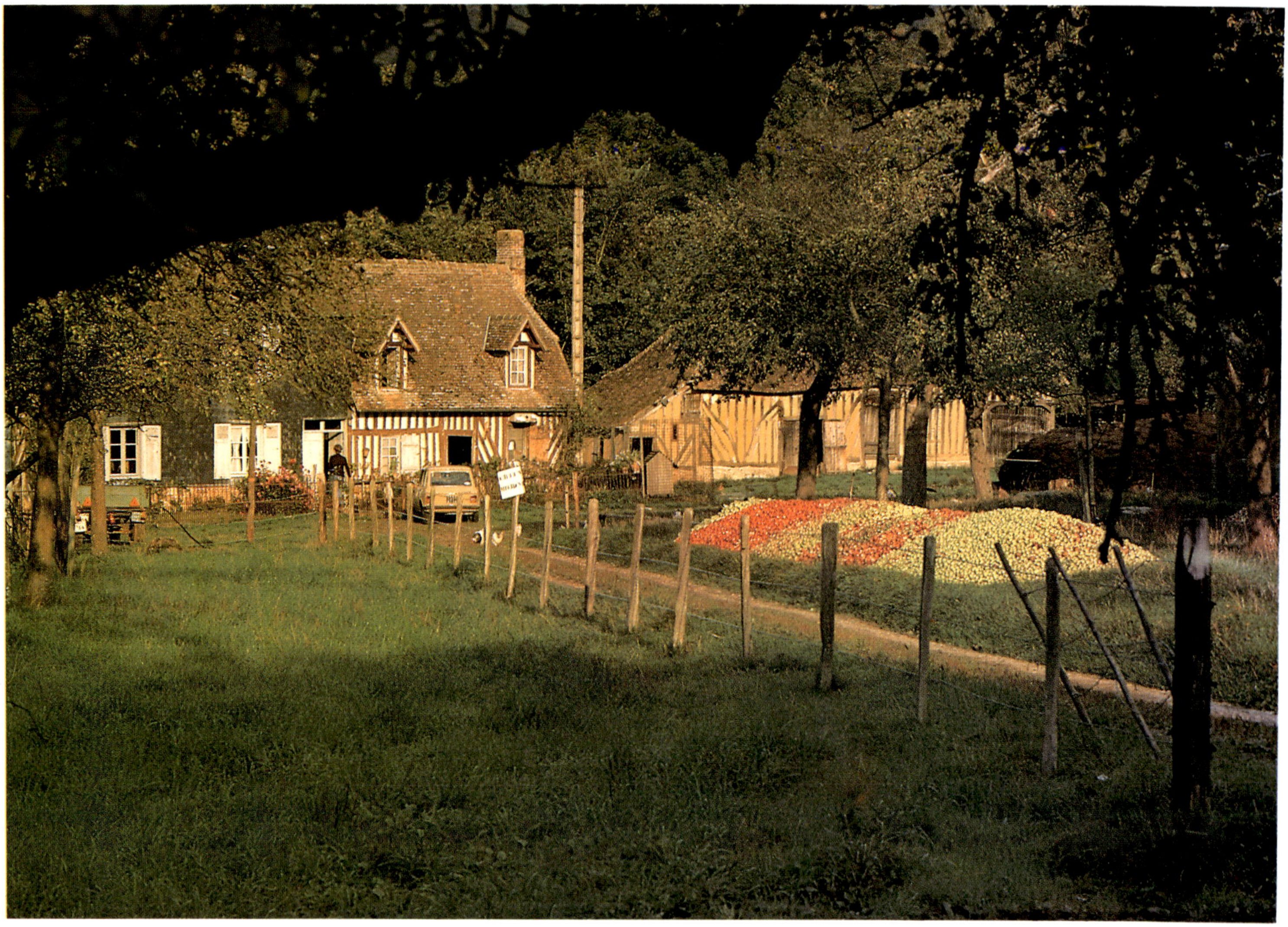

La Normandie n'a pas de vin mais elle a, grâce à ses célèbres pommiers dont la floraison au printemps est un enchantement, sa boisson à elle, très ancienne, puisqu'on la trouve déjà mentionnée dans les capitulaires de Charlemagne, et qu'on la buvait en tout cas au XIIIe siècle. Son nom vient du mot latin *sicara*, qui signifie boisson enivrante. Enivrante, elle ne l'est pourtant qu'à condition d'en boire beaucoup, car elle ne titre pas plus de 3,5 grammes d'alcool par litre.

Le cidre, qu'on fabrique et qu'on boit aussi en Bretagne, est obtenu par la fermentation du jus de pommes. Mais pas n'importe quelles pommes ! Un bon cidre est généralement fait avec un tiers de pommes douces et deux tiers de pommes amères et acides. Celles-ci sont broyées puis passées au pressoir et le marc est soumis à un second pressurage après avoir été arrosé d'eau. Les vieux pressoirs normands sont souvent de grandes et très belles machines.

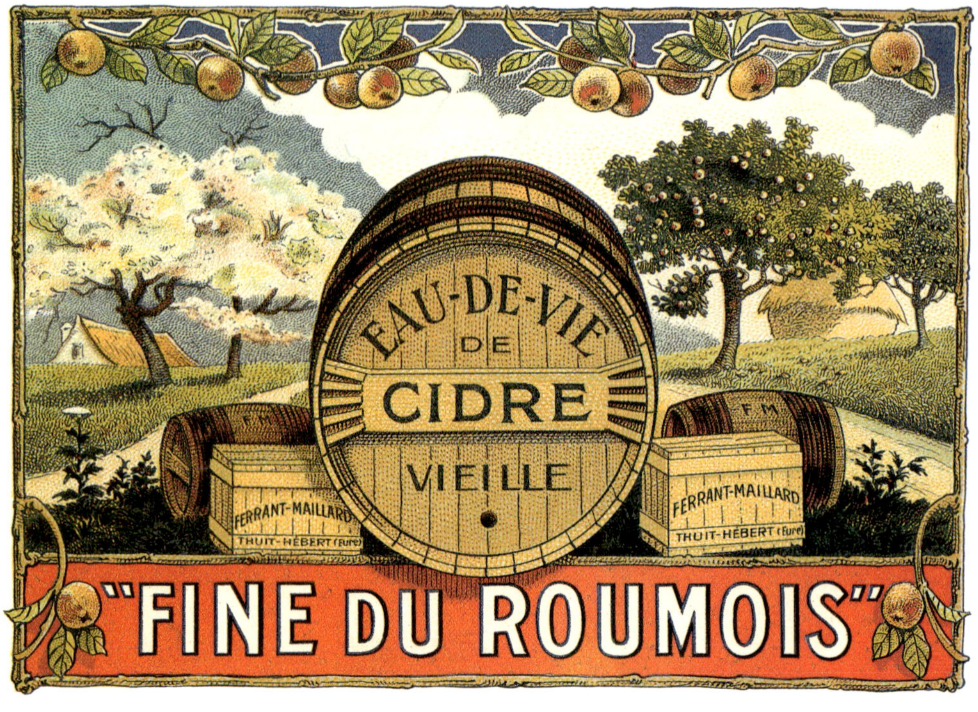

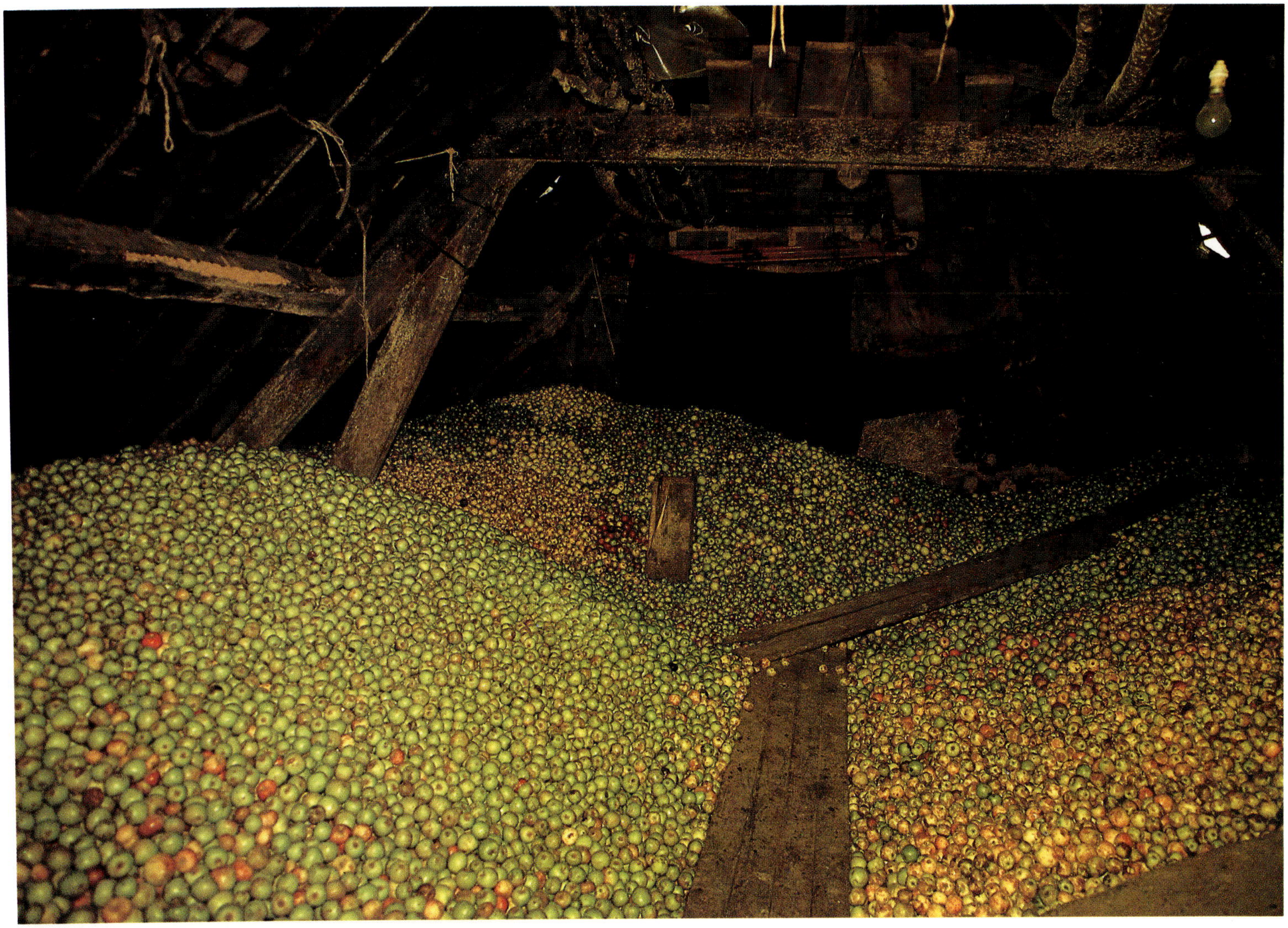

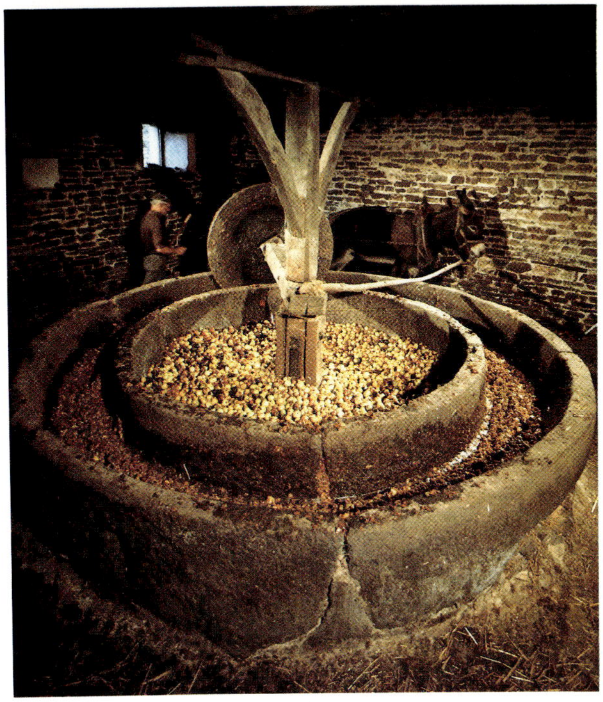

Il existe différentes variétés commerciales de cidre : le cidre doux et le cidre bouché qui peut être lui-même, quand on lui a fait subir un traitement spécial, mousseux comme le champagne. Il existe aussi de véritables crus de cidre. L'usage était autrefois qu'on le boive dans des bols, on appelait cela boire une bolée.

En distillant le cidre, on obtient une eau-de-vie aussi célèbre que lui, sinon plus, le calvados, populairement appelé calva. C'est avec du calva que les gourmands font ce qu'on appelle le trou normand. Cela consiste, au cours d'un repas particulièrement copieux, à en boire un verre entre deux plats pour « creuser » l'estomac et retrouver de l'appétit.

Le cidre était autrefois particulièrement recommandé aux malades atteints de gravelle ou de goutte. On a trouvé aujourd'hui des médicaments plus directement adaptés à la guérison de ces maux !

Ci-dessus : les pommes pour le cidre sont conservées au grenier.

Ci-contre : presse à cidre traditionnelle.

Page opposée : une ferme à cidre en Normandie ; pittoresque étiquette pour une bouteille de Calvados.

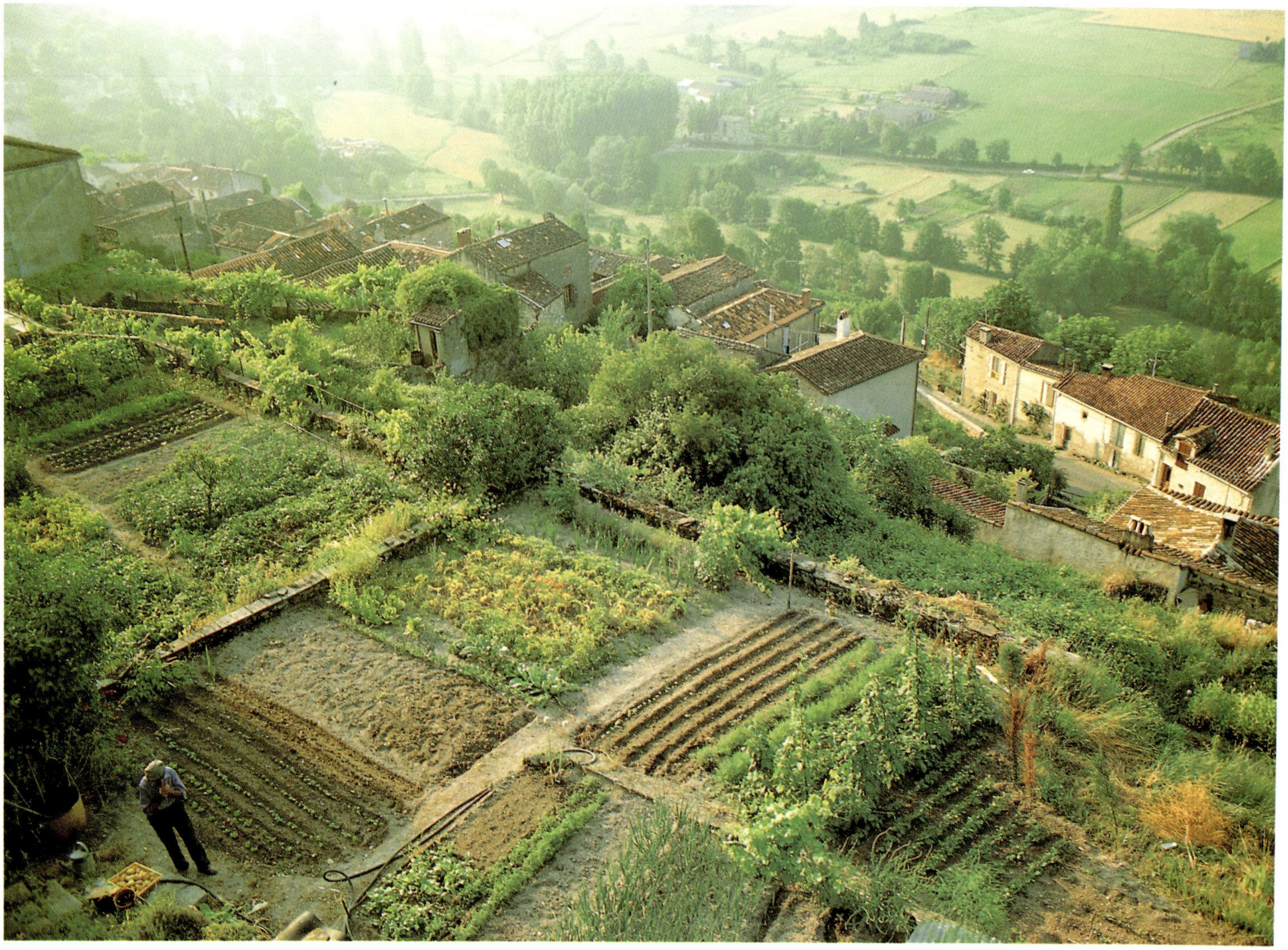

On pourrait penser que les petits jardins qu'on trouve jusqu'à la périphérie des grandes villes sont surtout là pour mettre les Français en appétit. Le rouge de la tomate, le vert de la bordure de persil, la fleur des pois et des haricots sont la promesse d'un légume qui arrivera frais cueilli à la table familiale.

C'est un plaisir qu'on retrouve d'un bout à l'autre de la France et il suffit d'une toute petite surface pour le satisfaire. Il y a en France plus de potagers que de jardins de fleurs, même si celles-ci ne sont jamais oubliées et se mêlent si harmonieusement aux légumes qu'on distingue à peine le potager utilitaire du jardin d'agrément.

Il ne suffit pas de semer pour récolter. Nul jardin ne se traite de la même manière. Il faut avant toute chose « savoir prendre la terre » pour la mettre en état et la travailler convenablement au fil des mois. L'ensoleillement, l'orientation ont leur importance, ce qui nous vaut, par exemple, les charmantes cultures en terrasses ou en espaliers. On garde toujours

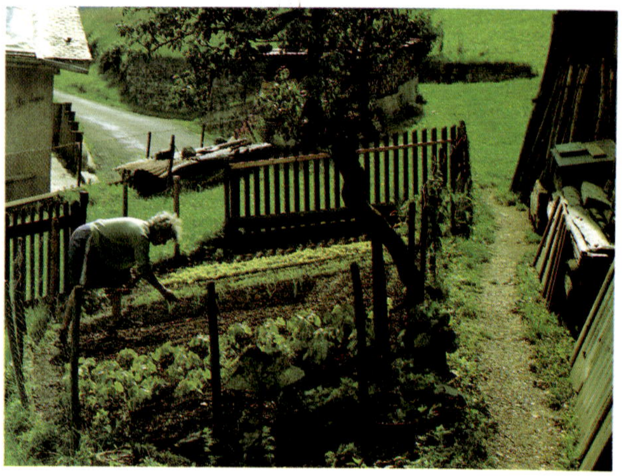

En haut : lotissements aux environs de Cordes, dans le Tarn.

Ci-dessus : petit potager à Taninges, en Haute-Savoie.

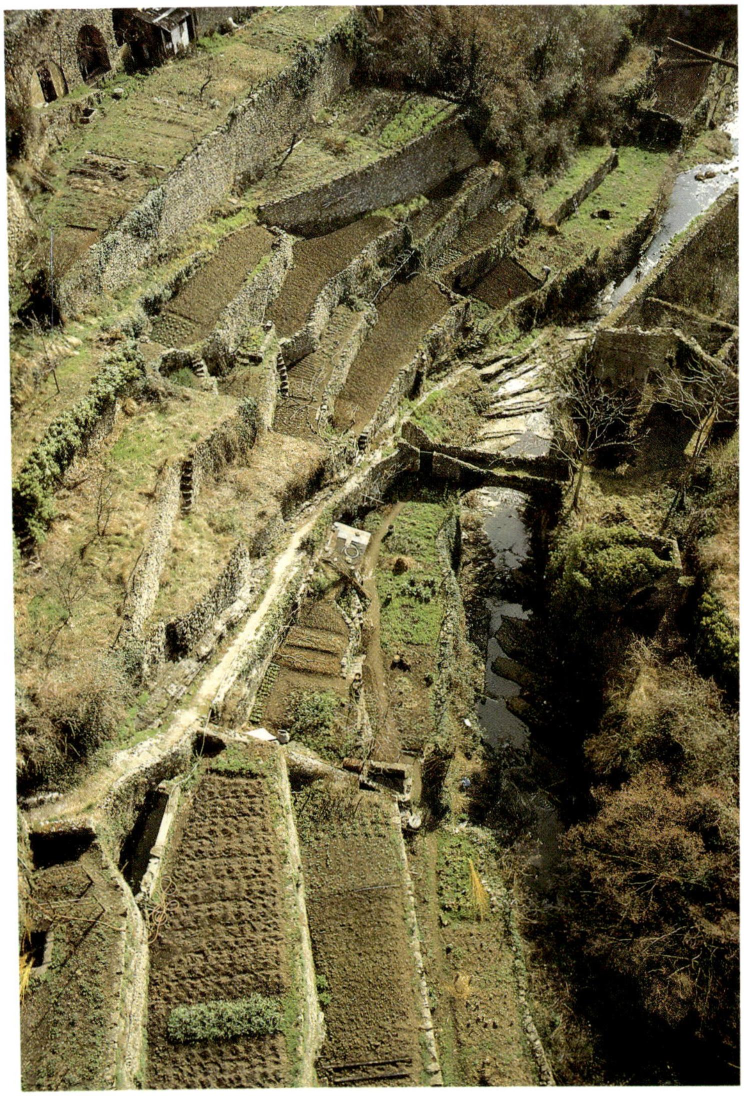

un petit coin de terre pour les plantes aromatiques, si importantes dans la cuisine nationale : la sauge, qui parfumera le gibier (et qui en outre a la vertu de soigner les maux de gorge), le romarin, pour les poissons et les grillades, le thym indispensable dans les sauces, la ciboulette, exquise dans le fromage blanc, l'aneth qui fait digérer les plats les plus gras, et la mélisse dont le goût amer se marie avec les salades et les fruits.

Impossible de compter en France le nombre de potagers dont la production ne figure pas dans les statistiques, et dont le surplus est vendu sur les marchés paysans en quantités infimes : parfois trois bottes sur un cageot retourné.

À gauche : culture en terrasse à Lyas, en Ardèche.

Ci-dessous : marché campagnard à Bessières, dans le pays Vaurais.

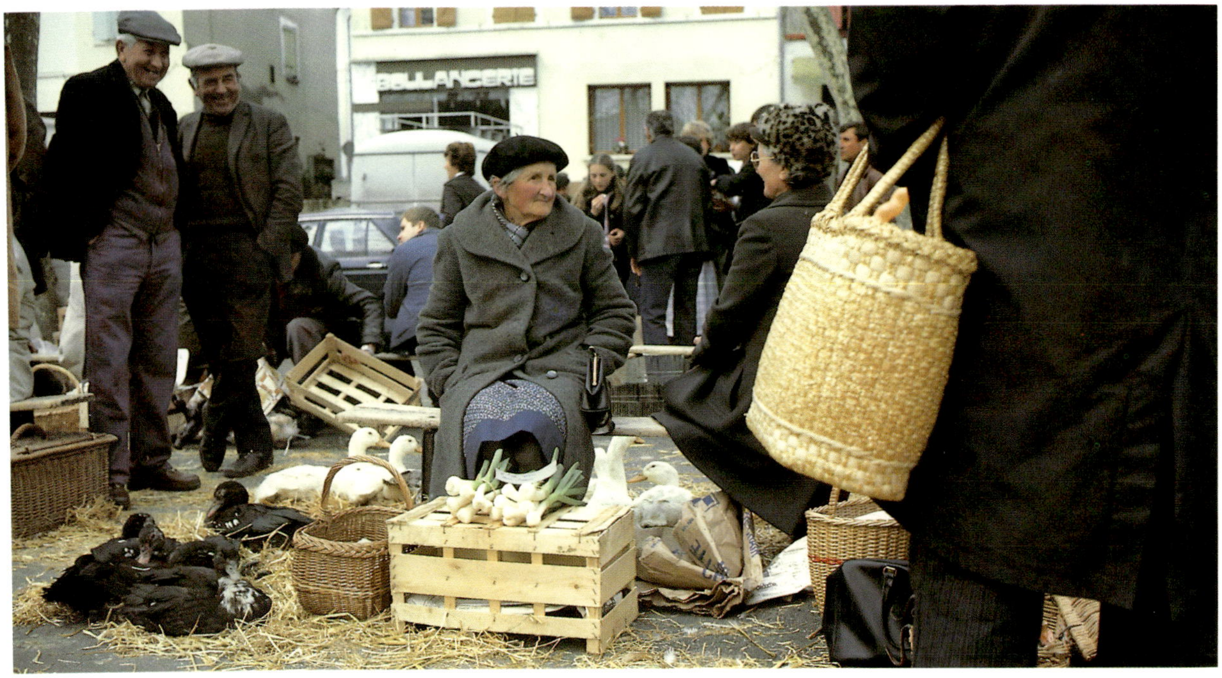

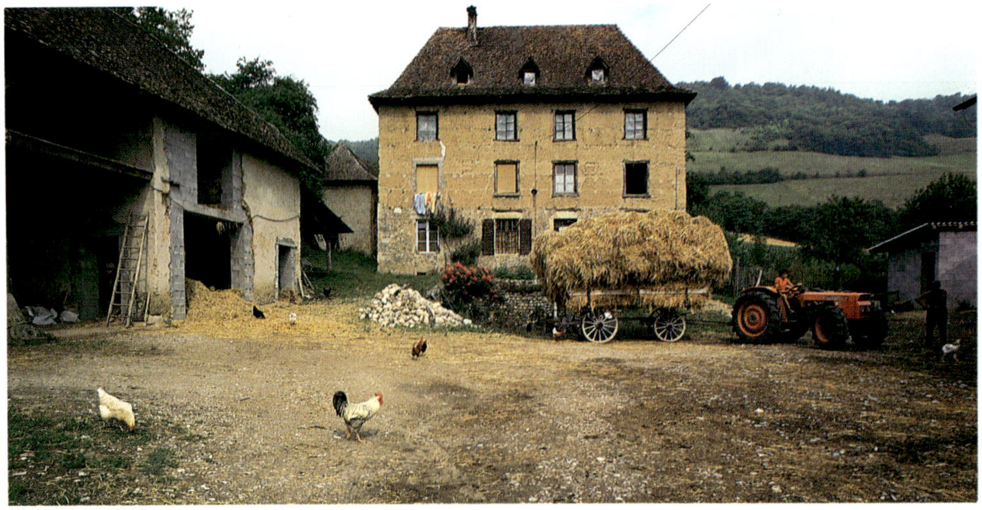

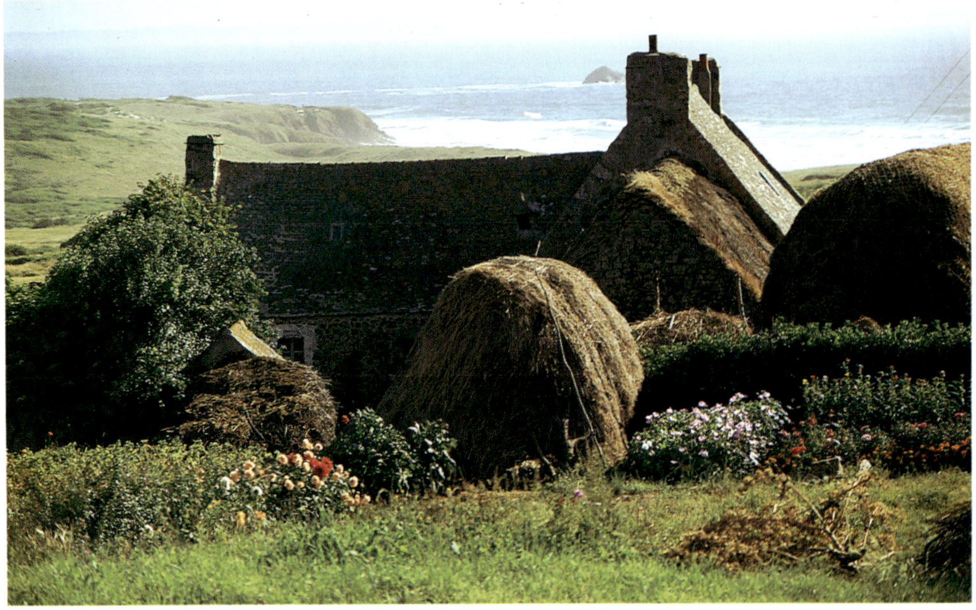

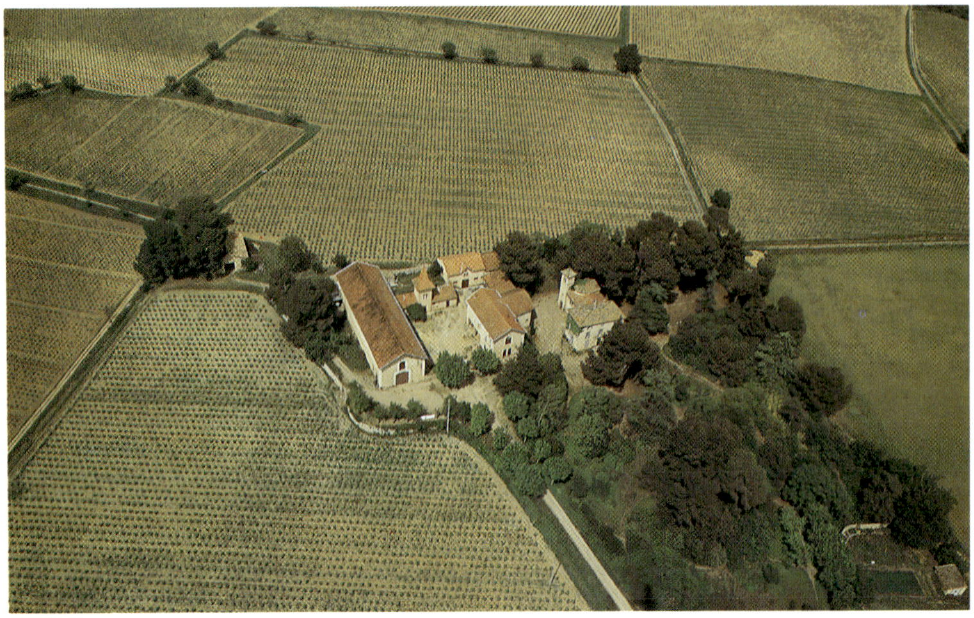

Les fermes ont chacune leur caractère. Il ne faut pas toujours se fier, pour juger de leur importance, aux dimensions de leurs locaux d'habitation. Ceux-ci peuvent être modestes, mais les granges et les étables larges et pleines, les terres vastes et riches.

Les petites exploitations qui ont été transmises de génération en génération ont presque toutes, malgré la tôle ondulée et le béton, les beaux restes d'une architecture rurale simple et charmante où l'on retrouve, bien entendu, les matériaux classiques du pays où elles sont situées. Selon les contrées, les fermes s'isolent ou se groupent en hameaux, hameaux à l'origine composés des membres d'une même famille qui, au hasard des héritages, étaient bien obligés de se partager les terres. Il arrive parfois même que la partie habitée d'une ferme soit divisée en deux. Le nom de ces hameaux, quelquefois lieux-dits, est le plus souvent celui de la famille d'origine. Toujours indiqués sur la carte Michelin, ils sont un répertoire poétique des noms de famille français du terroir. Mais une ferme ne serait pas une ferme, même si elle est une large exploitation vinicole, sans la présence de quelques volailles qui courent, nourries au grain, se purgeant aux touffes d'herbes vertes et amères. Alors, ah ! les bons œufs frais ! Les cocos du jour ! Et quel régal la chair dodue des jeunes poulets...

En haut, à gauche : vieille ferme de pierre et d'argile.

Au centre, à gauche : une petite ferme près de Morgat en Bretagne.

En bas, à gauche : une ferme de vignerons près de Béziers, en Languedoc.

À droite : le temps s'est arrêté pour cette ferme du hameau d'Ostabat, dans les Pyrénées.

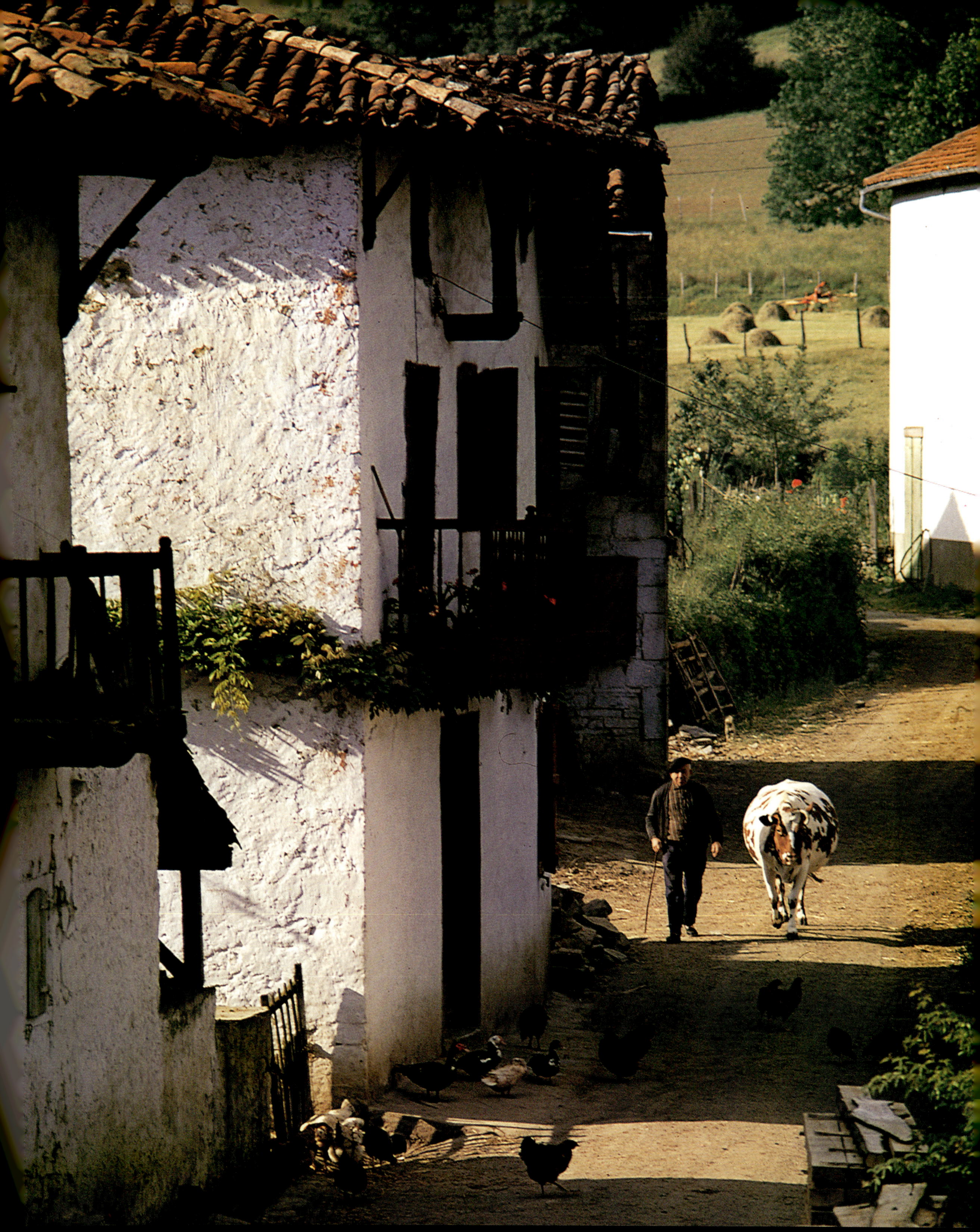

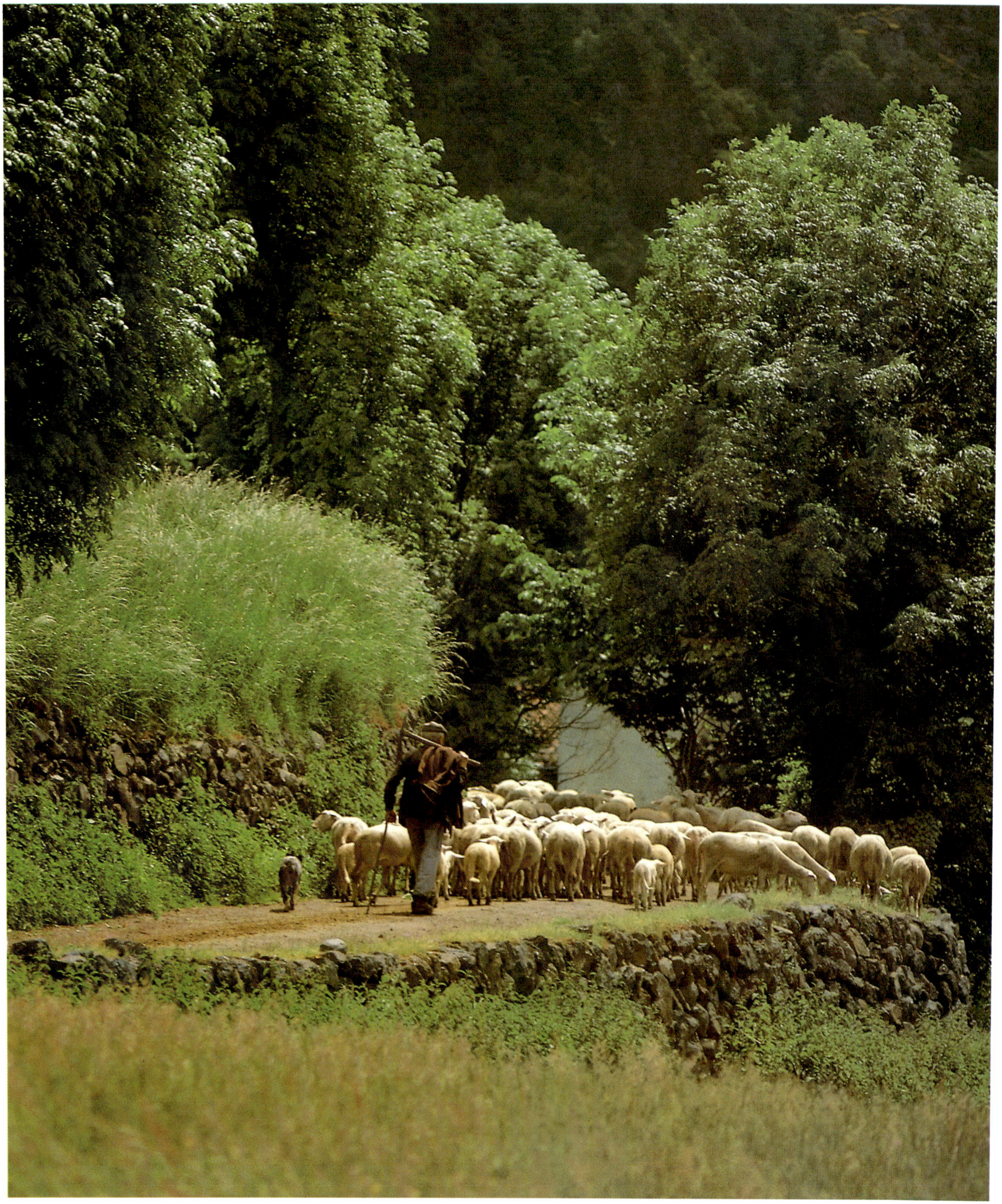

De nos jours, déplacer les bêtes n'est pas une mince affaire ; même si des milliers de chemins s'entrelacent entre les pâturages et les fermes, il faut bien à un moment se retrouver sur un bout de route, et Dieu veuille que cela ne soit pas une nationale. Aussi dans certaines régions riches en élevage, automobilistes, ralentissez ! Au détour d'un virage, voici le frileux troupeau de moutons tondus ; celui qui a gardé sa laine a peut-être l'air moins craintif et moins pitoyable...

De nombreuses vocations de bergers et bergères ont été engendrées en France par les mouvements écologistes. Une manière romanesque pour un jeune citadin d'envisager un retour à la nature ; pourtant, on le sait, cette profession est particulièrement dure, des virus sans pitié frappant les bêtes, des naissances difficiles mettant en péril la vie des brebis et des agneaux...

Mais l'image de la reine Marie-Antoinette jouant à la bergère au petit Trianon a marqué les Français. C'est peut-être pour cette raison qu'il y a moins de demandes pour garder les bœufs ou les oies ! En fait, les oies n'ont pas vraiment besoin de gardien, le jars fait avancer leur troupeau en cacardant et gare aux cyclistes et promeneurs qu'il rencontre. S'il se sent attaqué, il tend un long cou puis de son bec dur pince abominablement le mollet imprudent qui passe à sa portée...

À gauche : un berger et son troupeau en Haute-Loire.

En haut, à droite : impressionnant équipage sur la péninsule du Cotentin.

Au centre, à droite : troupeau d'oies en Dordogne.

En bas, à droite : des moutons tondus de près dans les Cévennes.

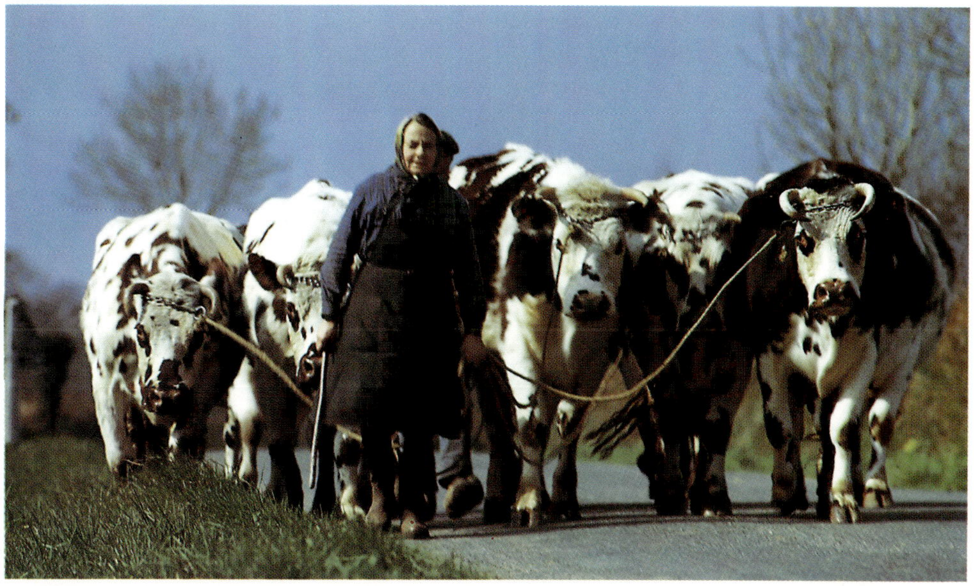

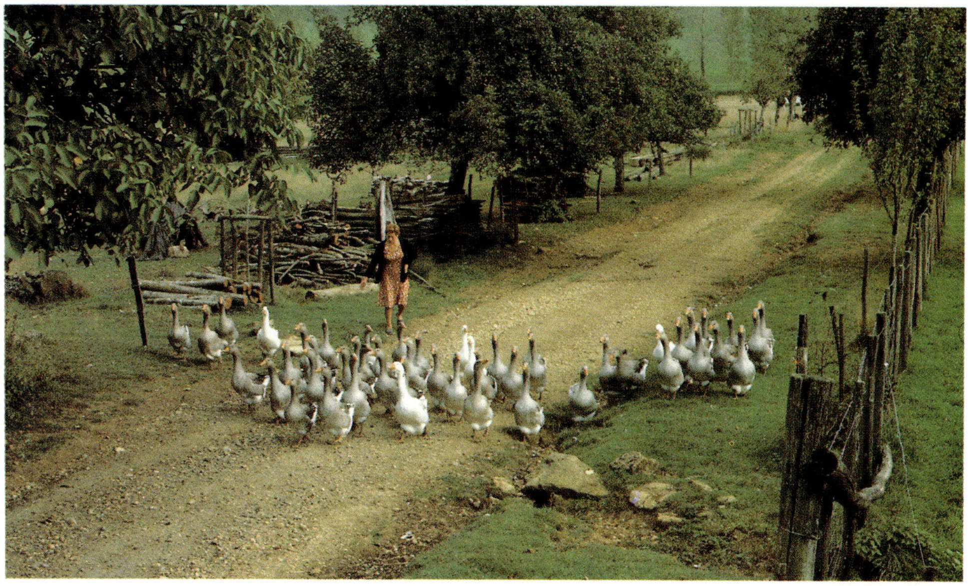

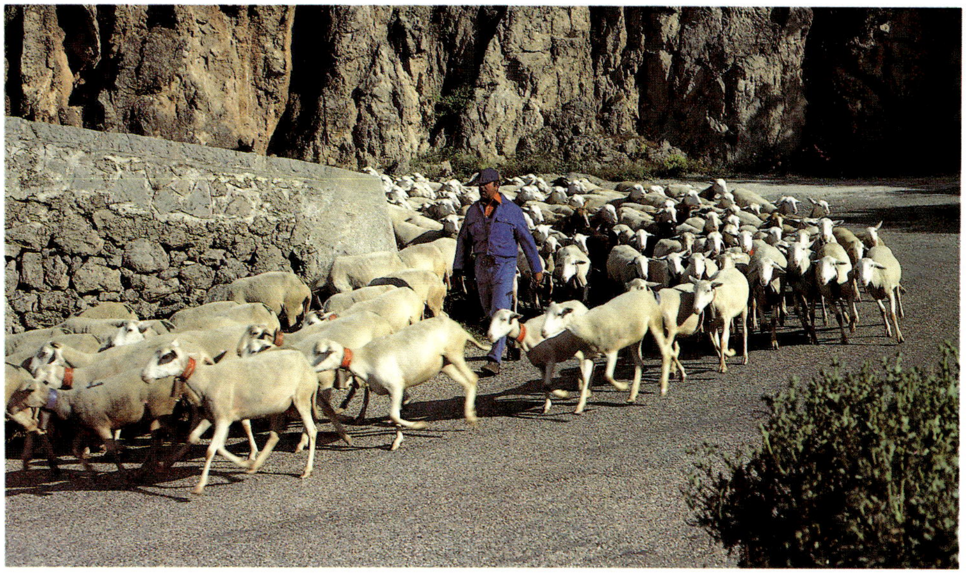

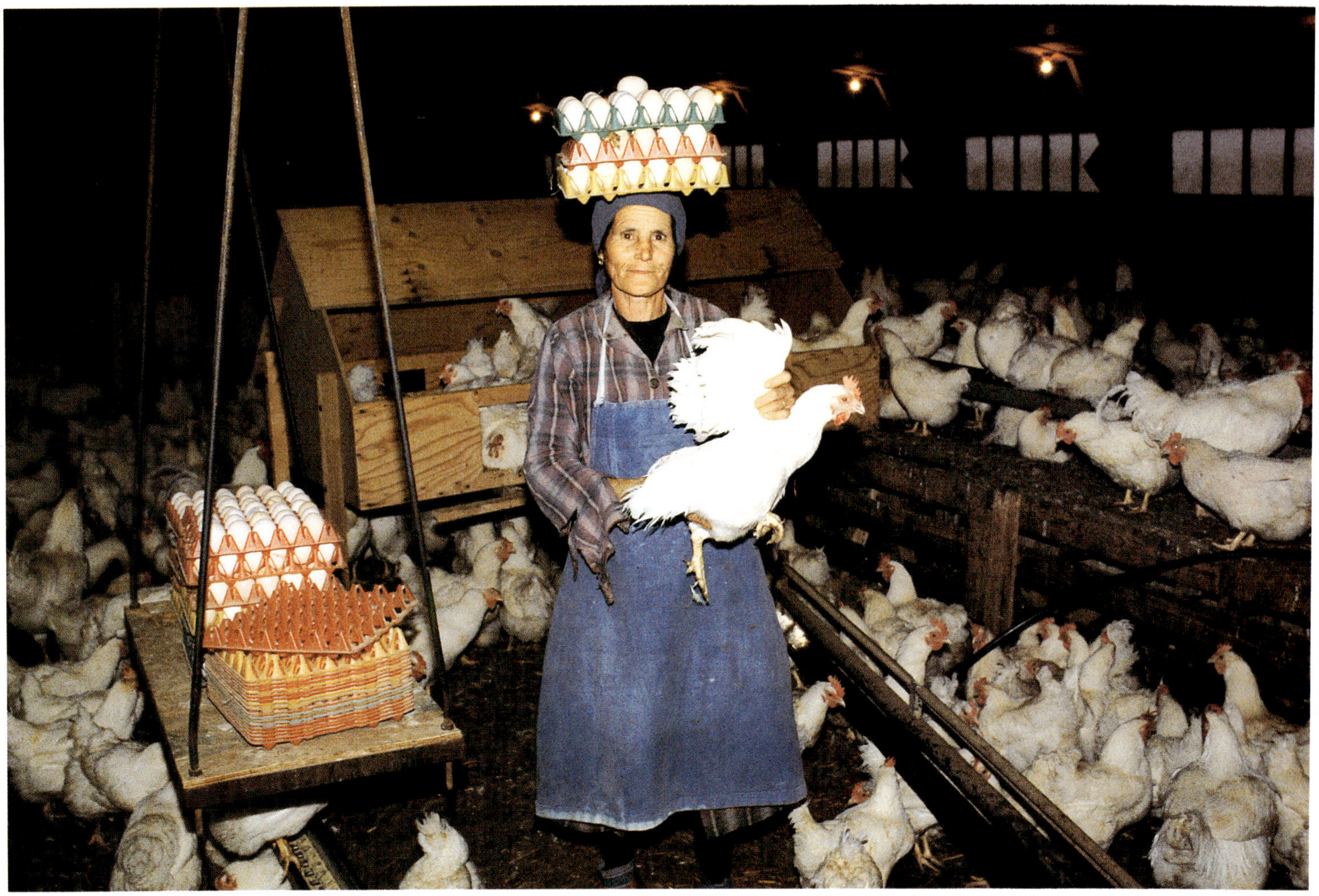

À force de soigner les bêtes, bien sûr, on les aime et l'on en est fier, même si le but final de l'opération est de les faire terminer dans une assiette. La vie de la basse-cour peut être libre et dans la plupart des petites fermes, elle l'est. Mais parfois pour un rendement meilleur, le poulailler devient une prison. Il en est de même pour les cochons qui, élevés aux champs, bien nourris, feront des jambons succulents. Alors ? Vive la liberté, même si ce n'est que pour être mangé !

« Savez-vous qu'à présent on ne peut plus vivre avec une ou deux bêtes seule-

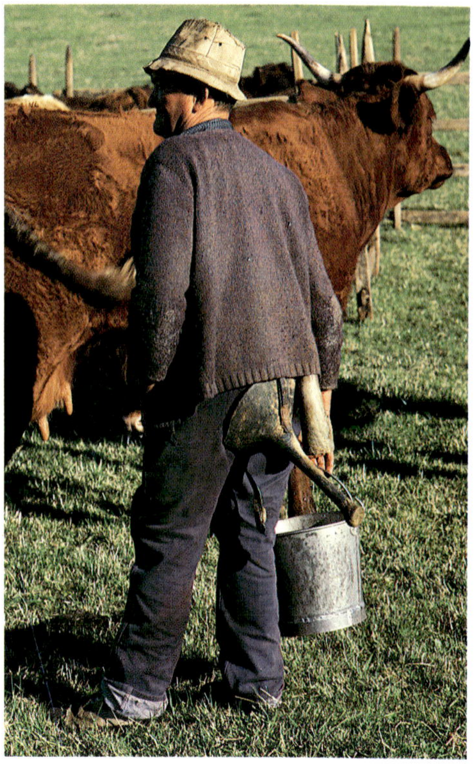

Ci-dessus : près de Chartres, une Portugaise s'occupe des poules.

À droite : à l'heure de la traite en Auvergne.

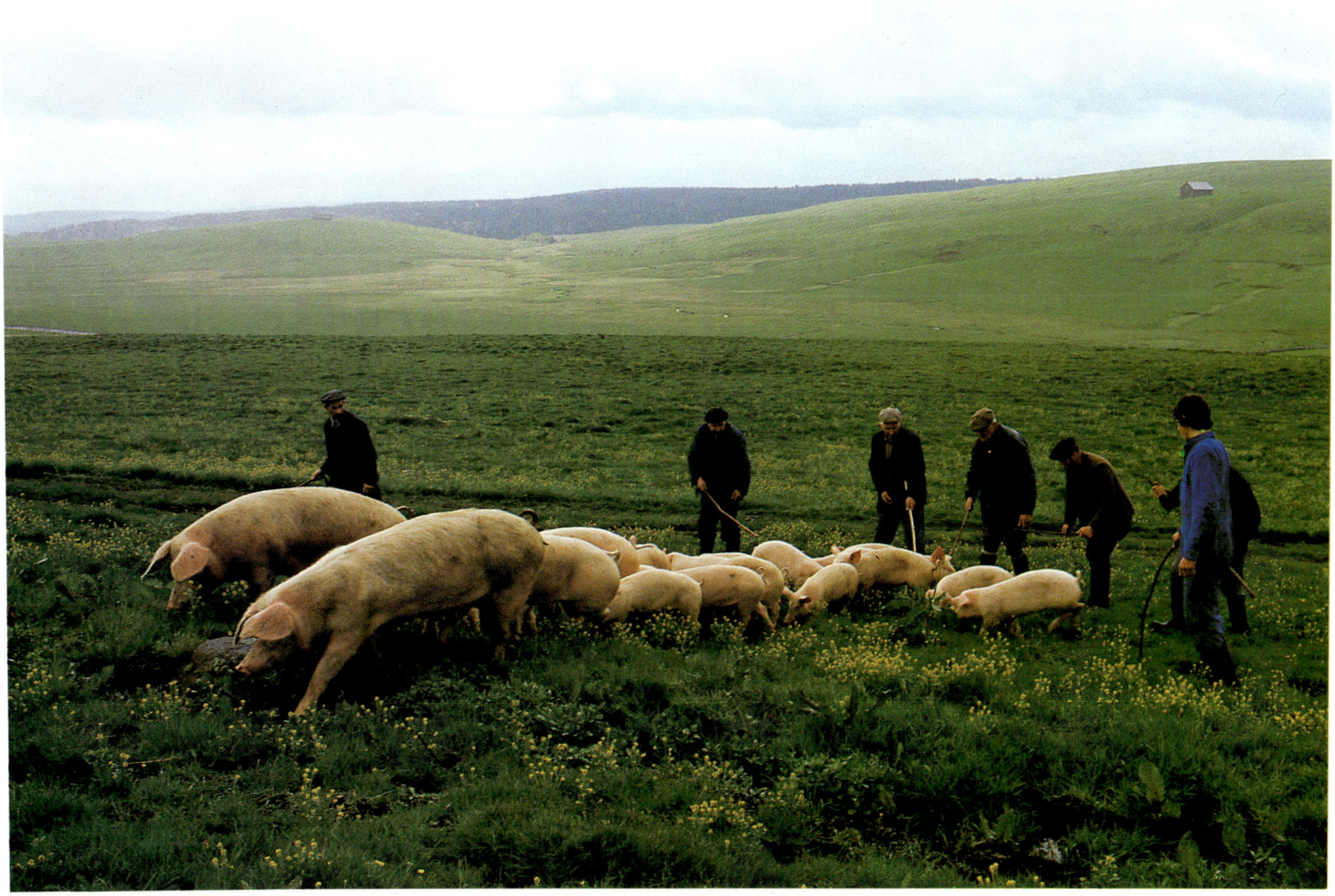

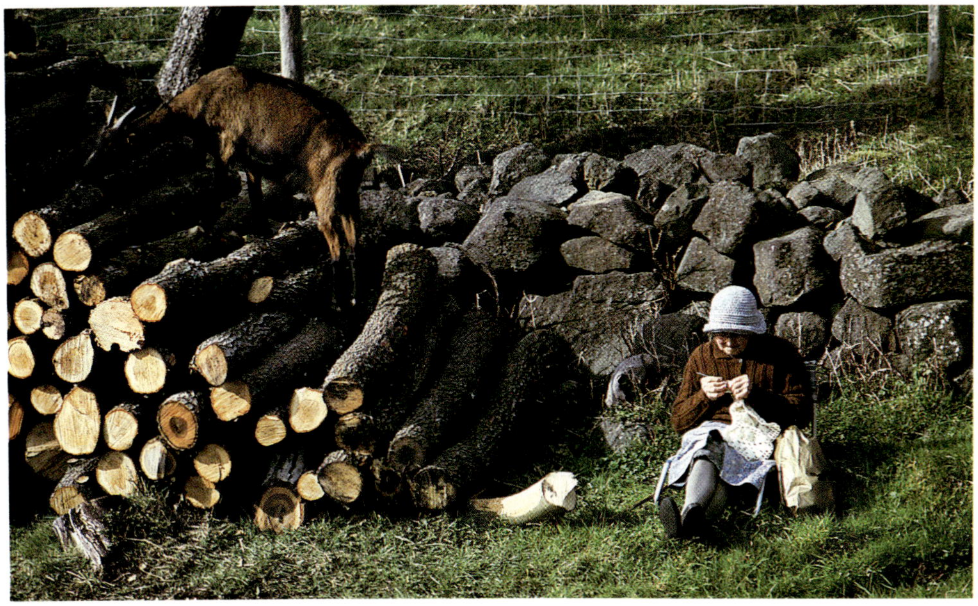

ment ? » C'est la constatation amère d'un vieux paysan qui vit dans une région très pauvre du Centre. Pourtant des gens comme lui, il en reste quelques-uns, qui tirent leur principale ressource des fromages frais fabriqués avec le lait d'un modeste troupeau de chèvres, ou celui des deux vaches qui restent au pré. Fromages exquis, vendus sur une feuille de vigne ou de chou, que l'on trouve encore dans les petits marchés de village ; minuscule production qui est celle des campagnes particulièrement défavorisées et dont on est bien content de pouvoir se régaler.

Ci-dessus : grand air et soins attentifs pour ces cochons d'Allanche, dans le Cantal.

À gauche : une bergère s'occupe tandis que ses chèvres paissent.

Dans la foule campagnarde que nous montrent ces images, pas ou peu de femmes. Vendre le bétail, c'est une affaire d'hommes. C'est aussi l'occasion de se rencontrer entre hommes et de faire un peu la fête.

L'élevage a eu beau s'industrialiser, et la motorisation supprimer les animaux de trait, le traditionnel marché aux bestiaux n'a pas disparu. Et si l'on n'y vient plus en carriole mais en camionnette ou en 2 CV, si sur la grande table dressée le plastique a remplacé la toile cirée, l'ambiance y reste chaleureuse. Peut-être parce que le coup de blanc, la bolée de cidre ou le verre de calvados, eux, ont résisté au temps. Comme le casse-croûte au pâté de campagne ou, en Bretagne, la galette-saucisse qui les accompagne. Il n'y a pas si longtemps encore sur ces marchés, les tractations se faisaient sur parole et en argent liquide !

On commercialise ainsi aujourd'hui plus de quatre millions de bêtes et les grands marchés se situent pour la plupart dans l'Ouest et dans le Centre. Les plus importants sont ceux d'Agen, dans le Lot-et-Garonne, de Château-Gontier, dans la

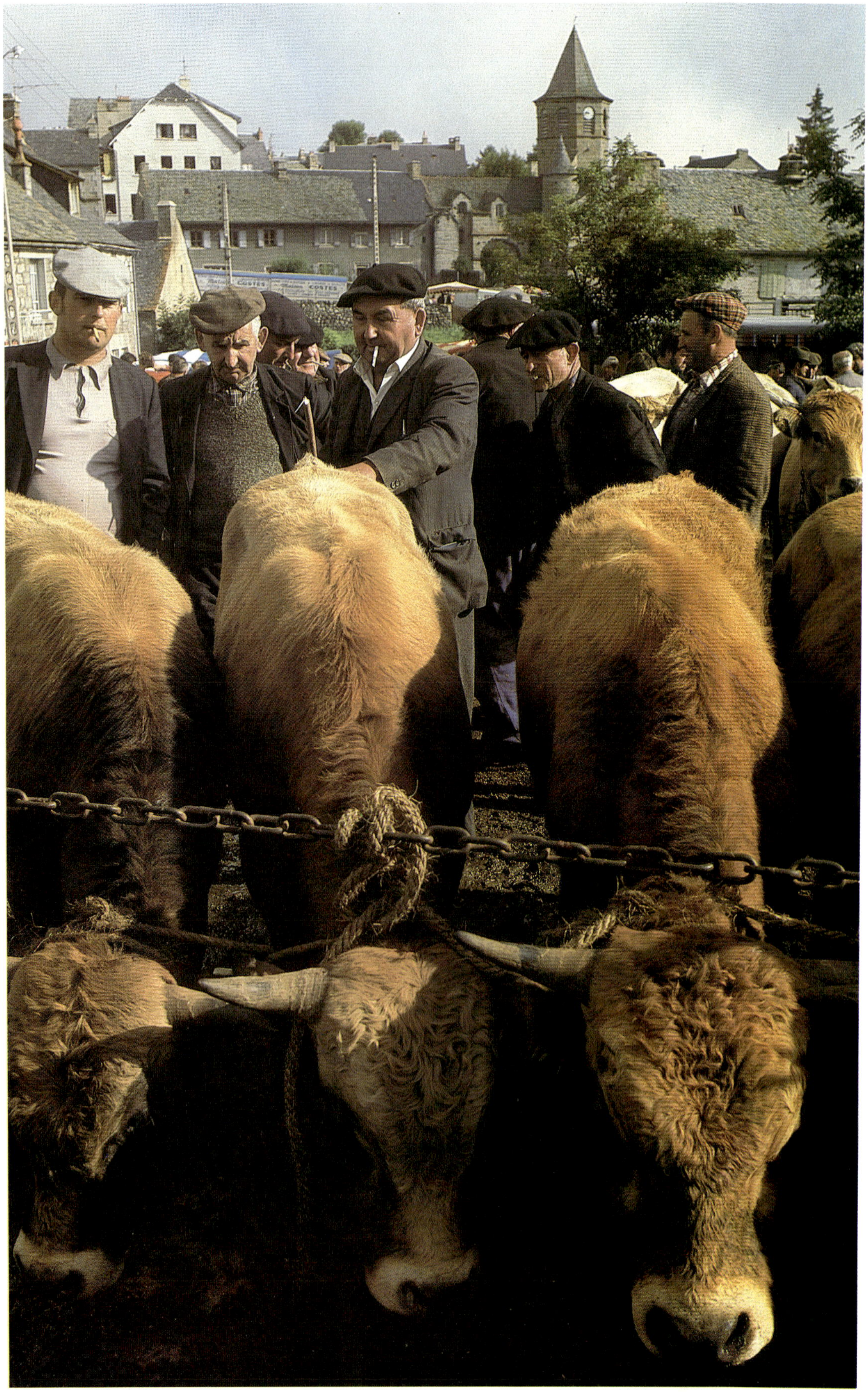

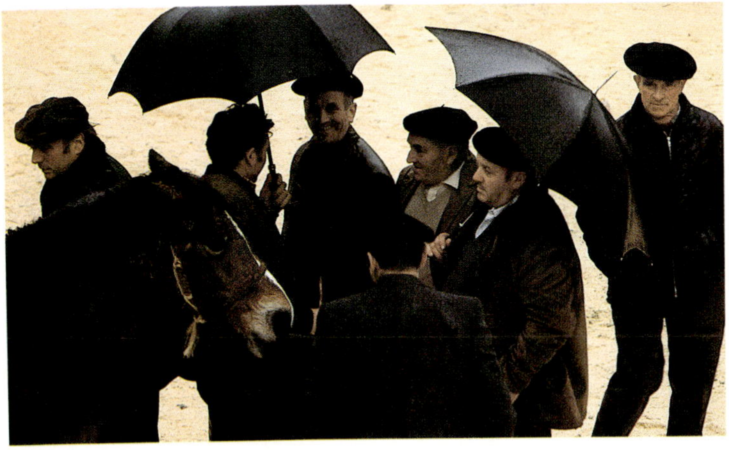

Page opposée : la foire aux bestiaux de Nasbinals.

En haut, à gauche : des maquignons au Pays basque.

Au centre, à gauche : le bétail est prêt pour la vente aux enchères à Sancoins dans le Cher.

En bas, à gauche : au Pays basque, le marché annuel des pottioks.

Au centre, à droite : animation au bar, le jour du marché à Moulins, au nord de Vichy.

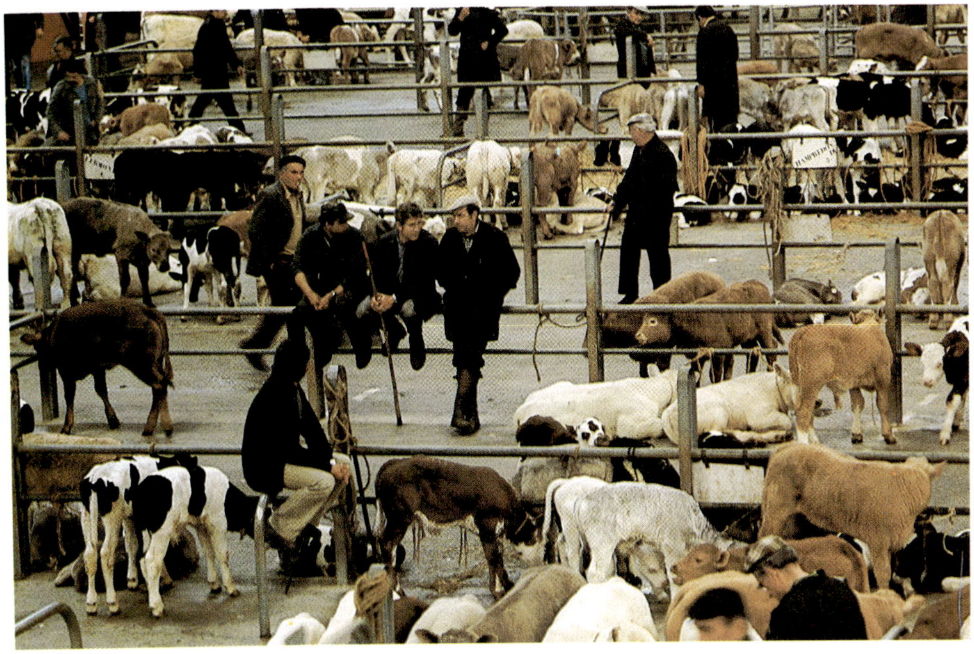

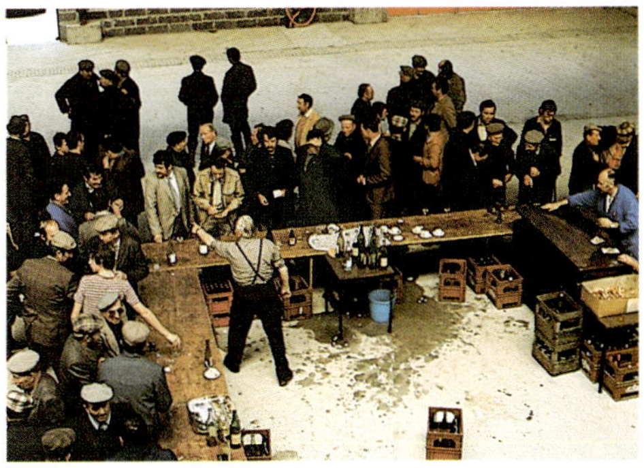

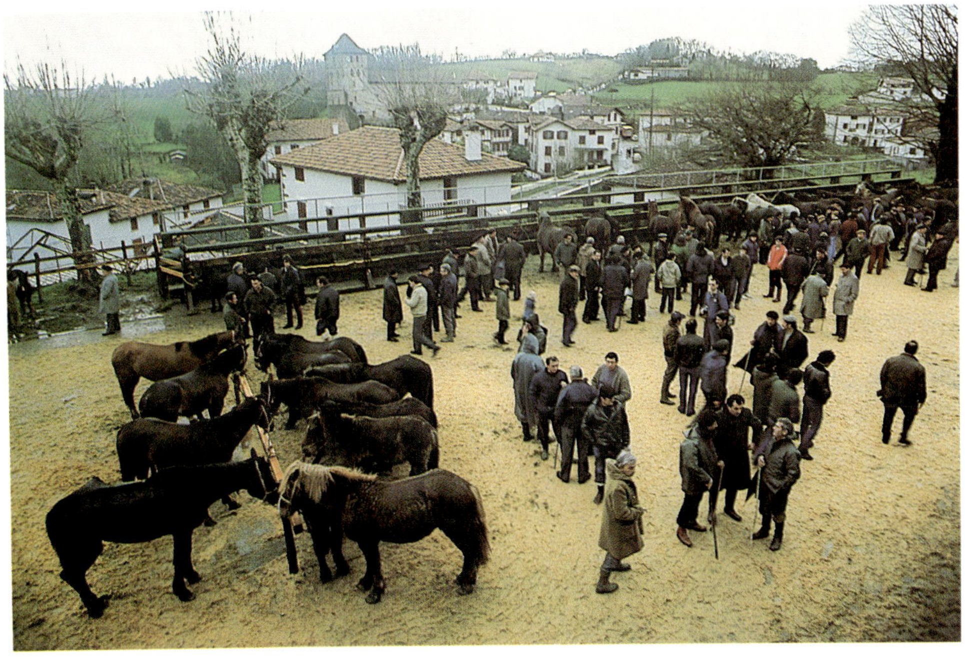

Mayenne, de Fougères en Ille-et-Vilaine, de Laissac dans l'Aveyron, de Parthenay dans les Deux-Sèvres et de Sancoins dans le Cher, et encore à Nasbinals où on teste toujours le poids d'une vache en lui enfonçant un doigt dans l'anus... En revanche, ce qui se fait rare, et a même disparu dans beaucoup de régions, c'est le marché aux chevaux. Il n'en reste guère que des survivances comme ce marché très spécial de pottioks (sorte de poney) qui a lieu une fois l'an en février au Pays basque. Les maquignons, mot qui à l'origine désignait simplement le marchand de chevaux, et qui a pris un sens beaucoup plus général et péjoratif, ont pratiquement disparu.

Toutes ces foires qui peuvent sembler un peu folkloriques recouvrent en réalité un marché très important. Les productions animales représentent plus de la moitié du revenu agricole français. Par son troupeau bovin de 24 millions de têtes, la France occupe de loin la première place en Europe, la troisième (12 millions) pour le porc et la quatrième (11 millions) pour le mouton.

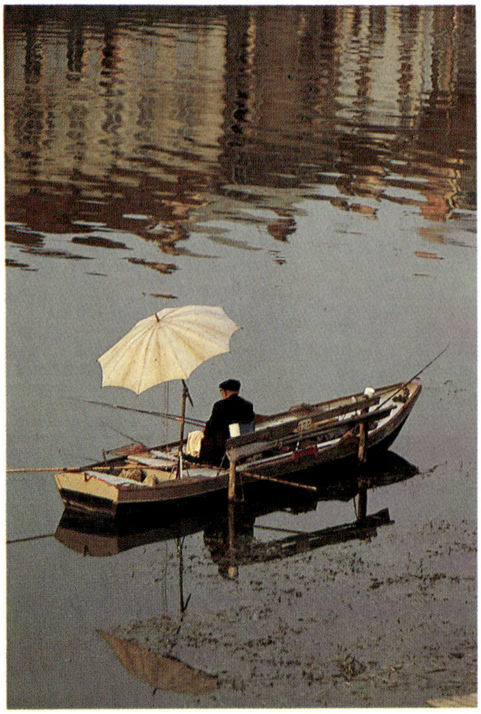

« Heureux comme un poisson dans l'eau. » Voilà une ancienne locution française bien curieuse ! Car en réalité le symbole du bonheur tranquille, c'est paradoxalement l'image du pêcheur à la ligne capable d'attendre des heures sur le bord d'une rivière ou dans une barque pour arracher de l'eau au bout d'un hameçon le poisson qui y était si heureux...

Pêche au coup, pêche au vif, pêche au lancer, pêche à la mouche, pêche aux engins, chacun a sa technique, mais tous ont le même objectif : ramener jusqu'à la table familiale de quoi préparer un merveilleux repas : matelote d'anguilles, friture de goujons ou d'éperlans, truites au bleu, pochouse ou soupe de poissons de rivière au vin de Bourgogne accompagnée de croûtons frottés d'ail, saumon de la Loire, alose de la Garonne qu'on prépare à l'oseille en mélangeant les œufs du poisson à la farce, brochet au beurre blanc, ou en quenelles accompagnées d'une sauce nantua, velouté rose pâle à base de fumet de poisson et de crème fraîche...

Et quelle joie pour le pêcheur du dimanche de rêver loin de la ville devant les roseaux et les myosotis d'eau, au bord d'une rivière que survolent les libellules irisées et qui ne connaît pas encore la pollution, et parfois de s'endormir en attendant que « ça morde » !

La seule inquiétude pour cet homme heureux, c'est de rentrer bredouille le soir. Mais c'est rare, Dieu merci !

En haut : la Marne près de Rheims.
À droite : pêcheur sur la Loire.

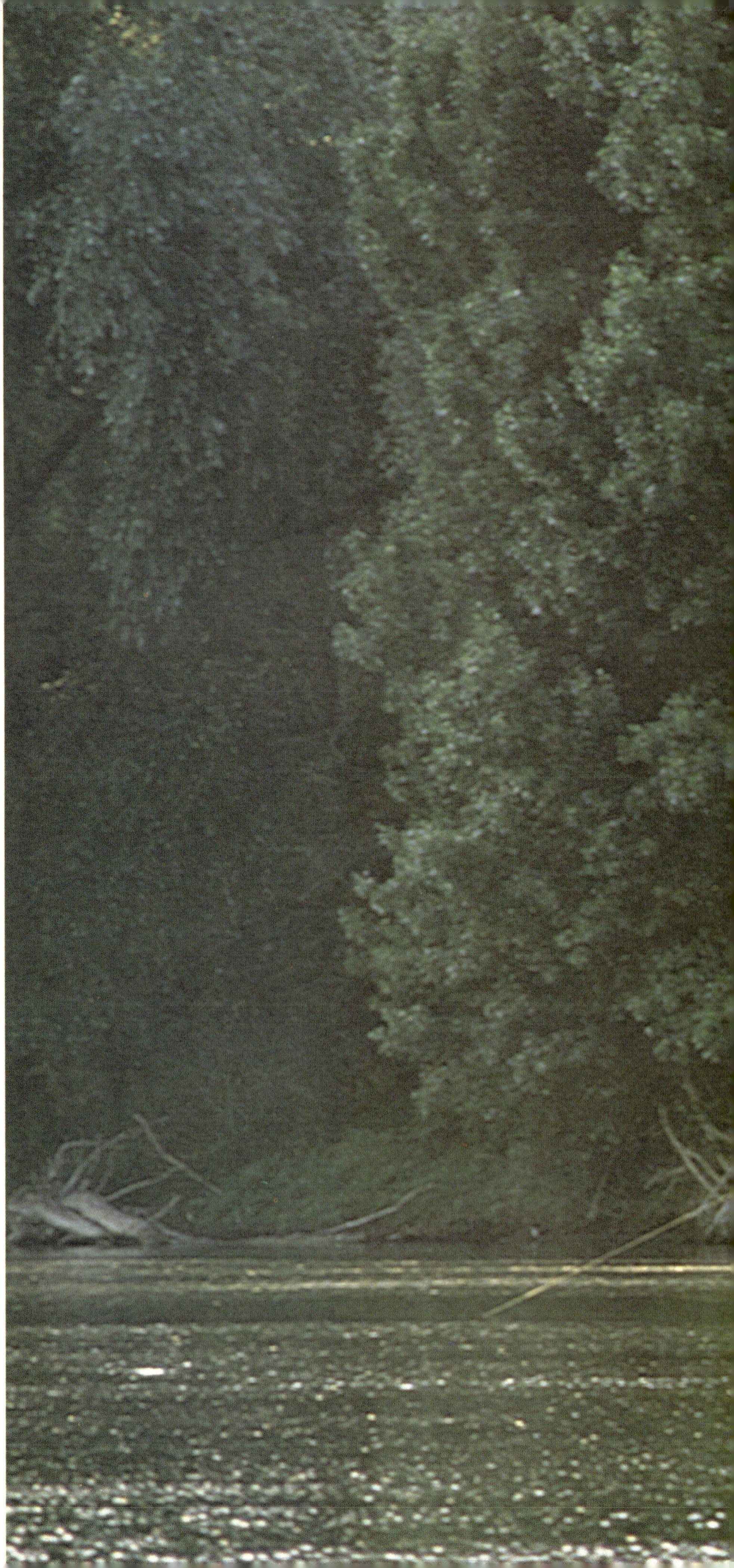

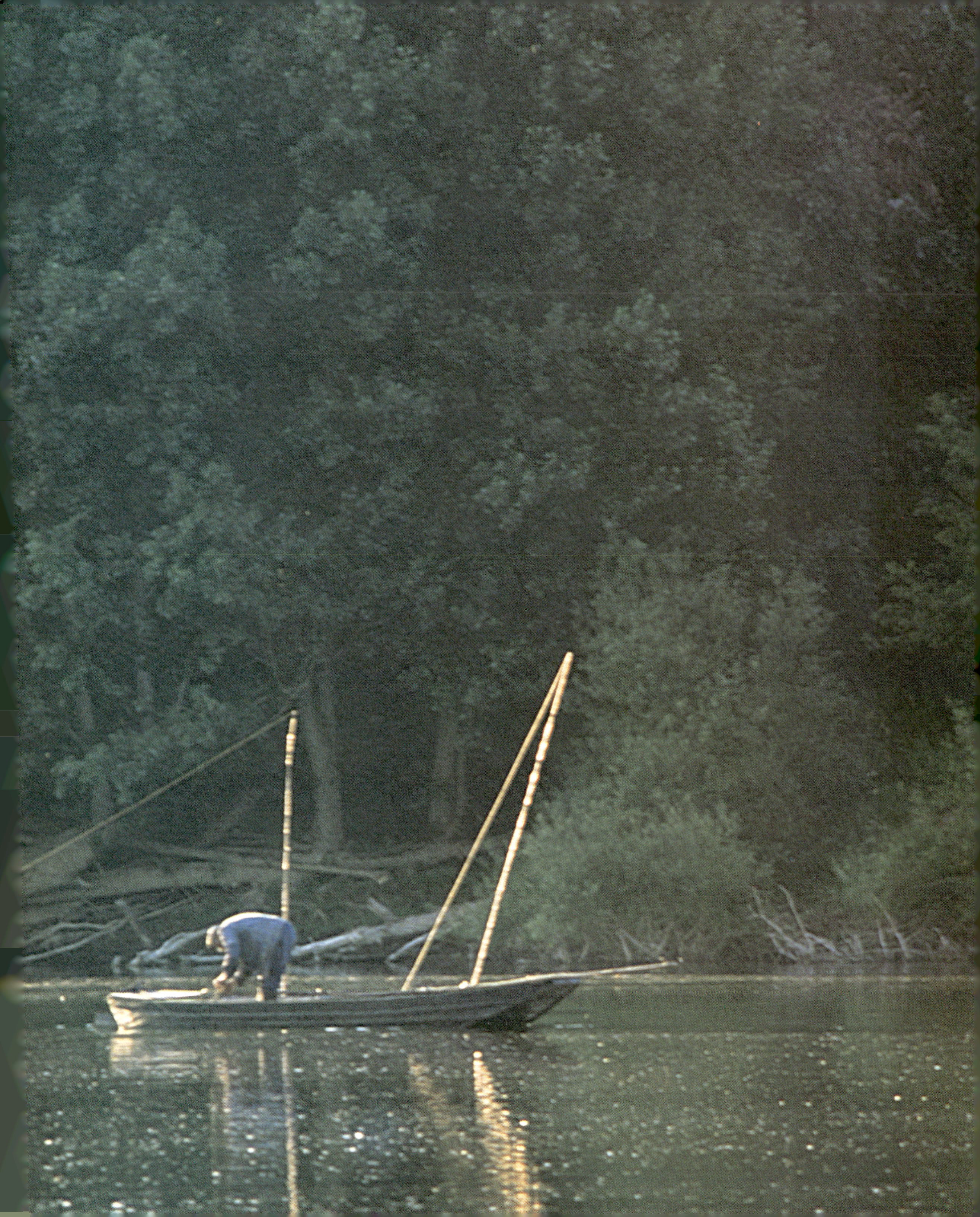

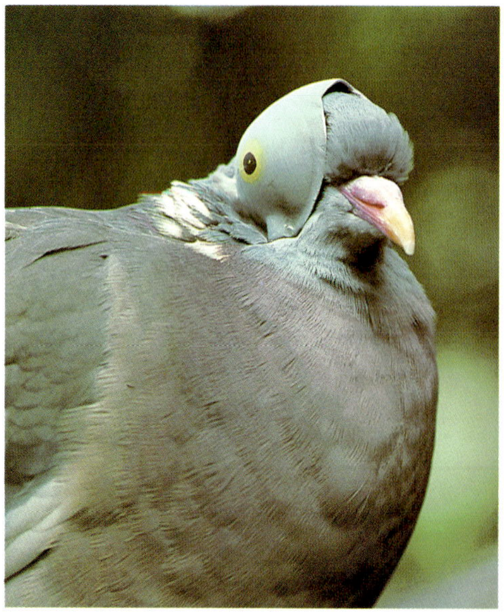

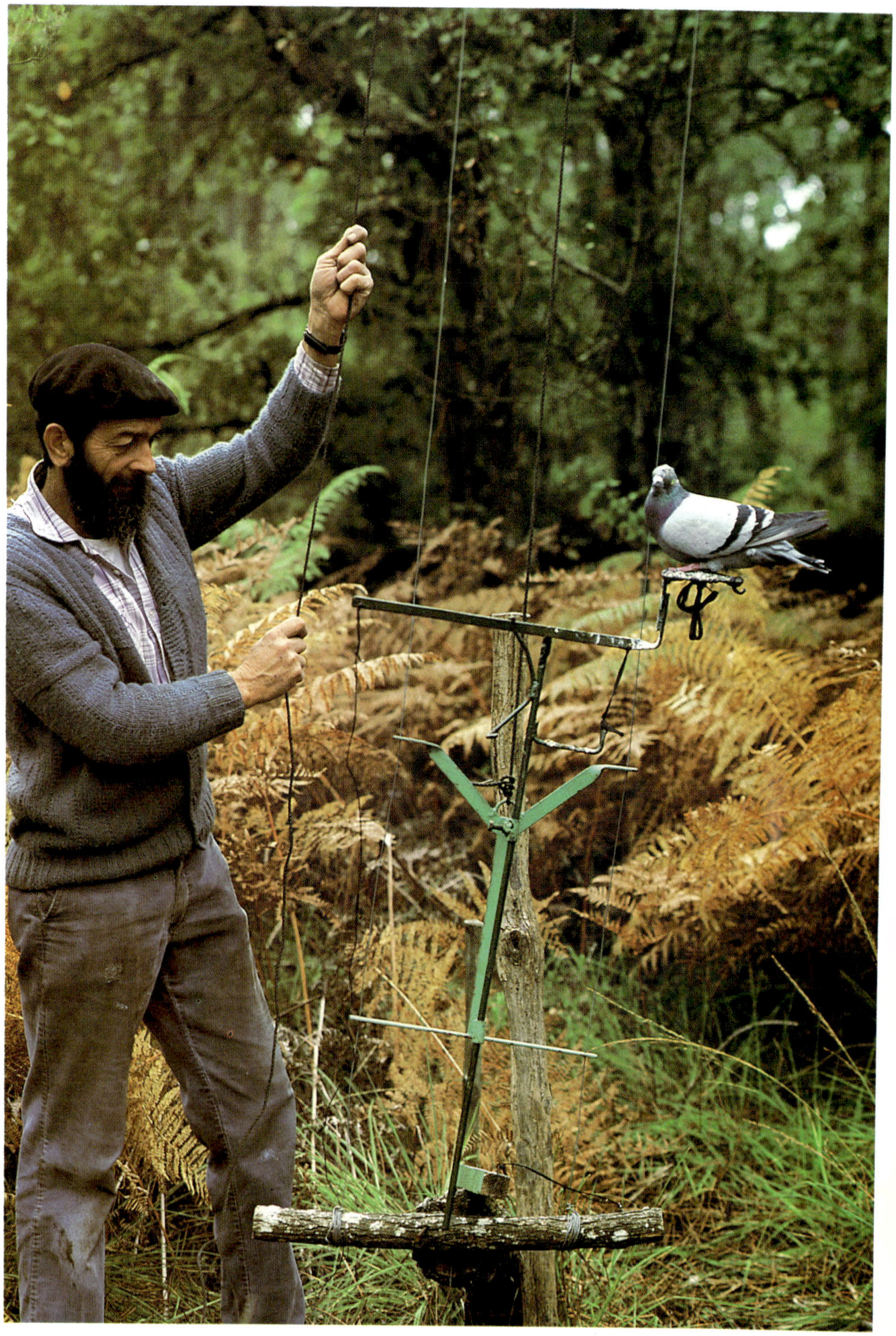

La chasse à la palombe se pratique uniquement dans le sud-ouest de la France, surtout dans les Landes et jusqu'à la frontière espagnole. Elle a lieu au début de l'automne, quand les pigeons sauvages, ou palombes, commencent leur migration hivernale vers l'Afrique. Les chasseurs ne se servent pas de fusil, mais d'aplans, c'est-à-dire de palombes capturées l'année précédente pour attirer leurs proies. Ils les installent sur des perchoirs au sommet des pins en leur couvrant la tête de drôles de petits bonnets. Eux-mêmes sont à l'affût au sol, dans d'immenses et très étranges cabanes de plusieurs pièces reliées par des tunnels et recouvertes de fougères, qu'on appelle les palombières. Tout un système très compliqué de fils et de poulies relie le sol au perchoir des aplans.

Lorsque arrive le vol de palombes sauvages, le chasseur tire sur le fil et les aplans commencent à crier et à battre des ailes. Les oiseaux sauvages s'arrêtent alors et se posent. La ruse est de les attraper vivants. Pour cela, une aire de chasse, nettoyée, parsemée de graines et équipée de filets cachés, a été installée, et d'autres aplans ont été cachés sous des grillages. On les fait crier à leur tour pour attirer leurs compagnes. Et quand celles-ci se sont posées, un système de ressorts referme sur elles le filet. On les met ensuite dans des cages puis dans des volières. On les mangera tout au long de l'année, surtout en salmis, mais on en gardera quelques-unes en vie qui serviront à leur tour d'aplans. Les Landais restent des jours entiers dans leurs palombières pour guetter les vols. Ils y passent jusqu'à un mois et demi chaque automne, avec des réserves de nourriture et des tonneaux de vin, quittant tout, travail, femme, enfants pour sacrifier à leur passion.

En haut, à gauche : un aplan encapuchonné.

Ci-dessus : perchoir et leurre sont manœuvrés grâce à une poulie.

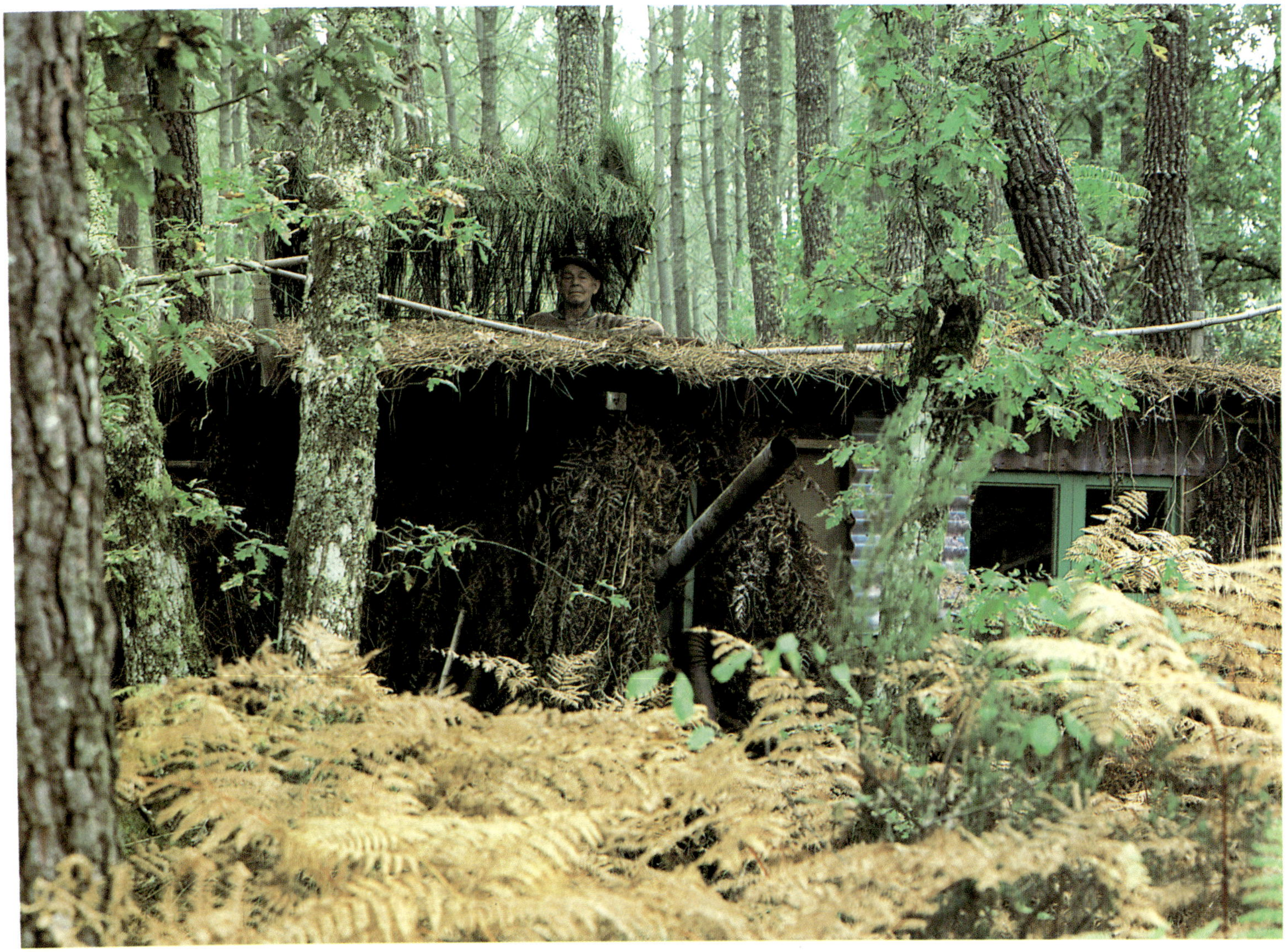

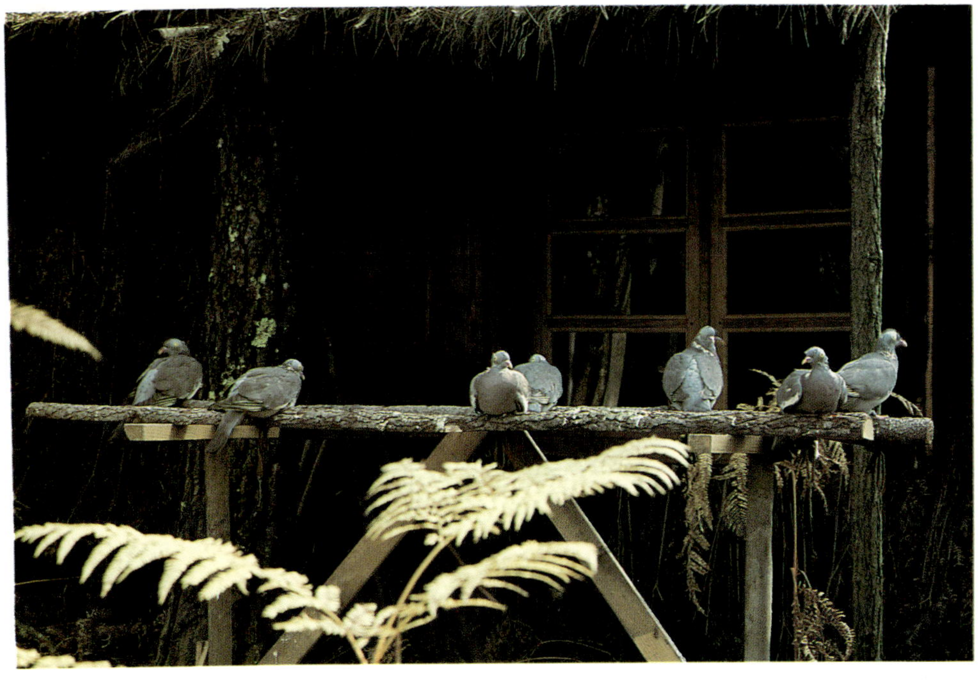

Ci-dessus : hutte d'observation camouflée pour les « chasseurs ».

À gauche : des pigeons vivants dressés servent à attirer leurs inconscients congénères.

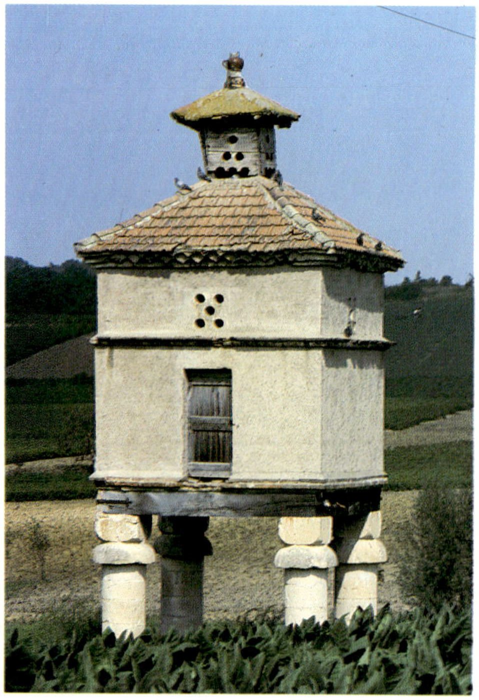

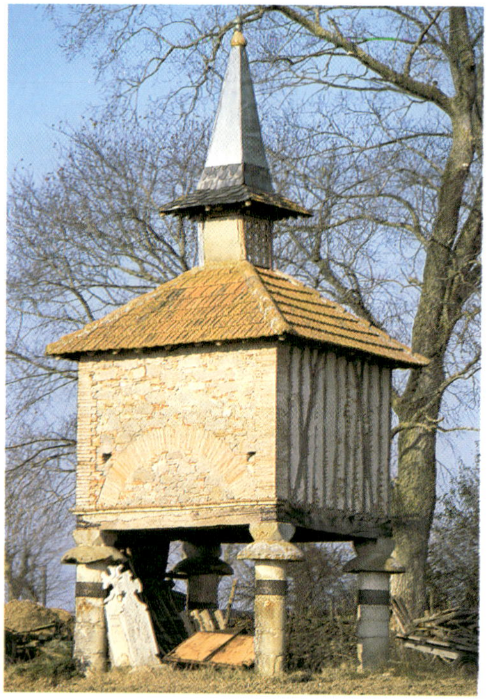

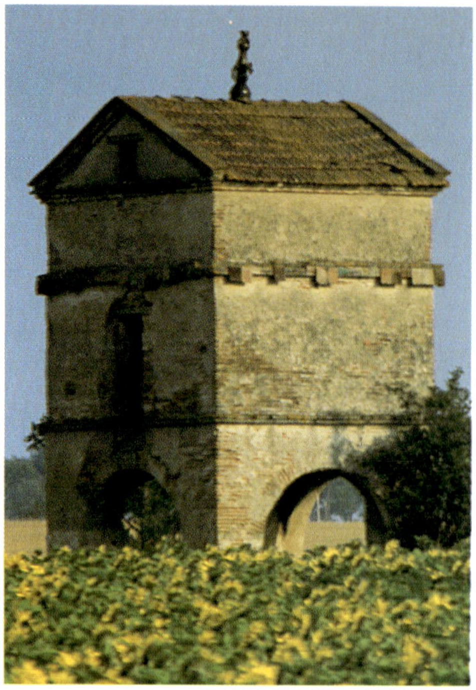

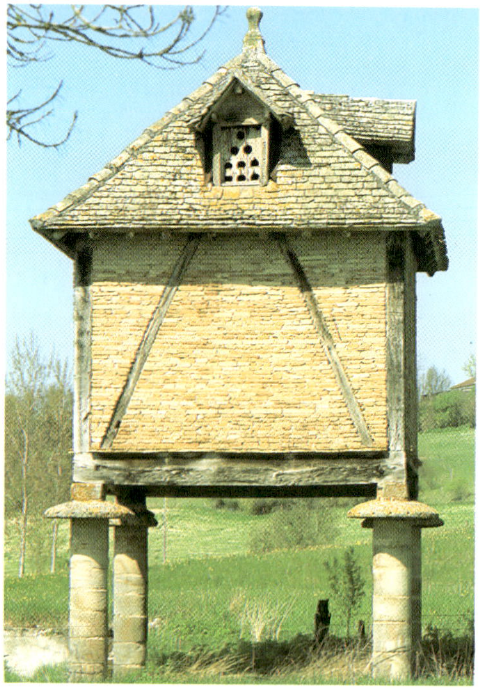

Ces petites tours rondes ou carrées, parfois à arcades ou coiffées d'un chapeau pyramidal, attenantes à la maison ou séparées d'elle, sont des pigeonniers. Souvent chefs-d'œuvre d'architecture, ils n'ont ces formes particulières que dans le Midi toulousain. L'élevage des pigeons est traditionnellement associé à la culture céréalière et à la vigne, mais, surtout, le pigeonnier était autrefois un indice de la position sociale de son propriétaire. Seul le seigneur, ou en tout cas celui qui possédait plus de cinquante arpents, avait le droit d'avoir un « colombier à pied », les autres devaient se contenter de petites volières. La tour cylindrique dépendait le plus souvent du château, la tour carrée de la maison de maître ou de l'exploitation agricole. À ces signes de distinction sociale s'ajoutait toute une symbolique du pigeon, oiseau libre, fidèle et amoureux qui faisait oublier que, pour les récoltes des voisins, c'était aussi un redoutable prédateur.

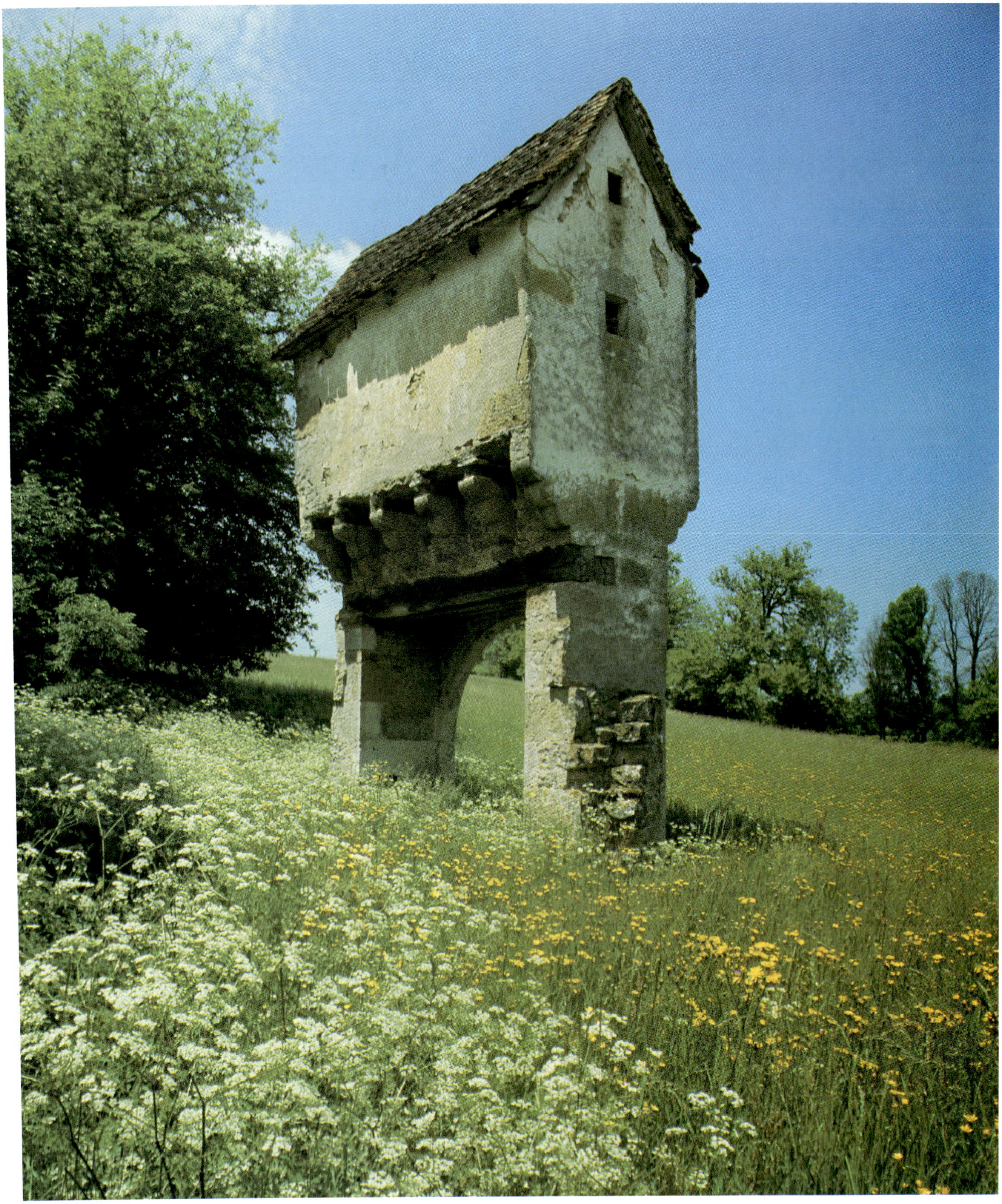

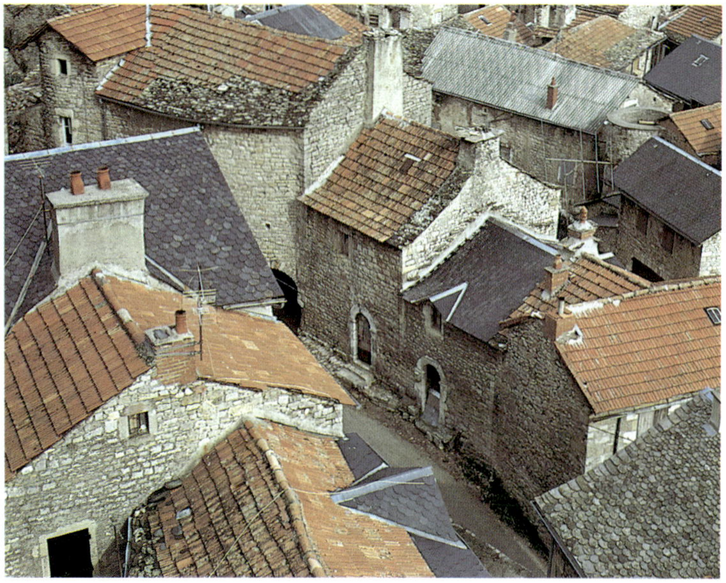
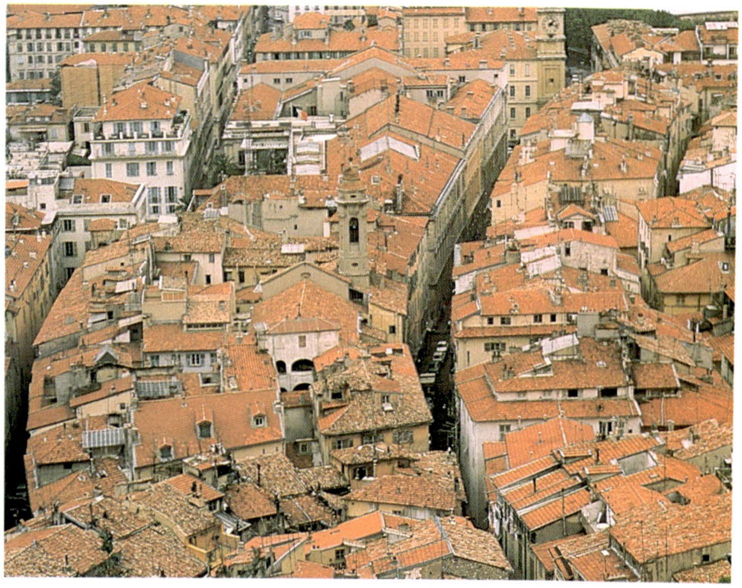
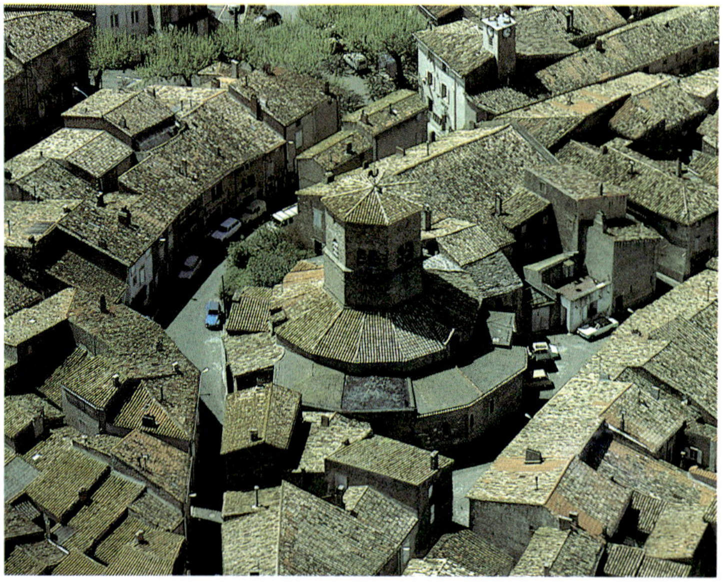
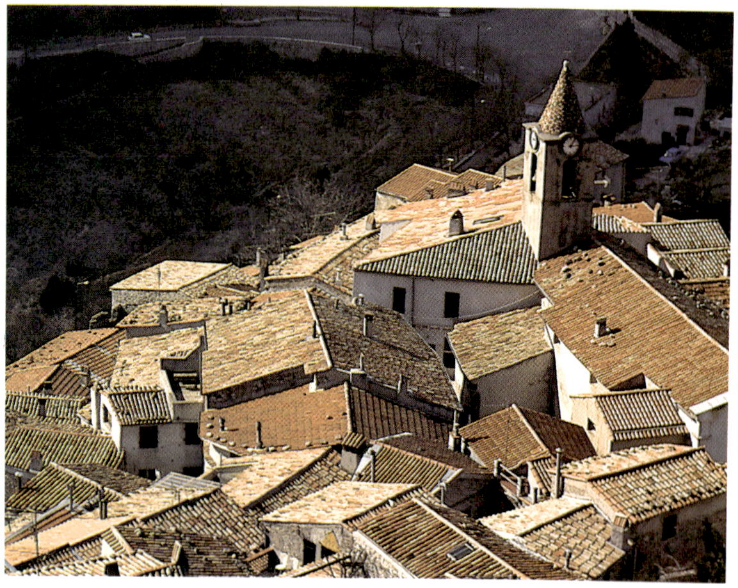
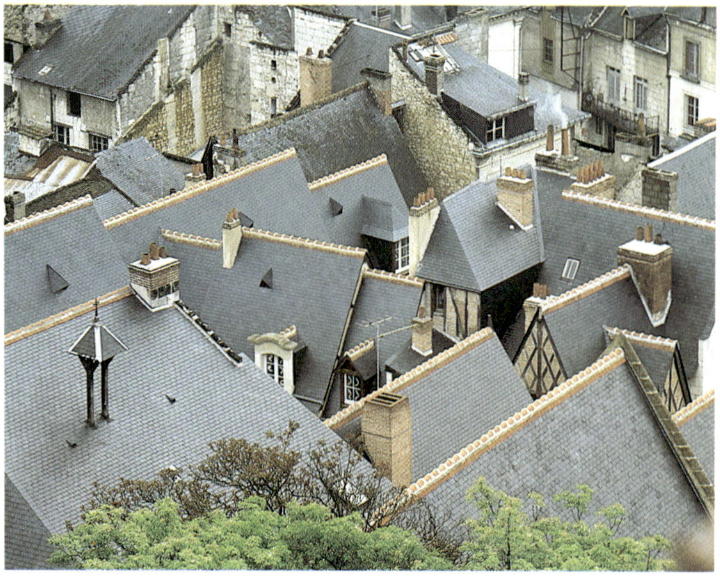
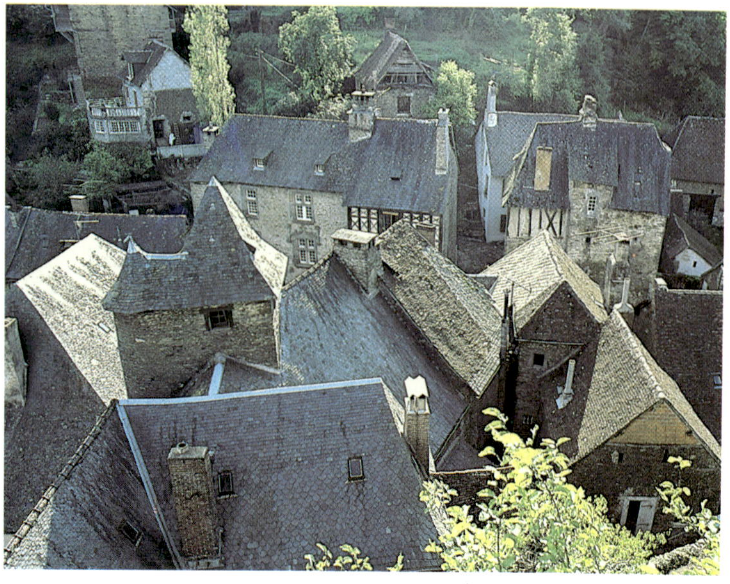

« Le ciel est par-dessus le toit », dit un vers célèbre du grand poète Verlaine. Et, tout comme sont variés à l'infini les ciels de France, les toits, eux aussi, varient selon les paysages et selon les climats, composant, vus du ciel, une mosaïque aux dessins et aux couleurs toujours renouvelés. La tuile ronde de Provence, la lause du Roussillon, l'ardoise d'Anjou et de Bretagne, la paille de blé de Normandie, la panne des Flandres, l'écaille d'Alsace, la petite tuile de Bourgogne, le tavaillon de Savoie... Partout, les artisans d'autrefois trouvaient sur place le matériau, minéral ou végétal, pour construire un toit, qui, pour cette raison même, s'intégrait dans le paysage dont il était lui-même un élément. Et pas seulement les toits des châteaux et des nobles demeures mais aussi ceux des plus humbles logis.

La forme du toit changeait aussi selon qu'on était dans une région de soleil, de pluie ou de neige, selon qu'on était plus ou moins éloigné de la mer ou de la montagne. Pente très accentuée au nord de la Loire, lui donnant un volume égal aux deux tiers de la maison, souvenir des temps gaulois. Pente faible, au tiers au plus, dans le Midi, héritage des traditions romaines.

Les toits de France constituent avec leurs couleurs (rouge ou doré, bleu ou gris, brun ou vert) patinées par le temps, un paysage dans le paysage, que malheureusement, comme partout, l'arrivée des matériaux industriels et la construction en série sont venues quelque peu perturber. Mais un mouvement de réaction se dessine depuis quelques années. Des villages entiers ont été restaurés et des organismes publics ou privés sont là pour réenseigner aux artisans les techniques traditionnelles.

Ce n'est pas par hasard que les Français emploient volontiers le mot toit pour désigner leur maison. Ils disent : « avoir un toit », « recevoir sous son toit »... Et ce n'est pas par hasard non plus si, dans un sonnet célèbre du XVIe siècle, l'un des premiers qu'on apprend aujourd'hui à l'école, le poète du Bellay, s'ennuyant à Rome où il est diplomate, exprime ainsi la nostalgie de son Anjou natal : « Plus que le marbre dur me plaît l'ardoise fine... »

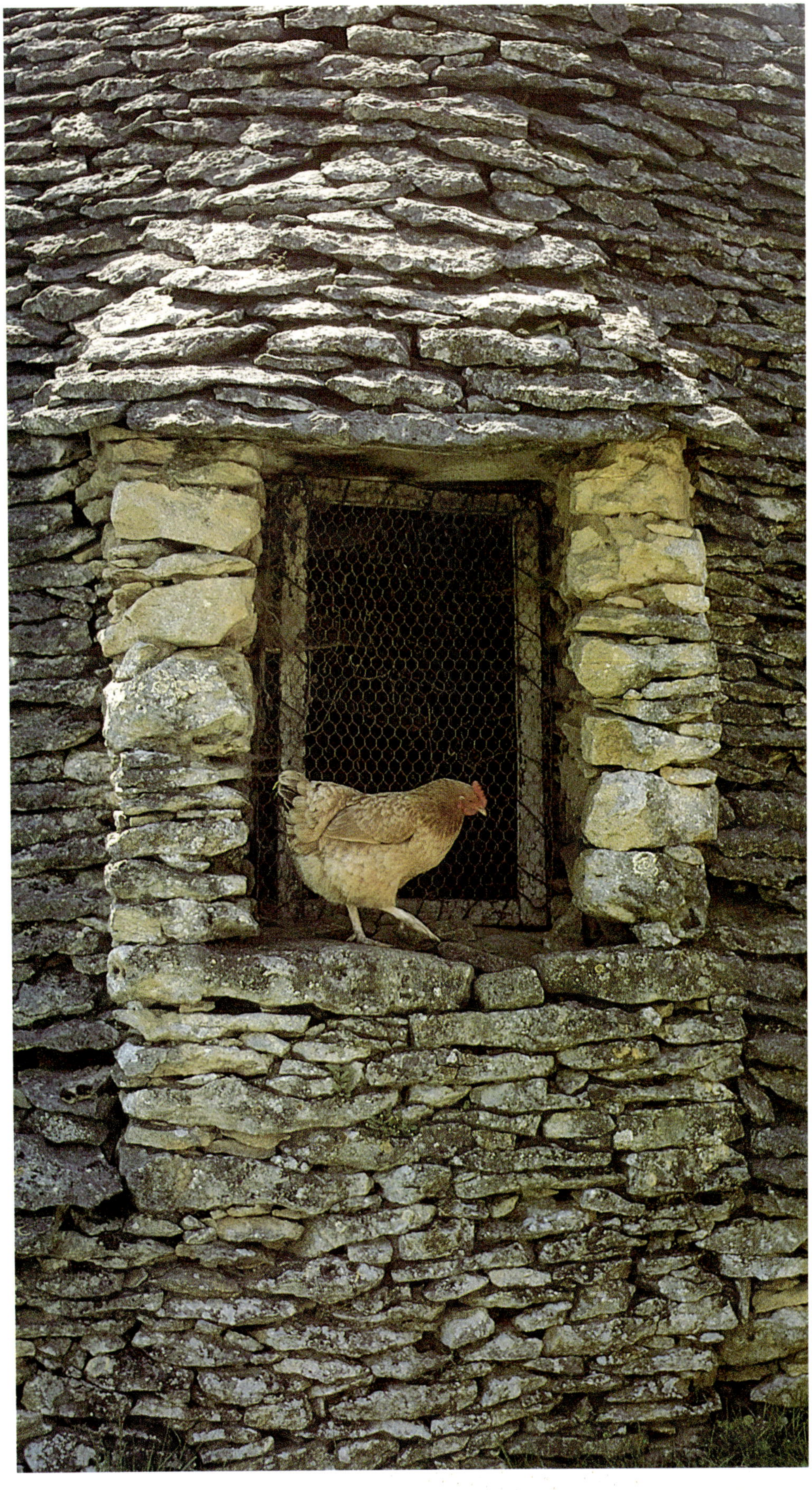

À droite : un bâtiment de ferme près de Sarlat en Dordogne.

Page opposée, de haut en bas et de gauche à droite : Séverac-le-Château en Aveyron ; Nice sur la Côte d'Azur ; Minerve dans l'Hérault ; Sainte-Agnès près de Menton ; Chinon sur le Loir ; Ségur-le-Château dans le Limousin.

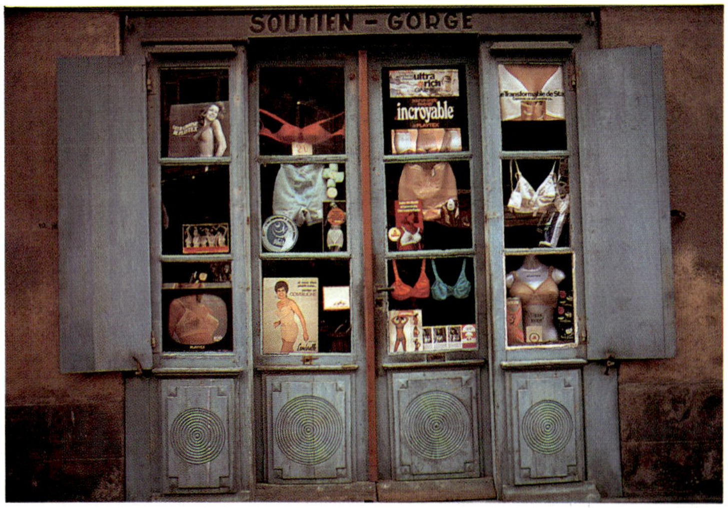

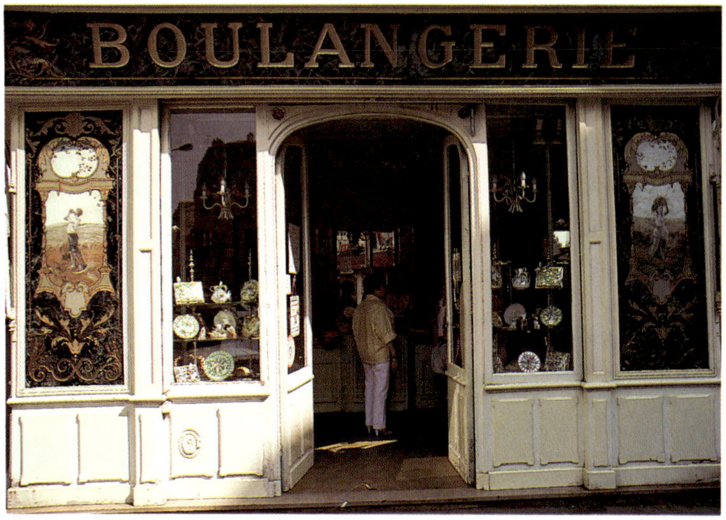

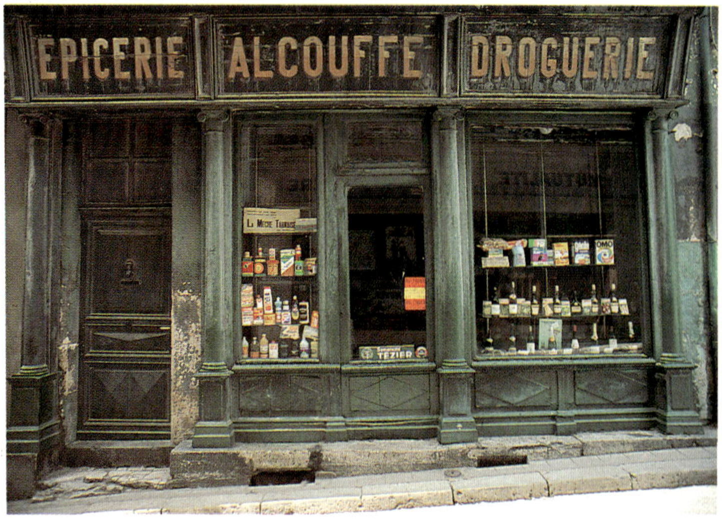

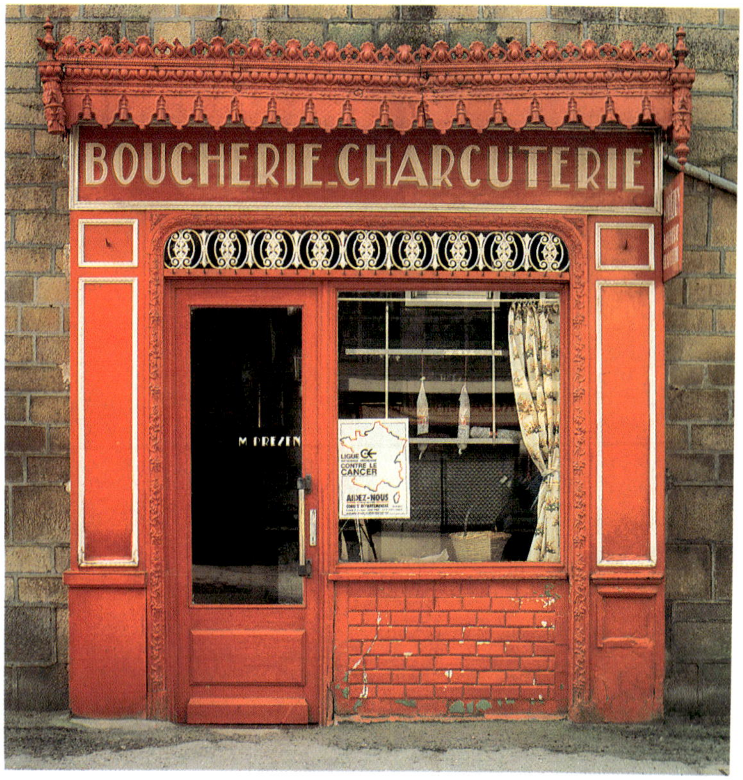

Le boulanger, le crémier, le marchand de couleurs dont la boutique sent si bon, le buraliste qui vend les journaux, le boucher-charcutier, l'épicier qui a sa licence pour vendre du tabac et le droguiste qui vend aussi de l'épicerie, et partout ces vieux décors, ces couleurs, ces lettres « à l'ancienne » qui, à l'époque du plastique et du supermarché, donnent la nostalgie d'un temps qui passait moins vite, un temps auquel on a tendance à donner toutes les vertus, simplement parce qu'il est passé...

Ces vieilles boutiques, elles existent encore (pour combien de temps ?) dans les villages, dans les petites villes et même dans les petites rues des grandes villes. Et ceux qui les achètent aiment de plus en plus garder ou restaurer leur décor d'autrefois, les céramiques des vieilles crémeries ou les grilles des vieilles boucheries, pour y installer des commerces d'aujourd'hui.

En France, comme partout en Occident, la petite boutique a en effet été fortement touchée par l'évolution de l'appareil commercial, surtout dans le secteur alimentaire où plusieurs dizaines de milliers de magasins ont disparu depuis une vingtaine d'années. Dans les campagnes, l'exode rural a fait tomber les ventes et, dans les quartiers urbains, l'ouverture des grandes surfaces a souvent signé l'acte de décès des détaillants qui ne pouvaient pas être compétitifs. Pour survivre, certains ont dû s'incorporer à des chaînes ou émigrer vers des centres commerciaux.

Malgré cela, le petit commerce indépendant résiste encore. Son atout est de fournir à la clientèle une certaine intimité — on se connaît, on se retrouve chez soi — et des services plus personnalisés.

Après tout, est-il déraisonnable d'accepter de payer un peu plus cher pour un peu plus de convivialité ?

Sur cette page : en Bretagne, boutique de lingerie pour dames à Vannes ; boulangerie dans un petit village ; épicerie-droguerie dans l'Aveyron ; boucherie-charcuterie.

Page opposée : en Provence, marchand de tabac traditionnel à Cotignac.

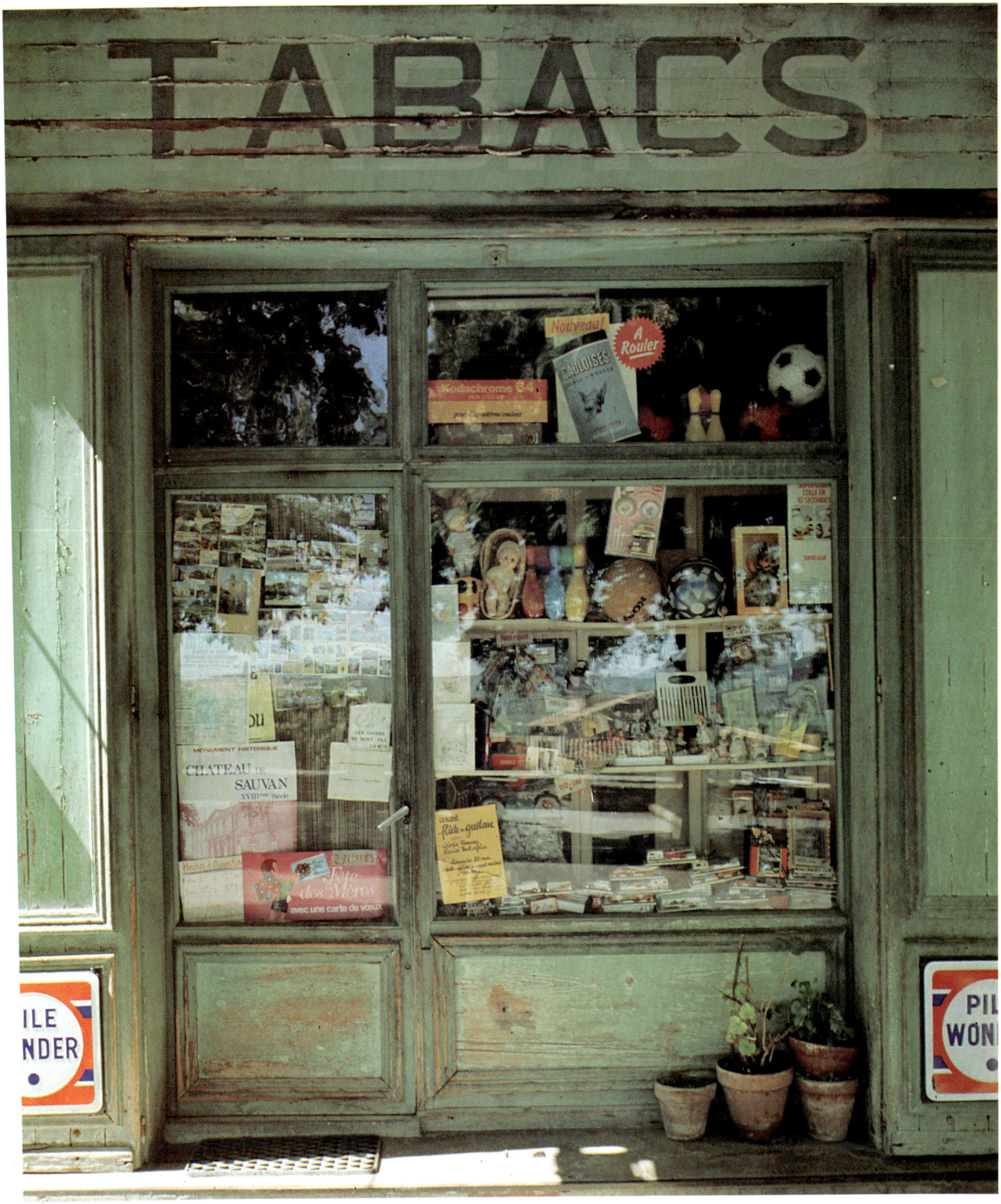
TABACS
Nouveau!
A Rouler
GAULOISES
Kodachrome 64
MONUMENT HISTORIQUE
CHATEAU DE SAUVAN
XVIIIème Siècle
Fête des Mères
avec une carte de voeux
ILE
NDER
PIL
WON

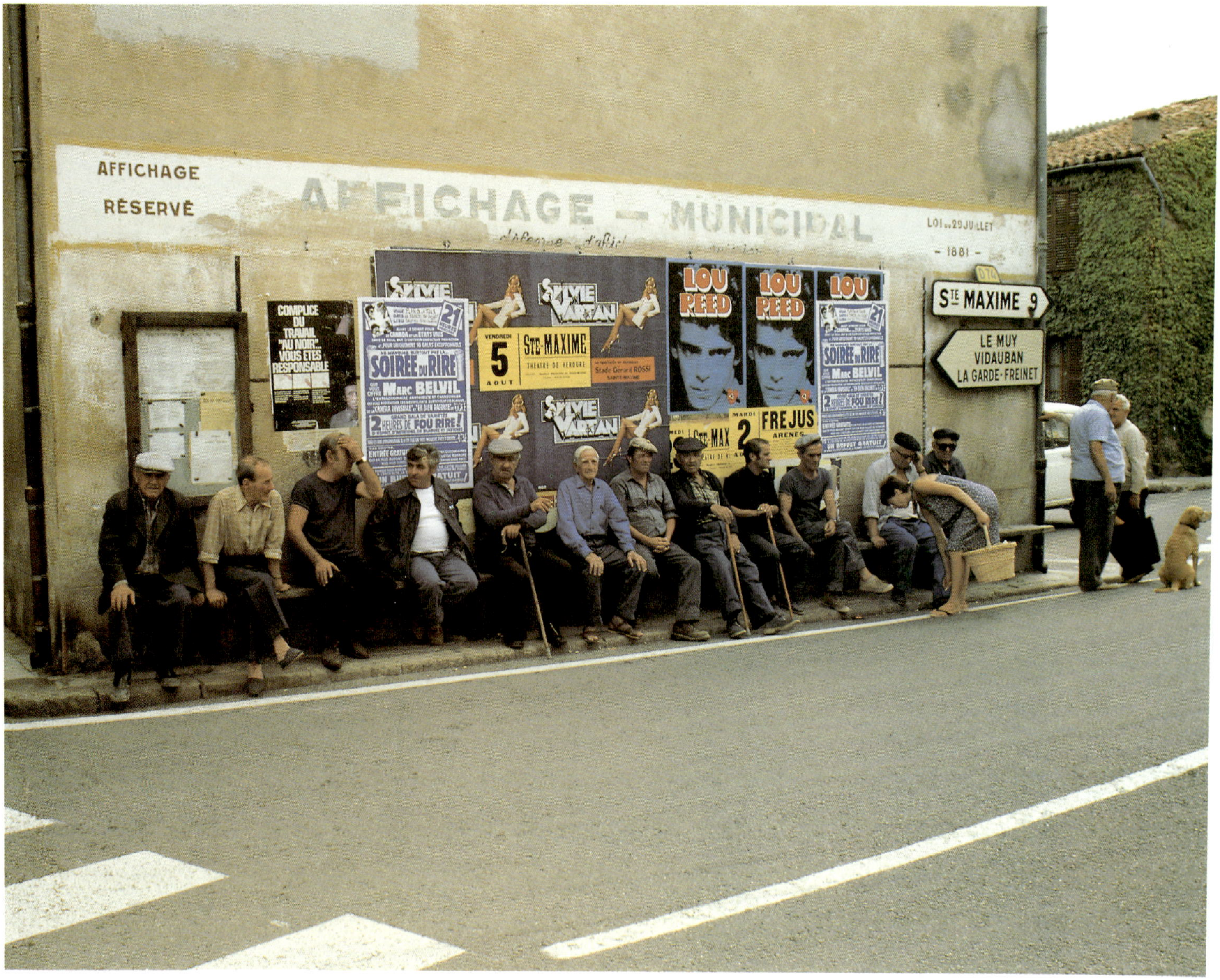

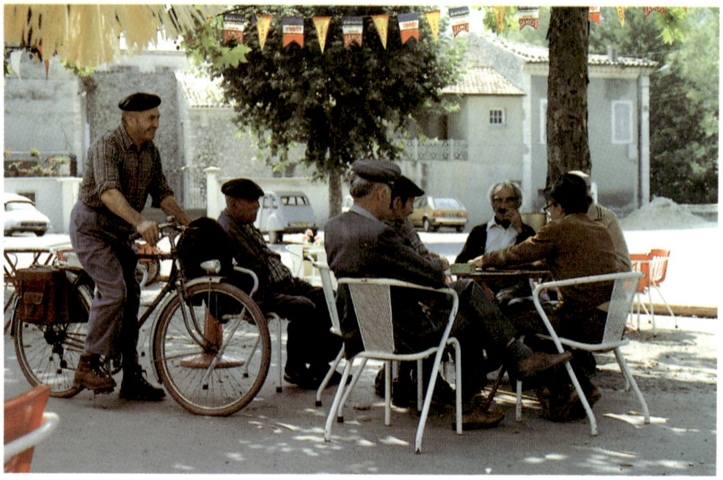

Quelques images folkloriques (folklo, disent les jeunes) prises sur des places de village le dimanche à la belle saison et qui seraient à leur place dans un film de Jacques Tati. Des joueurs de quilles : le bowling n'est pas encore parvenu jusqu'ici. Une partie de baby-foot, et l'arrivée d'une course cycliste : le vélo et le football sont les sports les plus populaires en France. Enfin, la partie de belote dominicale. Ce bizarre jeu de cartes où le valet et

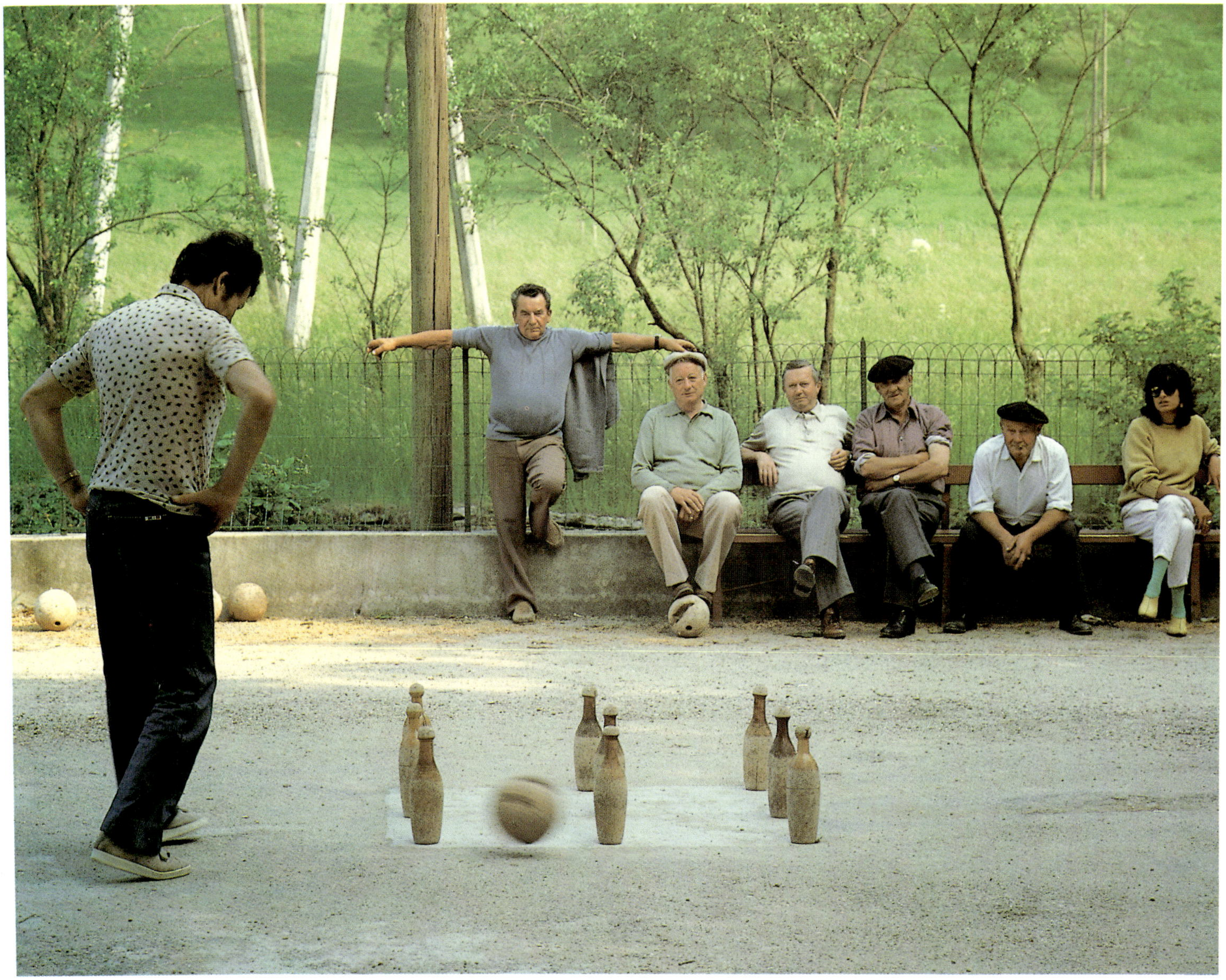

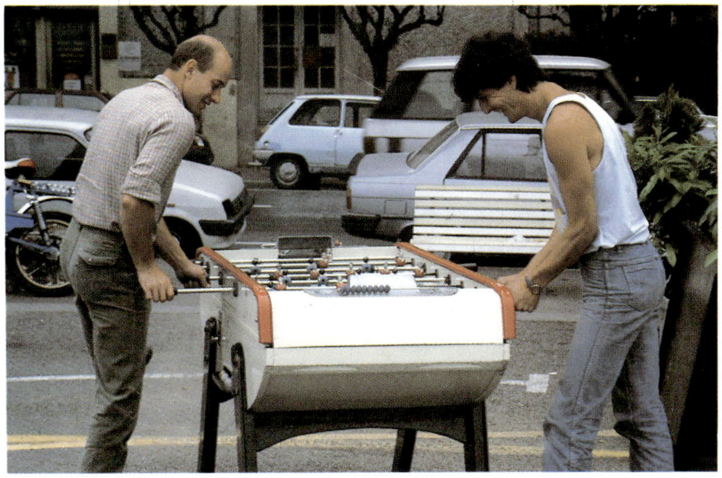

le neuf sont plus forts que l'as, où l'on marque « dix de der », et où l'on gagne aussi des points quand on a le roi et la dame dans la même main, mais à condition de dire en les jetant « belote et rebelote », a remplacé la manille dans les arrière-salles de café depuis le début du siècle. Les millions de Français qui le pratiquent ignorent qu'il doit son nom à un certain M. Belot qui ne figure dans aucun dictionnaire.

Il n'est pas rare, de nos jours encore, de rencontrer dans les villages de vieilles femmes habillées de noir. Coutume de deuil, le plus souvent, qui s'accentue et se maintient à mesure que l'on descend vers le sud, vers le soleil des pays méditerranéens. Comme si l'abondance des couleurs de la nature ou plutôt leur dureté, lorsque le soleil est haut et qu'il tape fort, demandait un contrepoint

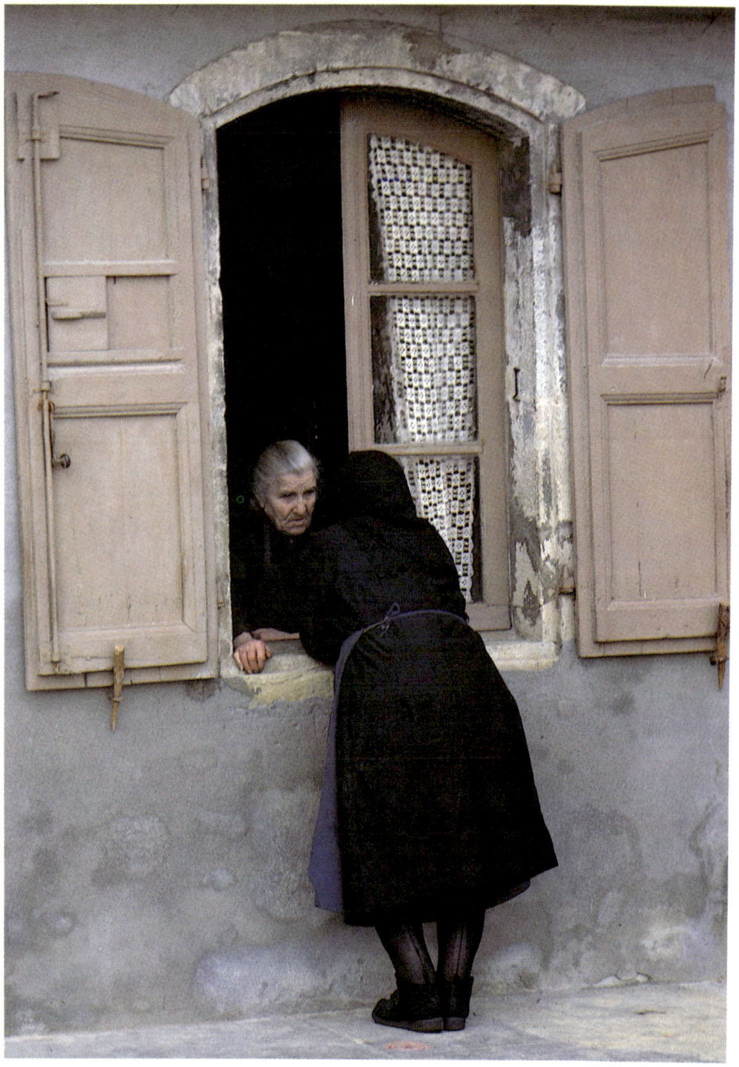

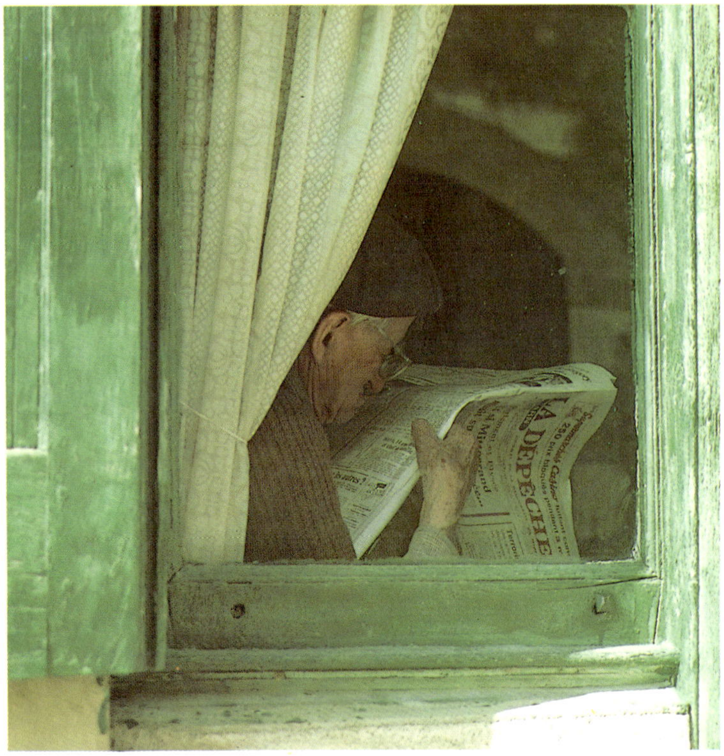

dramatique dans le vêtement de celui qui a perdu un être cher.

La femme résiste mieux, c'est connu, à la vie dure de la campagne. Peut-être, aussi consomme-t-elle (ou consommait-elle) moins d'alcool ? En tout cas, son espérance de vie reste plus longue. Et lorsqu'elle revêtait ses habits noirs, symbole du veuvage, c'était jusqu'à la fin de sa vie. Le noir d'ailleurs n'était pas réservé aux seules veuves. La famille tout entière prenait le deuil pour des périodes soigneusement codifiées, lorsqu'elle perdait un de ses membres.

Il y avait les « grands deuils » (époux, parents, enfant, frère ou sœur), s'échelonnant de deux ans à six mois, et les « petits deuils » (oncle, tante ou cousin), de trois mois à trois semaines. Peu à peu, ces conventions se sont estompées. Peu à peu aussi, les couleurs pimpantes des blouses en nylon vendues sur les marchés ont fait céder ces tristes coutumes. Reste les vieilles femmes — les grand-mères,

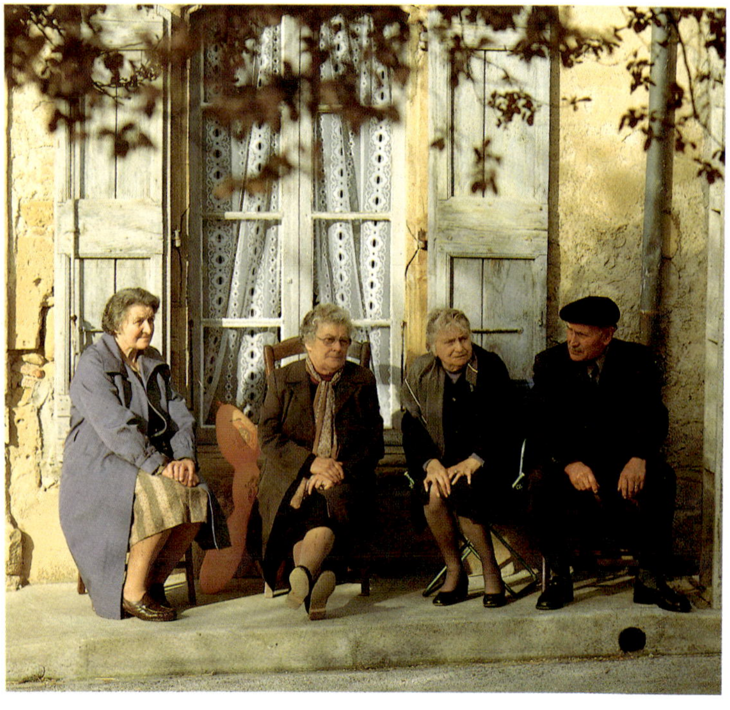

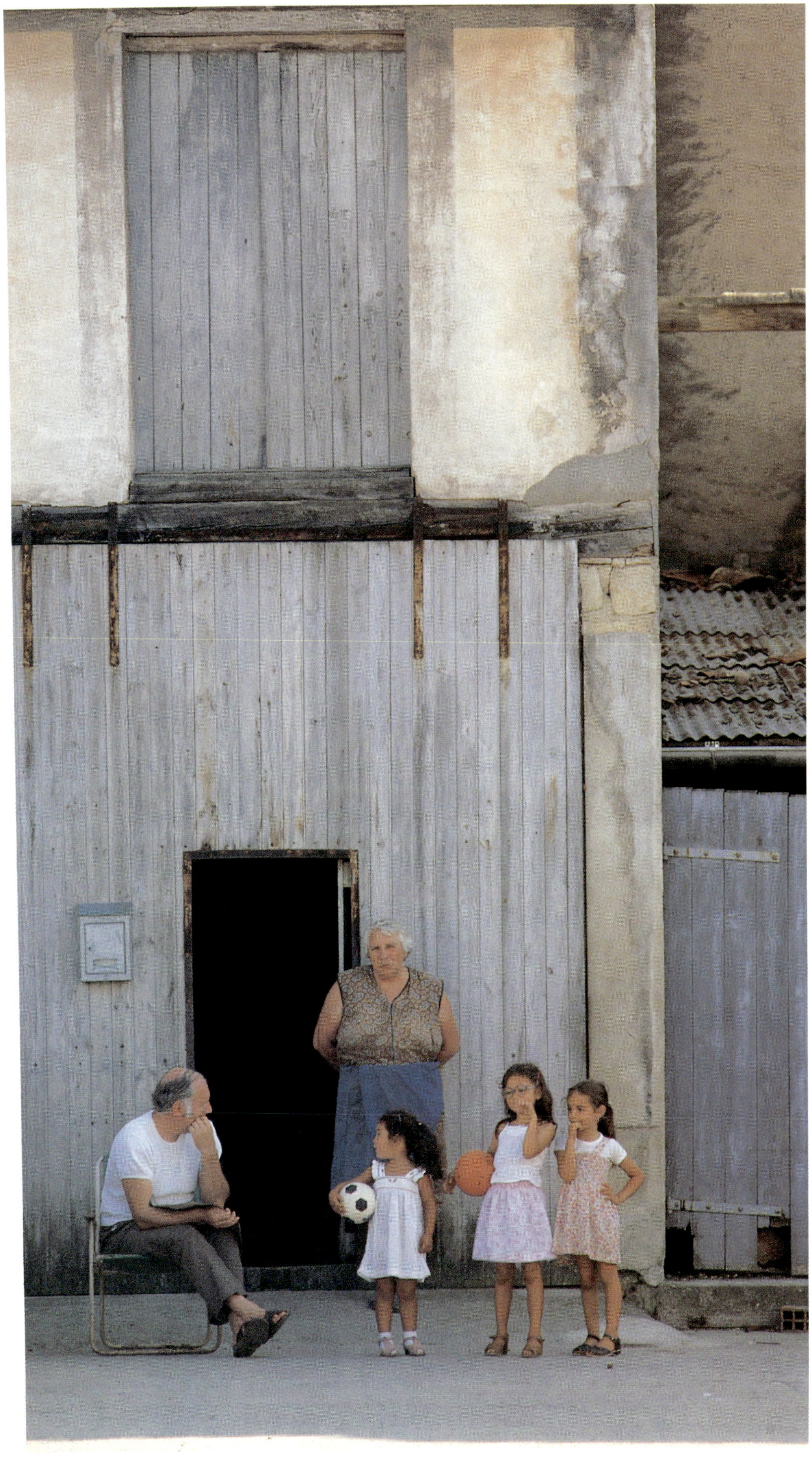

celles qui n'ont plus le souci de renouveler leur garde-robe — à s'y soumettre encore. Peut-être aussi parce qu'elles n'ont pas l'habitude de se laver beaucoup et que, paraît-il, le noir n'est pas salissant !

Les voici dans leur village, les grand-mères en noir qui ont derrière elles une longue vie de labeur. Les voici tricotant sur le pas de leur porte et se racontant les derniers potins ; donnant le grain à leurs poules, car

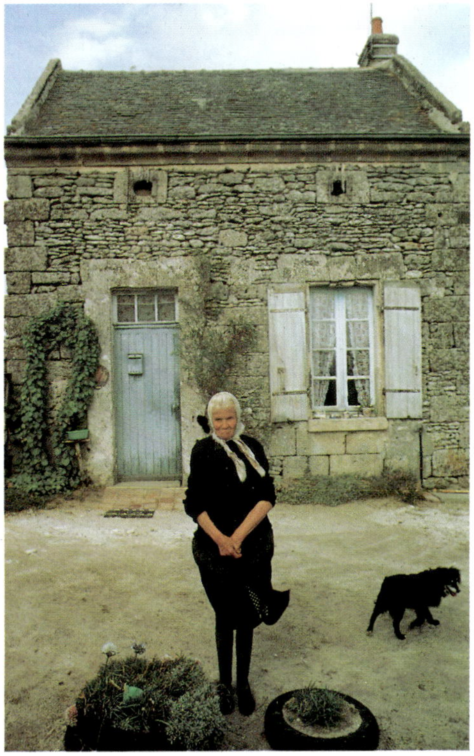

elles ne sont plus bonnes pour les travaux des champs ; parlant aux enfants qui aiment leur compagnie, car elles ont toujours des tas d'histoires à leur raconter et beaucoup de choses à leur apprendre sur la vie de la campagne.

Elles savent tout, ces vieilles dames en noir, mais ce qu'elles ne savent absolument pas c'est qu'en s'habillant ainsi elles suivent une mode extrêmement pointue. Qui n'a vu (pas elles, bien entendu !) les photos des rédactrices de mode venues du monde entier, de Milan, de New York, de Tokyo... pour assister aux collections parisiennes ? Toutes ces dames, arbitres de toutes les élégances, sont en noir de la tête aux pieds. Les années passent et toujours, toujours les spectatrices de la mode restent en noir, comme si c'était l'uniforme d'une sorte de club international, réservé à une élite qui refuse de tomber dans les égarements des victimes de la mode.

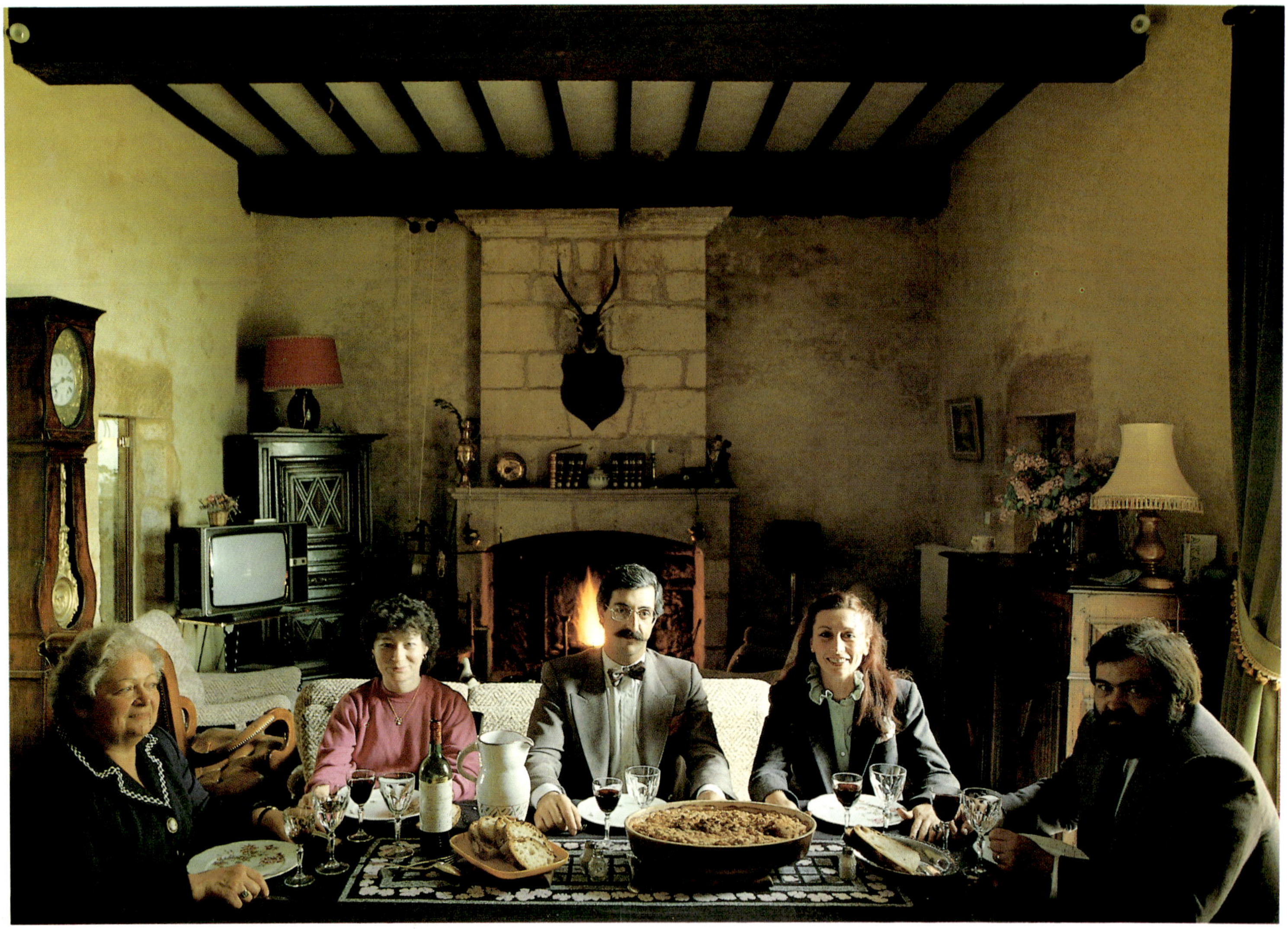

La vie à la campagne comporte pour une majorité de Français un délassement très important : la chasse. Le jour de l'ouverture, attention, on tue tout ce qui bouge ! Levés avant l'aube, les chasseurs se retrouvent bredouilles ou non dans le pavillon de chasse pour un solide et tardif déjeuner. Cette cuisine plantureuse et bien arrosée est préparée le plus souvent, du moins chez les notables, par la femme du garde. Tous ceux qui s'installent autour de la table sont de « fines gueules » et, en plus, ils sont affamés par les kilomètres parcourus. Envions-les, car la cuisinière va mettre un point d'honneur à se surpasser, « mettre les petits plats dans les grands ». Et c'est là que l'on peut, en appétit, se régaler de la plus exceptionnelle et simple des cuisines dites bourgeoises, dont la préparation, dans les règles de l'art, a demandé parfois plus d'une journée. Inutile de parler des vins, certaines bouteilles sont réservées bien à l'avance à cet effet. Bref, le repas de chasse à la campagne fait partie en France d'un art de vivre, gardien de certaines traditions et pas du tout en voie de disparition. Alimenté à la bûche, le fourneau est le cœur

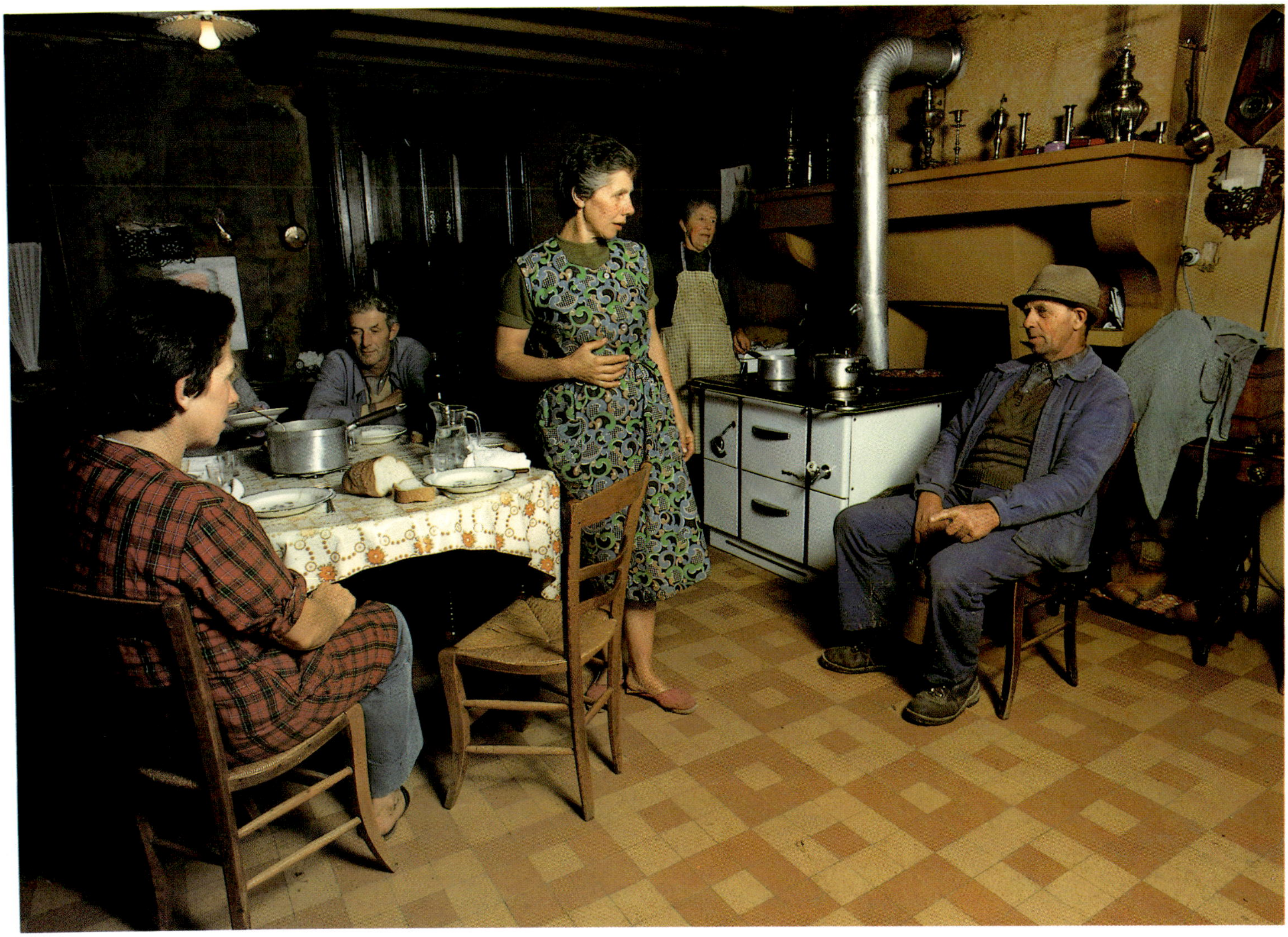

de la ferme. Sur lui mijotent, pendant des heures parfois, des daubes, des ragoûts et des mirontons que l'on écarte en fin de cuisson sur le bain-marie, sorte de réservoir d'eau chaude à droite de la plaque de cuisson. Inutile de dire que dans les riches et grandes exploitations agricoles, l'équipement électroménager est tout aussi moderne et efficace que celui des villes.

Les femmes sont de fines cuisinières et détiennent de leurs mères et grand-mères un savoir qui s'est peu modifié, même si on se sert de la congélation et de la stérilisation. Chaque région a sa manière d'accommoder. À l'heure du repas, les dames font le service, mais le trajet n'est pas loin entre le feu et la table où arrive directement la casserole. Le vin est tiré du tonneau à la cave par les hommes et encore maintenant, bien souvent, on n'entame pas la miche de pain sans y faire une croix avec la pointe du couteau. Enfin, il y a une chose que nous vous laissons imaginer, les odeurs exquises, les fumets qui, le ventre creux, vous mettent si bien en appétit.

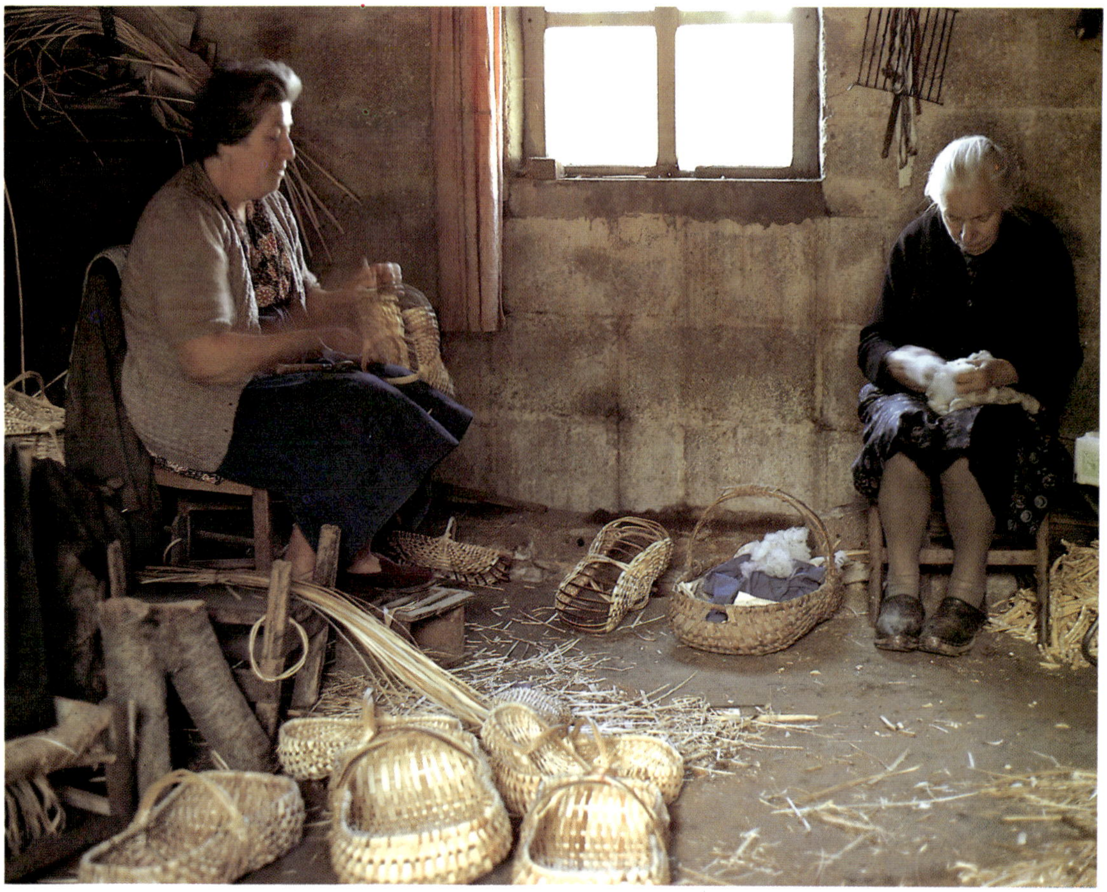

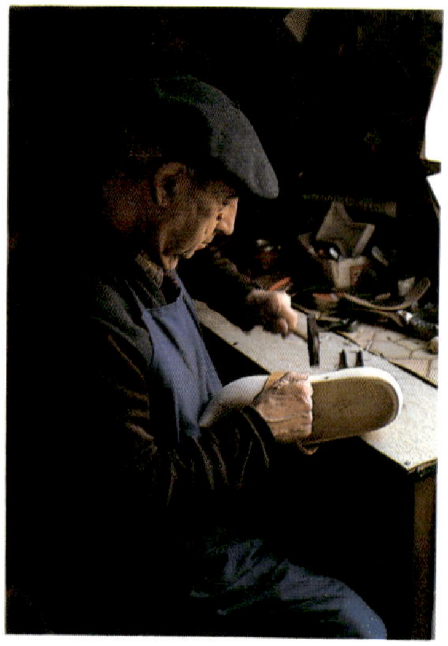

Il y a bien longtemps, le village devait se suffire à lui-même, chacun ayant sa petite spécialité à laquelle les autres pouvaient faire appel. Il reste encore quelques survivances de ces temps passés sous forme d'artisanat local. Dans la vannerie, par exemple, où le matériau de base, l'osier, pousse dans la région et où un besoin réel est à la demande de l'objet. Moins heureux est le sabotier, même si le hippy a dans les années soixante-dix porté des sabots, il n'en fabrique plus guère que pour les touristes qui les trouveront ornés du nom de la localité. Le maréchal-ferrant rend encore quelques services à ceux qui conservent comme amis leurs bons percherons. Souvent forgeron, il peut malheureusement être l'auteur de vilaines et prétentieuses grilles de quelques résidences secondaires. La repasseuse, elle, déploie tout son art au moment des fêtes votives, où l'on ressort le costume traditionnel et la coiffe qui, presque toujours, est en linon blanc.

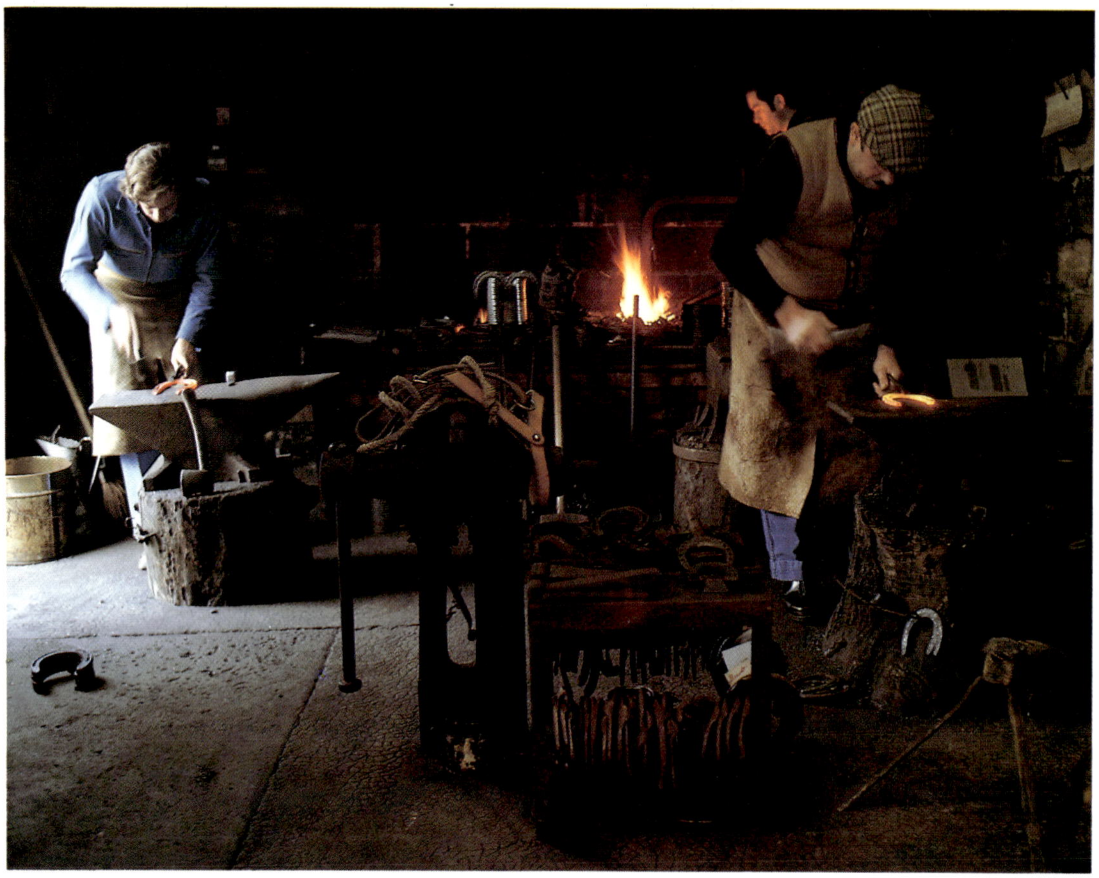

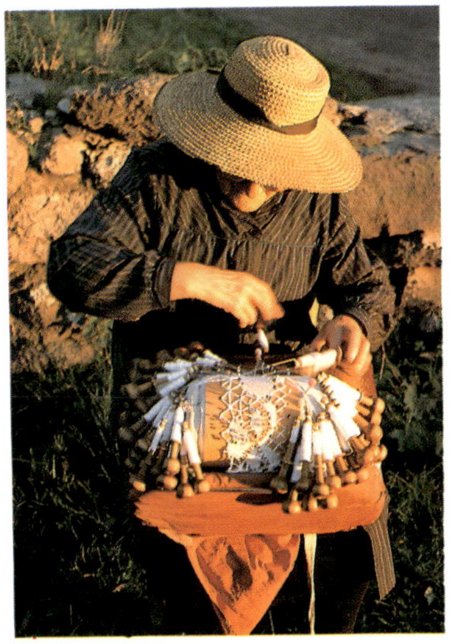

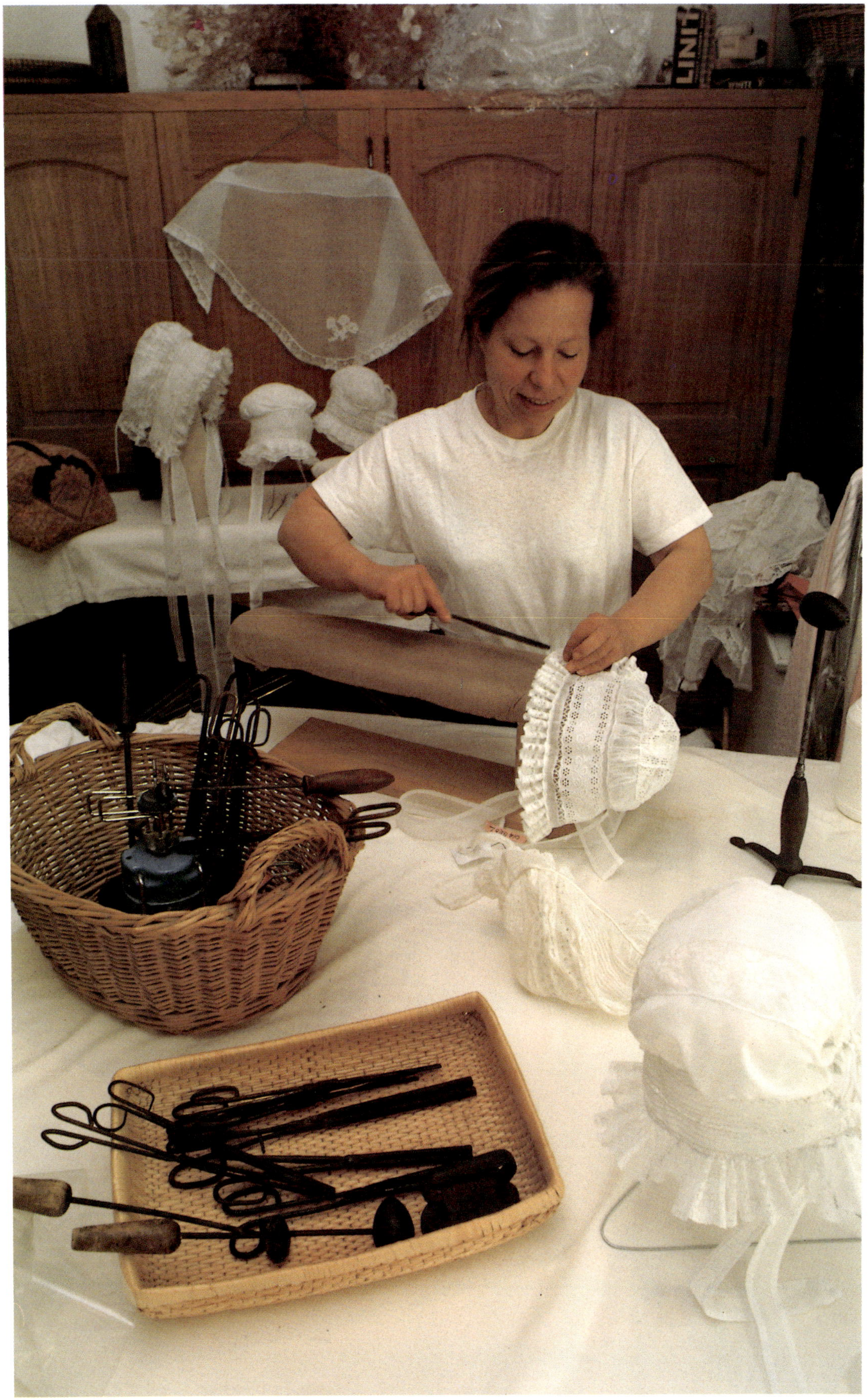

Ce léger et fin tissu est alors amidonné. Sa raideur s'obtient au fer chaud qui cuit l'amidon (fécule de pomme de terre et eau de riz sont utilisées), le tuyauté des dentelles est roulé sur les branches rondes d'un autre fer spécial. La dentelle était autrefois bien de famille et faisait partie du trousseau. Elle ornait richement les nappes d'autel et les vêtements sacerdotaux. Son industrie, fort brillante au début de ce siècle, a aujourd'hui pratiquement disparu, même si l'on voit encore, en Auvergne, par exemple, dans la région du Puy, des dentellières à façon qui travaillent encore au fuseau. Savoir ancestral qui se pratiquait dans ces régions aux ressources insuffisantes, réduites à l'inactivité durant la mauvaise saison. Actuellement, pour qui travaillent ces dentellières à l'activité confidentielle ? Pour des négociants, dit-on, qui fournissent les émirats. Alors, la France va-t-elle payer son pétrole avec de la dentelle ?

Dans certains lieux et à certaines époques, la France a gardé ses fêtes traditionnelles, et même parfois en invente encore d'insolites et de cocasses.

Ainsi dans le petit village de Bessières, non loin de Toulouse, gros producteur d'œufs, le maire a imaginé pour chaque lundi de Pâques la fête de l'omelette *(ci-contre, en haut)* : 5500 œufs sont cassés dans une poêle géante de 3,50 mètres de diamètre dont le manche est un poteau télégraphique ; ces œufs sont fouettés avec un battoir à moteur, et 3000 parts d'omelette sont servies avec du pain offert par les boulangers.

Authentique et plus vénérable est le pèlerinage des Saintes-Maries-de-la-Mer *(ci-contre, en bas)*, dans les Bouches-du-Rhône, qui est, le 24 et le 25 mai de chaque année, le grand rendez-vous des gitans. C'est là que selon la légende, Marie-Jacobé, sœur de la Vierge, et Marie-Salomé accompagnées de leur servante noire Sara, auraient miraculeusement débarqué sans rame ni voile après avoir été chassées de Judée. De là, elles auraient entrepris d'évangéliser la région. Sara, bien qu'elle n'ait jamais été canonisée,

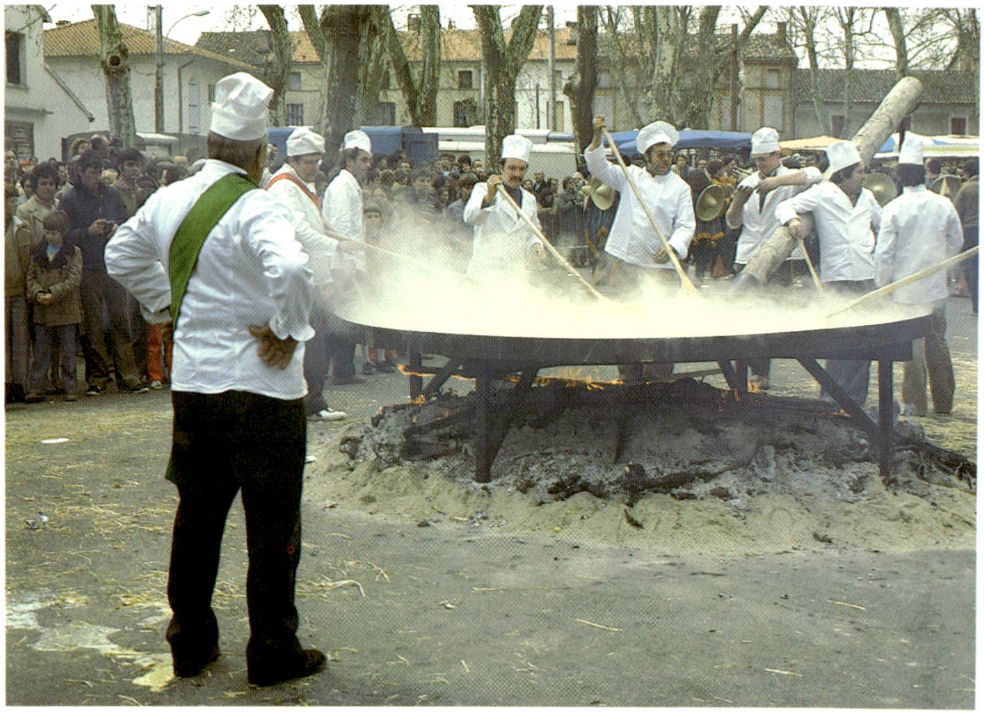

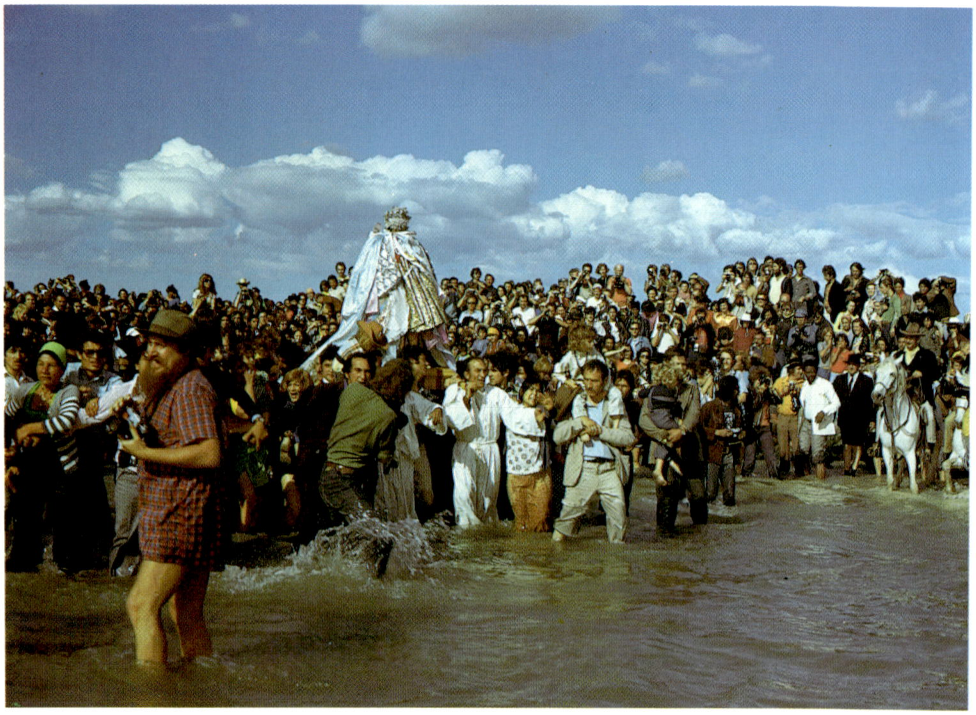

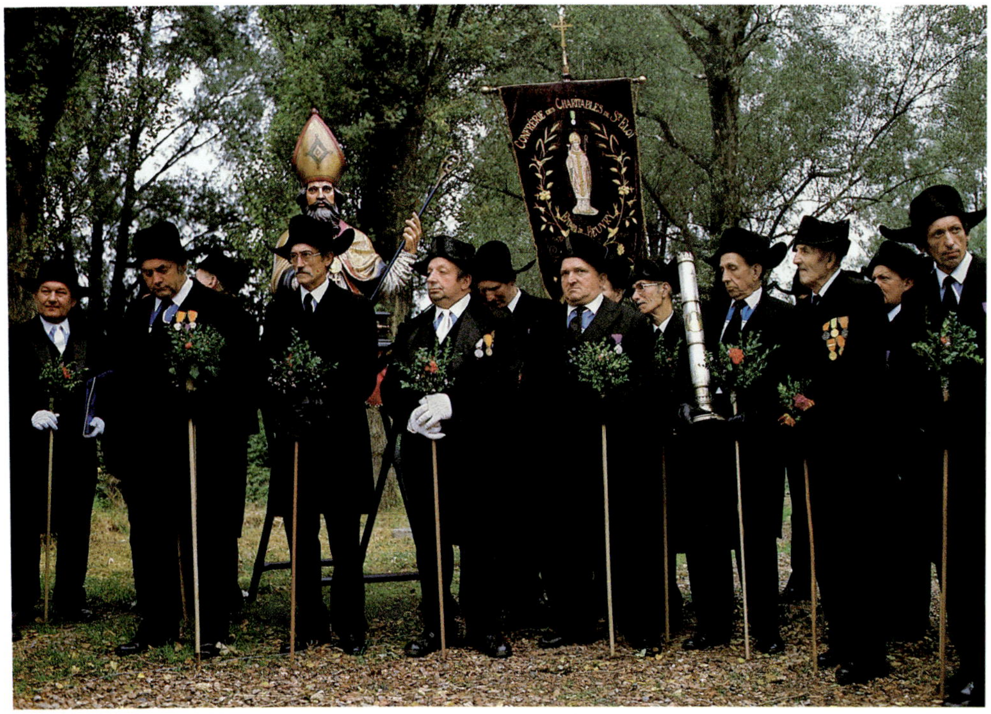

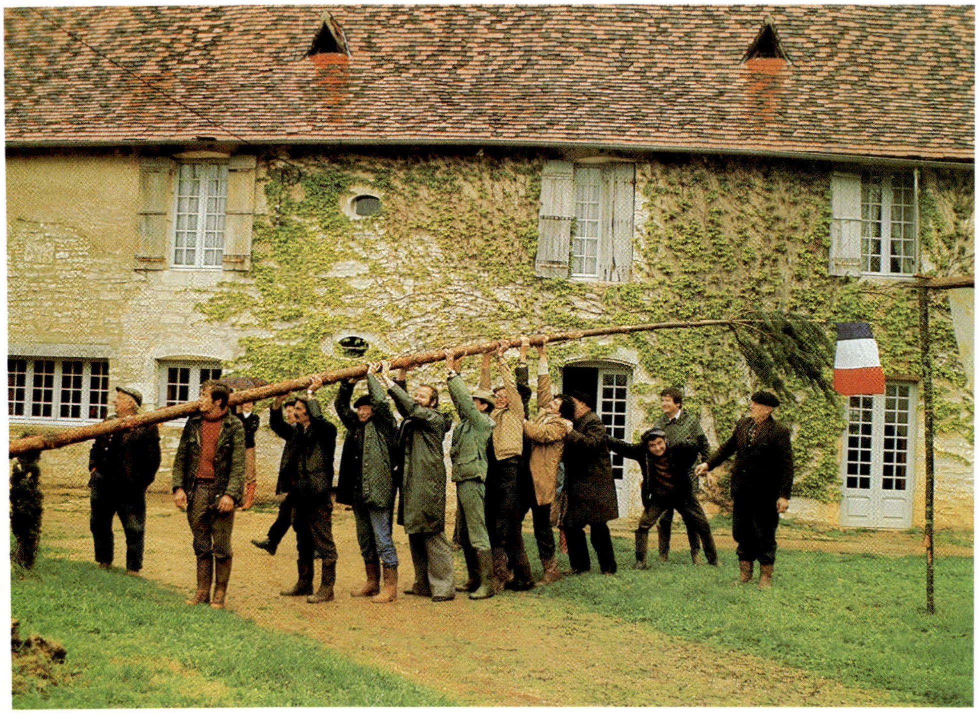

est la patronne des gitans. Ceux-ci viennent de toute l'Europe pour suivre la procession qui ouvre le pèlerinage, et apporter des vêtements pour habiller la statue. Le lendemain, une nouvelle cérémonie se déroule sur la plage, ainsi qu'une bénédiction de la mer. Ces fêtes sont l'occasion pour les gitans de célébrer dans leur famille baptêmes, mariages, ou communions, se plaçant ainsi sous la protection de leur patronne.

Dans le nord de la France, cette fois, à Béthune dans le Pas-de-Calais, le grand jour est le 1er décembre, fête de la Saint-Éloi *(ci-contre, en haut)*. Celui-ci, patron des orfèvres et des forgerons, fut le conseiller du roi des Francs, Dagobert Ier, rendu célèbre auprès de tous les enfants de France par une chanson.

La fête de l'arbre de mai en Dordogne *(ci-contre, en bas)* ne remonte pas si loin. C'est seulement vers 1870 que les candidats aux élections locales prirent l'habitude de planter un arbre, en même temps qu'ils prononçaient un discours pour demander aux villageois de voter pour eux. Les élections locales se passaient alors en mai. Aujourd'hui, la cérémonie de l'arbre de mai a lieu... à l'époque des élections.

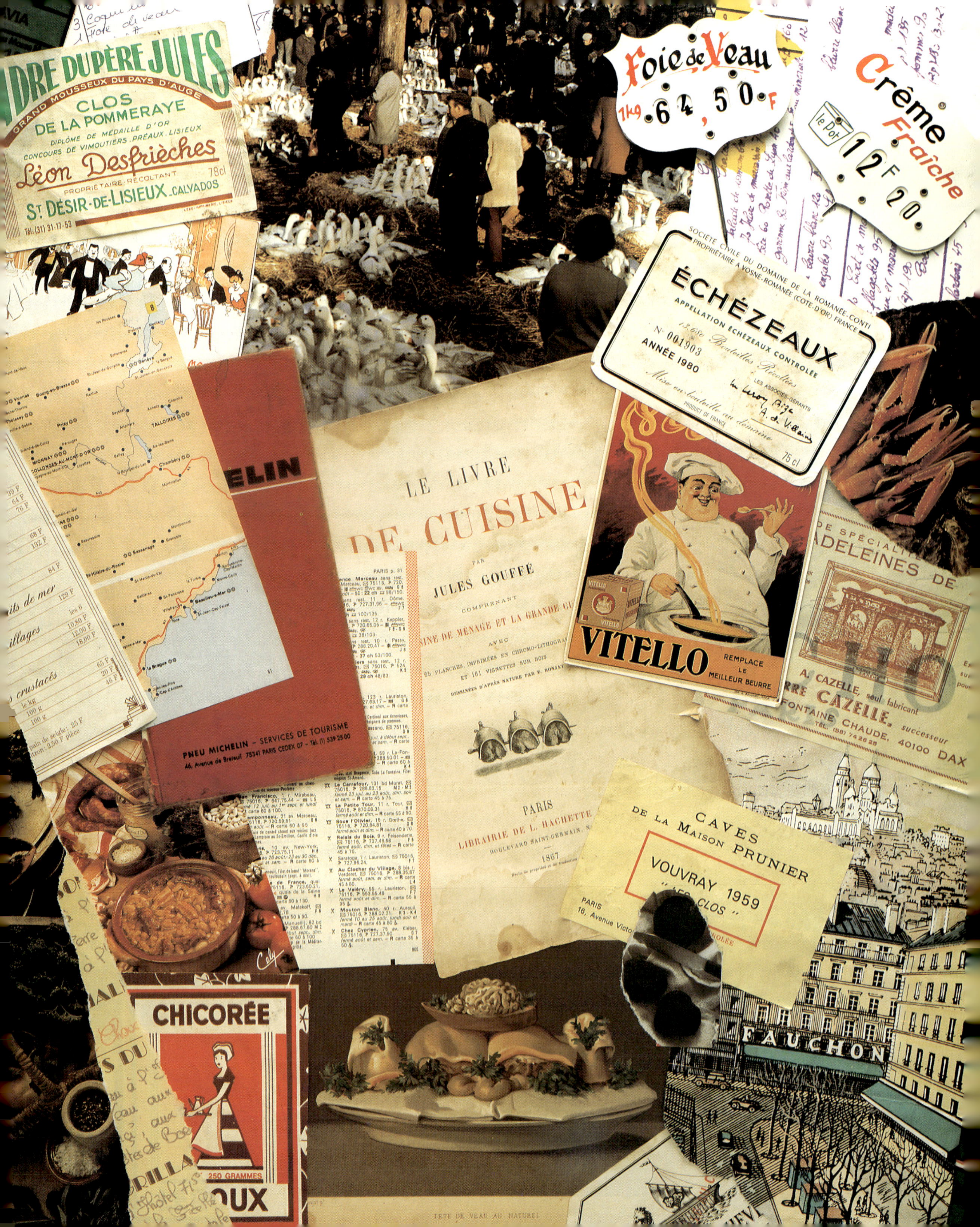

DRE DUPÈRE JULES
GRAND MOUSSEUX DU PAYS D'AUGE
CLOS DE LA POMMERAYE
DIPLÔME DE MÉDAILLE D'OR
CONCOURS DE VIMOUTIERS, PRÉAUX, LISIEUX
Léon Desfrièches
PROPRIÉTAIRE-RÉCOLTANT
78cl
St DÉSIR-DE-LISIEUX, CALVADOS
Foie de Veau
1kg 64,50 F
Crème Fraîche
le Pot 12 F 20
SOCIÉTÉ CIVILE DU DOMAINE DE LA ROMANÉE-CONTI
PROPRIÉTAIRE A VOSNE-ROMANÉE (COTE-D'OR) FRANCE
ÉCHÉZEAUX
APPELLATION ÉCHÉZEAUX CONTROLÉE
N° 001903
ANNÉE 1980
Mise en bouteille au domaine
PRODUCT OF FRANCE
75 cl
ELIN
PNEU MICHELIN - SERVICES DE TOURISME
46, Avenue de Breteuil 75341 PARIS CEDEX 07
LE LIVRE DE CUISINE
PAR JULES GOUFFE
COMPRENANT
AVEC
PARIS
LIBRAIRIE DE L. HACHETTE
1867
VITELLO
REMPLACE LE MEILLEUR BEURRE
ADELEINES DE
A. CAZELLE, seul fabricant
RRE CAZELLE, successeur
FONTAINE CHAUDE, 40100 DAX
CAVES DE LA MAISON PRUNIER
VOUVRAY 1959
PARIS
CHICORÉE
250 GRAMMES
OUX
FAUCHON
TETE DE VEAU AU NATUREL

LA FRANCE À TABLE

En France, la cuisine est un art majeur. La langue internationale de la cuisine, c'est le français ; les normes définies par les plus grands chefs français ont été reconnues à travers le monde et leur influence culinaire reste insurpassée. La grande cuisine, comme la haute couture, constitue le domaine d'une élite restreinte de gens riches et complaisants, parmi laquelle on compte nombre d'étrangers qui recherchent ce qu'il y a de meilleur et qui sont en mesure de le payer. En France, atteindre la notoriété équivaut, pour un chef, à un statut analogue à celui des vedettes de cinéma dans un autre pays. Y parvenir présente d'énormes difficultés : après avoir prouvé votre génie dans un art qui comporte des règles rigoureuses et des épreuves pratiques redoutables, il vous est aussi indispensable de témoigner d'une personnalité qui s'y assortisse. Ceux qui réunissent ce puissant ensemble sont en passe de recevoir les accolades les plus flatteuses et certains même ont été récompensés par la prestigieuse Légion d'honneur.

Nous autres voyageurs, nous arrivons armés de nos petites bibles rouges de la cuisine — ces guides dont les étoiles signalent la réputation culinaire des chefs à travers le pays et apportent une autre stimulation à la compétition féroce entre restaurants, relais routiers, cafés et brasseries. André Michelin établit son premier guide dès 1900, de telle sorte que dès les débuts de l'automobile, les conducteurs surent où acheter de l'essence, faire réparer leur voiture, dormir pour la nuit et, bien entendu, manger agréablement où que ce soit en France.

Aujourd'hui comme autrefois, des controverses acharnées et des affrontements théâtralement politiques prévalent au sein de la coterie fascinante des chefs de premier ordre. Ils sont invités à parrainer des produits qui n'ont que de vagues liens avec leur profession et paraissent signer et vendre un de leurs livres de cuisine avec chaque couvert, tant est grande leur popularité internationale. Dire que les chefs français prennent leur profession au sérieux est une formidable litote et il en a toujours été ainsi. Il y a trois siècles, le célèbre Vatel, chef du prince de Condé, se pourfendit le corps d'une épée en apprenant que la marée tardait pour un dîner offert en l'honneur du roi !

Il y a une importante distinction à établir entre la cuisine de restaurant et la cuisine familiale, mais l'une comme l'autre sont perfectionnistes. J'ai gardé un souvenir vif et agréable d'un repas chez un vigneron en Bourgogne. Le repas en lui-même était très simple, mais il était accompagné du beurre le plus délicieux. Quand je demandai à la maîtresse de maison où elle l'avait acheté, elle me répondit que c'était chez un fermier à quelques kilomètres de là — tout un voyage pour une motte de beurre ! Dans chaque village, dans chaque ville, chacun est un expert et signale le meilleur endroit ou la meilleure boutique pour chaque aliment. La préférence personnelle semble n'avoir que peu de rapport avec l'alimentation pure et simple — une charcuterie sera la meilleure pour le pâté, mais il faut se rendre dans une autre pour le jambon. À Paris, les gens font des kilomètres pour se procurer le meilleur camembert que l'on servira au déjeuner du dimanche et tous les jours, ordinairement deux fois par jour, à travers tout le pays, il y a au moins une personne dans la famille qui va acheter du pain frais. En France, le prix du pain est un indice national du coût de la vie.

Les Français ont une approche franche à l'égard de la nourriture, qui ne se manifeste pas seulement par le plaisir évident avec lequel ils la consomment, mais aussi par l'absence de délicatesse exagérée quant à la manière de préparer ces spécialités qui mettent l'eau à la bouche et quant à leur provenance. Le profane frémit quand on lui présente des tripes ou d'autres abats délicieusement apprêtés, ou des cuisses de grenouilles, des escargots, de la viande de lapin et de cheval. Les Français n'y pensent jamais et ne se sentent pas coupables une seconde du gavage des oies et des canards pour le fois gras, pas plus que du traitement des truites plongées vives dans un bouillon brûlant.

Ils s'agitèrent bien plus pour connaître ce que contenaient les *hamburgers* quand les chaînes de repas rapides envahirent le pays — et à bon droit, bien que malheureusement, ces dernières se soient installées malgré les protestations initiales. La charcuterie et la boulangerie françaises traditionnelles ont longtemps approvisionné ceux qui veulent acheter des plats préparés de haute qualité et elles ont répondu au défi de la nourriture rapide « à l'américaine » par la création de boutiques de traiteurs où l'on peut emporter de délicieux plats du jour. En outre, des versions surgelées de spécialités des chefs sont maintenant massivement produites pour ceux qui ont les moyens de s'offrir autre chose que du poisson pané.

En France, remplir son estomac constitue toujours un des beaux-arts et une part essentielle de la culture, malgré une statistique récente, signalant que cinquante pour cent seulement de la population s'intéressait actuellement à la cuisine. En aucun autre endroit de la planète pareil jugement pourrait être porté... qui fût aussi évidemment inexact !

On représente volontiers le Français moyen coiffé d'un béret basque avec une baguette sous le bras. Il n'y a plus guère de bérets basques que sur la tête des vieux paysans des Landes, mais, quand approche l'heure du repas, on voit toujours autant de baguettes sous les bras, ou émergeant des cabas.

La consommation de pain n'est pourtant plus ce qu'elle était. Elle est tombée de trois cents kilos annuels par habitant au siècle dernier à moins de soixante aujourd'hui, diminuant de moitié depuis la dernière guerre. Pourquoi ? Parce que si le pain est resté le meilleur marché des aliments, la misère, elle, a régressé. Aux siècles passés, l'augmentation du prix du pain provoquait des émeutes. Aux premiers jours de la Révolution, le peuple marchant sur Versailles n'y cherchait pas le roi, la reine ni le petit prince, mais le boulanger, la boulangère et le petit mitron...

Et puis, il y a quelques dizaines d'années, le pain a été mis en accusation. On lui reprochait d'être indigeste et de faire grossir. Mais la médecine est souvent une question de mode et aujourd'hui les diététiciens sont d'accord : le pain ne fait grossir que si l'on en mange trop. De plus, il possède des vertus non négligeables : il est énergétique, n'apporte que peu de graisses et, surtout, c'est une des meilleures sources de ces fibres alimentaires dont la carence est sans doute à l'origine de graves maladies.

Mais, ce sont maintenant les consommateurs qui protestent. « Notre pain, disent-ils, n'est plus celui d'autrefois, il n'a plus de goût, il rassit trop vite, la croûte est trop molle. » En réalité, la fabrication du pain reste presque entièrement artisanale et le pain est bon quand il vient de chez un bon artisan. Et on en trouve dans tous les quartiers. Les habitants le savent très bien. Il suffit de regarder chez quel boulanger on fait la queue à l'heure où sort la fournée. Par contre, il est vrai qu'on ne trouve pratiquement plus le gros pain au kilo d'autrefois, auquel, pour faire le poids, on ajoutait une pesée.

Les Français, ces mangeurs de pain, ne savent pas toujours que leurs ancêtres sont

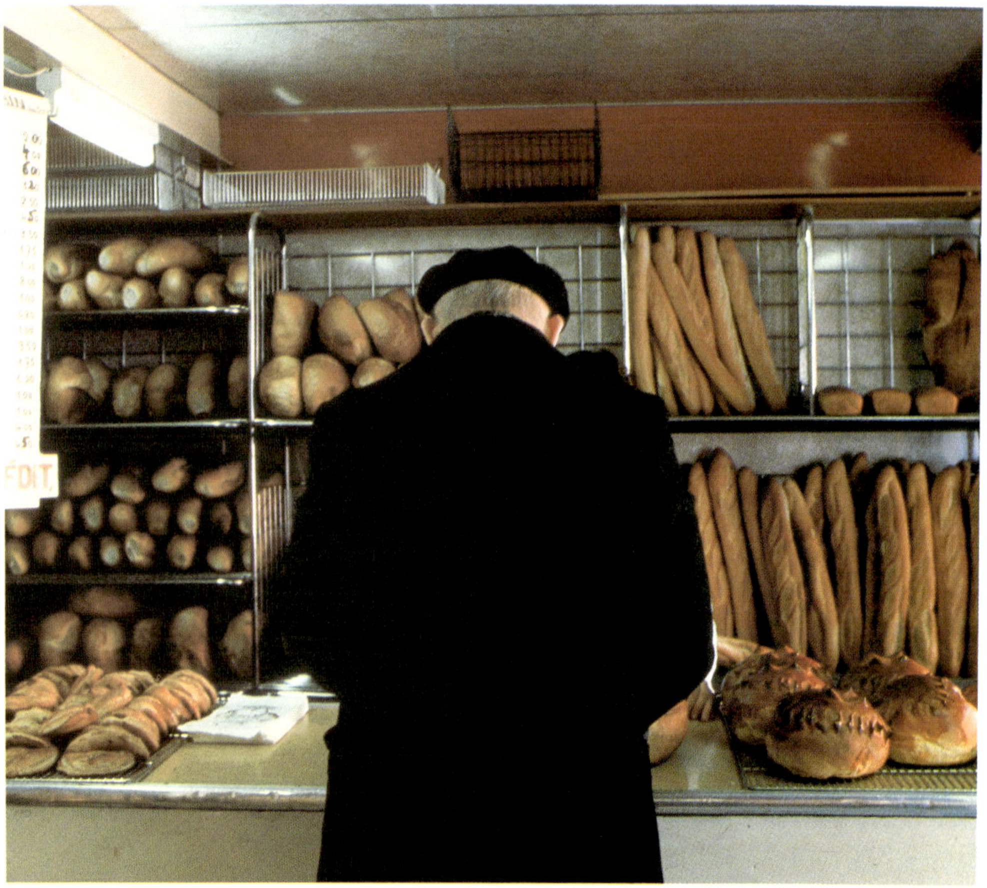

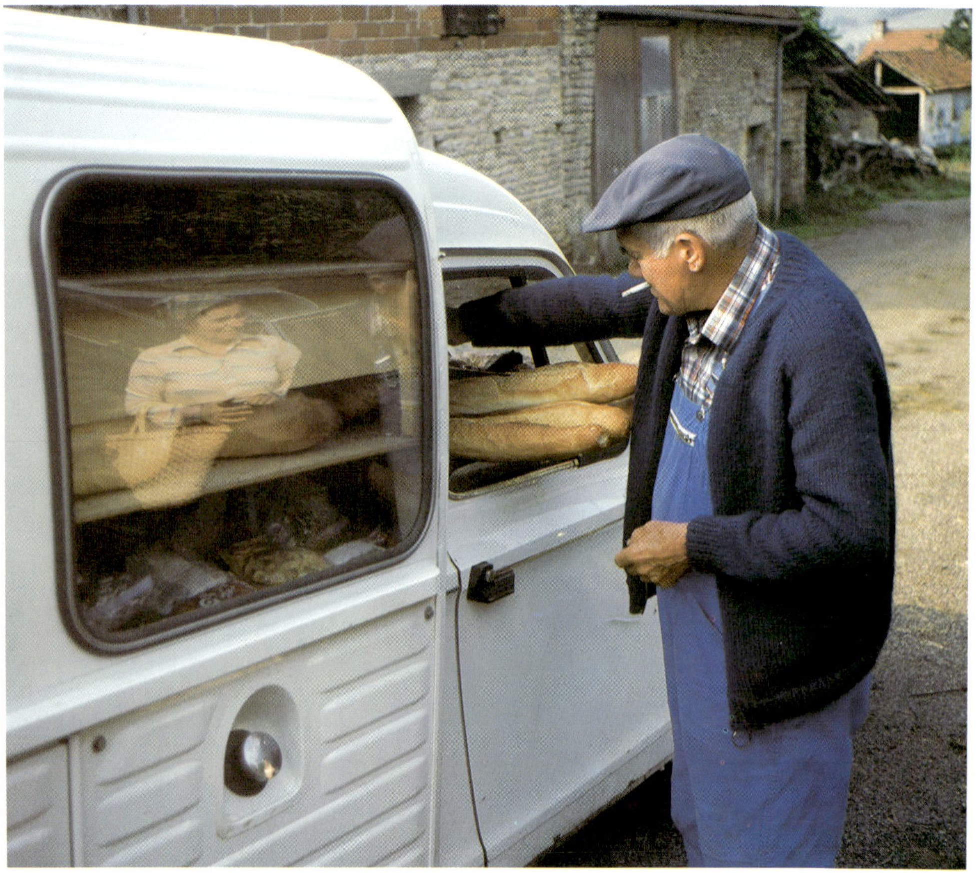

En haut : au petit matin, la visite à la boulangerie est l'un des rites français.

En bas : dans un village sans boulangerie, le pain frais est apporté deux fois par jour par camionnette.

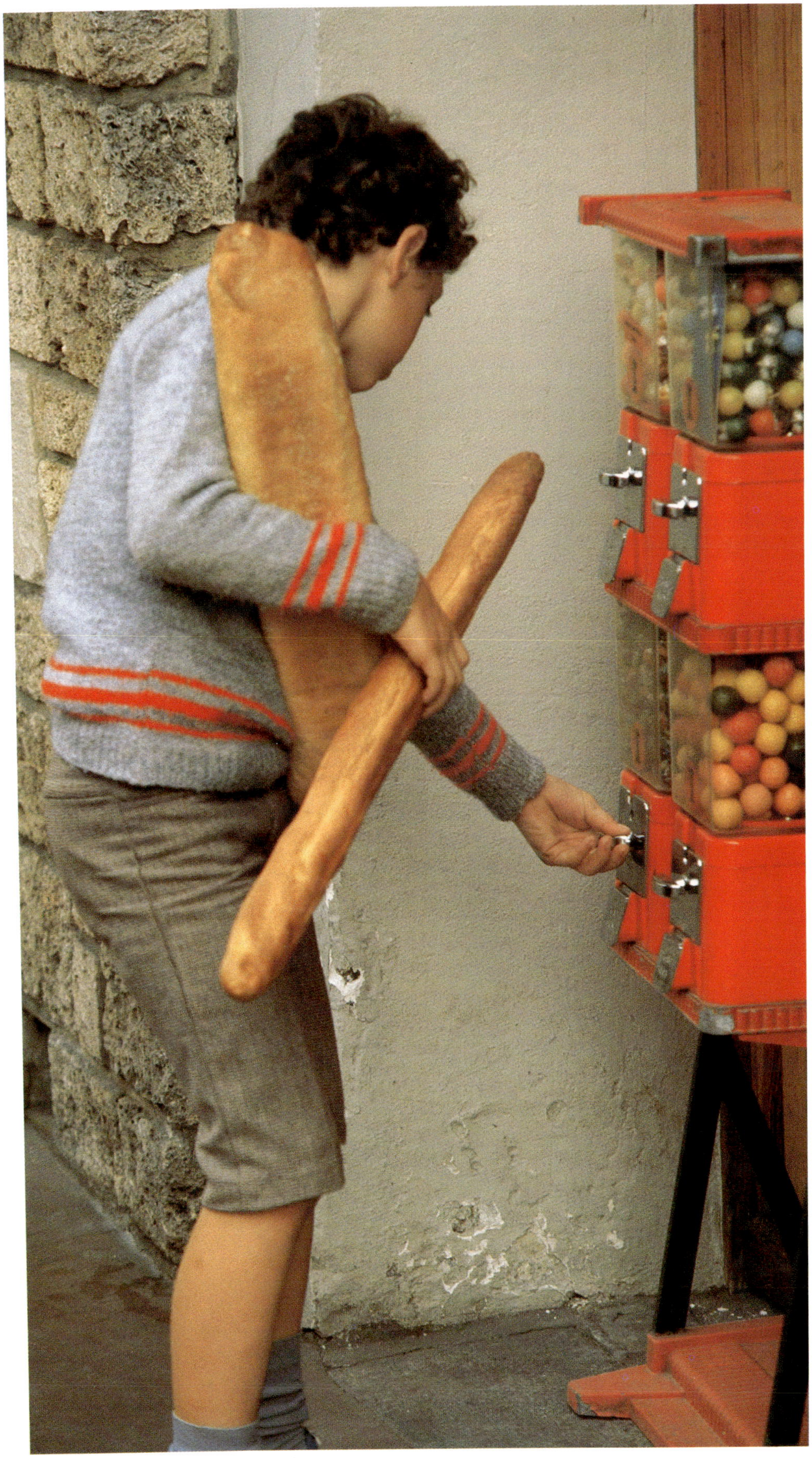

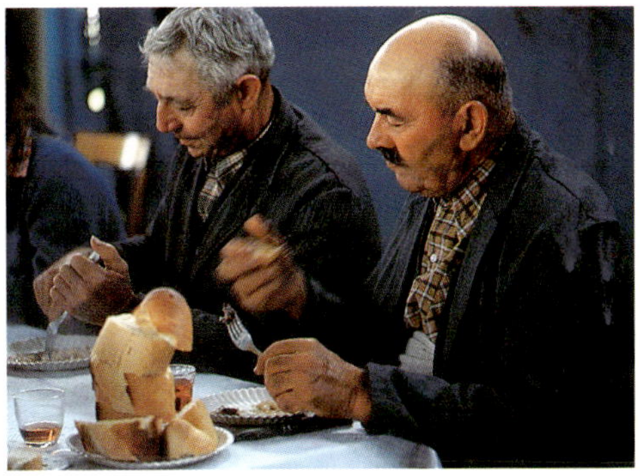

loin d'être les premiers à l'avoir apprécié. Le geste du boulanger enfournant sa pâte est presque aussi vieux que celui du semeur, puisqu'on en trouve des représentations sur des fresques égyptiennes ornant les tombeaux des pharaons. Dans ce domaine, comme dans tant d'autres, les Grecs du siècle de Périclès étaient de véritables artistes, et fabriquaient pour les jours de fête des pains de toutes les formes imaginables. Quant à la Rome du temps d'Auguste, on y comptait plus de trois cents boulangers, en majorité des Grecs, mais qui avaient souvent pour aides des Gaulois. Ce qui est peut-être révélateur du futur engouement de la France pour le pain...

C'est évidemment à partir du christianisme que le pain, comme le vin, que Jésus partagea avec ses disciples au repas du Jeudi saint, est devenu une nourriture chargée de symbole. En France, il y a encore une dizaine d'années, il était d'usage dans les familles traditionnelles de tracer une croix sur le pain avec le couteau avant de le couper. Et à la foi s'ajoutait la superstition. Bien des gens ont, encore maintenant horreur, de voir le pain posé à l'envers ; ils pensent que ça porte malheur !

« Gagner son pain », « retirer le pain de la bouche », « avoir du pain sur la planche », « ne pas manger de ce pain-là... » Toutes ces locutions, et des dizaines d'autres, montrent la place que le pain, symbole de vie, a toujours occupé dans les mœurs françaises. Et cela continue, puisque les jeunes en ont trouvé une nouvelle : « Ça ne mange pas de pain. »

À gauche : ramener du pain frais pour le petit déjeuner mérite bien une petite récompense !

Ci-dessus : pour les Français, point de repas sans pain.

À l'intérieur d'une pièce close appelée fournil, pétrissage, fermentation, cuisson, sont les opérations principales qui conduisent de la farine aux trois millions de tonnes de pain consommées annuellement par les Français. Pour sa fournée du matin, le boulanger doit travailler la nuit ou en tout cas au petit jour. Pétrir est un art. Autant que la bonne farine, c'est un bon pétrissage qui fait le bon pain. La plupart des fours sont aujourd'hui électriques, mais certains boulangers sont revenus au feu de bois pour fabriquer du pain à l'ancienne.

Il existe quelques trucs pour choisir un bon pain. Il doit avoir une croûte relativement épaisse, bien croquante et dorée, qui ne se décolle pas quand on appuie sur le pain. Il doit être plutôt lourd par rapport à son volume et la mie ne doit pas être trop blanche. Il vaut mieux qu'il ait une odeur légèrement acide qu'une odeur fade. Si on le frappe du doigt, il doit être sonore. On doit savoir aussi qu'il ne faut pas couper le pain plus de dix minutes avant de le servir, qu'il est déconseillé de le conserver dans un sac plastique, et qu'il faut préférer un sac en papier, un torchon, ou encore une boîte en bois. Enfin, il ne faut griller ni le pain frais ni le pain de seigle.

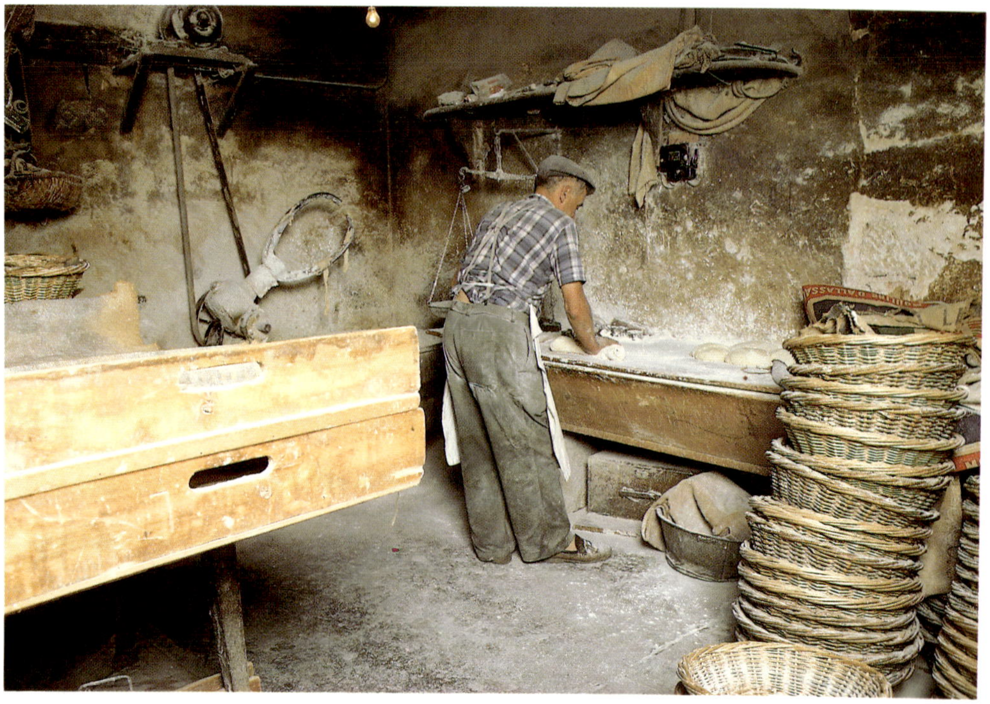

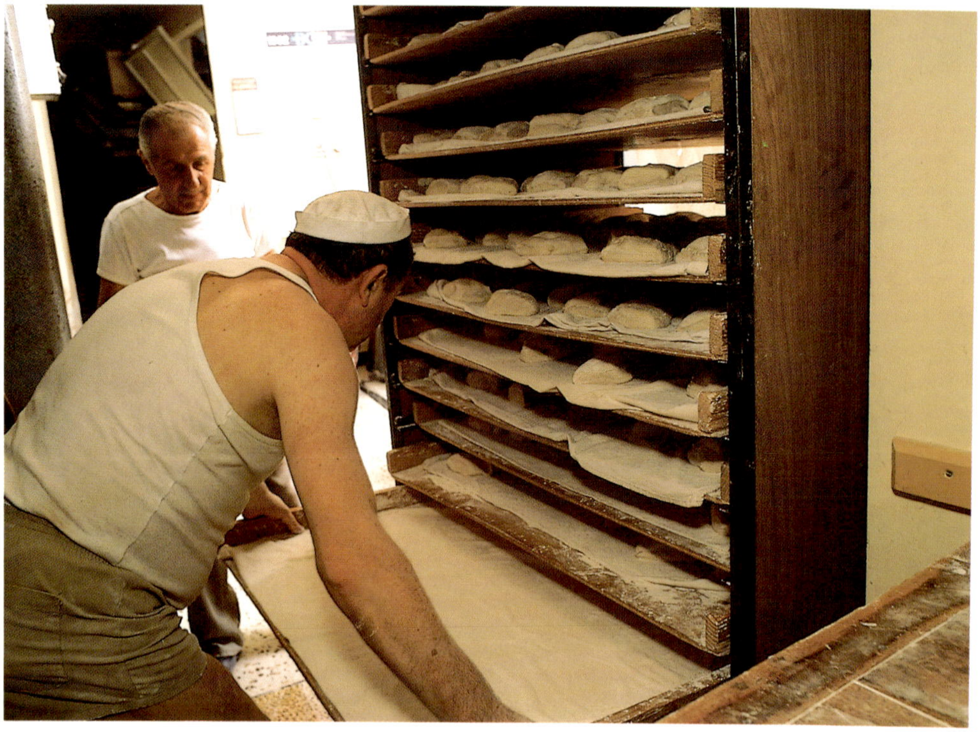

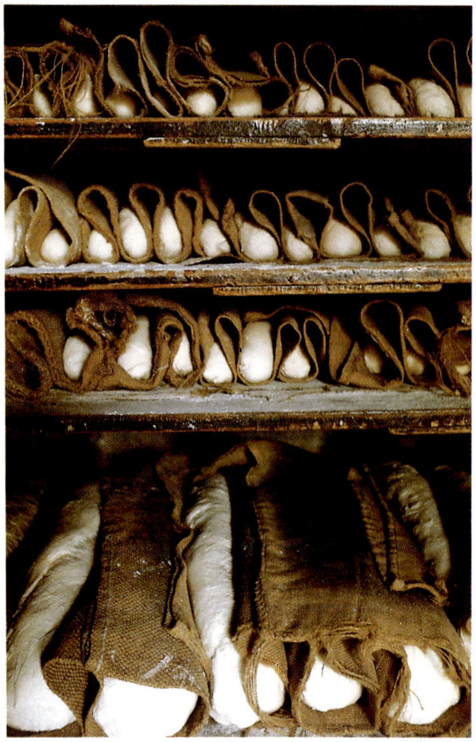

Page opposée : le boulanger étend sa pâte, et prépare sa fournée ; sagement alignés, les pains attendent la cuisson.

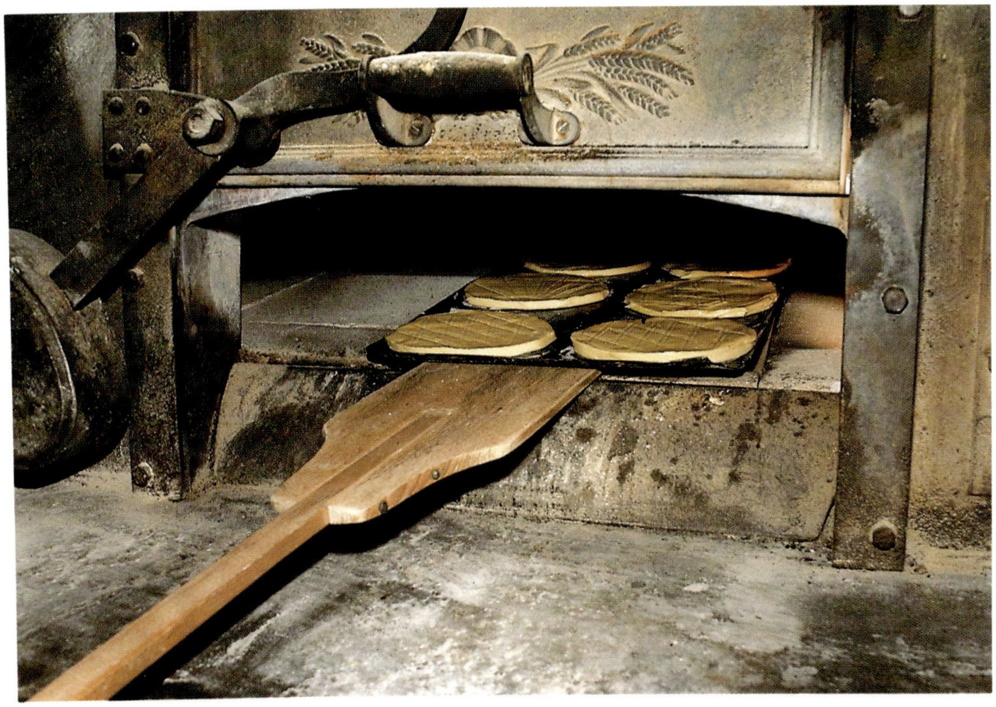

À gauche : fonds de tarte au four.

Ci-dessous : Lionel Poilâne, maître-boulanger dans son arrière-boutique à Paris.

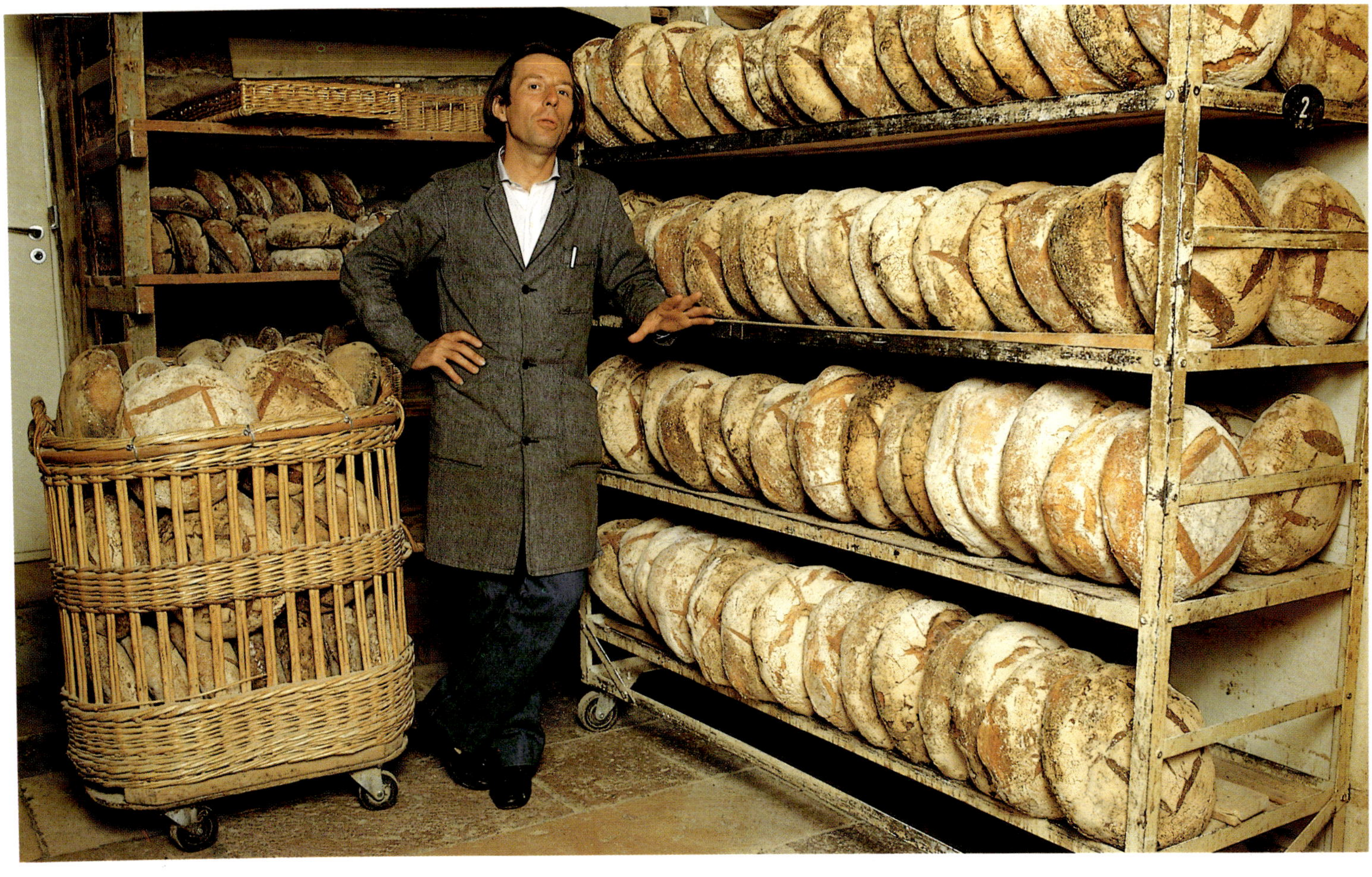

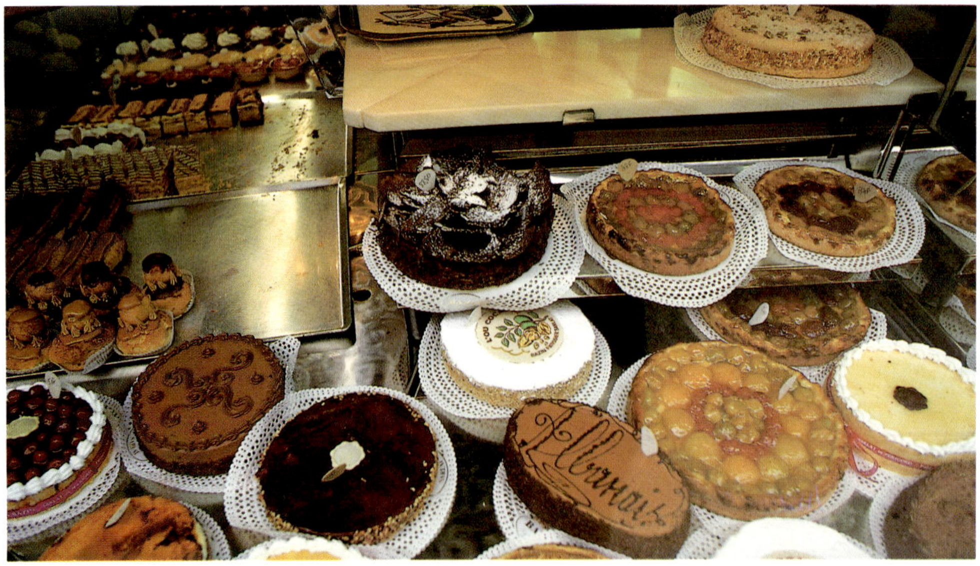

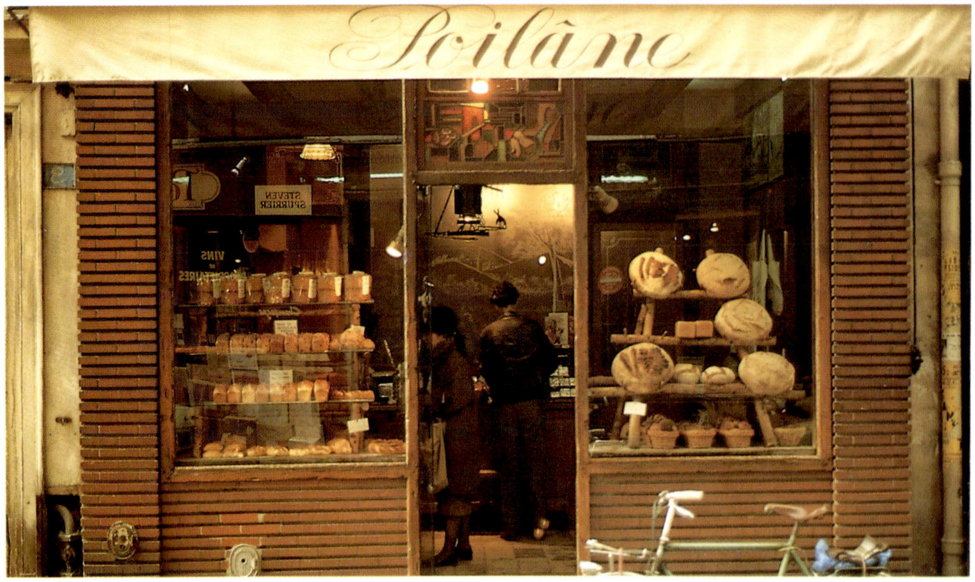

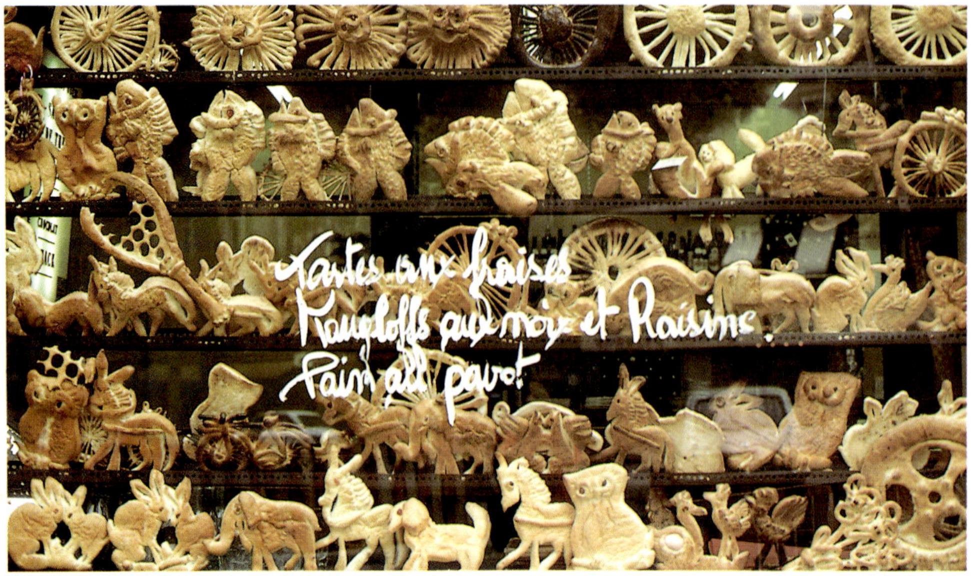

Dans la France du Moyen Âge, les fours des boulangers étaient relégués loin de toute agglomération, par crainte du feu. Ainsi faisaient-ils souvent leur tournée en carriole pour distribuer le pain. Peu à peu, ils s'installèrent dans les villes, embaumant les rues d'un arôme que l'odeur d'essence a bien fâcheusement remplacé. À cette époque on chantait : « La boulangère a des écus, et moi je n'en ai guère... » mais lorsque, comme dans le célèbre film de Marcel Pagnol, le boulanger faisait la grève du fournil, c'était la consternation au village.

Rue du Cherche-Midi à Paris, dans la petite boutique qu'avait achetée son père en 1932 *(au centre, à gauche)*, Lionel Poilâne a remis en vigueur les vieilles traditions de la boulangerie. Il est l'auteur d'un livre intitulé *Le Guide de l'amateur de pain* et son pain est célèbre dans tout le pays. Autre boutique appétissante, celle de ce pâtissier de Sarlat *(en haut, à gauche)*, dont les gâteaux sont bien connus dans la région. Curiosité cette fois à Paris où, boulevard Haussmann *(en bas, à gauche)*, selon une très ancienne tradition, le boulanger est aussi sculpteur de pain : animaux, roues de bicyclette, de carrioles, raquettes de tennis..., il en fait à la demande.

Ci-dessous, cette belle gourmande séduit les clients d'un boulanger de la rue Saint-Martin. Enfin, ce boulanger-pâtissier de la rue Gustave-Flaubert dans le XVIIe arrondissement *(à droite)* est non seulement un artiste dans son métier mais porte le nom prédestiné de Marcel Pain...

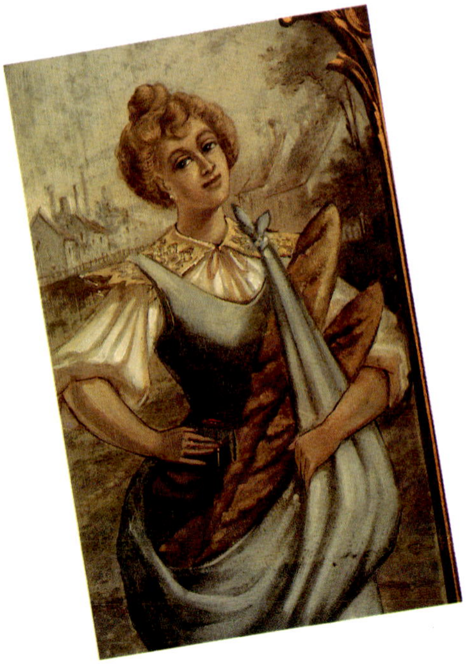

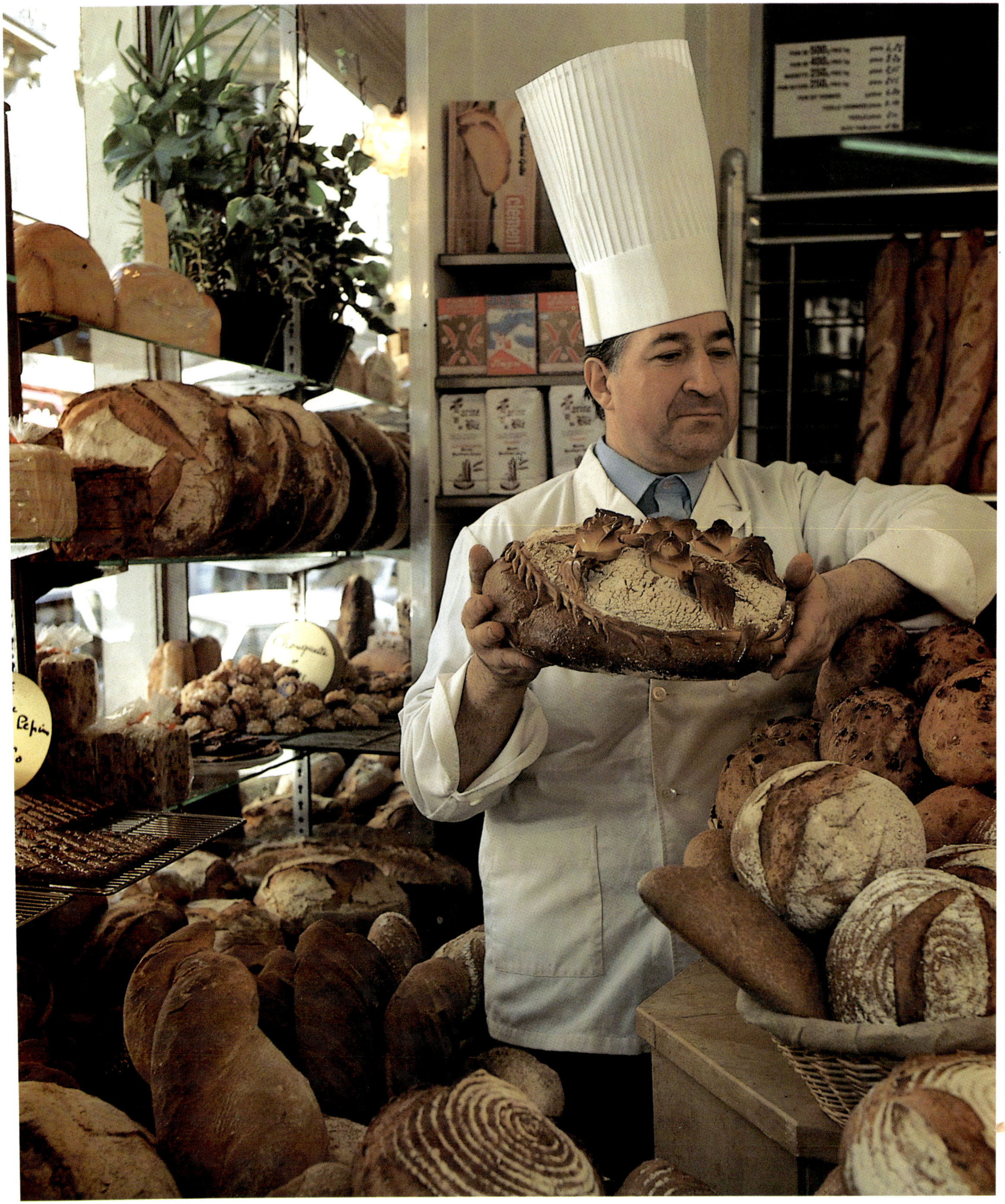

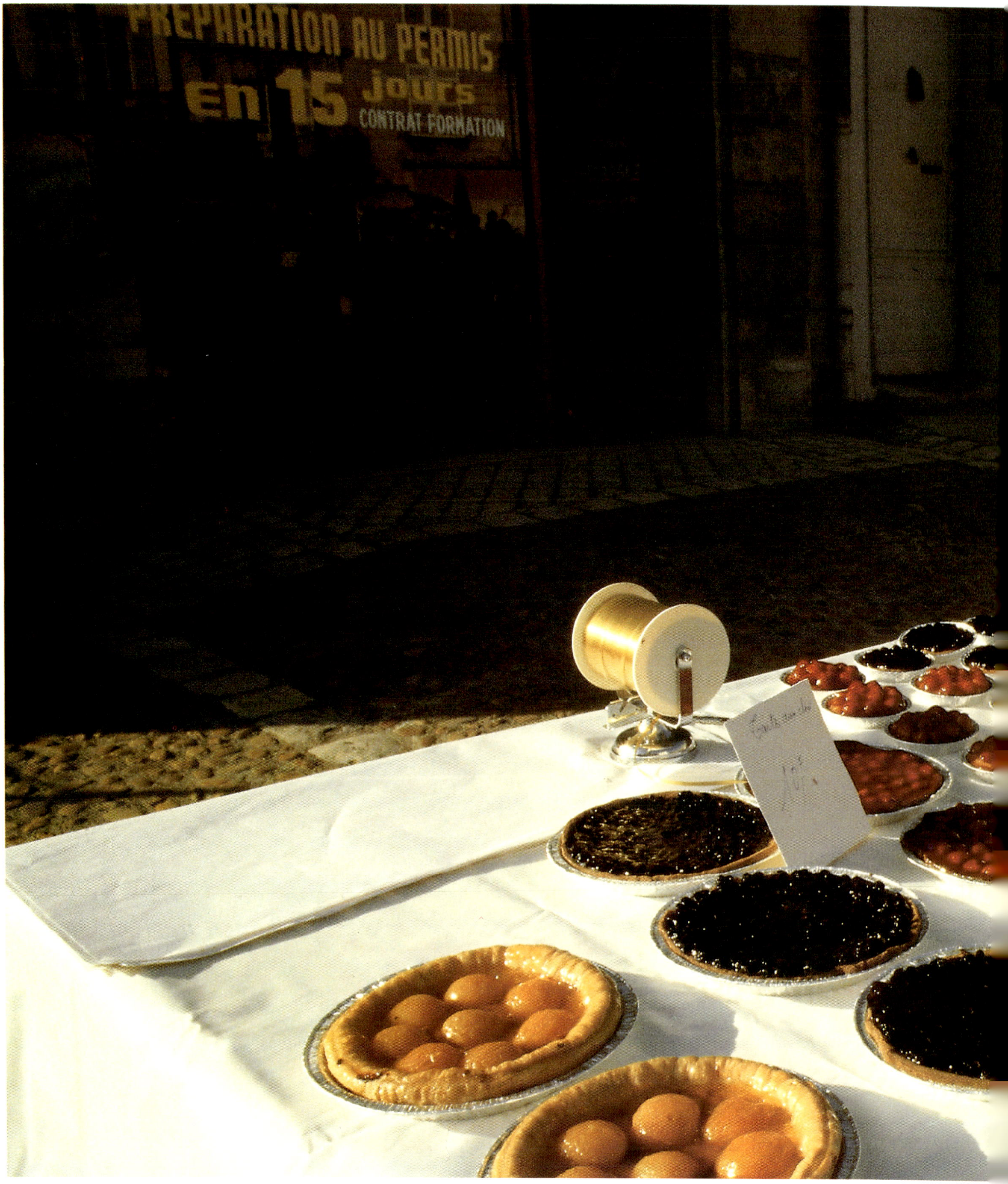
PREPARATION AU PERMIS
en 15 jours
CONTRAT FORMATION

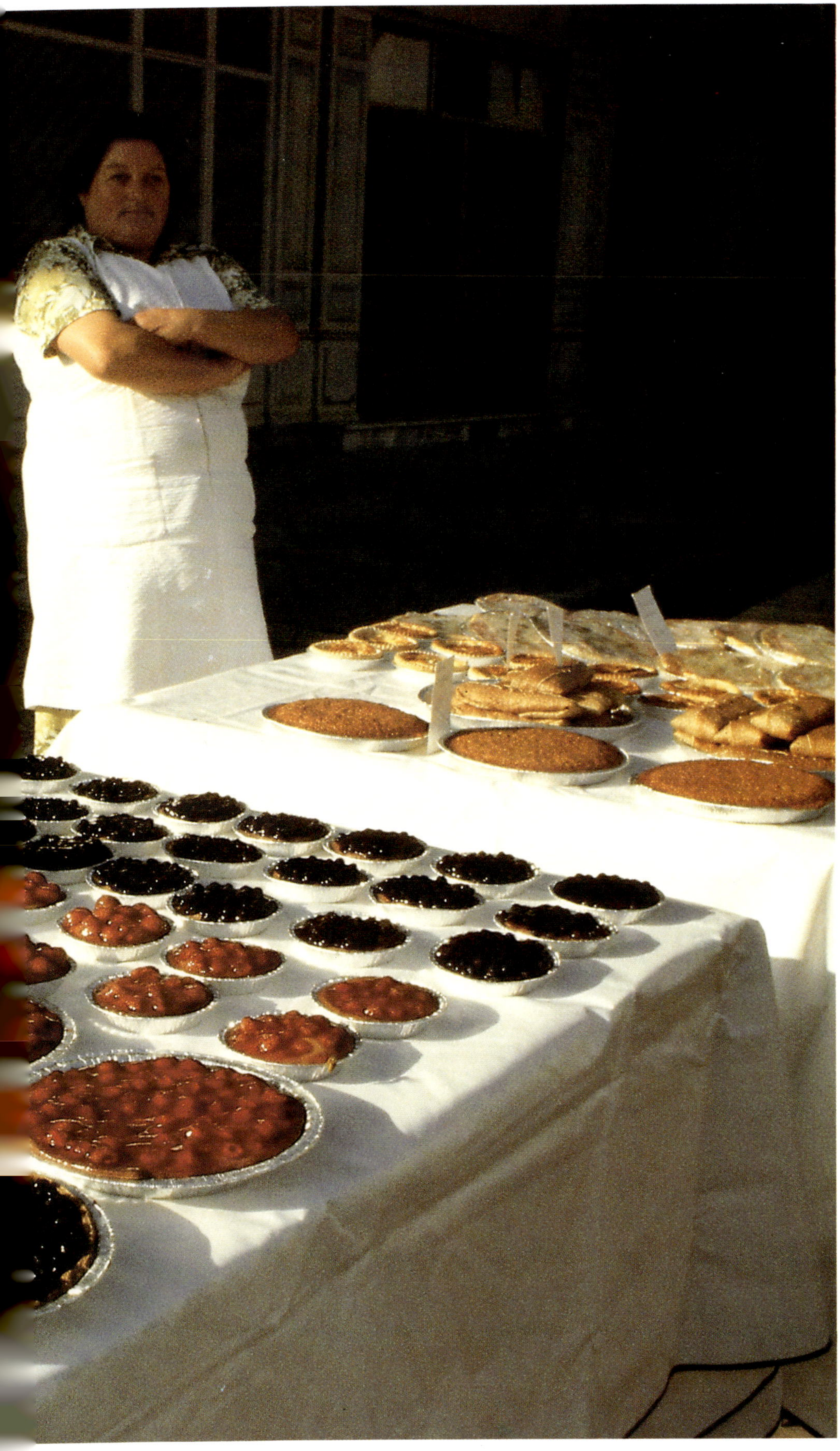

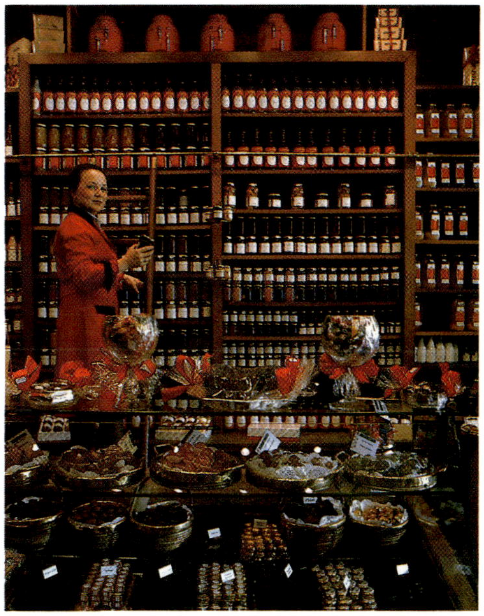

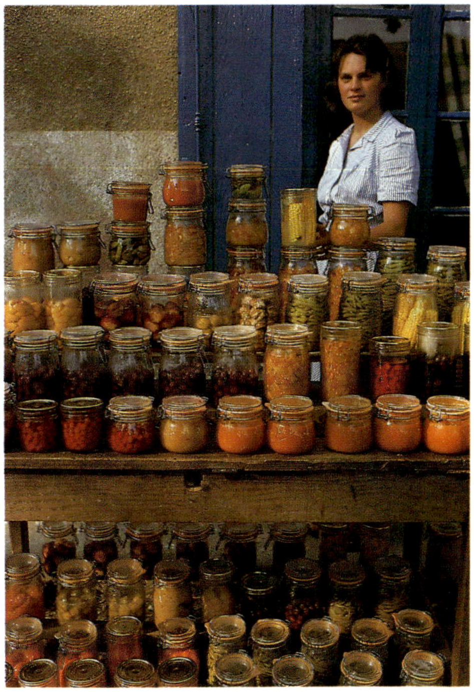

Le dimanche, à l'heure de la sortie de la messe, on voit souvent les gens, même ceux qui n'y vont plus, porter en même temps que leur baguette un paquet pointu en forme de pyramide qui contient le gâteau dominical. C'est une tarte, comme celles de cette excellente pâtissière de Périgueux *(à gauche)*, capitale de la Dordogne, un baba (ainsi baptisé par un roi qui aimait les contes des *Mille et Une Nuits*), un saint-honoré (du nom du saint patron des pâtissiers) ou une glace. Autres douceurs, ces friandises et confitures qu'on trouve à Paris chez Hédiard *(en haut)* ou dans les Landes chez cette artisane qui les fabrique avec les fruits de son jardin *(ci-dessus)*.

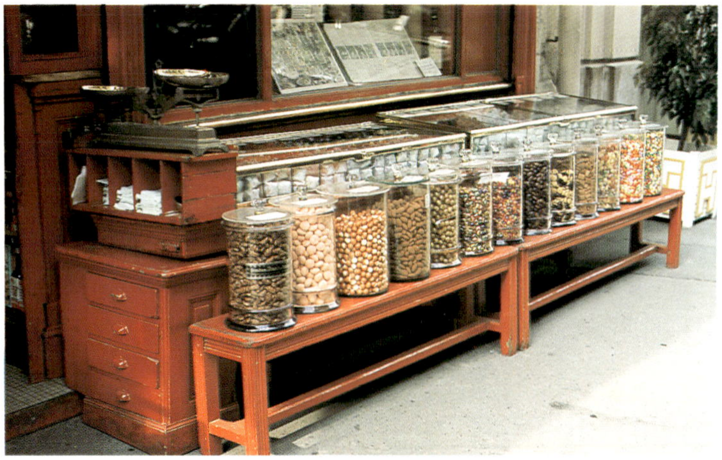

À gauche : impressionnante variété de bonbons devant l'épicerie-confiserie de P. Legrand à Paris.

Ci-dessous : boulangerie dans le village breton de Saint-Macaire.

En bas : boutique d'alimentation diététique, boulevard Raspail à Paris.

.. Plus que nulle part au monde, peut-être, les magasins d'alimentation affirment leur présence dans les rues françaises. Il n'est pas rare qu'un petit village ait deux bouchers et deux boulangers. Aux clients, alors, de répartir leurs achats pour ne pas faire de jaloux, ou du moins acheter de temps en temps à celui que l'on apprécie moins pour ne pas faire d'histoire et rester bien avec tout le monde. Dans les grandes villes, la présence des supermarchés n'a pas réussi à éliminer le petit commerce, et chaque quartier a ses rues commerçantes, rues dont la vocation est depuis bien longtemps de fournir les produits alimentaires à la population qui y habite. Même les endroits les plus résidentiels en possèdent. Mais souvent, c'est dans les quartiers populaires que l'on trouve les meilleures boutiques. La nourriture, « la bouffe » comme on dit, est un plaisir immédiat dont chacun peut profiter à sa façon. La ménagère dont le budget est réduit sera très exigeante, elle veut « en avoir pour son argent ». En général, elle est bonne cuisinière et sait apprécier la fraîcheur d'un produit ou choisir un fromage. Elle est prête même à faire quelques folies, d'huîtres, de foie gras, d'asperges (oui, mais les premières de la saison...) quitte à rogner sur d'autres dépenses, vêtements, cinéma, etc. Toutes ces boutiques sont aussi

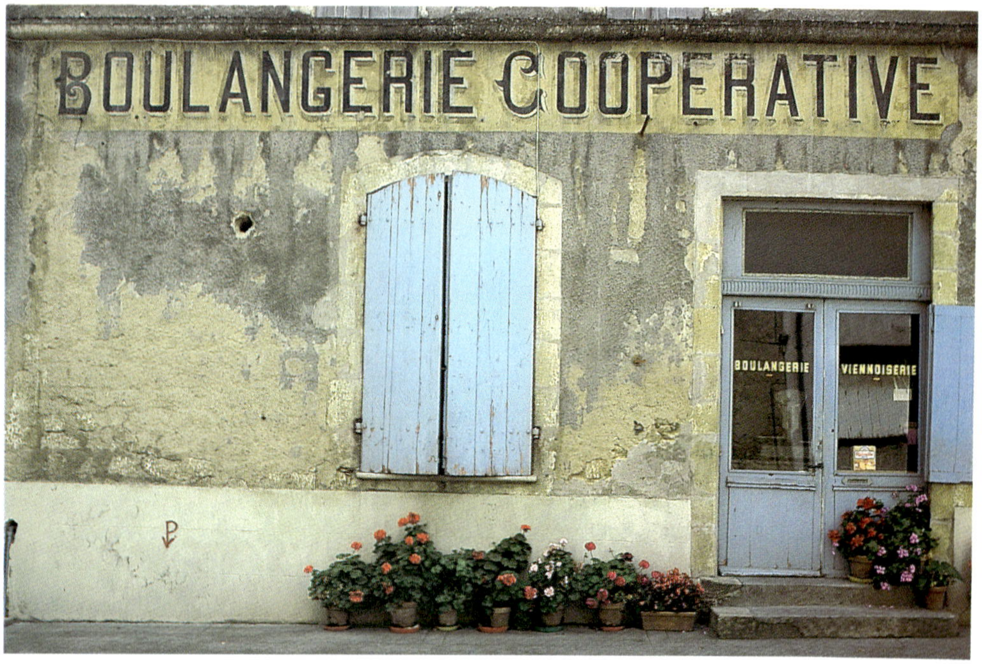

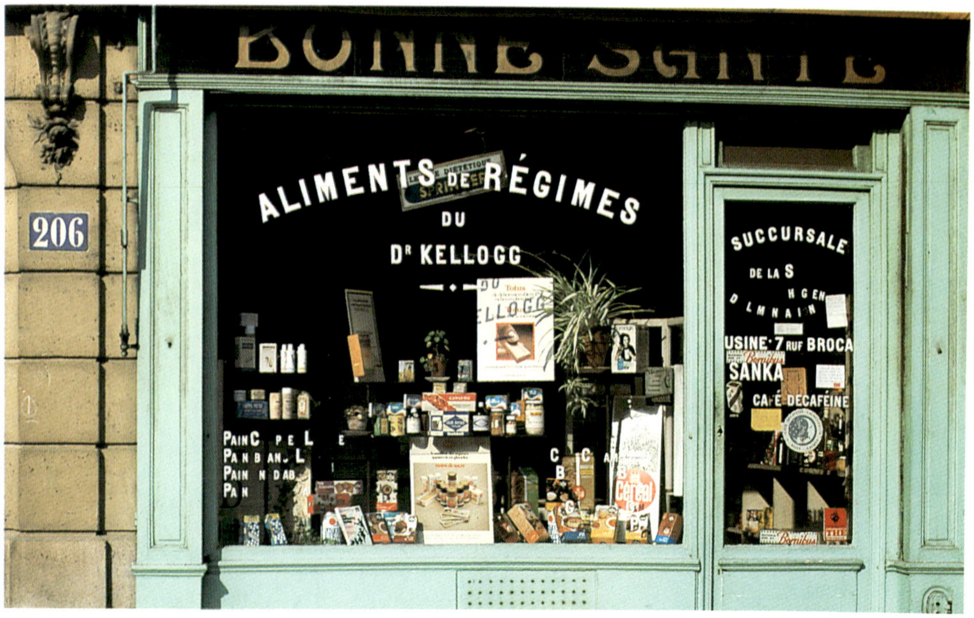

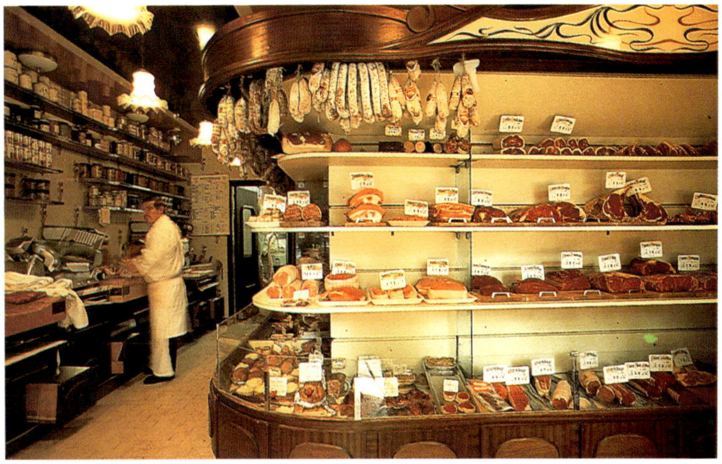

À droite : à l'intérieur de la boucherie Lamartine.

Ci-dessous : la boucherie Lamartine, l'une des meilleures de Paris.

En bas : la façade décorative de l'épicerie Chiapello, sur le marché aux fleurs de Nice.

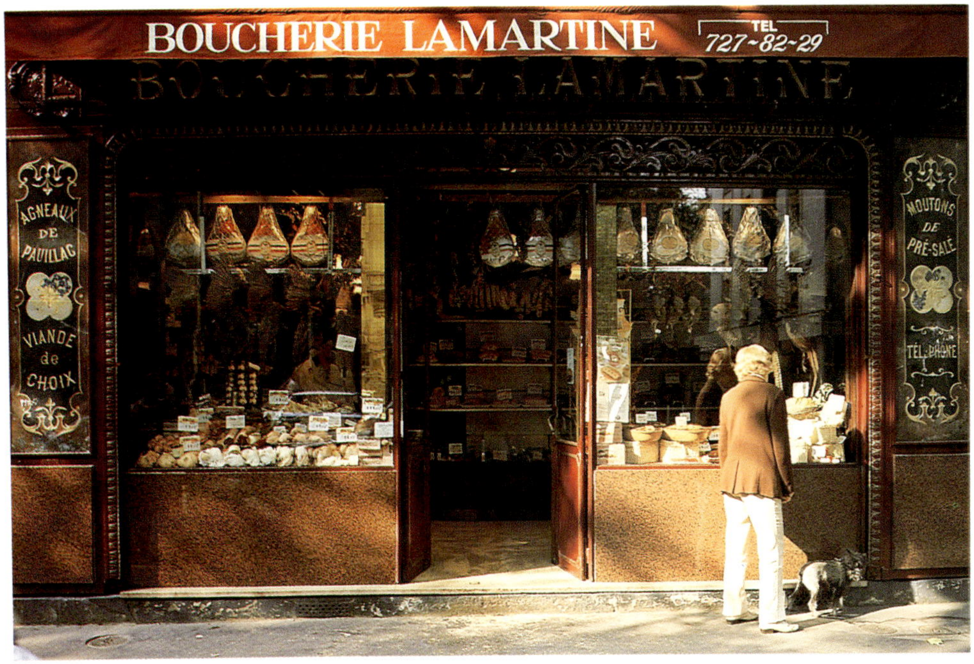

lieu de rencontre, on essaie d'y établir une complicité avec le vendeur afin d'être mieux servi.

Qu'elles soient modestes ou de luxe, elles ont chacune leur personnalité et parfois leurs couleurs. À l'origine, les boucheries et tripe-ries étaient rouges, couleur sang de boeuf. Ce vermillon a parfois foncé jusqu'à devenir bordeaux, ce qui est plus distingué. La cré-merie se pare de couleurs plus fraîches : sou-vent un fond vanille, entre beurre et lait, un peu de bleu et de vert en petites touches. La présence d'une vache dans un pré, fixée sous verre ou encore en mosaïque, n'est pas rare. Au poissonnier sont réservées les couleurs de la mer : vert, gris argent, bleu océan ; quant au marchand de légumes, sous l'enseigne du maraîcher ou du cours des halles, c'est la sim-plicité même : ses étals de bois sont peints dans ce bon vieux vert jardin qui évoque le potager. À l'épicier, tout est permis, il joue sur le luxe des emballages, des rayonnages en bois, et des baguettes de cuivre, et va parfois même jusqu'à sortir sur le trottoir de grands bocaux de verre remplis de bonbons et de friandises aux couleurs alléchantes. Toutes ces traditions, même si elles ont notablement évolué, ont laissé des traces évidentes, jusque dans les endroits les plus sophistiqués.

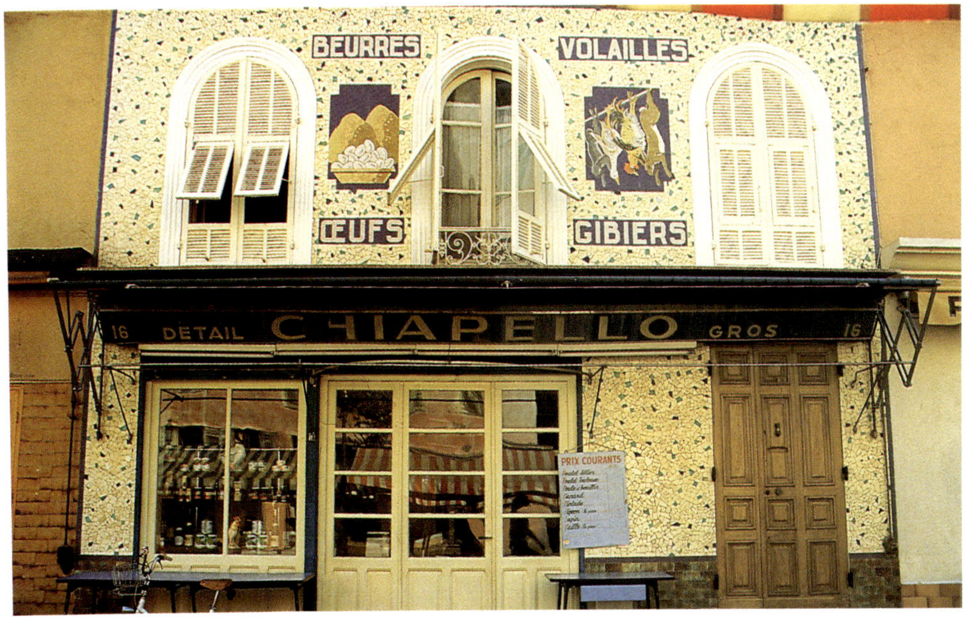

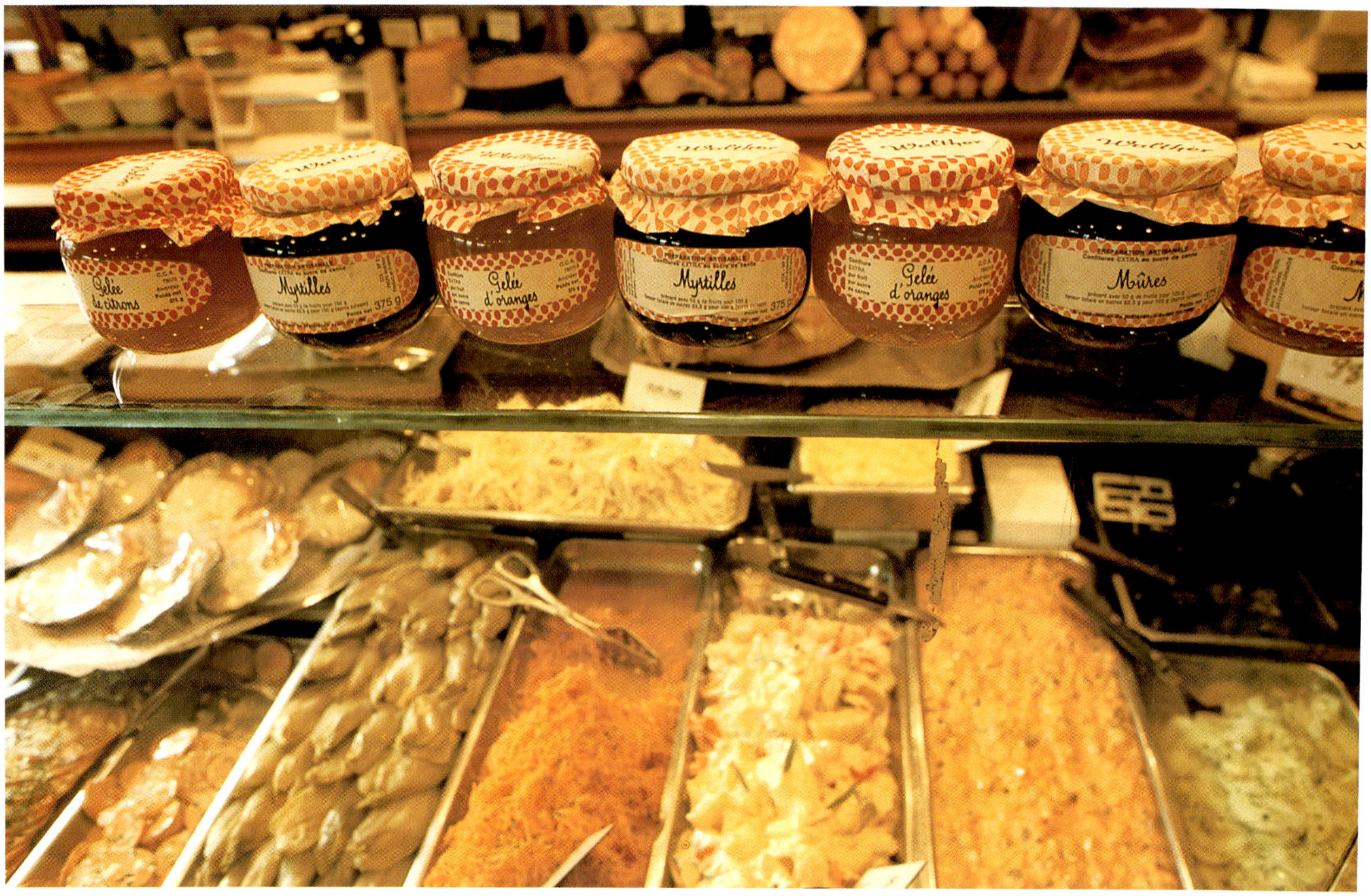

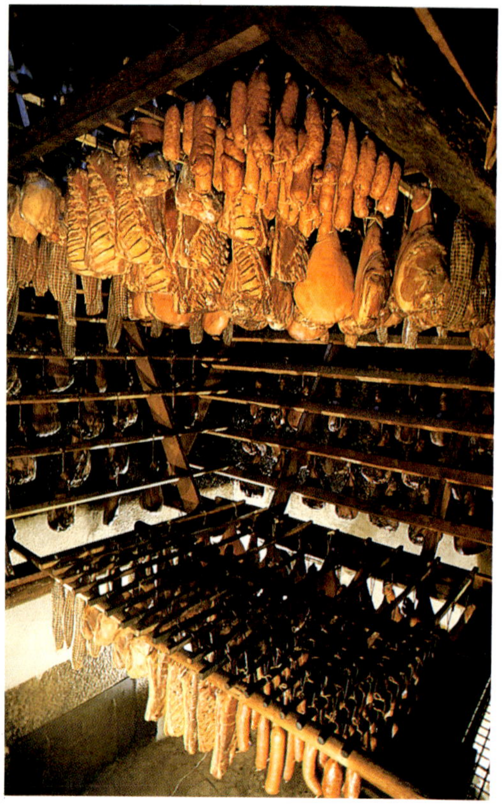

Nous avons tous vu dans *Astérix* comment les Gaulois chassaient le sanglier dans la forêt, avant de le faire rôtir et de le dévorer à belles dents, arrosé de cervoise, l'ancêtre de la bière. Cousin germain du sanglier, le cochon, d'abord sauvage lui aussi, et se nourrissant de glands, l'a plus tard remplacé sur la table des Gallo-Romains, des Francs, puis des Français. Ainsi s'explique peut-être l'incroyable variété de ces cochonnailles, jambons cuits ou crus, salés ou fumés, saucissons et saucisses, boudins, andouilles et andouillettes, dont chaque région se vante d'avoir sa spécialité.

Ainsi le porc, animal honni des Égyptiens anciens qui l'accusaient de transmettre la lèpre, interdit aujourd'hui encore par les juifs comme par les musulmans, et qui, jusqu'à la Renaissance, errait en liberté dans les rues des villages et même des villes, est devenu le pourvoyeur de nourritures lourdes et riches mais relativement peu coûteuses.

« Tout est bon dans le cochon », dit un vieux dicton, et tuer le cochon a toujours été et est encore, dans beaucoup de campagnes, l'un des grands événements de l'année. On

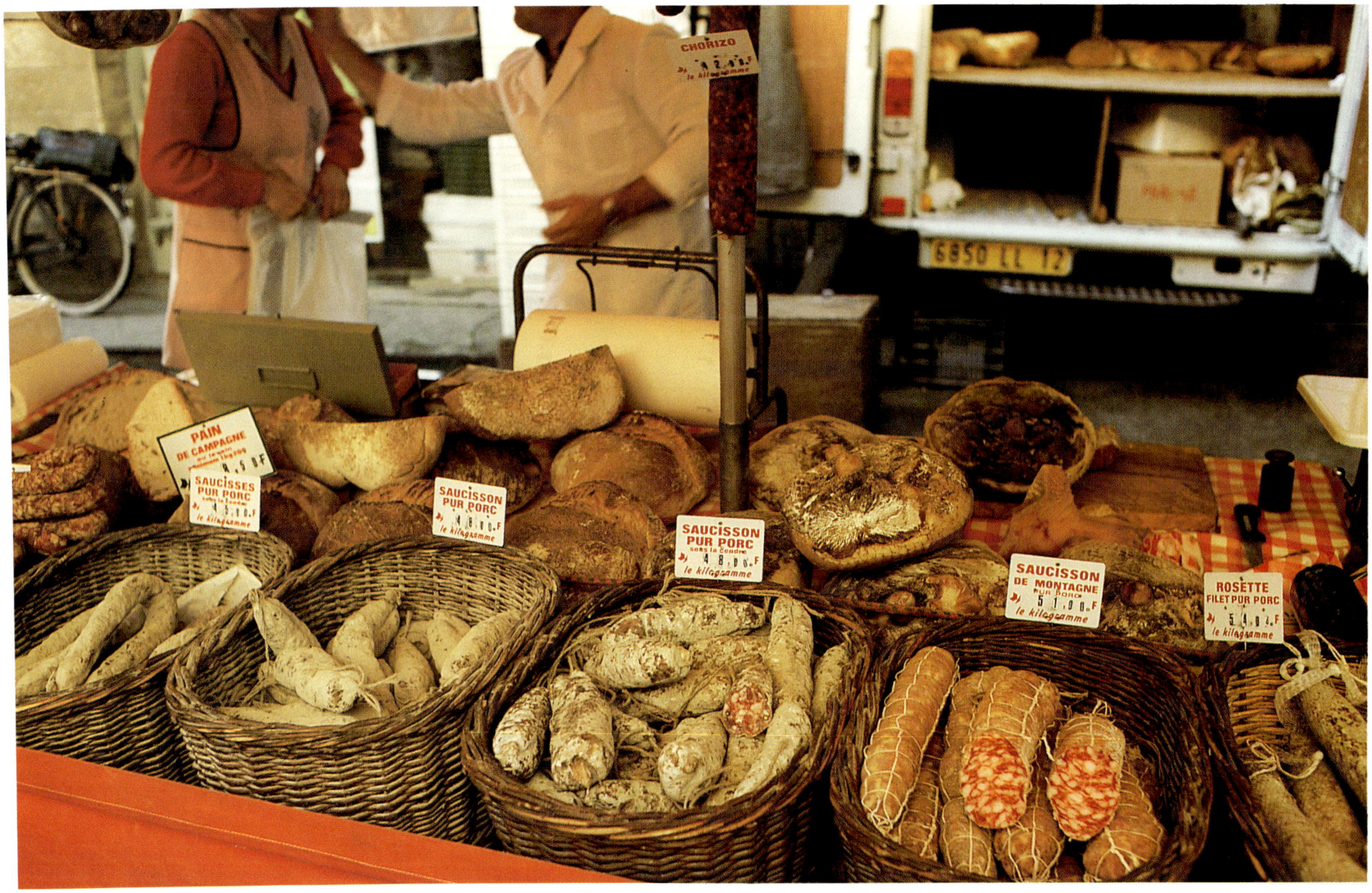

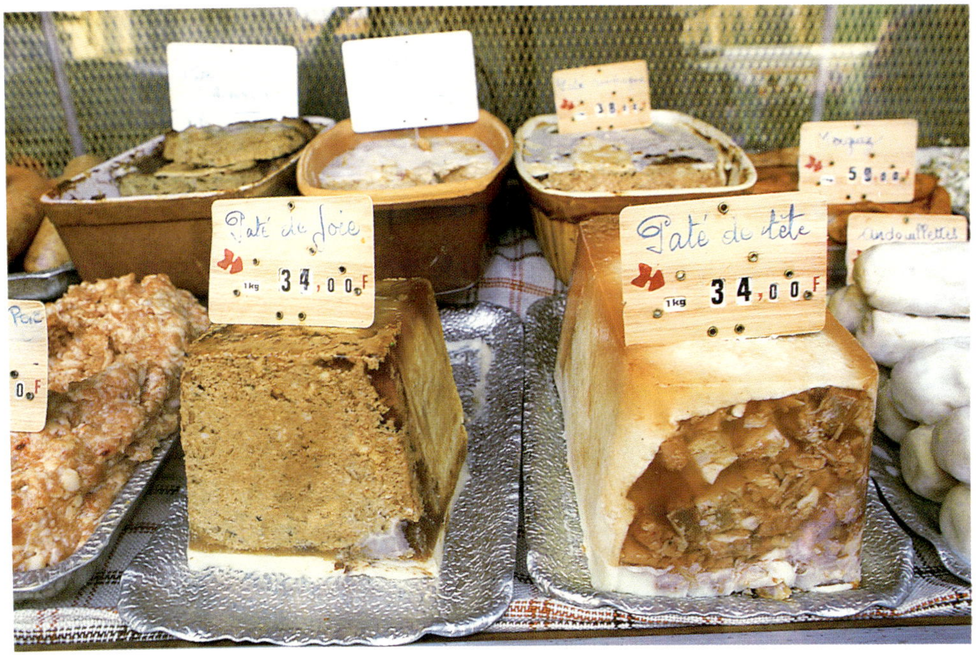

s'y préparait longtemps à l'avance, on convoquait toute la famille et l'on mettait en réserve de quoi se nourrir pendant des mois. Seule la date variait selon les régions. Elle était fixée en général à mardi gras, afin de pouvoir retirer les produits du saloir pour les fêtes de Pâques, mais parfois un peu avant, à la fin janvier, pour la Saint-Antoine, patron des charcutiers.

Ci-dessus : l'étalage d'un charcutier du Périgord.

À gauche : pâtés et rillettes.

Page opposée, en haut : en plus des produits à base de porc, la plupart des charcuteries proposent des conserves et des légumes préparés, par exemple des carottes râpées ; en bas : à Orchamps-Vennes dans le Doubs, on fume encore le Jésus de Morteau selon des méthodes ancestrales.

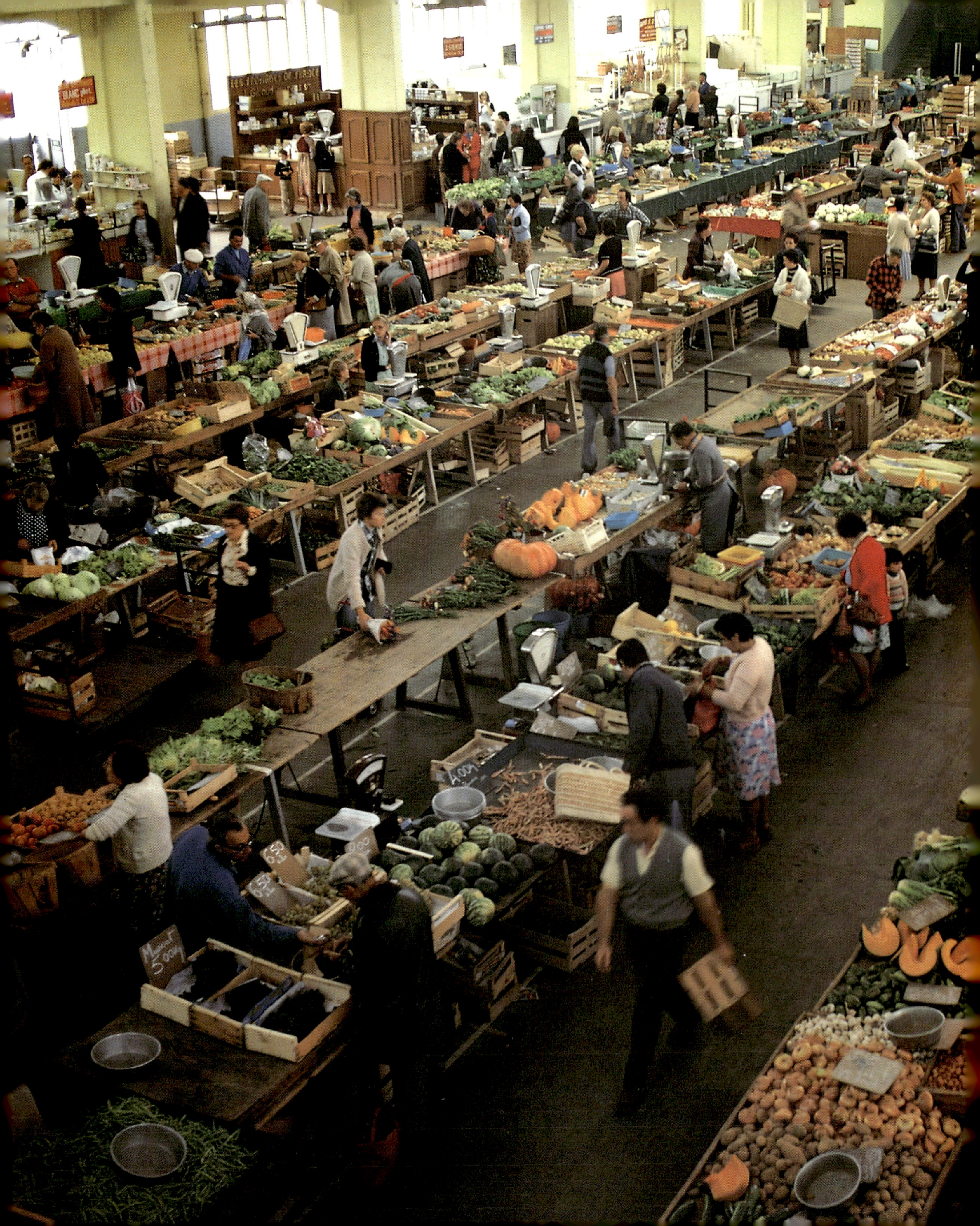

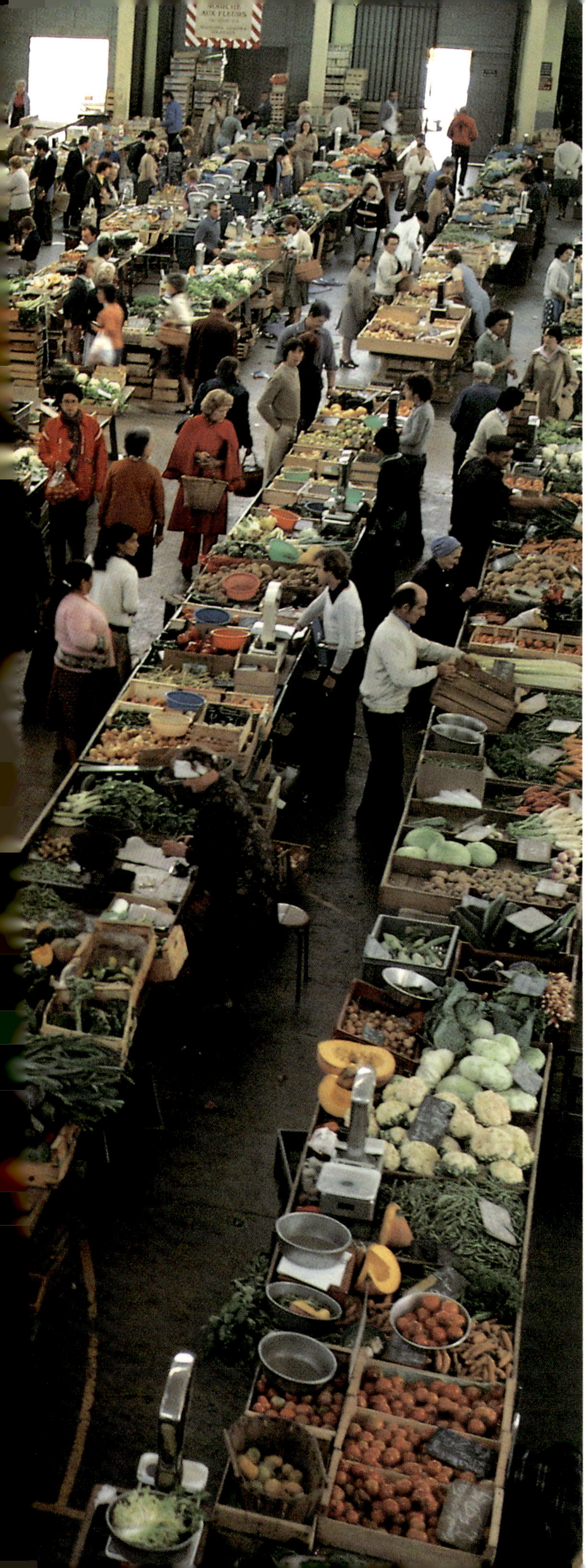

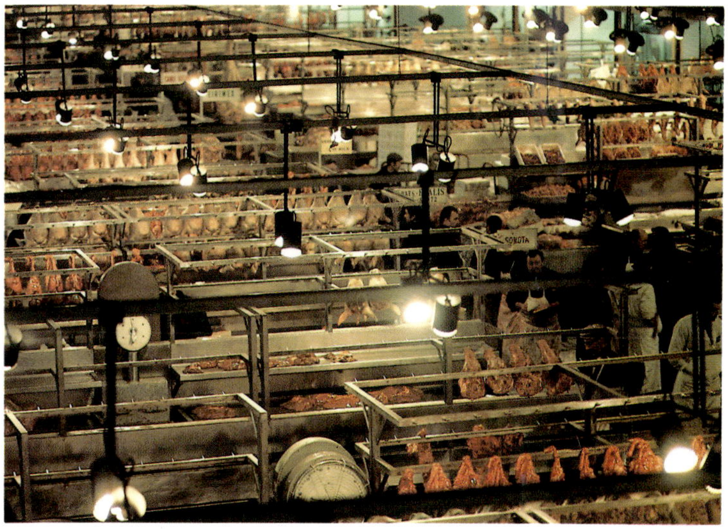

Lieu de rencontre idéal pour les ménagères, instants importants de leur vie sociale, les grands marchés de certaines villes de province se tiennent dans des espaces couverts comme, par exemple, celui de Villefranche-sur-Saône (*à gauche*), active petite ville industrielle et commerçante au nord de Lyon dans le Beaujolais. Les communes tiennent en général beaucoup à préserver ce type de bâtiment situé le plus souvent au centre d'une place, elle-même au cœur de la ville. Ces marchés couverts s'abritent parfois dans de splendides et anciennes halles aux grains sauvées et transformées. Il arrive aussi, malheureusement, qu'ils ressemblent à de grands hangars prétentieux, véritable débauche de béton dans laquelle quelques architectes des années cinquante (la reconstruction d'après-guerre, n'oublions pas) se sont « défoncés » à loisir... Mais qu'importe, on a un toit sur la tête et on fait son marché au sec, ce qui dans les climats pluvieux est appréciable. Comme sur les marchés de plein air, on est vite pris dans l'exaltation de cette vente rapide, énergique d'un produit frais et local qui arrive tout droit des grands centres de cultures, placés à l'extérieur de la ville. Là, dès l'aube, se pressent camions, camionnettes, coffres de voiture, parfois brouettes chargées de montagnes de fruits et légumes. La provenance va de la grande exploitation agricole au plus petit jardin. Ce qui n'est pas absorbé par la consommation locale part directement à Rungis (*ci-dessus*). Halles monstrueuses, elles sont « le ventre de Paris » (beau titre d'un roman d'Émile Zola), où l'on peut trouver tout ce qui va alimenter la capitale du monde la plus exigeante sur le plan gastronomique : depuis la girolle fraîchement cueillie, sauvage, en sous-bois, jusqu'à l'écrevisse coréenne congelée, sans oublier un magnifique et étonnant marché aux fleurs.

Les marchés de plein air sont les endroits du monde où défilent le plus joyeusement les saisons. L'annonce du printemps se fait par les jeunes légumes, oignons, pois, haricots, pommes de terre nouvelles, brillantes et dorées, vendues trois fois le prix de leurs grosses sœurs terreuses qui, tout l'hiver, ont fait purées et frites. Les carottes vendues en vrac durant l'hiver se retrouvent en botte, leur élégante tige feuillue fleurant un léger parfum d'anis garant de leur fraîcheur. Les salades sont en tas, quatre petites, trois grosses. Choisissez. La tomate se prélasse en cageot. Il est recommandé de la choisir un peu verte. L'artichaut lorsqu'il est petit se vend en bouquet, et l'asperge en botte qui préserve sa pointe délicate. Cassées, on peut les acheter en vrac à un prix intéressant. Puis les fruits arrivent, et c'est la profusion. La fraise se vend en montagne, le melon en pyramide, et c'est toute une affaire de trouver le sublime.

À la campagne, la volaille s'achète vivante, au client la vilaine besogne... Enfin, il est recommandé à celui qui veut faire des

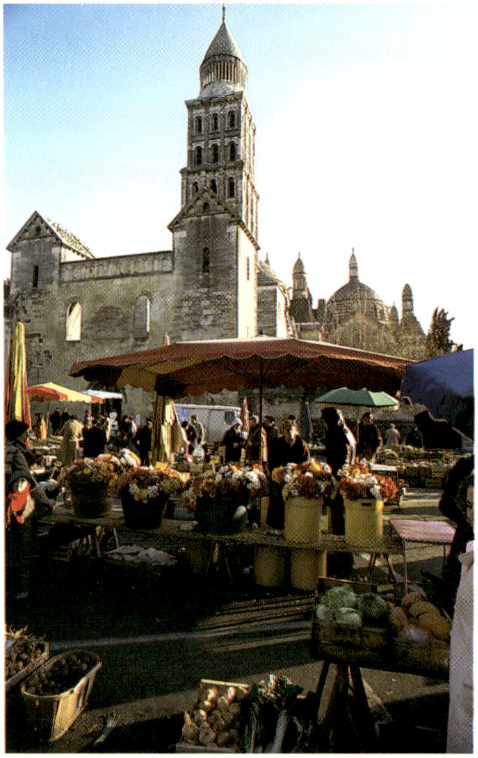

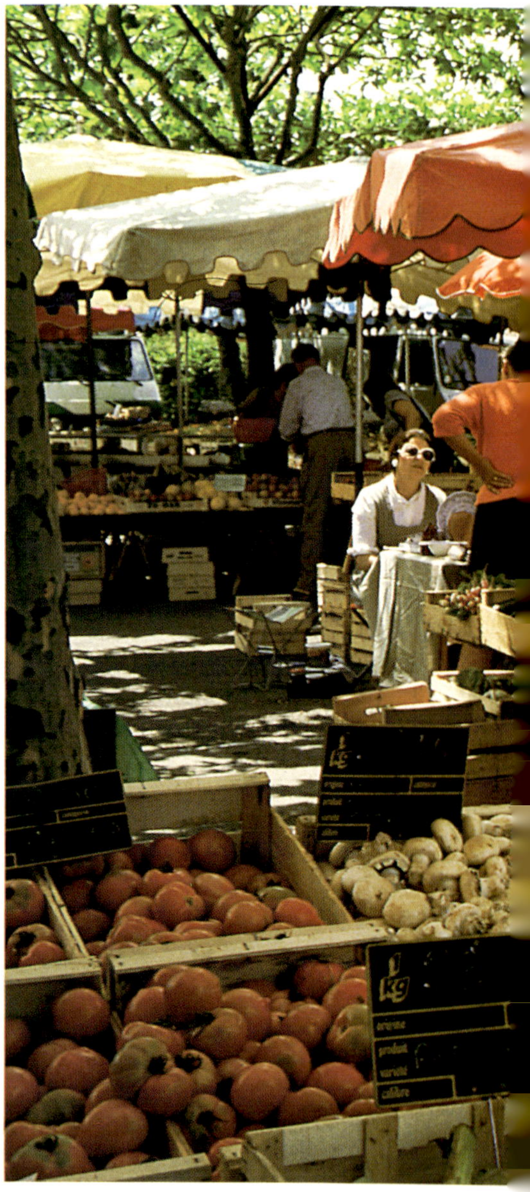

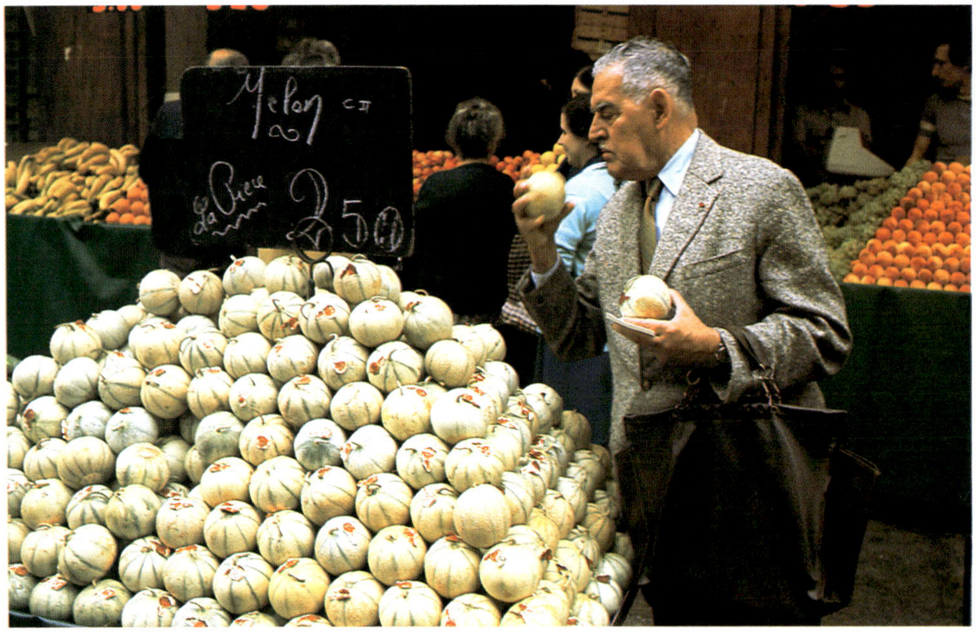

économies d'arriver à la dernière heure. Les marchands ne veulent pas remporter leurs produits. Les cris se déchaînent : « Achetez mon cœur de romaine ! », « Mangez mes bigarreaux », « Trois francs les fendus » (ce sont des melons) et enfin le célèbre : « Trois livres pour un kilo... mesdames. »

En haut : le marché de Périgueux.

Ci-dessus : un client avisé – il n'y a pas que des femmes – s'assure de la maturité d'un melon.

À droite : inspection des pigeons sur le marché à la volaille de Toulouse.

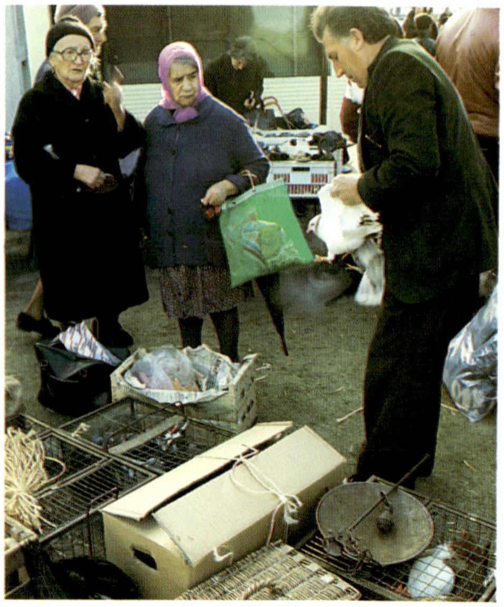

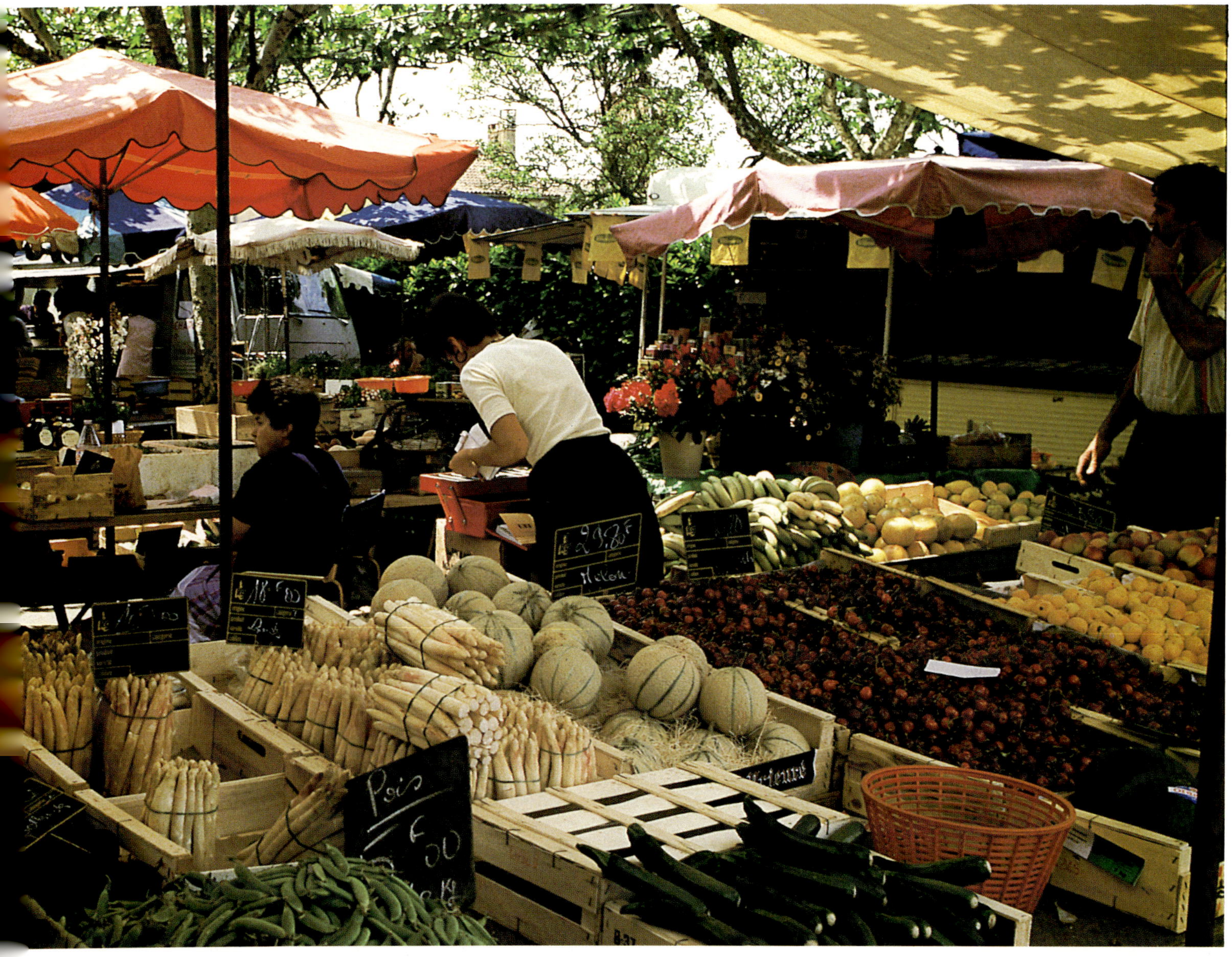

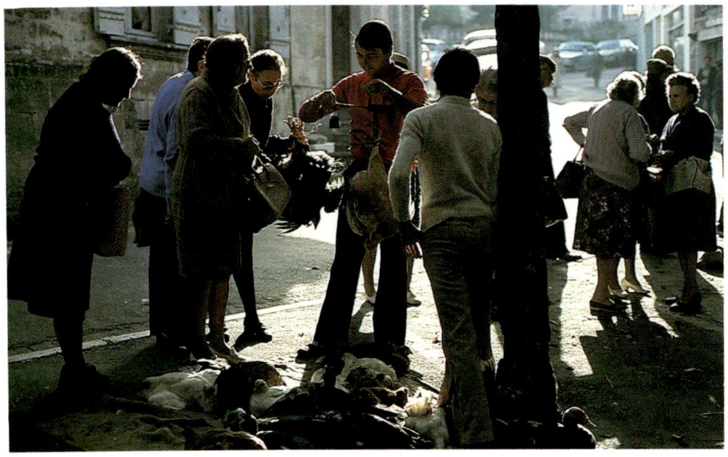

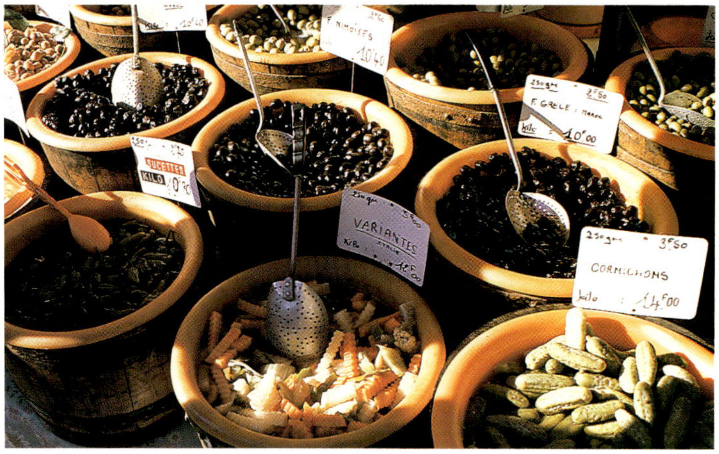

Ci-dessus, à gauche : à la campagne, la volaille est vendue vivante : au client de se débrouiller !

En haut : profusion de fruits et légumes à l'étalage du fruitier.

Ci-dessus, à droite : un étalage alléchant d'olives et de légumes en saumure sur le marché de Sarlat.

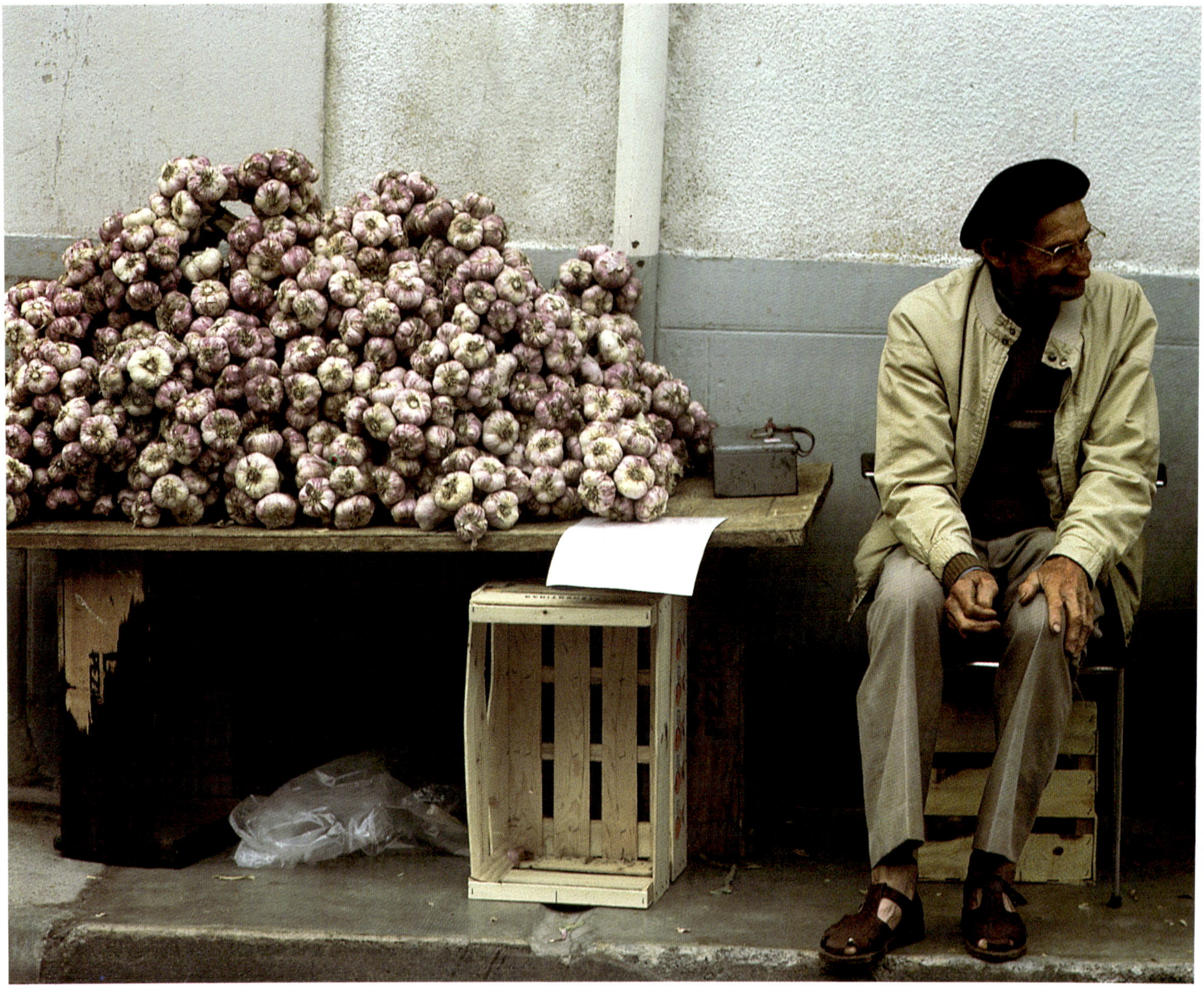

Ô combien de gigots, combien d'escargots, combien de tomates et salades, combien de ragoûts, potages et civets, d'aubergines, de petits légumes pourront être parfumés par cette tablée d'ail ? Philosophe, son vendeur attend les clients. Peut-être pourrait-il donner des conseils sur l'utilisation de la gousse merveilleuse, reine de la cuisine provençale, princesse de ce qui se mitonne au sud de la Loire... Par exemple : pour une meilleure digestion, prendre soin d'enlever le germe vert ; pour aromatiser le vinaigre, y faire macérer quelques gousses ; pour les éplucher sans problèmes, les plonger une minute dans de l'eau chaude ; enfin, pour se purifier l'haleine après une absorption d'ail, croquer en sortant de table deux morceaux de sucre ou une petite branche de persil frais.

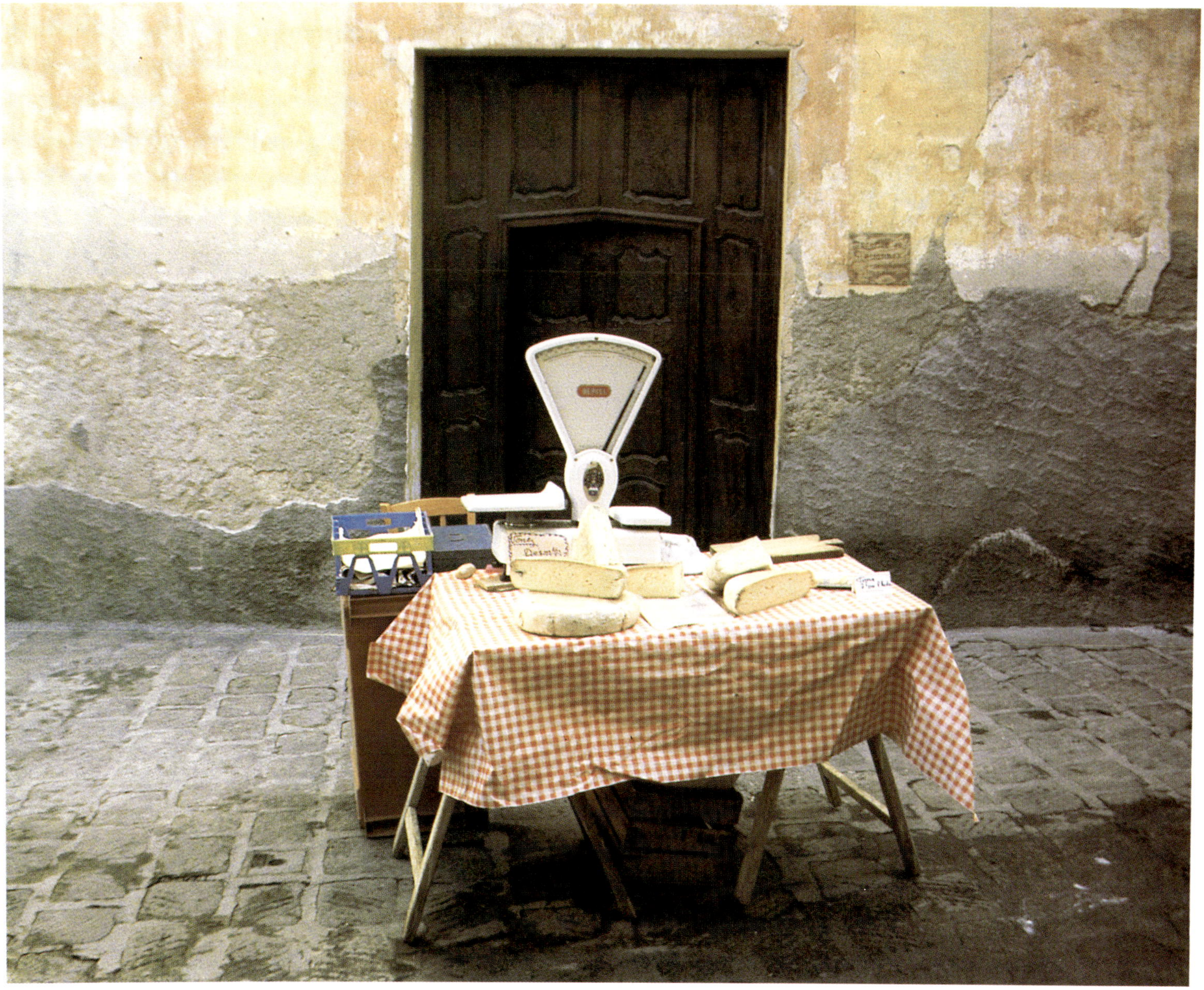

Pas si rare de trouver dans les petits marchés le vendeur d'une seule sorte de fromages. La vente se fait en plein vent mais on a pris soin de dresser la table d'une nappe pimpante à carreaux. Les bons fromages restent une production locale et fermière, c'est-à-dire au lait cru et, comme dirait M. Androuet, célèbre maître fromager à Paris : « Ils sont la vérité du terroir. » D'aspect rustique par leur forme et leur couleur, ils sont, selon les saisons, au lait d'étable ou au lait de pâturage. Ce dernier, parfumé à l'herbe jeune et tendre, est de loin le meilleur.

Acheter un fromage sur place, dans son pays d'origine, est un grand bonheur. Conservé dans un endroit frais, il n'a pas voyagé et il est au mieux de sa forme pour le régal de l'amateur gourmand.

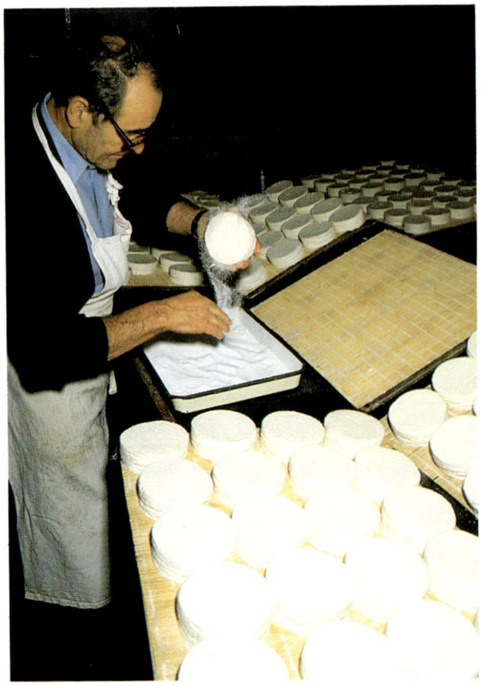

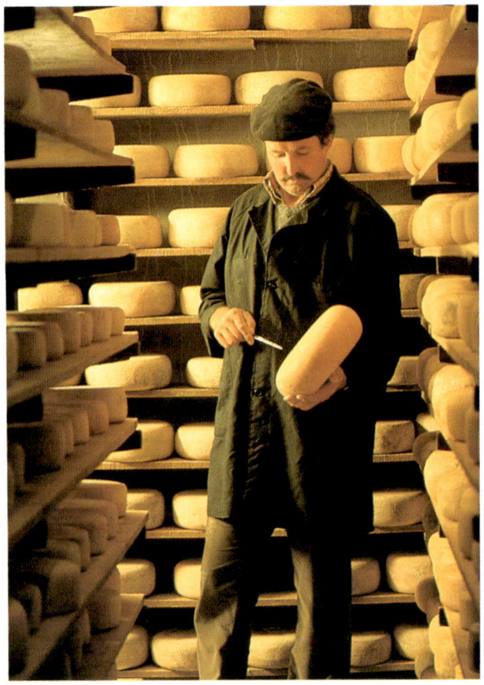

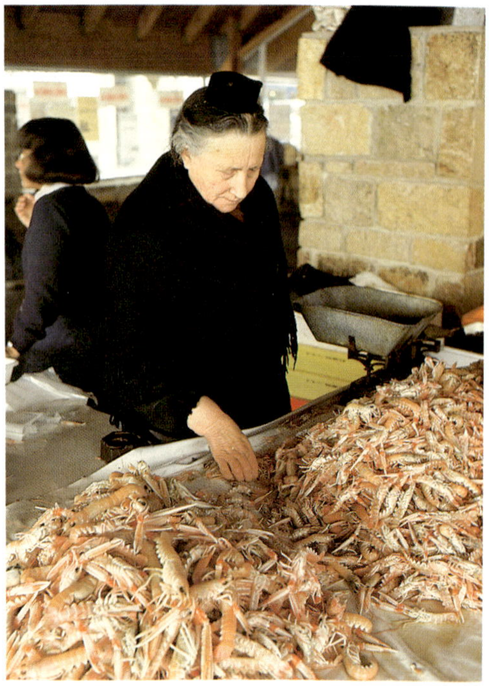

Étapes de la fabrication du camembert à la louche. C'est un tour de main difficile à acquérir car il faut saler « juste ce qu'il faut ». Le camembert a été inventé en 1791 par une fermière normande, Marie Harel, qui a sa statue dans le village de Vimoutiers... offerte par les Américains. C'est l'ingénieur Ridel qui en 1881 lui a trouvé sa fameuse boîte de bois.

Affiné à sec, en cave humide, avec lavage, voici un fromage des Pyrénées, plus précisément d'Iraty au Pays basque, à pâte pressée, non cuite, et à la croûte naturelle et lisse. Meilleure période de dégustation : l'automne.

Langoustines et crevettes sur le marché de Quimper, en Bretagne. Vendues crues et frétillantes, elles seront ensuite plongées vivantes dans un bouillon frémissant, si possible d'eau de mer, fortement aromatisé. Il faut toujours les laisser refroidir au moins un quart d'heure dans leur eau de cuisson.

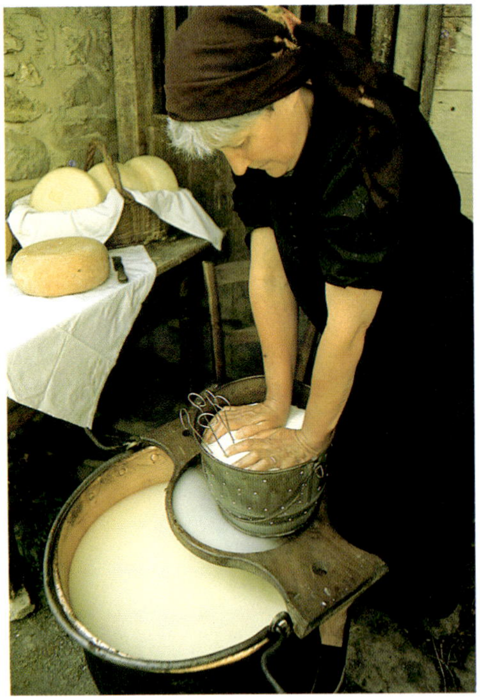

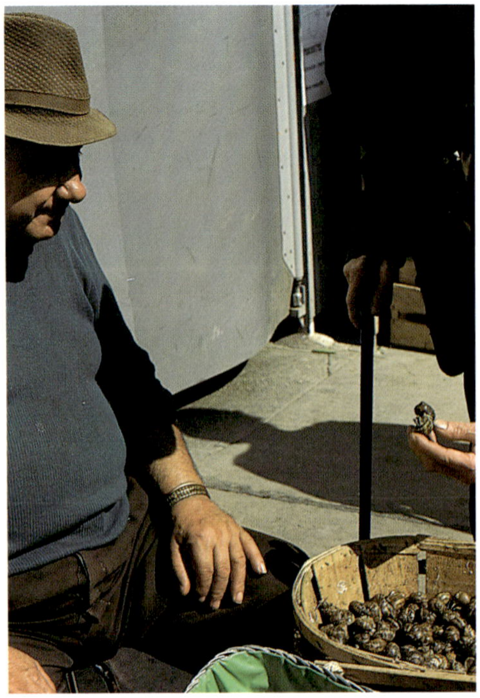

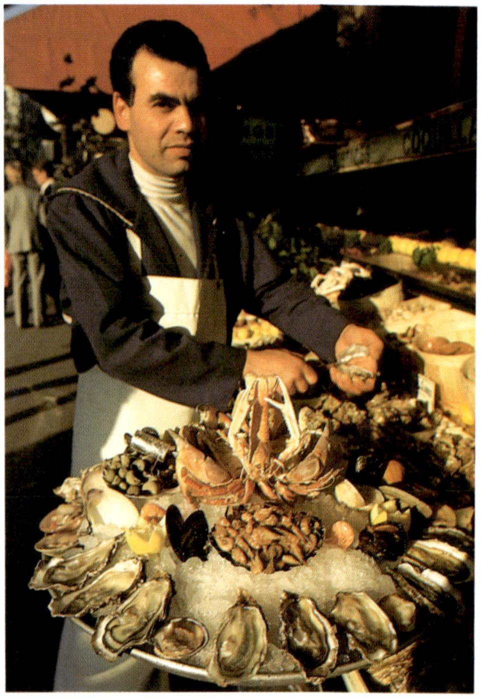

Pour tout fromage, l'égouttage est un art délicat, qui ne doit être ni trop poussé ni insuffisant, et dépend de la température extérieure et de celle du lait. C'est toute l'alchimie secrète d'un produit excellent.

Triste histoire pour ces « cagouilles », nom pourtant amical désignant les escargots petits-gris de la région Poitou-Charentes. Ils sont mis à jeûner dans une cuvette, et on va les faire baver sans répit avant de les manger rôtis dans leur coquille au beurre et à l'ail.

L'écailler du restaurant parisien Charlot, célèbre pour ses fruits de mer. Ses huîtres arrivent de toutes les côtes de France : Manche, Atlantique et Méditerranée. Il y a les creuses (fines de claire, portugaises, spéciales) et les plates (belons, marennes) qui sont plus raffinées, mais beaucoup plus chères.

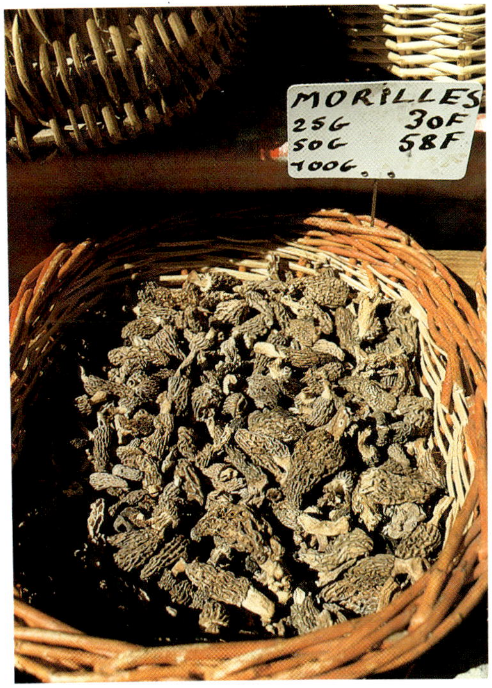

Une merveille du printemps, la morille. Les ramasseurs occasionnels portent parfois leur cueillette sur les marchés. Ce champignon parfumé, exceptionnel, nappé de crème, s'alliera parfaitement aux volailles et viandes blanches.

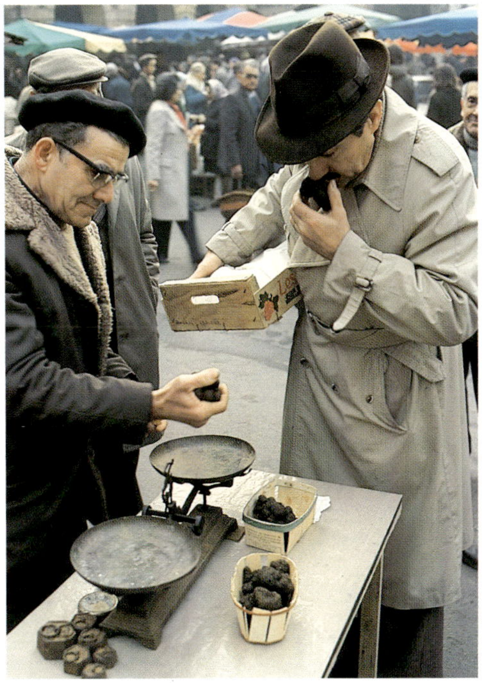

La foire aux truffes à Sarlat dans le Périgord. On les récolte « à la fouille » entre décembre et mars. Les chiens et les cochons truffiers sont entraînés dès la naissance à les reconnaître. On leur fait humer pour cela une truffe frottée sur les mamelles de leur mère. Merci M. Freud !

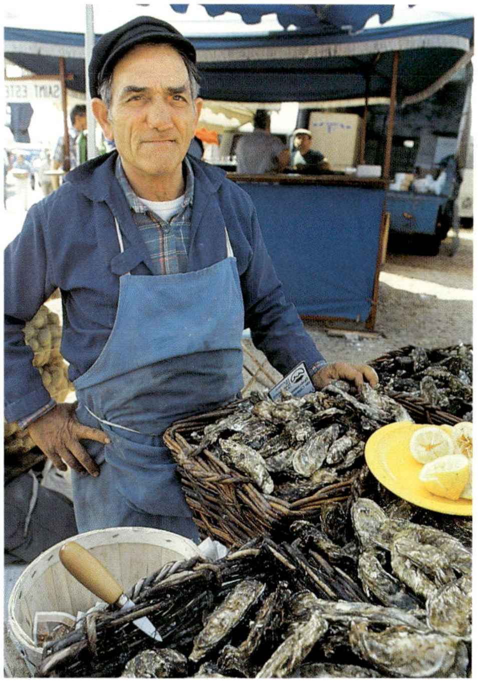

Au bord de la mer, il arrive souvent à l'ostréiculteur de vous faire goûter les huîtres avant de vous les vendre. Les véritables amateurs les mangent toujours vivantes dans leur coquille, le pied non coupé, sans vinaigre, sans citron et sans poivre, mais avec du pain bis, du beurre et un vin blanc sec.

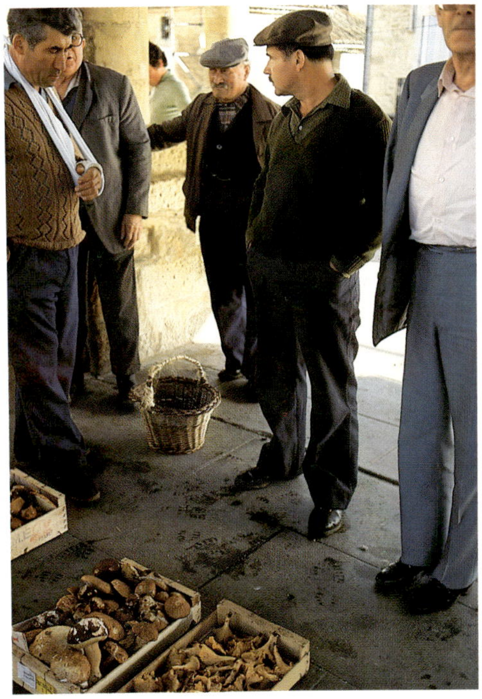

L'amateur sait choisir ses cèpes, chapeau ferme à peau fine, pied plein, tendre et brillant : un régal absolu. On les aime tant qu'on en fait provision en saison pour les mettre en bocal, et la plus simple des omelettes en leur compagnie devient festin de roi.

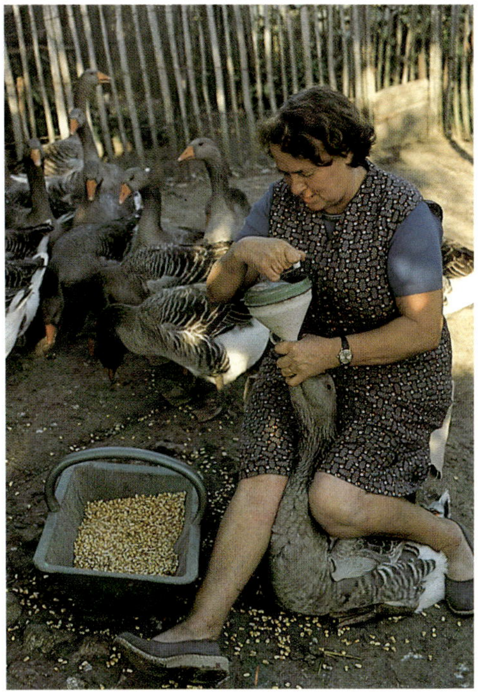

Après s'être bien nourries pendant l'été de jeunes herbes tendres arrachées de leur bec dur et coupant, vient pour les oies la dure époque du gavage. À l'aide d'un entonnoir, on leur engouffre dans l'estomac une bouillie de grains qui leur fera un gros foie. Transformé en pâté truffé, ce foie est le joyau des tables de Noël et du Nouvel An.

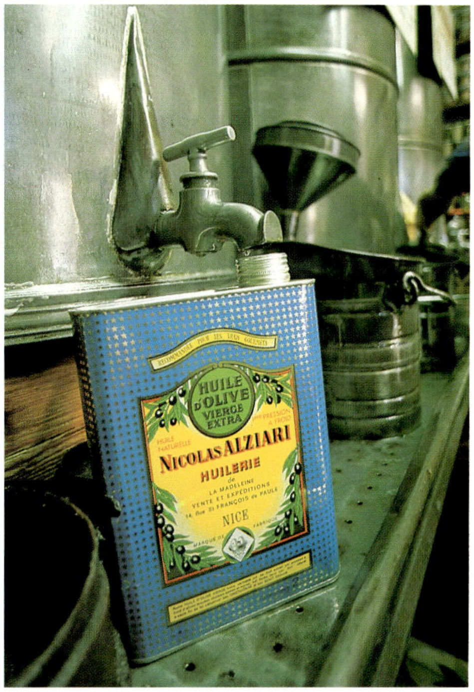

La simple huile d'olive provençale ne saurait être vendue sans appellation spécifique, où l'on retrouve l'importance de la virginité. Car elle peut être vierge et pure, vierge extra, vierge pressée à froid etc. Tout ceci lui vaut des médailles, des honneurs qu'elle peut exhiber fièrement sur son joli bidon de métal.

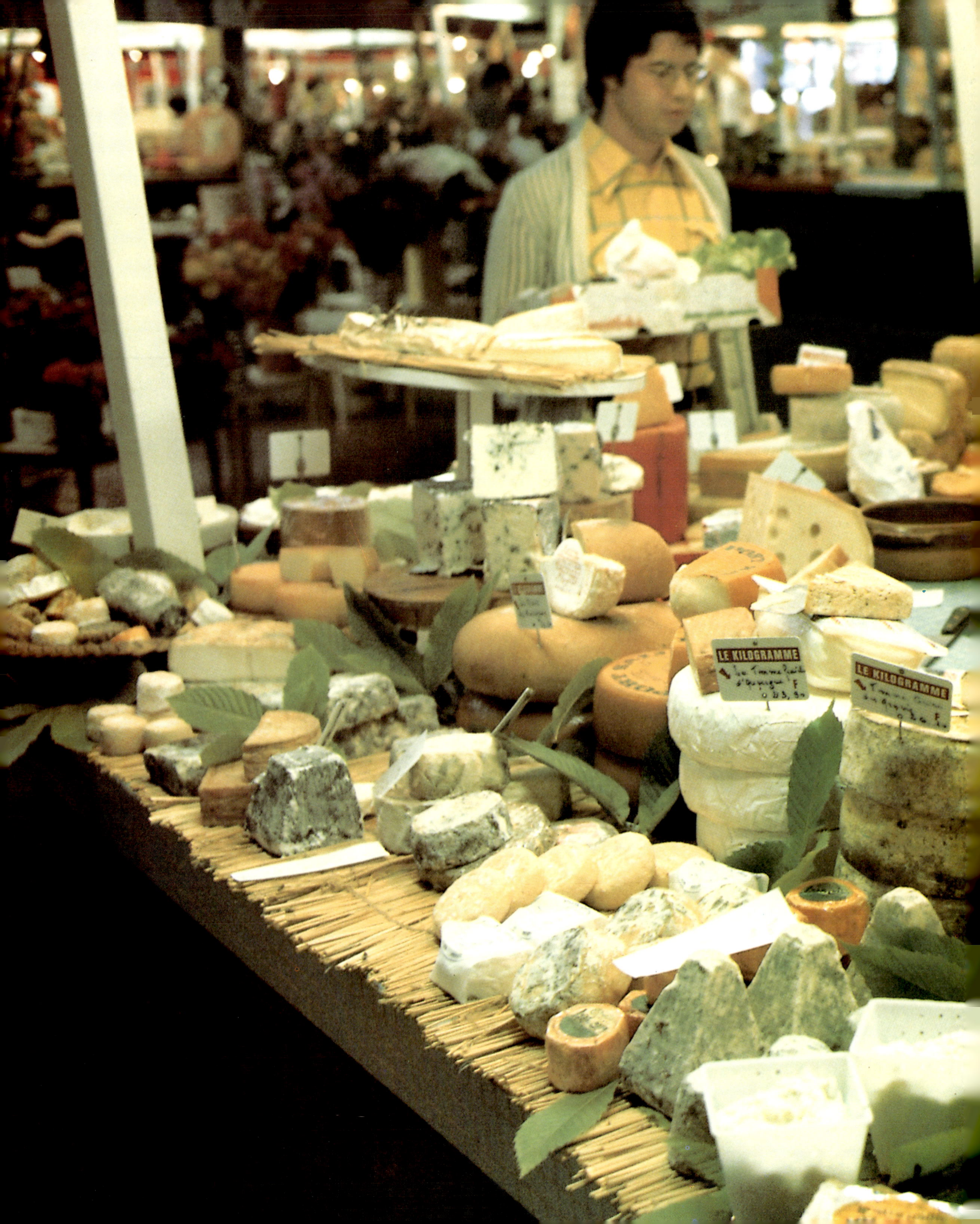
LE KILOGRAMME
LE KILOGRAMME

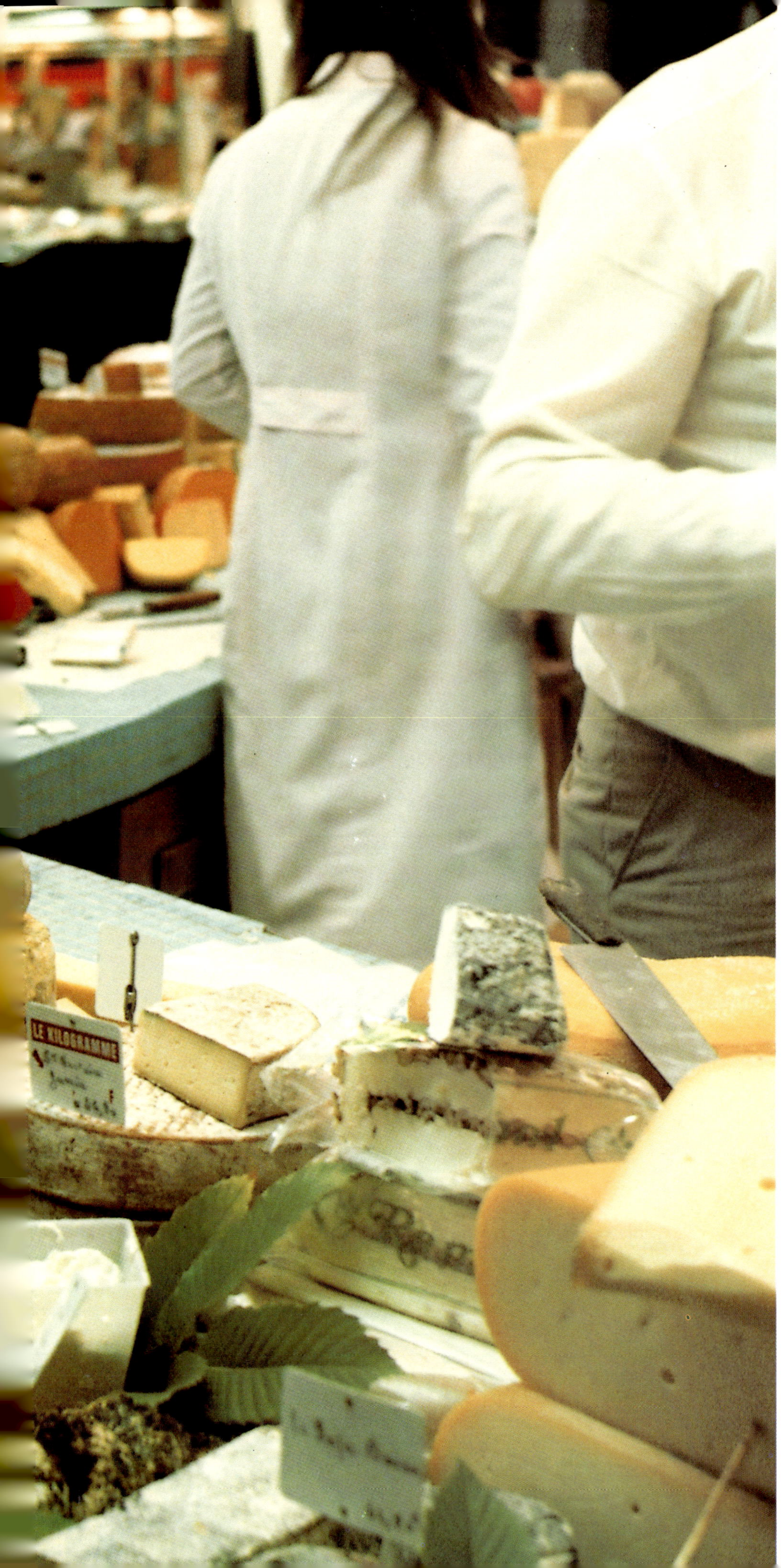

« Un pays qui produit plus de trois cent cinquante fromages n'est pas facile à gouverner », disait le général de Gaulle, à moins que ce ne soit Winston Churchill, grand amateur en la matière. Les avis diffèrent sur la paternité de cette boutade, mais de toute manière, elle est en dessous de la réalité. Il y a en France plus de quatre cents variétés de fromages. Ce pays est le plus gros producteur du monde avec plus d'un million de tonnes. Tant pis pour ses gouvernements mais tant mieux pour les adeptes de ce vieux dicton selon lequel un repas sans fromage est un lit sans oreiller.

Il faut quand même savoir qu'il y a aujourd'hui deux sortes de fromages. Les fermiers, au lait cru, qui ne sont vraiment bons qu'en certaines saisons, et c'est à leur honneur. Et les autres, les pasteurisés, de plus en plus répandus car, fabriqués industriellement, ils restent semblables à eux-mêmes tout au long de l'année. Et semblablement sans saveur !

Quant aux premiers, les vrais, voici quand il faut les consommer de préférence. Hiver et printemps : les fromages de brebis au lait frais et le Vacherin. Printemps et été : le chèvre à pâte molle, les Bleus, les Fourmes, les Roqueforts, les Tommes. Automne, hiver et printemps : les fromages fermentés à pâte molle au lait de vache : Brie, Camembert, Livarot. Sachons aussi que s'il existe en France quelque deux mille marques de Camembert (dont cinq cents en Normandie), le meilleur est celui du pays d'Auge entre la Touques et la Dives, et que le bon Brie ne vient que de la Brie.

C'est du latin *forma* (forme) que le fromage tire curieusement son nom. Rond, carré, en cône ou en pyramide..., celui d'aujourd'hui reste donc fidèle à son étymologie. Comme le pain et le vin, il remonte à la nuit des temps. Déjà dans la Bible, Job accablé de malheurs se plaignait d'être « caillé comme un fromage ». Plus près de nous, Charlemagne aimait le Brie et le Roquefort et à la veille de la Révolution, chaque Français mangeait trois kilos de fromage par an.

Le fromage avant ou après l'entremets, les avis diffèrent, mais ils s'accordent sur le fait que le vin est son plus fidèle compagnon, « Le biscuit de l'ivrogne », écrivait il y a près de deux siècles Grimod de la Reynière dans son *Almanach des gourmands*. Mais quel vin ? Le rouge, naturellement, bien que certains préconisent le vin blanc sec avec le chèvre, et d'autres le Sauternes avec le Roquefort !

Étalage de fromages à Bordeaux.

Un repas en plein air à Saint-Félix-de-Lauragais, dans le sud-est aquitain qu'un paysan partage avec son chien (*ci-dessous*). Un grand banquet campagnard sous les arbres, à l'occasion de la fête nationale dans les environs de Perpignan (*ci-contre*), l'une des villes les plus ensoleillées de l'Hexagone. Quelques images qui pourraient accréditer une légende : celle d'une France vivant toujours au grand air, mangeant bien et buvant sec, dansant le soir dans les rues, parmi les flonflons d'une fête perpétuelle, comme si c'était tous les jours dimanche ou, bien mieux, comme dans une chanson populaire, tous les jours le 14 Juillet. Alors que tout de

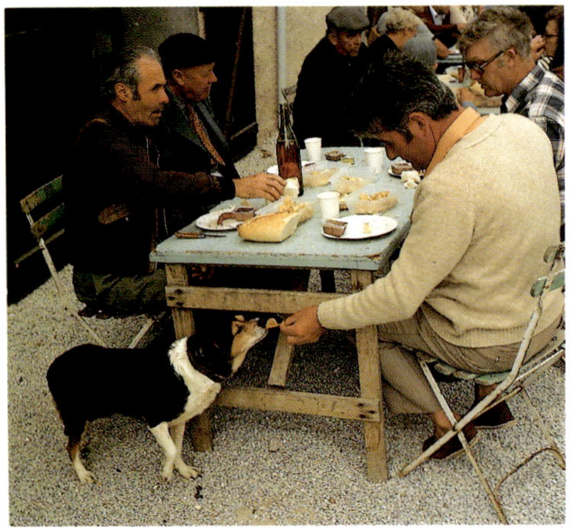

même, la Bastille n'a été prise qu'une seule fois !

À cela les Français aiment bien répondre par cette anecdote du citoyen britannique débarquant à Calais ou à Boulogne, rencontrant une femme rousse, et décidant que toutes les Françaises sont rousses... Il ne faut pas généraliser.

Bien sûr, c'est vrai que la France a un climat tempéré, mais l'hiver y est quand même, en beaucoup d'endroits, très rigoureux ! Bien sûr qu'ici les fêtes campagnardes ont un charme particulier avec leur cornet de frites et leur bolée de cidre ou leur coup de rouge... Bien sûr qu'aux premiers rayons du printemps, les terrasses des cafés se remplissent. Mais de quelque chose de merveilleusement agréable et qui ne peut pas durer, les Français ne disent-ils pas que c'est « un déjeuner de soleil » ?

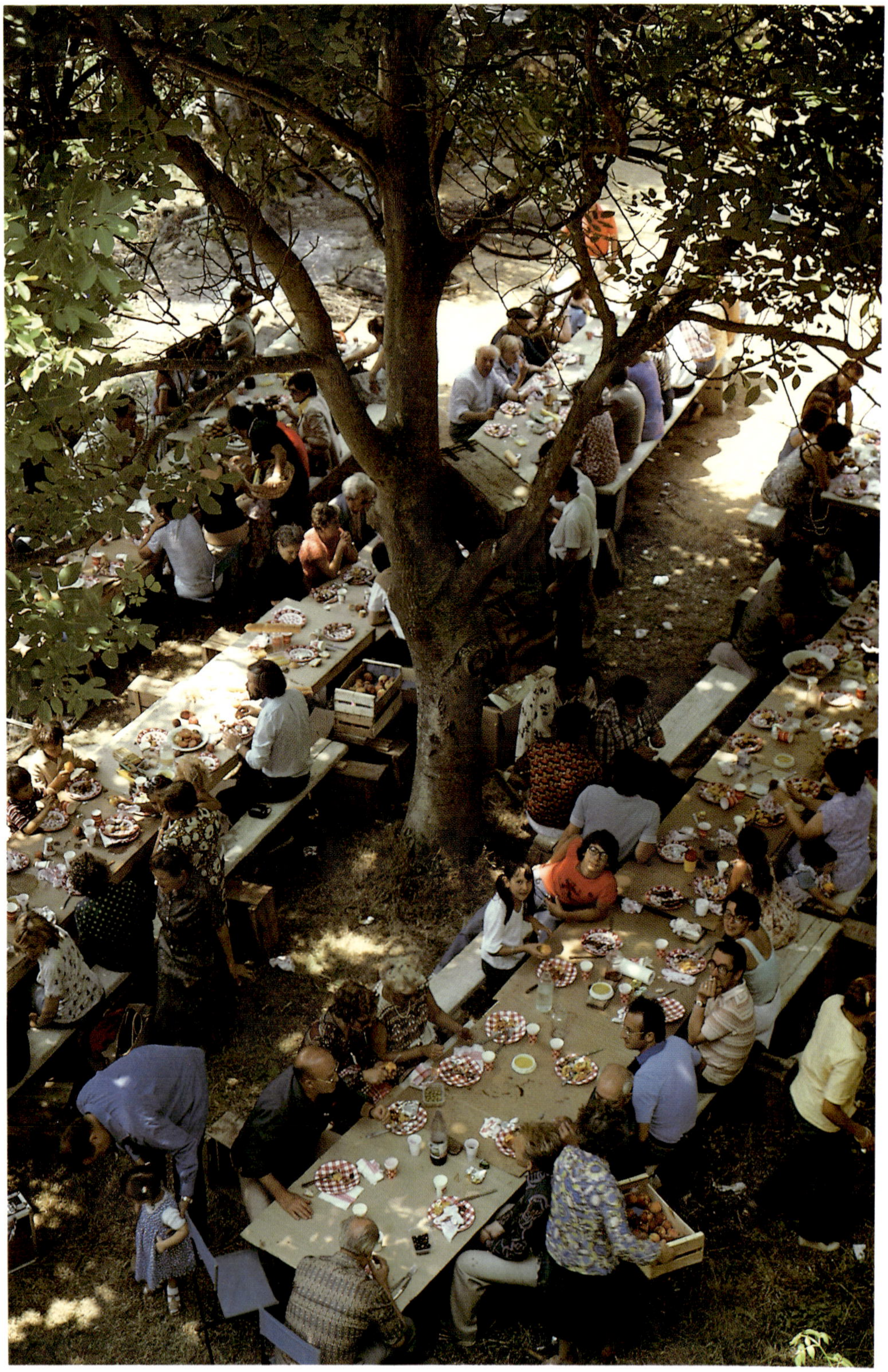

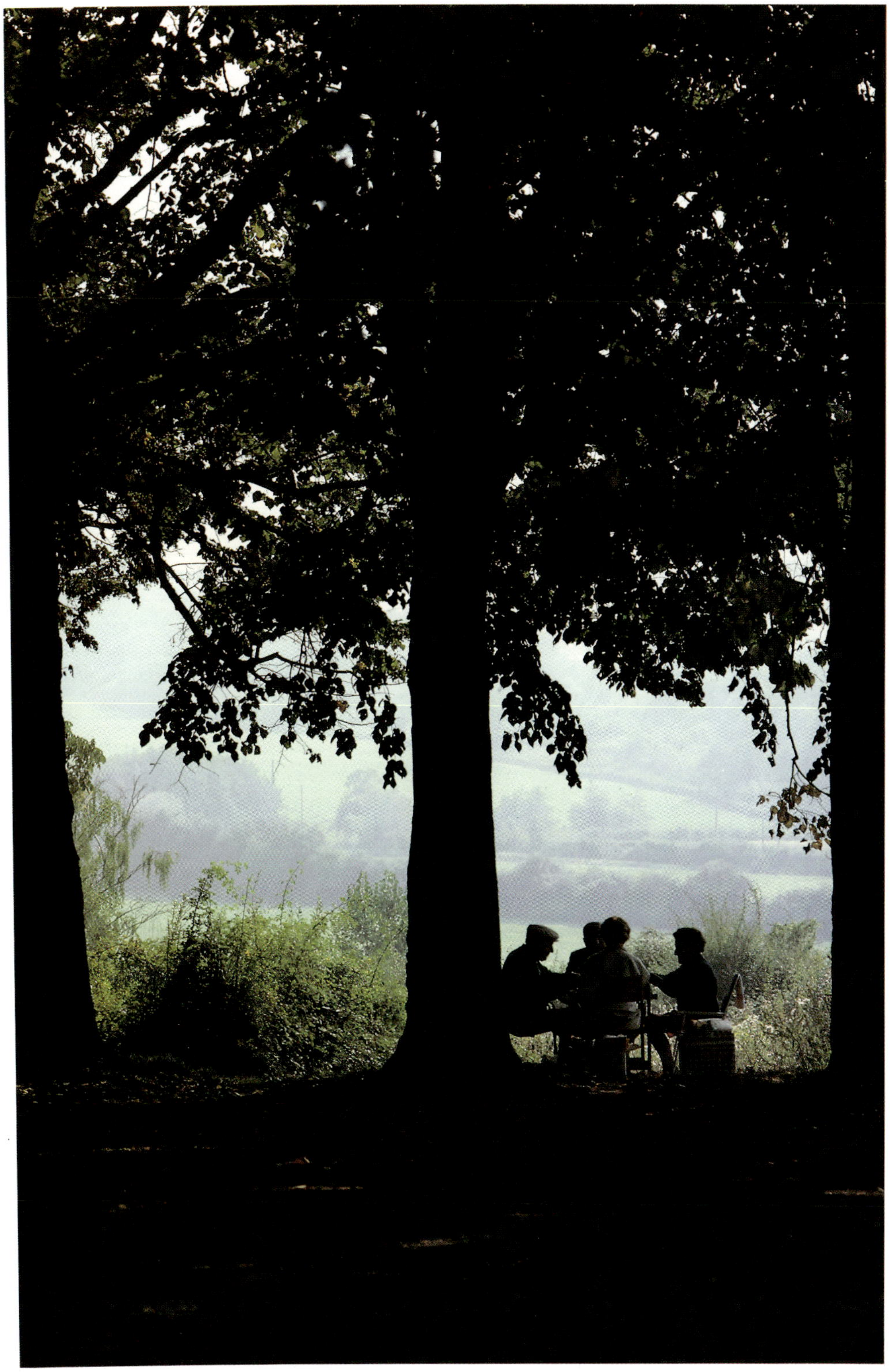

Un autre repas en plein air, près d'Autun (*ci-contre*), belle cité bourguignonne à la limite du Morvan, et un couple pique-niquant sur un banc en plein Paris, face au Centre Beaubourg (*ci-dessous*). Images d'un bonheur tranquille. La douce France !

C'est en réalité vers la seconde moitié du XIXe siècle qu'en réaction contre la bourgeoisie, et contre l'académisme triomphant, les peintres impressionnistes ont contribué à donner de la France cette vision nouvelle faite de couleurs et de lumière. En 1862, c'était le célèbre *Déjeuner sur l'herbe* de Manet : un scandale. En 1865, un autre *Déjeuner sur l'herbe*, de Monet celui-là : encore un scan-

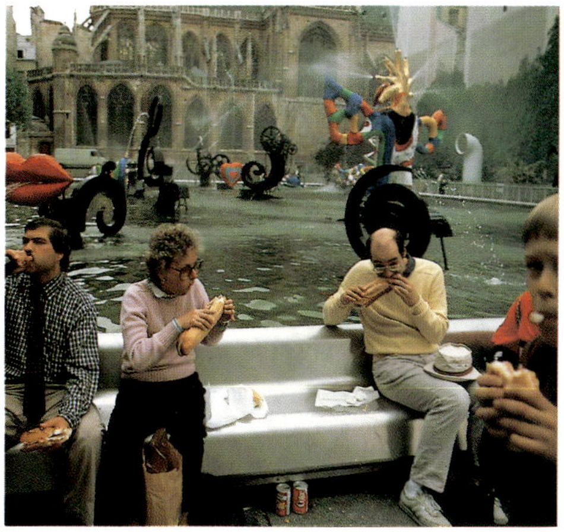

dale. Et puis il y eut *La Grenouillère* de Renoir, *Le Moulin de la Galette*, les guinguettes et les canotiers, les dimanches au bord de l'eau, aussi bien celle de la Seine et de la Marne, que l'autre, la « Grande Bleue » d'Étretat ou de Trouville.

Peut-être ces révolutionnaires de l'art ont-ils quelque peu réussi à faire entrer leur révolution dans la vie. À cette époque, on sortait peu. Les pauvres, parce qu'ils étaient pauvres, les bourgeois, parce que cela ne « se faisait » pas. On n'allait jamais au restaurant, sauf peut-être pour les grandes fêtes. On laissait ça aux « viveurs » et aux « créatures » de mauvaise vie. Et puis il y a eu la Belle Époque, pas belle pour tout le monde ! Et puis, après la Première Guerre mondiale, vinrent les années folles. Et le goût de la fête s'est installé.

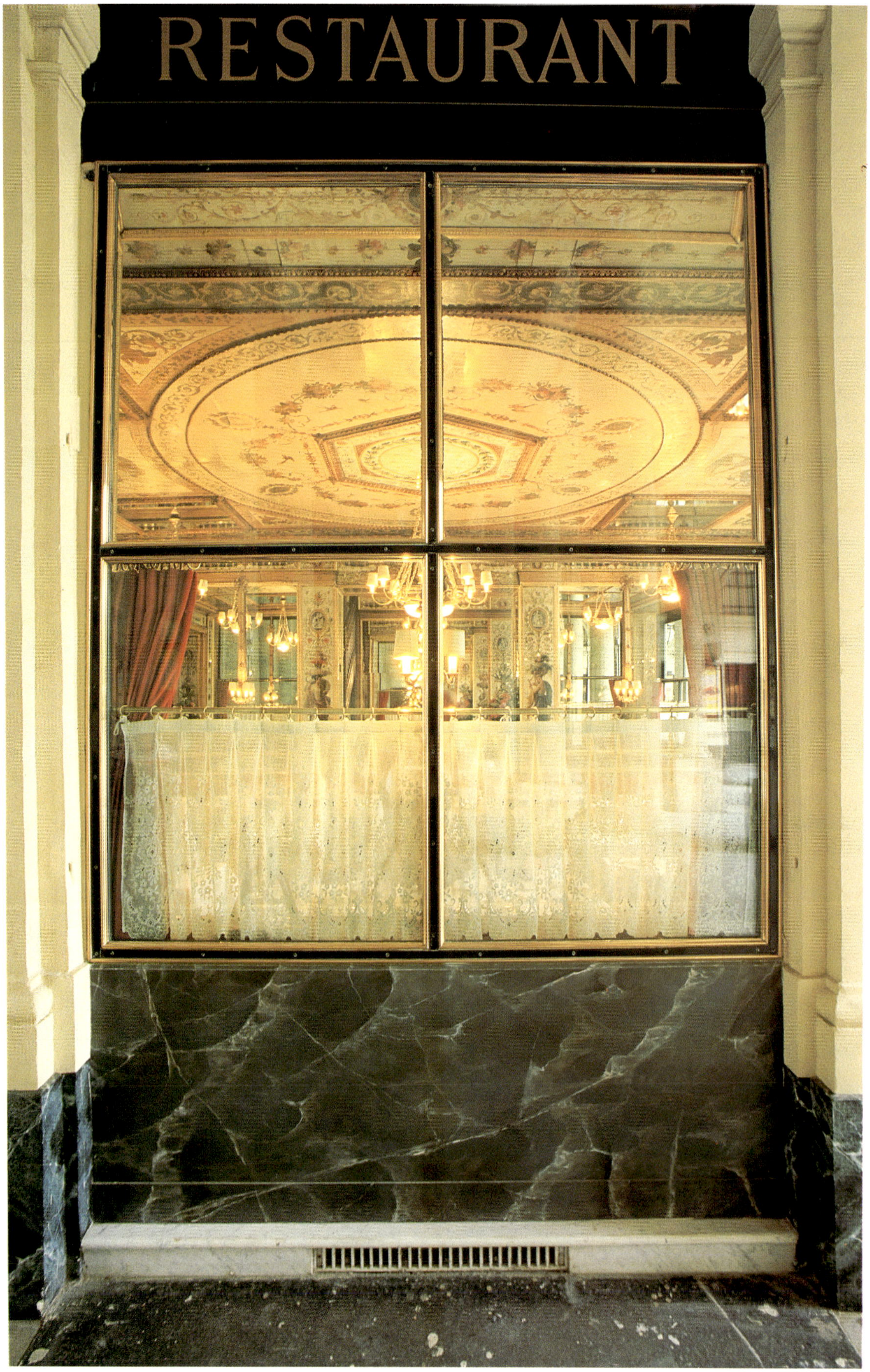
RESTAURANT

Certains hauts lieux de la cuisine parisienne sont un peu plus que des restaurants, presque des monuments historiques. Il en est ainsi du Grand Véfour (*à gauche*), dont le décor Directoire (*au centre, à droite*) rappelle le temps des Merveilleuses et des Incroyables, cette jeunesse des années folles de l'après-révolution qui hantait les allées du Palais-Royal. Sous les arcades de ce Palais-Royal, Véfour (qui n'était pas encore le Grand Véfour) eut longtemps pour concurrent et voisin un autre restaurant célèbre, aujourd'hui disparu : Very, où Balzac raconte avoir dévoré à lui tout seul, un soir de 1826, cent huîtres, douze côtelettes, un caneton, deux perdreaux et une sole.

Lucas Carton (*ci-dessous*), à l'angle de la place de la Madeleine, était quant à lui, avec ses superbes boiseries de l'école de Majorelle et ses banquettes de velours tabac, un des établissements les plus brillants de la Belle Époque, où, dans les salons intimes du premier étage, les demi-mondaines retrouvaient des messieurs moustachus à monocle et haut-de-forme. Marcel Proust habita longtemps boulevard Malesherbes à deux pas. C'est Alain Senderens, l'un des rois de la nouvelle cuisine, qui vient de donner, à l'intention des hommes d'affaires, un nouveau lustre à cette ancienne et somptueuse maison, temple de la gastronomie à l'usage exclusif de ceux qui ont le portefeuille bien garni...

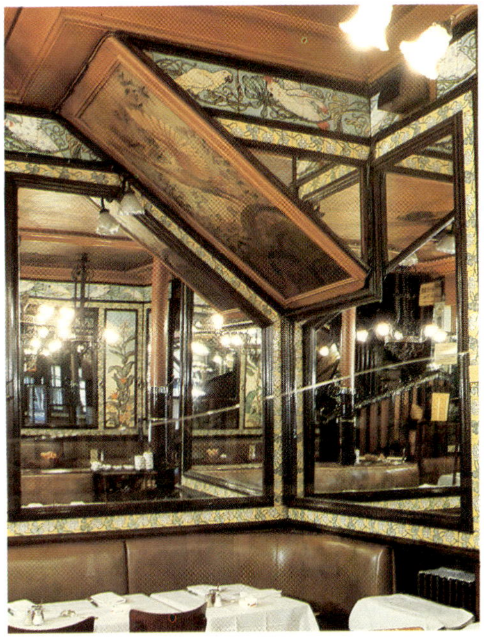

Belle Époque encore de l'autre côté de la Seine, à Saint-Germain-des-Prés devant les célèbres céramiques de la brasserie Lipp (*à gauche*) que nous avons déjà rencontrée en visitant Paris. Ici on ne peut pas réserver, et, à moins d'être célèbre, on attend. Mais cela vaut la peine, non pas tant pour le menu que pour le public. On est ici dans une annexe de l'Assemblée nationale et des grandes maisons d'édition, qui sont d'ailleurs presque des voisines.

Plus modeste est le Grand Comptoir (*en bas, à droite*) qui a survécu au vieux quartier des Halles, simple café tabac menant à une grande salle où l'on mange toujours une cuisine de grand-mère.

Chaque année, à la veille du printemps, les restaurateurs, grands ou petits, ont des battements de cœur. Ils attendent le verdict des guides, le *Michelin* avec ses étoiles, le *Gault Millau* avec ses toques, comme des élèves le résultat d'un examen.

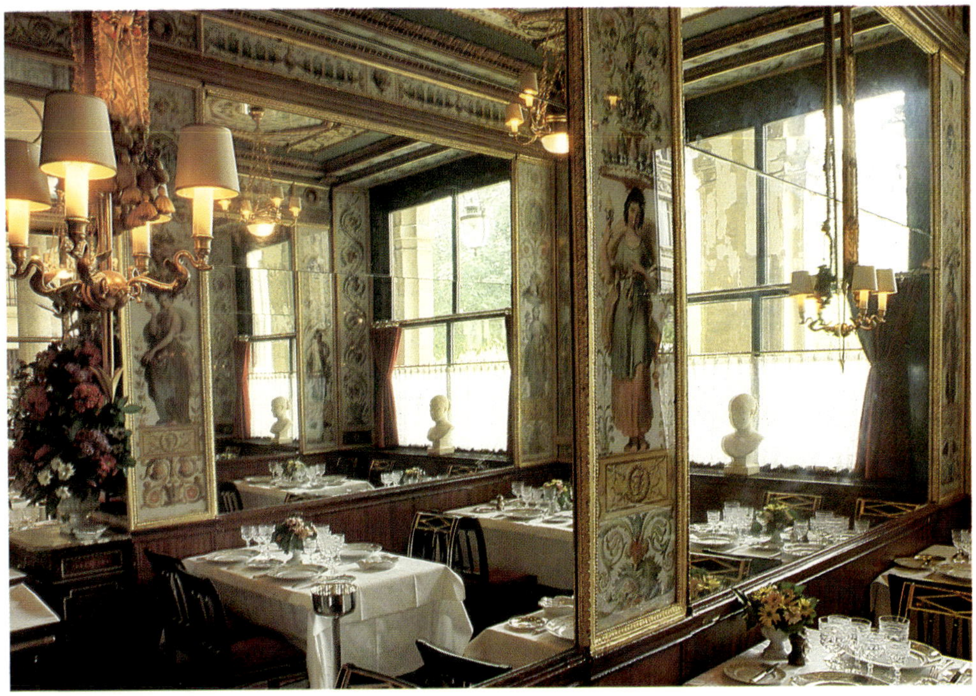

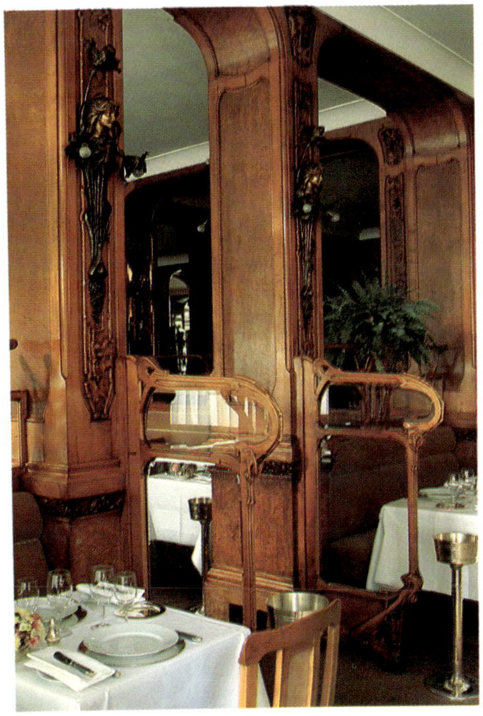

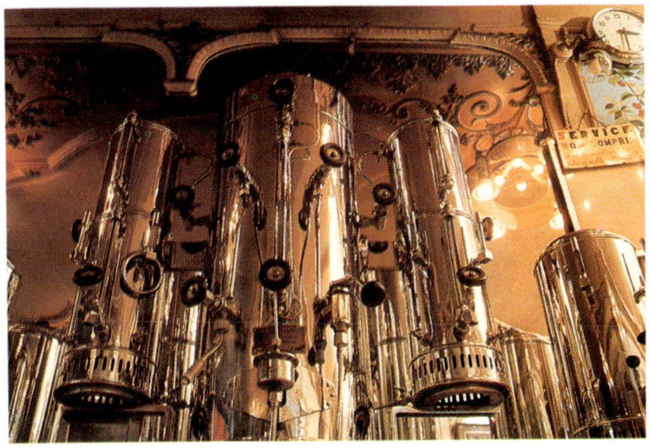

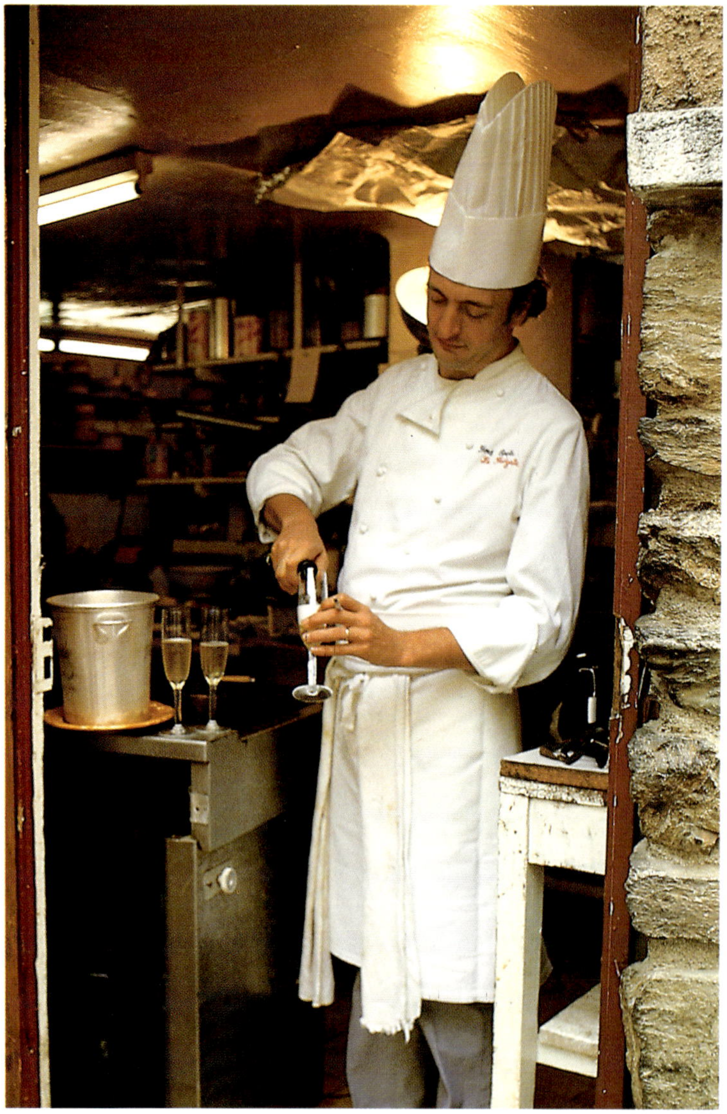

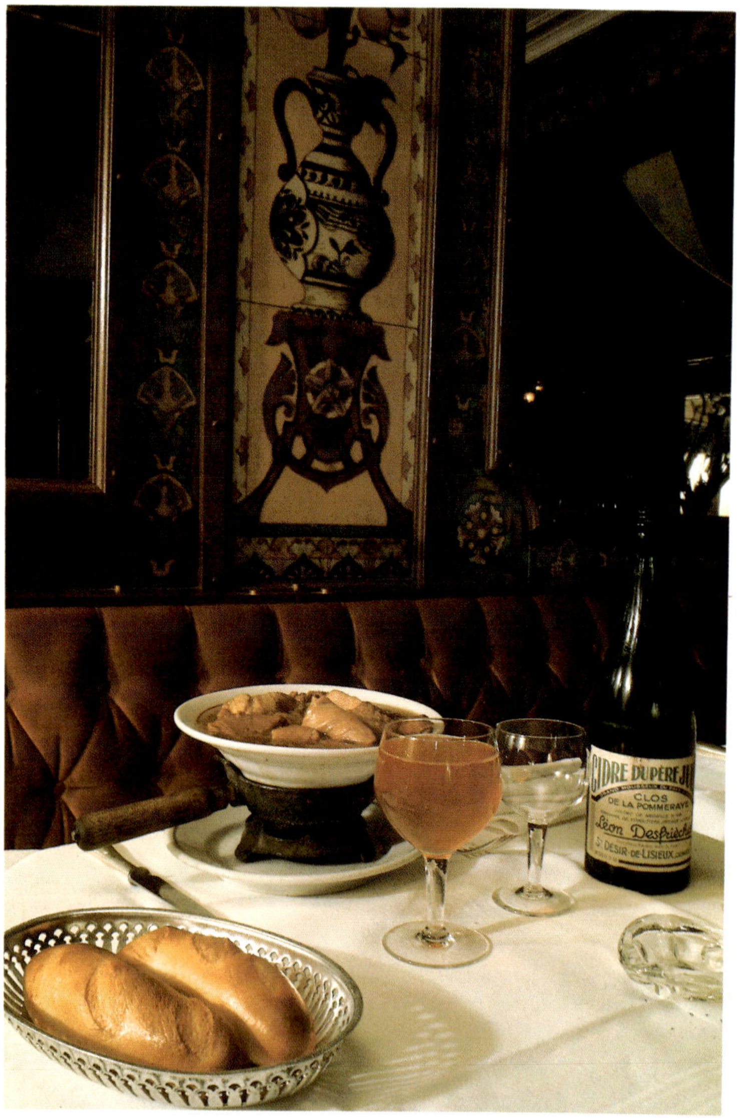

Après avoir officié comme chef des fourneaux à l'hôtel Crillon, Jean-Paul Bonin fut appelé pour la conception de la nouvelle carte du Grand Véfour en succession de Michel Oliver. L'exécution de cette carte succulente revint à son second André Singnoret, qui finalement prit tout en main et fit si bien qu'il est à présent le chef en titre de ce restaurant prestigieux.

Sa carte propose, entre autres, un parmentier d'agneau, petit rôti cuit dans un feuilleté de pommes de terre, une poêlée de ris de veau et rognons au citron, un tournedos Rossini dans sa recette exacte de la Belle Époque, de la pince de homard aux petits légumes et beaucoup d'autres mets également succulents.

Voici Pharamond où, dans un aimable décor qui date du début du siècle, aux murs de céramique ornés de fleurs et de fruits, des pommes bien sûr, on savoure, assis sur de confortables banquettes, une splendide cuisine normande préparée par Alain Hyvonnet dont le fleuron est ce plat de tripes qui fait le renom de la maison depuis des décennies. À déguster accompagné d'un excellent cidre d'Auge ou d'un fruité poiré domfrontais. Signalons que si l'on n'aime pas les tripes, ce qui est possible, car c'est un plat d'initiés, on peut se rabattre sur d'autres spécialités de belle qualité.

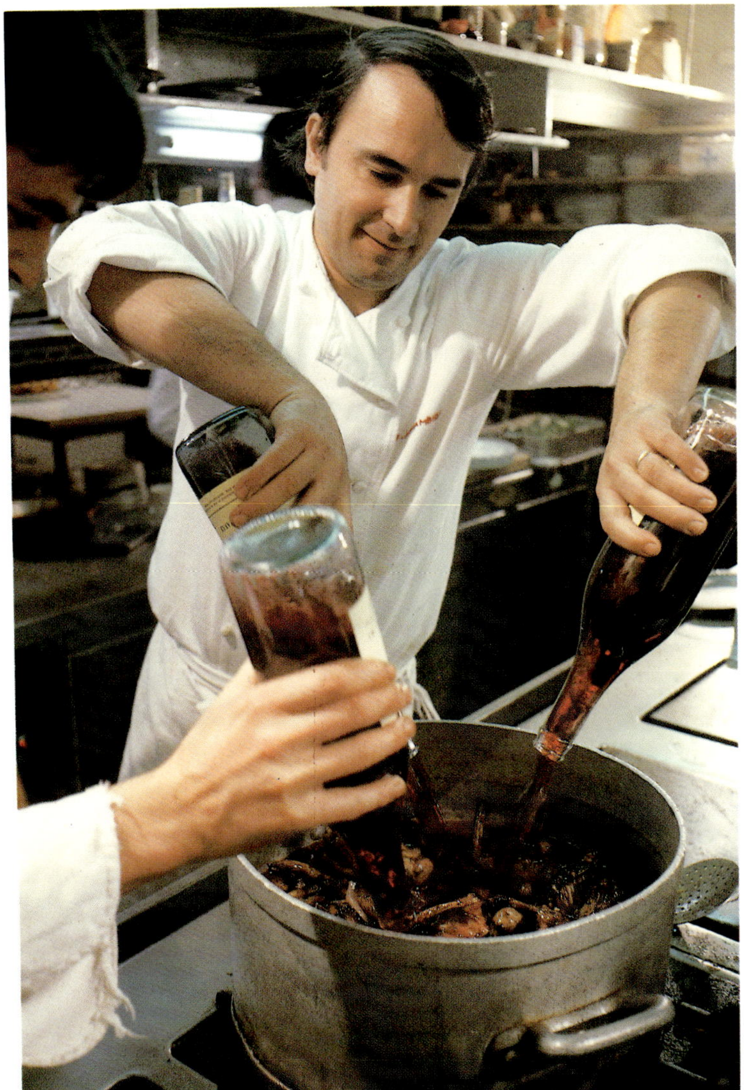

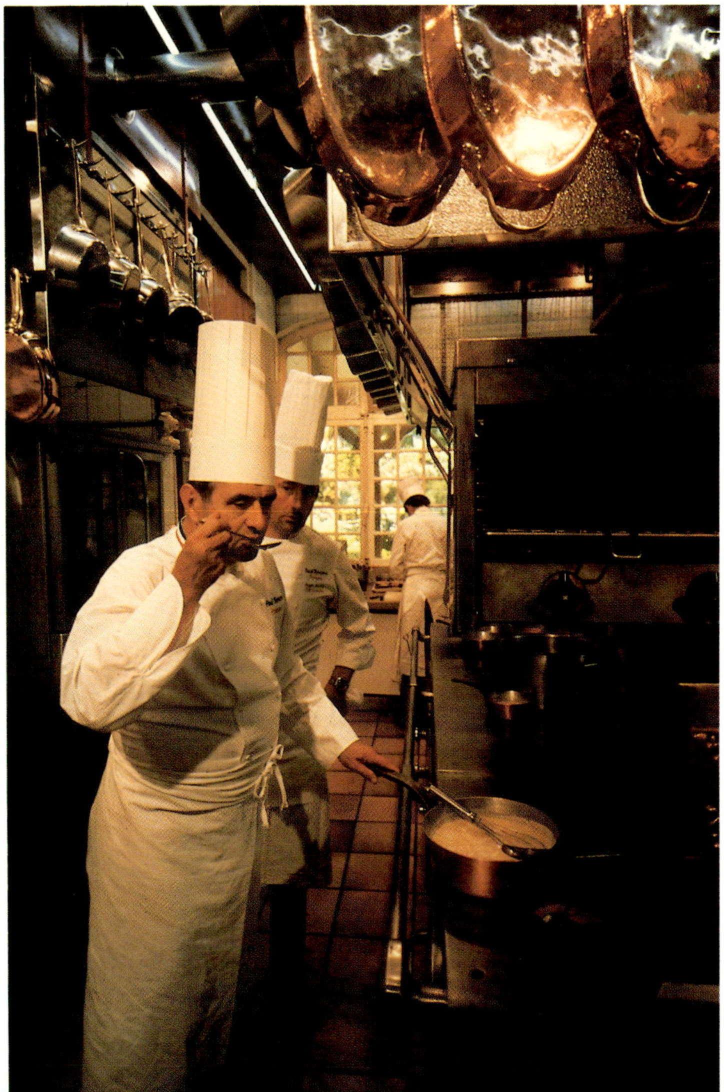

C'est sur la Côte Vermeille à Collioure, que l'on trouve le restaurant d'Yves Costa, la Frégate, une frégate qui vous fait découvrir les produits de la mer à toutes les sauces et façons. Yves Costa a été l'un des premiers en France à faire manger du poisson cru, dans un « tartare de la marée du jour », mais ses clients peuvent aussi se régaler sur une terrasse d'été d'une panachée de poissons en vessie, d'un homard sauté aux herbes, de coquilles Saint-Jacques aux endives et de pâtes fraîches accompagnées d'une sauce au vin vert, ou encore d'une terrine de ratatouille aux anchois... de Collioure.

Un grand monsieur, ce Paul Bocuse (ici dans son restaurant des environs de Lyon) qui a rendu à la cuisine française, grâce à sa générosité et à son génie, une audience universelle. Maître de la nouvelle cuisine, de l'allégement des sauces, il revient quand il faut aux grands plats régionaux : le navarin, la blanquette, le gratin de cardons à la moelle, etc. De plus, de ses cuisines sont sortis non seulement des plats extraordinaires d'invention mais une pléthore de jeunes chefs qu'il a promus, car il est formateur par essence, par tradition. La cuisine, n'oublions pas, est un art dont le savoir doit se transmettre d'une génération à l'autre.

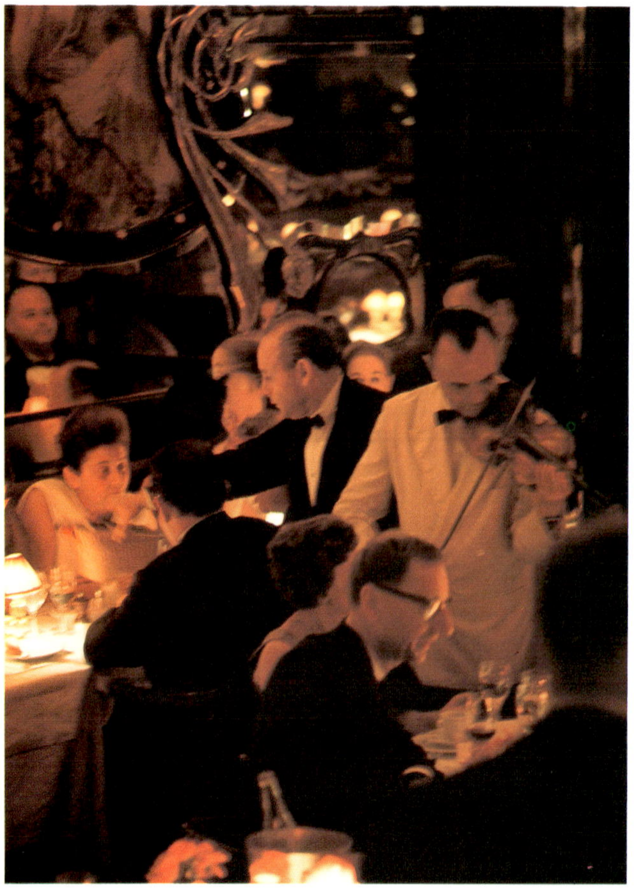

À l'orée du siècle, il y avait Maxim's. Et il y a toujours Maxim's (*en haut, à gauche*), semblable à lui-même, avec son omnibus, sa Grande Salle et ses petits salons, ses rideaux en bouillonné et ses banquettes rouges où l'on imagine encore aujourd'hui la Belle Otéro tendant au baron de Charlus sa main gantée. Tous les étrangers de la *jet society* sont allés chez Maxim's, mais le Français moyen ne le connaît qu'en rêve. Sa réalité à lui, c'est le petit restaurant où il a ses habitudes, qui, en province, s'appelle la Poste, le Cheval Blanc, le Lion d'or ou le Bon Coin, ou à Paris, comme sur ces pages, à la Devinière (*en bas, à gauche*) ou Chez Benoît (*à droite*), et où l'on trouve encore à l'heure triste du *fast food* de la cuisine comme autrefois.

Attention cependant au jour où un chroniqueur gastronomique découvre un de ces petits bistrots, comme celui-ci à Boulogne (*ci-dessous*), qu'on aime et où l'on ne se ruine pas. Pour le patron, la tentation est grande et dangereuse de doubler ses prix...

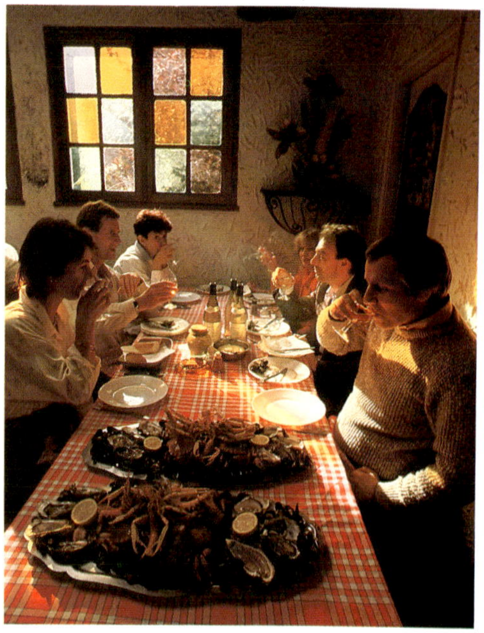

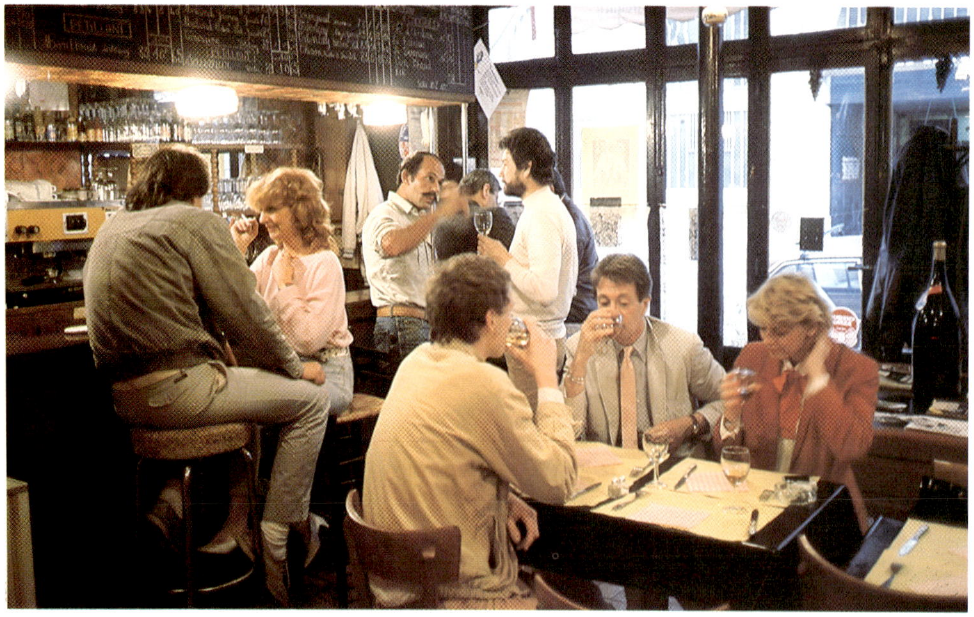

Si un peu partout ailleurs dans le monde, on aime dîner sous une lumière tamisée, le Français, lui, préfère être bien éclairé. Il veut savoir ce qu'il y a dans son assiette.

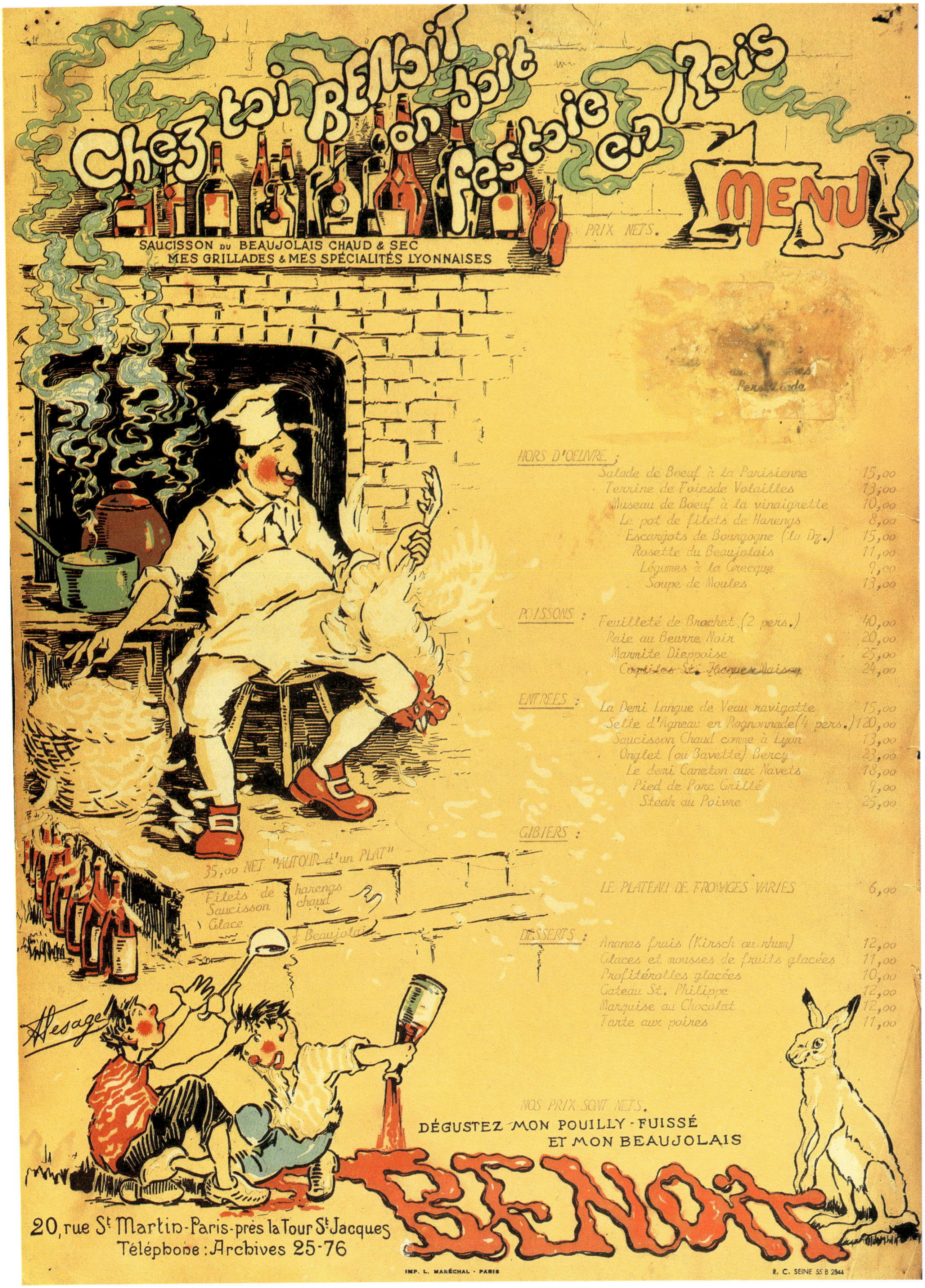
Chez toi Benoît on boit festoie en Rois
MENU
PRIX NETS.
SAUCISSON DU BEAUJOLAIS CHAUD & SEC
MES GRILLADES & MES SPÉCIALITÉS LYONNAISES
HORS D'OEUVRE :
Salade de Boeuf à la Parisienne 15,00
Terrine de Foiesde Volailles 13;00
Museau de Boeuf à la vinaigrette 10,00
Le pot de filets de Harengs 8,00
Escargots de Bourgogne (la Dz.) 15,00
Rosette du Beaujolais 11,00
Légumes à la Grecque 9,00
Soupe de Moules 13,00
POISSONS : Feuilleté de Brochet (2 pers.) 40,00
Raie au Beurre Noir 20,00
Marmite Dieppoise 25,00
Coquilles St. Jacques Maison 24,00
ENTREES : La Demi Langue de Veau ravigotte 15,00
Selle d'Agneau en Rognonnade (4 pers.) 120,00
Saucisson Chaud comme à Lyon 13,00
Onglet (ou Bavette) Bercy 23,00
Le demi Caneton aux Navets 18,00
Pied de Porc Grillé 9,00
Steak au Poivre 25,00
GIBIERS :
35,00 NET "AUTOUR d'un PLAT"
Filets de harengs
Saucisson chaud
Glace
Beaujolais
LE PLATEAU DE FROMAGES VARIES 6,00
DESSERTS : Ananas frais (Kirsch ou rhum) 12,00
Glaces et mousses de fruits glacées 11,00
Profitérolles glacées 10,00
Gateau St. Philippe 12,00
Marquise au Chocolat 12,00
Tarte aux poires 11,00
Lesage
NOS PRIX SONT NETS.
DÉGUSTEZ MON POUILLY-FUISSÉ
ET MON BEAUJOLAIS
BENOIT
20, rue St Martin - Paris - près la Tour St Jacques
Téléphone : Archives 25-76
IMP. L. MARÉCHAL - PARIS
R. C. SEINE 55 B 2844

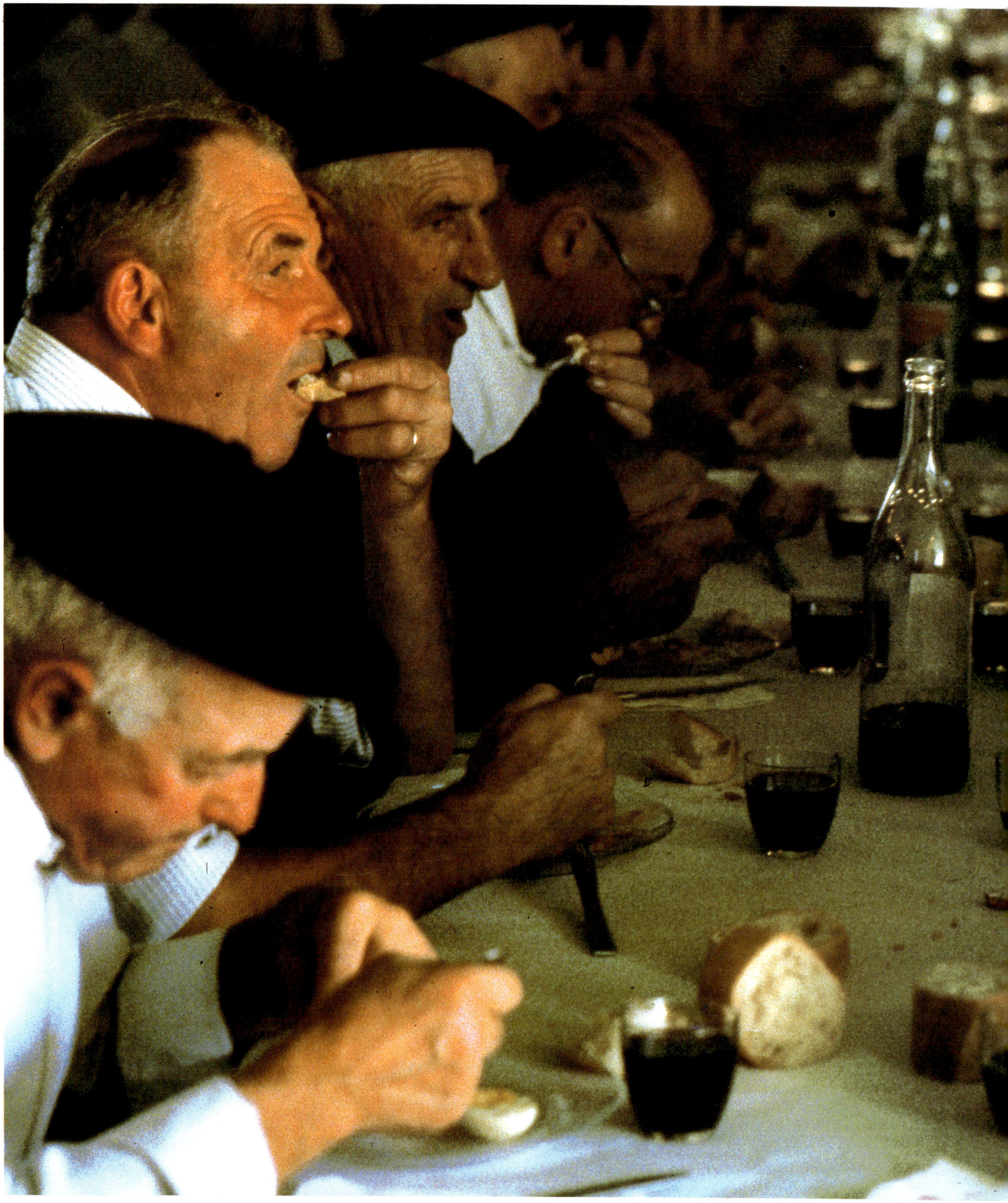

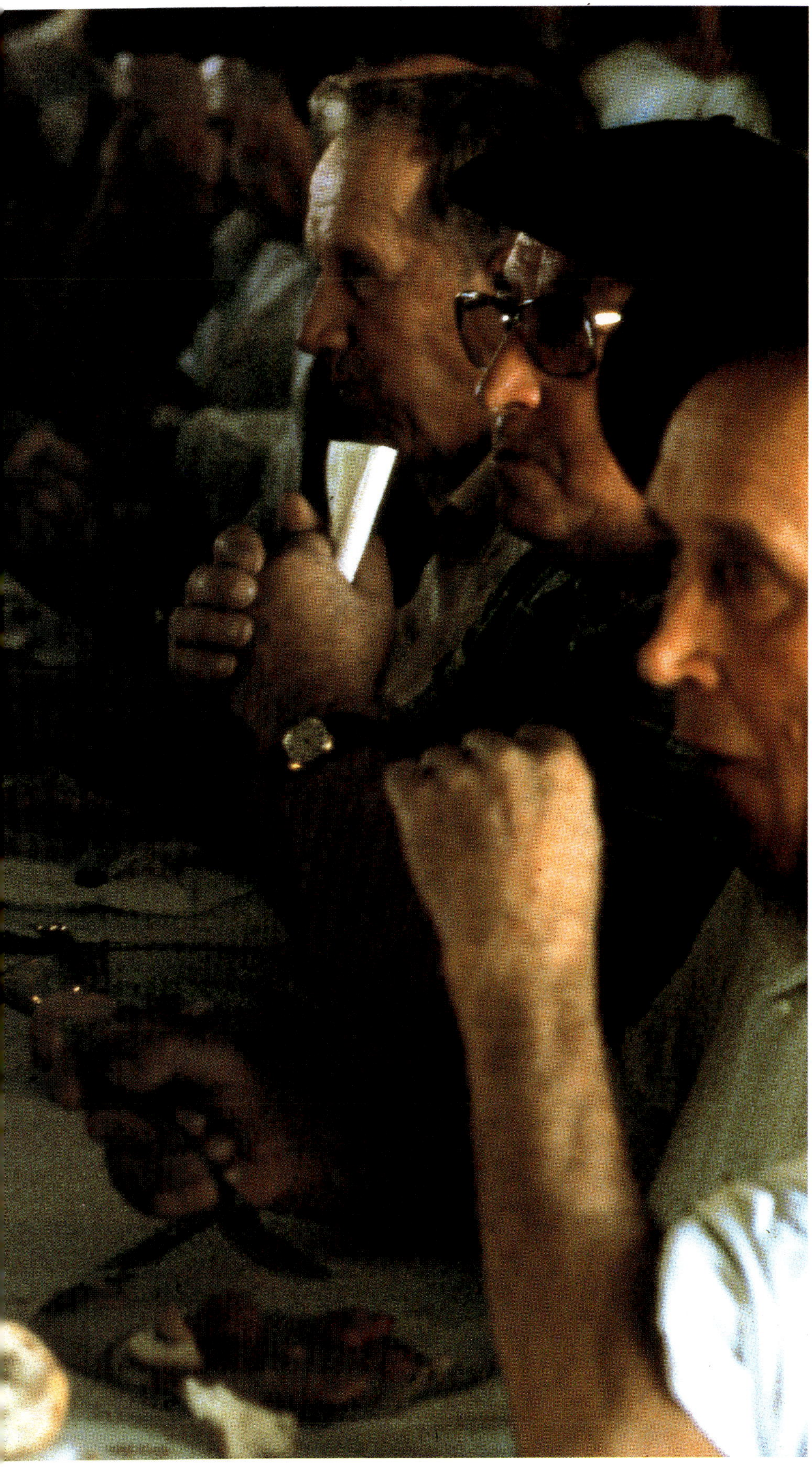

Une bouteille sur une table et un verre toujours bien rempli ! Pour les uns ce sera un grand millésime, pour les autres un vulgaire « gros rouge qui tache ». Riches ou pauvres, les Français partagent le goût du vin en même temps qu'une certaine méfiance pour les buveurs d'eau. Mais s'ils en sont les plus grands producteurs, et les plus ardents consommateurs, s'ils peuvent se flatter d'avoir les meilleurs crus du monde, ils ne peuvent en aucun cas se vanter d'en être les inventeurs. Tout au plus doit-on laisser à leurs ancêtres les Gaulois la gloire d'avoir inventé... le tonneau.

On ne connaît pas bien l'origine du vin, mais on sait qu'il remonte au déluge. Et cela au sens propre du terme, puisque le vieux Noé, en descendant de son arche, passe pour l'avoir fort apprécié. Et comme on le comprend, lui qui venait de naviguer si longtemps sur autant d'eau !

Aucune nourriture, à l'exception du pain, n'est aussi chargée de symbole que le vin. Les Grecs lui avaient donné un dieu, Dionysos, le fils de Zeus. Les Romains lui en donnèrent un autre (en fait à peu près le même), Bacchus. Les uns et les autres en buvaient beaucoup, comme en témoignent *Le Banquet* de Platon, et les orgies romaines racontées par tous les historiens, de Pline à Suétone. Pourtant dans la Rome antique, le vin était strictement interdit aux femmes. Caton l'Ancien, que l'on appelait aussi le Censeur, celui-là même qui avait l'idée fixe de détruire Carthage, allait jusqu'à donner ce conseil à ses contemporains : « Si tu surprends ta femme à boire du vin, tue-la ! » L'histoire ne dit pas si lui-même en buvait.

À partir des temps chrétiens il fallut du vin pour la messe et c'est pourquoi les ordres monastiques ont contribué pour une large part au développement de la viticulture. Pétrarque raconte même qu'Urbain V, pape d'Avignon, se faisait sérieusement tirer l'oreille pour retourner à Rome, où il craignait d'être privé de son Clos-Vougeot.

Dans le Pays basque, le déjeuner des ouvriers à Larceveau.

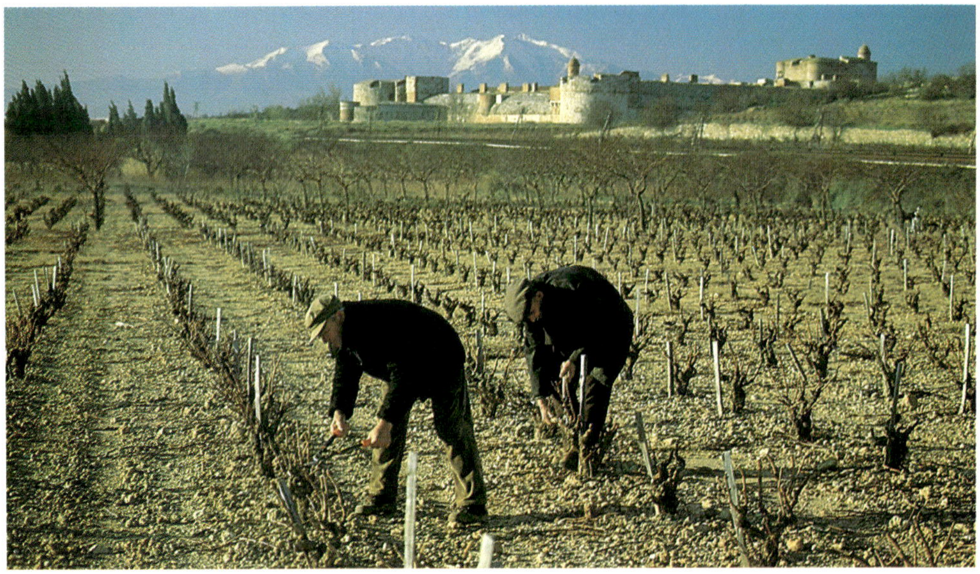

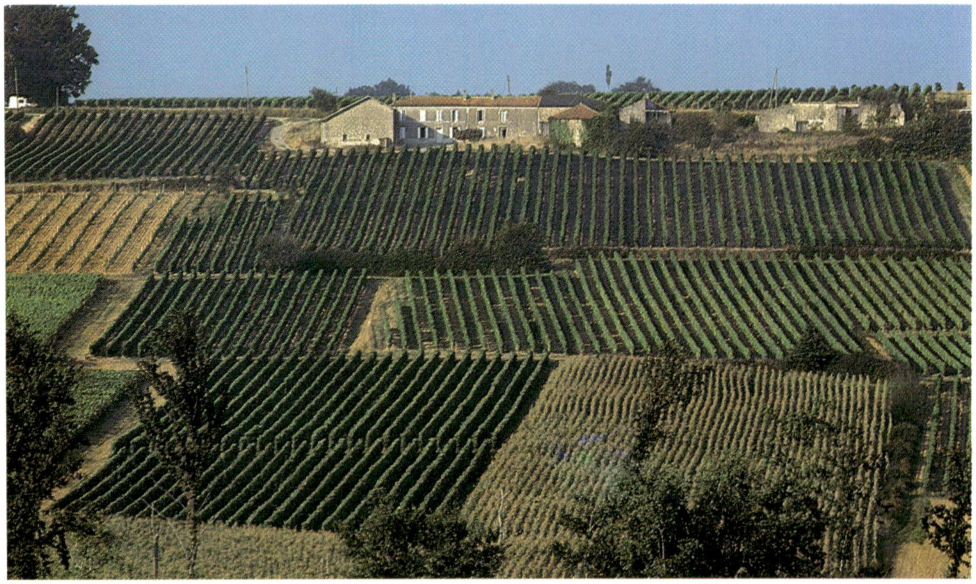

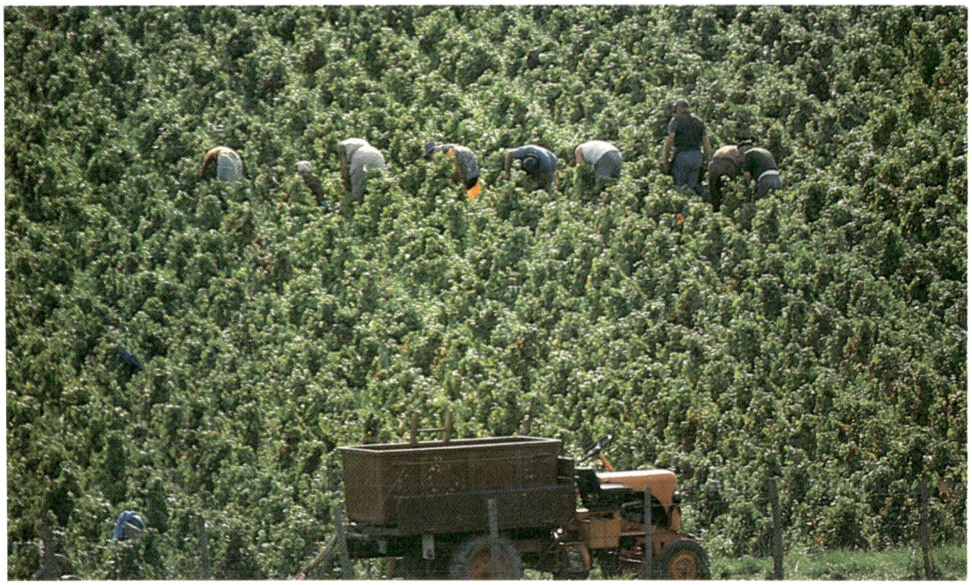

« De vigne en verre, la voilà la jolie vigne... », dit une très vieille chanson française. La grande époque de l'année pour les viticulteurs, c'est, au début de l'automne, celle des vendanges. On fait alors appel à la main-d'œuvre la plus diverse : famille, voisins, étudiants, jeunes en général, car le travail est rude pour cueillir grappe à grappe le raisin qu'on va rassembler dans de grands paniers.

Ce temps des vendanges est partout, surtout lorsqu'elles s'achèvent, l'occasion de grandes fêtes. Dès ce moment, on peut prévoir si le vin de l'année sera bon. Il ne l'est d'ailleurs pas partout en même temps. Quelques exemples à l'usage des connaisseurs. Pour le Bordeaux, 1985 et 1982 sont, ou plutôt seront, car il est préférable d'attendre encore pour le boire, d'excellentes années comme l'étaient déjà 1978, 1975, 1970, 1961 pour ne pas remonter plus loin. Pour le Bourgogne, c'est surtout 1978, mais aussi 1976, 1971, 1966 et encore 1961. Quant aux Beaujolais, aux Côtes-du-Rhône et surtout aux Alsaces, ils étaient exceptionnels en 1983.

L'œnologie, ou science du vin, a tout un vocabulaire qui lui est propre et a son charme particulier. On dit d'un vin qu'il est ample, harmonieux, corsé, gouleyant, souple ou viril... On dit qu'il a du bouquet, du corps et l'on ne parle pas de sa couleur, mais de sa robe...

Bourgogne et Bordelais, Alsace et Champagne, Loire, Rhône, Provence et Languedoc, sans compter toutes les régions intermédiaires (ainsi la totalité de l'Aquitaine), on peut dire qu'à l'exception de l'extrême nord et des régions d'altitude, où le raisin ne pousse guère au-dessus de 300 mètres, toute la France produit du vin.

Ce sont les Romains qui apportèrent à la Gaule la culture de la vigne, mais ceux-ci prirent tant à cœur cette nouvelle venue qu'en quelques dizaines d'années, elle s'était répandue partout, même à des latitudes où les envahisseurs n'imaginaient pas qu'elle pouvait pousser. Bientôt les Romains commencèrent même à redouter la concurrence de leurs trop zélés voisins pour leurs propres vignobles, si bien qu'en l'an 91, l'empereur Domitien ordonna d'arracher la moitié des vignes gauloises. L'ordre ne fut heureusement pas exécuté jusqu'au bout. Quelque temps plus tard un autre empereur l'abrogea.

Il poussait alors des vignes même là où il n'y en a plus aujourd'hui. Il y a quelques siècles on produisait du vin à Montmartre, à Saint-Denis et à Saint-Germain. Il est vrai que c'était une affreuse piquette, mais elle était quand même préférable à l'eau, qui à l'époque était dangereusement polluée. Ce vin de Montmartre ou des environs s'appelait « guinguet » et se buvait dans de petits établissements du bord de la Seine qui allaient devenir les guinguettes.

En haut, à gauche : taille des vignes à Fort de Salses dans le Roussillon.

Au centre, à gauche : un vignoble bien soigné près de Soulignac, au sud de Limoges.

En bas, à gauche : vendanges en Beaujolais.

À droite : l'année sera-t-elle bonne ? Le producteur a déjà sa petite idée...

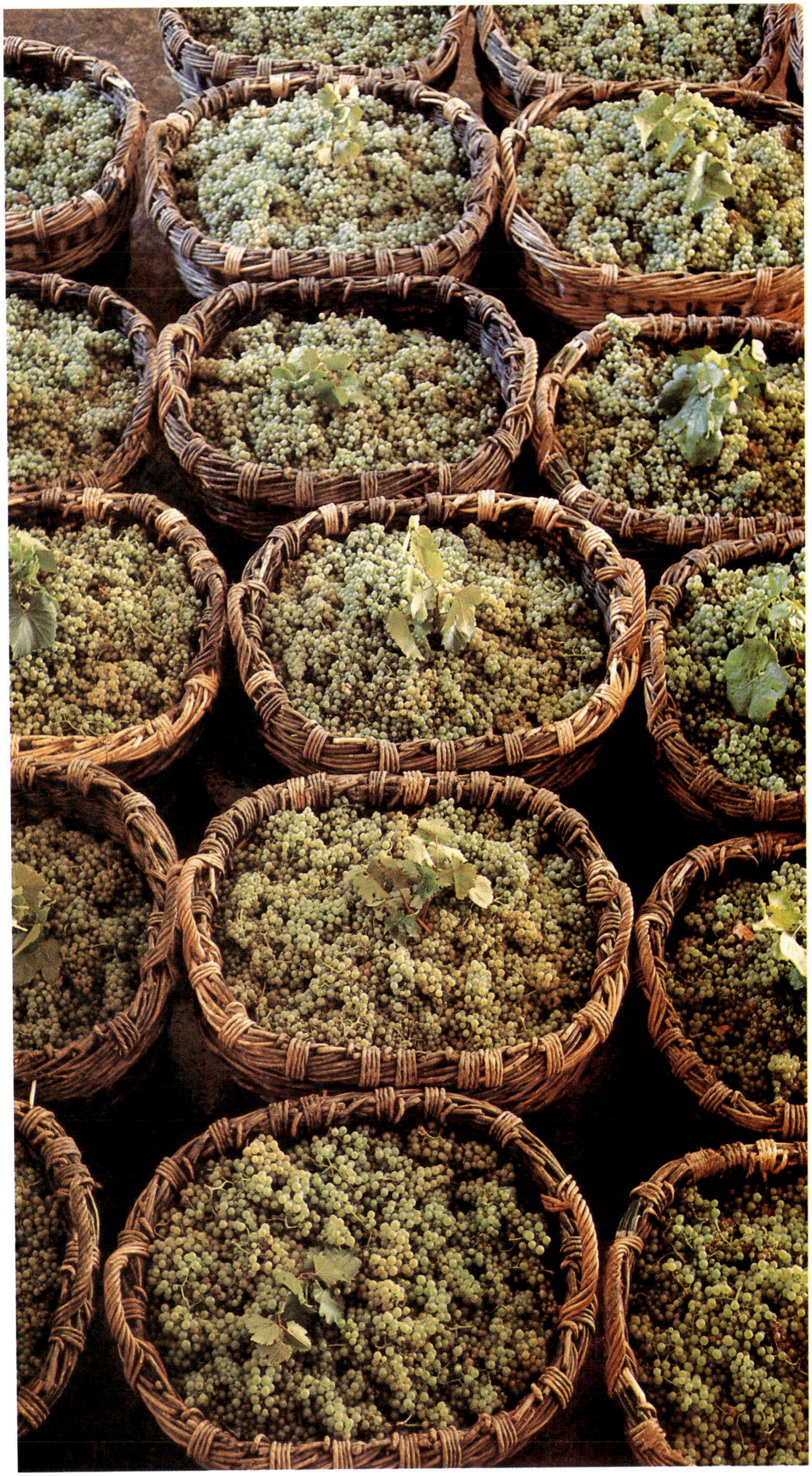

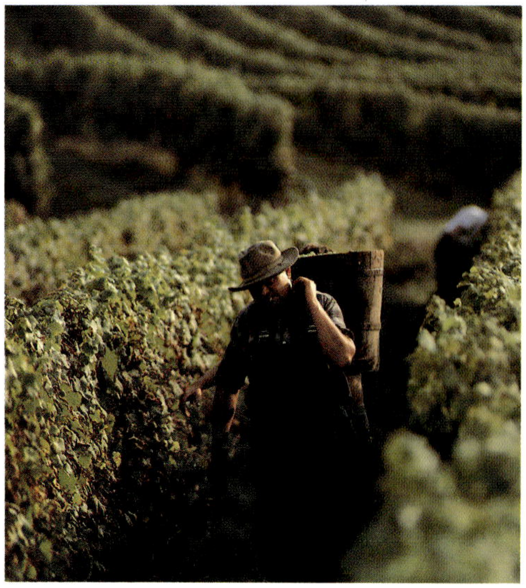

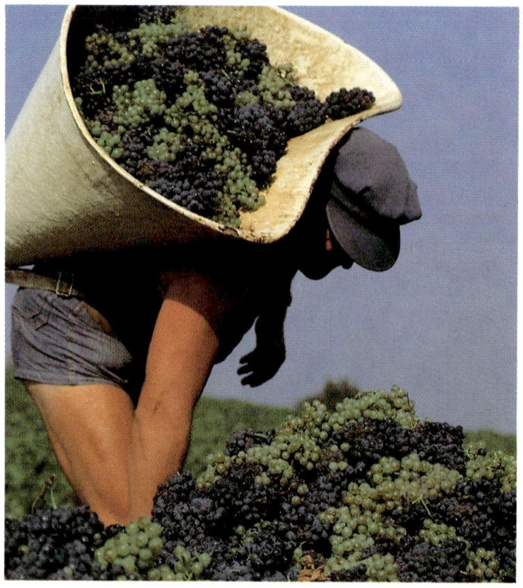

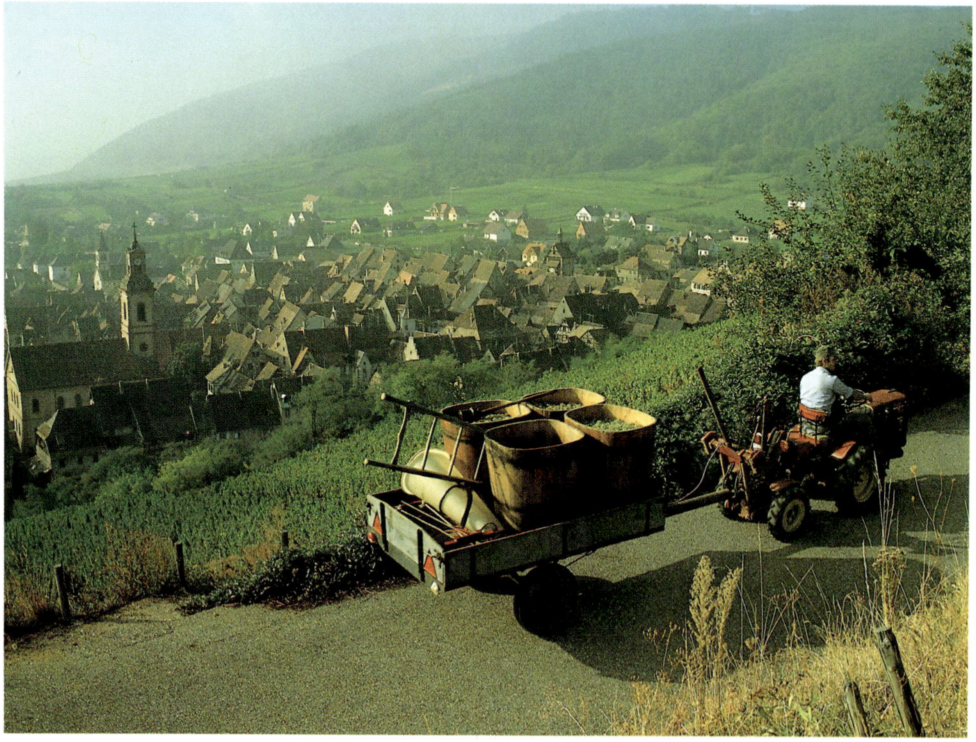

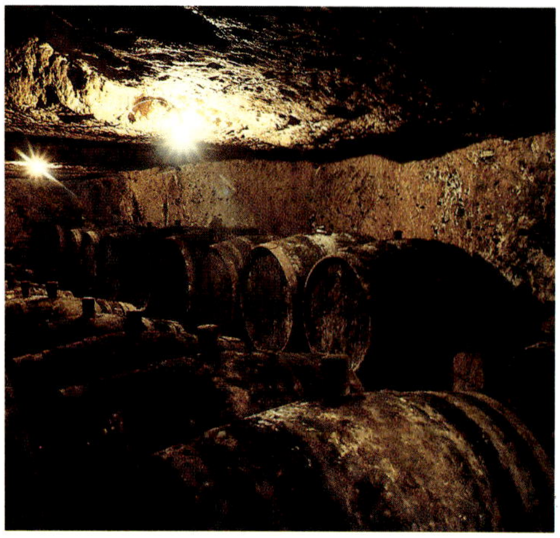

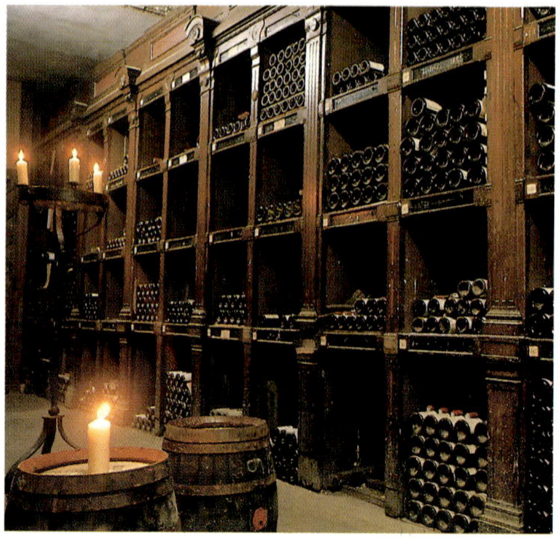

Quelques images de la France vinicole : les vendanges en Dordogne et en Bourgogne (*en haut, à gauche*), le vignoble de Riquewihr en Alsace (*au centre, à gauche*), des caves en Touraine (*en bas, à l'extrême gauche*) et à Paris (*en bas, à gauche*) et enfin (*à droite*), un pressoir à Juliénas, dans le Beaujolais.

Aussitôt cueillies, les grappes sont écrasées par foulage. Cette opération, qui se faisait jadis avec les pieds et devenait parfois une véritable danse accompagnée de chants, est aujourd'hui entièrement mécanique. Après le foulage, on obtient des moûts qui donneront des vins rouges, s'ils sont simplement foulés, et des vins blancs s'ils sont pressurés (et naturellement aussi s'il s'agit de raisin blanc). Ces moûts sont ensuite soumis à la fermentation dans de vastes cuves ouvertes de bois, de ciment et de brique. Elle dure quelques jours ou quelques semaines. Il est possible que les moûts ne soient pas assez sucrés et qu'on soit forcé d'y ajouter du sucre. La chaptalisation (du nom du physicien célèbre qui inventa le procédé) est une opération strictement contrôlée par la loi, car elle permet une augmentation de la teneur en alcool, et risque de dénaturer le vin.

On doit toujours garder les cuves pleines pour empêcher que ne se développe une moisissure qu'on appelle la fleur du vin. Ensuite, on procède au décuvage, on sépare le vin du marc, qui sera distillé, et on met en tonneaux, ou tout de suite en bouteilles, pour le vin destiné à vieillir.

Le vin ne vieillit bien qu'en cave, cela tout le monde le sait, mais sait-on que cette propriété a été découverte tout à fait par hasard ? Les moines, qui mirent les premiers dans leurs caves les vins qu'auparavant les Romains conservaient dans des amphores, le firent non pas pour le bonifier mais pour le cacher et le protéger des pillards innombrables en ces temps incertains du Moyen Âge.

La France produit en moyenne 70 millions d'hectolitres par an, et soixante-dix mille viticulteurs font une déclaration de récolte. Enfin, voici la signification de ces mystérieuses initiales qu'on trouve sur les bouteilles. AOC veut dire Appellation d'origine contrôlée ; il s'agit des meilleurs crus. VDQS veut dire Vin délimité de qualité supérieure : bons vins régionaux. VCC signifie Vin de consommation courante : ce sont en haut de gamme les vins de pays, et en bas de gamme les vins dits de table, c'est-à-dire ordinaires.

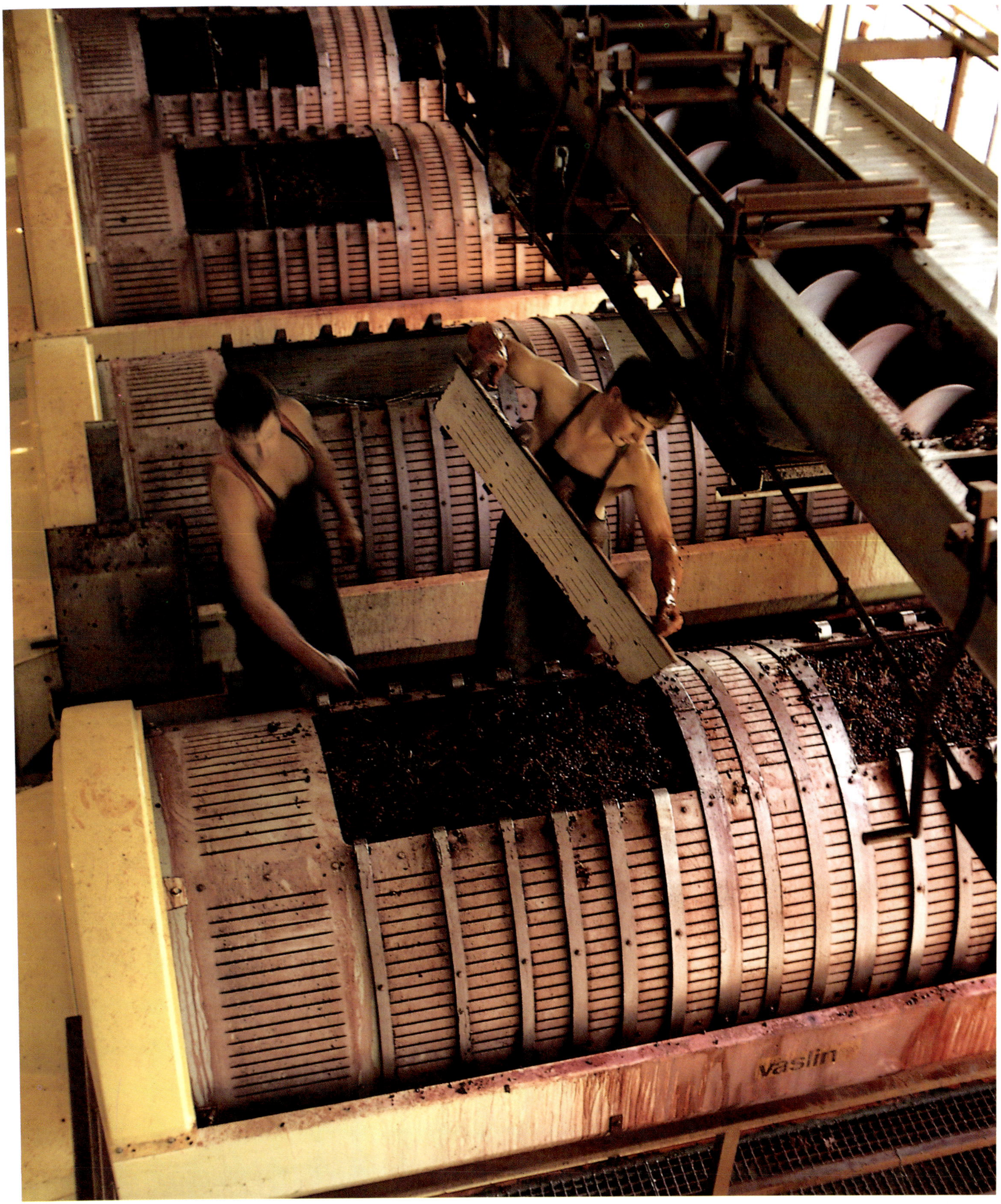
vaslin

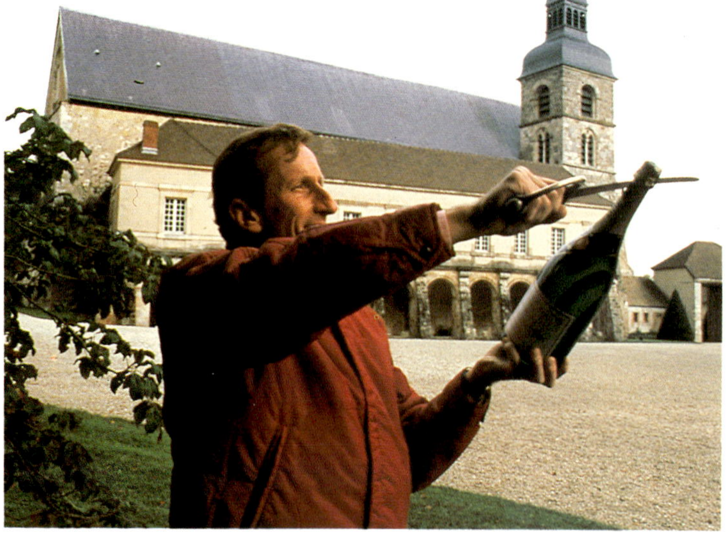

Et maintenant, place au roi ! Au vin de toutes les fêtes que le monde entier célèbre et essaie en vain d'imiter. L'ancêtre du champagne semble avoir été le vin d'Ay, petite commune de la Marne, qui fut d'abord utilisé comme vin de messe avant d'être servi à Reims pour le sacre des rois de France. François Ier en offrit à Henri VIII au Camp du Drap d'or, et Louis XIV, dit-on, le préférait encore à son habituel Chambertin. Bientôt cultivé dans toute la région, il fut tour à tour rouge, rosé puis gris, c'est-à-dire presque blanc, bien qu'issu du pressurage de raisins noirs. C'est ce vin gris qu'à la cour de France on aimait le mieux, peut-être à cause de l'ivresse légère qu'il provoquait. On disait qu'il était « grisant ». Mais il avait aussi une curieuse habitude dont on ne pouvait le débarrasser : certains printemps, il se mettait à faire des bulles comme sous l'effet d'une seconde fermentation. Cette étrange propriété n'avait pas échappé au procureur du monastère de Hautvillers, près d'Épernay, qui avait sous Louis XIV la charge d'entretenir un excellent vignoble. Ce moine, dom Perignon était presque aveugle, mais la nature l'avait en compensation doté d'un goût infaillible et d'un exceptionnel odorat. Le défaut qu'avait son vin, il décida d'en faire une qualité en le maîtrisant et en le provoquant à son gré par l'adjonction d'un peu de sucre et l'utilisation d'une technique spéciale de mise en bouteille et de bouchage.

Le champagne doit se boire non pas glacé mais entre 7 et 9°. Il ne doit pas être servi dans des coupes mais dans des flûtes de cristal. Outre les bouteilles de 78 cl, on peut le trouver en magnum (équivalent de deux bouteilles), en jéroboam (quatre bouteilles), en mathusalem (huit bouteilles) ou en nabuchodonosor (vingt bouteilles).

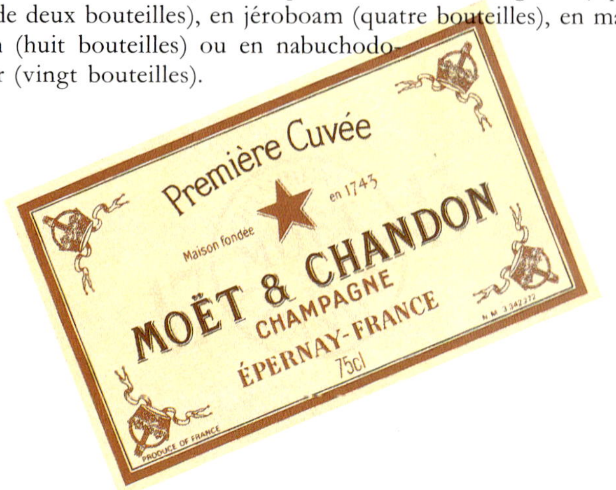

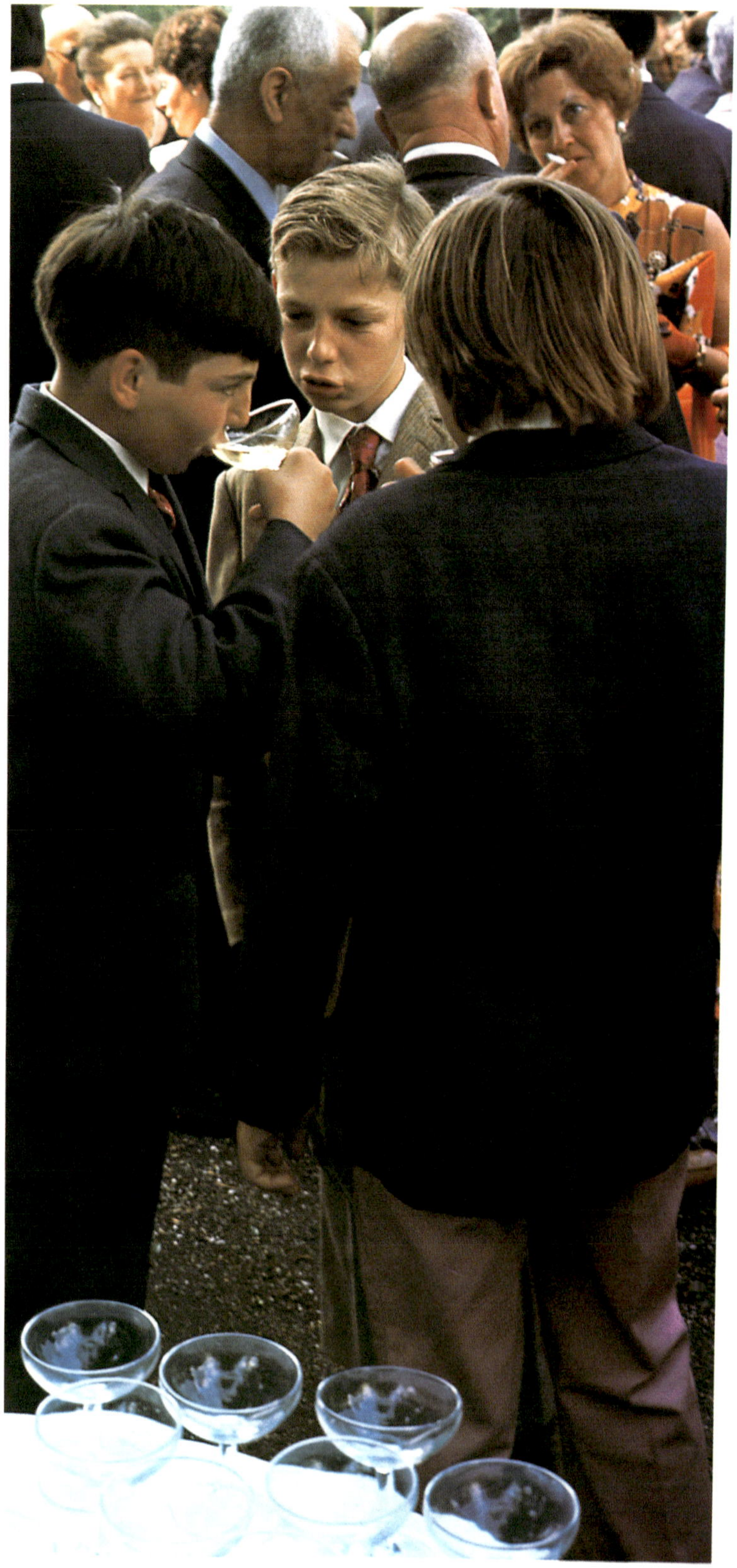

En haut, à gauche : à Hautvillers, où dom Perignon perfectionna son champagne, une bouteille est sabrée avec cérémonie.

Ci-dessus : mariage à Cahors, dans le Sud-Ouest.

À droite : caves à champagne à Reims.

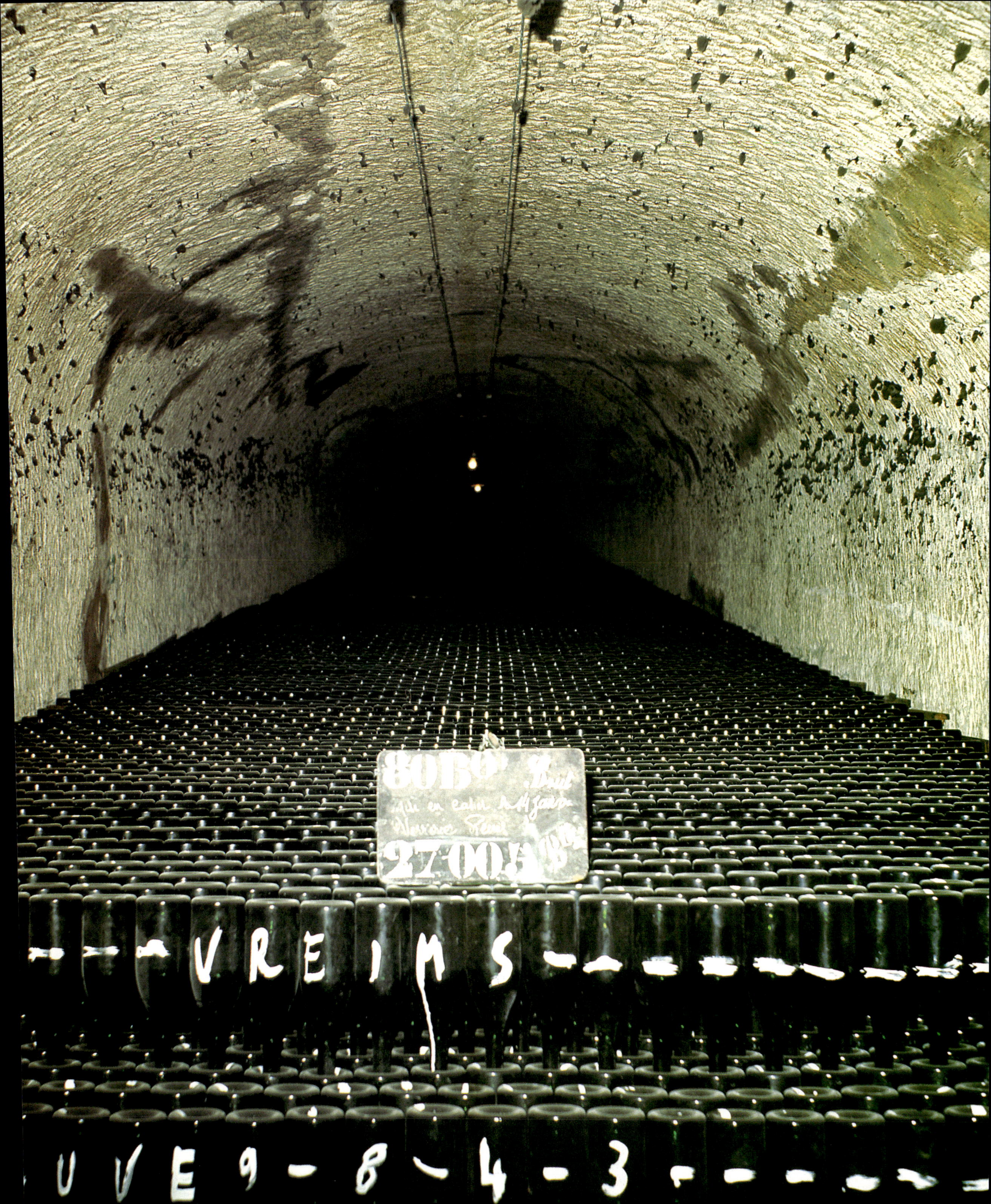
VREIMS
UVE9-8-4-3

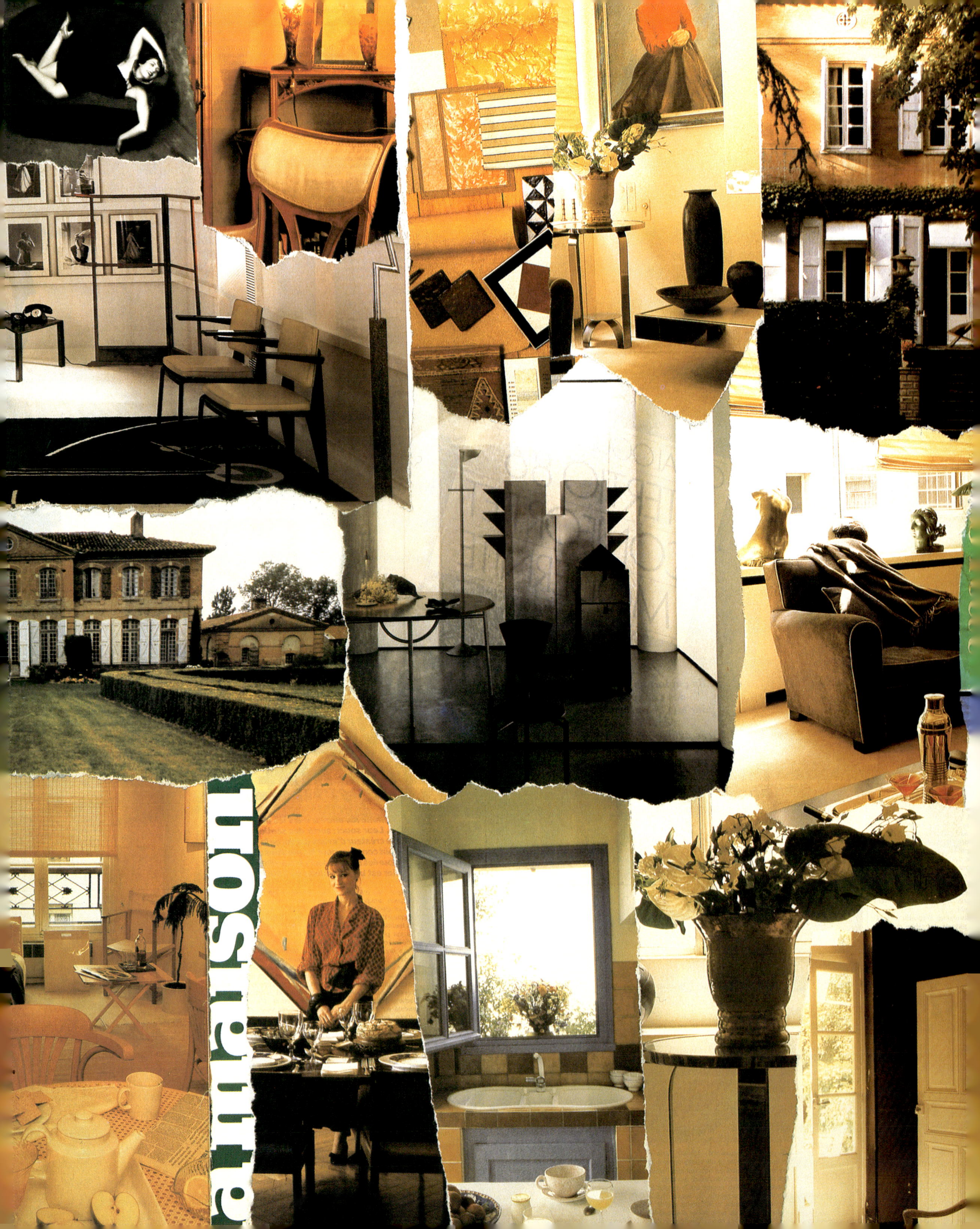
amaison

LA MAISON FRANÇAISE

Les demeures françaises, à l'exception de celles qui cherchent à imiter les flamboyants châteaux de la vallée de la Loire, sont dans l'ensemble d'une remarquable simplicité. Villas et demeures citadines ont, pour la plupart, des façades unies sur lesquelles se détachent des persiennes, de belles fenêtres et des portes. C'est à cette simplicité subtile qu'elles doivent leur remarquable qualité graphique, et leur caractère intemporel, quelle que soit leur architecture. Mais elles ont encore bien d'autres charmes. Dans les petites villes du sud de la France, les maisons sont crépies ou passées à la chaux teintée de pigments aux couleurs vives où l'ocre rose prédomine dans toute une variété de nuances, à côté des bleus, des jaunes et d'un nombre infini d'autres teintes proches de celles de la terre. Ces coloris s'estompent sous les rayons ardents du soleil et prennent une belle patine, qui leur donne de nouvelles tonalités et transforme des bâtiments parfois quelconques, leur conférant le charme et la douceur des choses anciennes. C'est pourquoi tant de demeures françaises sont si attrayantes malgré le manque d'originalité de leur architecture.

Les styles architecturaux sont, en France, extrêmement divers, non pas tant du fait de la différence entre les types de construction mais plutôt de la grande variété des matériaux. En Alsace, les maisons tiennent leur air germanique de ce style à colombage qui est le reflet des constructions d'Europe centrale et du Nord. Partout ailleurs en France, on utilise beaucoup la brique tandis que dans quelques régions, dont Paris, on trouve plutôt cette belle pierre couleur de miel et ces merveilleux toits d'ardoise grise. Dans le sud, les maisons sont construites très simplement en argile, un beau matériau étonnamment pratique. En Picardie, elles sont sculptées dans ce même matériau avant d'être simplement crépies. Dans le pays de Caux, en Normandie, les murs en torchis sont incrustés de cailloux, galets et silex. La pierre de taille prédomine dans les régions du Soissonnais et du Valois, souvent finement ciselée. En Argonne et dans les Alpes, le bois est le principal matériau de l'industrie du bâtiment. Au bord de la Méditerranée, les toits sont souvent plats alors que, dans le Pays basque, de vastes auvents fortement inclinés touchent presque le sol. Lorsque l'on compare les maisons en torchis du Pays basque aux beaux ensembles urbains, comme la place des Vosges à Paris, la dichotomie entre les deux modes de vie, rural et urbain, devient très nette.

Il est intéressant de noter que les plus beaux intérieurs français, à la ville comme à la campagne, sont souvent ceux qui ont adopté des styles extrêmes. L'intérieur du Français moyen, habitant d'une petite ville, a quelque chose de triste, vieux jeu, rigide, trop « correct » pour être confortable — alors qu'une cuisine de campagne française ou le salon d'un intérieur urbain moderne, comme par exemple celui de l'appartement privé du président Mitterrand à l'Élysée (réalisé par des designers contemporains) ont un charme particulier.

La salle à manger qui déborde sur la cour ou le jardin, invitant les hôtes à profiter du plein air pour un long et délicieux repas à l'ombre, est un autre trait agréable de la vie à la campagne. Les Français ont une passion, très spécifique à ce pays, pour les meubles de jardin, auxquels ils attachent autant d'importance que les Anglais à leurs canapés ou à leurs fauteuils de salon.

Les exemples les plus réussis de la décoration française sont nettement influencés par la rusticité des maisons paysannes et le dépouillement méditerranéen et font une grande part aux objets comme les ustensiles de cuisine, la faïence et les couverts, les vases simples et les lampes modernes, les tentures et les tableaux qui ornent les murs.

L'habitude très française de privilégier le fonctionnel se retrouve au niveau des façades. Ici, ce sont des détails essentiels comme les persiennes, les matériaux utilisés pour les murs et les toits, qui donnent aux maisons leur caractère propre.

C'est pourquoi, même élémentaires ou passés de mode, l'intérieur comme l'extérieur des demeures courantes françaises sont bien moins factices que leurs équivalents anglais. Et c'est cette qualité honnête et terre à terre qui donne un caractère si agréable à la vie française, tout particulièrement à la campagne. En tout cas, les Français semblent savoir d'instinct que la maison en elle-même n'est pas la chose essentielle. Le plus important, c'est la cuisine que l'on y mange, le vin que l'on y boit, les dîners que l'on y donne, les bavardages que l'on y entend, tout ce qui se passe à l'intérieur. Et dans ce genre de vie, plus la scène est simple, mieux elle est adaptée.

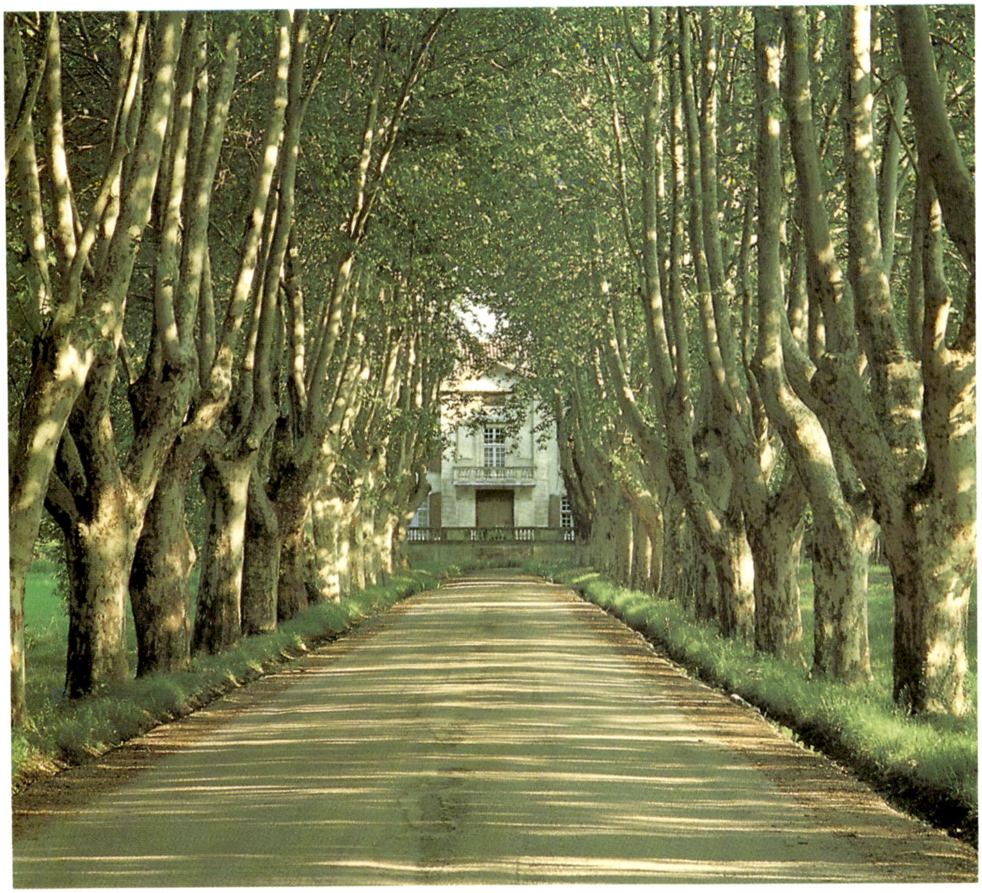

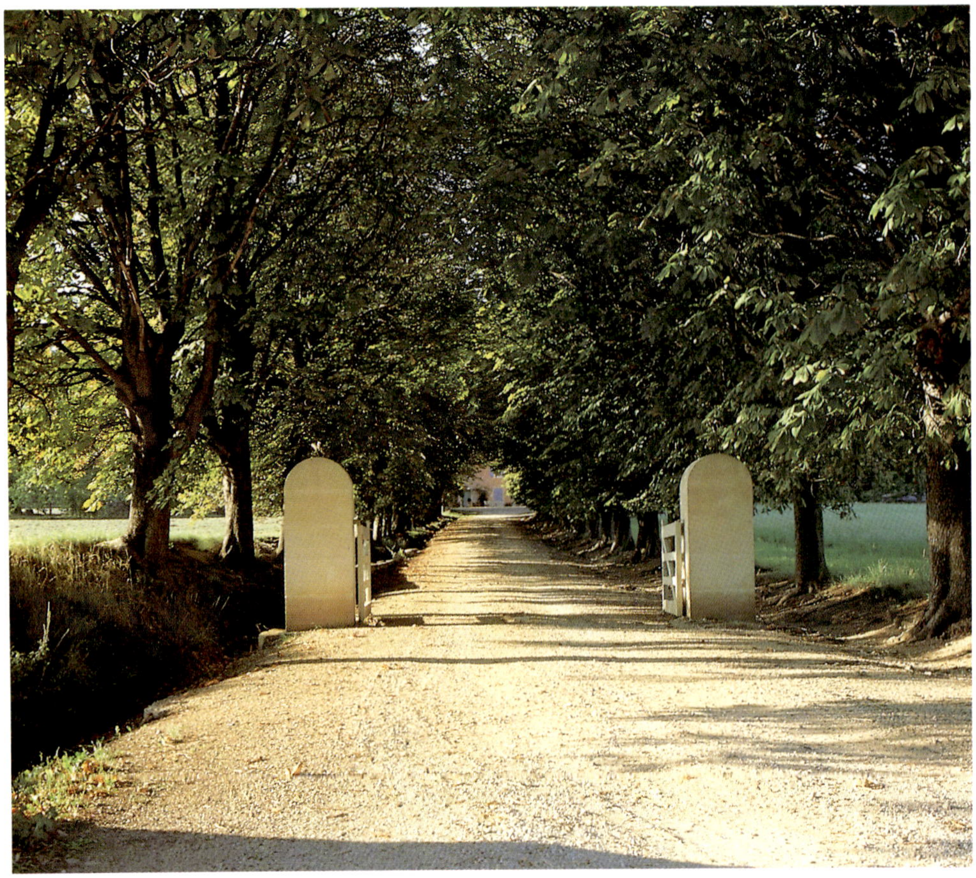

Les entrées des vieilles demeures rurales étaient conçues pour s'ouvrir largement aux visiteurs et à leurs carrosses. Tout le monde se connaissait dans les campagnes, et la sécurité n'était pas un souci majeur.

Bien qu'empreinte de dignité, l'avenue rectiligne reste accueillante. Comme celle-ci, à Saint-Rémy-de-Provence (*en haut, à gauche*), bordée de platanes séculaires.

Près d'Arles, un portail grand ouvert (*en bas, à gauche*) invite le visiteur à gagner la belle demeure que l'on distingue au bout d'une avenue ombragée de marroniers. Ces arbres ont été plantés pour protéger les hommes et le bétail des rayons ardents du soleil pendant leurs allées et venues aux champs. Les rigoles, des deux côtés de l'allée, ont été creusées pour rafraîchir l'air et apporter le murmure de l'eau. L'effet d'ensemble est rationnel, plein de bon sens et très humain.

Quand les Français veulent préserver leur intimité, ils mettent leurs demeures à l'abri derrière d'énormes grilles fermées à clé. Cette grille (*à droite*), dans le Languedoc, hérissée de piques et bien verrouillée, a beau être attrayante, elle n'en avertit pas moins le visiteur en termes clairs, qu'il est « défendu d'entrer ».

En ces temps troublés, la sécurité est devenue une préoccupation majeure des Français. Et l'on passe de plus en plus de grilles comme celle-ci, équipées de caméras de sécurité et de dispositifs de verrouillage contrôlés à distance.

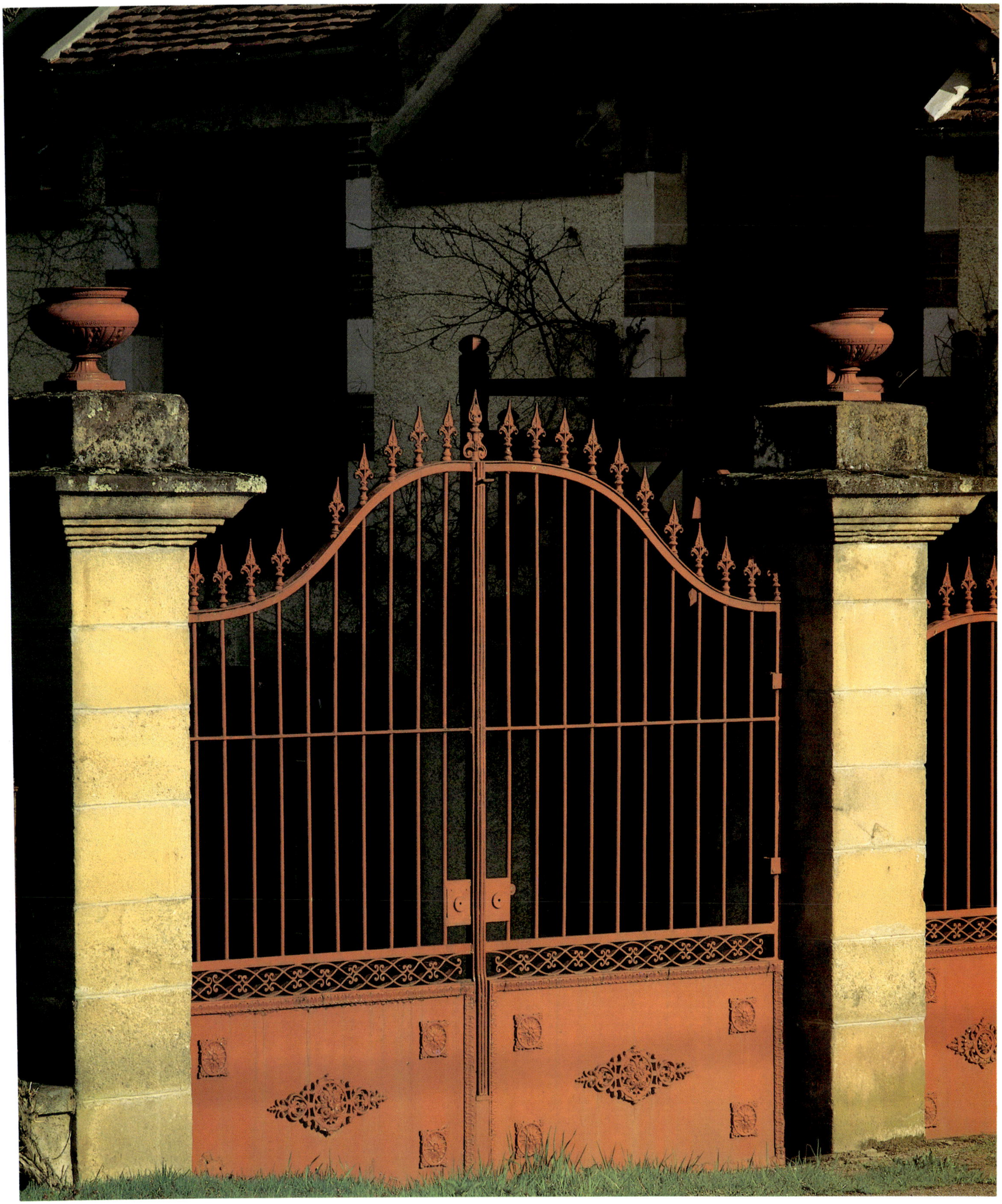

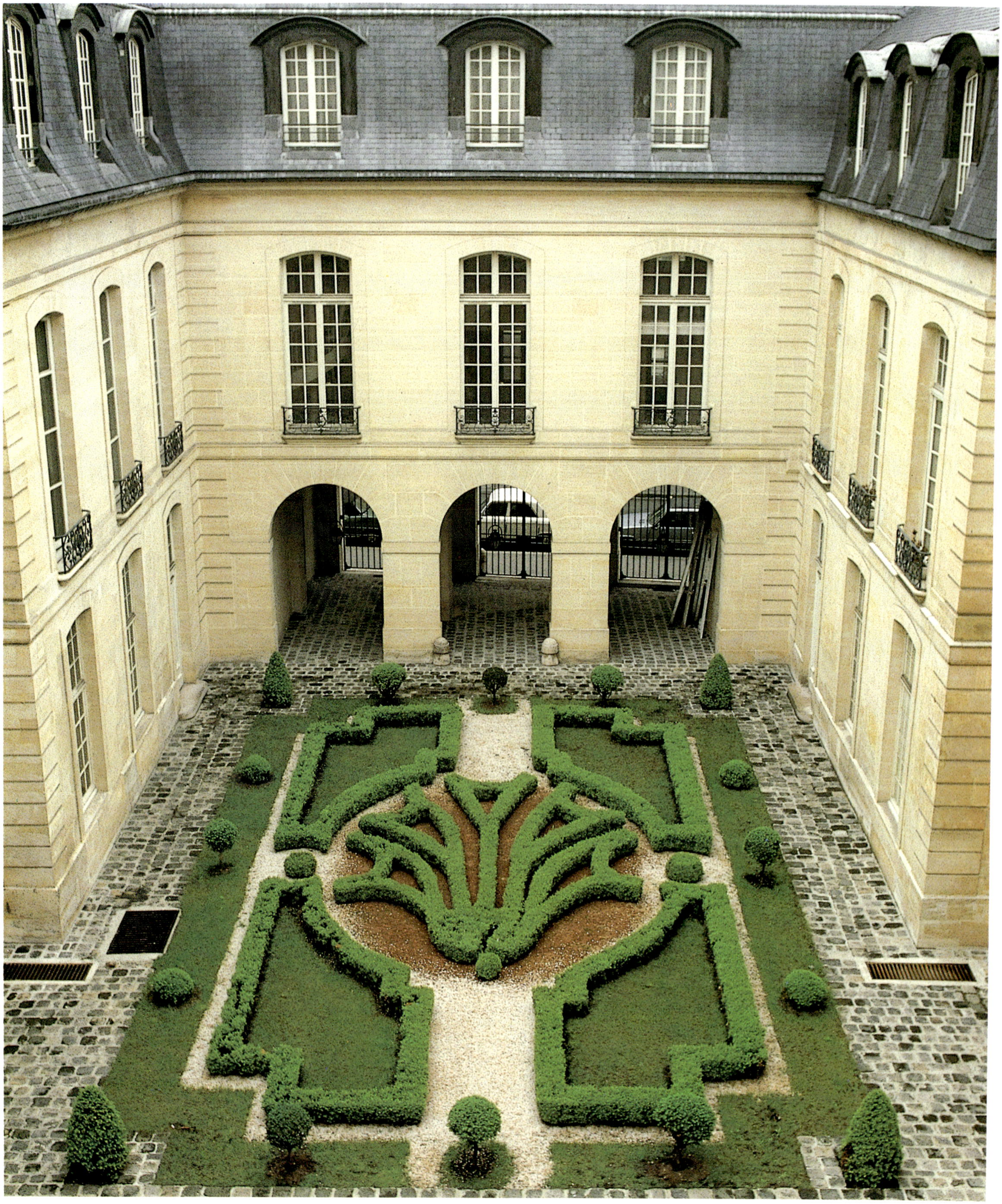

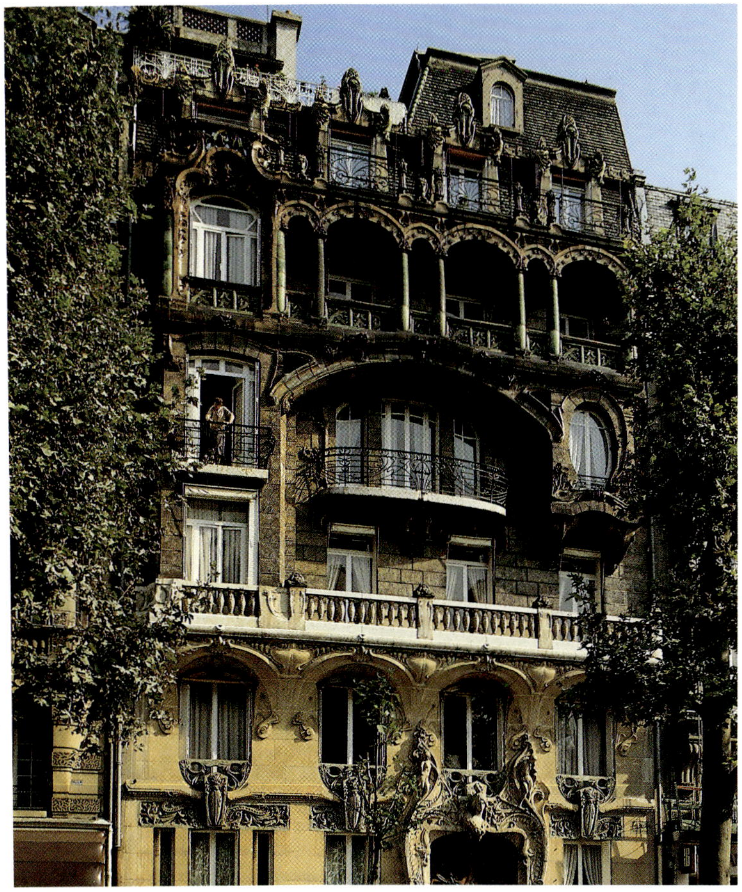

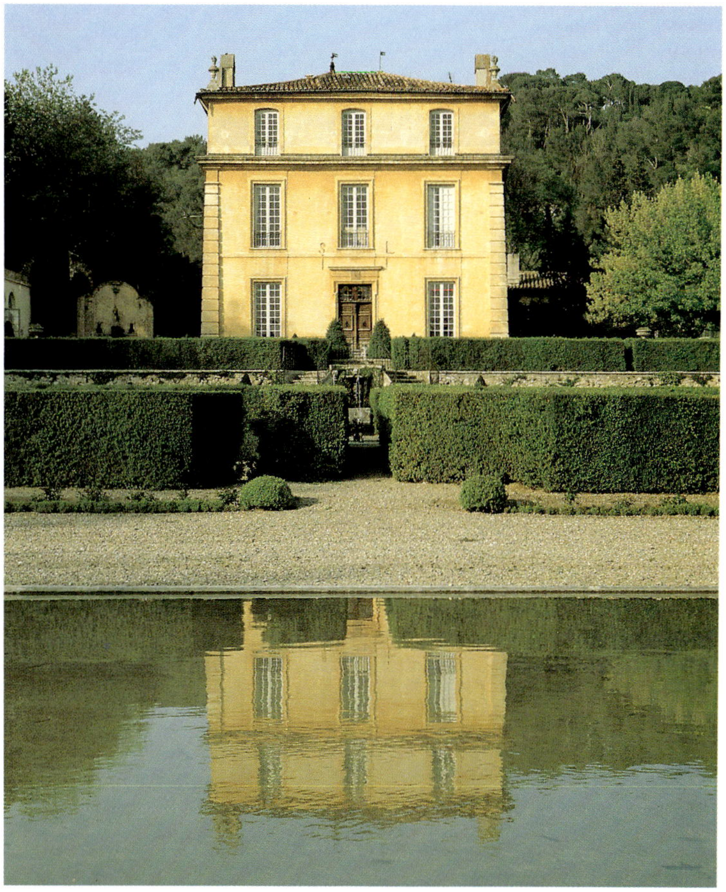

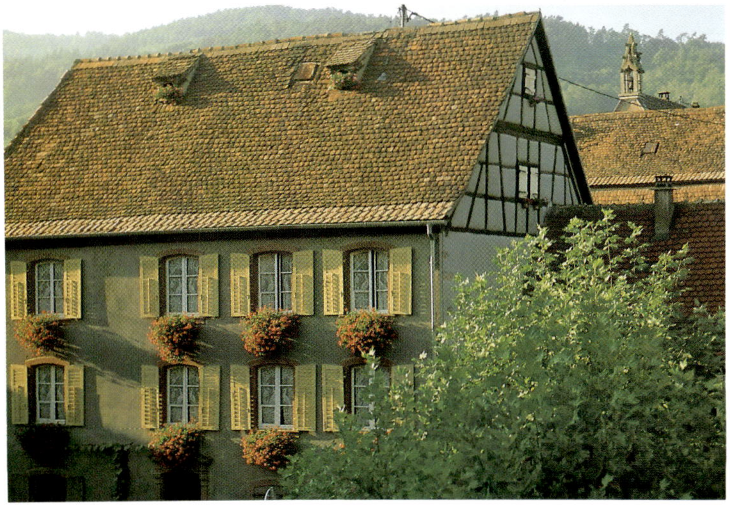

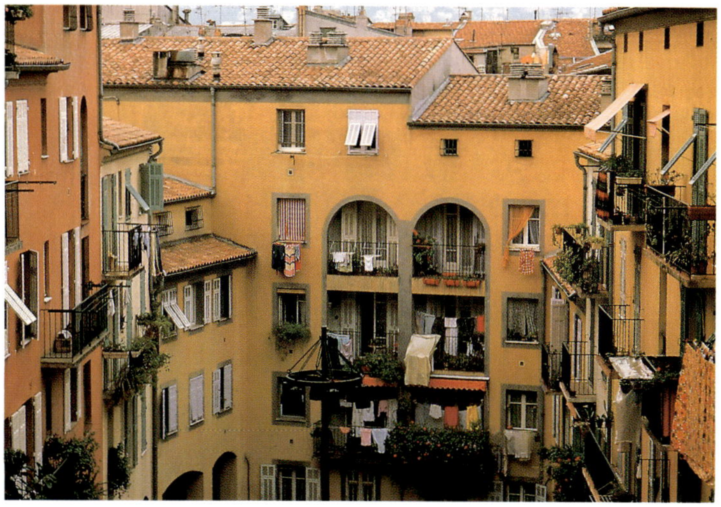

La vie des habitations urbaines françaises se dérobe à la vue du public derrière d'énormes remparts, murs nus, hautes grilles et concierges redoutables. Le promeneur qui flâne dans les rues de la ville ne peut qu'entrevoir à la hâte, dans la cour intérieure qui tient une si grande place, une fontaine à l'eau jaillissante, des enfants qui jouent, des femmes qui bavardent. L'atmosphère de ce quartier du vieux Nice (*ci-dessus, à droite*) rappelle l'Italie. Par contraste, un jardin semblable à une tapisserie (*à gauche*) se cache derrière les immeubles crème et rose et les grilles austères d'une façade de la place des Vosges à Paris.

Bien que de style plus exubérant, le caractère de cet immeuble (*en haut, à gauche*) construit par Lavirotte vers 1900 est également très intime. Les volutes Art Nouveau forment une carapace qui protège la vie privée de ses habitants et, malgré ses balcons, il est totalement impossible d'en voir l'intérieur de la rue. À la campagne, les habitations plus modestes n'ont pas besoin de se cacher. L'influence de la mode des pavillons classiques, élégants et indépendants, établie par le Petit Trianon à Versailles se retrouve dans cette demeure du XVIIIe siècle près d'Aix-en-Provence (*en haut, à droite*). Il existe en Alsace de merveilleuses constructions chaleureuses, comme celle-ci, à Hunawihr (*ci-dessus, à gauche*) ; son colombage et sa couverture en écaille lui donnent un caractère particulier.

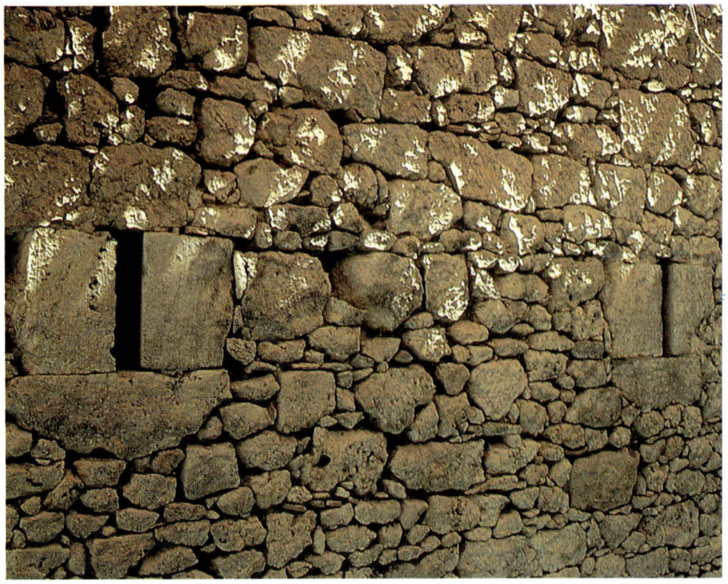

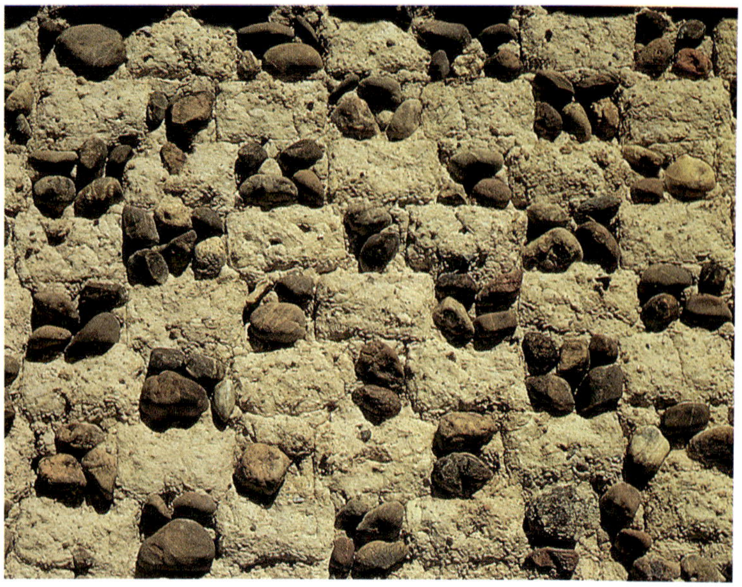

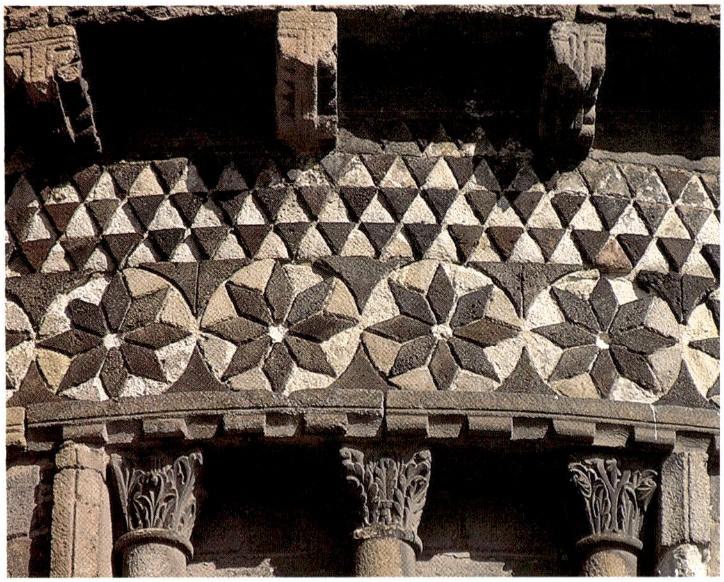

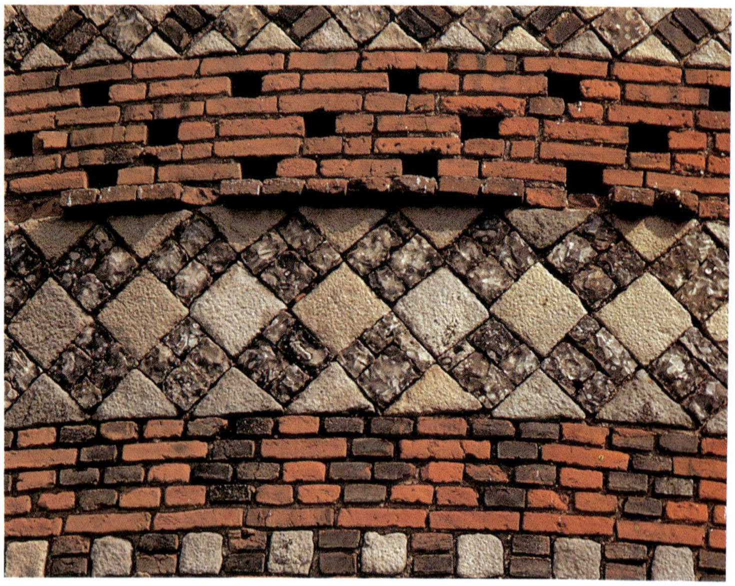

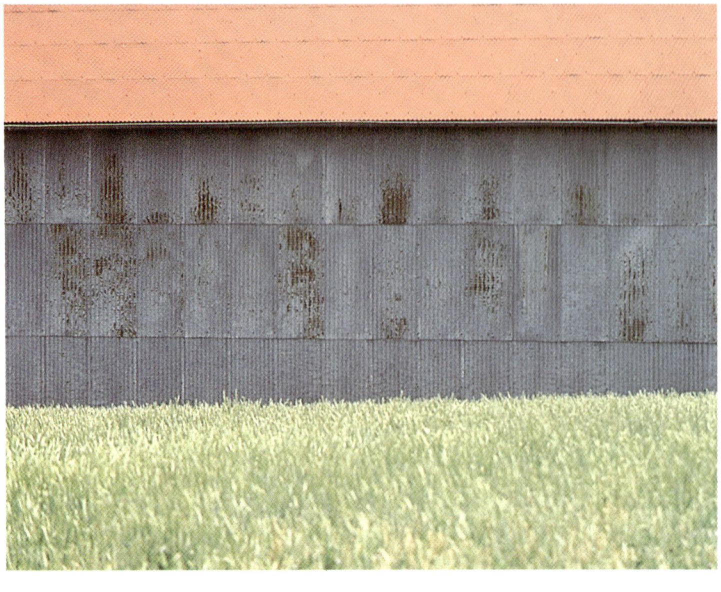

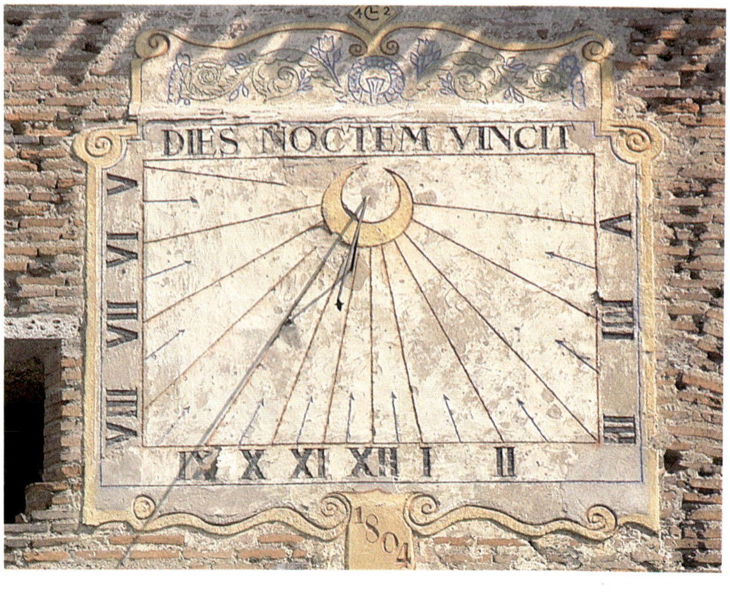
DIES NOCTEM VINCIT
1804

Les variations géographiques, climatiques et d'héritage culturel sont à l'origine de la diversité infinie des matériaux et des textures utilisés pour embellir les constructions.

Page opposée :
En haut, à gauche : jeu de soleil sur une étable en pierre brute à Clos-Sainte-Mère.

En haut, à droite : construction géométrique pour ce mur en pierre taillée, décoré de galets superposés, à Aujan-Mournède.

Au centre, à gauche : une pierre calcaire sombre et résistante a été incluse dans une roche plus tendre pour former une frise romane sur l'église du XIIe siècle de Saint-Austremoine (dans le Puy-de-Dôme) en Auvergne.

Au centre, à droite : un décor en brique, grès et silex, pare les murs d'un colombier normand.

En bas, à gauche : gauchie artificiellement et rouillée par oxydation naturelle, la tôle ondulée de cette étable d'Île-de-France possède l'apparence plaisante du délabrement rustique et se fond dans son cadre naturel malgré son héritage industriel.

En bas, à droite : à Moissac, Tarn-et-Garonne, ce cadran solaire est scellé dans la maçonnerie d'une abbaye datant de 1804.

Sur cette page :
En haut : maison à colombage à Auch ; l'hourdis des demeures les plus riches était en brique tandis que celui des plus pauvres était composé d'un clayonnage revêtu de boue ou en torchis.

En bas : des tuiles en épi forment un motif délicat dans ce mur d'une ferme normande.

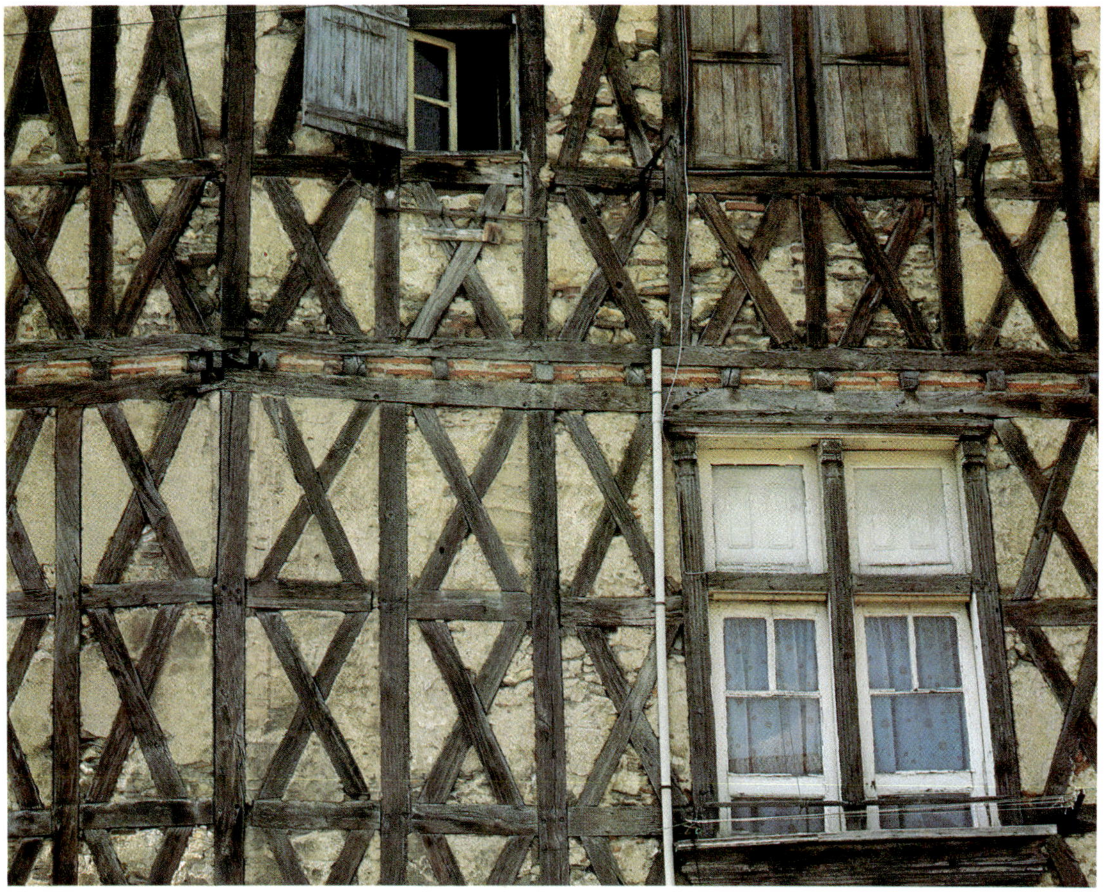

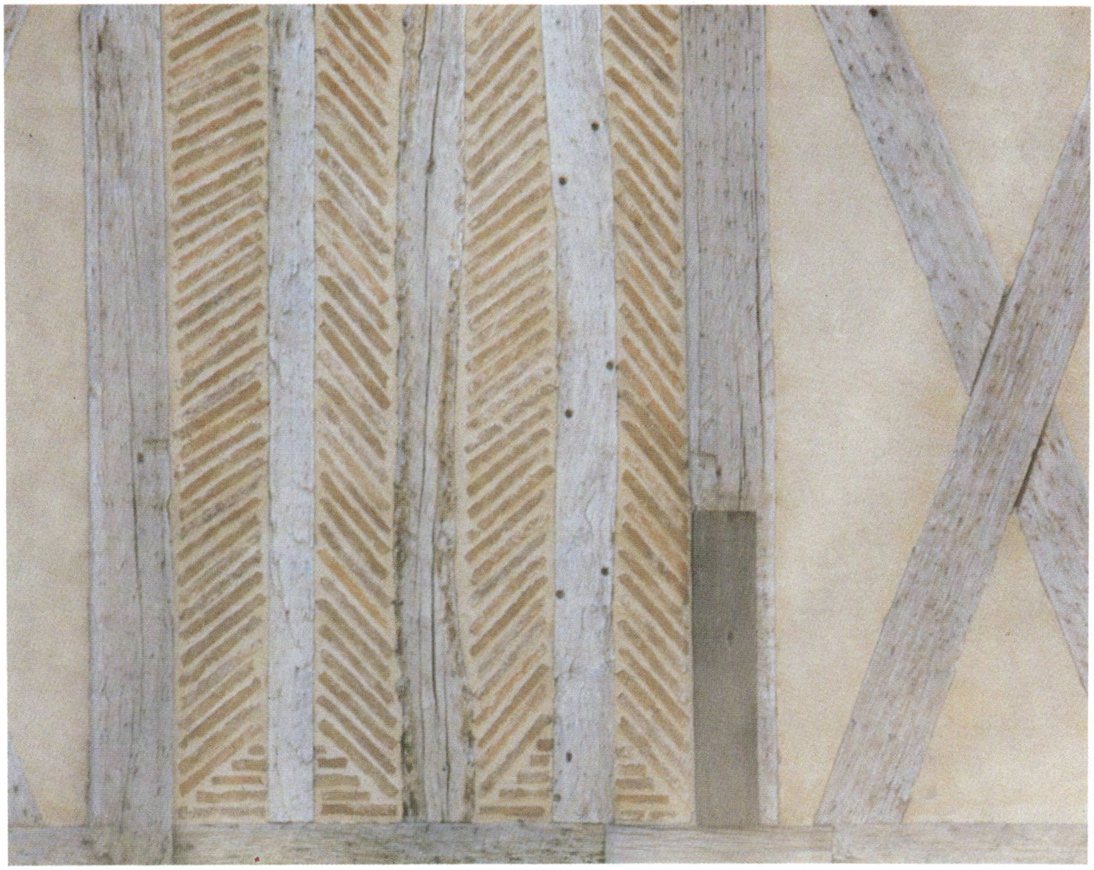

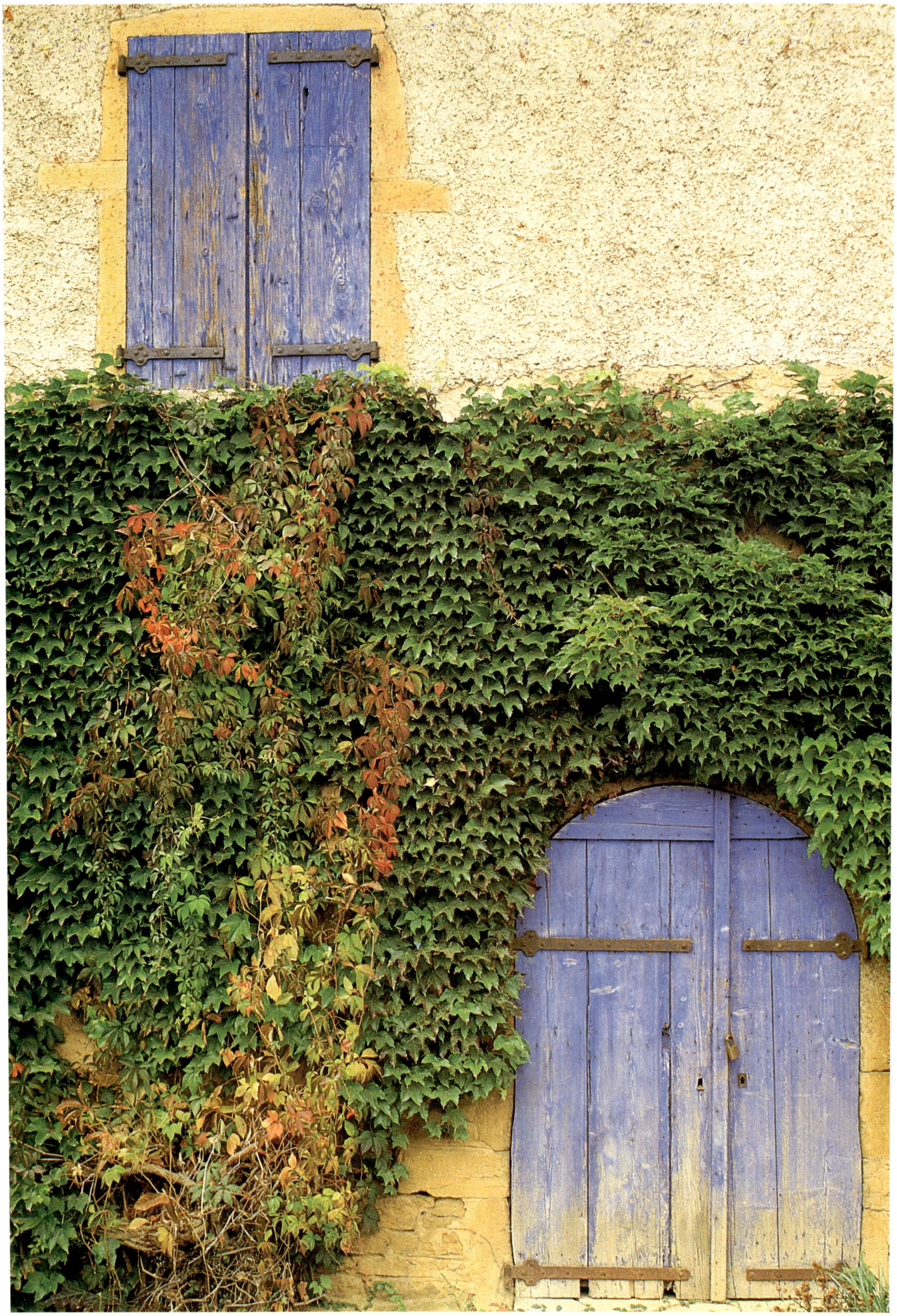

Les fermes françaises ont souvent deux entrées — l'une élevée et étroite, pour les humains et l'autre basse, à chambranle large, pour les animaux. Autrefois, tout ce petit monde, maîtres et animaux, logeait à la même enseigne au milieu d'une forte odeur. Voilà la raison d'être de ces portes particulières.
Les portes, souvent de couleurs surprenantes, possédent cette finition si parfaite dont les Français ont le secret, ou la patine délavée due au long travail du soleil.

Page opposée : cette superbe façade, dont la peinture a pris des teintes d'étoffe fanée, appartient à une ferme près de Beaujeu dans le Beaujolais.

Sur cette page :
En haut, à gauche : cette porte de ferme classique, à Berstett près de Strasbourg a été peinte en turquoise, ce qui aurait pour effet — qu'on le croie ou non — d'éloigner les mouches.

En haut, à droite : les portes à motifs abondent — certains sont géométriques, d'autres plus fleuris comme celui de cette demeure urbaine du nord de la Provence.

En bas, à gauche : superbe porte Art Déco, rue Mallet-Stevens.

En bas, à droite : en ville, les portes sont plus conventionnelles, de proportions classiques et souvent peintes dans un vert bouteille sombre qui semble presque noir, sans en avoir la grandeur sévère. Avec sa finition particulière cette peinture ne semble pas se décolorer et reste aussi brillante que les accessoires élaborés qui la parent avec tant de goût.

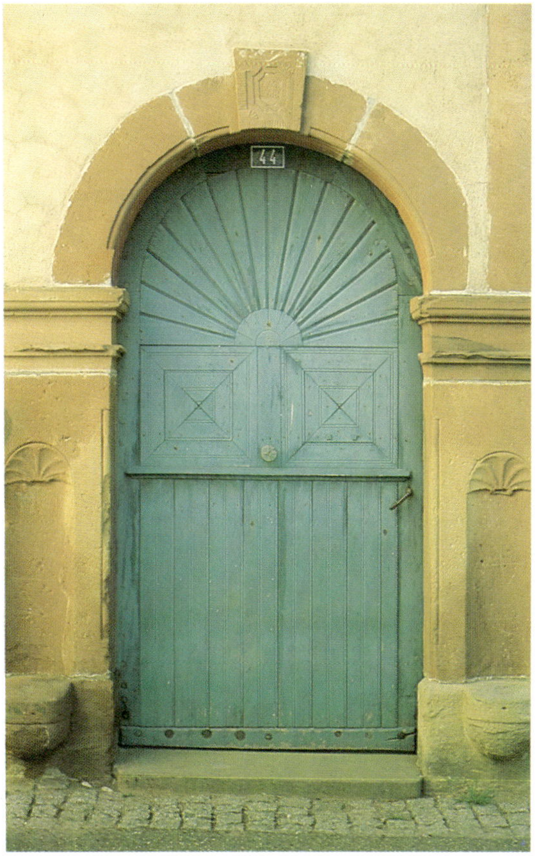

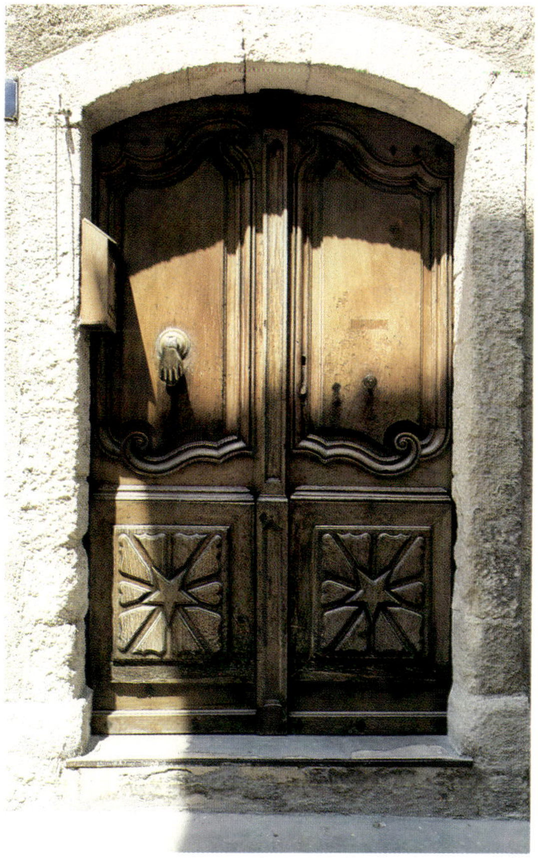

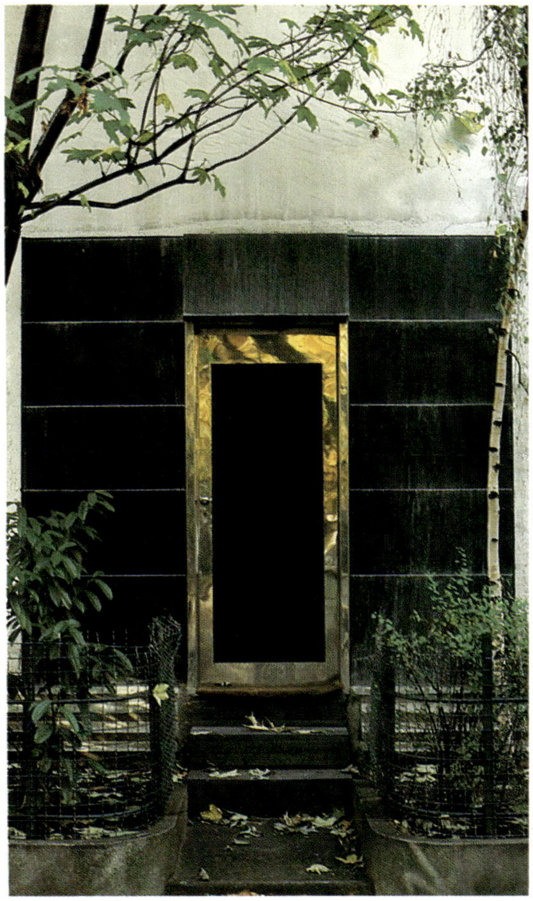

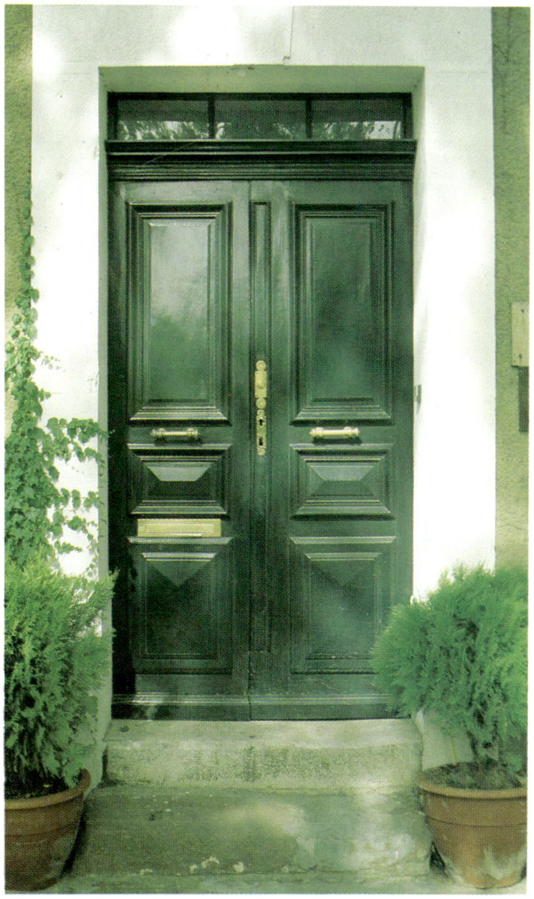

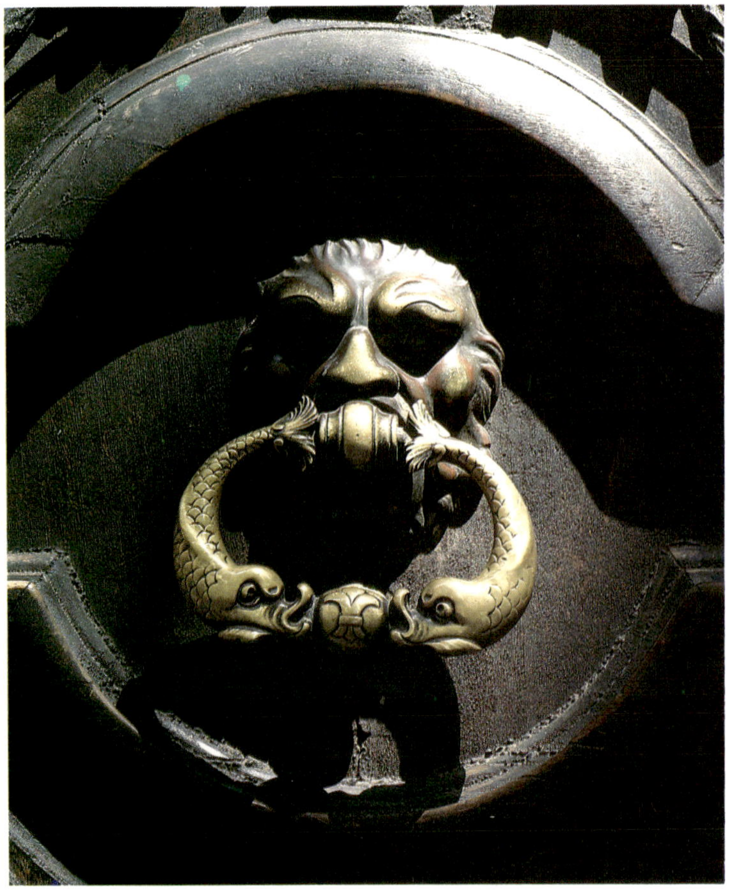

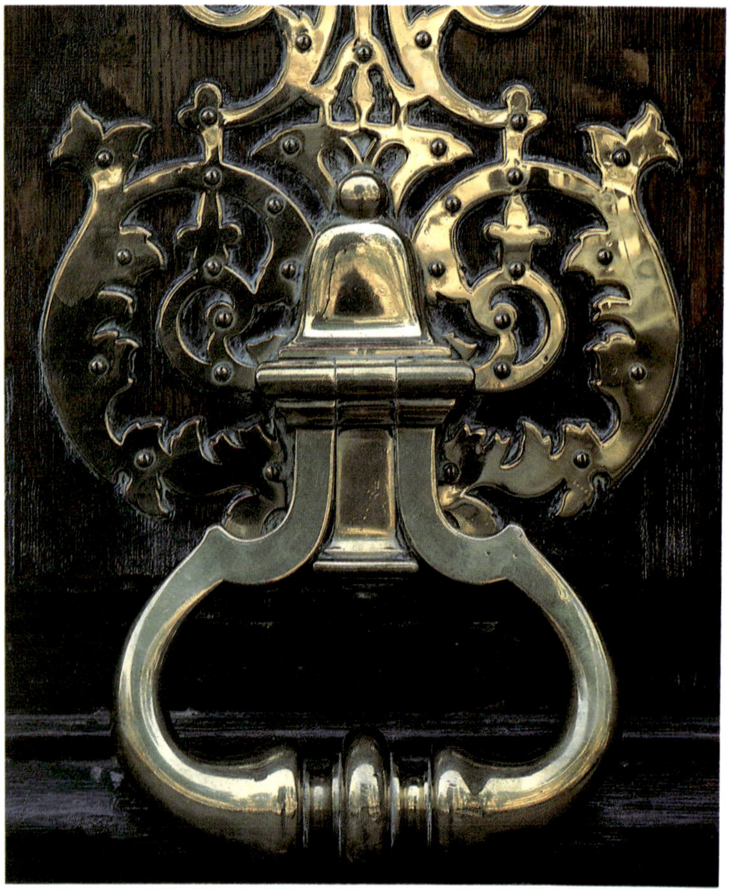

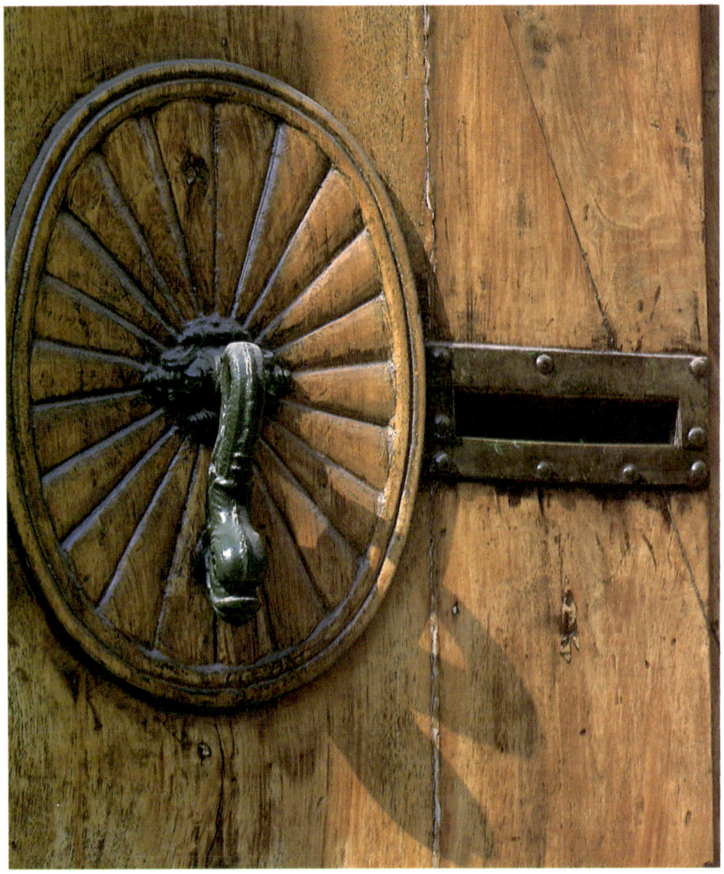

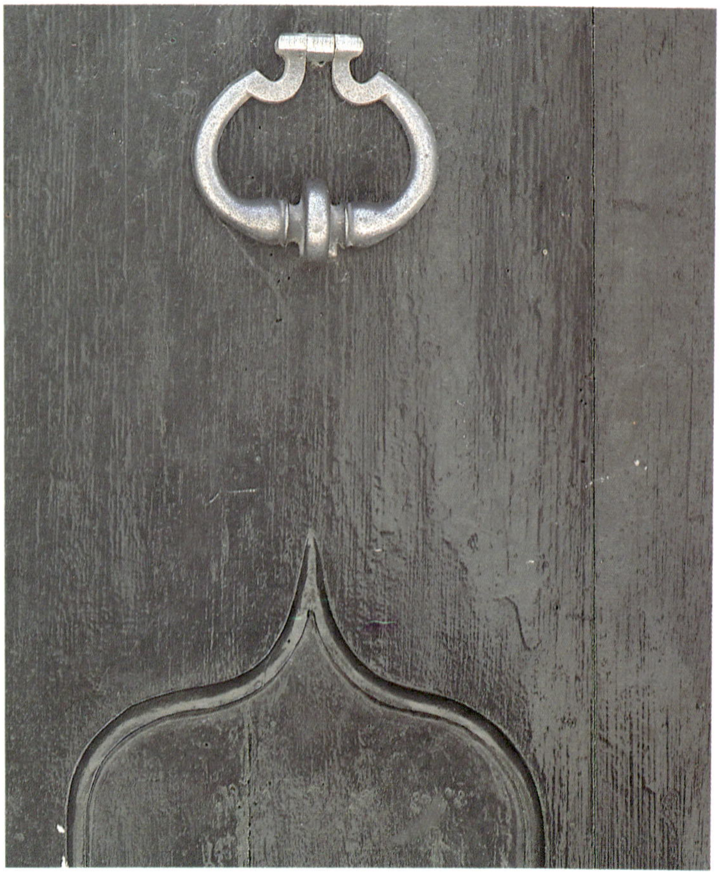

Malgré l'apparition de l'interphone et de la carte magnétique à combinaison de sécurité, le marteau de porte reste un puissant symbole et reflète le statut des habitants d'une maison. Non seulement élément décoratif, il devait dans le passé avoir un rôle dissuasif et, comme les gargouilles d'une église médiévale, écarter les visiteurs inopportuns.

Page opposée :
En haut à gauche : personne n'oserait user à la légère de cette tête furieuse, de style grotesque, posée sur la porte d'une maison d'Aix-en-Provence ; elle étreint deux dauphins dans sa mâchoire et vous fixe sous des sourcils menaçants.

En haut, à droite : ce marteau parisien au dessin élaboré doit remonter au XVIIIe *siècle. C'est une pièce charmante produite par un artisanat précieux et fantaisiste.*

En bas, à gauche : avec l'avènement de la poste régulière, des boîtes aux lettres sont venues s'ajouter au décor des portes : à Florac, celle-ci passe à travers la porte, créant ainsi une belle asymétrie avec le marteau en forme de dauphin.

En bas, à droite : l'équilibre est parfait dans l'opposition du panneau de porte décoré et la simplicité du marteau en laiton posé géométriquement au-dessus.

Sur cette page : on trouve encore, en France rurale, des exemples d'anciennes serrures : en haut, un loquet à fleur de lis en fer forgé ferme la porte d'une étable à Romme, en Haute-Savoie ; en bas, une serrure et un pêne en bois sur la porte d'une étable de la vallée d'Abondance en Haute-Savoie.

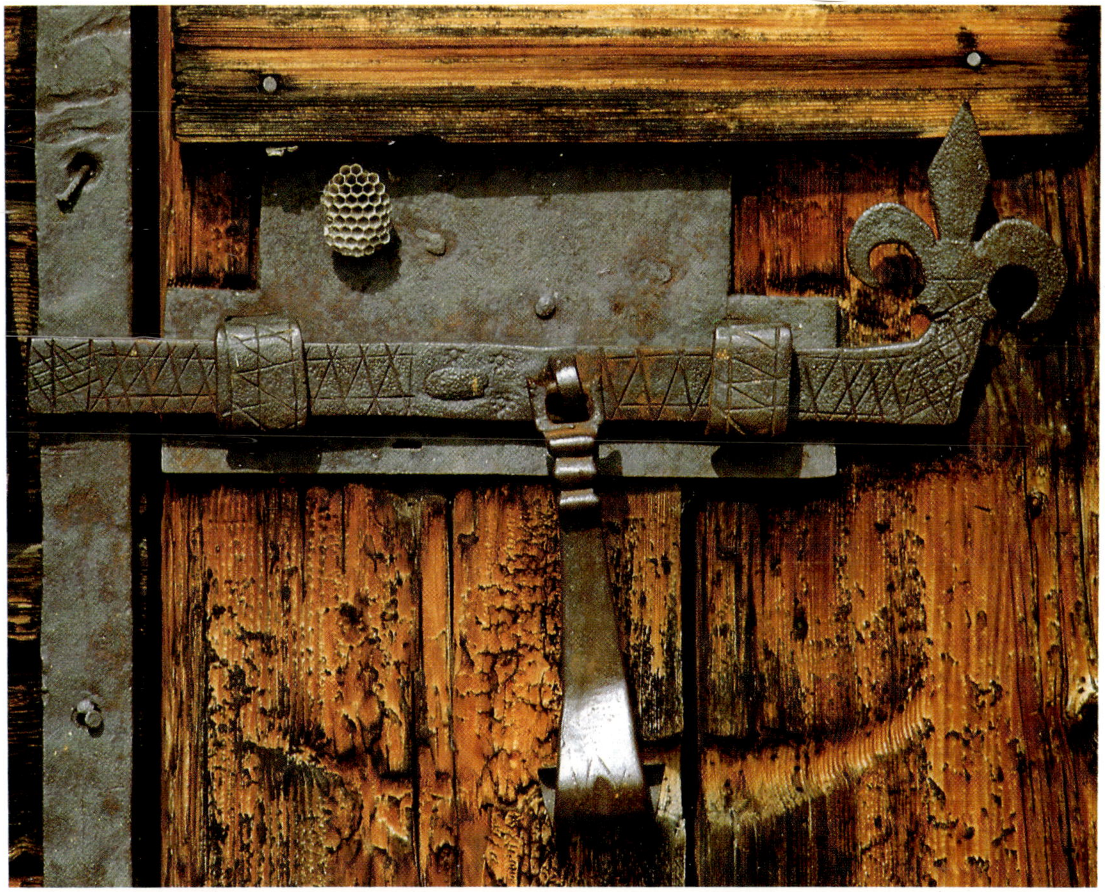

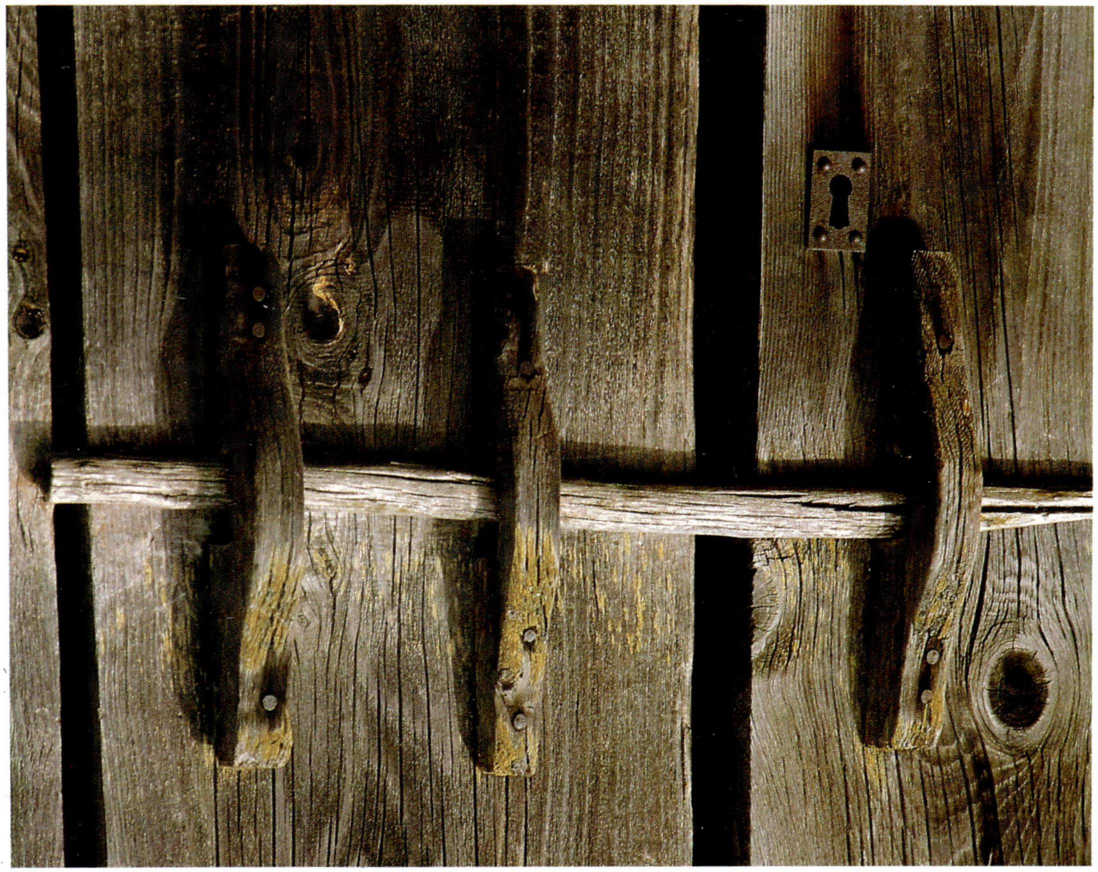

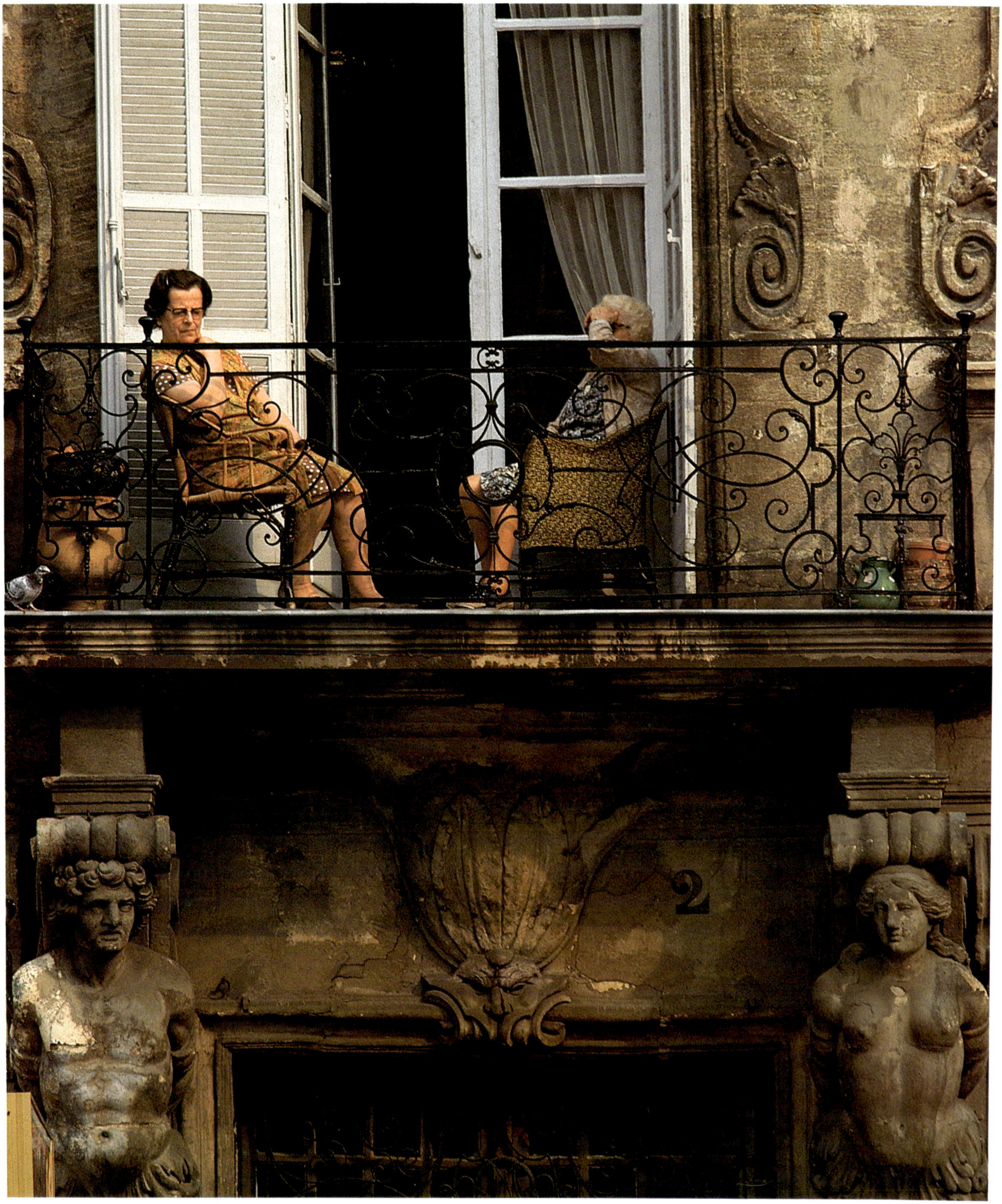
2

Vivre sans balcon en France est une grande infortune. Heureusement, nombreux sont les maisons et appartements qui en sont pourvus. Si l'on fait peu de cas ailleurs des balcons, bien souvent utilisés pour y emmagasiner tout un bric-à-brac, les Français, eux, s'en servent pleinement pour manger en plein air, se faire bronzer, y accrocher leur lessive, convier leurs amis, y conduire leurs aventures amoureuses ou simplement regarder passer le monde. Qu'ils soient simples ou ouvragés, les balcons ont une fonction architecturale et sociale importante. Rompant la nudité des murs, les balcons font jouer la lumière et colorent les façades les plus ternes.

Pour le Français, le balcon est un salon de plein air, voire une table d'observation. Et il faut être en France pour entendre quelqu'un se vanter d'avoir accroché à un angle de la balustrade un miroir à pans qui permet aux occupants nonchalants du balcon de garder un œil discret sur ce qui se passe non seulement en bas, dans la rue, mais aussi dans les appartements adjacents !

Ce délicat balcon en fer forgé (*à gauche*) est retenu par un hermès et une caryatide qui se font pendant. La digne dame assise au milieu de ce décor à la corpulence baroque approuve-t-elle tant de nudité ? Cette maison voluptueuse est l'hôtel Agut, place de Verdun à Aix-en-Provence. *À droite*, deux scènes typiques des balcons de Menton, dans les Alpes-Maritimes. Les balcons de l'un des immeubles (*en haut, à droite*) ont un style et une construction qui diffèrent fortement les uns des autres. Une ménagère (*au centre, à droite*) semble avoir décidé de suivre la palette colorée du mur pour accrocher son linge. L'enduit posé grossièrement fait un merveilleux contraste avec l'extrême délicatesse du balcon — constituant un mariage de sophistication et de crudité très fréquent dans l'architecture et le design français.

Cet exubérant balcon Art Nouveau (*en bas, à droite*) orne un immeuble de Toulouse.

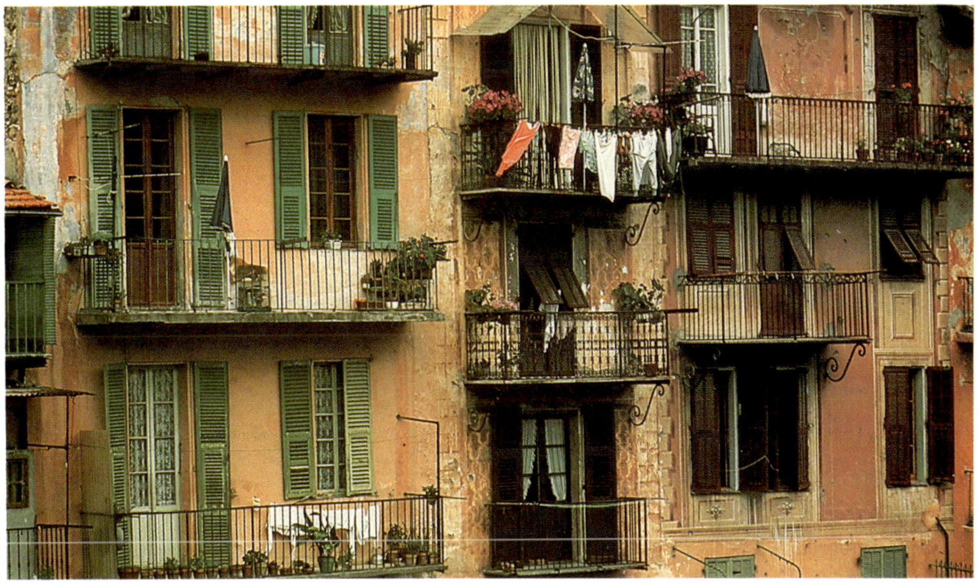

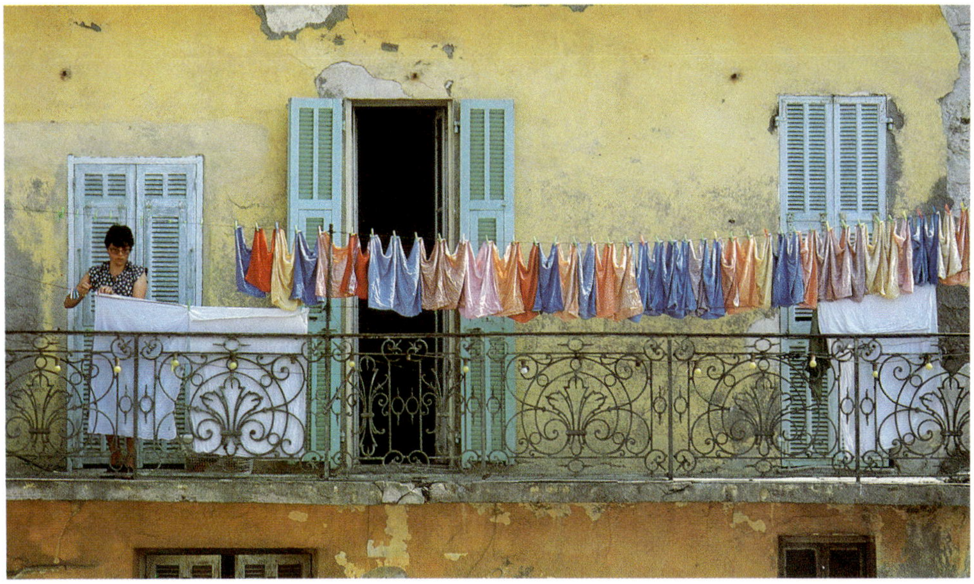

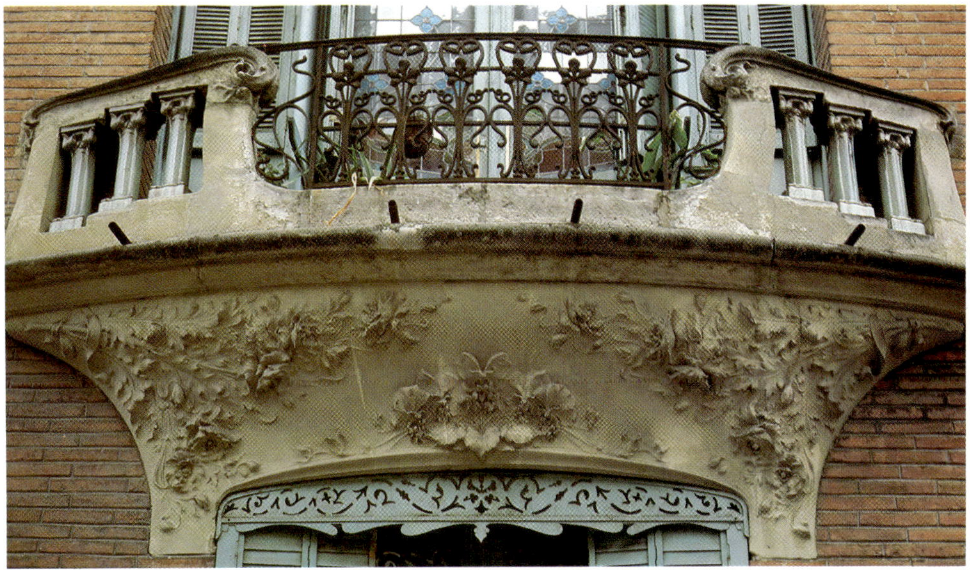

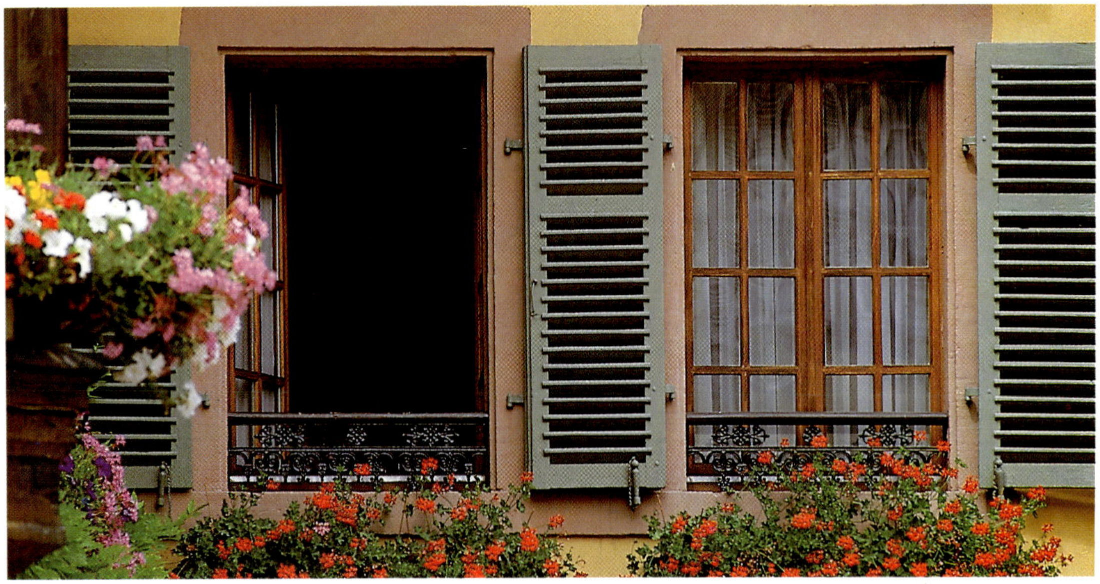

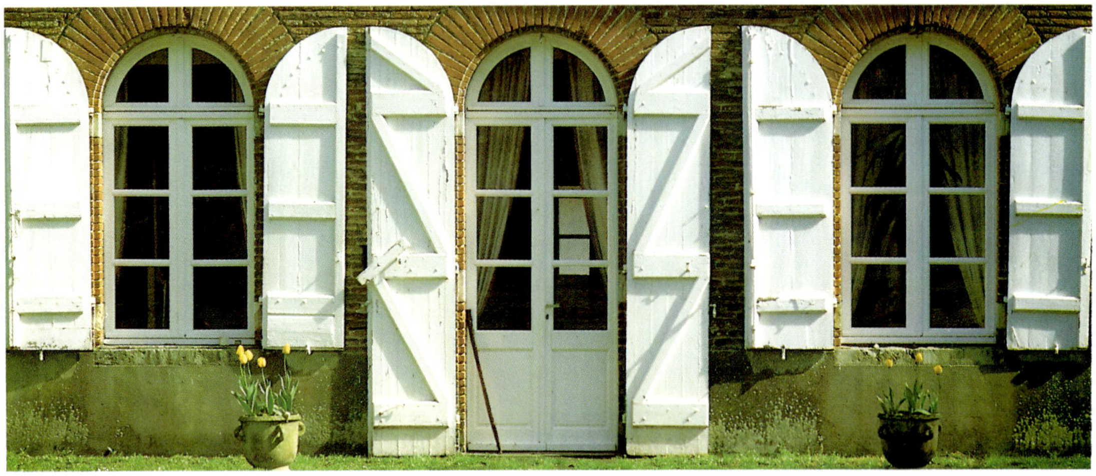

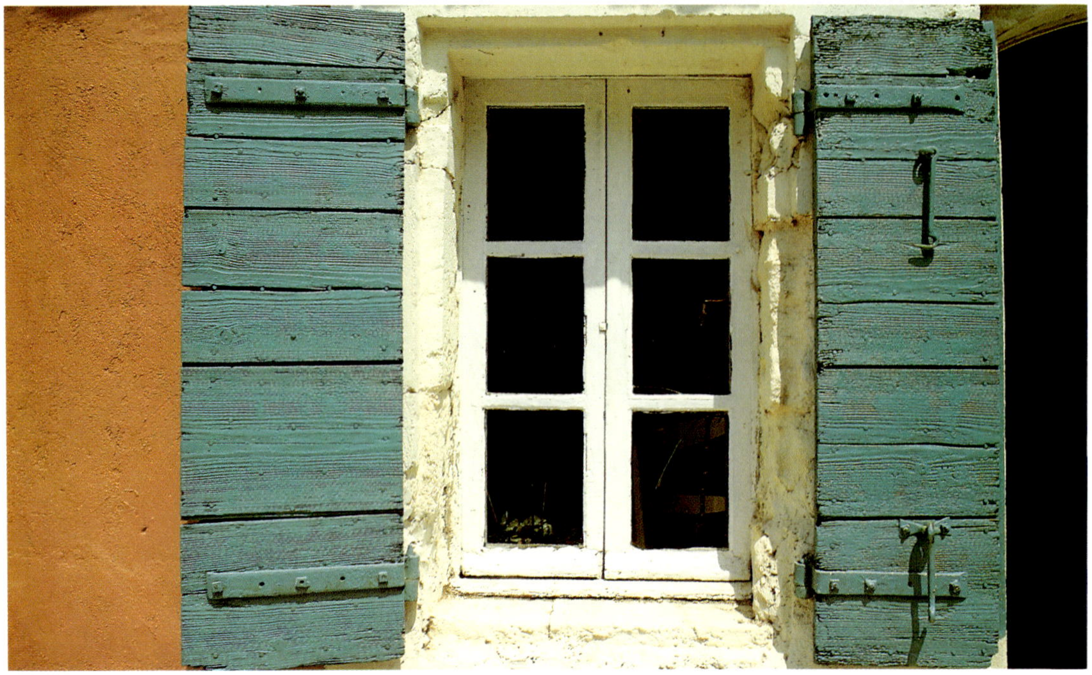

Dans les climats nordiques, le volet est là pour laisser passer autant de lumière que possible, et non pas s'en protéger comme dans les pays plus chauds. En Angleterre, les volets extérieurs sont de simples objets décoratifs destinés à embellir les maisons. Ils n'ont pas de fonction particulière. Mais en France, que l'on soit à Calais ou à Marseille, rares sont les maisons qui n'en possèdent pas.

En France méridionale, leur emploi largement répandu s'explique facilement. Fermées, les persiennes permettent de s'abriter des ardeurs du soleil tout en laissant l'air circuler et entrer la moindre petite brise.

La nuit, elles sont soigneusement fermées, sans doute par mesure de sécurité mais aussi pour empêcher les rayons déjà brûlants du soleil matinal de pénétrer.

Les volets ont aussi une fonction décorative sans égale en architecture ; ils permettent de rompre l'uniformité des façades des immeubles urbains. Ouverts, dans les rues des vieux quartiers des grandes villes, ils animent joyeusement l'espace.

En haut, à gauche : en Alsace les volets tiennent le second rôle derrière les somptueux bacs qui fleurissent les fenêtres. Les villages d'Alsace dont la décoration est particulièrement réussie sont récompensés et indiqués « Villages fleuris » sur des panneaux de signalisation à l'intention des cyclistes ou des conducteurs.

Au centre, à gauche : les volets de cette maison en brique du XIVe siècle à Pompertuzat, en Haute-Garonne, conspirent avec les fenêtres pour former une arcade inattendue — cette charmante surprise illustre bien le rôle décoratif du volet qui sert tout autant à embellir les bâtiments qu'à les protéger du soleil et à en barrer l'accès aux visiteurs inopportuns.

En bas, à gauche : dans les régions rurales isolées, la persienne fait place à un modèle plus solide comme sur cette maison de Fontvieille, en Provence. Ouverts, les volets — avec leurs pièces métalliques — mettent en valeur la simplicité des murs et des fenêtres des maisons les plus modestes.

À droite : sans leurs volets, ces habitations des XVIIIe et XIXe siècles au cœur du Panier, vieux quartier de Marseille aux rues pentues, auraient considérablement moins de caractère. Ils créent une impression de décor théâtral. Cette rue fait partie d'un quartier qui, jusque-là pauvrement habité, s'embourgeoise peu à peu — des cadres commencent à s'y installer, séduits par l'atmosphère pittoresque.

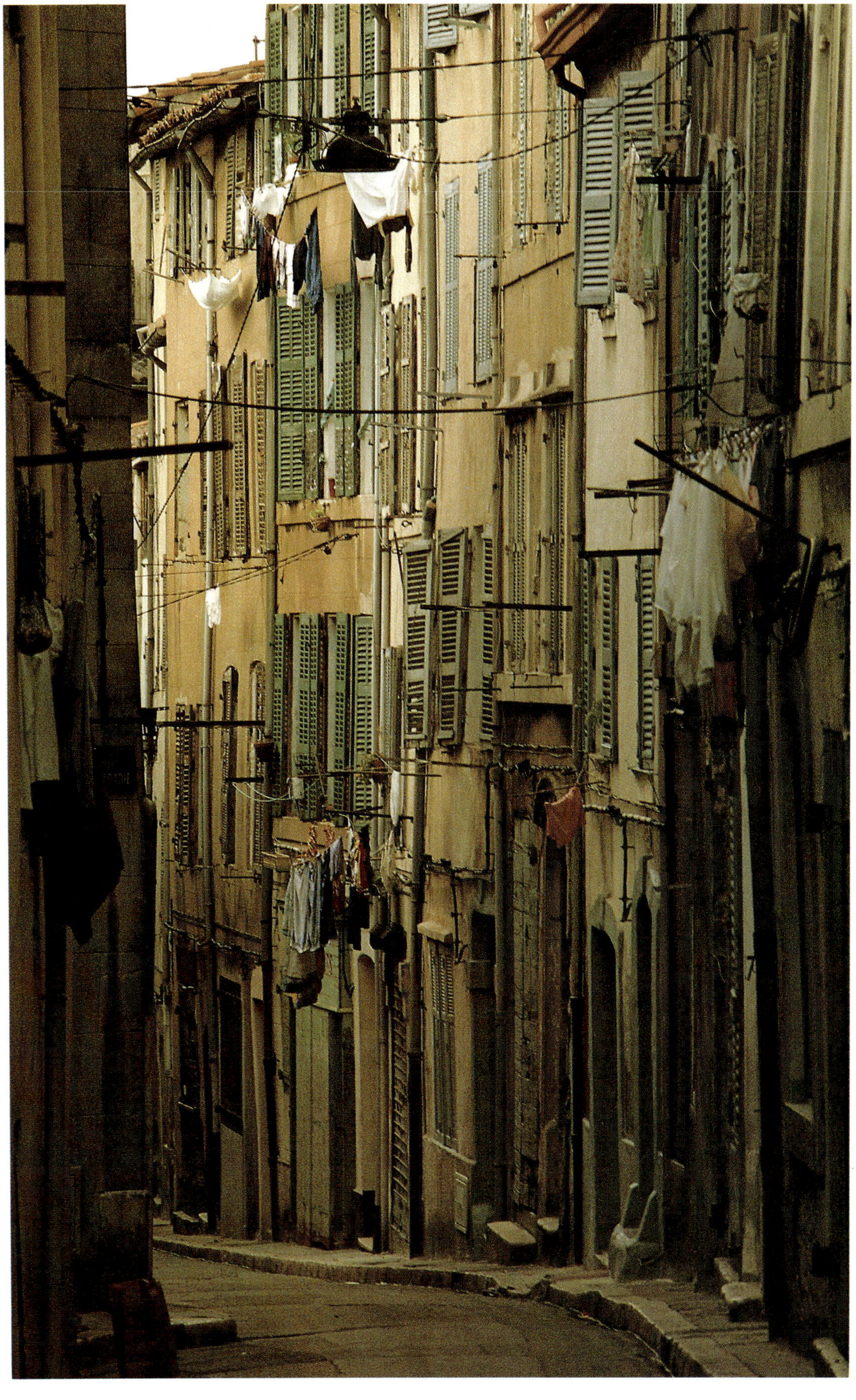

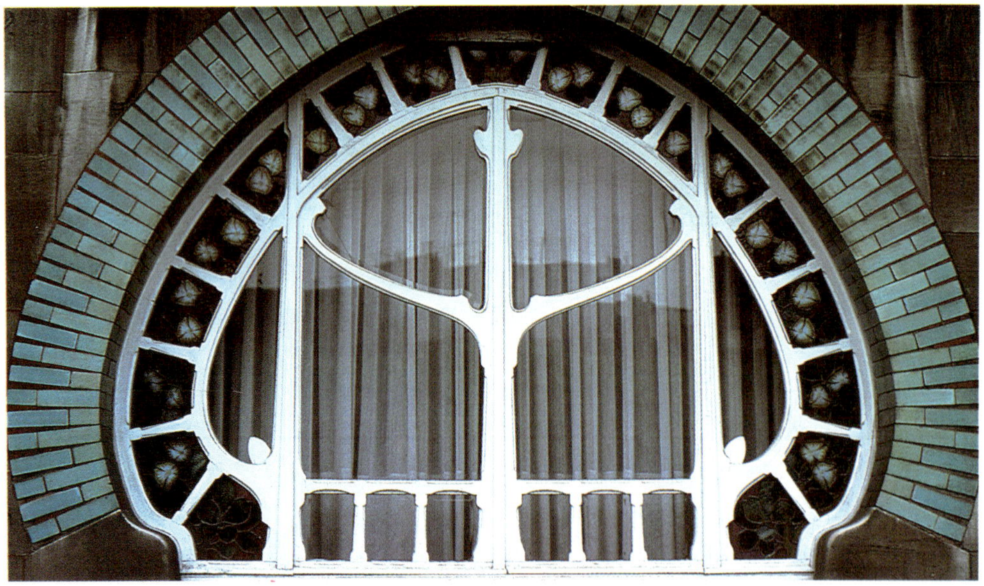

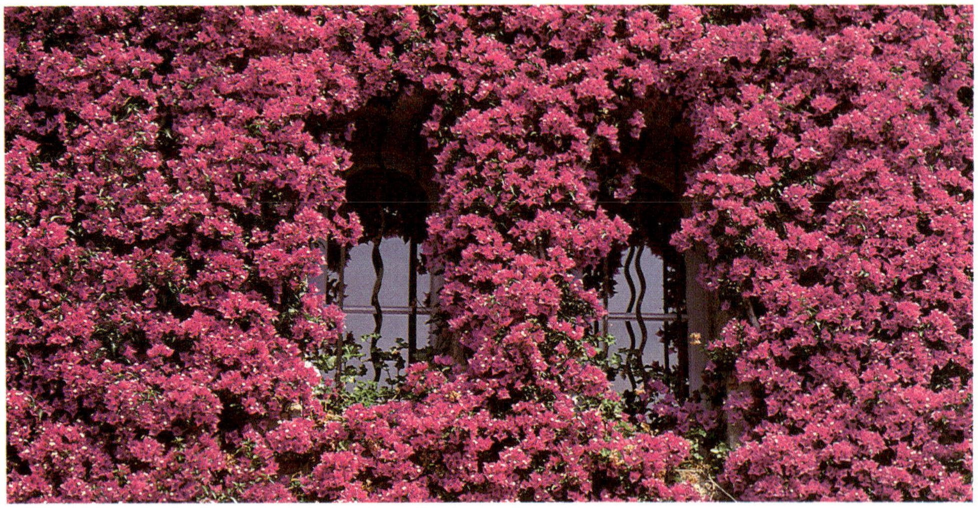

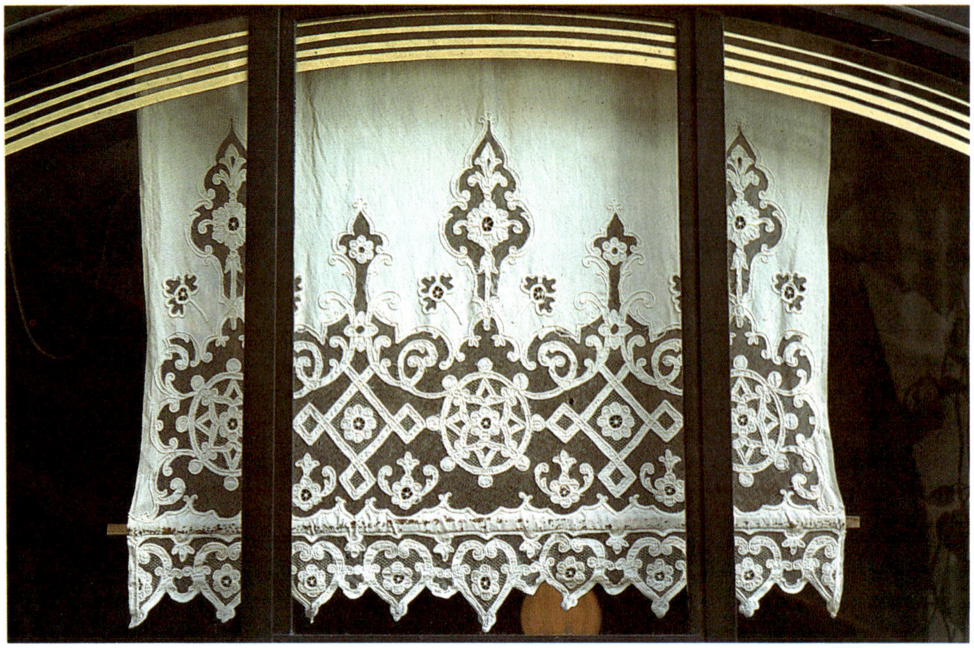

La profusion des styles des fenêtres françaises est ahurissante comparée à la simplicité pleine de bon sens des fenêtres anglaises qui sont avant tout conçues pour laisser pénétrer un maximum de lumière. En France, elles se détachent souvent sur des façades très simples. Comme les portes, les balcons et les volets, elles donnent leur cachet aux demeures.

Cette remarquable fenêtre Art Nouveau (*en haut, à gauche*), avec sa bordure de carreaux émaillés bleus qui encadre la structure ouvragée à meneaux et impostes, pare une maison alsacienne. Les bougainvillées envahissantes ont réduit à de simples brèches ces deux fenêtres à Bormes-les-Mimosas, dans le Var (*au centre, à gauche*). Les Français sont particulièrement friands de bacs et de pots de fleurs décoratifs.

L'amour de la dentelle est une profonde passion des Français — je ne parle pas du voile de nylon qui manque tant de chaleur et filtre la lumière derrière nombre de fenêtres anglaises, mais de cette belle dentelle de coton aux délicats dessins traditionnels. Ces belles étoffes qui nous viennent du temps passé et sont souvent si décoratives apportent une touche élégante aux demeures françaises ; on les découvre encore dans ces vieilles boutiques restées fidèles à l'image de nos souvenirs d'enfants. Il y a dans chaque petite ville de France une vieille dame, très digne, aux cheveux blancs, observant derrière ses rideaux au charme discret les mouvements de la rue. Ce store en coton délicieusement ancien (*en bas, à gauche*) est fait d'une dentelle au riche motif, tendue sur une baguette de bois.

Couleur et caractère presque orientaux (*à droite*) pour cette fenêtre d'un style fleuri que l'on ne pourrait plus se permettre de nos jours. Elle se trouve au 29 de la rue Jean-de-Bernady à Marseille.

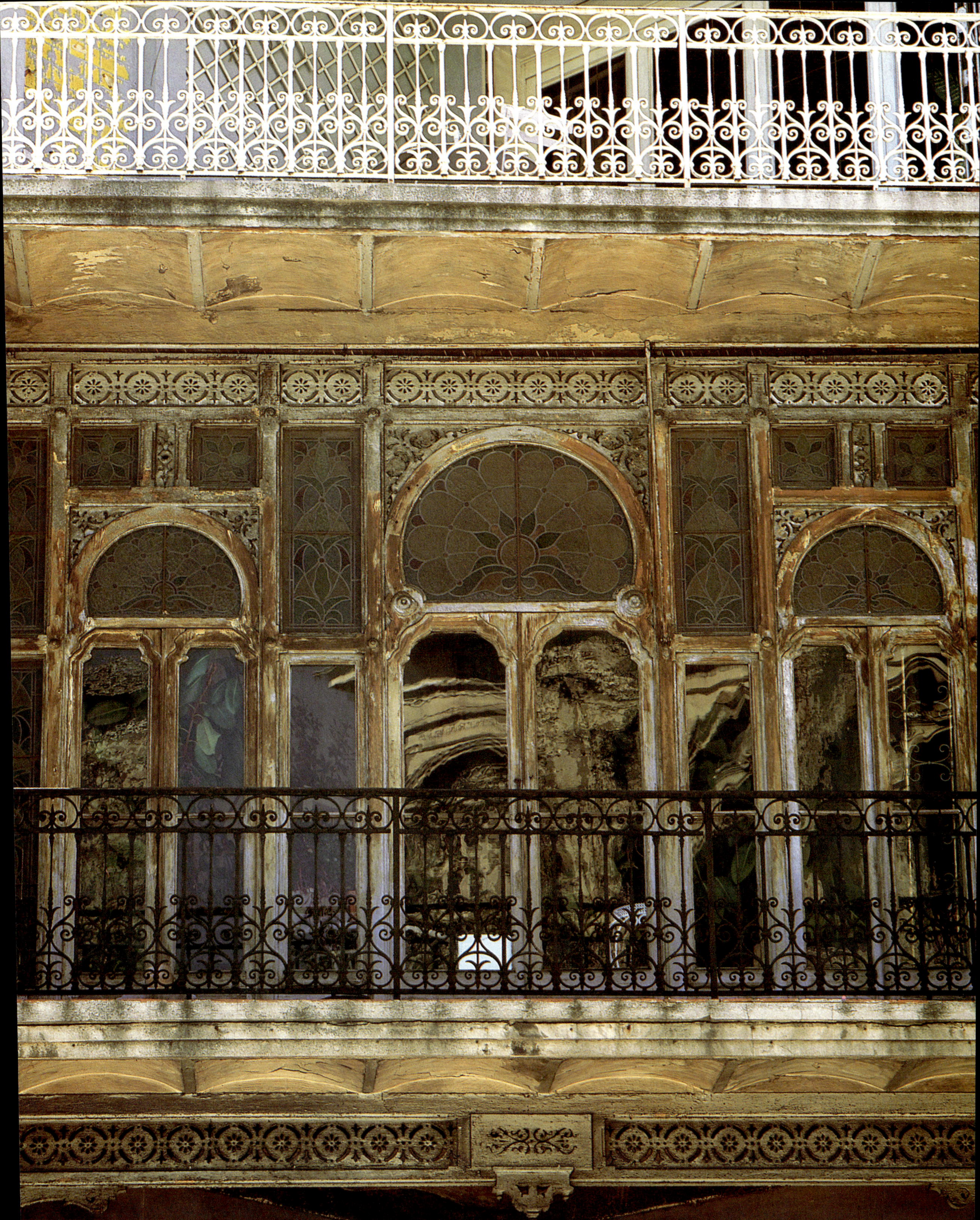

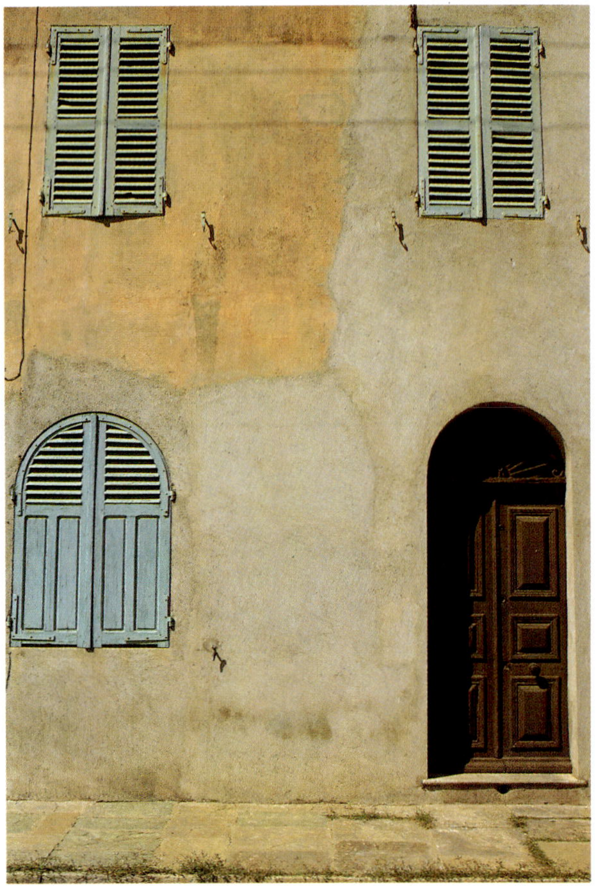

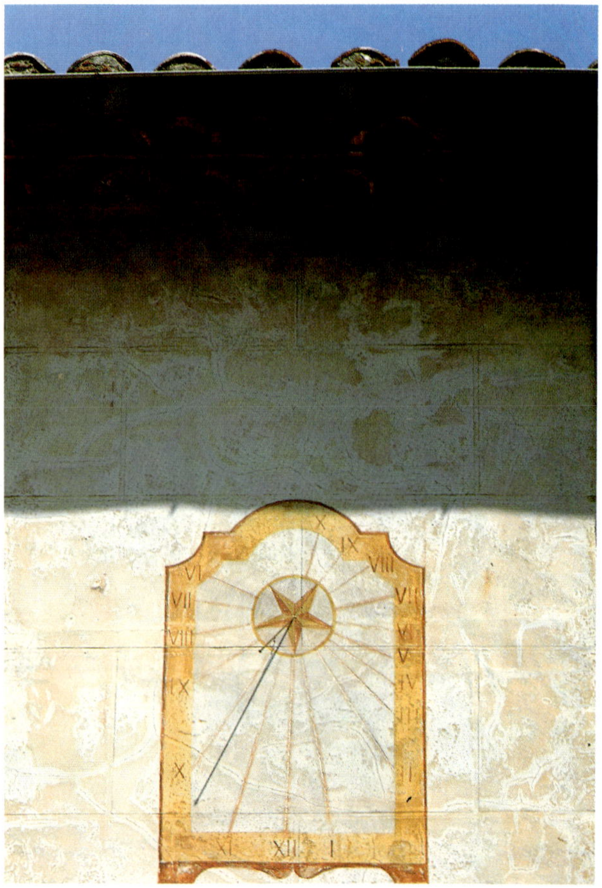

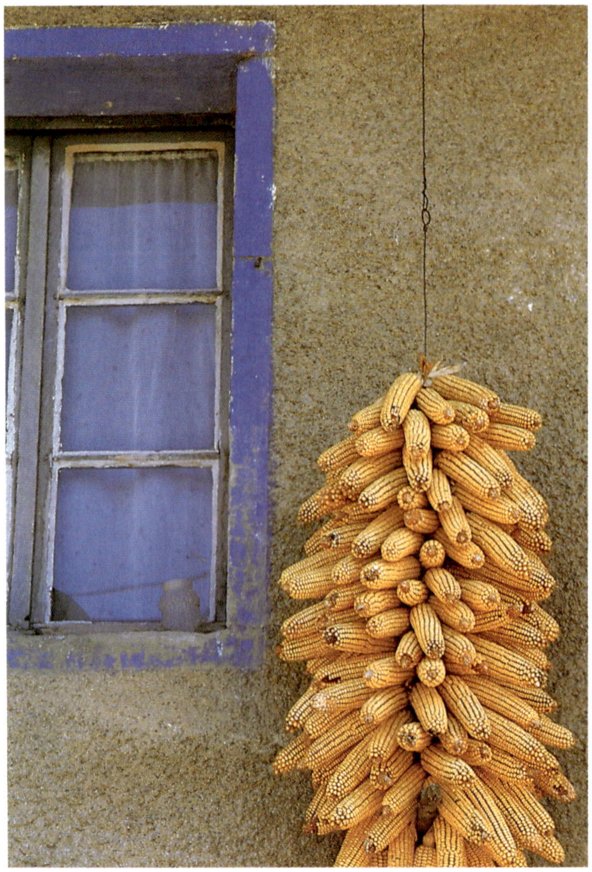

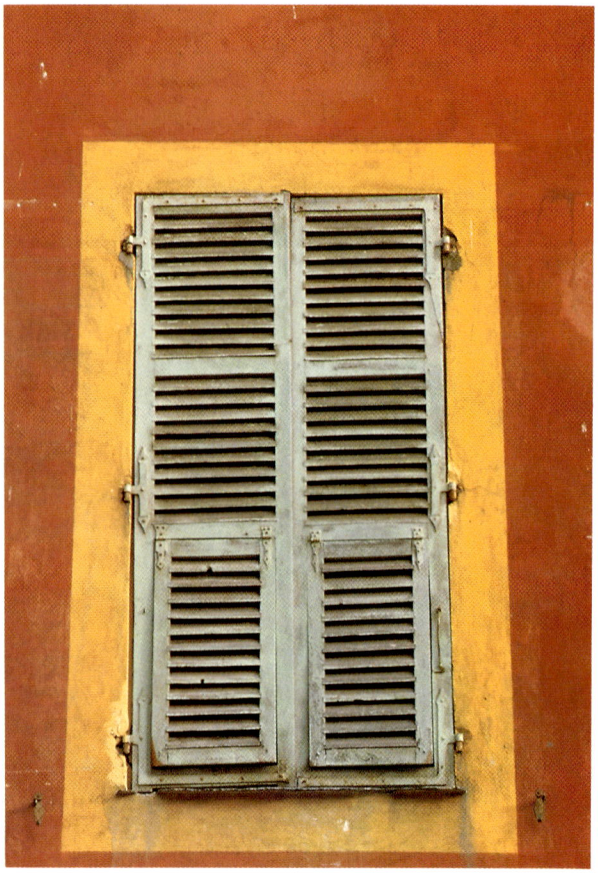

Sous le chaud soleil du sud, les façades crépies acquièrent, avec les années, une patine incomparable. Les enduits, pourtant régulièrement réappliqués sur les murs, pâlissent peu à peu donnant au bâtiment un caractère romantique. En plein soleil, qu'importe si la peinture s'écaille sur les murs des maisons de Nice ou de Cannes ; elles ont un charme inoubliable qui, si elles étaient entretenues avec la même rigueur et le même soin que des villas modernes, serait effacé.

Les zones délavées transforment la façade de cette maison de Macinaggio en Corse (*à l'extrême gauche, en haut*), qui par ailleurs n'a guère de caractère, en une délicate palette.

Le cadran solaire qui s'efface lentement sur le mur d'une vieille ferme à Fontvieille (*à gauche, en haut*) est tout aussi émouvant. On peut encore y lire l'heure : 10 h 30.

Les pigments qui colorent les crépis sont bien sûr naturels. Il n'est pas surprenant qu'ils s'harmonisent si bien avec les autres tons que nous offre la nature. Le jaune du maïs, le bleu du cadre de fenêtre sur le mur ancien de cette ferme à Ruffieux, en Haute-Savoie (*à l'extrême gauche, en bas*) n'auraient pu être mieux pensés par un artiste.

La même abstraction graphique est obtenue par la juxtaposition de l'ocre sombre du crépi, du jaune de l'encadrement de la fenêtre et du bleu des persiennes dont la peinture s'écaille sur cet immeuble du vieux Nice.

Il ne faut pas se méprendre sur l'allure parfois délabrée de certains crépis. Celui qui recouvre cette maison à Cannes (*en haut, à droite*) ne dénote certainement pas la pauvreté des propriétaires.

Ce crépi rouge sombre (*en bas, à droite*), appliqué récemment, apporte une note fortement colorée dans les rues de Sospel, au-dessus de Menton.

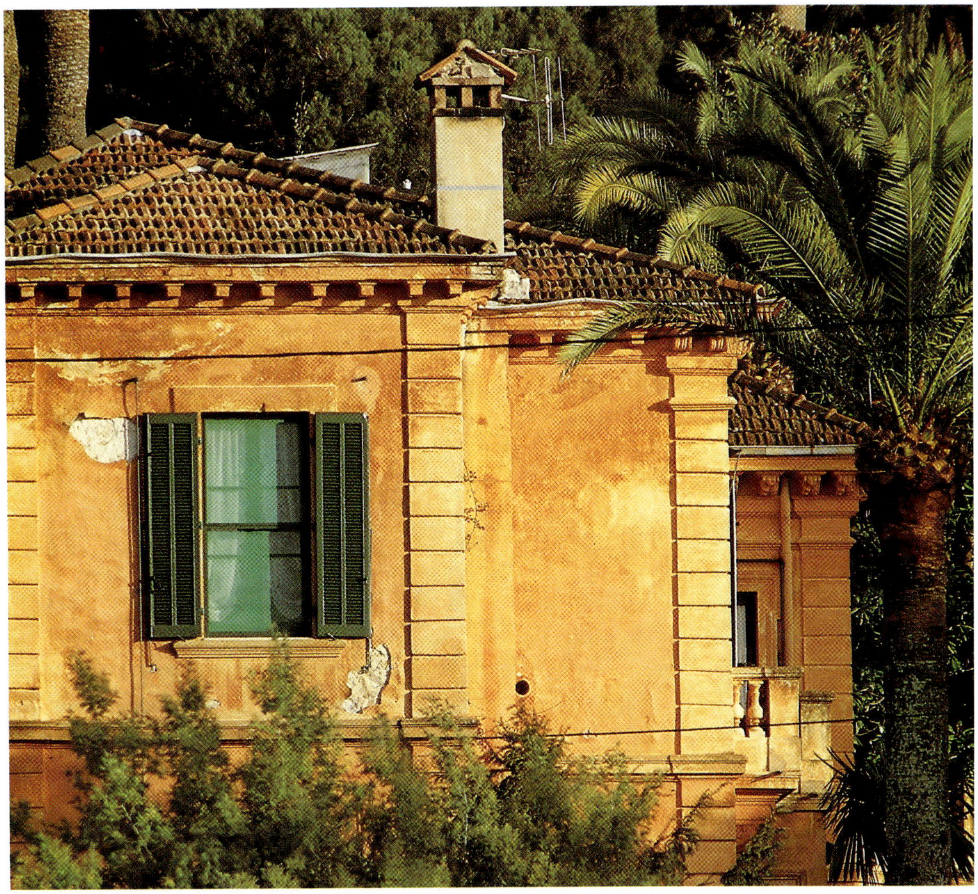

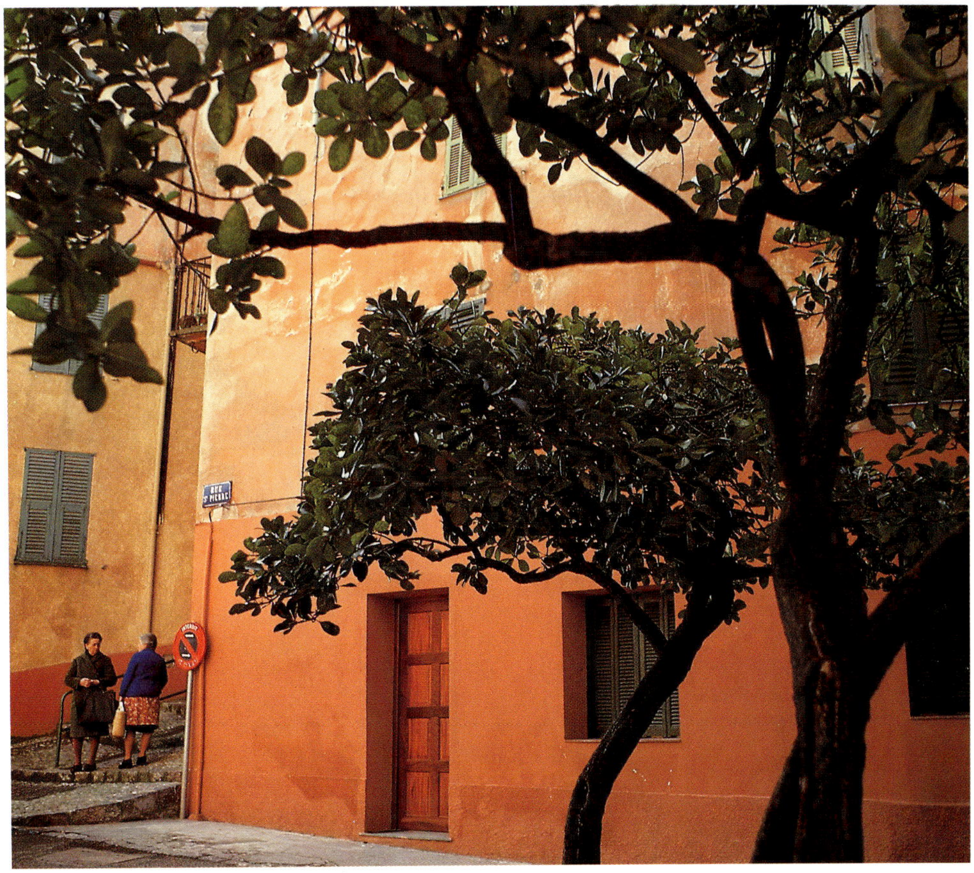

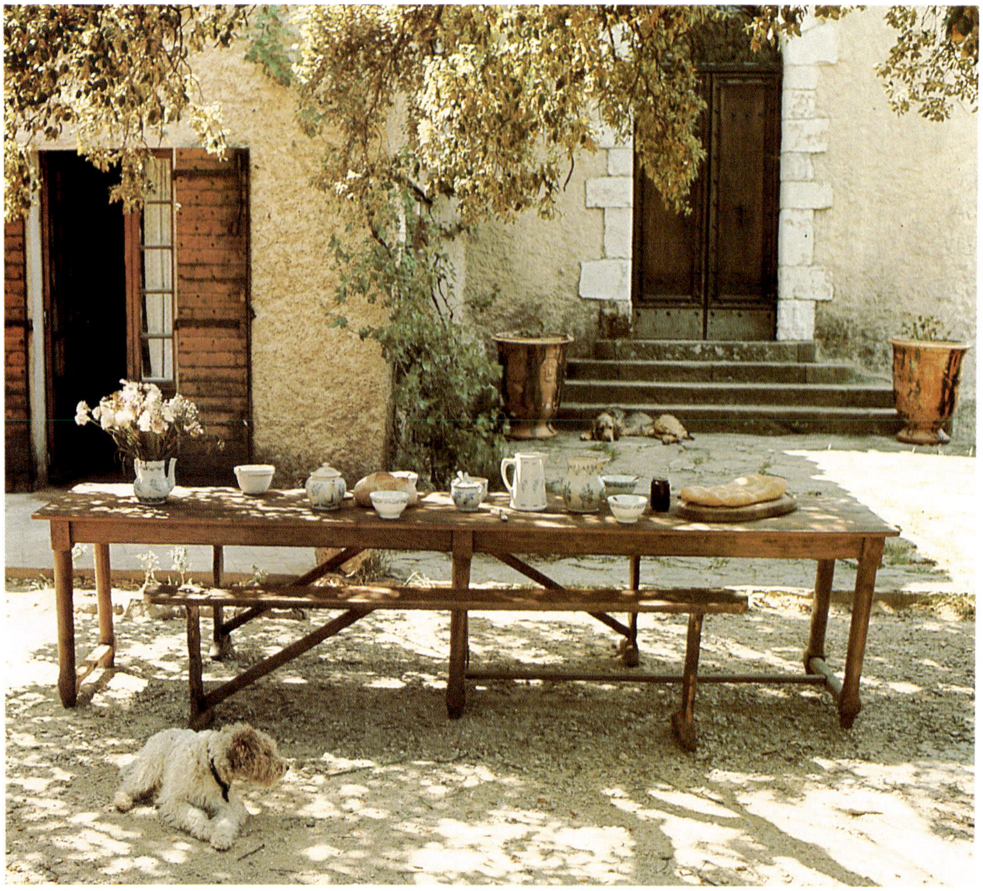

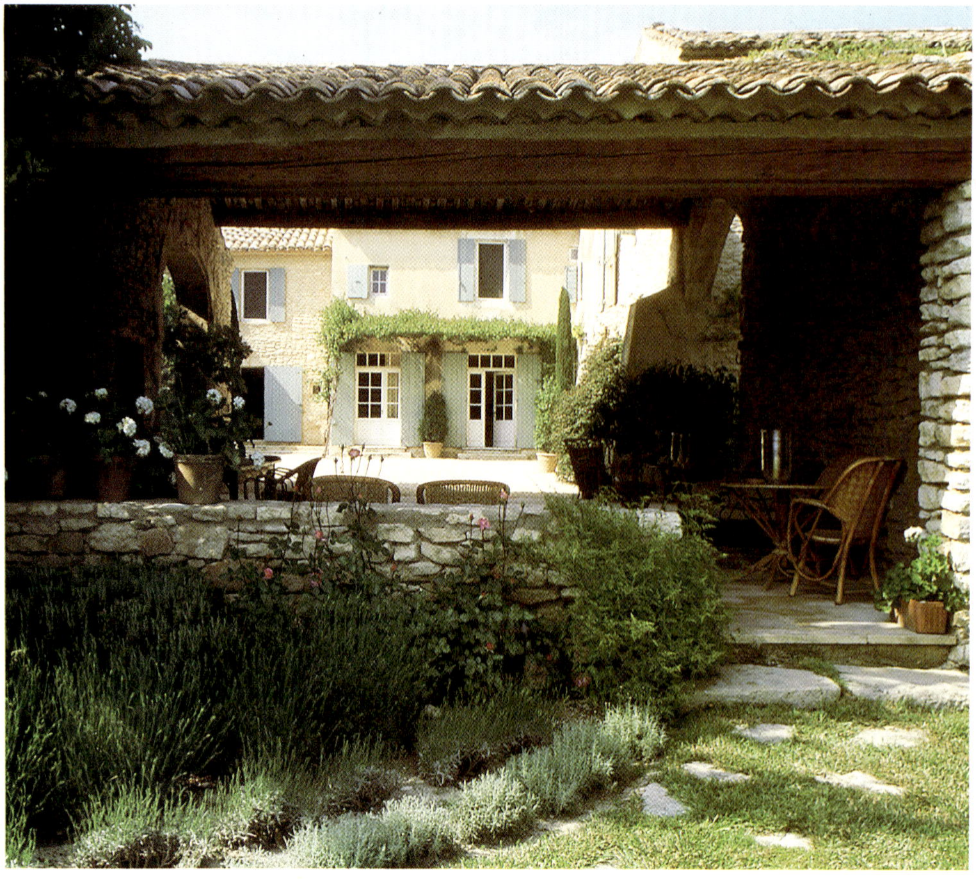

Une table prête pour le petit déjeuner, des chiens qui paressent en attendant le bon vouloir de leurs maîtres, la scène se passe près de La Garde-Freinet, petit village accroché aux collines qui surplombent Saint-Tropez (*en haut, à gauche*). La table, comme à l'habitude, a été placée à l'ombre d'un arbre à travers le feuillage duquel la lumière joue sur la vaisselle. Le repas pris en plein air fait partie des joies de l'été et on l'apprécie d'autant plus que le cadre, le mobilier, et même le couvert, sont rustiques. Les fleurs coupées sur la table apportent ici un brin de sophistication.

En plaçant cette table sous l'appentis d'une cour de ferme restaurée (*en bas, à gauche*), on a voulu protéger des rayons ardents du soleil aussi bien les plats que ceux qui les dégusteront. Les tuiles roses de cette maison du Vaucluse, dites romaines, sont typiquement méridionales ; pour le voyageur qui descend la vallée du Rhône, elles indiquent, tout de suite après Vienne, que la Provence approche.

Une terrasse plus austère en Camargue (*à droite*) est l'endroit idéal pour tromper le temps aux heures les plus chaudes de l'après-midi. Cette galerie bien abritée embrasse toute la façade d'une ferme et sert à la fois de séjour et de salle à manger de plein air. Ces merveilleuses chaises cannées de style colonial restent à l'ombre tout au long de la journée. Le spectacle de la nature inondée de soleil et de couleurs accentue le caractère calme et reposant de cet espace à la décoration particulièrement sobre.

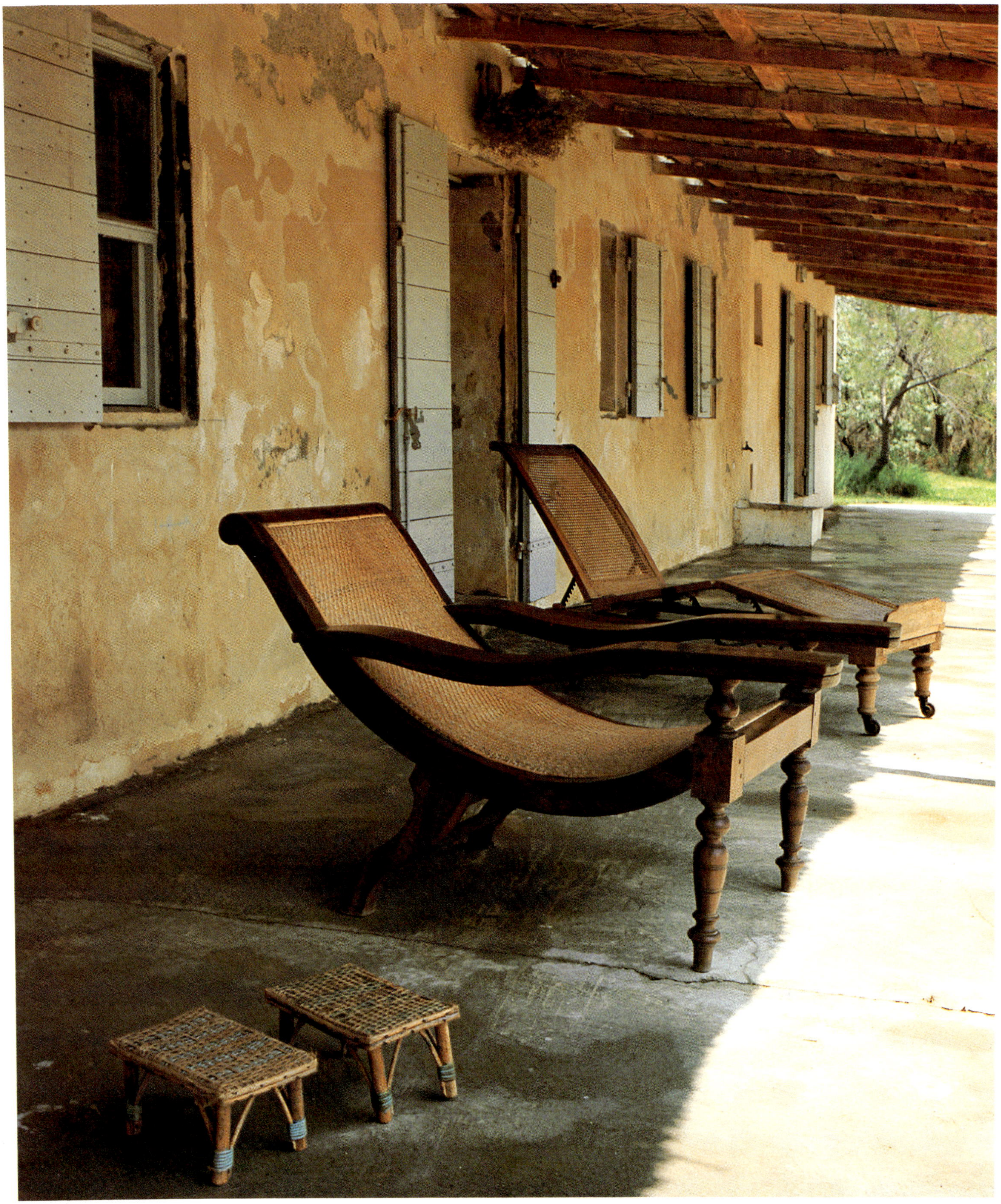

Il faut qu'il fasse très mauvais pour empêcher les Français de manger dehors. En ville, ils aiment s'asseoir à la terrasse des cafés et ne semblent absolument pas dérangés par la proximité des piétons ou la densité de la circulation.

De mai à octobre, les propriétaires de cette élégante demeure proche de Saint-Rémy déjeunent à l'extérieur tous les jours, à moins que le temps ne soit particulièrement froid ou pluvieux. Comme la plupart des Provençaux, ils ne recherchent pas le soleil ; ils ont, au contraire, choisi l'ombre des grands arbres pour prendre leur repas. Et heureusement, car en plein soleil, ces chaises en fer anciennes se transformeraient vite en véritable gril !

La maison date du XVIe siècle et a été agrandie au XIXe siècle. Ses murs, formant enceinte autour des arbres et de la table de jardin, transforment cet espace abrité en une pièce de plein air sereine. Ils protègent la maison des rayons du soleil et des effets du vent, particulièrement du mistral ; c'est l'endroit idéal pour un long déjeuner dans une atmosphère détendue.

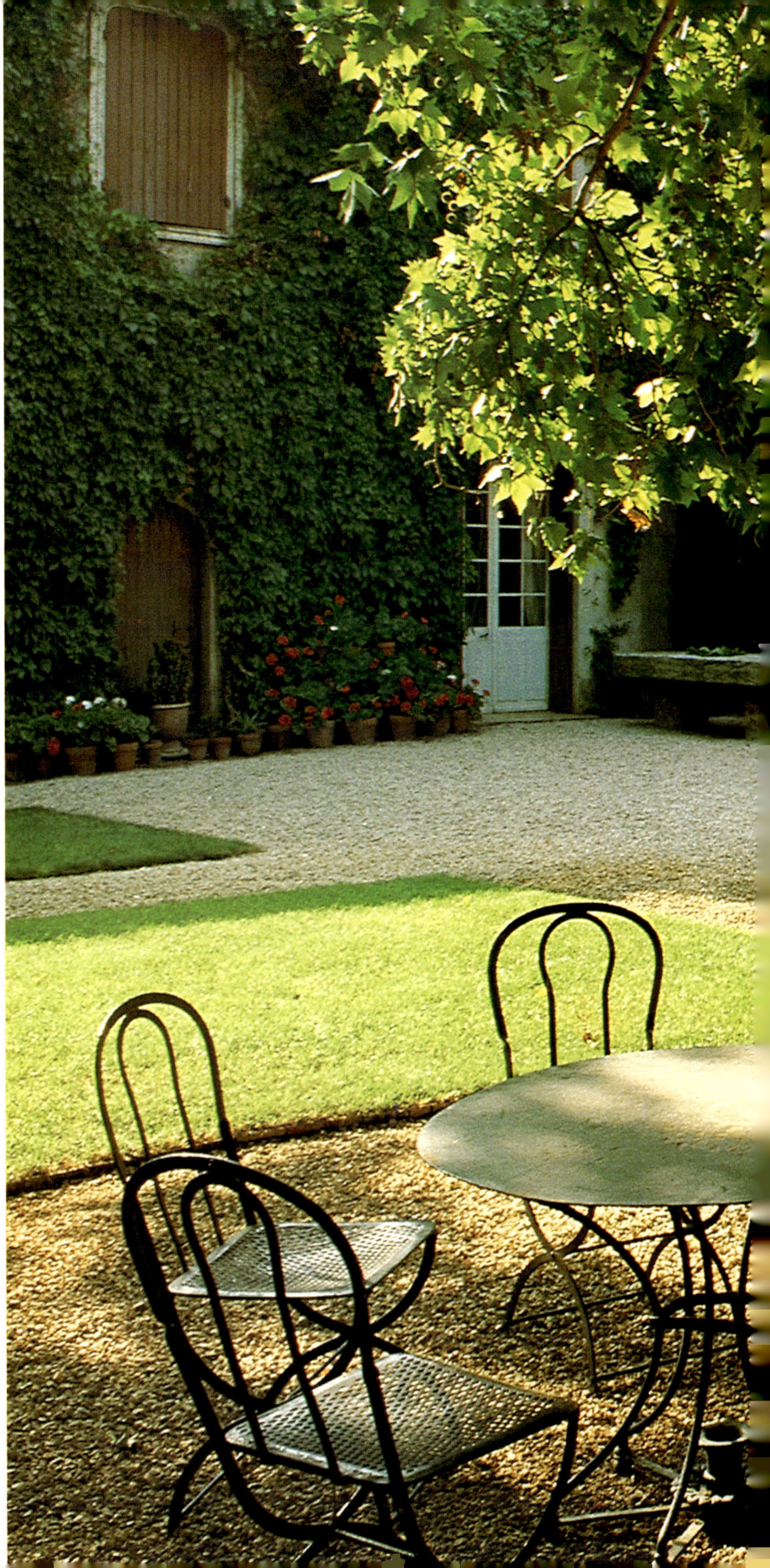

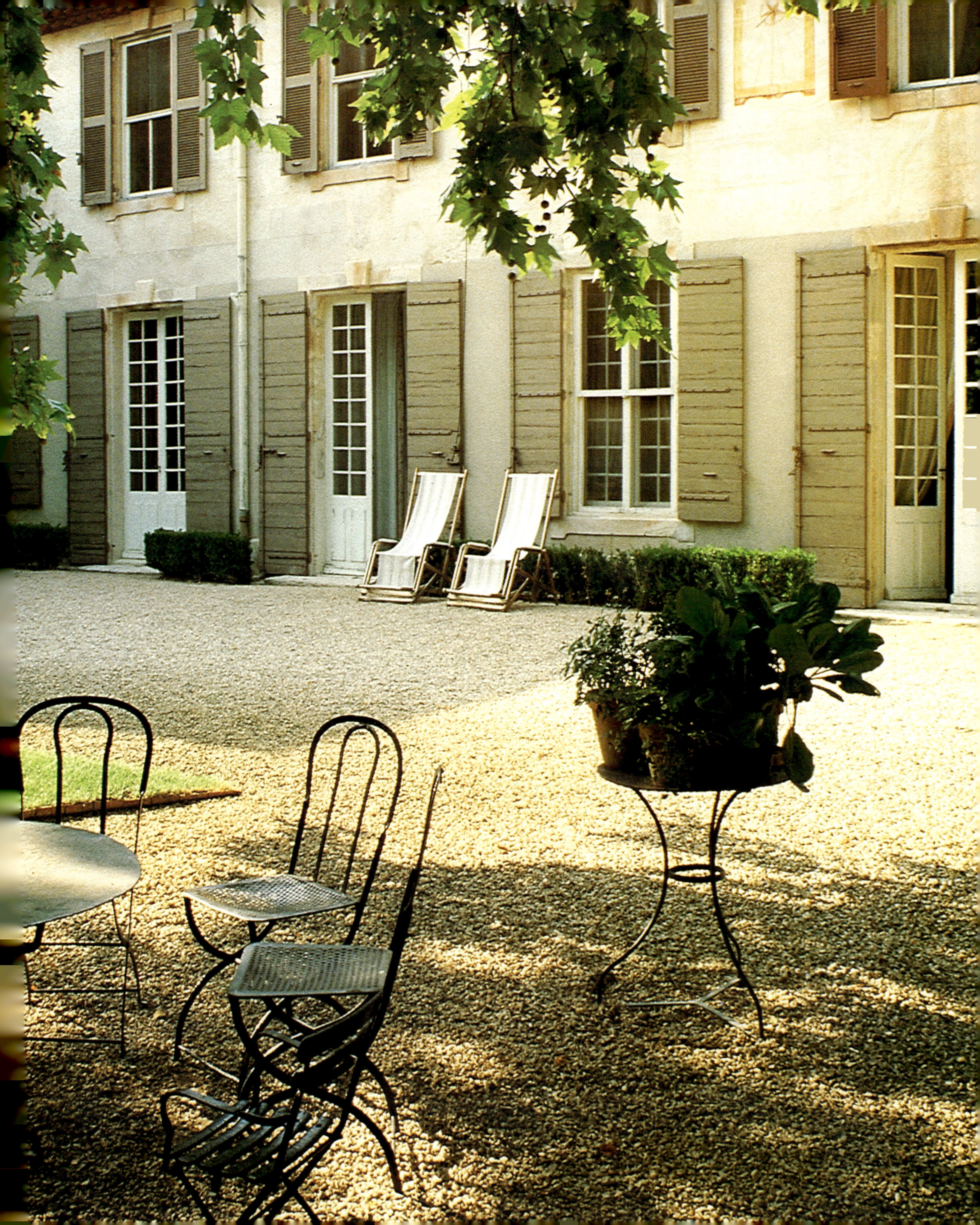

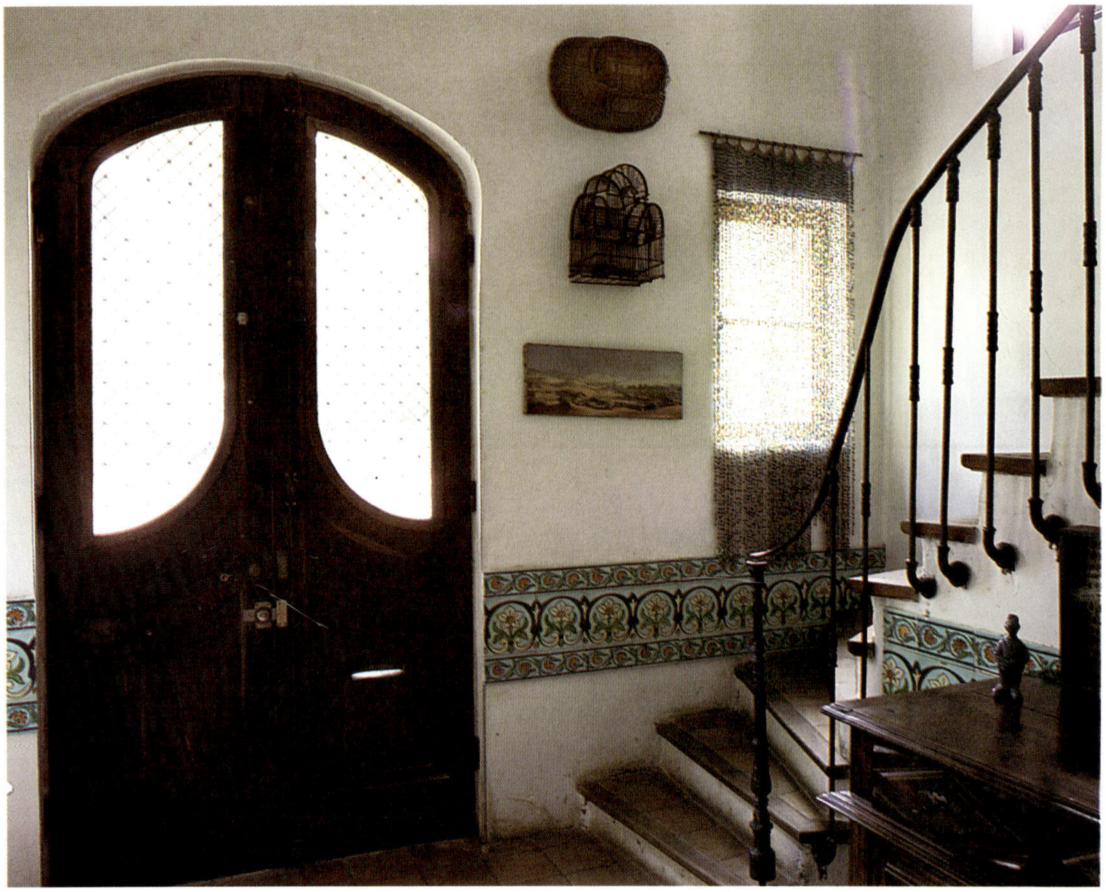

En France, les halls d'entrée, contrairement à leurs équivalents anglais, modestes, trop étroits et souvent assourdis par une moquette, sont généralement restés tels qu'autrefois les architectes les avaient conçus — somptueux et construits avec des matériaux nobles : la pierre, le marbre ou le bois ciré. Et il n'est pas rare que ces vastes halls, ces escaliers majestueux mènent à un petit appartement mal proportionné et pauvrement décoré.

Le hall d'entrée peut être simple et sans prétention, comme celui-ci, à Salernes en Provence, avec ses murs peints à la chaux et décorés de carreaux de céramique (*en haut, à gauche*). Le hall et son escalier sont de construction récente, mais leurs matériaux ont été récupérés sur des chantiers de démolition. Sans aucun meuble inutile pour l'encombrer, cette entrée baigne dans une lumière vive filtrée par des rideaux perlés, selon une tradition typiquement méridionale.

Dans sa version parisienne (*en*

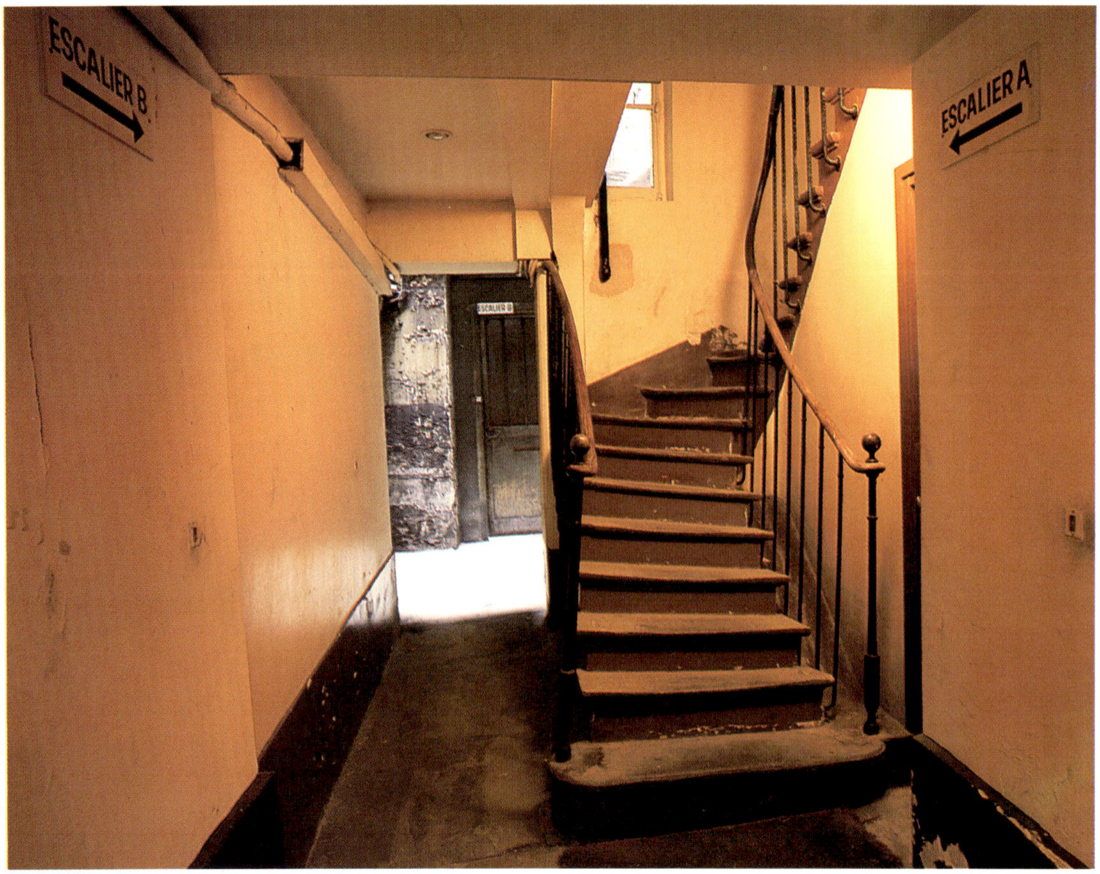

bas, à gauche), voici un escalier pauvre, mais élégant, du XVIIIe siècle, rue Beauregard. C'est en haut d'un tel escalier que la célèbre empoisonneuse, la Voisin, recevait il y a trois siècles, ses riches clients et clientes, pour y préparer d'effroyables meurtres. Sa maison occupait l'emplacement des numéros 23 et 25.

On retrouve la même belle ligne incurvée dans cet escalier de l'hôtel Mansart (*en haut, à droite*), construit en 1680 près de la place des Vosges à Paris par l'architecte de Louis XIV, Hardouin-Mansart. Il a été récemment restauré par le décorateur Jacques Garcia qui a su respecter sa puissante simplicité.

Cet escalier qui orne une demeure provinciale (*en bas, à droite*) date du début du XVIIIe siècle. Resté intact depuis, il semble qu'il soit plus une pièce de mobilier qu'un passage à travers la maison. D'un encombrement réduit, il apporte une note piquante à cette entrée, par ailleurs paisible et simple.

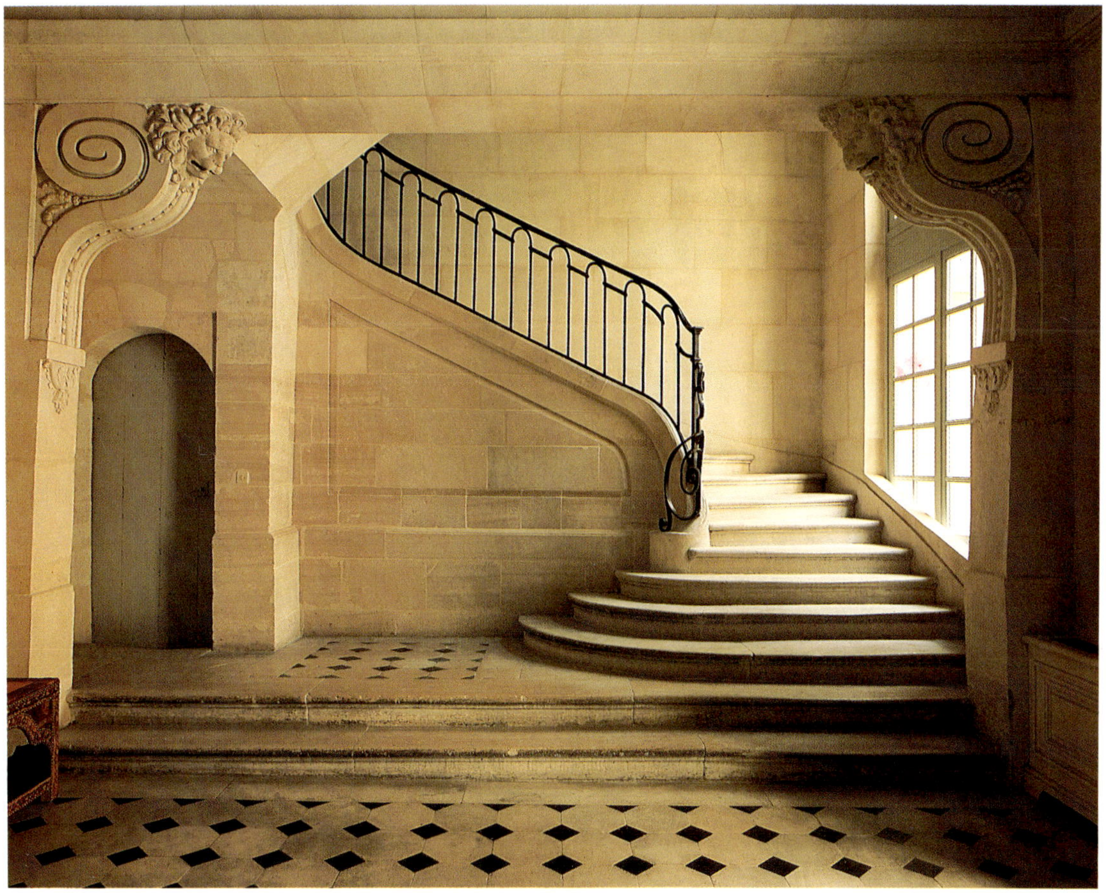

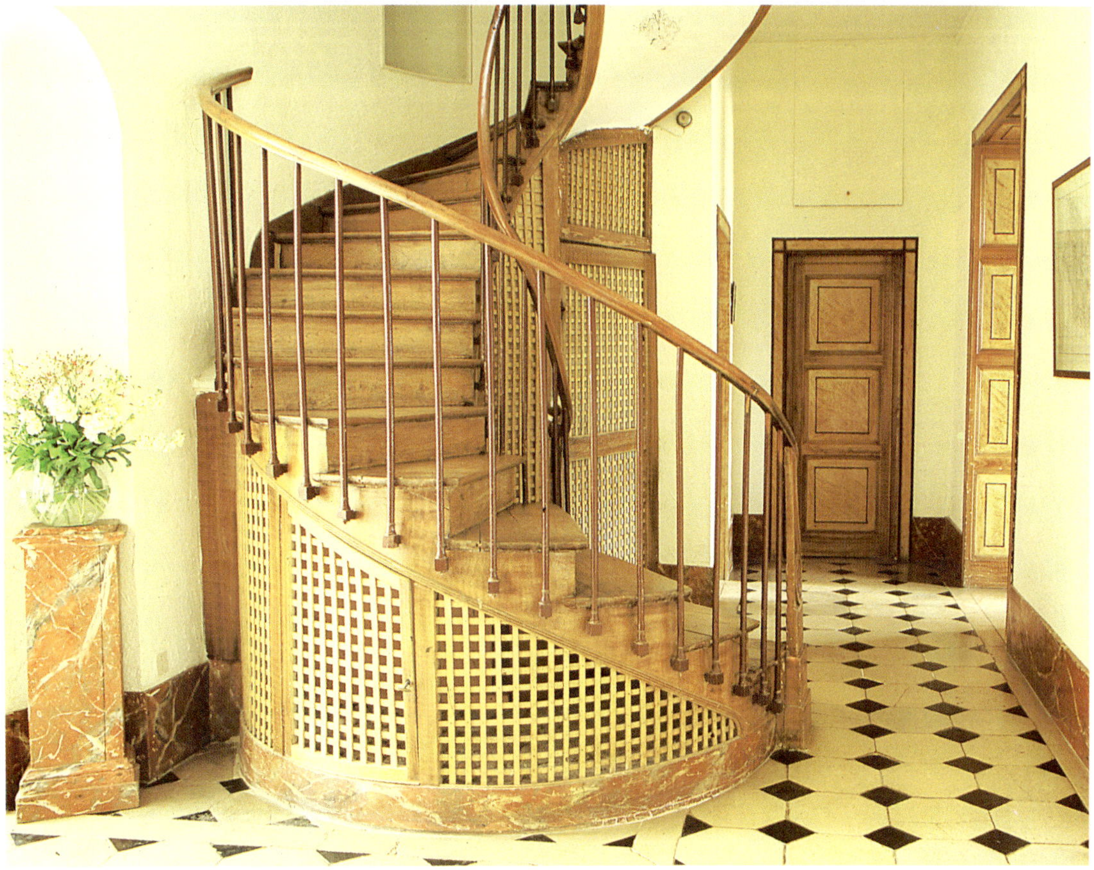

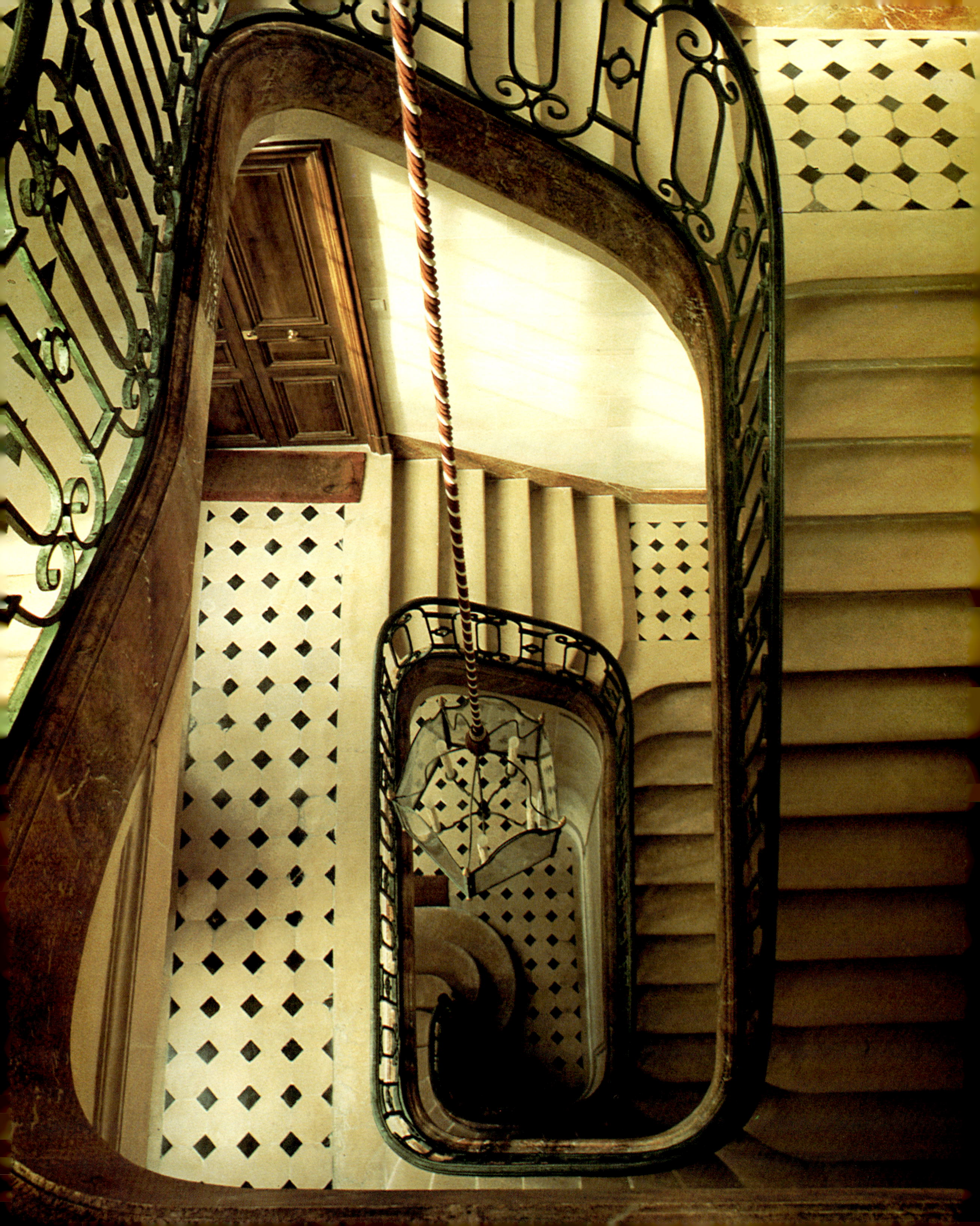

Page opposée : si vous avez l'immense chance de posséder un appartement place des Vosges, cet escalier communautaire vous sera familier. D'une grande simplicité, ce n'en est pas moins une composition architecturale profondément sophistiquée grâce à l'utilisation rythmée des divers matériaux : la pierre, le marbre et le fer forgé.

Sur cette page :
En haut, à gauche : cette cage d'escalier, au style simple et dépouillé avec ses carreaux de céramique rouge et ses murs ocre passés à la chaux, reflète tout le charme de la maison rurale ancienne qui l'abrite, près d'Aix-en-Provence.

En haut, à droite : ce bel escalier médiéval à la courbe serpentine et aux marches usées est une escapade dans le passé ; il occupe une place impromptue au sein de cette maison de style néogothique, à Bougival, près de Paris, qui fut commandée au siècle dernier à un élève de Viollet-le-Duc. Mais il contribue à lui donner, comme le voulait son propriétaire, l'apparence d'une maison ancienne, érigée il y a de nombreux siècles.

En bas, à gauche : ce simple escalier en chêne, qui s'appuie en porte à faux sur les murs crépis d'un ancien moulin rénové, est un bel exemple de la victoire de l'esthétisme sur la sécurité.

En bas, à droite : il n'est pas rare que les cages d'escalier des nobles demeures françaises aient la magnificence de celle-ci, à l'intérieur d'un hôtel particulier du XVIe arrondissement. La faible hauteur des contremarches, si elle fait perdre beaucoup de place, facilite l'ascension.

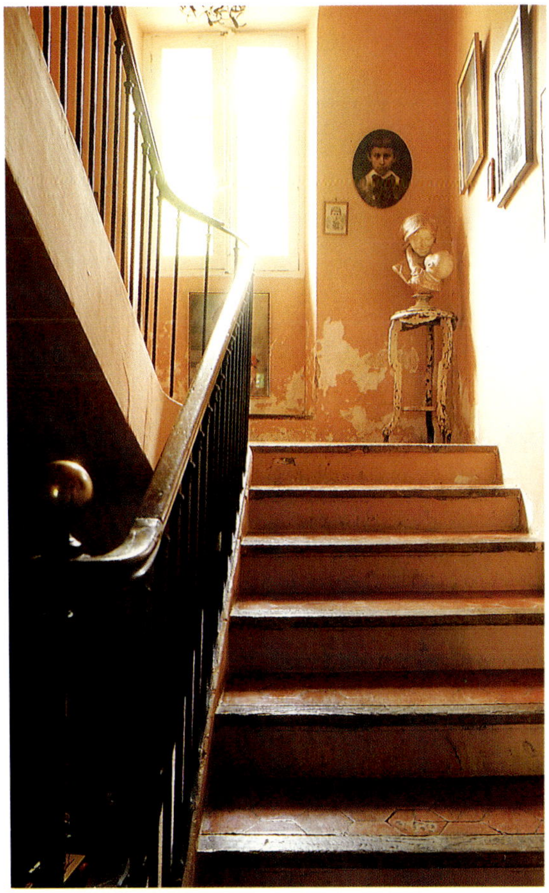

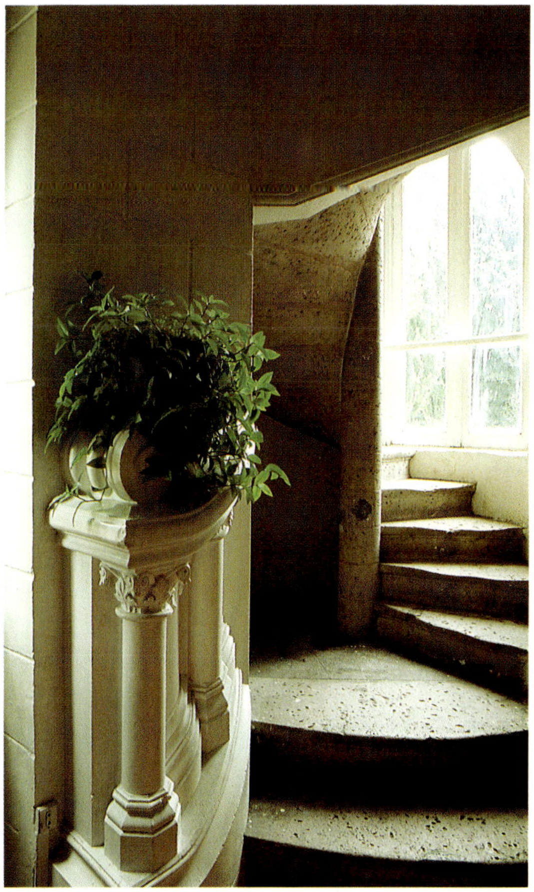

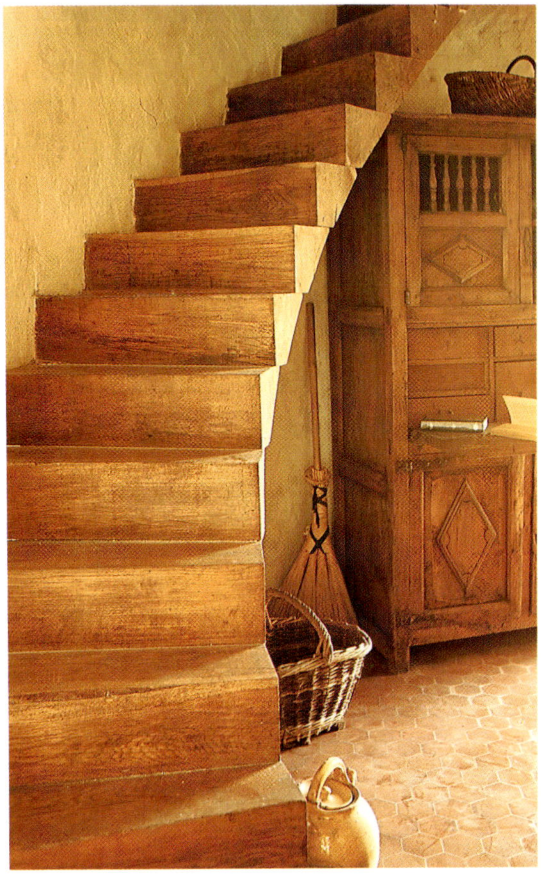

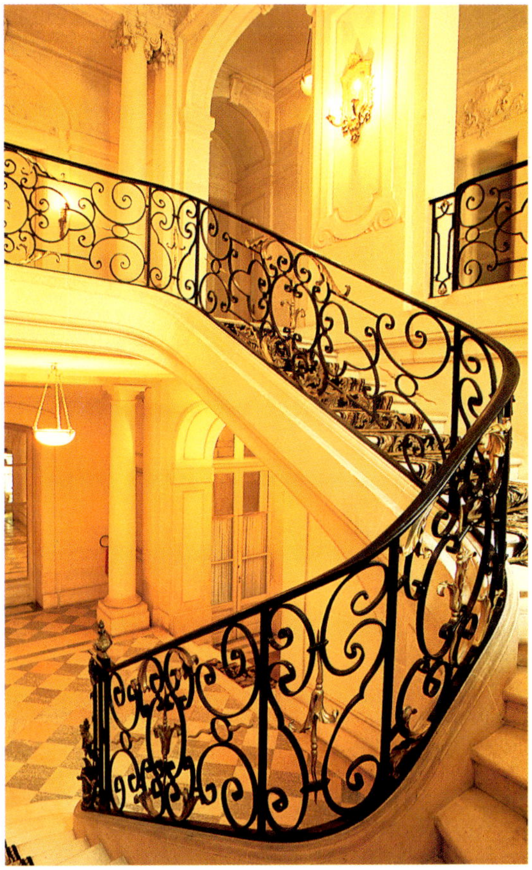

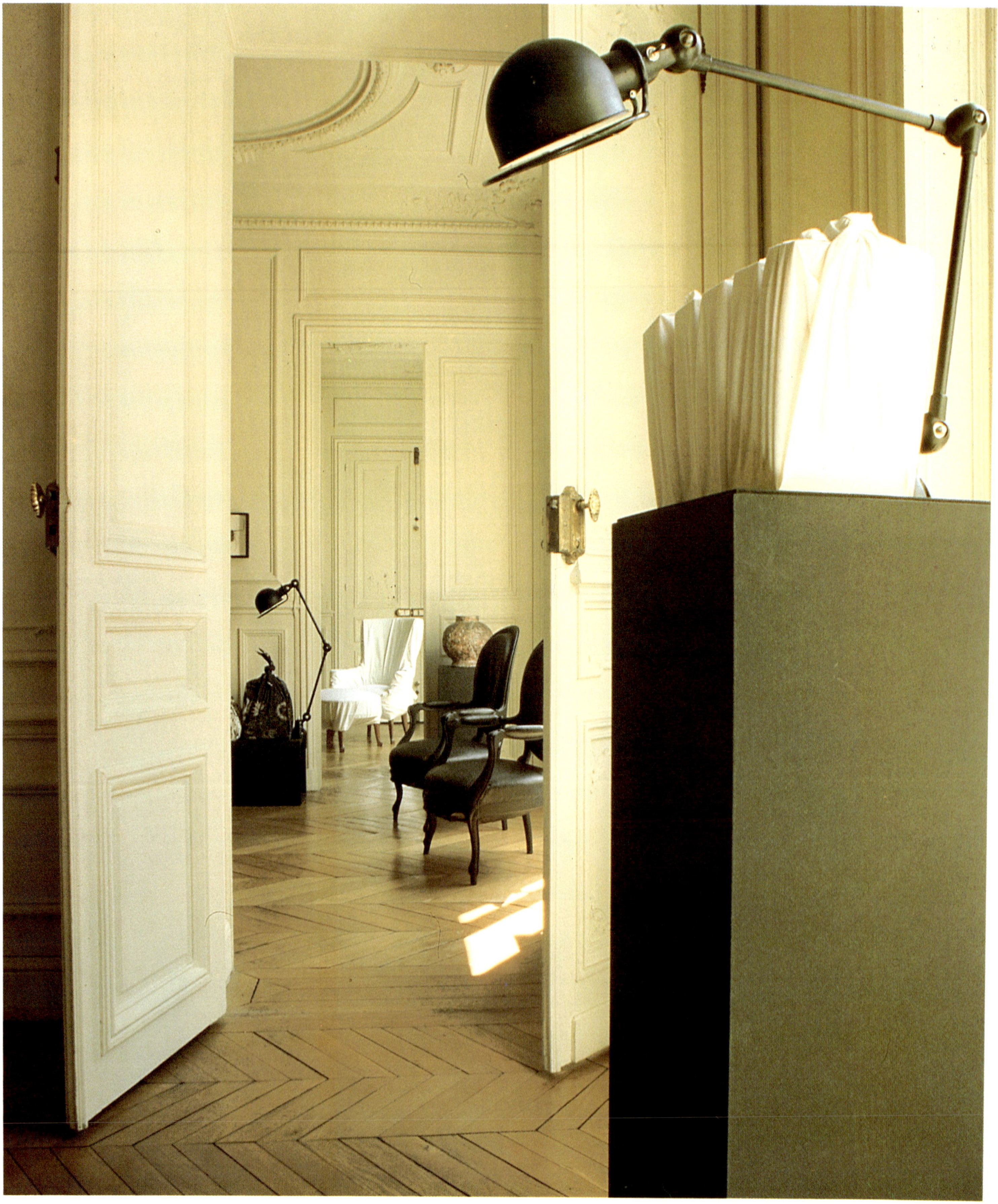

Malgré sa cuisine et ses boissons raffinées, son amour des beaux objets, la France, qui fut autrefois le phare de l'Europe en matière de décoration intérieure et de belles manières, accorde bien peu d'importance à l'aménagement intérieur de ses logis. Le Français dépense moins pour son mobilier et ses outils ménagers qu'aucun autre citoyen occidental. Les multiples occasions qui lui sont offertes pour manger et se divertir à l'extérieur, et le fait qu'il passe, dans de nombreuses régions, tant de temps en plein air en sont peut-être la cause. Si les Français aiment aussi à rester chez eux, en famille, ils reçoivent moins souvent que nous ne le faisons en Angleterre. Alors que les Italiens ont, ces dernières années, envahi la scène internationale de la création de mobilier et du stylisme, la France a accumulé du retard malgré l'appui du gouvernement qui accorde sa protection aux décorateurs d'intérieur. C'est ainsi que l'on découvre régulièrement de très grands talents lors des changements de décoration intérieure du palais de l'Élysée. En Angleterre où le *home* est un château, il serait impensable de mettre à la disposition de nos décorateurs la demeure de nos Premiers Ministres, au 10 Downing Street. Les Français qui ont choisi la modernité pour leur intérieur font preuve d'un très grand enthousiasme. Cette approche novatrice et courageuse en décoration intérieure se retrouve dans des magazines comme *La Maison de Marie-Claire*, diffusée auprès d'un large public, et jusqu'à la revue *Décoration internationale*, au style très sophistiqué qui sert de référence dans le monde entier. Les deux aspects les plus importants de la décoration intérieure française sont peut-être son immense diversité et son originalité, reflétées par ces images.

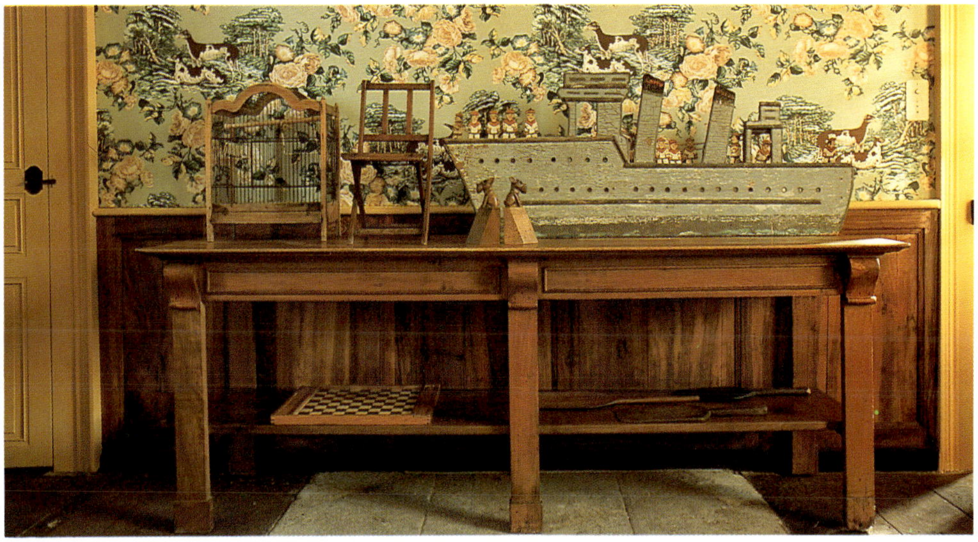

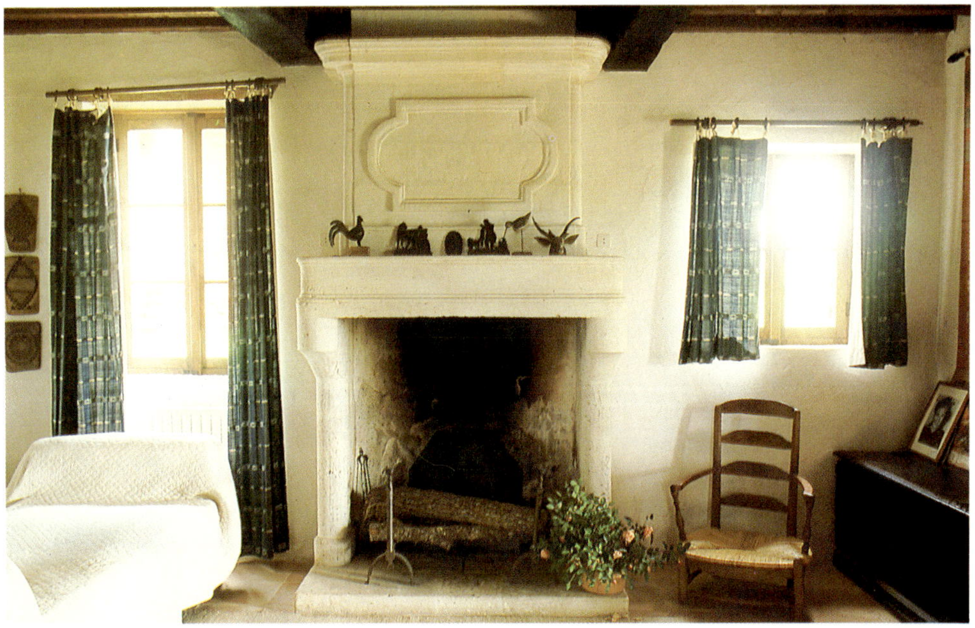

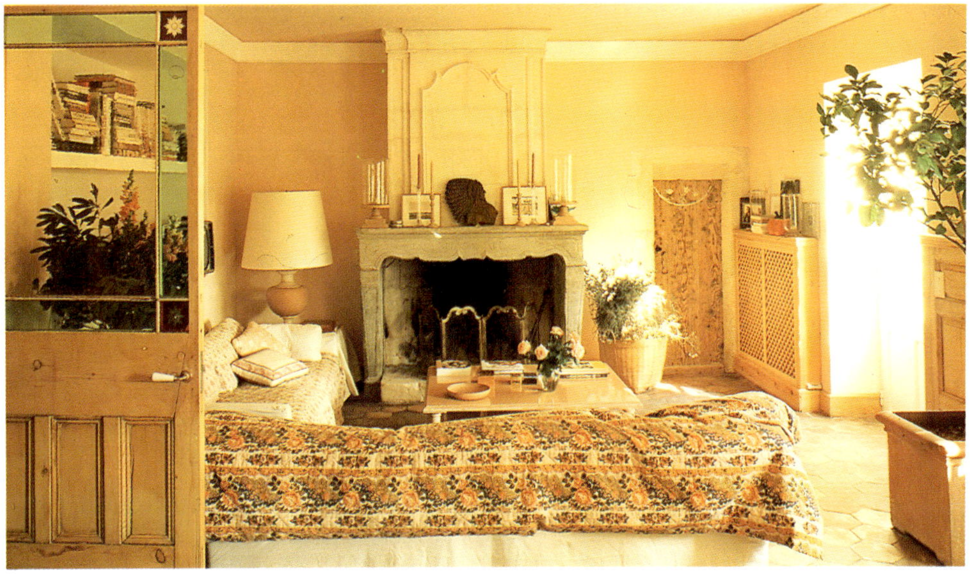

Page opposée : l'appartement très frais de Christian Astuguevielle, qui a importé l'origami en France, dévoile sa passion de l'art de vivre à la japonaise. Cet artiste a retiré le revêtement qui était posé sur les murs pour les repeindre, créant ainsi une illusion de bois et de papier. L'enfilade de pièces accroît la sensation d'espace donnée par une harmonie de tons froids.

Sur cette page :
En haut : un détail du château Halard, en Auvergne, avec des portes peintes en jaune vif et un papier mural traditionnel au charme pittoresque.
Au centre : la chambre d'ami d'une maison charentaise empreinte de simplicité, au style dépouillé, avec ses murs peints à la chaux et son carrelage. Les seules notes colorées sont apportées par les rideaux de confection locale, le bois et les fleurs.
En bas : salle de séjour modeste et rurale au mobilier simple dont le caractère est mis en valeur par la couverture blanche et le couvre-lit au motif recherché.

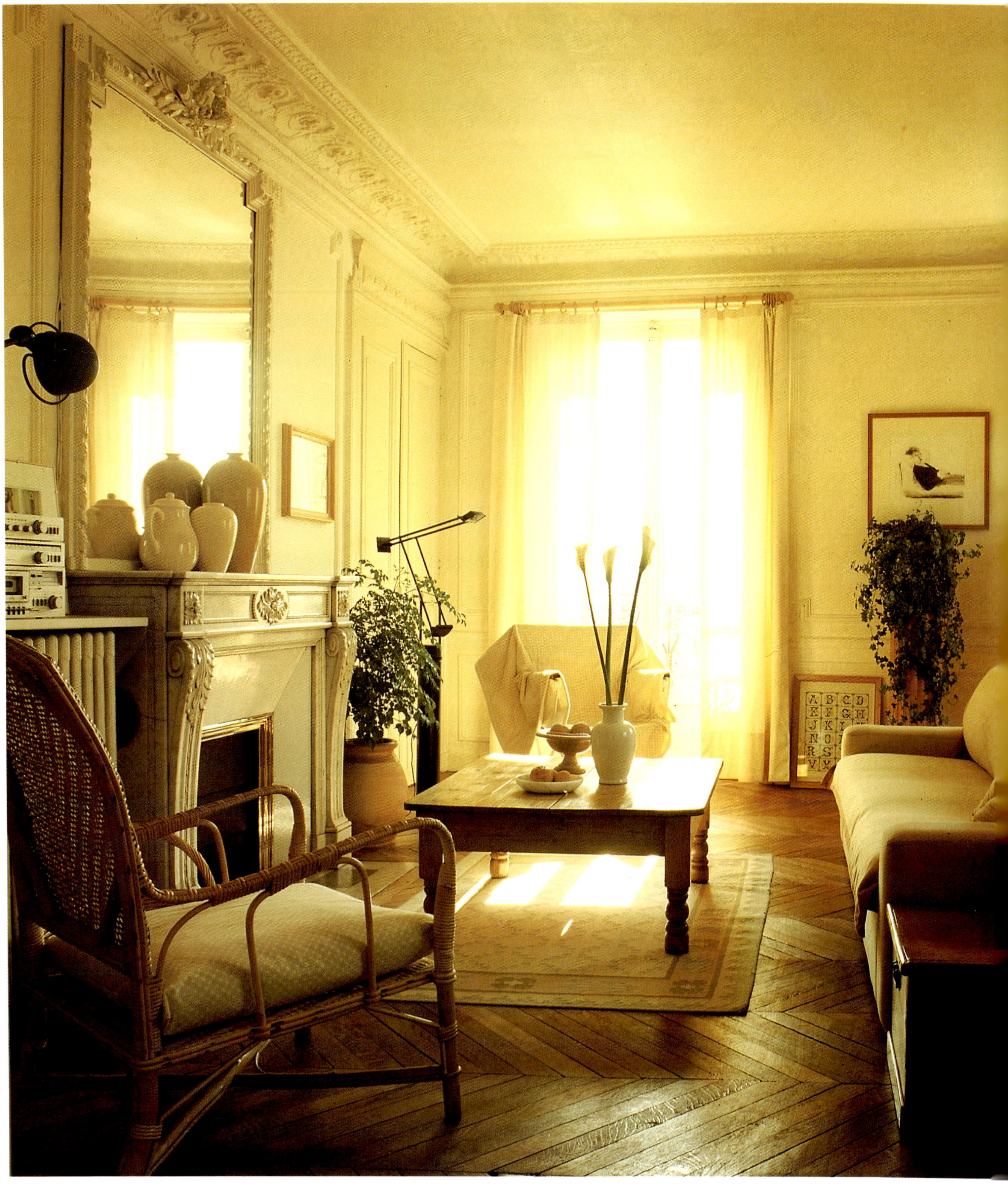

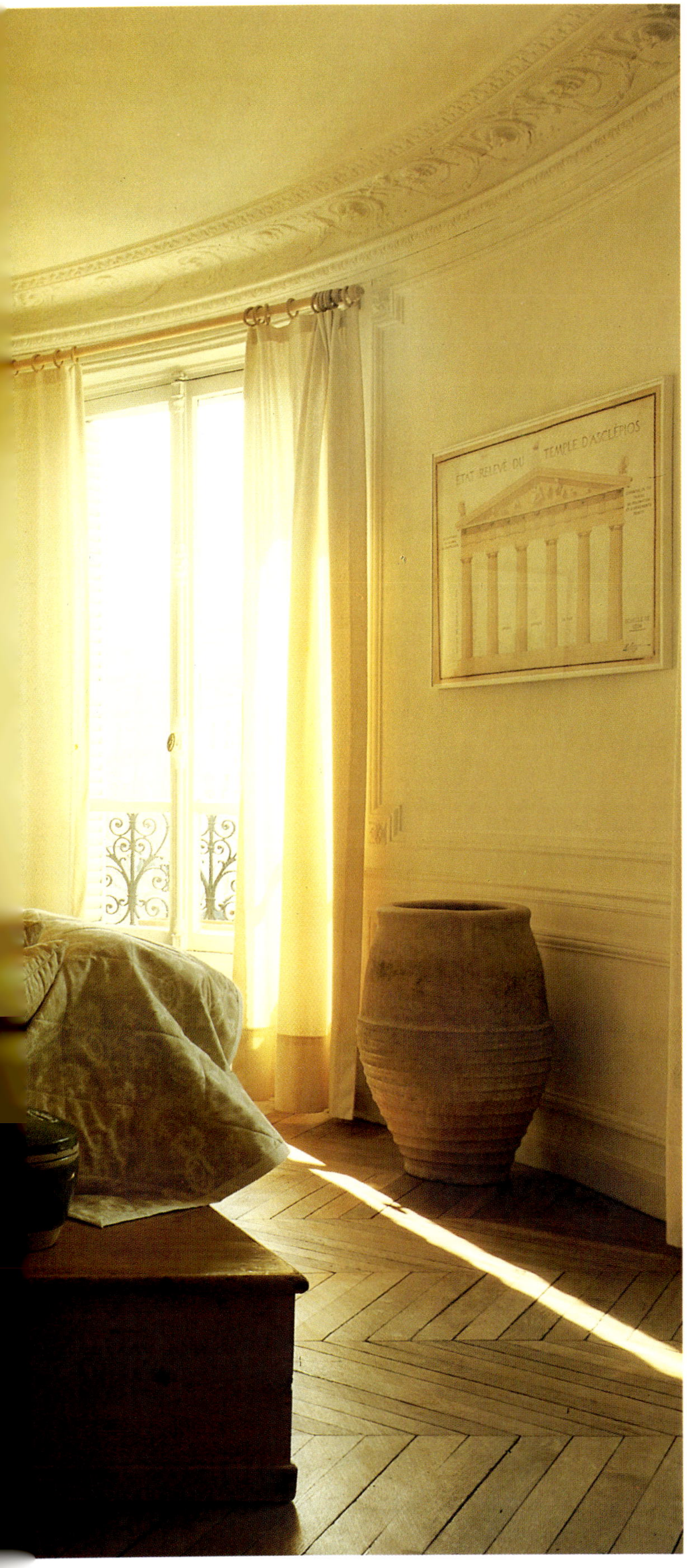

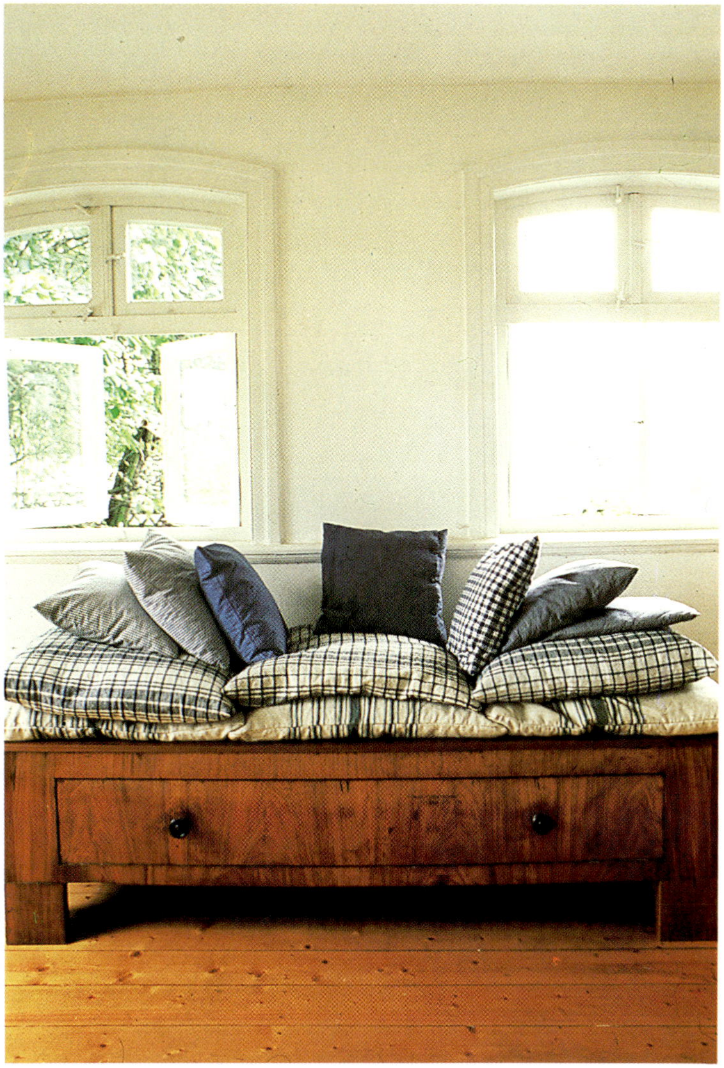

Cet appartement à Saint-Tropez (*à gauche*) révèle ce don particulier pour la décoration intérieure, propre aux Français — l'art de conserver l'harmonie des proportions architecturales et les détails d'une pièce tout en y alliant des objets éclectiques datant d'époques très différentes, dont la nôtre. Cette pièce a gardé son beau parquet de chêne d'origine qui fournit une texture de base soutenue à laquelle s'ajoute la complexité classique des moulures du plafond, de la cheminée et du miroir au cadre décoratif. Les lignes des lampes et du sofa sont nettes et modernes, celles des céramiques très sobres. L'ensemble crée un intérieur personnalisé et accueillant. L'emploi d'un mobilier peu important et rustique dans une pièce d'une grande simplicité est un autre aspect du style propre à la France ; il est souvent égayé par des étoffes traditionnelles aux tons vifs. L'effet est particulièrement charmant dans cette ferme ancienne (*ci-dessus*). Le parquet en pin ciré fournit une belle surface, immédiatement perçue par le visiteur grâce à la grande simplicité des fenêtres et de la décoration murale.

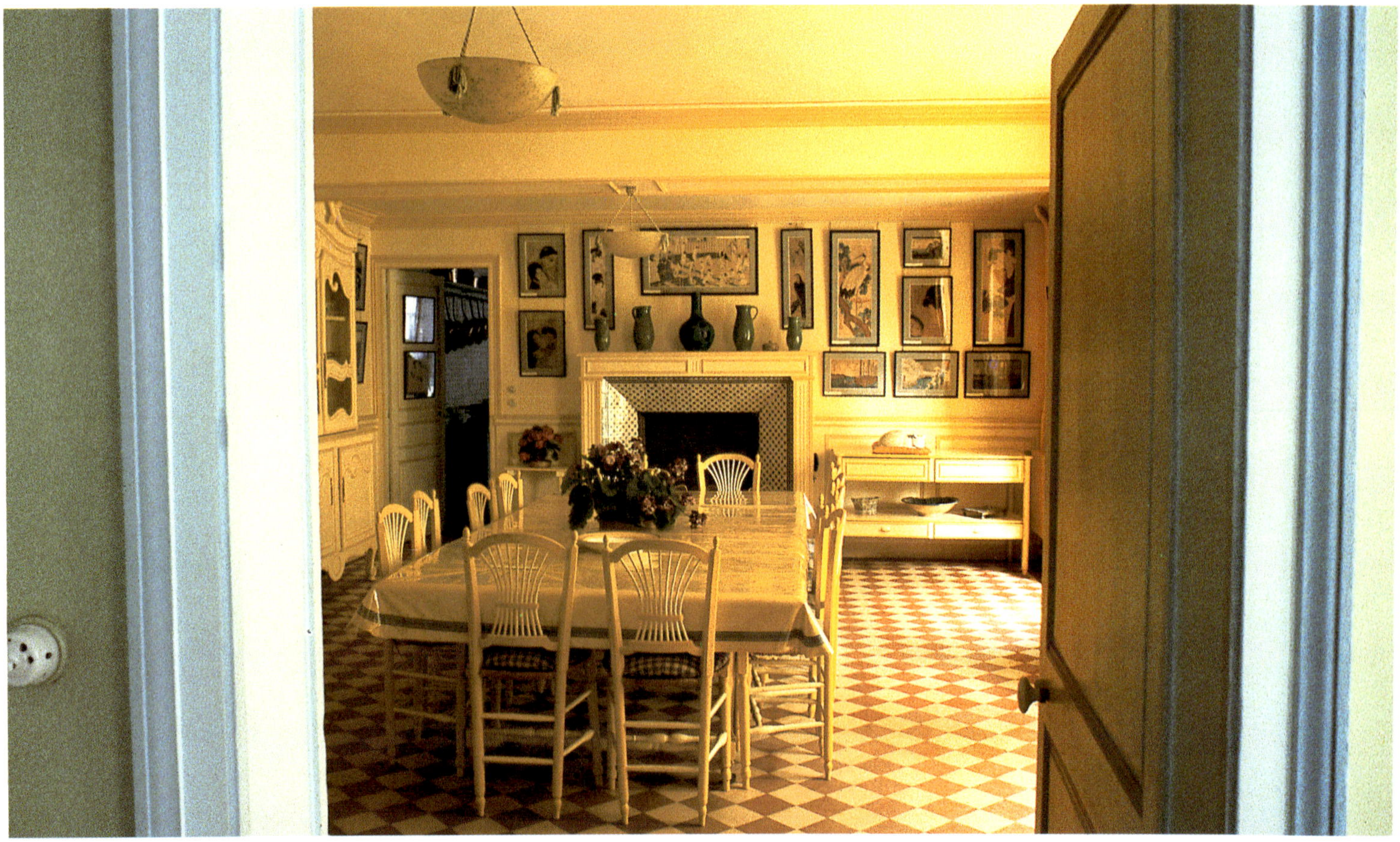

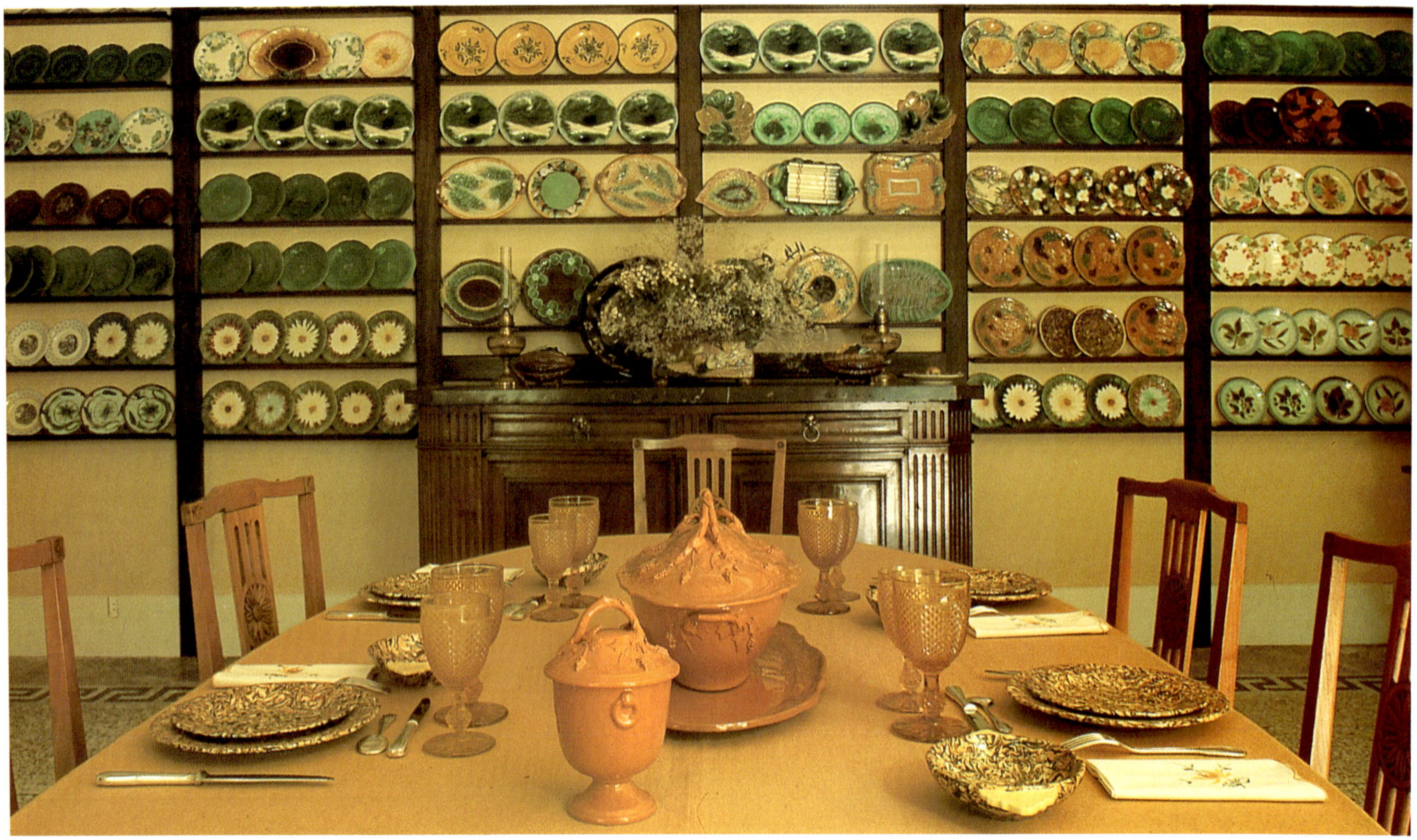

La célèbre demeure de Claude Monet, à Giverny dans la vallée de la Seine, est merveilleusement intemporelle. La sûreté avec laquelle le peintre a joué des couleurs est légendaire. Le bleu intense et froid de la cuisine sert de cadre à l'éclat du jaune vif de la salle à manger (*en haut, à gauche*). Cet artiste, qui passa la plus grande partie de son existence à étudier les secrets de la lumière et de la couleur, fit peu de cas des conventions de son époque en matière de décoration, qui imposaient une profusion de meubles. Il choisit de laisser nues de larges surfaces sur les planchers et les murs — évitant l'accumulation de tapis et d'étoffes qui absorbent la couleur. Attiré par le rustique, il créa, avec un style très personnel, des pièces fonctionnelles, mais à l'atmosphère détendue, sans prétention.

Le même goût du rustique se retrouve dans cette maison de Provence (*en bas, à gauche*). La salle à manger est une pièce sans préciosité, bien proportionnée et décorée d'une magnifique collection d'assiettes. Exposées sur des étagères de bois, qui contrôlent par la forte définition des sections verticales cette masse de couleurs et de motifs, elles font une somptueuse toile de fond. On retrouve l'influence de Monet dans le choix de la peinture et du dessus-de-table ainsi qu'au salon (*à droite*), où l'œil est attiré par la magnifique courtepointe ancienne qui recouvre la table. Les fauteuils en faux bambou du début du XIXe siècle et la mosaïque décorative du sol ajoutent une note légère à la simplicité de cette pièce.

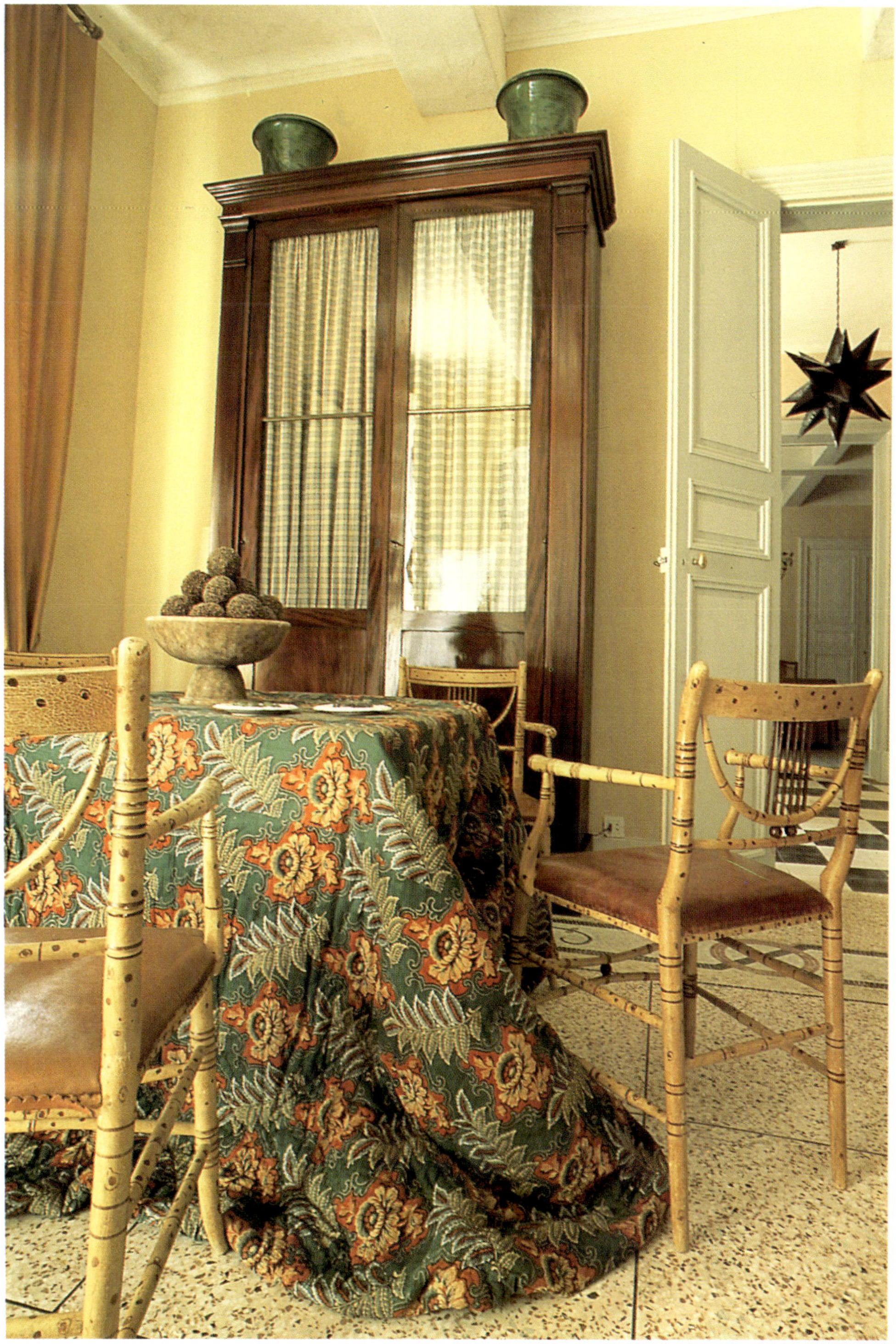

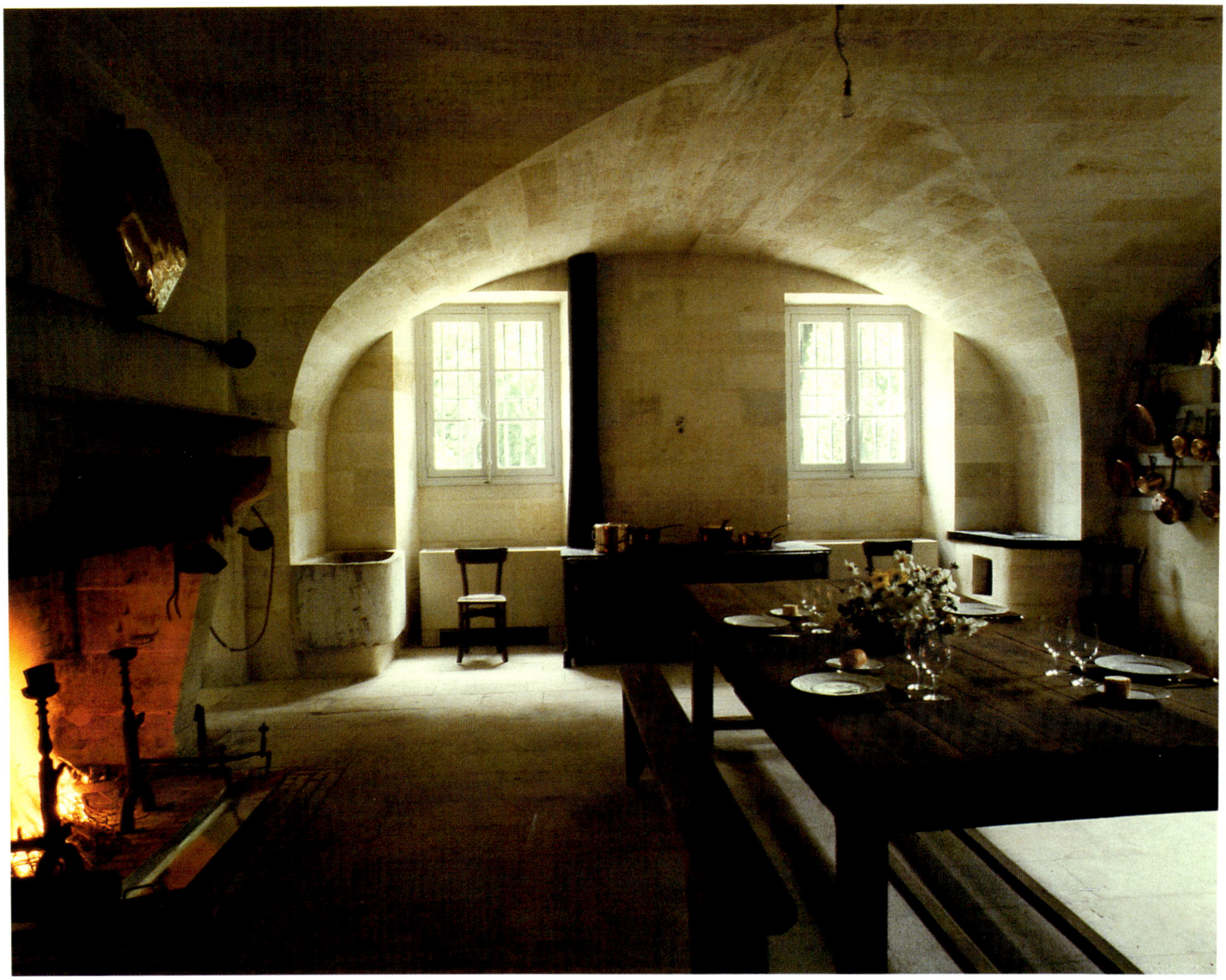

Étant donné le profond intérêt des Français pour la gastronomie, la cuisine se doit d'être la pièce la plus importante de toute demeure française. C'est un endroit où l'on se réunit même lorsque la cuisine est réduite à un minuscule placard à balai coincé entre deux cloisons, comme dans certains appartements modernes. Il est amusant de penser que tant d'architectes contemporains ont essayé de détruire le concept de la cuisine, pièce familiale. Ils ont oublié que ce n'est pas une usine à cuisiner, mais l'un des endroits les plus agréables pour bavarder et déguster les plats qui y sont préparés, particulièrement lors des longues soirées d'hiver.

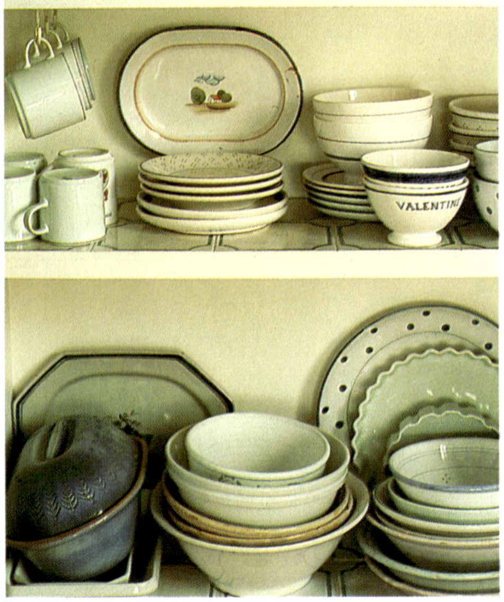

Les propriétaires du château Margaux à Bordeaux apprécient tant leur cuisine médiévale, devenue superflue (*ci-dessus*), qu'ils l'ont transformée en salle à manger pour petits repas intimes. La pierre soigneusement brossée, les fours et le marbre de l'évier sont égayés par les vieilles casseroles en cuivre et les ustensiles de cuisine qui brillent sur l'un des murs.

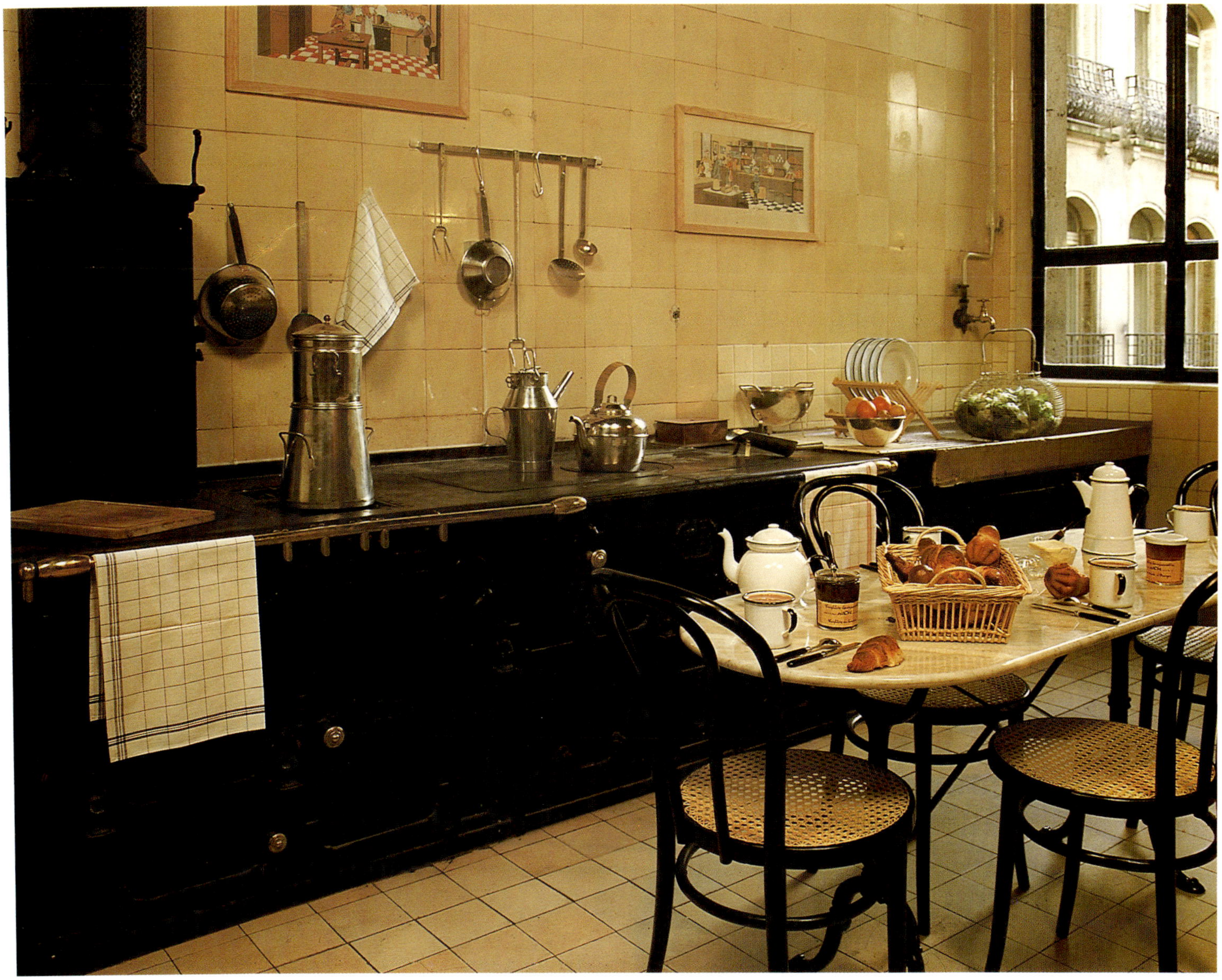

La faïence provinciale conçue pour durer et être utilisée à chaque repas porte souvent des motifs aux tons bleus (*à gauche*). On aimerait la voir exposée sur un vaisselier et non pas dérobée à la vue derrière les portes des placards.

Ce sont les matériaux durables qui donnent aux cuisines anciennes et à leurs ustensiles un caractère fonctionnel et pourtant plein de charme. Comme on apprécie un repas dans une pièce dans laquelle chaque surface peut être polie à la perfection (*ci-dessus*) ! Ainsi que toute cuisine classique, celle-ci, avec ses objets quotidiens et ses belles surfaces, comprend la cuisinière en fonte, des carreaux de céramique, la cafetière et les tasses émaillées, la marmite qui brille malgré un usage quotidien, le panier à salade métallique et les chaises en bois tourné.

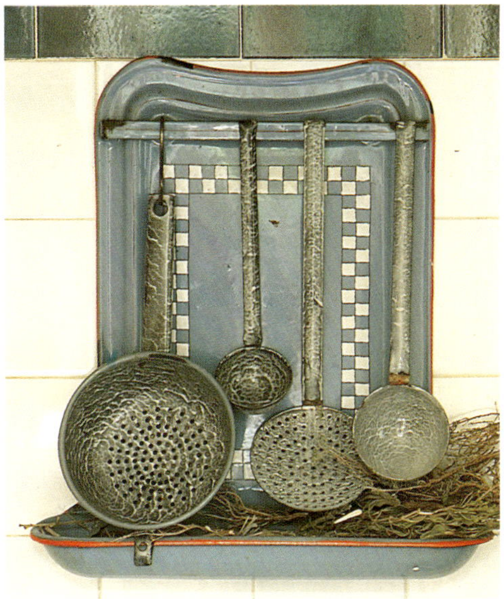

Ce râtelier émaillé pour ustensiles de cuisine (*à gauche*), avec son rebord qui permet de les laisser égoutter, apparaît comme une relique sacrée du quotidien et nous offre un superbe exemple de mariage réussi de couleurs traditionnelles, de matériaux de qualité et d'objets fonctionnels.

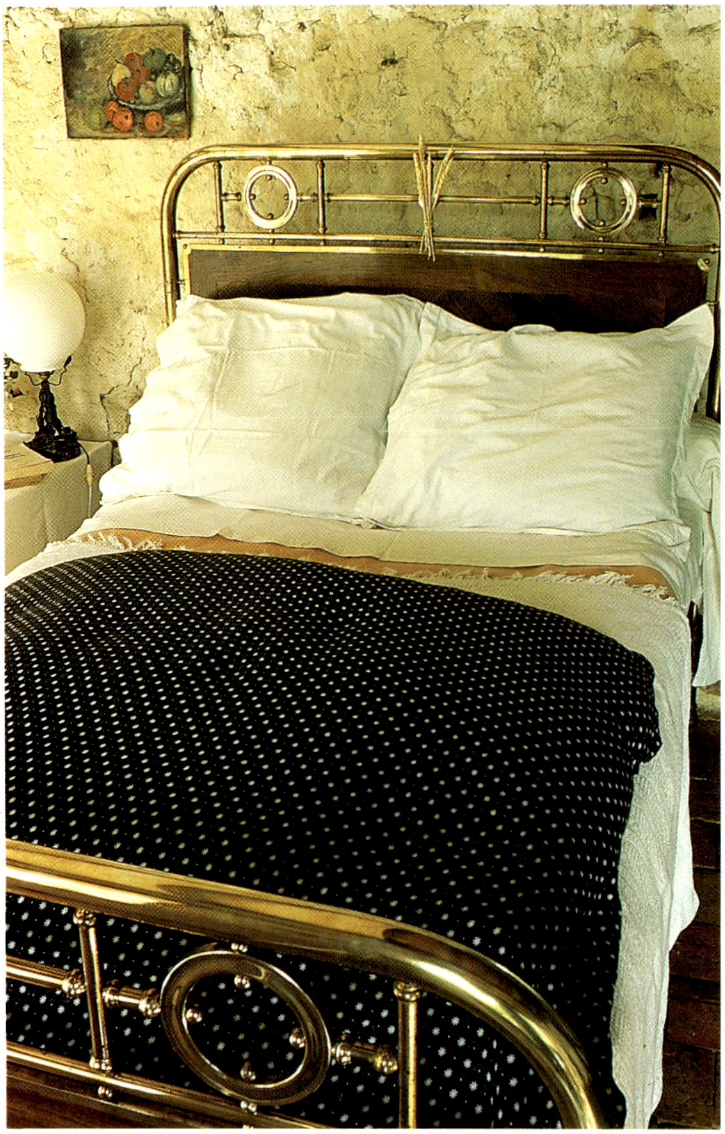

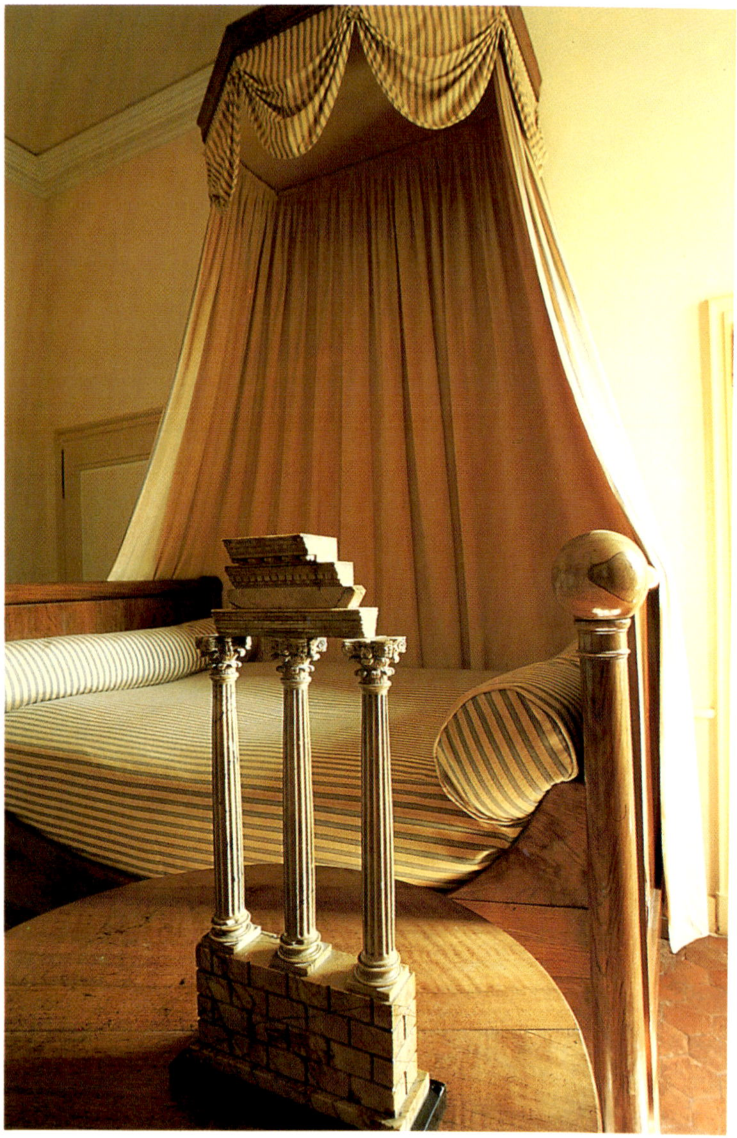

À l'opposé de la profusion romantique de tissus fleuris, voici quatre chambres au décor volontairement simple. Ce lit traditionnel (*ci-dessus, à gauche*) est gage de volupté et de confort avec ses oreillers carrés, ses montants de cuivre et sa couverture de coton piqué d'une grande simplicité.

Ce lit majestueux (*ci-dessus, à droite*) de la fin du XVIIIe siècle, recouvert d'une étoffe rayée, appartient à une maison de Fontarèche, près de Nîmes, l'une des anciennes villes romaines les mieux préservées de France, ce qui explique peut-être la passion de son propriétaire pour le néo-classicisme. L'ensemble, malgré ses prétentions à imiter le style Empire, est délicieusement provincial. Le tissu et les matériaux utilisés pour le lit, les tomettes rouge sombre du sol, donnent à la pièce une sobre élégance.

Cette chambre à coucher, une des pièces du château de La Roche-Courbon (*en haut, à droite*) dans la forêt de Saintonge, est un bel exercice de symétrie ; cependant, et c'est ce qui en fait le charme, la symétrie n'est pas absolue. Les lits, fabriqués localement, présentent des détails légèrement différents — les pieds, par exemple — tandis que les drapés, faits d'une étoffe tissée dans la région, ne sont pas en complète harmonie. Toute décoration autre que des fleurs gâterait le bel équilibre de cette pièce.

La blanche simplicité de la pièce donne à la collection de pots et d'urnes rustiques (la barbotine, de Chéret, date de 1870) posée sur une table de bambou (*en bas, à droite*) une majesté antique. On y retrouve cet art, propre à la France, de mélanger avec un panache extraordinaire des objets complètement différents, toujours dans un cadre classique — ici des panneaux de bois unis et un beau parquet. C'est une leçon pour quiconque serait tenté de surcharger une chambre à coucher avec des imprimés fleuris et des volants aux plis incontrôlés.

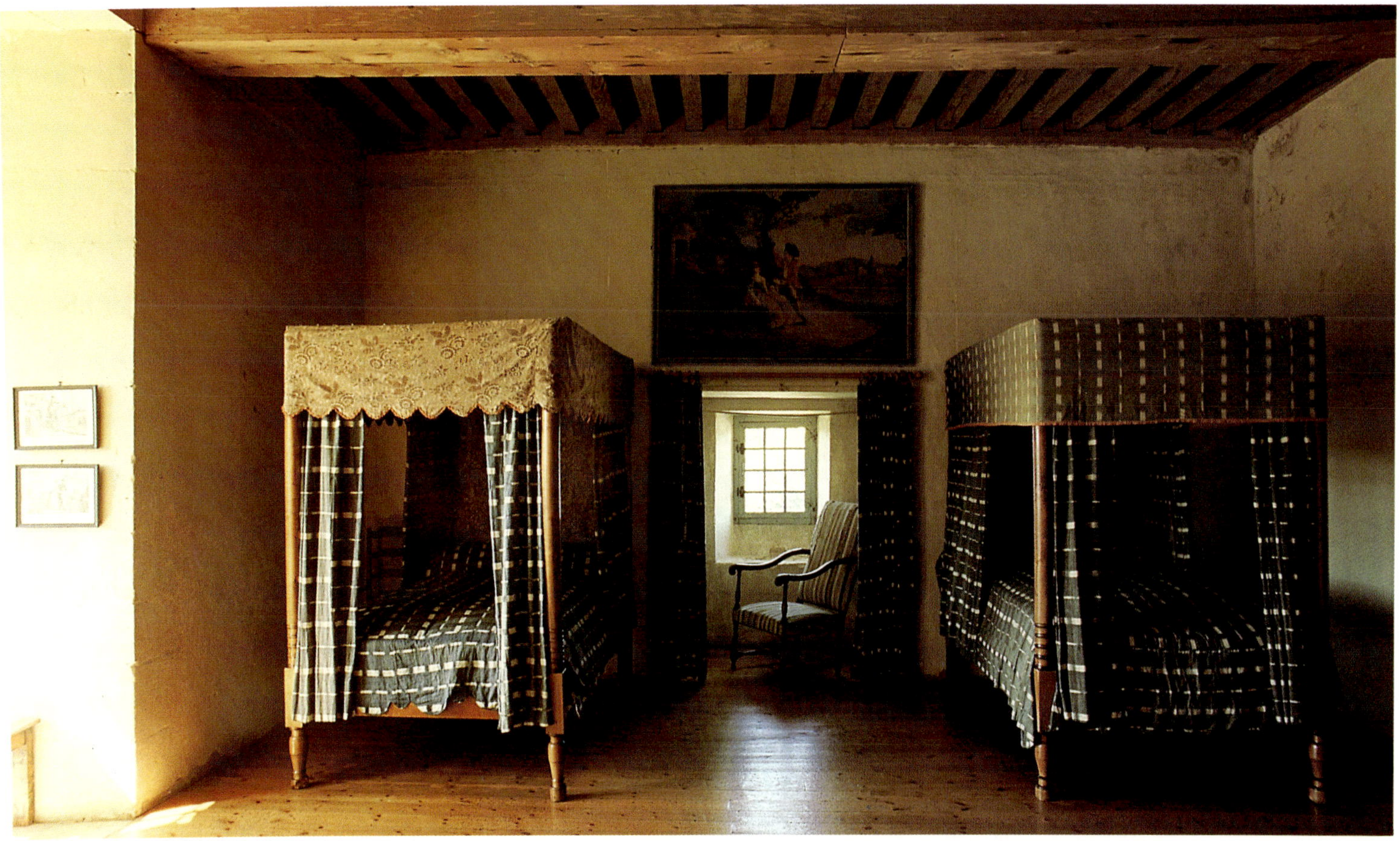

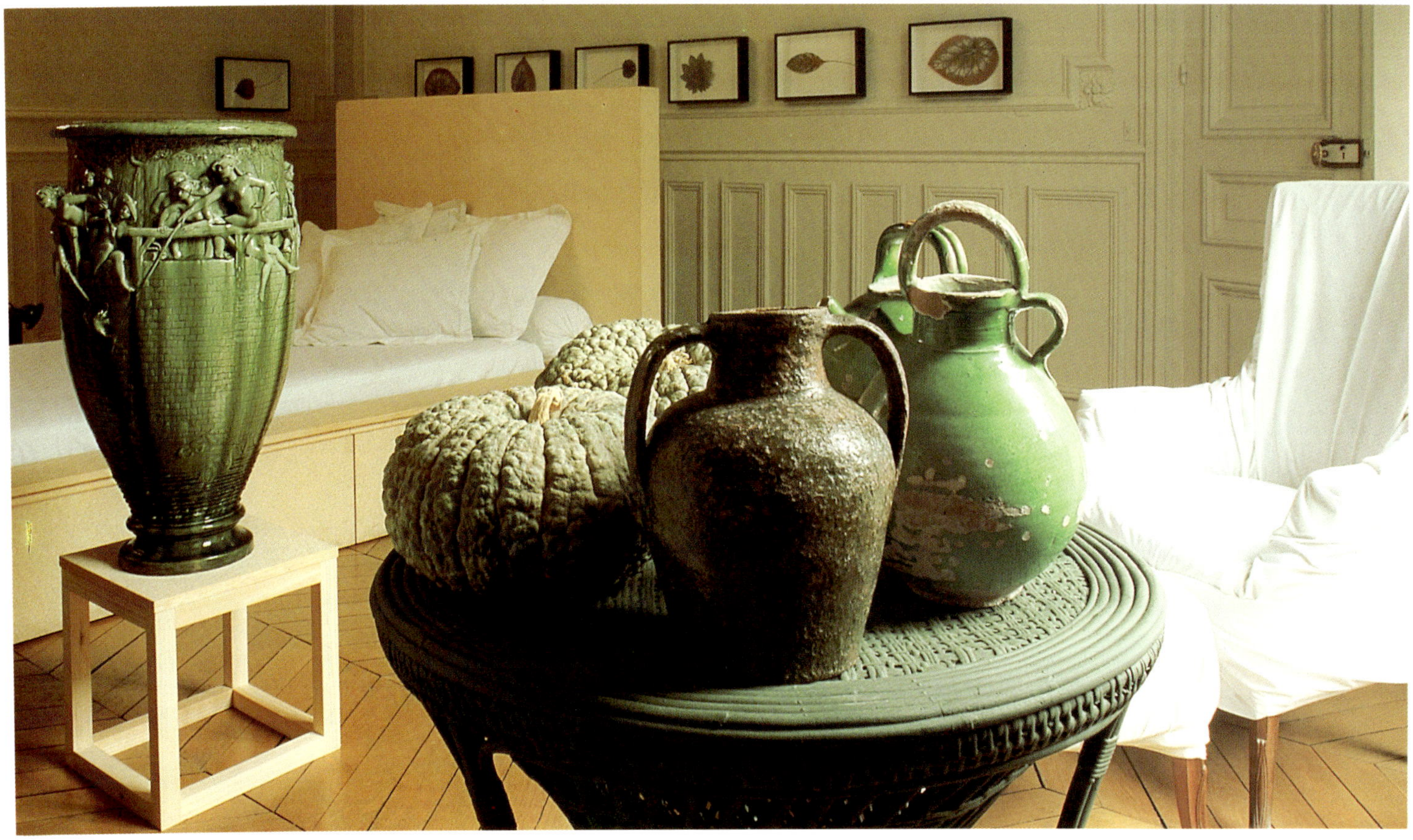

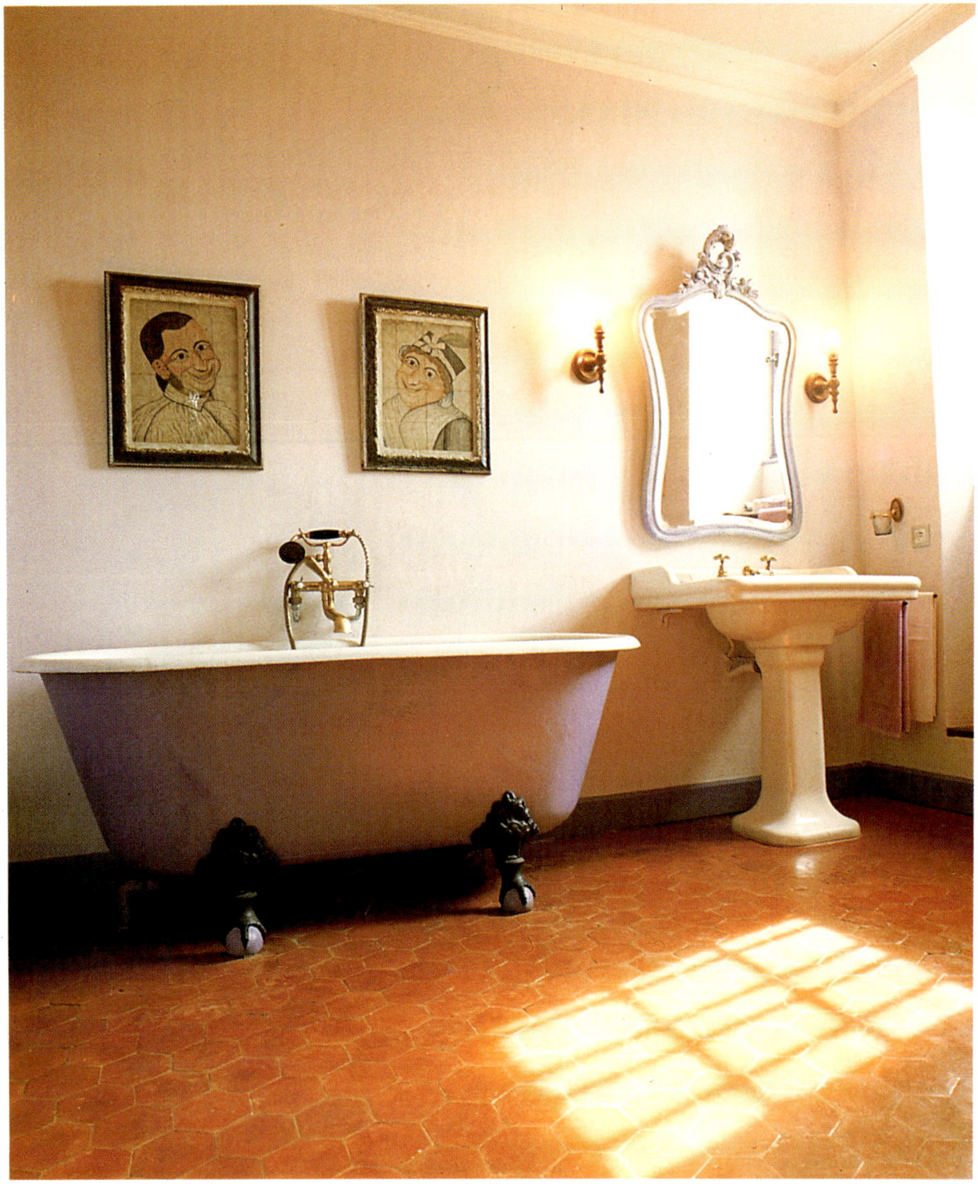

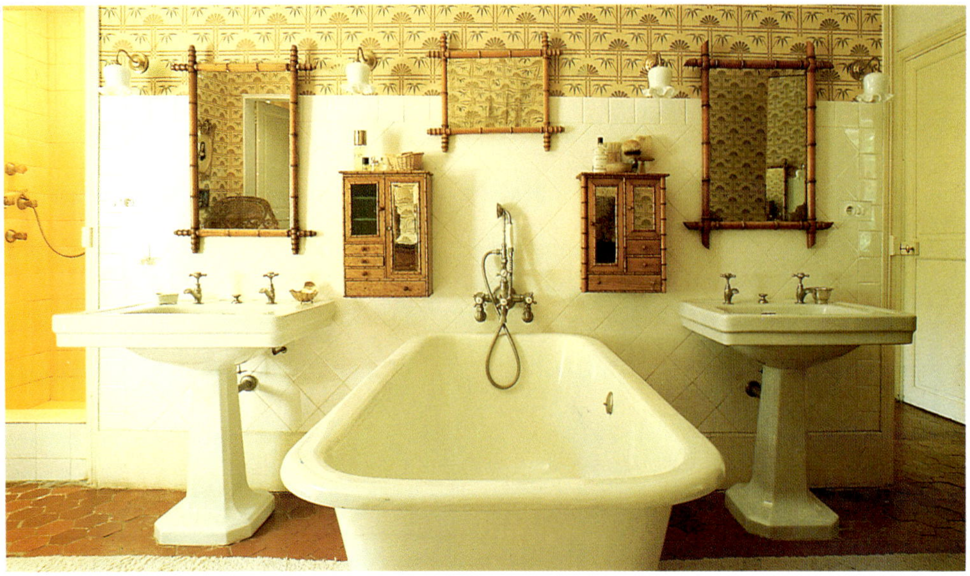

Au premier abord, l'impression que font les salles de bains françaises sur les visiteurs anglais risquerait de leur faire craindre le pire. Hormis les cuvettes de toilette qui semblent construites à l'envers et les bidets, objets à la destination mystérieuse pour les Anglais, la plomberie semble souvent plus qu'antique. Mais de même que les Français ont le goût des cuisines à l'ancienne, classiques, ils semblent apprécier le contraste entre des installations de salles de bains antiques et une pièce moderne et dépouillée.

Le décor spacieux donne de l'importance à cette baignoire ancienne, émaillée, posée sur de longs pieds à roues en fonte (*en haut, à gauche*). La pièce est fonctionnelle sans rien perdre de son aspect décoratif et il y règne une atmosphère parfaite pour prendre plaisir au bain.

Une baignoire de bonnes proportions est associée à des lavabos « Elle et Lui » (*en bas, à gauche*). Grands, larges et peu profonds, ils sont bien plus pratiques que les petits éviers modestes et hauts que l'on trouve de nos jours. Les lavabos étaient autrefois conçus, entre autres, pour baigner les enfants, opération qui s'avère aujourd'hui fort dangereuse pour parents et enfants. Essayez donc de laver votre progéniture dans l'un de ces lavabos modernes relégués dans un petit coin d'une pièce minuscule !

La salle de bains spacieuse d'une villa de Provence (*à droite*) s'ouvre sur une vue spectaculaire. La baignoire et l'évier de pierre sont mis en valeur par la chaise et le panneau en bois naturel dont les lignes géométriques évoquent les créations du début du siècle. La salle de bains, qui tient une place essentielle dans la vie quotidienne, est trop souvent traitée comme si elle n'avait qu'un intérêt secondaire, alors que ce devrait être l'endroit le plus relaxant et le plus accueillant d'une maison. Cette pièce, qui allie la qualité des matériaux à la simplicité des considérations fonctionnelles, offre une superbe occasion de montrer ce qu'il y a de mieux en matière de style.

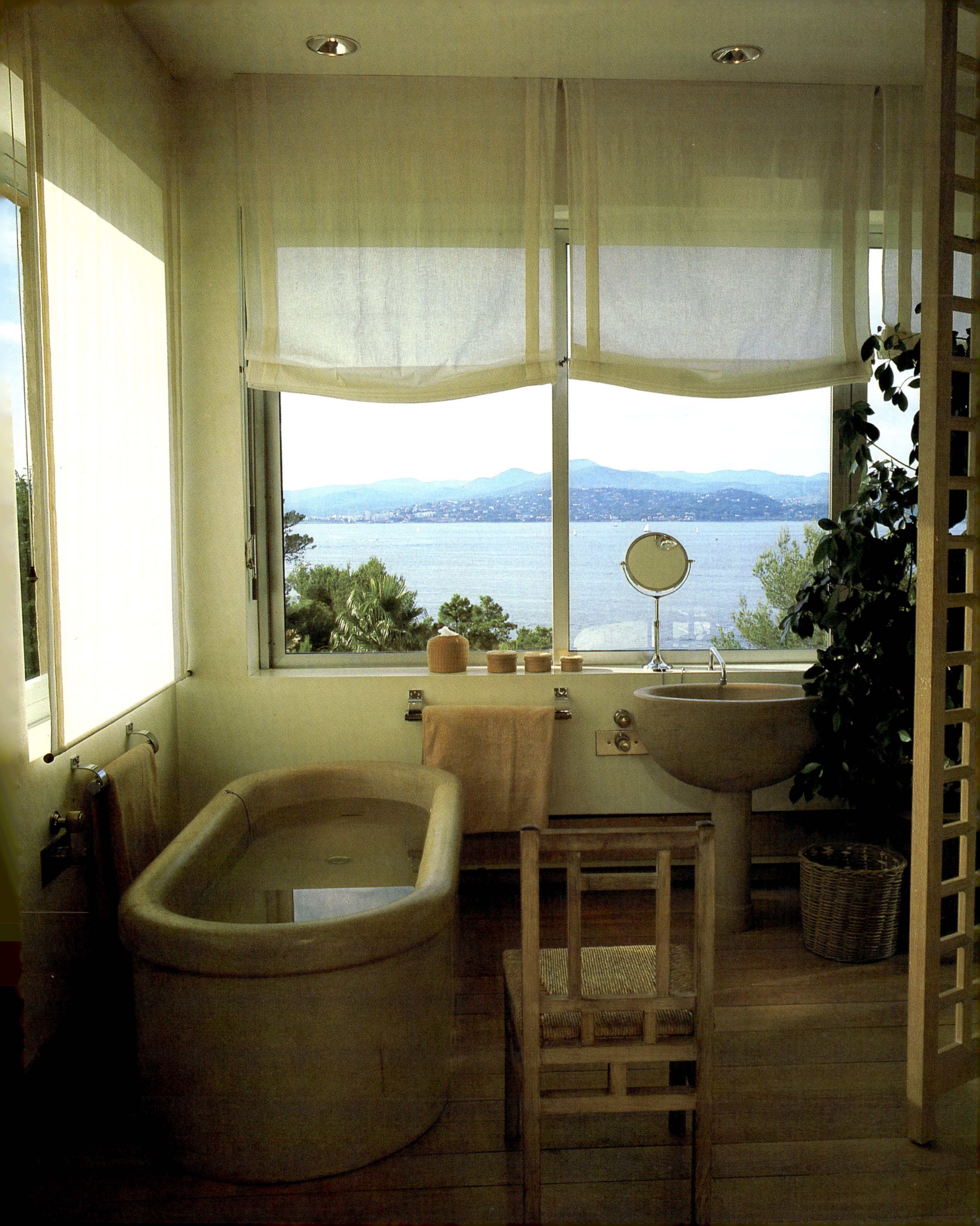

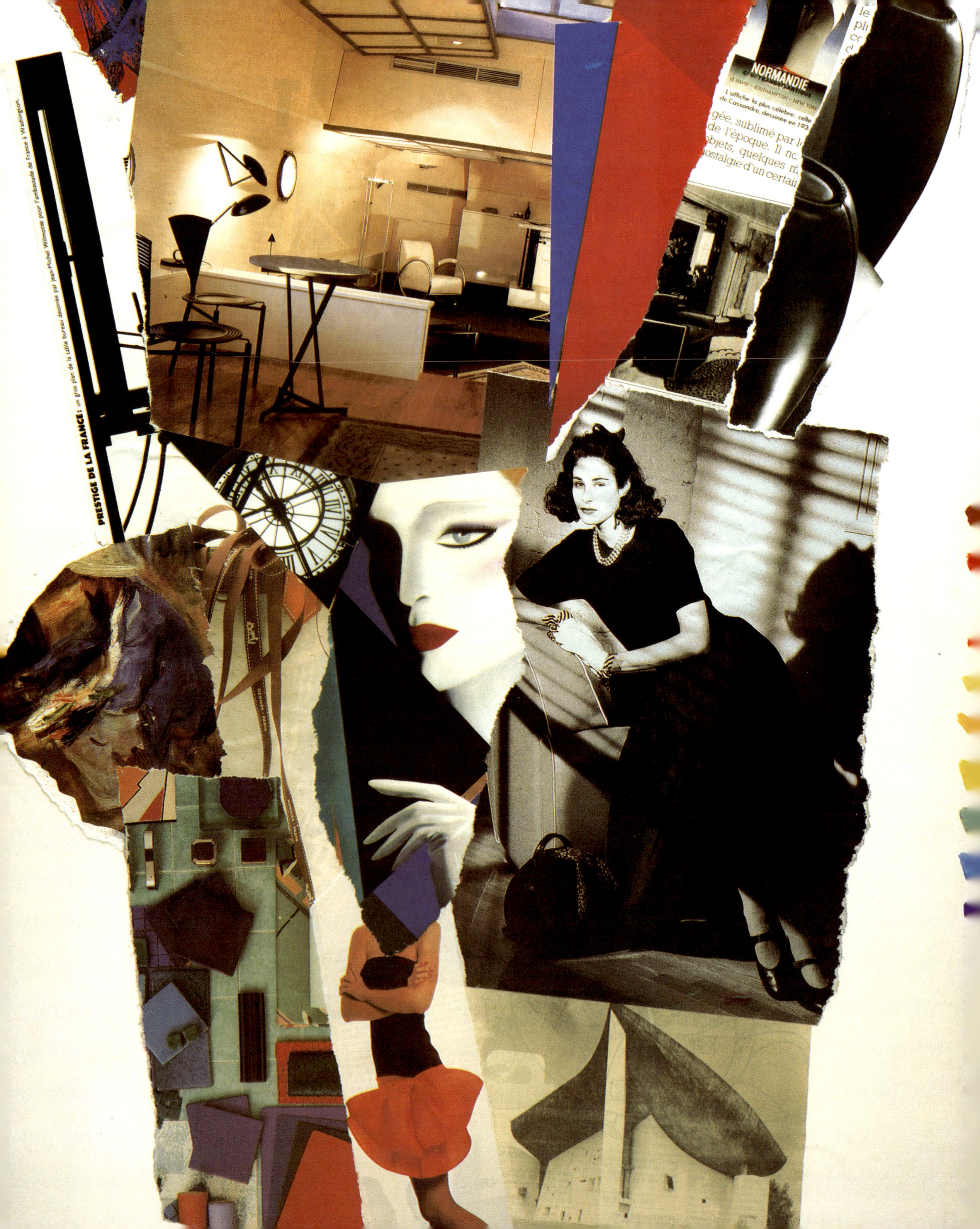
PRESTIGE DE LA FRANCE: un gros plan de la table bureau dessinée par Jean-Michel Wilmotte pour l'ambassade de France à Washington.
NORMANDIE
LE HAVRE – SOUTHAMPTON – NEW YORK
L'affiche la plus célèbre : celle de Cassandre, dessinée en 193
gée, sublimé par l
de l'époque. Il n
objets, quelques
ostalgie d'un certai

LA FRANCE ET LE DESIGN

La création française reflète encore souvent les nombreuses contradictions qui subsistent entre les grandes villes et la campagne. L'idée de banlieue, quoique déjà fort ancienne, comme dans tous les pays industrialisés, a dessiné autour des grandes cités françaises une sorte d'incohérence, d'hésitation, d'outrance dans les plans d'urbanisme et les effets architecturaux. On retrouve là ce mouvement de balancier du Français qui désire vivre à la fois comme ses ancêtres dans une petite maison mais aussi dans les immeubles les plus contemporains et les plus hauts, même s'ils s'élèvent au milieu d'un ancien terrain agricole. Cette idée un peu folle et extrémiste de la modernité a valu à la France quelques erreurs et certaines monstruosités, des pastiches néo n'importe quoi et des solutions aussi hardies qu'invivables, dont certaines seront détruites, par exemple à Nancy, à peine quinze ans après.

Lorsque les Français se sont mis au modernisme, ils ont voulu un modernisme « à l'américaine » qui corresponde à la vision de cinéastes à la recherche d'une toile de fond pour leurs films d'avant-garde, et non pas à celle de l'ensemble de la société. Godard pour sa satire futuriste *Alphaville* a utilisé la Défense, cet ensemble de bureaux terriblement modernes à la périphérie de Paris. Il est difficile, lorsqu'on s'y promène furtivement la nuit venue, d'oublier les images de ce film.

Et pourtant les meilleures créations du design français sont le fruit de ces multiples contradictions. Il suffit de regarder cette curieuse petite 2 CV Citroën, peut-être l'invention française la plus caractéristique de ce siècle, qui a su allier la simplicité rustique à la sophistication urbaine. Cette voiture ressemble autant à une cabane de ferme qu'à un parapluie sur roues. D'apparence très primitive, elle a été conçue pour transporter les sacs de patates et les porcs à travers les champs et les chemins de terre cahoteux. Pourtant, sa conception et une partie de sa mécanique — le moteur et la suspension en particulier — sont le résultat de raisonnements extrêmement élaborés.

Aujourd'hui seulement, cinquante ans après la sortie du premier prototype, fruit d'une équipe créée par Pierre Boulanger et dirigée par André Lefebvre, on parle d'arrêter la production de cette voiture qui a su s'imposer plus comme une élégante petite voiture de ville, comme un accessoire de mode, que comme un cheval de labour. Sous la carrosserie rustique dessinée par Flaminio Bertoni se cachait une voiture faite pour la ville.

Les Français vouent un véritable culte aux artistes et aux intellectuels. Il existe en France un amour profondément enraciné de la pensée rationnelle, mais c'est un rationalisme du genre de ceux qui conduisent aux révolutions — qu'elles soient du domaine des arts, du design ou de la politique. Cela se retrouve dans l'œuvre de certains grands artistes-théoriciens comme Le Corbusier. Alors que ses premières œuvres sont de véritables « machines à habiter », aux formes géométriques et dépouillées, répondant à des principes strictement fonctionnels, ses constructions plus tardives allient le dépouillement, la complexité des formes et la poésie.

Philippe Starck est le seul créateur français de mobilier à avoir atteint une dimension internationale. Et, cependant, lui aussi a choisi de rester un artiste. Ni la structure ni le fonctionnel ne semblent l'intéresser et, de fait, son œuvre est délibérément abstraite.

On éprouve un certain soulagement à s'éloigner du design urbain pour celui de la campagne française. Ce dernier, d'une grande simplicité et marqué au sceau du quotidien, n'a rien perdu de sa fraîcheur dans une France moderne ; il a eu une influence profonde sur Habitat. Il suffit de quitter Paris, cette capitale du chic à l'architecture élégante et rigoureuse, sophistiquée jusqu'à la cuisine de ses grands restaurants, pour sentir alors les vieilles vertus françaises de la France rurale reprendre leur juste place.

Mais les Français restent étonnamment vieux jeu dans des domaines dans lesquels « on ne s'y attend pas vraiment ». En matière de mobilier — malgré des tentatives courageuses comme VIA — et de décoration d'intérieur en général, le retard est très important. Si l'on fouille un peu, la France est restée très traditionnelle et cela pourrait expliquer sa tendance à dépasser parfois la mesure. C'est tout ou rien. La France ignore le moyen terme. Sauf lorsque les créateurs ont su tirer avantage des contradictions qui existent entre le monde urbain et le monde rural. Ils parviennent alors à des créations comme la 2 CV ou, dans un tout autre domaine, les vêtements dessinés par J.-P. Gaultier, qui sont une sorte « d'exercices de style » parfaits où chacun trouvera des idées. Lorsque les Français atteignent à ce juste équilibre, leur design mérite le respect mondial.

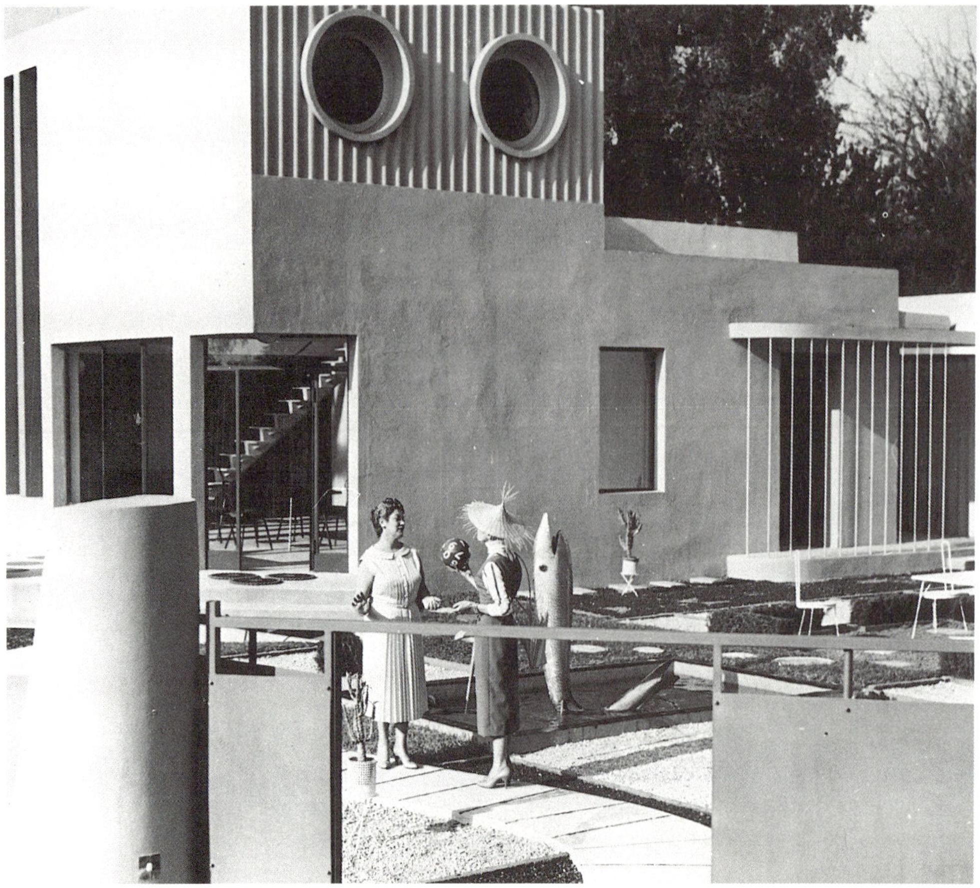

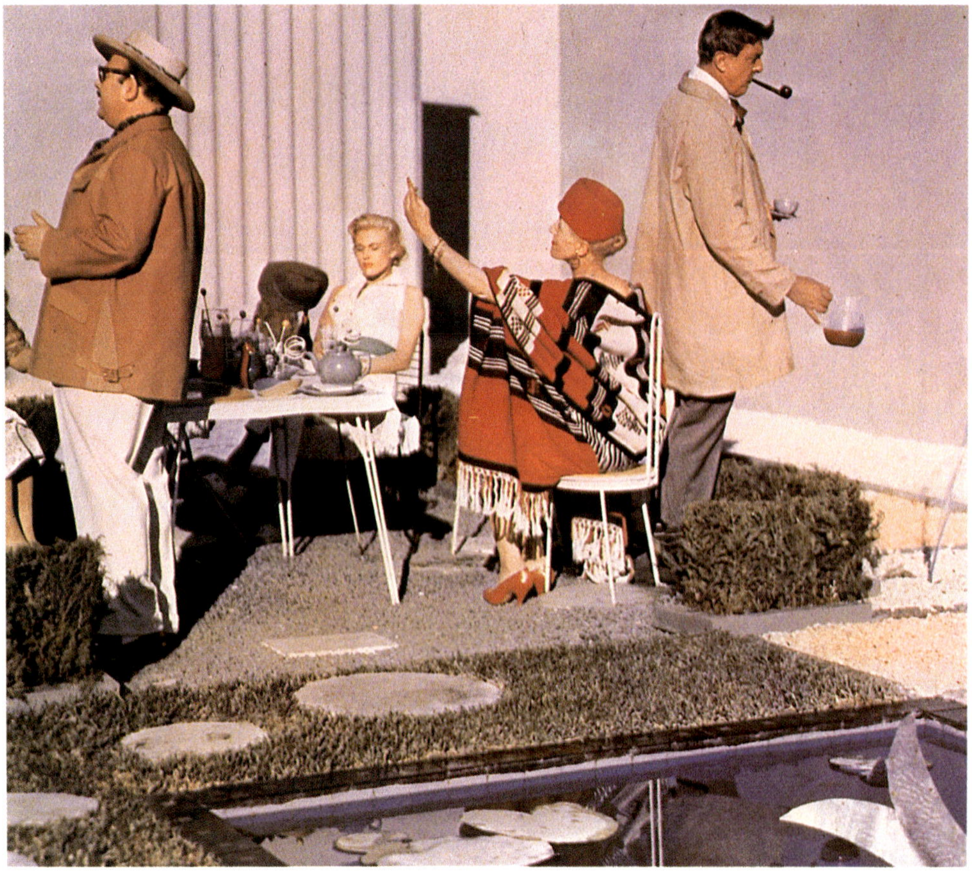

Dans *Jours de fête*, son premier film tourné au lendemain de la guerre, Jacques Tati laissait déjà percevoir son ironie sur la fascination éprouvée par les Français pour le *way of life* des « libérateurs ». Il y montre le facteur d'un petit village qui décide de faire sa tournée « à l'américaine », et une série de gags suit. Avec sa finesse et son humour, Tati avait vu juste : la France était déjà contaminée. Dix ans plus tard, en 1958, dans *Mon oncle*, dont nous voyons ici *à gauche* deux images, on pouvait constater quels ravages le style « à l'américaine » mal compris pouvait faire sur le sol français, spécialement au niveau de l'habitat. De toute manière, pendant ces années-là, il fallait construire ou reconstruire, et vite. L'exemple américain, c'était le modernisme. Après la longue période de guerre et d'occupation, après tant de privations, les besoins étaient exacerbés. On vit alors, dans les années cinquante et soixante, sortir du sol les constructions les plus folles, les plus prétentieuses et les moins adaptées. Des villas californiennes poussaient comme des champignons dans la douce Île-de-France et des petites bourgades de cinq ou dix mille habitants constellaient leur périphérie de mini-gratte-ciel qui saccageaient le paysage. Les Français épatés se laissaient séduire par des vestibules en faux marbre aux ornements plastifiés dans des résidences aux noms ronflants. La civilisation du gadget commençait.

Comme le besoin de logement allait croissant, Paris déborda, ce fut l'ère des villes nouvelles. La Grande Borne (*en haut à droite*) d'Émile Aillaud offre un curieux plan-masse en serpentin. L'image est rigolote, un peu ridicule mais si l'on y regarde de plus près, les immeubles sont bas et il y a des arbres... Modernisme peut-être, mais est-ce vraiment désagréable d'y habiter ?

Pour le centre de Paris, emporté par un bel élan, on a souvent préféré la destruction à la rénovation ; ainsi l'on a vu disparaître les vieilles Halles et leurs quatre magnifiques pavillons de Baltard, dont un seul survit, transporté à Nogent-sur-Marne. Sur cette superficie gagnée, entourée, il faut le dire quand même, de petites rues piétonnes aux façades grattées, un centre commercial, le Forum (*au centre, à droite*), a vu le jour — ou plutôt la nuit, puisqu'il est en partie souterrain — dans une architecture dont le parti « gadget-chic américain » aurait enchanté l'œil cruel de Jacques Tati.

Mais tout cela est peu de chose en regard des désastres dont fut victime la Côte d'Azur, hérissée désormais de remparts de béton dans un style futuriste. Et cela eut un tel succès que la côte Atlantique, plus tranquille et familiale, en fut jalouse. La paisible station balnéaire de La Baule, jusque-là sans prétention au *glamour*, s'offrit en front de mer (*en bas, à droite*) une rangée d'immeubles qui ont l'air d'être sortis tout droit d'une bande dessinée de science-fiction de la fin des années soixante. Une sorte de transposition architecturale irréfléchie et délirante des exploits de la NASA et de la haute technologie américaine.

Étrange contraste. D'une part les Français sont profondément conformistes, de l'autre, la France applique avec une audace extraordinaire la technologie la plus novatrice et le design le plus moderne.

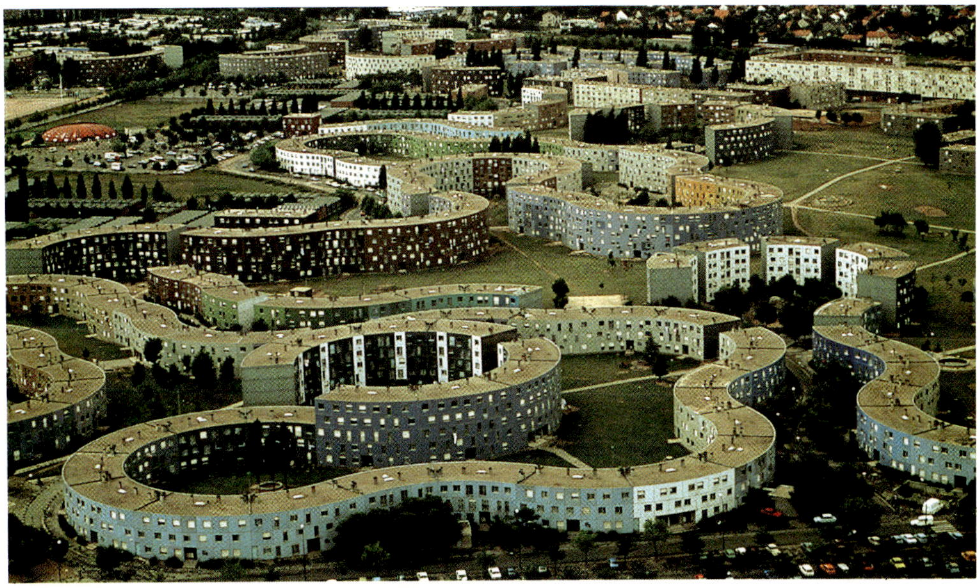

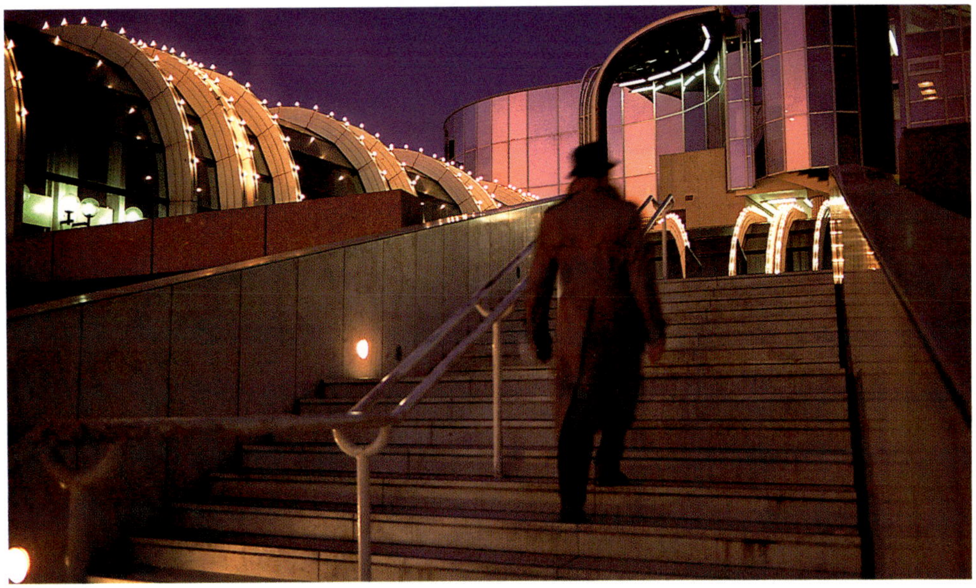

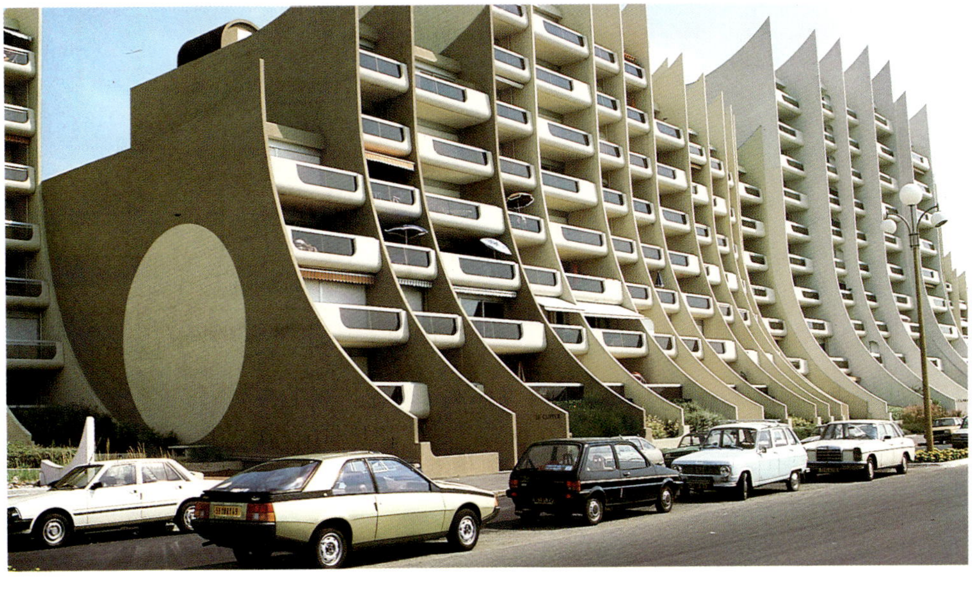

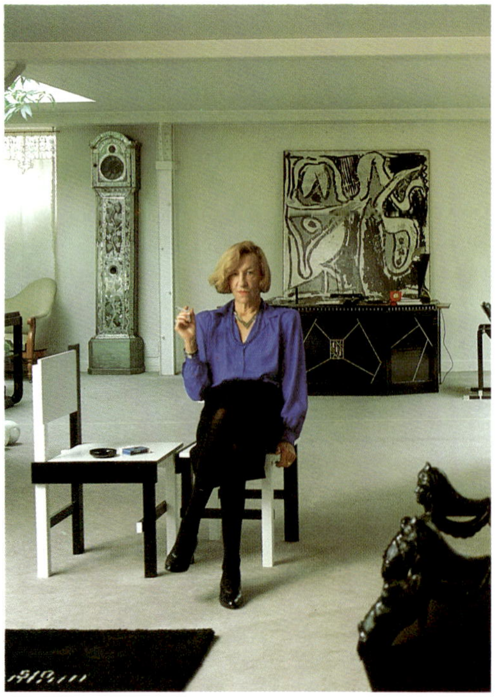

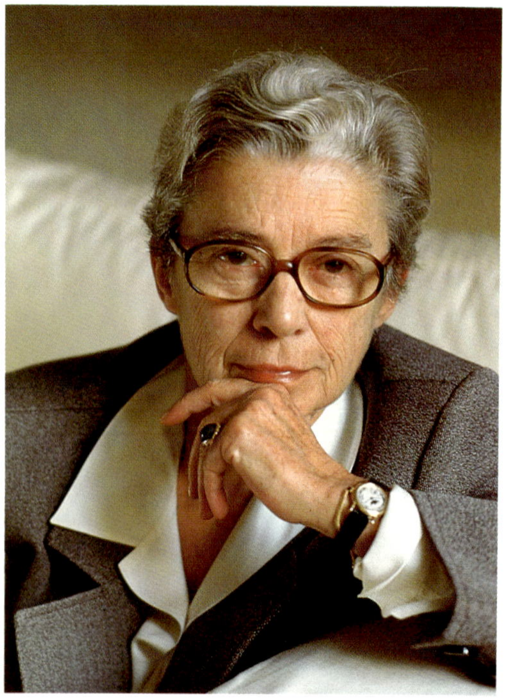

Voici quatre créateurs français dont l'œuvre a profondément influencé non seulement mon propre travail mais aussi le monde entier.

ANDRÉE PUTMAN est la grande dame de la décoration en France. Je me souviens d'avoir admiré, à la fin des années cinquante, dans le sud de la France, la maison qu'elle-même avait conçue. J'y retrouvais plus ou moins exactement mes propres goûts et, bien naturellement, sa créatrice se trouve donc en tête de la liste de mes décoratrices françaises préférées. Obstinée dans ses choix, car depuis toujours elle sait qu'elle a raison, Andrée Putman est en quelque sorte le comble du bon goût. Elle le porte comme une grâce, un talent qu'elle utilise dans sa profession de décoratrice et d'éditrice. Personne ne sait mieux qu'elle mêler les solutions HLM : matériaux pauvres, aux solutions de palais : matériaux riches. Elle l'ose aussi bien dans les chambres d'hôtel du Morgan's à New York, que chez un homme aussi prestigieux que Karl Lagerfeld, chez qui elle n'hésite pas à utiliser la qualité de moquette la moins chère : l'aiguilleté. Elle obtient ainsi, dans un cadre riche et baroque, un résultat très intéressant. Elle a le don de jouer des volumes et de la lumière avec une rigueur absolue, une élégance qu'elle distille dans l'élection de certains objets. Son œil infaillible peut reconnaître la qualité, la beauté des œuvres d'artistes méconnus ou oubliés. Ainsi dans sa société Écart International, elle réédite les grands créateurs qu'elle a toujours aimés, elle remet en actualité des gens comme Eileen Gray, Josef Hoffmann, Fortuny, Jean-Michel Franck, Gaudi. Ses sofas, ses poignées de porte, ses chaises, ses tables, ses lampes, constituent de grandes réhabilitations, qui, devenues intemporelles, prennent leur place dans nos décors d'aujourd'hui. Tous ces meubles, ces objets tombés dans l'oubli, il a fallu beaucoup creuser pour les trouver. Andrée Putman l'a fait et continue, son atout étant de savoir très exactement et précisément ce qu'elle aime, son talent de nous le faire partager.

DENISE FAYOLLE est une femme qui a eu le génie de percevoir avant tout le monde les potentialités de la distribution populaire. En effet, il faut remonter loin, au début des années cinquante, à l'entrée à Prisunic de Denise Fayolle, qui se demande alors pourquoi les onze millions de clients de ce magasin à succursales multiples n'auraient pas droit au meilleur pour un plus juste prix. Démocratiser, styliser, rendre accessibles au plus grand nombre des objets, des vêtements, des produits esthétiquement beaux. C'était une révolution à l'époque où l'on estimait qu'un public populaire n'avait rien à faire avec le goût. Elle entreprend alors une véritable bataille pour faire bouger le mastodonte et tous les industriels qui gravitaient autour ; l'évolution fut incroyablement dure, mais chaque progrès obtenu se répercutait à travers toute la filière. Ainsi avec son courage, son intelligence, sa foi, elle avance, dirige une équipe exceptionnelle, repense quelque vingt-deux mille conditionnements, lance un catalogue de mobilier et crée le Style Prisu, une locomotive au succès immédiat qui annonce, entre autres, la vague du prêt-à-porter. Pourtant en 1967, lasse de tant de batailles, lasse sans doute aussi de l'incompréhension jalouse de certains, elle quitte Prisunic pour fonder avec son amie Maïmé Arnaudin l'agence Mafia dans laquelle, pendant vingt ans, elles continueront à être une passerelle entre des créatifs et des commerciaux, à conseiller tous ceux qui ont besoin de savoir à l'avance ce qui va se faire, plaire et se vendre. Et comme leur concept, stimuler la distribution par la publicité, était un facteur essentiel, elles ouvrirent à Mafia un secteur publicité où, là aussi, la réussite vint du caractère moderne, exceptionnel qu'elles surent donner à l'entreprise, tout en gardant cette imagination créatrice propre aux artistes.

J'ai rencontré Denise juste après avoir créé Habitat, au début des années soixante. Elle m'a demandé alors de concevoir quelques meubles pour elle. Mais j'en ai appris plus sur le marketing en travaillant avec elle que sur le design, bien que ces deux aspects aillent de pair chez Denise, qui en sait plus que quiconque en matière de style et de présentation.

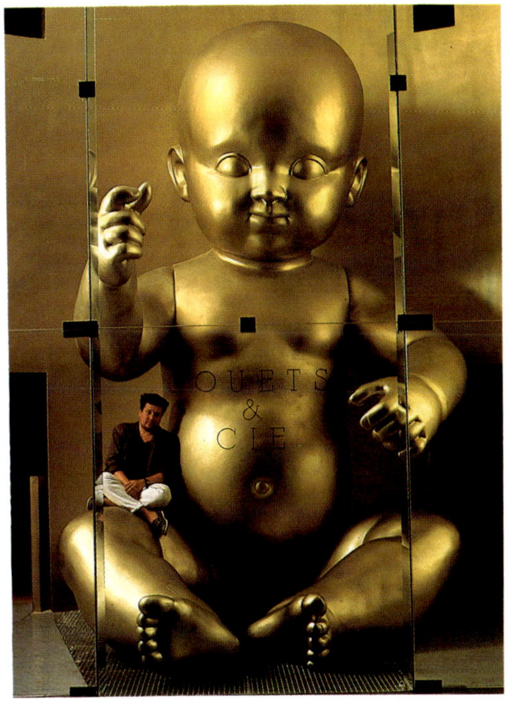

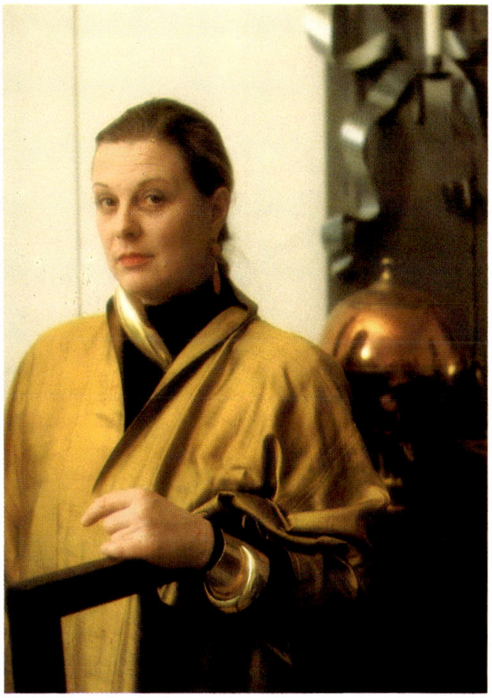

PHILIPPE STARCK est un designer qui aura tout juste cinquante ans en l'an 2000. En attendant, il utilise le meuble, signe d'environnement, dit-il, et les espaces qu'il aménage comme moyen d'expression. Après avoir passé dix ans de sa vie à voyager autour du monde, à faire la sieste et à crayonner pour son propre plaisir, il invente un nouveau métier « l'architecture médiatique ». Son inspiration, il la puise dans tous les domaines : sociologie, électronique, sexe, politique, et demeure un grand observateur des petites choses quotidiennes. Il est l'auteur à Paris d'endroits branchés comme les Bains Douches, la Main bleue, puis du célèbre café Costes aux Halles, prouesse technique et réussite absolue sur le plan d'un design inventif et élégant. Il faut voir au sous-sol les lavabos pour gentlemen où l'urinoir est en forme de fontaine lumineuse : du verre, de l'eau, de la lumière... et beaucoup d'humour. On lui doit aussi l'aménagement des appartements privés du président Mitterrand à l'Élysée qui lui fit atteindre une renommée internationale, et une collection de mobilier qui a droit à un succès non seulement élitiste mais aussi populaire, puisqu'on le retrouve dans le catalogue de vente par correspondance des Trois Suisses et dans les magasins Habitat. Le secret de ce personnage doué et turbulent, qui ne veut appartenir à aucune tendance à part la sienne, est peut-être qu'il vit sans complexe le présent, tel qu'il est, sans nostalgie, s'amusant à l'avance de ce que pourra être l'avenir.

MARIE-PAULE PELLÉ est la championne internationale et hors catégorie de tout ce qui touche le magazine de décoration et les images de la maison. Provinciale montée à Paris de sa ville natale Orléans, elle commence sa carrière vers 1970 tout en apportant un talent déjà exceptionnel au tout jeune *La Maison de Marie-Claire*, un mensuel qui avait l'ambition de faire vivre mieux ses lecteurs dans des aménagements libérés de certaines références sociales... Avec ses collègues de la rédaction, Marielle Hurliez, Pompon Bailhache et Catherine Lebeau, elle met alors des idées abstraites à la portée d'un large public. Sa réputation de styliste se développant de plus en plus, on commença à demander Marie-Paule Pellé un peu partout, en Angleterre, en Allemagne. Elle finit par créer son propre journal, une aventure brillante et brève, car déjà l'Amérique la sollicitait en la personne d'Alexandre Liberman, Russe génial et vieillissant, peut-être le plus grand directeur artistique du monde, peintre, sculpteur et maître incontesté du groupe Condé Nast. Il fit d'elle à New York une espèce de messagère européenne des goûts et des modes naissants en décoration, de tous les détails porteurs d'idées issues de notre vieux continent. À cette activité, elle ajoute celle de diriger à Paris le *Vogue Décoration*. Pour elle, qui a imaginé les décors les plus élaborés au cours de multiples photos, qui s'est promenée pendant quinze ans dans les plus magnifiques demeures du monde, rien ne remplace le charme de certaines maisons imparfaites mais intelligentes et chaleureuses.

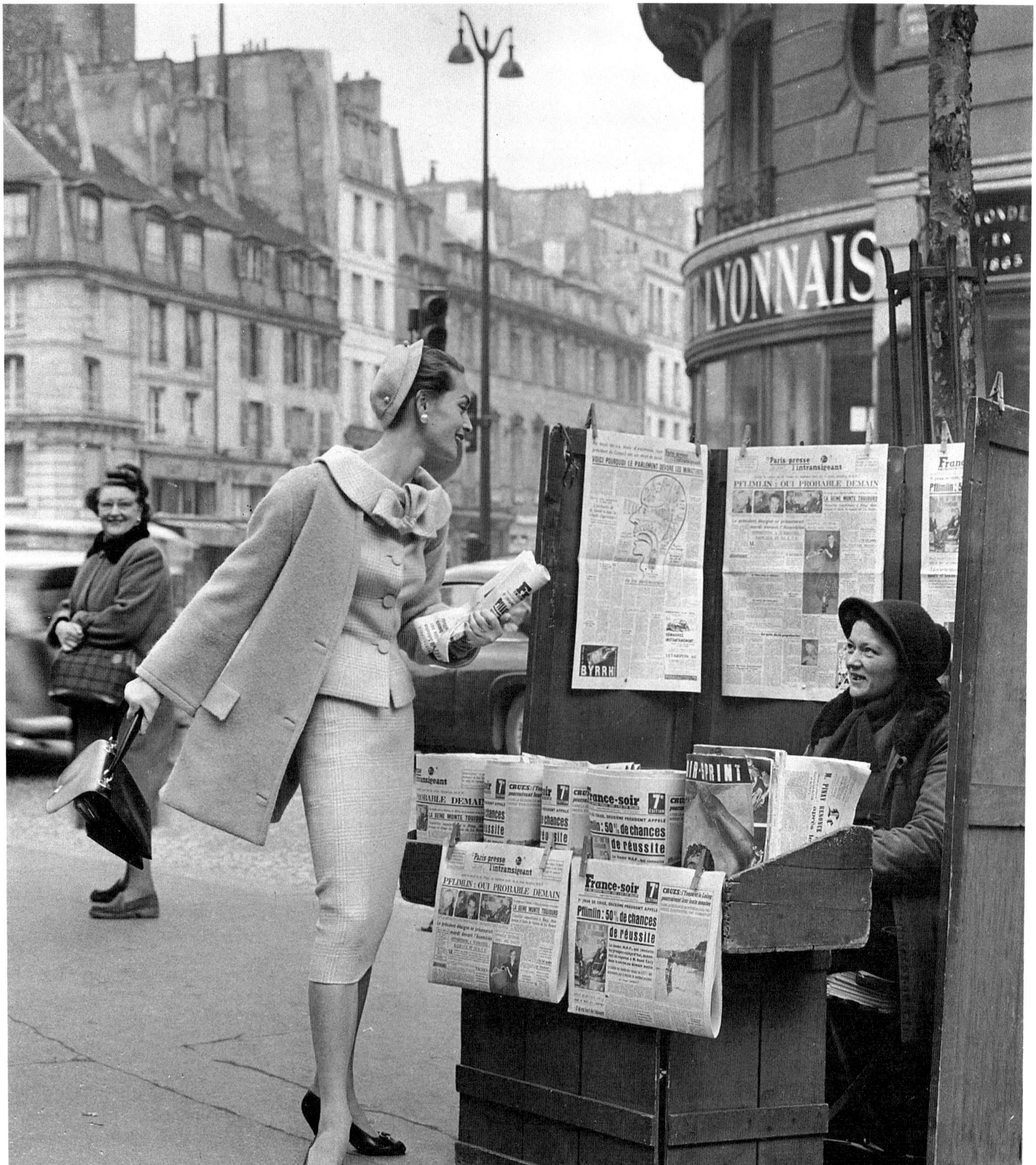
LYONNAIS
Paris presse l'intransigeant
PFLIMLIN : OUI PROBABLE DEMAIN
BYRRH
France-soir
Pflimlin : 50% de chances de réussite
PROBABLE DEMAIN

Paris règne en maître absolu sur la mode depuis que Poiret (*en haut, à gauche*) a révolutionné la robe en 1911, abandonnant les corsets pour de douces formes exotiques, à la taille haute et aux couleurs vives et créant le concept de la femme à l'éternelle jeunesse. Schiaparelli (*en haut, au centre*) popularise l'étoffe artificielle, la fermeture Éclair et le rose vif choquant que les surréalistes comme Cocteau ou Dali ont inspiré. Le new-look de Christian Dior (*en haut, à droite*, 1947) redonne sa place à la haute couture dans ce nouveau monde de l'après-guerre. Pour faire renaître la haute couture, Christian Dior lui fait porter le message de la féminité et non du féminisme avec des jupes corolles qui tourbillonnent autour des chevilles et étreignent la taille. Il a fallu le retour de la légendaire Coco Chanel, dans les années cinquante (*au centre, à gauche*, 1968) pour donner aux jeunes femmes carriéristes leur uniforme classique à jupe droite et courte et l'ensemble simple et net de la petite robe noire accompagnée de son cardigan. Quant à Givenchy, il donne à l'ensemble de ville une sophistication nouvelle due à sa coupe (*à gauche,* années cinquante).

La Grande-Bretagne vole l'avant-scène à Paris avec la mode pop des années soixante, mais Courrèges est le premier à montrer la minijupe (*au centre*, 1967) alors qu'Yves Saint-Laurent (*au centre, à droite*, 1977), brillant couturier moderne, reste le créateur le plus cohérent et le plus innovateur. Il a su élargir le marché des vêtements qui portent la griffe du couturier avec ses magasins Rive gauche. Les pulls peu architecturés de Sonia Rykiel (*en bas, à gauche*, 1985), à la ligne fluide, flatteuse et confortable, ont été une source d'inspiration universelle dans les années soixante-dix. Jean-Paul Gaultier est l'enfant terrible de la haute couture des années quatre-vingt (*en bas, au centre*, 1985) tandis qu'Azzedine Alaia (*en bas, à droite*, 1986) ose le vêtement ajusté qui met en valeur les formes de la silhouette.

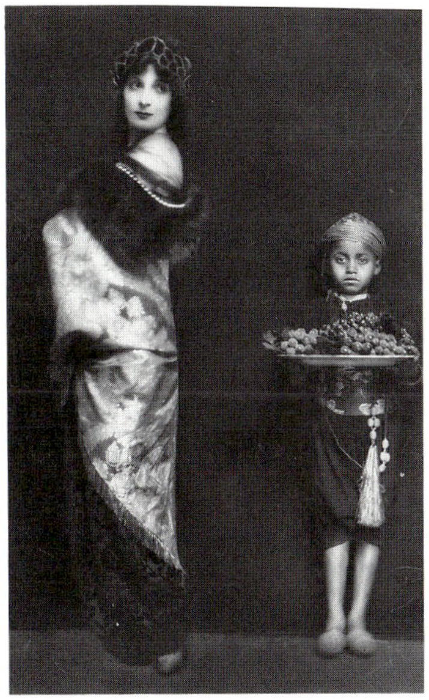
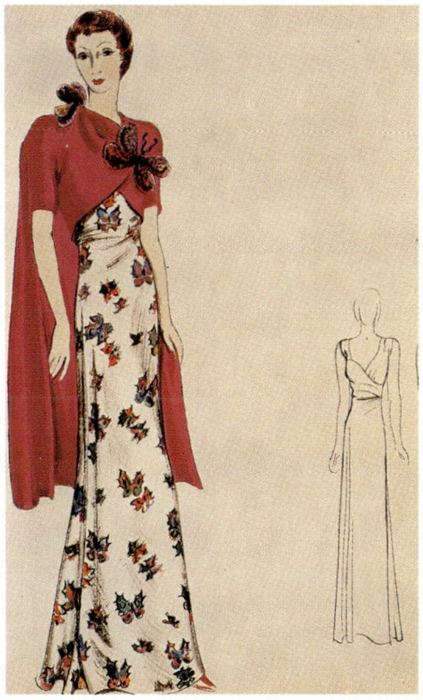
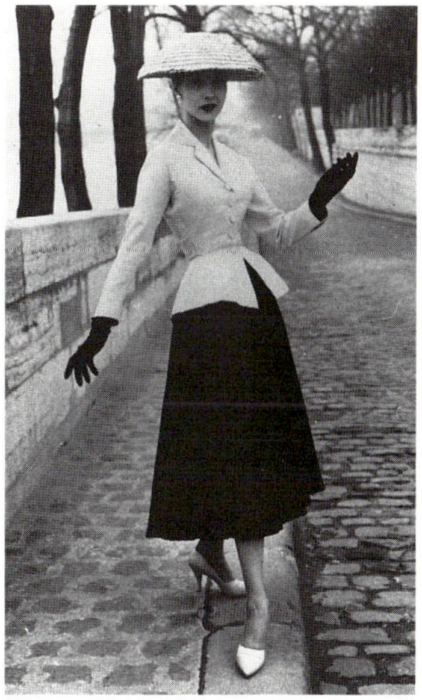
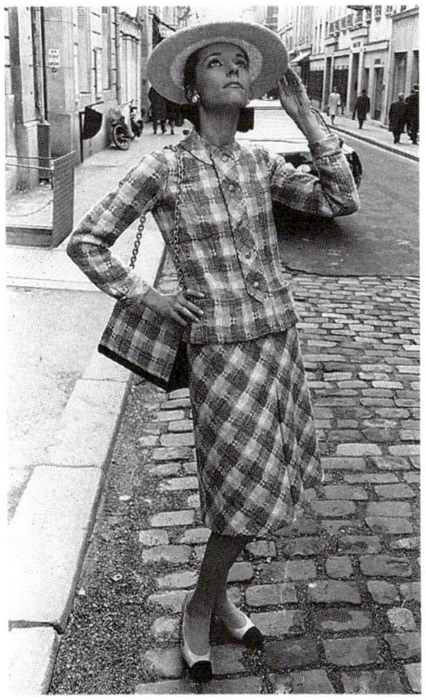
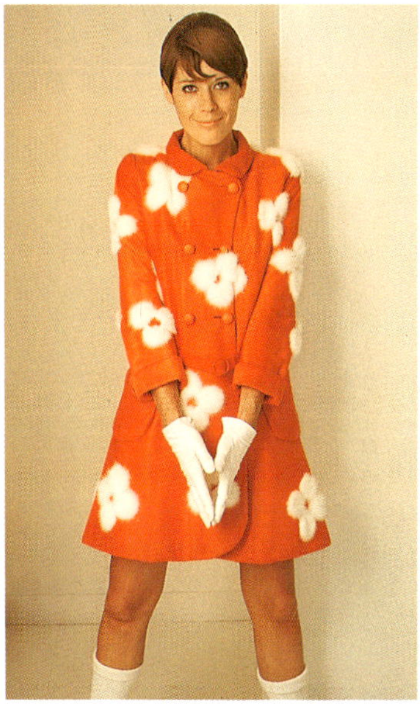
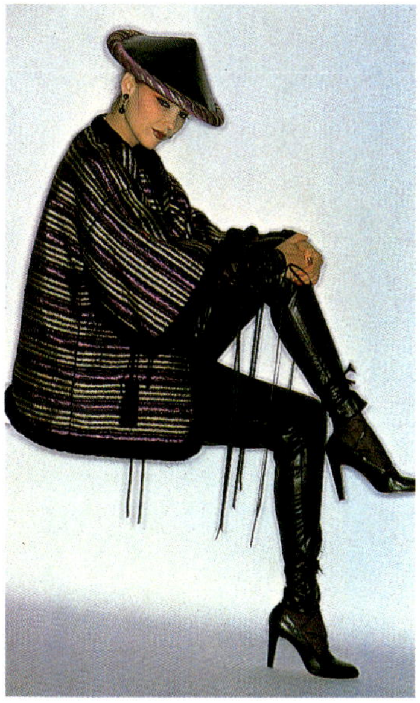
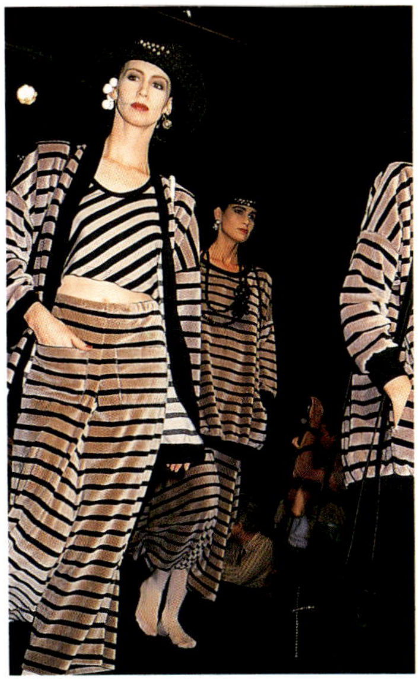
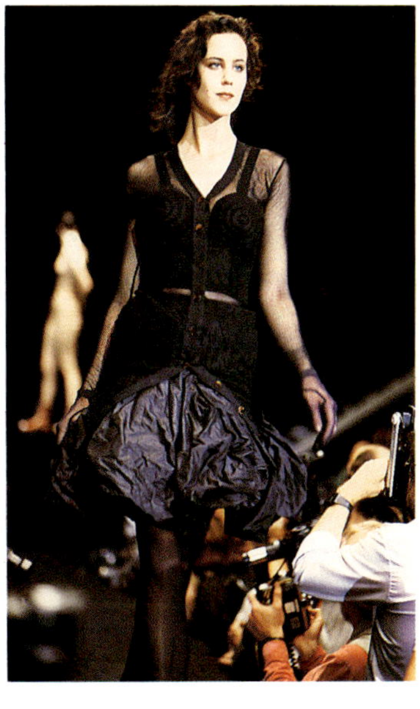
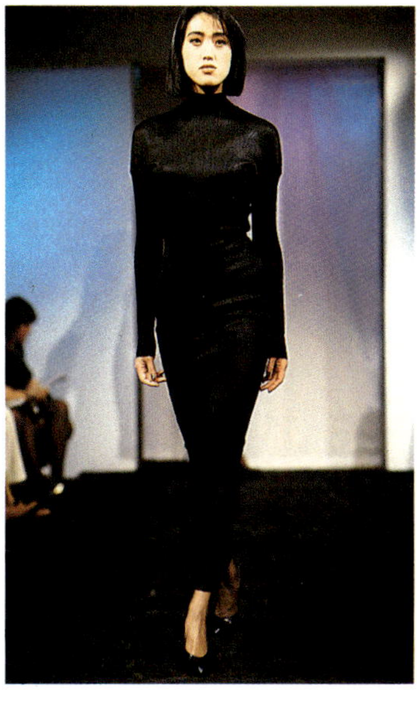

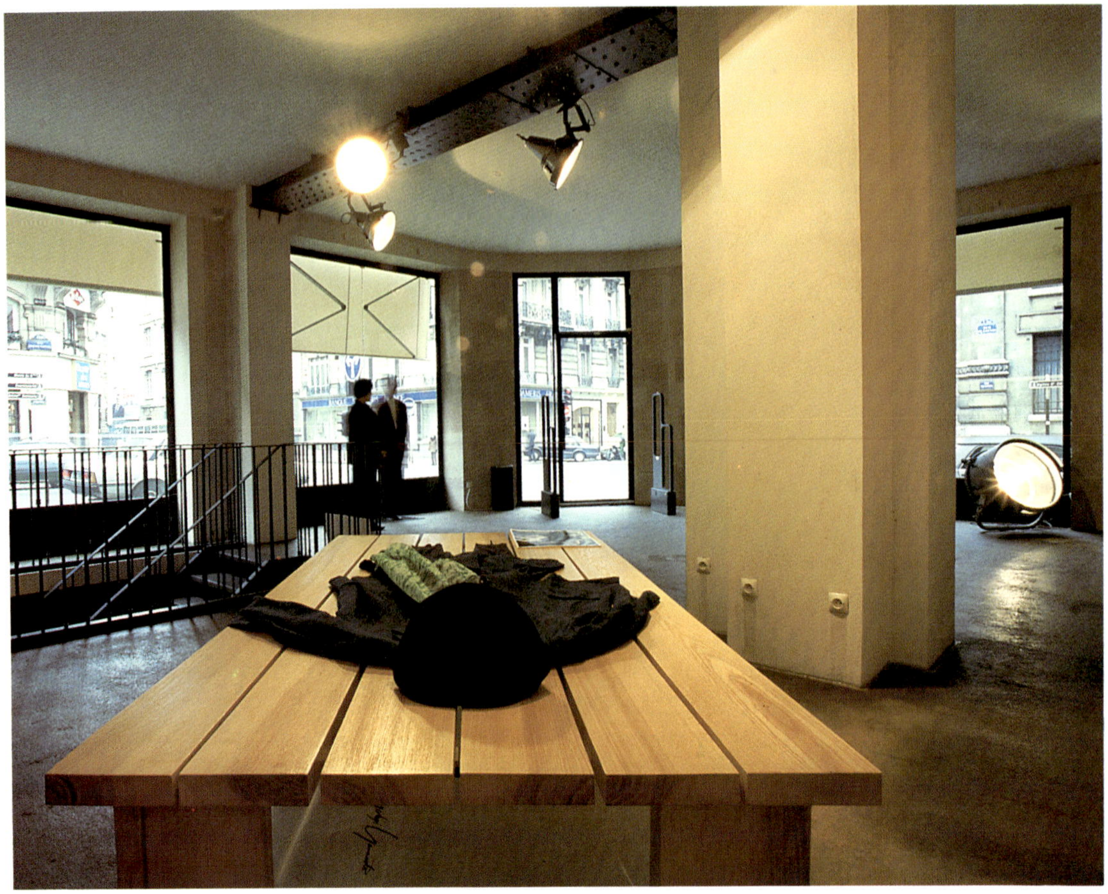

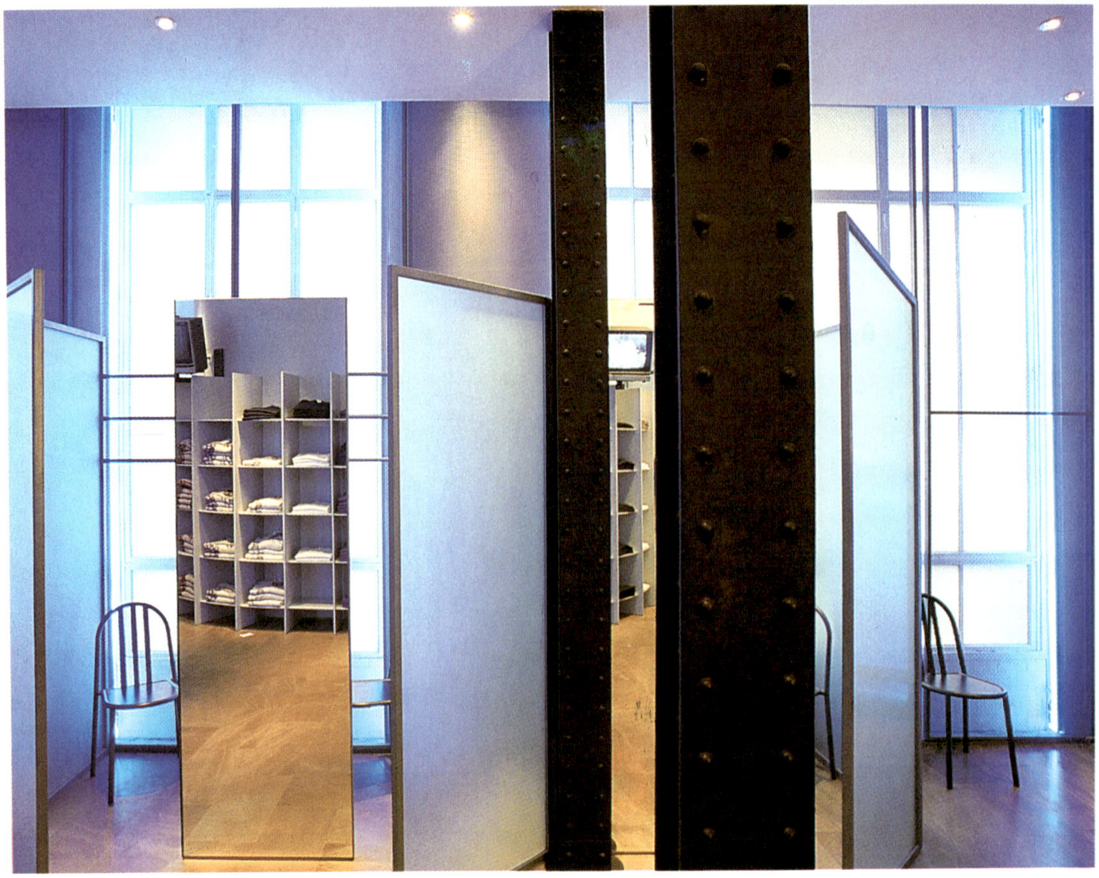

Entrez dans l'un de ces nouveaux magasins de mode parisiens et vous connaîtrez les joies de l'acteur sur une scène dépouillée. Ces magasins sont de vastes dépôts à l'atmosphère dramatique dans lesquels les vendeurs ou vendeuses, souvent très beaux, sont là pour faire valoir les tout derniers modèles et pas pour ennuyer le client dès qu'il montre le bout du nez. Ce sont des magasins de mode déguisés en galeries d'art. Les prix étant énormes, il n'est pas nécessaire de pousser les ventes. Les clients veulent pouvoir regarder attentivement avant de dépenser une petite fortune.

Leur style le plus courant est le chic industriel. C'est un style assez neutre qui sert à mettre en valeur les vêtements. Voici les magasins de Yohji Yamamoto dans la rue du Louvre (*en haut, à gauche*), de Jean-Paul Gaultier à la Galerie Vivienne (*à droite*), et Western House, celui de Marithé et François Girbaud (*en bas, à gauche*), rue Étienne-Marcel.

Le magasin Yamamoto est conçu pour paraître inachevé. Des planchers en béton brut, un éclairage industriel et froid, créent une esthétique d'usine, un décor minimaliste destiné à mettre en évidence les vêtements.

Western House est moins extrême. Conçu non par un de ces Japonais qui font fureur à Paris actuellement, mais par les décorateurs Michel Harmon et Antonia Astoria, il arbore un style industriel légèrement plus chaleureux, qui sert de toile de fond à la vente de vêtements de sports de luxe. Des planchers lisses et cirés remplacent le béton brut de Yamamoto. Il y a même des chaises (une création de Mallet-Stevens), tandis que des lumières subtiles, dirigées vers le sol, ponctuent le plafond blanc. C'est un magasin plus confortable mais, dans l'ensemble, d'inspiration plus pauvre que le magasin de conception japonaise.

Chez Jean-Paul Gaultier se révèle un mélange de styles où une imagerie industrielle dure contraste avec des citations de l'Antiquité classique. Des mannequins-robots, nés de l'acier et de la résine époxyde, se contorsionnent et grimacent sur leurs socles posés dans des fragments de mosaïques, une reproduction des sols de Pompéi. L'effet est spectaculaire et, noblesse oblige à Paris, doit plus à l'Art Déco qu'à Tokyo.

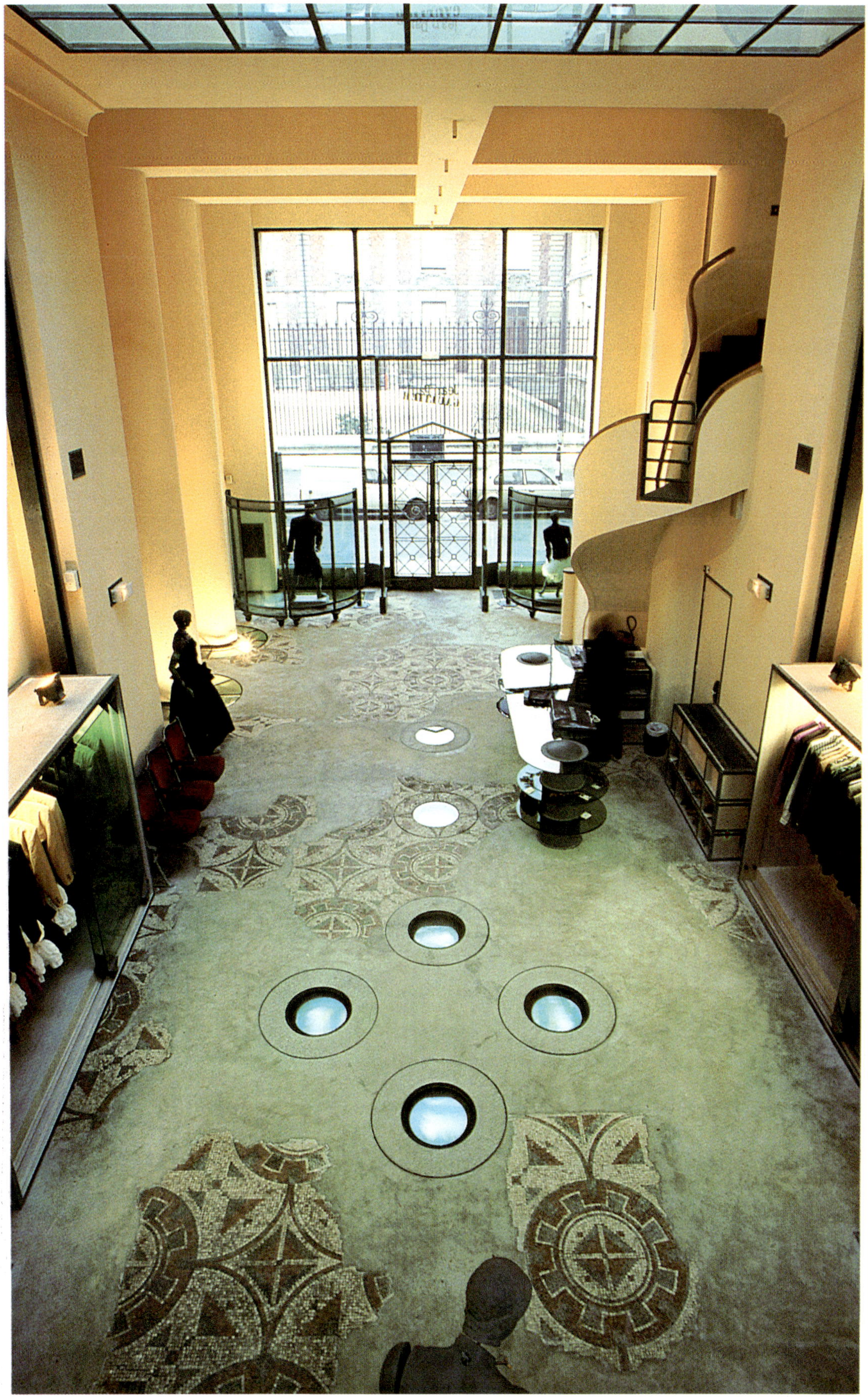

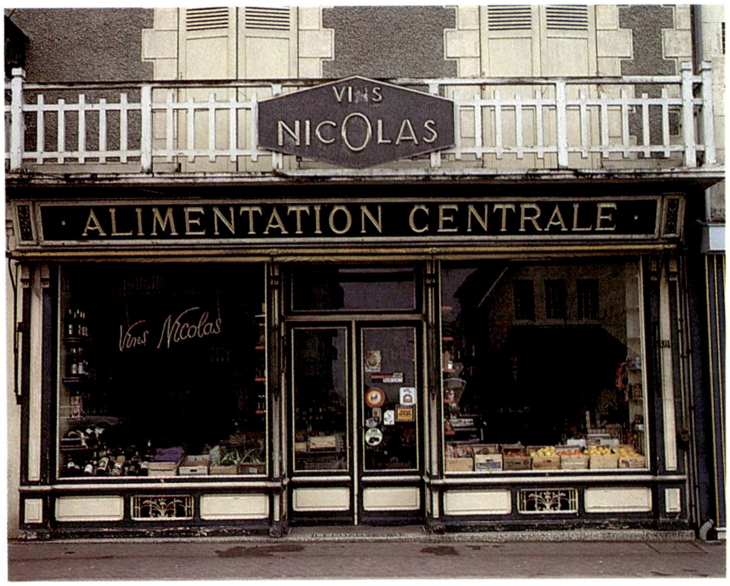
VINS
NICOLAS
ALIMENTATION CENTRALE
Vins Nicolas

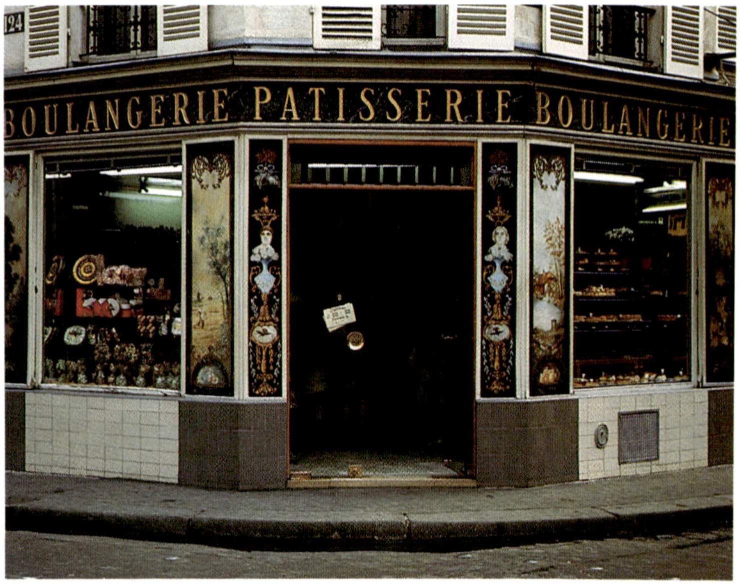
BOULANGERIE PATISSERIE BOULANGERIE

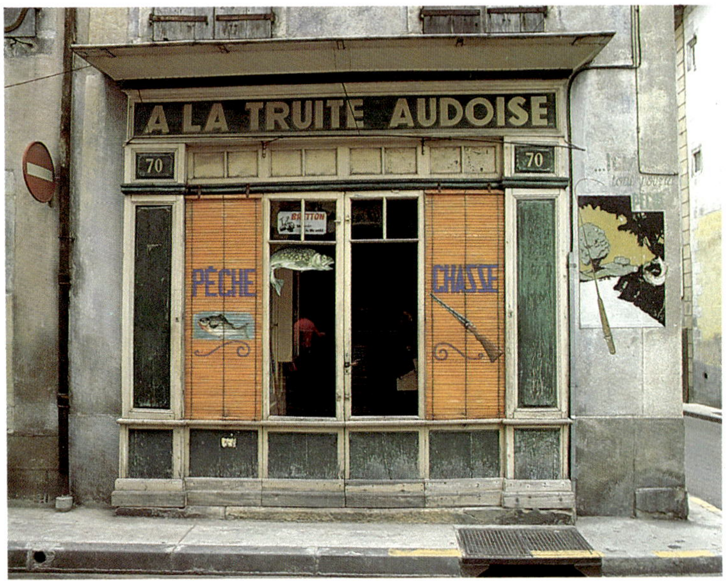
A LA TRUITE AUDOISE
70
70
PÊCHE
CHASSE

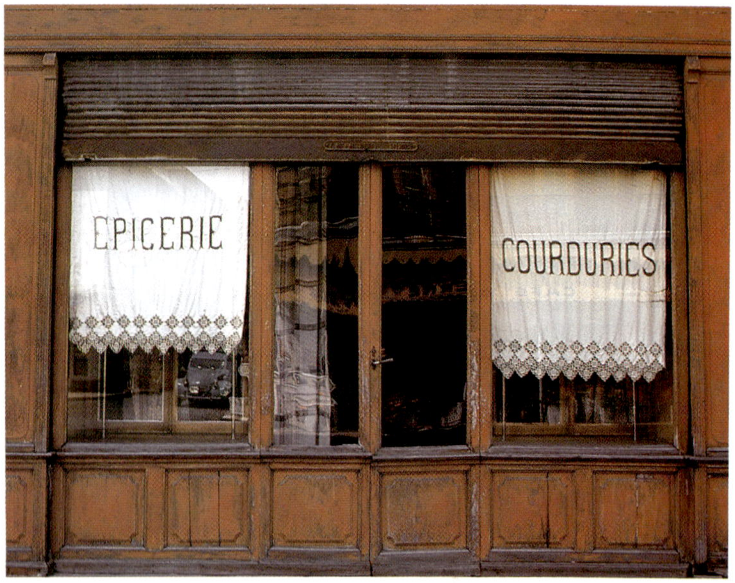
EPICERIE
COURDURIES

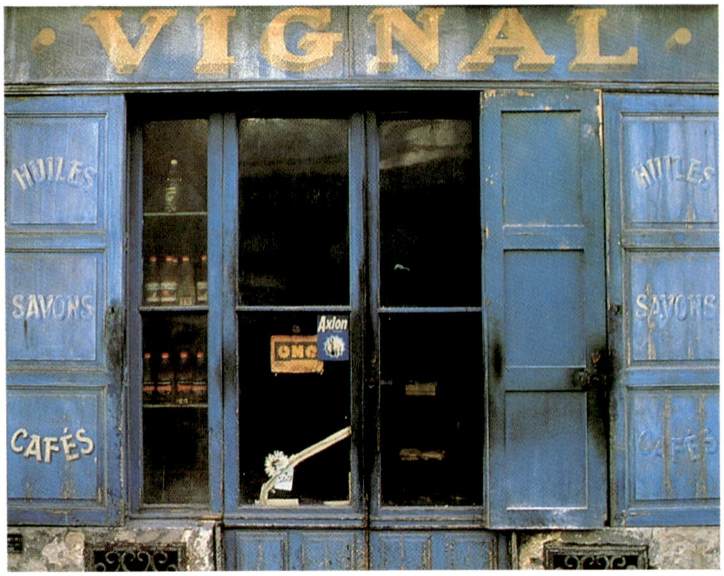
VIGNAL
HUILES
SAVONS
CAFÉS
HUILES
SAVONS

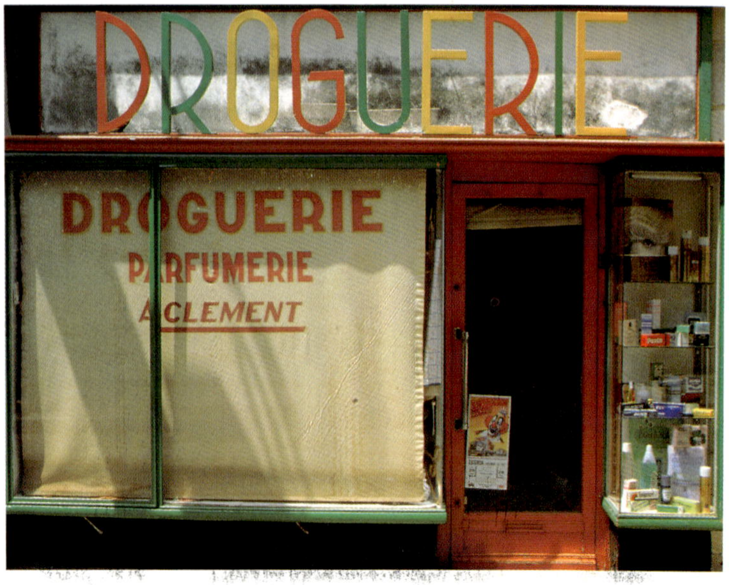
DROGUERIE
DROGUERIE
PARFUMERIE
A. CLEMENT

La France doit une grande partie de son charme à ses vieux magasins. Rien qu'à Paris il en reste plus de mille. Pharmacies avec leurs bocaux irisés, drogueries avec leurs façades multicolores, boucheries avec leurs grilles de fonte peinte en rouge, charcuteries, épiceries, crémeries, cafés ou restaurants avec leurs glaces gravées, leurs façades estampées à la feuille d'or, ou leurs décors de céramique. À cet égard, les Français semblent, comme les Italiens, avoir fait le bon choix en plaçant leurs supermarchés plutôt à la lisière des villes avec d'immenses parkings. Cela permet au consommateur de venir une fois par semaine faire un ravitaillement de fond en voiture et de rester fidèle le reste du temps aux petites boutiques de son quartier.

Tous les magasins photographiés ici ont une chose en commun : on a envie d'y entrer. On ressent dans ces boutiques du temps passé, réalisées par d'habiles artisans qui ne connaissaient ni le néon ni le Formica, une sorte de goût du bonheur. Les vitrines semblent dire : « Tout ce que nous offrons à l'intérieur est joli ou bon » et en général c'est vrai. Si le fouillis des rayons encombrés les fait ressembler parfois à la caverne d'Ali-Baba, si l'on a souvent du mal à y dénicher ce qu'on veut, du moins y fait-on toujours des découvertes. Et en plus le commerçant vous aide dans votre recherche, au lieu de prendre un air renfrogné. Comme ce quincailler de campagne qui passe vingt minutes à trouver un clou de la bonne taille et fait payer dix centimes ! On y retrouve aussi ces douces odeurs si rares de nos jours. Celle du bon pain, celle du lait frais et surtout celle, incomparable, qu'on respirait autrefois chez le marchand de couleurs.

Page opposée :
En haut, à gauche : épicerie dans le centre d'un village normand.

En haut, à droite : boulangerie traditionnelle, rue Losserand à Paris.

Au centre, à gauche : boutique pour la pêche à Limon dans l'Aude.

Au centre, à droite : rideaux de coton éclatant pour une épicerie.

En bas, à gauche : à Marseille, Vignal vend du savon et de l'huile d'olive depuis 1905.

En bas, à droite : une droguerie à Avignon, construite dans les années 60.

À droite : dessins du XVIIIe *siècle pour une boutique et la façade d'un restaurant.*

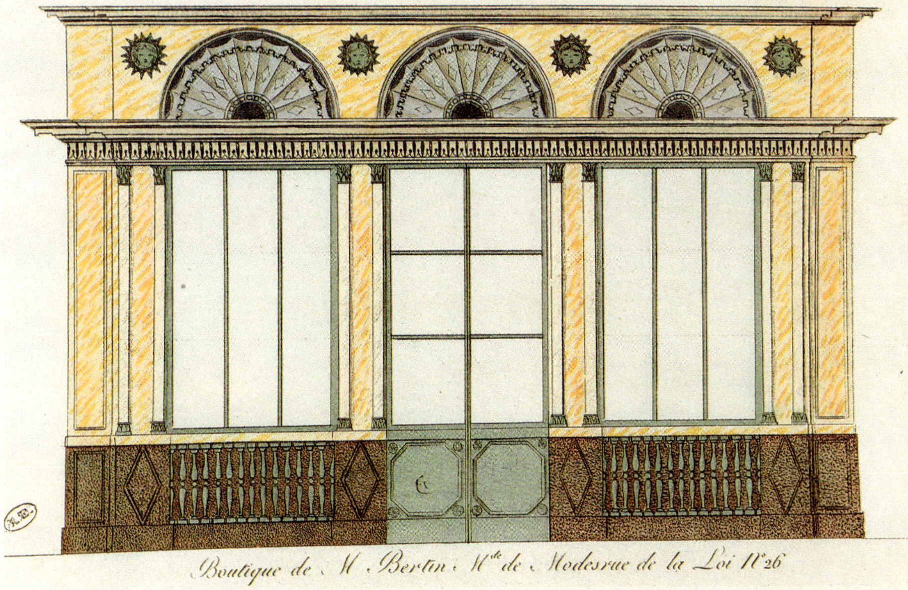

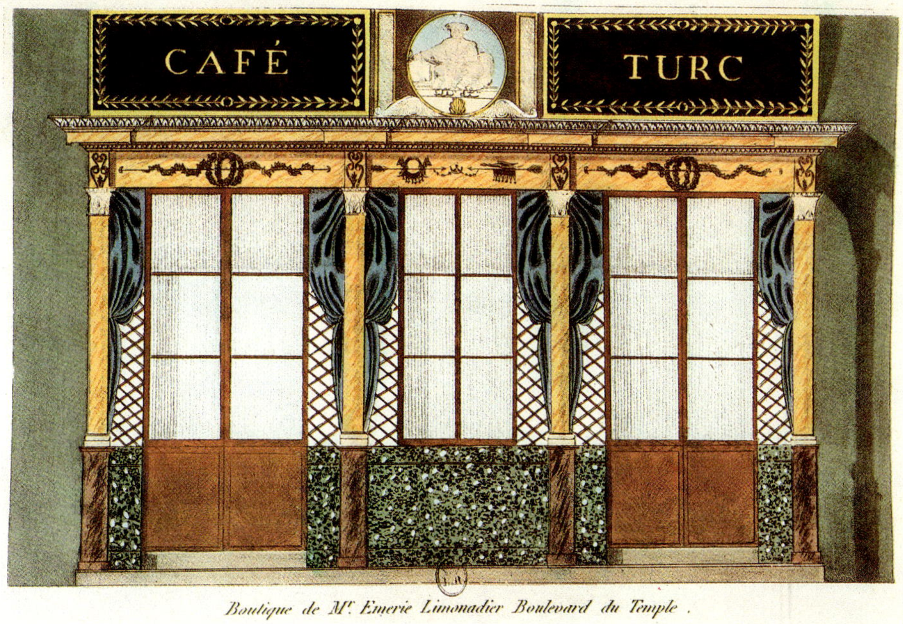

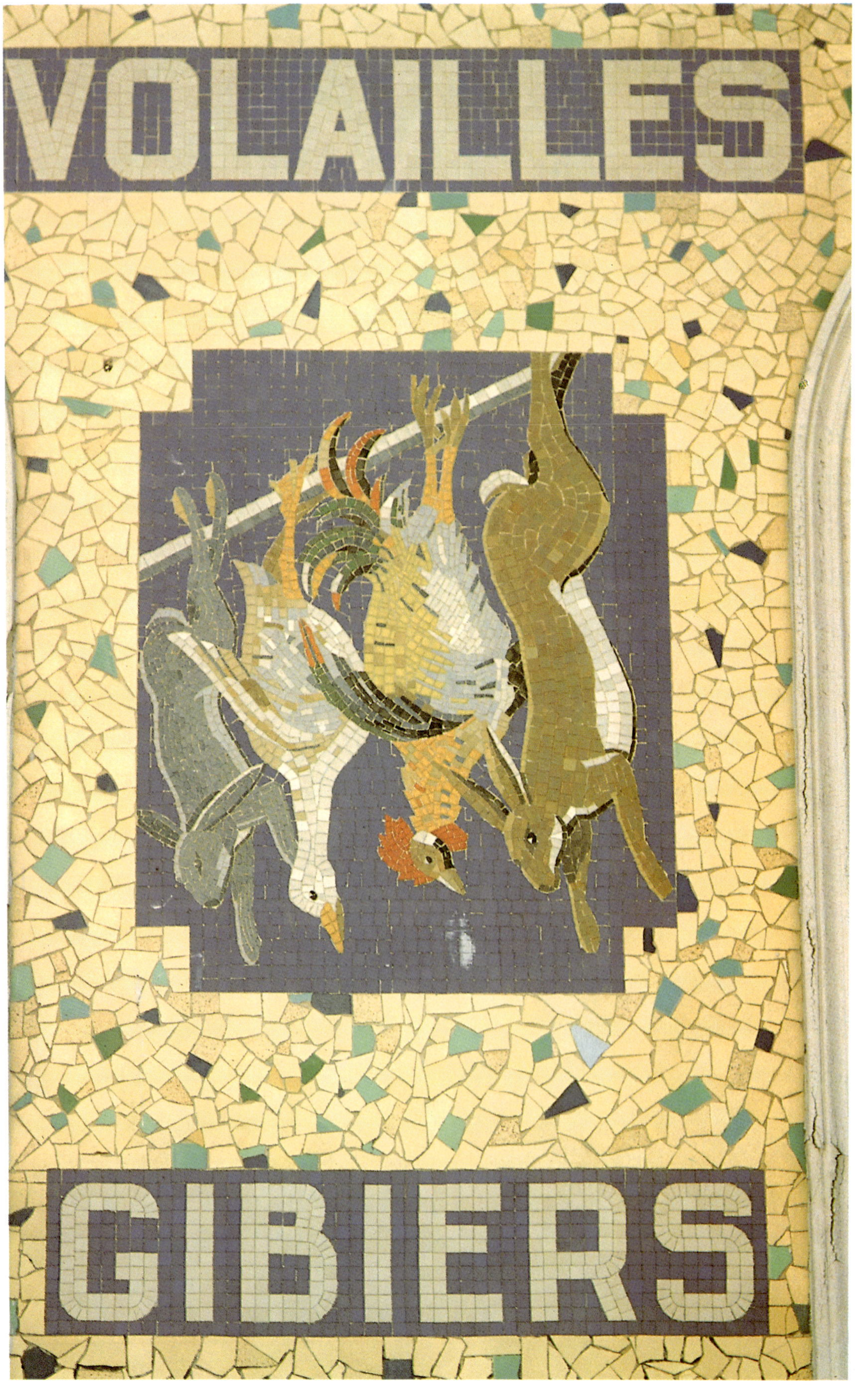
VOLAILLES
GIBIERS

Mosaïques, verres gravés, décors peints et fixés sous verre, il existe encore dans beaucoup de rues de Paris de véritables petits chefs-d'œuvre d'art populaire isolés entre deux parcmètres ou coincés entre une succursale de banque et un magasin de prêt-à-porter : un paysage bucolique, une scène romantique, des guirlandes ou des arabesques, qui datent pour la plupart de la deuxième moitié du XIXe siècle et que le XXe a fort heureusement épargnés. Ces décors de boutiques sont directement inspirés de l'art qui était à l'époque en vogue dans les salons et les académies mais n'avaient, pour leur part, d'autre ambition que de créer une ambiance incitant à l'achat. Et c'est peut-être cette humilité qui leur a permis de garder tout leur charme, naïf et attendrissant. Trophées de chasse en céramique sur la façade d'un boucher. Épis de blés dorés sur celle d'un boulanger. Scène champêtre sur celle d'un confiseur, telle qu'on en trouvait et qu'on en trouve encore sur les boîtes de chocolats. Le crémier, lui, montre directement l'origine de ses produits : une vache broutant dans un champ près d'un lac paisible. Au siècle dernier, d'ailleurs, les crémeries portaient encore le nom des fermes auprès desquelles elles se fournissaient en lait, en beurre ou en fromage. Elles servaient aussi des repas chauds aux gens du quartier, d'où l'expression populaire « on change de crémerie... ».

Ces décors étaient là pour dire au client ce qu'il allait trouver dans la boutique : « Voyez la vache, grâce à elle, nous avons du fromage. » Aujourd'hui, c'est le produit lui-même, fabriqué industriellement, que vante la publicité sur les affiches ou les écrans de télévision. Mais depuis la mode rétro et la vogue écologiste, elle ne dédaigne pas de le replacer dans l'ambiance de son origine. La mode rétro a d'ailleurs sauvé beaucoup de ces boutiques dans lesquelles se sont installés des antiquaires ou des restaurateurs. Toujours pour suivre cette mode, on les a aussi beaucoup copiées, et rarement avec bonheur.

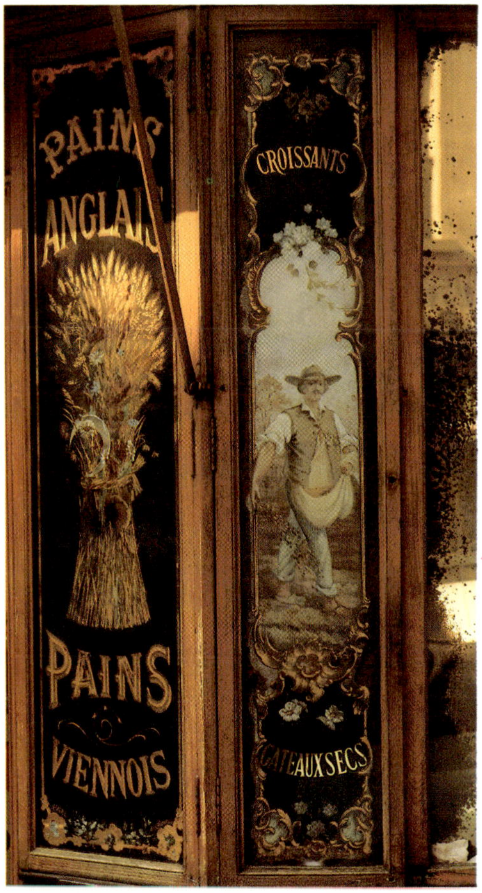

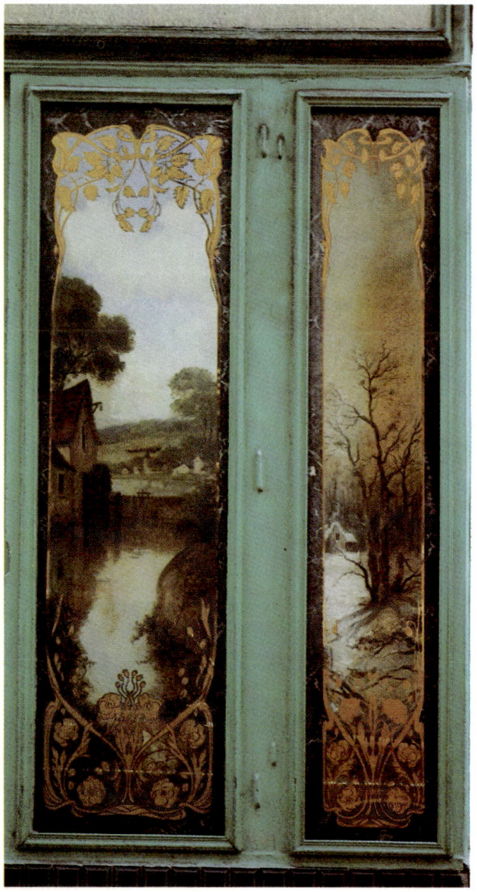

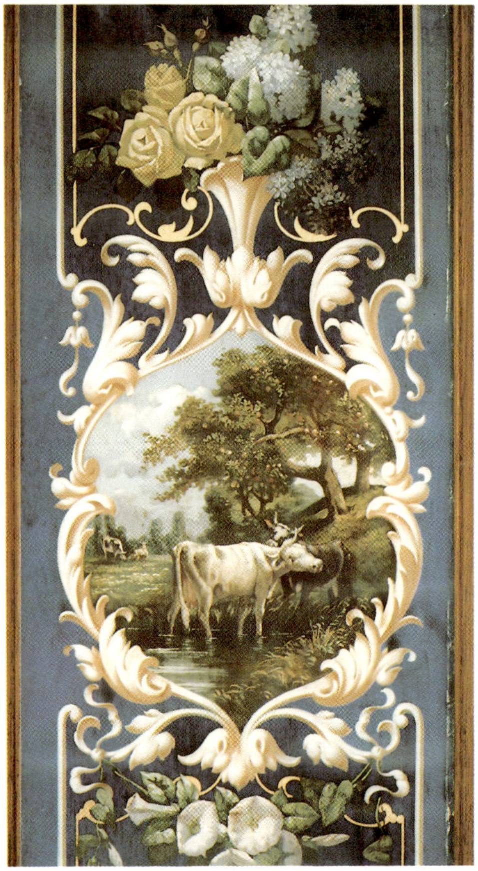

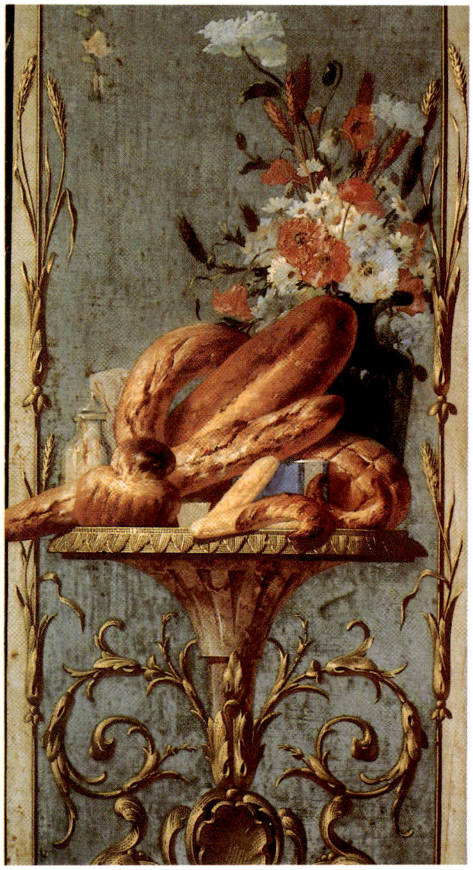

Page opposée :
Sur cette page : mosaïque des années 30 pour un volailler de Nice.

Sur cette page :
En haut, à gauche : boulangerie du Faubourg Saint-Martin à Paris.

En haut, à droite : scène rurale sur une vitrine de la rue Ordener à Paris.

En bas, à gauche : une peinture sur verre décore une boucherie de la rue de Passy à Paris.

En bas, à droite : détail du décor d'une boulangerie, rue Ledru-Rollin à Paris.

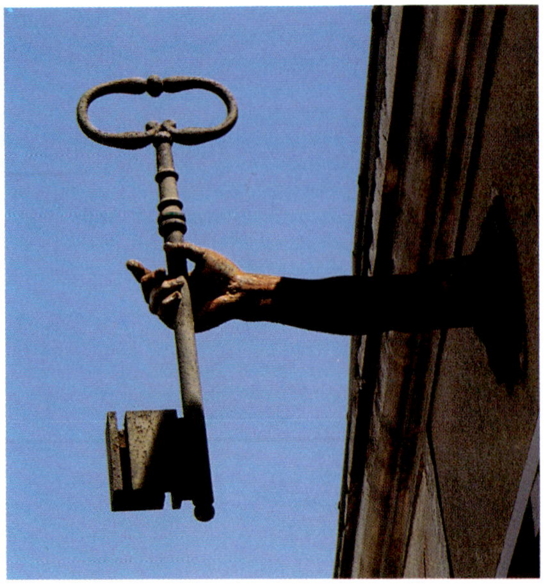

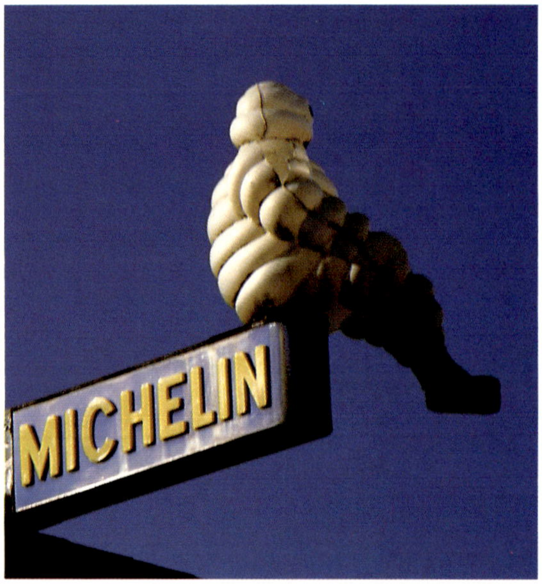

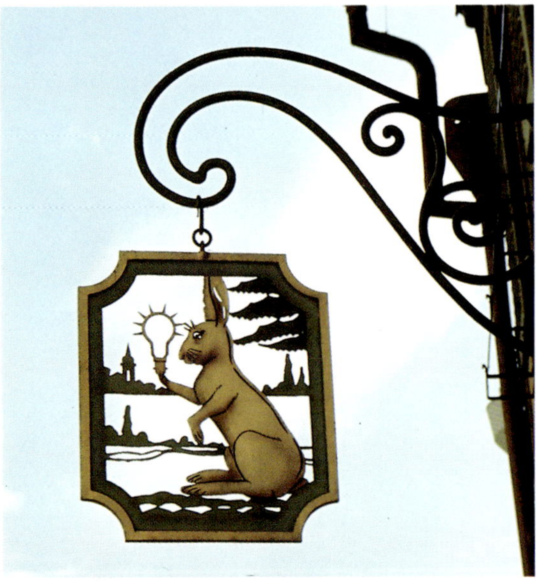

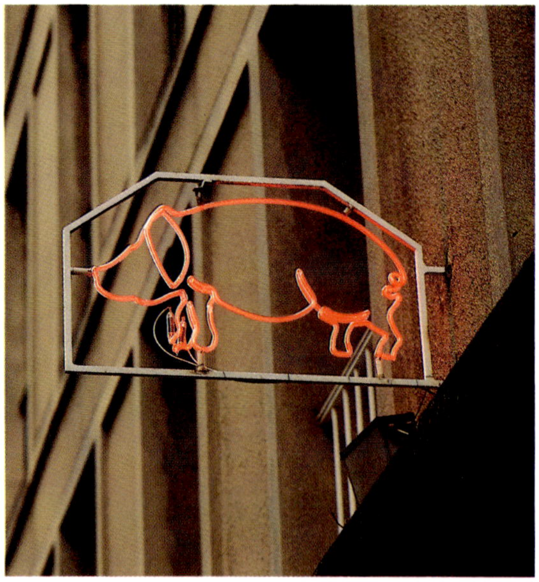

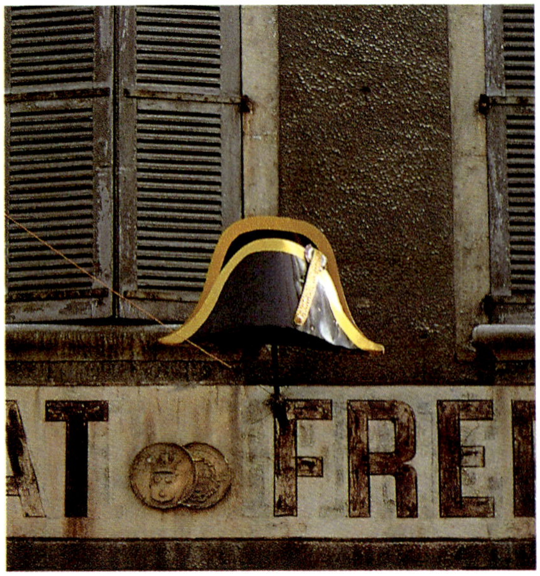

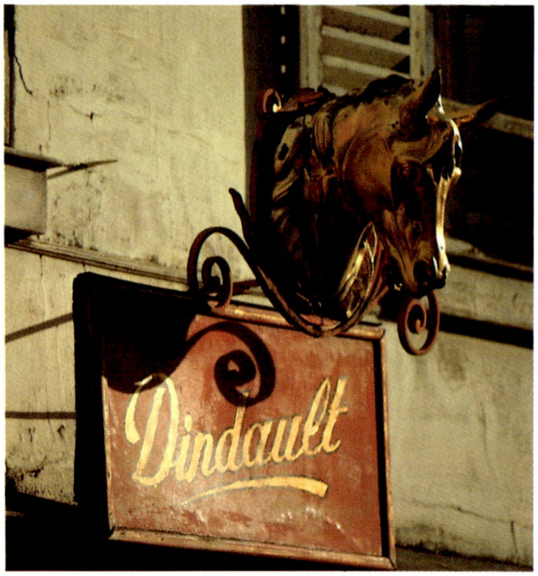

Il existe encore quelques petites villes anciennes où, dans d'étroites rues commerçantes, les enseignes de boutiques font comme une arche au-dessus de la chaussée. Jadis, c'était l'enseigne qui attirait le chaland, surtout à l'époque où beaucoup de gens ne savaient pas encore lire.

La tradition remonte bien loin dans le temps. En tout cas, à l'époque romaine où l'on pendait des fleurs de houblon à la porte des tavernes pour annoncer que la bière nouvelle était servie à la pression. Elle s'est à peu près perdue en Angleterre, mais reste très vivace en France, comme le montrent ces images souvent cocasses et inattendues. Évidemment, ce lapin (*au centre, à gauche*) qui se révèle, quand on y regarde de plus près, être là pour montrer que la boutique vend des lampes électriques, proposait sûrement autre chose avant l'invention de l'électricité ! Quant à la jolie tête de cheval dorée qui se pavane au-dessus de la maison Dindault à Paris dans le quartier Charonne (*en bas, à droite*), elle n'est pas ici pour proposer des articles d'équitation ; c'est l'enseigne classique d'une boucherie chevaline comme il en existe depuis toujours en France. À l'époque où la tuberculose faisait des ravages, la viande de cheval était appréciée car elle ne risquait pas de transmettre le bacille de Koch.

Certaines enseignes sont de véritables joyaux qui feraient le bonheur des antiquaires. Ainsi celles d'un serrurier près de Chinon (*en haut, à gauche*), de ce chapelier de l'Aveyron avec son bicorne (*en bas, à gauche*) ou de ce restaurant du vieux quartier des Halles, l'Escargot, sur la façade duquel un de ces gastéropodes, dont les Français se délectent, pointe une gigantesque tête d'airain (*à droite*).

D'autres sont plus récentes, comme le bibendum Michelin qui a fait tant de fois le tour du monde et qui laisse ici pendre ses jambes de pneus au-dessus d'un garage à La Chapelle-Saint-Blaize, ou ce cochon de néon qui orne une charcuterie des Halles (*au centre, à droite*).

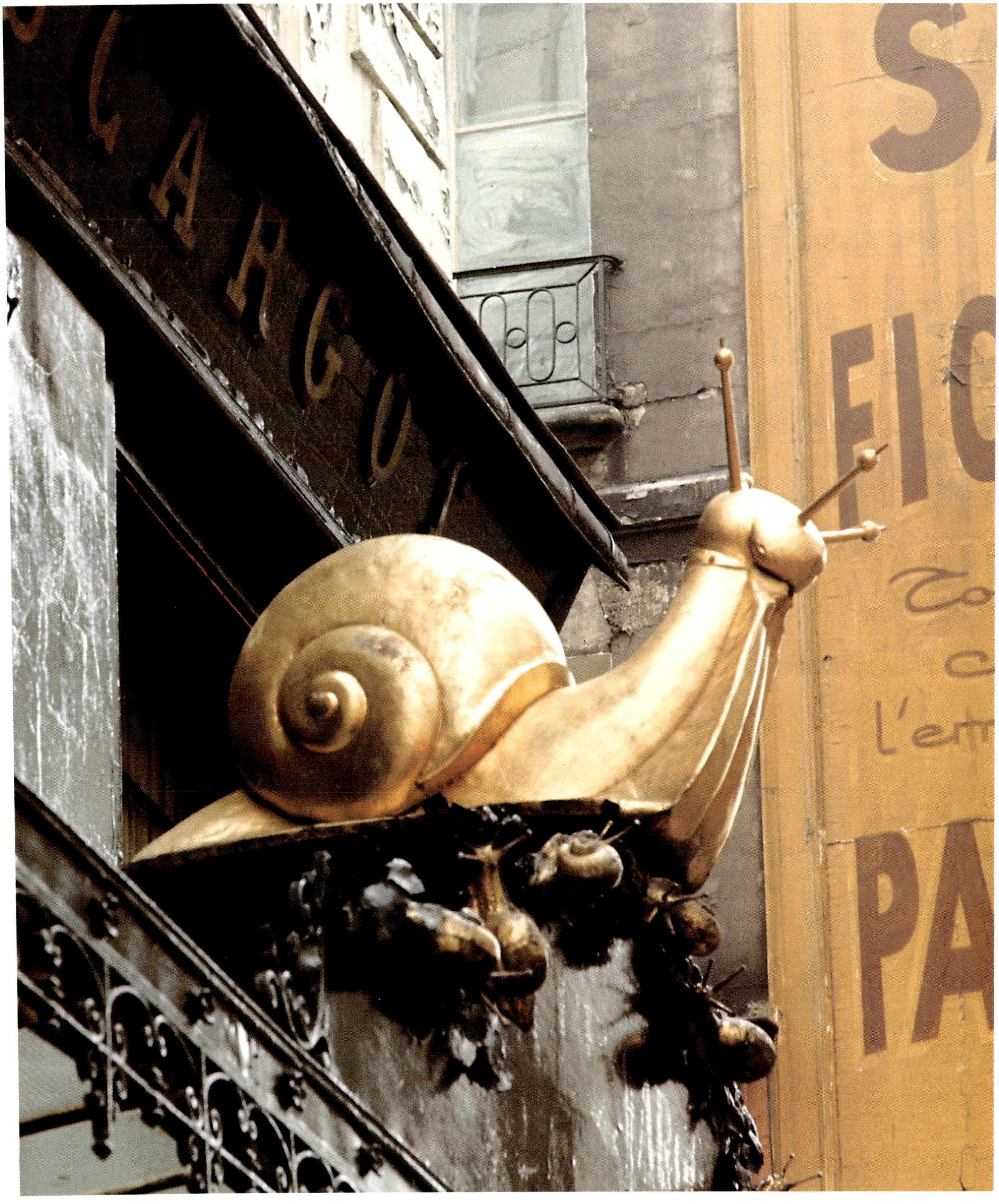

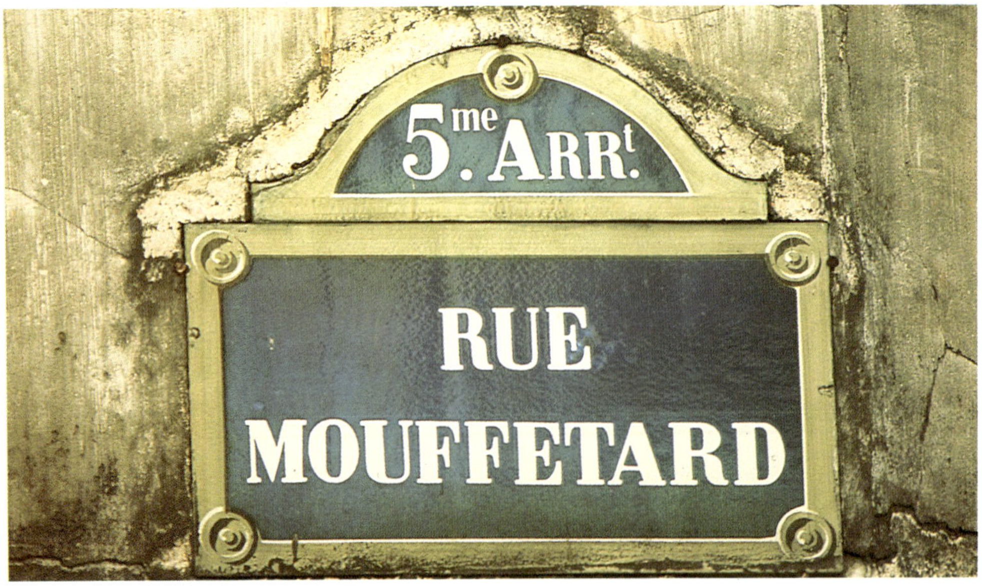

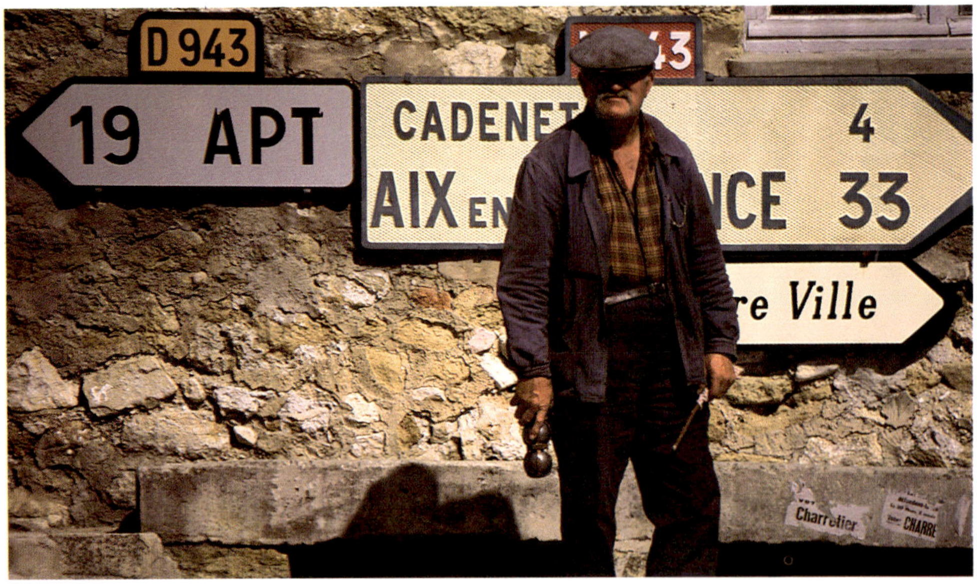

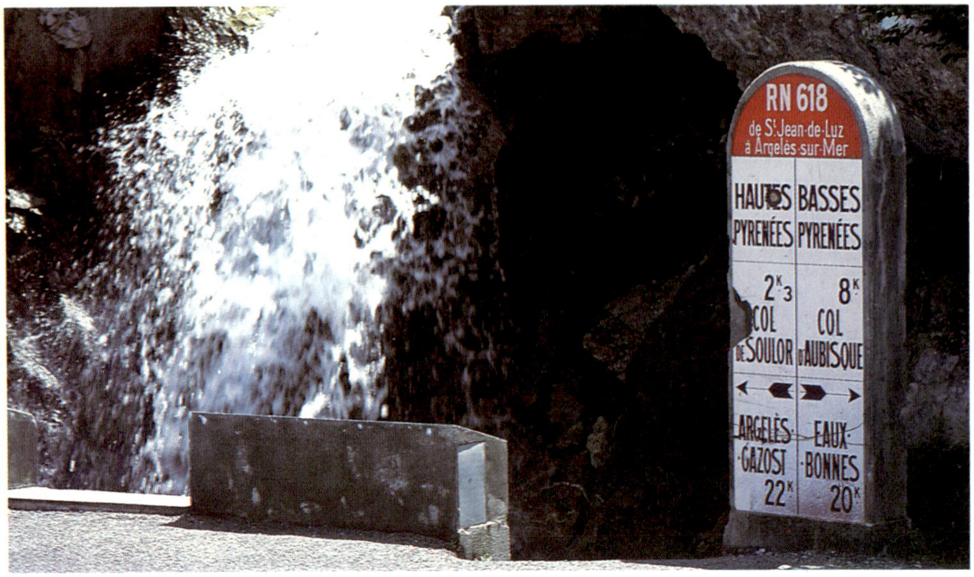

En France comme ailleurs, et particulièrement sur les autoroutes, la signalisation routière s'est mise en conformité avec les normes internationales. Mais sur le réseau secondaire, beaucoup de vieux panneaux indicateurs sont restés, comme ici à Bonnieux, dans le Vaucluse (*au centre, à gauche*), ou à l'entrée du Havre (*à droite*). Ils apportent au paysage une personnalité et un charme un peu désuets. Cependant, ils rendent aussi, spécialement dans les petites villes où l'on roule à une allure suffisamment modérée pour déchiffrer ces signalisations d'un autre temps, de grands services aux visiteurs.

De toute manière, on trouve toujours sur les routes françaises les vieilles bornes kilométriques de ciment (*en bas, à gauche*) au cartouche rouge pour les nationales et jaune pour les départementales avec les lettres RN pour les premières, D pour les secondes, suivies d'un numéro de la route qui permet de se repérer sur les cartes routières. Et quand on traverse la Normandie, on rencontre des bornes plus volumineuses, en forme de dôme. Elles ont été placées là vers 1945 pour garder en mémoire le chemin suivi par les armées de libération. Il n'y avait pas alors d'autoroutes en France, à l'exception d'un petit tronçon partant du tunnel de Saint-Cloud (que les Allemands avaient bourré d'explosifs) et débouchant un peu avant Poissy sur la route de Saint-Germain.

Dans les villes, notamment à Paris, ce qui n'a pas changé et que, Dieu merci, personne n'a l'idée de changer, ce sont les plaques de rue. Ces plaques d'émail bleu (*en haut, à gauche*) ou parfois de stuc, avec des lettres blanches en caractères anciens dans un cadre vert (les couleurs aussi du premier métro parisien) sont un des signes distinctifs de la capitale. À telle enseigne que lorsqu'une exposition parisienne s'ouvre à l'étranger, on en retrouve dans tous les stands, afin que du premier coup d'œil on puisse reconnaître la provenance des objets exposés.

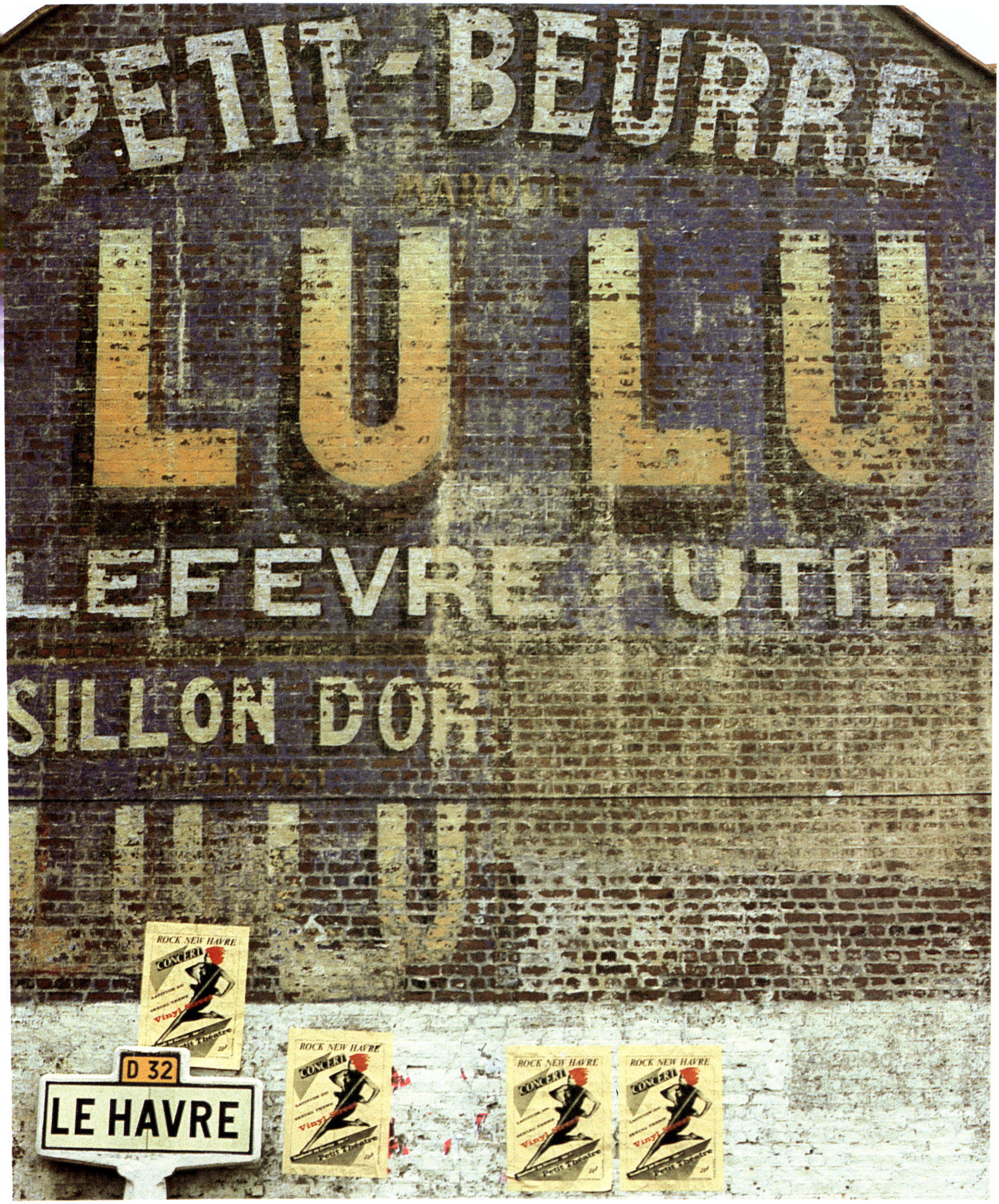
PETIT-BEURRE
LU LU
LEFÈVRE-UTILE
SILLON DOR
ROCK NEW HAVRE
CONCERT
D 32
LE HAVRE

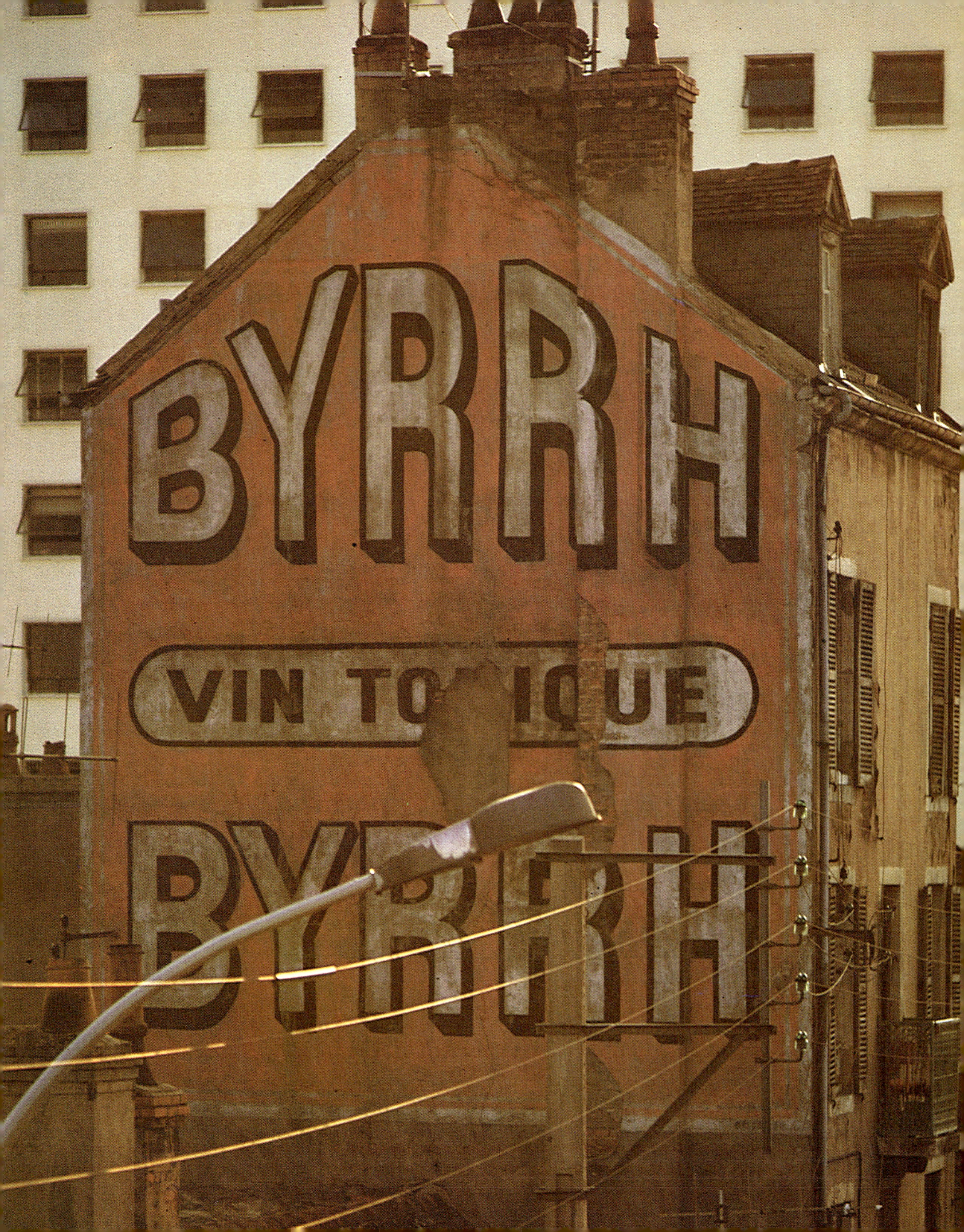
BYRRH
VIN TO IQUE

Les rues de France paraîtraient bien tristes sans leurs affiches. Dès qu'un chantier s'installe, les planches qui le délimitent servent de support aux publicités les plus variées. Avant l'apparition du panneau d'affichage classique, recouvert de papier imprimé, les entreprises publicitaires peignaient leurs réclames sur les murs et nombreuses sont les publicités qui ont survécu comme sur ce vieil immeuble de Dijon (*à gauche*), où la réclame pour le Vin Tonique Byrrh demeurera jusqu'au jour où un spéculateur immobilier décidera de l'abattre.

Ce panneau publicitaire, égayé d'un encadrement de carreaux de céramique (*en haut, à gauche*), à Pont-Audemer en Normandie, fut créé au début du XXe siècle. D'une esthétique superbe, il résiste aux rigueurs de l'âge.

La réclame pour Dubonnet (*en haut, à droite*) date de 1932 ; elle est l'œuvre du brillant dessinateur d'affiches publicitaires, Cassandre. Normalement préservée dans les musées d'art graphique, son œuvre est restée ici, en plein cœur de Paris, depuis cinquante-cinq ans et continue à faire de la réclame pour cette boisson au ton rubis.

Voici un autre exemple de publicité, émaillée cette fois et plus récente, qui apporte de l'animation dans cette rue de Fontgaufier, dans le Périgord (*au centre*).

Le colleur d'affiches (*en bas, à gauche*) fait partie des personnages habituels de la scène des grandes villes. Il est évident que les colleurs d'affiches sont soumis à forte concurrence ce qui crée un « papier mural » urbain, comme ici à Paris (*en bas, à droite*), qui n'en est que plus fascinant et constamment renouvelé.

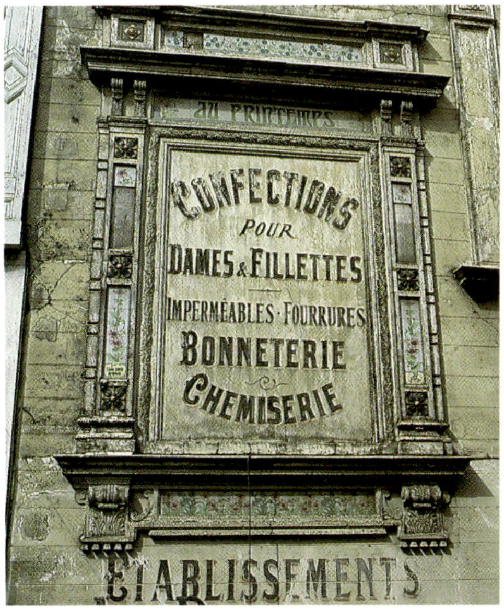

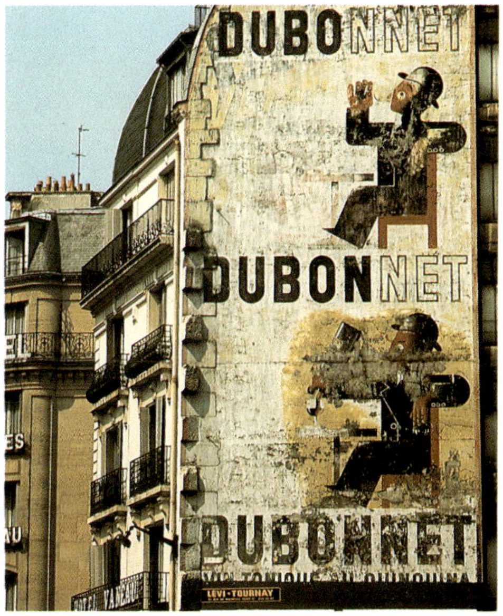

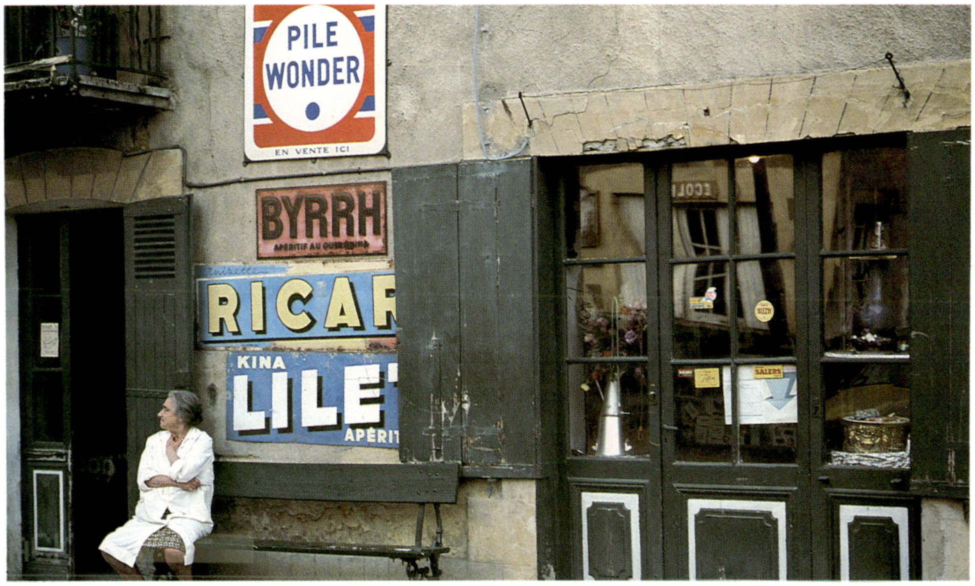

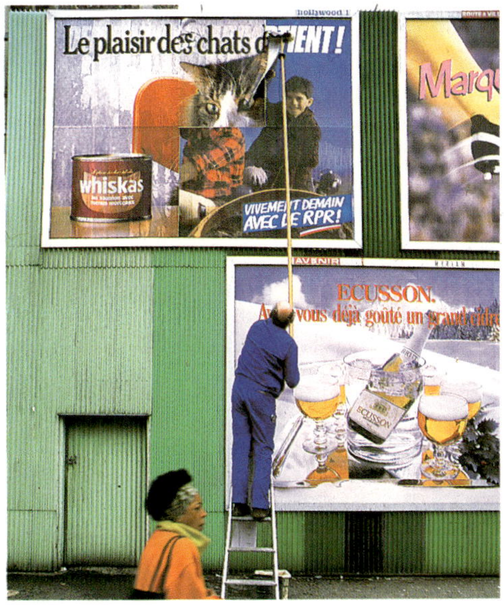

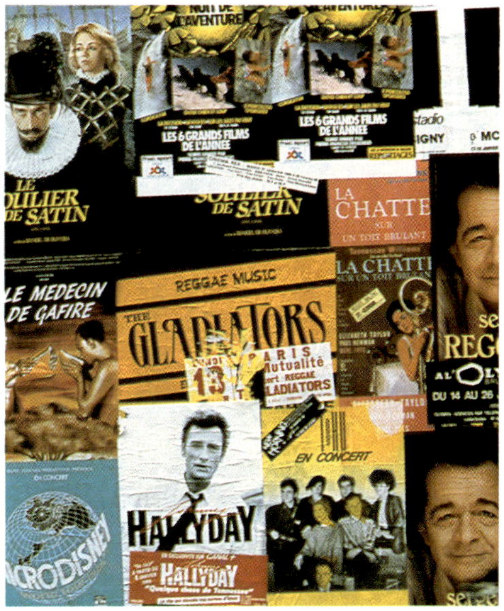

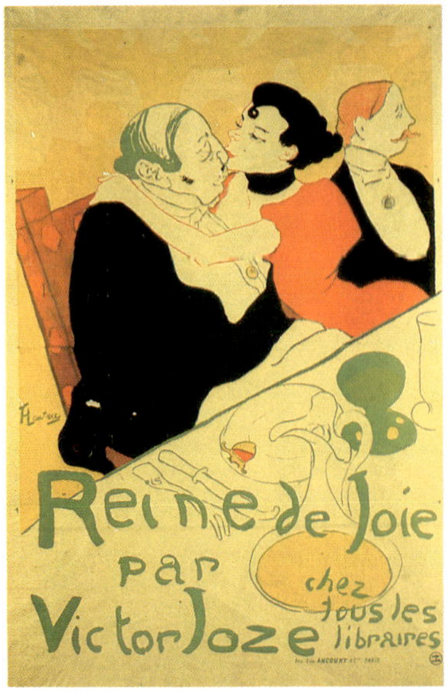
Reine de Joie
par
Victor Joze
chez tous les libraires

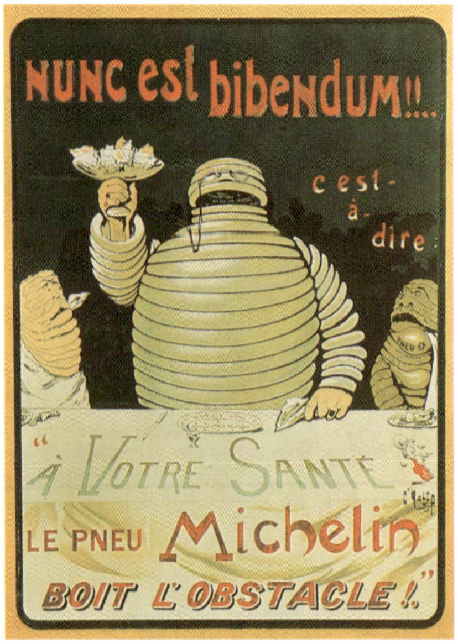
NUNC est bibendum!!..
c'est-à-dire :
"À VOTRE SANTÉ"
LE PNEU Michelin
BOIT L'OBSTACLE !"

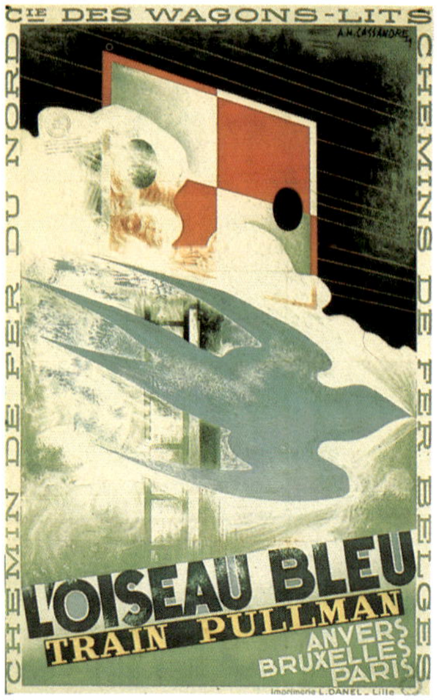
Cie DES WAGONS-LITS
CHEMIN DE FER DU NORD
CHEMINS DE FER BELGES
L'OISEAU BLEU
TRAIN PULLMAN
ANVERS
BRUXELLES
PARIS

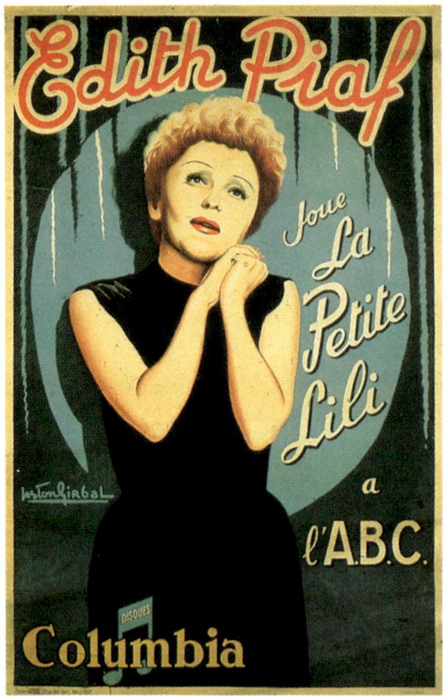
Edith Piaf
Joue
La Petite Lili
à
l'A.B.C.
Columbia

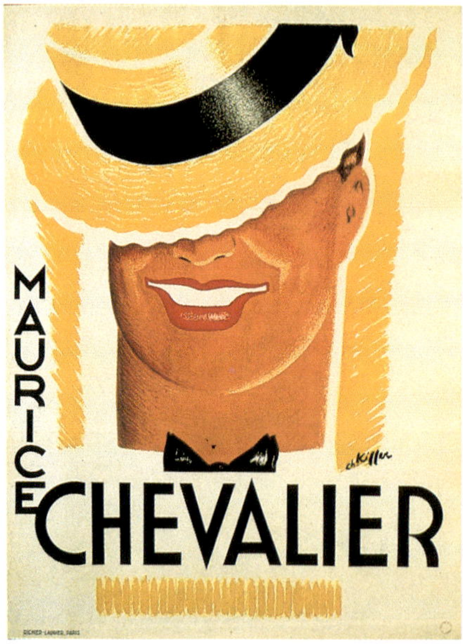
MAURICE
CHEVALIER

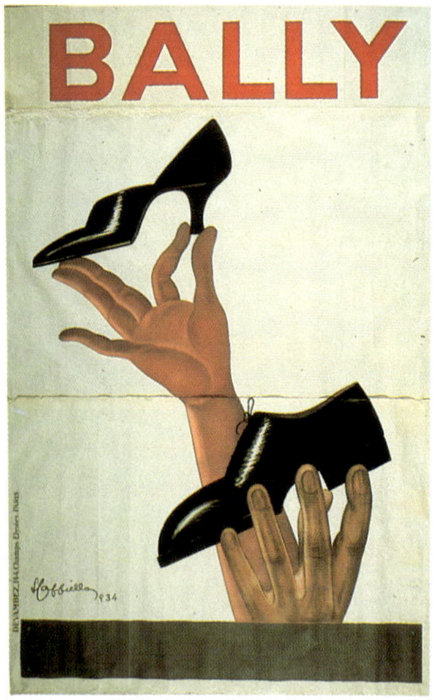
BALLY

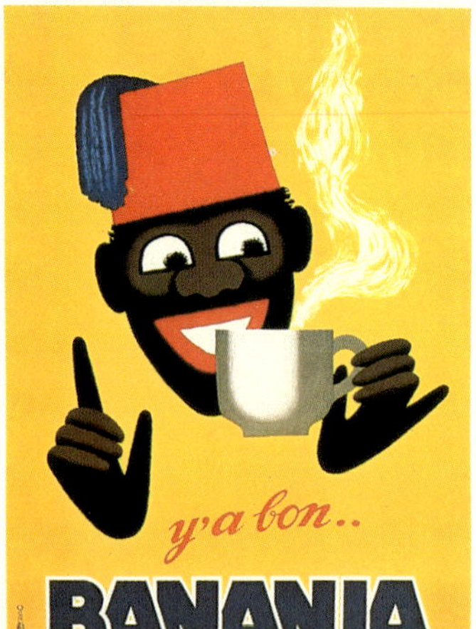
y'a bon..
BANANIA
LE PETIT DÉJEUNER FAMILIAL

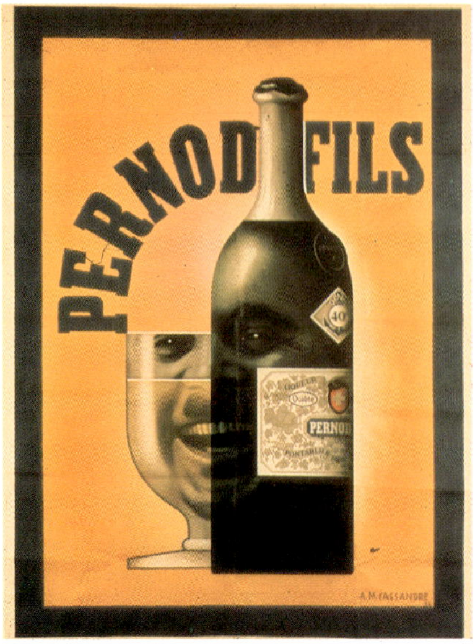
PERNOD FILS
A.M. CASSANDRE

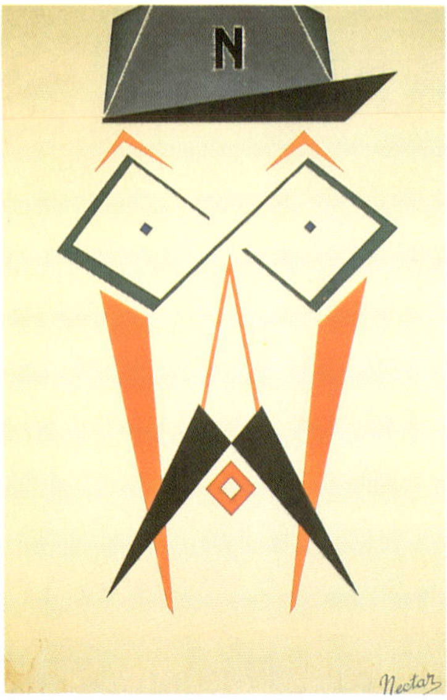
N
Nectar

L'affiche française est un art noble qui a connu ses plus grands jours dans les années trente avec le règne incontestable d'artistes comme Kiffer, Cassandre et Fix-Masseau. La Première Guerre mondiale fut suivie d'assez près par une rupture de style entre un Art Nouveau sentimental et une iconographie abstraite et puissante, dont l'affiche de Colin de 1925 pour la *Revue Nègre* marque l'avènement. À compter de cette date, le graphisme devient entièrement abstrait jusqu'à ce que la photographie lui ravisse la première place, au début des années soixante.

Page opposée, de haut en bas et de gauche à droite : une affiche sensuelle dessinée par Toulouse-Lautrec à la fin du XIXe siècle pour le livre de Victor Joze, Reine de joie, *paru en 1892 ; première apparition de la création de Michelin, Monsieur Bibendum, sur l'affiche de Marius Galop, en 1911 ; affiche pour les wagon-lits par Cassandre en 1929 ; affiche de Gaston Girbal pour un concert d'Édith Piaf à Paris en 1935 ; Maurice Chevalier – affiche de Charles Kiffer en 1936 ; les chaussures Bally en 1934 par Leonette Cappiello ; Banania buvant son chocolat – Anonyme de 1959 ; un des premiers usages des photo-montages pour Pernod, par Cassandre en 1934 ; affiche pour le Nectar des vins Nicolas, par Claude Lemeunier en 1938.*

À droite : affiche pour la danseuse espagnole Herrera, par Joël Martel en 1926.

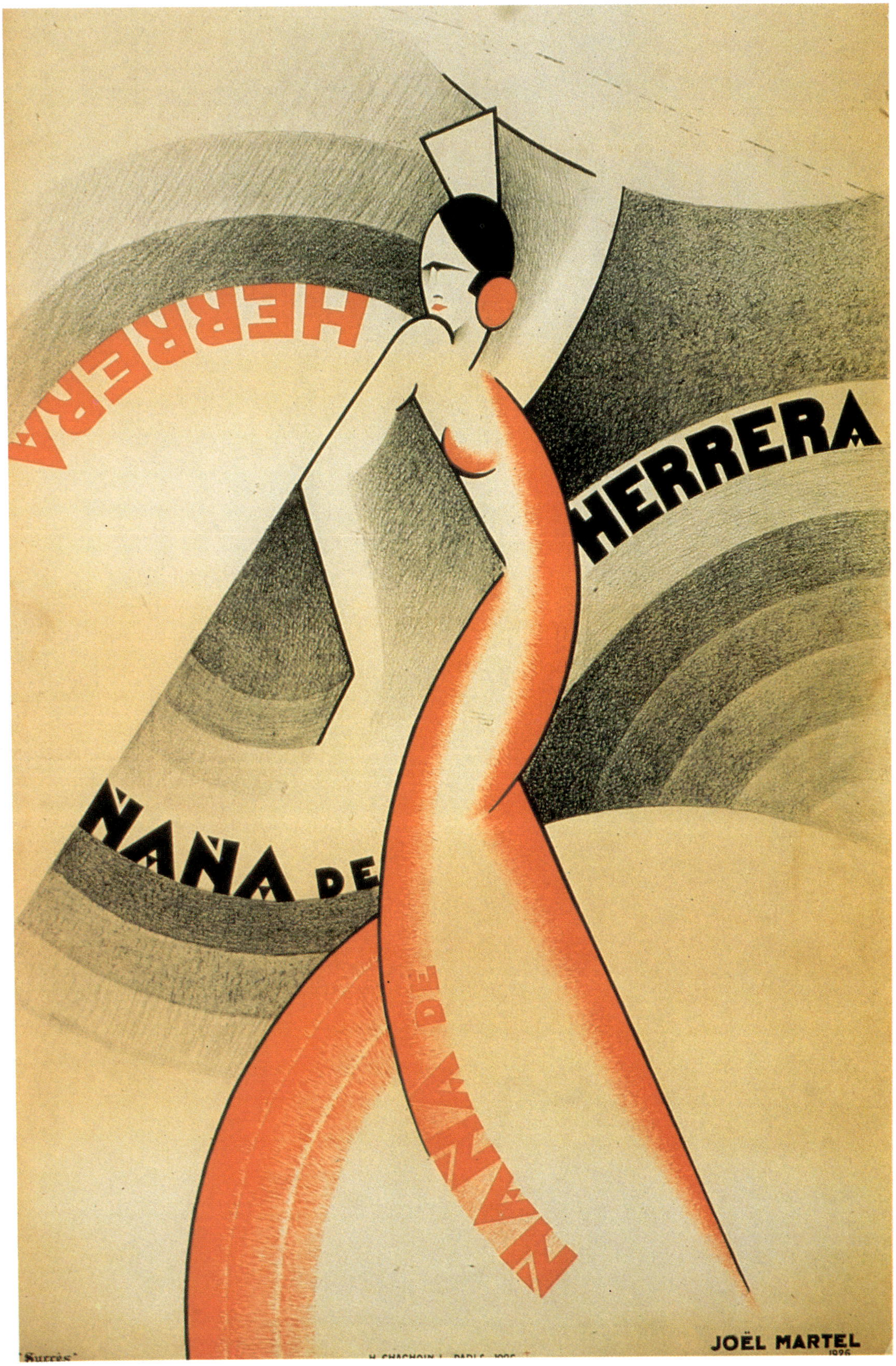

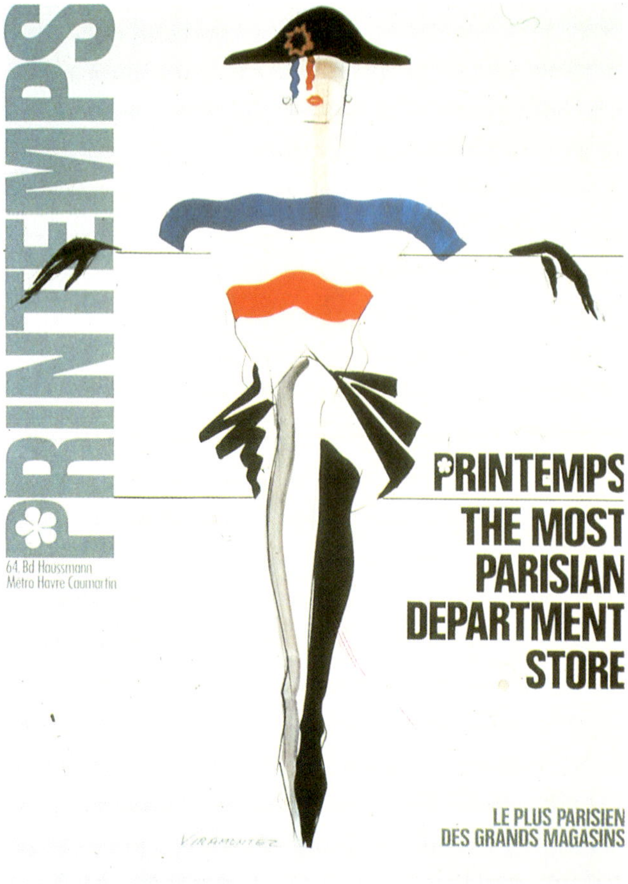
PRINTEMPS
64 Bd Haussmann
Métro Havre Caumartin
PRINTEMPS
THE MOST
PARISIAN
DEPARTMENT
STORE
LE PLUS PARISIEN
DES GRANDS MAGASINS

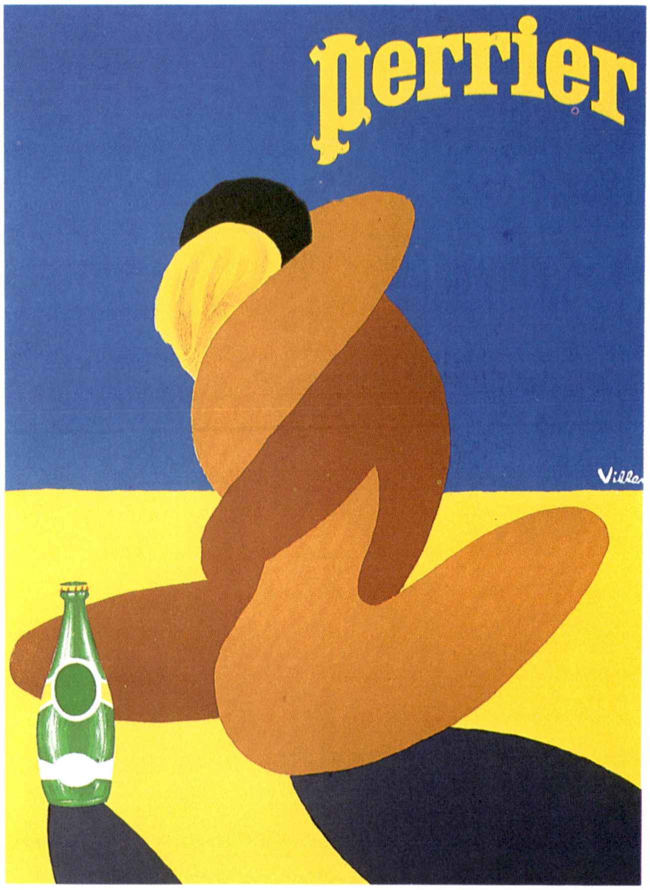
Perrier

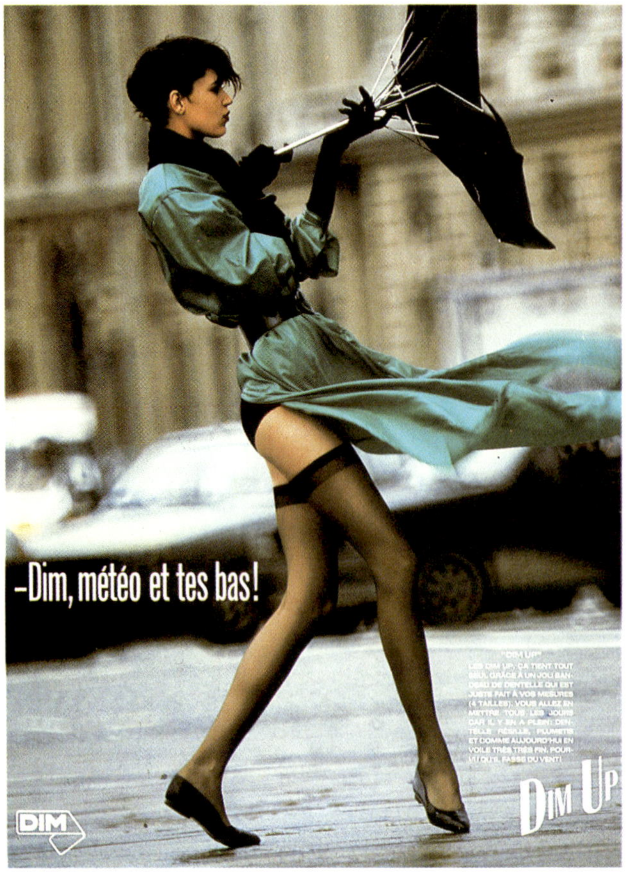
-Dim, météo et tes bas!
DIM
DIM UP

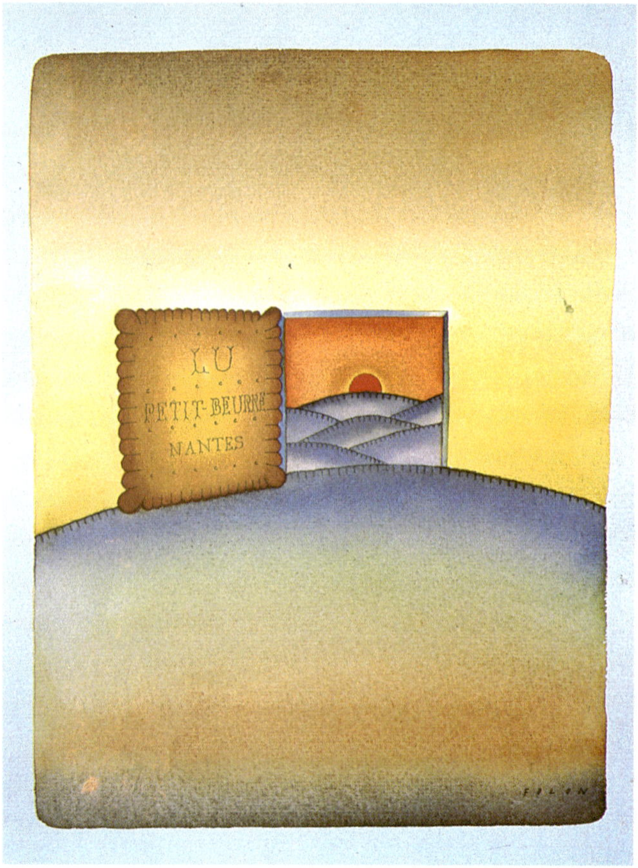
LU
PETIT-BEURRE
NANTES

La publicité moderne perpétue la tradition de haute qualité établie en France depuis la fin du XIXe siècle. Les images utilisées ont un caractère typiquement français. La photographie y tient une très grande place et s'inspire des œuvres publiées par les plus grands magazines. Cependant, les illustrateurs, dont beaucoup restent très influencés par l'œuvre des grands créateurs d'affiches des années vingt et trente, jouent encore un rôle très important dans ce domaine.

Page opposée, de haut en bas et de gauche à droite : affiche pour le grand magasin des élégantes, Le Printemps, *en 1984 ; affiche pour* Perrier, *par Bernard Villemot, en 1982 ; publicité pour les bas* Dim *en 1986 ; une illustration pour les biscuits* Lu, *par le légendaire Folon en 1986.*

Sur cette page :
En haut : affiche créée pour la RATP *à l'occasion de l'exposition* Le musée a le ticket *au musée de la Publicité, à Paris en mars 1983.*

En bas : affiche de Références *pour* Chantal Thomas, *en 1987.*

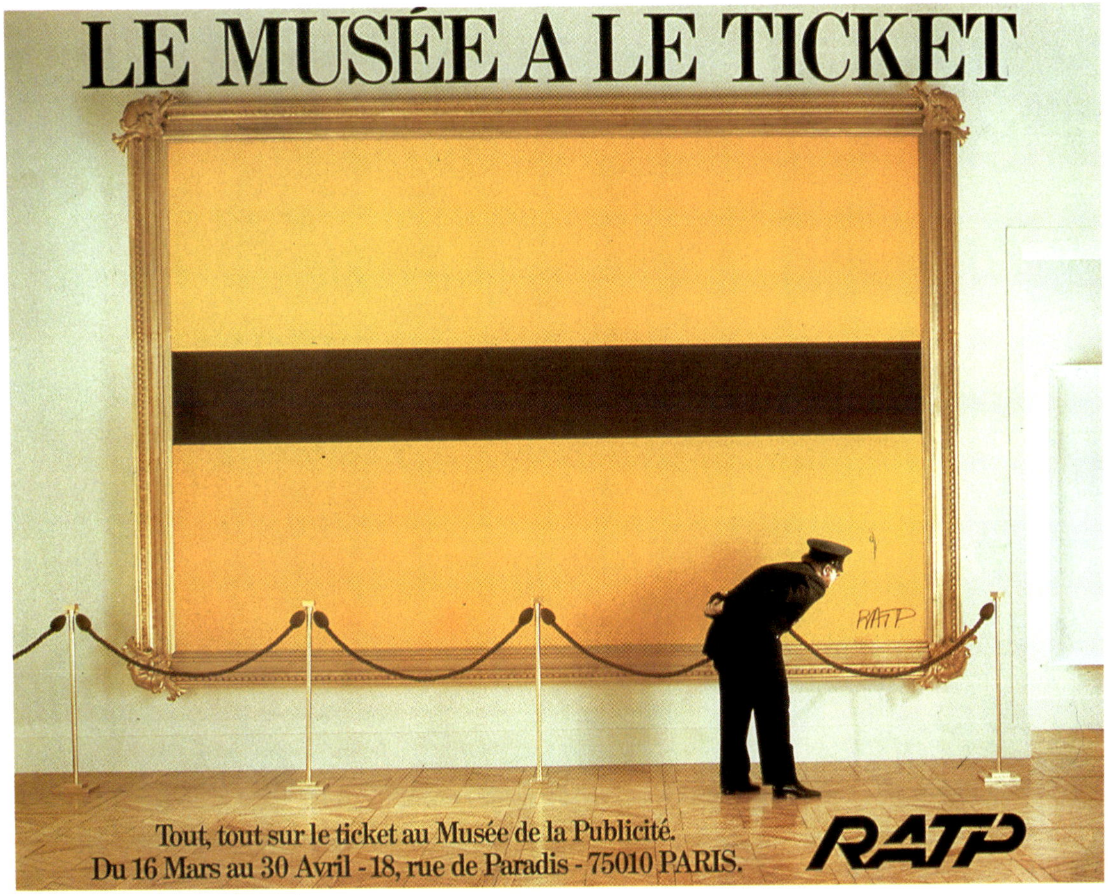

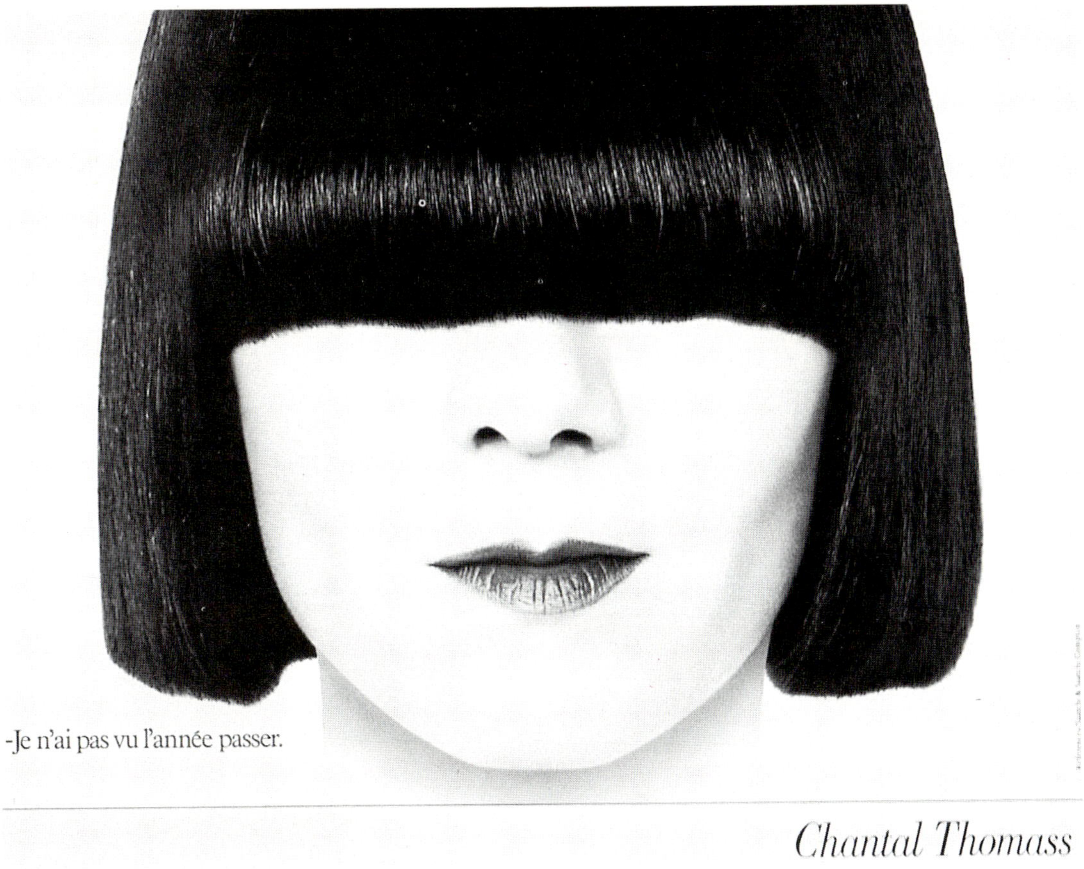

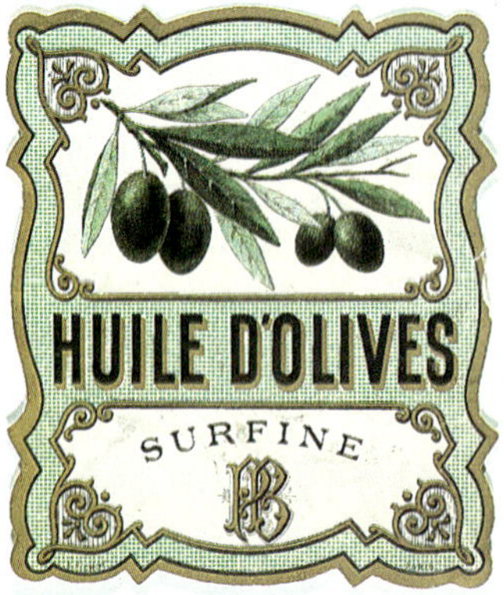

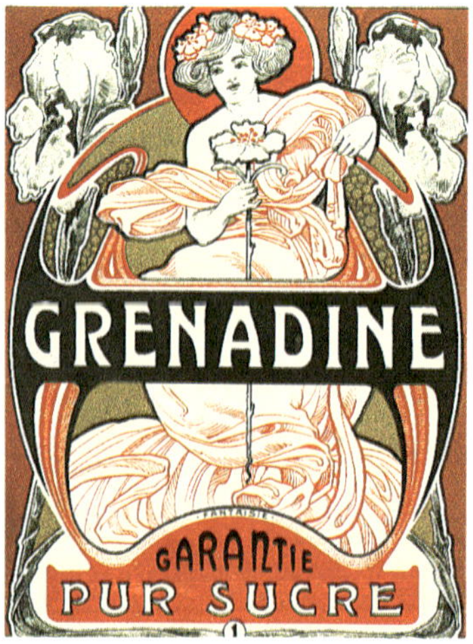

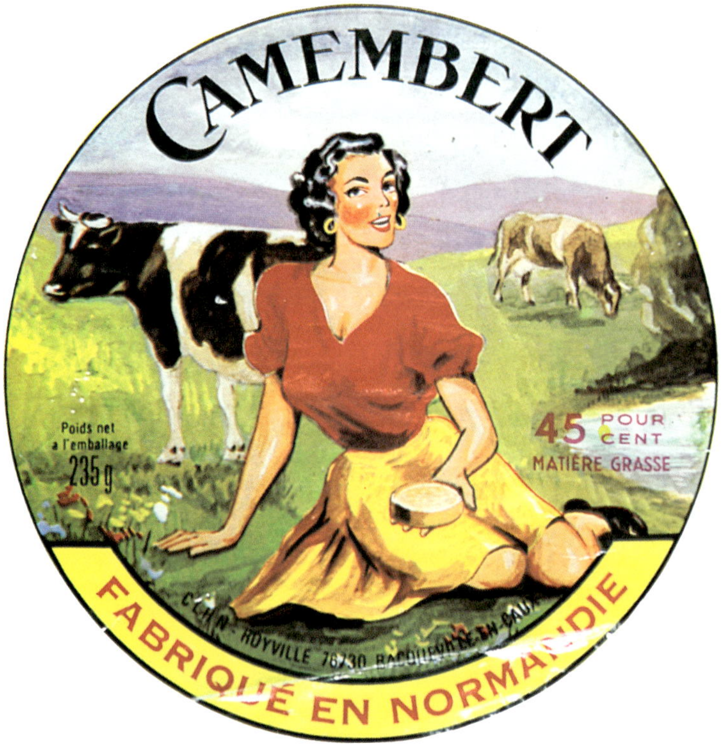

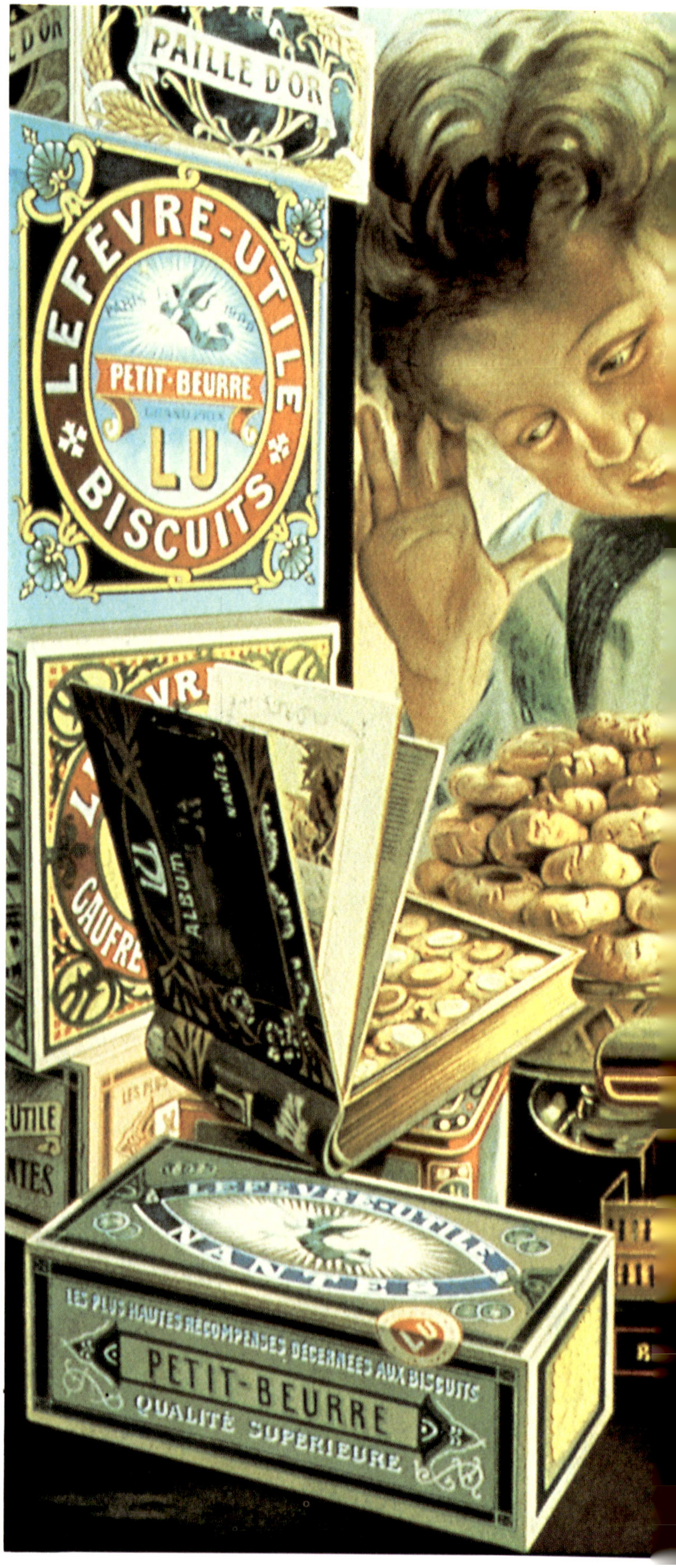

La permanence du graphisme des emballages français est assez remarquable, surtout lorsque l'on vient d'un pays comme l'Angleterre où, en raison du changement constant imposé par les fabricants, on a bien du mal à reconnaître un produit d'une année sur l'autre. Les Français ont appris à identifier un bon produit d'après son conditionnement.

Ci-dessus : une jeune Française, à l'allure toute hollywoodienne, nous invite à manger du camembert normand.

En haut, à gauche : étiquette pour de l'huile d'olive, datant de 1910.

En haut, à droite : étiquette pour de la grenadine, 1900.

À droite : cette affiche pour les biscuits Petit Beurre Lu présente la gamme de boîtes en fer et de paquets qui existaient en 1900, lorsque l'affiche fut dessinée par Bocchino.

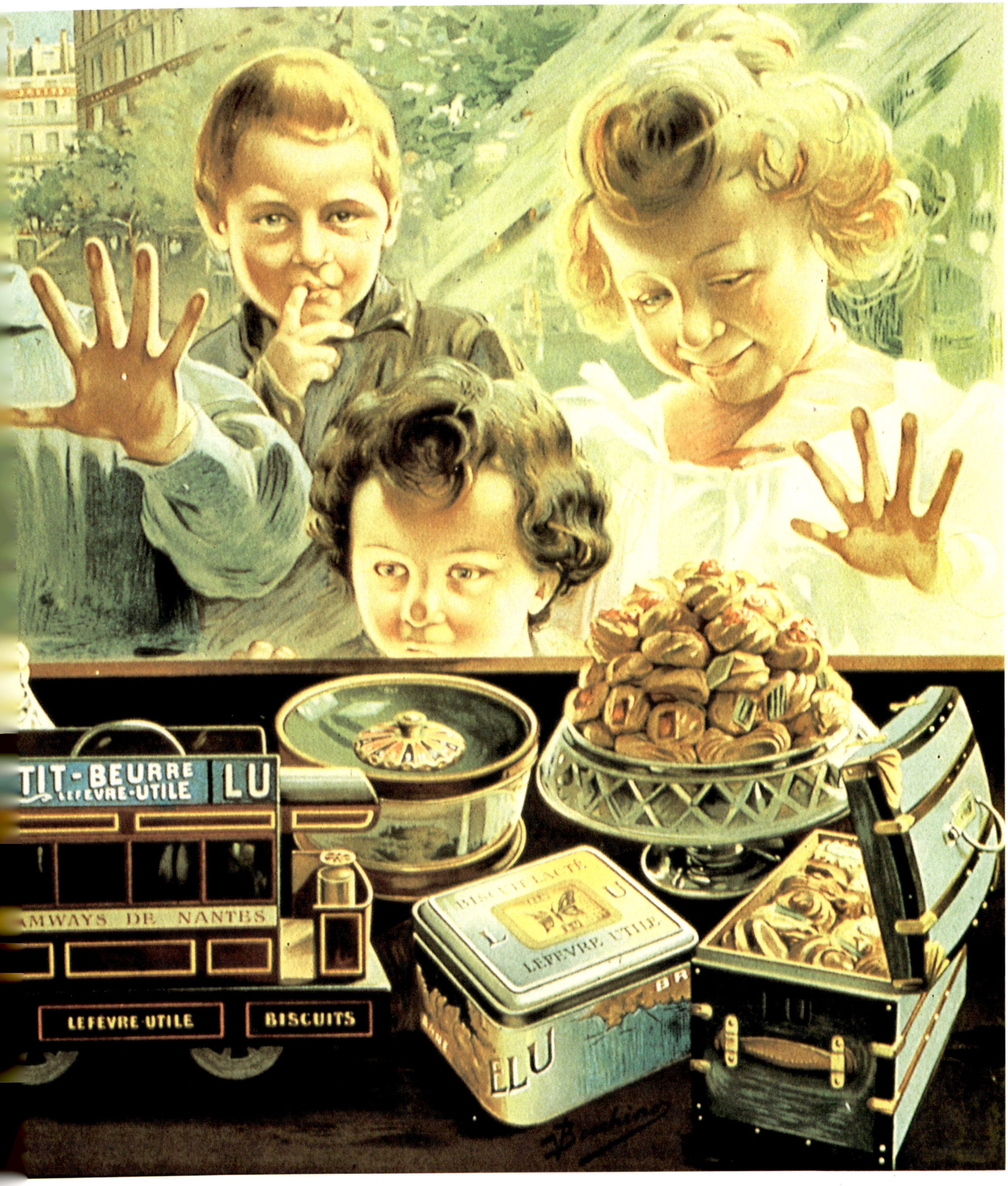
TIT-BEURRE
LEFEVRE-UTILE
LU
AMWAYS DE NANTES
LEFEVRE-UTILE
BISCUITS
LEFEVRE UTILE
ELU

Pour beaucoup, le classicisme français c'est une chaise Louis XIV, le plan de Paris d'Haussmann ou une robe de soirée somptueuse créée par Christian Dior pour une princesse moderne. Et cependant, pour moi, c'est dans la ligne de ses objets quotidiens, de ses articles de consommation courante et de l'emballage des marchandises destinées au marché de masse, que la France montre son excellence. Ces objets usuels dont nous faisons peu de cas sont pourtant le fruit de tout ce que nous admirons en France, de ce sens de l'innovation, qui est à l'origine de l'influence internationale du design français.

L'approche semble presque trop simple. Quand ils veulent être pris au sérieux, que ce soit lorsqu'ils conçoivent un livre, un journal de qualité ou une étiquette de bouteille de vin fin, les Français, suivant le proverbe selon lequel « le mieux est l'ennemi du bien », s'en tiennent à une approche purement classique. Les caractères du *Monde* sont foncièrement démodés, Gallimard ne songerait jamais à modifier la couverture crème ou la typographie classique de ses livres. Bien des aliments sains sont placés dans un emballage rustique derrière une étiquette curieuse qui annonce une composition 100 % naturelle.

L'importance de la place tenue dans la culture française par le cinéma se reflète dans le design des années trente et quarante — le paquet de Gitanes rappelle ces films noirs où les héros surgissaient de derrière un perpétuel écran de fumée de cigarette. Les dessins animés et les bandes dessinées ont eu aussi une influence, comme en témoignent les images vives et la typographie colorée.

Certains grands classiques français sont incroyablement simples. L'attrait qu'ils exercent sur le public est dû à leur design, dont la simplicité se suffit à elle-même et permet au produit de ne pas se démoder et de résister à l'évolution des goûts. Personne n'aurait l'idée d'améliorer le stylo-bille Bic ou le briquet Cricket. Ils n'en ont pas besoin. Tous deux en plastique, ils se jettent après usage et exercent une attraction indémodable.

Les Français possèdent l'art de transformer un objet terre à terre en produit élégant. Une fabrication irréprochable, l'emploi de matériaux de bonne qualité pour des objets extrêmement pratiques sans prétention ni détail décoratif qui pourrait mal s'accorder au style personnel de chacun, voici le secret du succès étonnant des casseroles Le Creuset et de la 2 CV Citroën.

Pour mettre en avant l'élégance et la qualité d'un produit, on crée pour lui un conditionnement classique. La bouteille de Perrier ne contient guère que de l'eau, mais quel panache dans sa présentation ! Autre merveilleux exemple de conditionnement en verre : le flacon de Chanel n° 5. Les parfums bien présentés se comptent par milliers mais aucun n'atteint la perfection classique, la pureté de lignes de ce flacon, qu'il s'agisse du petit ou du grand modèle.

Rendons donc hommage à la France, qui a su transformer en plaisir la possession d'objets ordinaires et usuels, et qui continue à nous donner des produits classiques à garder précieusement — ou à jeter après usage.

Le Monde

Bic – le crayon à bille créé par le baron Bich et diffusé pour la première fois en 1950.

Ricard joue sur la tradition pour sa bouteille de Pastis : ses étiquettes détaillent les prix remportés par la marque.

L'aspect moderne du cendrier reflète l'époque des années 50.

La carafe d'eau, dessinée en 1965, reprend la typographie colorée du cendrier et reinterprète ses lignes angulaires.

Tout d'abord appelé Tubagaz, le premier briquet jetable – le Criquet – fut créé par la société Dupont, avant d'être racheté par Feudor.

Les Gauloises ont opté pour le paquet souple – le graphisme est dû à Jacno en 1946, avec le célèbre casque gaulois stylisé.

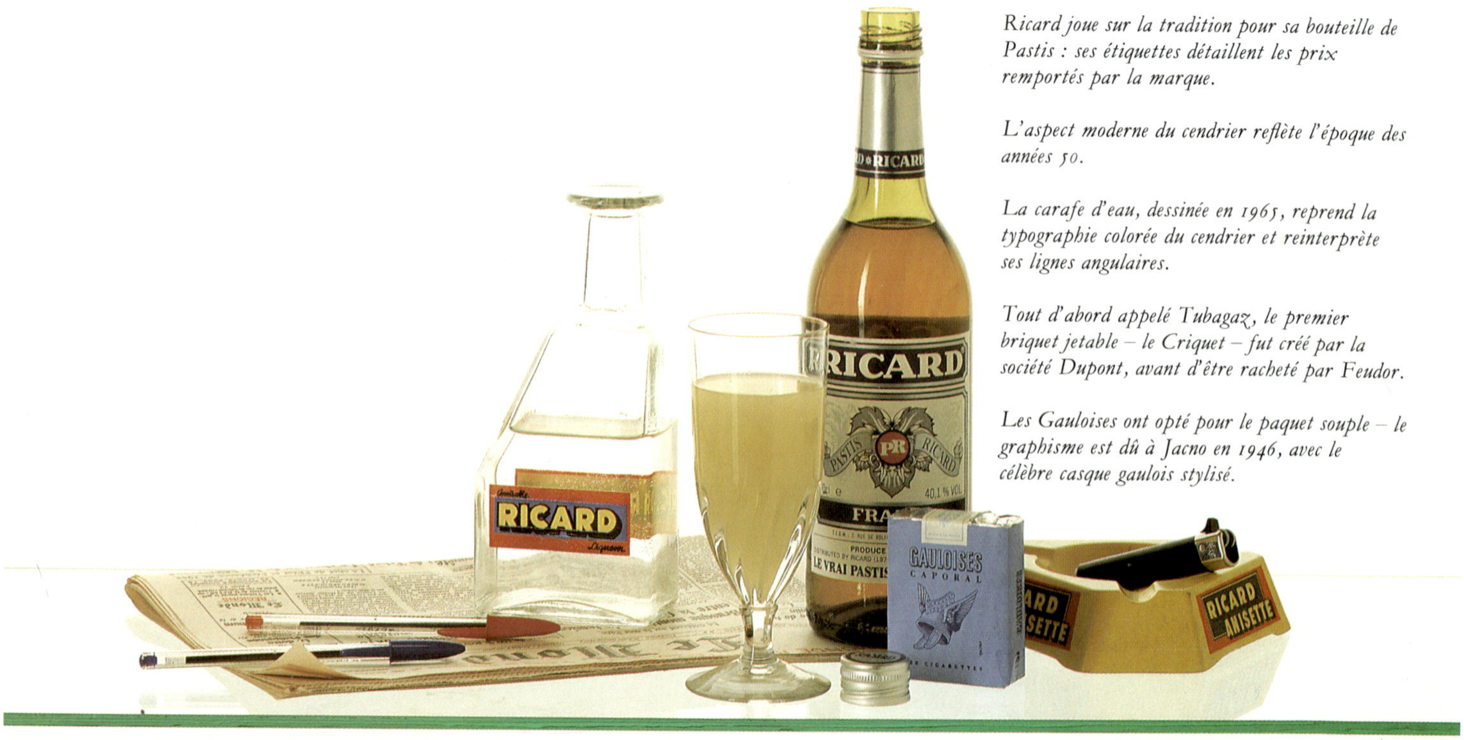

Confiture Bonne Maman ou moutarde Pommery : bonne qualité, simple et rustique.

La bouteille de Perrier créée en 1906 doit sa forme aux haltères de bois qu'utilisait pour sa culture physique Saint John Harmsworth, l'Anglais qui possédait le droit de mettre l'eau en bouteille.

Les biscuits Lu.

Emballage traditionnel en bois et étiquette rustique pour les Madeleines de la Cloche d'Or – inchangés depuis 1760.

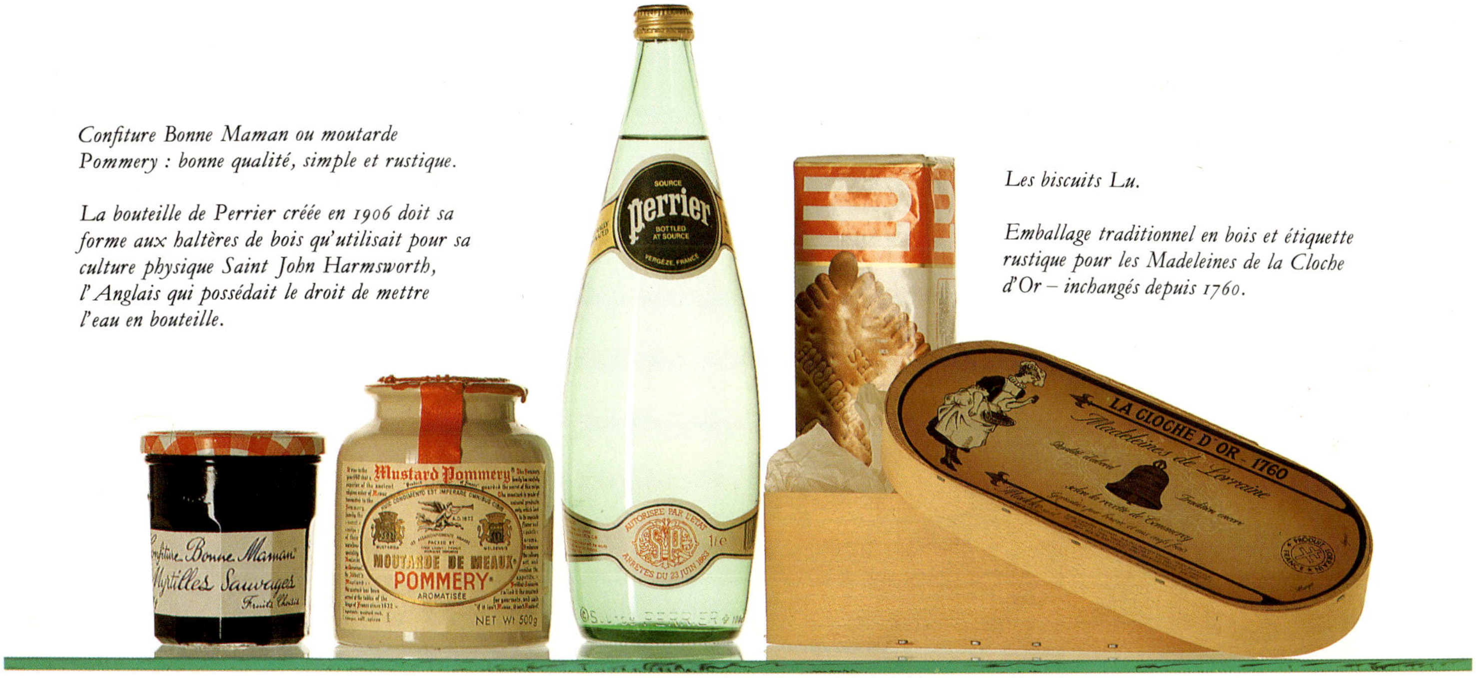

Kub fut créé dans sa présentation rouge en 1906. Le dessin original devait être adapté en 1958 pour lancer la version Kub Or.

La Vache Qui Rit et son image plaisante séduisent la clientèle du supermarché.

Le Petit Marseillais – savon à l'huile d'olive vierge – n'a pas changé depuis plus de cent ans.

Un camembert à l'effigie de Napoléon.

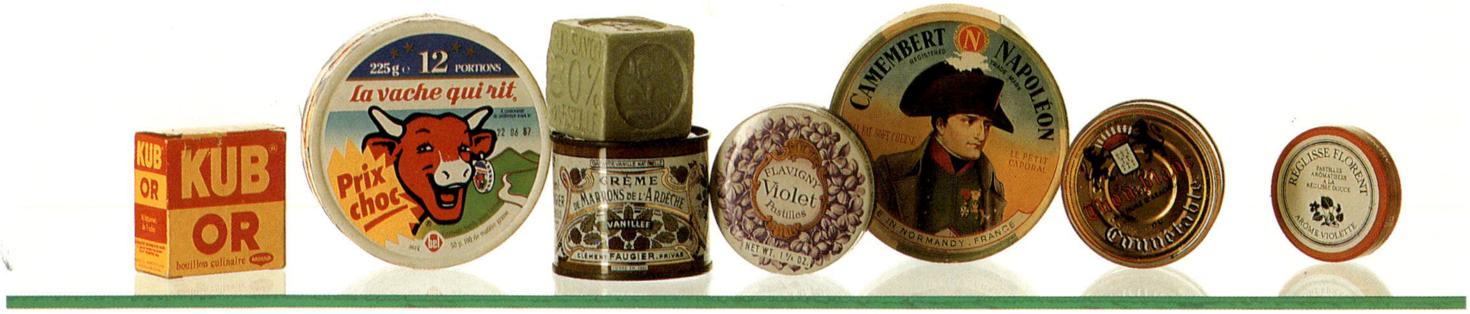

Emballage traditionnel pour produits traditionnels. Les Gitanes – graphisme par Max Ponty en 1947.

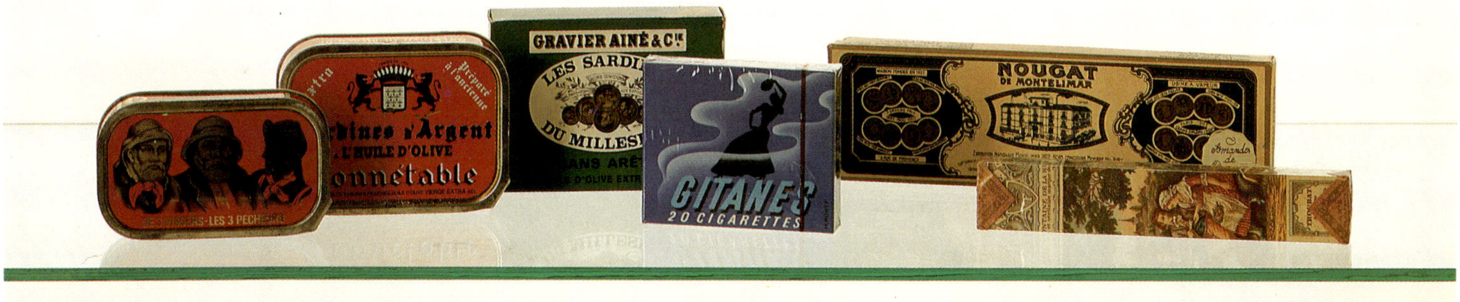

La porcelaine blanche classique.

La cafetière, aux lignes fonctionnelles et abstraites, a été créée par l'Italien Calimani en 1933 et raffinée au cours des années.

La bouteille de champagne, dépouillée de sa splendeur sans son étiquette – une symétrie simple et un bouchon utilitaire. La bouteille était à l'origine plus arrondie à la base, mais la nouvelle forme fut adoptée dans les années 1880.

Tasse à café et soucoupe hexagonale en porcelaine épaisse, utilisées dans tous les cafés de France.

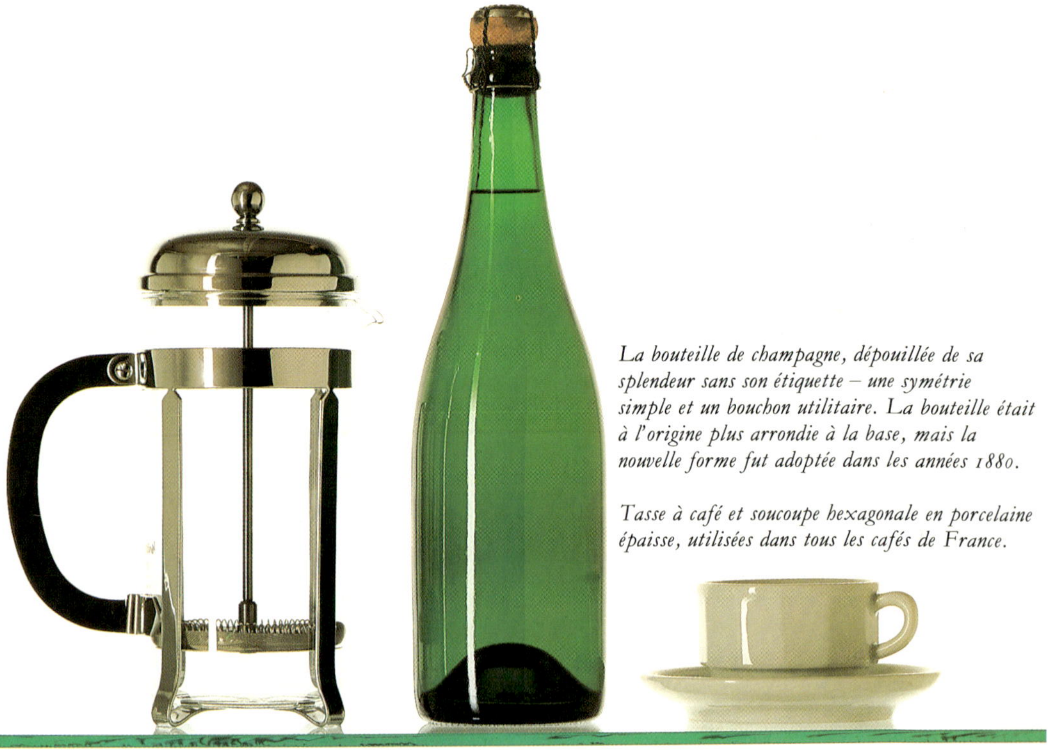

Saladier en porcelaine.

Canif en acier et ébonite, créé par Joseph Opinel en 1909 à Albiez-le-Vieux, près de Lyon.

Soupière.

Bol à café campagnard.

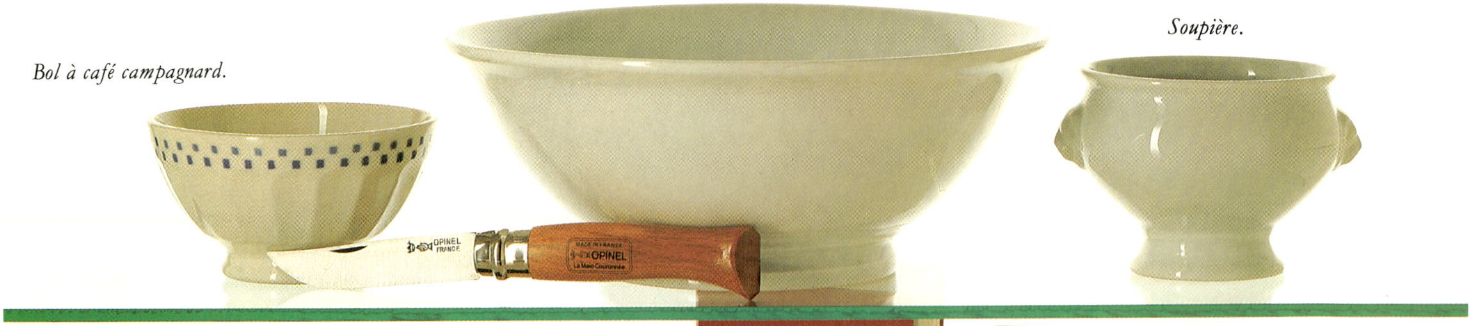

Cahier de classe à l'ancienne.

Plan et guide Michelin - 1900.

Un livre des éditions Gallimard – typographie, mise en page et couleurs demeurent fidèles à la conception classique des parutions depuis 1911.

Boule de pétanque, jeu populaire en France depuis le XIXe siècle.

La 2 CV Citroën, prototype de 1939.

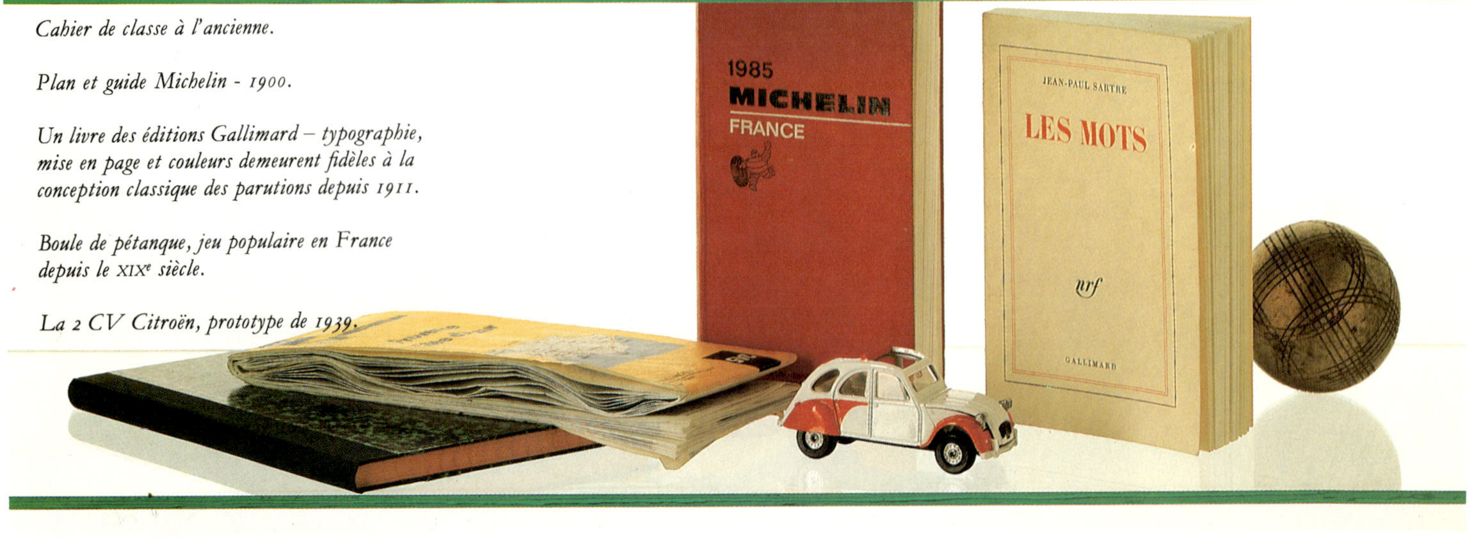

Le Parfait, boîte de conserve en verre, hermétiquement scellée, créée en 1950.

Panier à salade réalisé par des prisonniers.

Hachoir en forme de demi-lune.

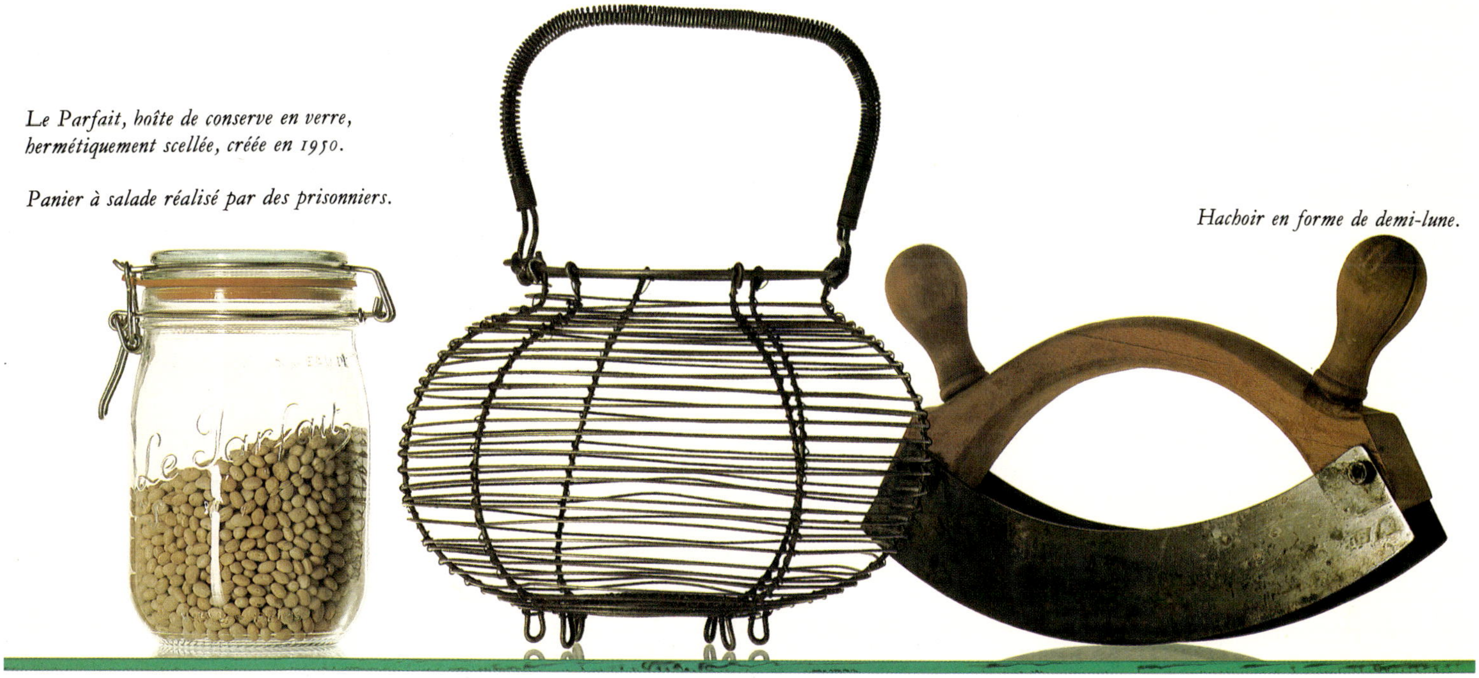

Le Creuset — créé par Jacques Obeque dans les années 30 — un faitout d'après un modèle datant de 1553.

Le couteau de Sabatier dessiné par Masset en 1885.

Dans les cafés, boîtier pour allumettes, avec côté grattoir.

Ramequin de porcelaine ou moule à soufflé.

Coutellerie dessinée par Jean-Emmanuel Bodinat pour Scof en 1975.

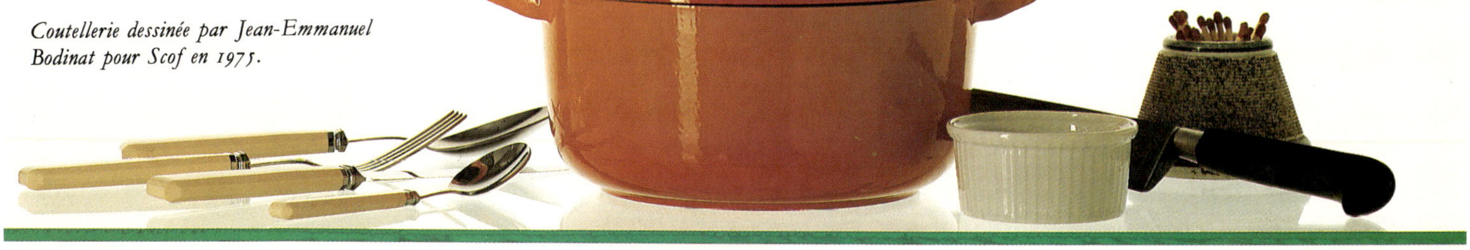

Verre de Lalique destiné à servir de bouchon de radiateur automobile, 1928.

Bouteille pour le Chanel n° 5, dessinée par Jean Helleu en 1925.

Montre créée par Cartier en 1917.

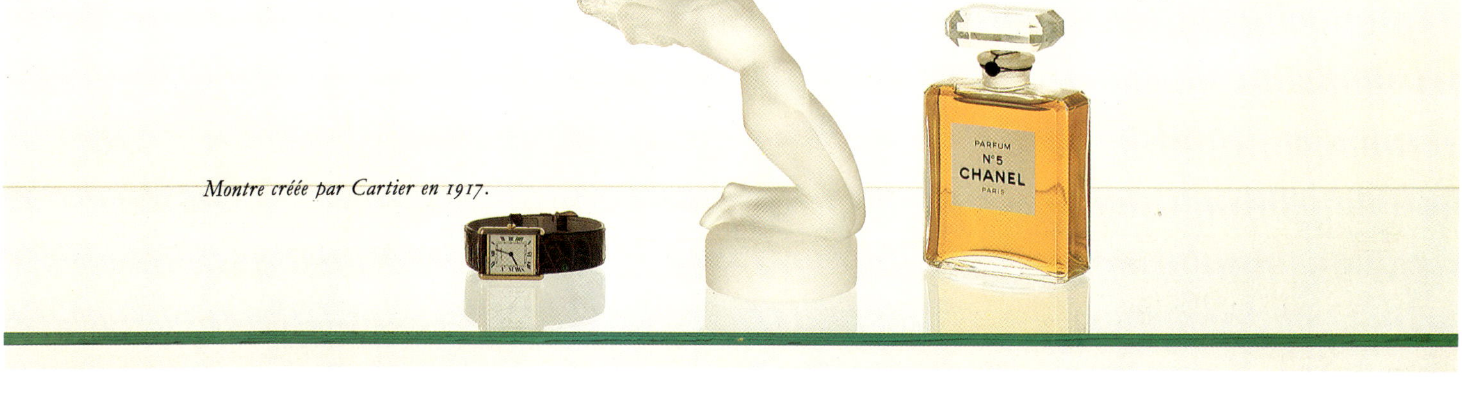

INDEX

Les chiffres en italiques renvoient aux illustrations et légendes

P

Q

R

S

T

U

V

W, X, Y, Z

CRÉDITS PHOTOGRAPHIQUES

L'éditeur remercie les photographes et les organisations qui lui ont permis de reproduire dans ce livre leurs photographies :

1 Guy Bouchet ; **2** Raymond de Seynes ; **3** Christian Sarramon ; **4** Gilles de Chabaneix ; **6** sir Terence Conran ; **8 en haut** Sabine Weiss/Rapho ; **8 au centre** Rex Features/SIPA/Nicolas ; **8 en bas** Alain Kubacsi/Explorer ; **9 en haut, à gauche** Tessa Traeger ; **9 en haut, à droite** Denis Hughes-Gilbey ; **9 au centre, à gauche** John Garrett ; **9 au centre, à droite** Denis Hughes-Gilbey ; **9 en bas, à gauche** Richard Kalvar/Magnum/Agence John Hillelson ; **9 en bas, à droite** Chito/ANA/Agence John Hillelson ; **10 en haut, à gauche** Germain/Rapho ; **10 en haut, au centre** Christian Errath/Explorer ; **10 en haut, à droite** Alex MacLean/Conran Octopus ; **10 au centre, à gauche** Jeannine Niepce/Rapho ; **10 au centre** Alexandre Bailhache ; **10 au centre, à droite** Michelangelo Durazzo/ANA/Agence John Hillelson ; **10 en bas, à gauche** Hervé Gloaguen/Rapho ; **10 en bas, au centre** Jean-Paul Dumontier ; **10 en bas, à droite** Hervé Gloaguen/Rapho ; **11** Miss Selfridge ; **12 en haut** Dick Scott Stewart ; **12 au centre** Patrick Ward ; **12 en bas** Guy Bouchet ; **13 en haut** Christian Sarramon ; **13 au centre** Michael Busselle ; **13 en bas** Bruno Barbey/Magnum/Agence John Hillelson ; **14 en haut** Alex MacLean/Conran Octopus ; **14 en bas** Jacques Gayard/REA ; **14-15** Archives couleurs du *Daily Telegraph*/Graham Harrison ; **16 en haut, à gauche** John Heseltine ; **16 en haut, à droite** Denis Hughes-Gilbey ; **16 au centre, à gauche** Christian Sarramon ; **16 au centre, à droite** Alexandre Bailhache/Conran Octopus ; **16 en bas, à gauche** Michangelo Durazzo/ANA/Agence John Hillelson ; **16 en bas à droite** Bibliothèque photographique Robert Harding/Christine Cascoigne ; **17** Jean-Paul Dumontier ; **18** Dick Scott Stewart ; **19 en haut, à gauche** Rex Features/SIPA/Stumpf ; **19 en haut, à droite** Ernst Haas/Magnum/Agence John Hillelson ; **19 au centre, à gauche** Jean-Paul Dumontier ; **19 au centre, à droite** Alex MacLean/Conran Octopus ; **19 en bas, à gauche** Dick Scott Stewart ; **19 en bas, à droite** Alex MacLean/Conran Octopus ; **20 en haut** Guy Bouchet ; **20 en bas** Agence Susan Griggs/Adam Woolfitt ; **21 en haut** Caroline Lespinasse/REA ; **21 en bas** Jean-Noël Reichel/Agence Top ; **22** sir Terence Conran ; **24** Bibliothèque Zefa Picture ; **25 à gauche** Musée de la Publicité — Paris ; **25 en haut, à droite** Jean-Paul Dumontier ; **25 en bas, à droite** Agence Susan Griggs/Cotton Coulson ; **26** Denis Hughes-Gilbey ; **27** Serge Chirol ; **28 à gauche** Raymond de Seynes ; **28 à droite** Philippe Perdereau et Brigitte Thomas ; **28-29** Bibliothèque photographique Robert Harding/Walter Rawlings ; **30 en haut** Philippe Perdereau et Brigitte Thomas ; **30 au centre** Alexandre Bailhache ; **30 en bas** Archives du *Photographer's* ; **31** Patrick Eagar ; **32 en haut** Georges Carde/Explorer ; **32 au centre** Anne Gaël ; **32 en bas** Denis Hughes-Gilbey ; **33** Gilles de Chabaneix ; **34-35** Francis Jalain/Explorer ; **35** Philippe Perdereau et Brigitte Thomas ; **36** Philippe Perdereau ; **37** Peter Baistow ; **38** Michèle Lamontagne ; **39** Philippe Perdereau ; **40-41** Philippe Perdereau et Brigitte Thomas ; **42 en haut** Georges Carde/Explorer ; **42 en bas** Musée de la Publicité — Paris (© DACS, 1987) ; **43** Guy Bouchet ; **44 à gauche** Bibliothèque des Directeurs Artistiques ; **44 à droite** Homer Sykes ; **45 en haut** Bachoffner/Gamma/Frank Spooner ; **45 en bas** Homer Sykes ; **46 de haut en bas** Philip Plisson/Explorer, Neil Holmes, Andy Hasson, Francis Jalain/Explorer ; **46-47** Joël Ducange/Agence Top ; **48 en haut** Pascal Hinous/Agence Top ; **48 au centre** Jean-Paul Dumontier ; **48 en bas** Christian Weiss/REA ; **48-49** Christian Weiss/REA ; **50 en haut** Agence Susan Griggs/John G. Ross ; **50 en bas** Archives photographiques Anthony Blake ; **51 en haut, à gauche** Robert Estall ; **51 en haut, à droite** Jean Gaumy/Magnum/Agence John Hillelson ; **51 en bas** Luc Choquer/VU ; **52 en haut** Eric Rocel/REA ; **52 en bas** Pierre Hussenot/Agence Top ; **53** Hervé Gloaguen/Rapho ; **54-55** Guy Bouchet ; **56 en haut, à gauche** Anne Gaël ; **56 en haut, à droite** Christian Sarramon ; **56 au centre, à gauche** Raymond de Seynes ; **56 au centre, à droite** Denis Hughes-Gilbey ; **56 en bas, à gauche** Robert Tixador/Agence Top ; **56 en bas, à droite** Henri Cartier-Bresson/Magnum/Agence John Hillelson ; **57** Denis Hughes-Gilbey ; **58 en haut** Christian Sarramon ; **58 en bas** Eddy Posthuma de Boer ; **59 en haut** Agence Susan Griggs/Adam Woolfitt ; **59 en bas** Raymond de Seynes ; **60-61** sir Terence Conran ; **63** Rosine Mazin/Agence Top ; **64-65** Norman Parkinson Ltd ; **66** Lauros — Giraudon, Institut des Beaux-Arts, Chicago (© ADAGP, 1987) ; **67 à gauche** Jean-Paul Dumontier ; **67 à droite** Archives photographiques BBC Hulton ; **68** Jean-Philippe Charbonnier/Agence Top ; **69** Rosine Mazin/Agence Top ; **70-71** Yann Arthus-Bertrand/Explorer ; **72 en haut** Raymond de Seynes ; **72 en bas** Christian Sarramon ; **73** Rosine Mazin/Agence Top ; **74 en haut** Rex Features/SIPA/Stumpf ; **74 au centre** Christian Sarramon ; **74 en bas** Rosine Mazin/Agence Top ; **75** Christian Sarramon ; **76-77** Yann Arthus-Bertrand/Explorer ; **78 en haut** Patrick Lorne/Explorer ; **78 en bas** Gilles de Chabaneix ; **79** Alex MacLean/Conran Octopus ; **80 en haut, à gauche** Francis Jalain/Explorer ; **80 en haut, à droite** Alex MacLean/Conran Octopus ; **80 au centre** Alex MacLean/Conran Octopus ; **80 en bas, à gauche** Alex MacLean/Conran Octopus ; **80 en bas, à droite** François Le Diascorn/Agence Top ; **81** Raymond de Seynes ; **82-83** Jean-Pierre Couderc/Agence Top ; **84** Jean-Paul Nacivet/Explorer ; **85** Jean-Paul Dumontier ; **86 en haut** Gilles de Chabaneix ; **86 en bas** Andrej Reiser/Bilderberg ; **87 en haut** Rex Features/SIPA/Stumpf ; **87 en bas** Rex Features/SIPA ; **88 en haut** Rosine Mazin/Agence Top ; **88 au centre** Serge Korniloff ; **88 en bas** Serge Korniloff ; **89** Serge Korniloff ; **90** sir Terence Conran ; **92** Terry McCormick/Conran Octopus ; **92 encart** Gilles de Chabaneix ; **93 en haut** Philippe Perdereau et Brigitte Thomas ; **93 au centre** Francis Jalain/Explorer ; **93 en bas** Jean-Paul Dumontier ; **94 en haut** Philippe Perdereau et Brigitte Thomas ; **94 en bas** Robert Estall ; **94-95** Christian Sarramon ; **96 en haut** Michael Busselle ; **96 en bas** Denis Hughes-Gilbey ; **97 en haut** Alexandre Bailhache ; **97 en bas** The Bank Image/Peter Miller ; **98-105** Alex MacLean/Conran Octopus ; **106** Hervé Gloaguen/Rapho ; **107 en haut** Philippe Perdereau et Brigitte Thomas ; **107 au centre** Christian Sarramon ; **107 en bas** Jean-Paul Dumontier ; **108 en haut** Remi Michel/Rapho ; **108 en bas** Jean-Paul Dumontier ; **109 en haut** Denis Hughes-Gilbey ; **109 au centre** Joël Ducange/Agence Top ; **109 en bas** Jacques Gayard/REA ; **110 en haut** Denis Hughes-Gilbey ; **110 en bas** Collection Archives Retrograph, Londres ; **111 en haut** Robert Estall ; **111 en bas** Rosine Mazin/Agence Top ; **112 en haut** Caroline Lespinasse/REA ; **112 en bas** Christian Sarramon ; **113 en haut** Philippe Roy/Explorer ; **113 en bas** Jean-Paul Dumontier ; **114 en haut** Jean-Paul Dumontier ; **114 au centre** Anne Gaël ; **114 en bas** Raymond de Seynes ; **115** Agence Susan Griggs/Adam Woolfitt ; **116** Rosine Mazin/Agence Top ; **117 en haut** Christian Sarramon ; **117 au centre** Jacques Gayard/REA ; **117 en bas** Bibliothèque photographique Robert Harding/Michael H. Black ; **118 en haut** Jacques Gayard/REA ; **118 en bas** Jean-Guy Jules/ANA/Agence John Hillelson ; **119 en haut** Rosine Mazin/Agence Top ; **119 en bas** The Bank Image/Bernard Roussell ; **120** Rosine Mazin/Agence Top ; **121 en haut** Christian Sarramon ; **121 au centre** Jacques Gayard/REA ; **121 en bas** Christian Sarramon ; **122** Michael Busselle ; **122-123** Charlie Waite/Landscape Only ; **124-125** Jean-Paul Dumontier ; **126 en haut, à gauche** Denis Hughes-Gilbey ; **126 en haut, à droite** Christian Sarramon ; **126 en bas** Christian Sarramon ; **127** Christian Sarramon ; **128 en haut, à gauche** Bibliothèque photographique Robert Harding/Robert Cundy ; **128 en haut, à droite** *La Maison de Marie-Claire*/Gilles de Chabaneix ; **128 au centre, à gauche** Lavalette/Vloo ; **128 au centre, à droite** Sellier/Vloo ; **128 en bas, à gauche** B. Thomas/Explorer ; **128 en bas, à droite** Philippe Perdereau ; **129** Christian Sappa/CEDRI ; **130 en haut, à gauche** Christian Sarramon ; **130 en haut, à droite** Charlie Waite/Landscape Only ; **130 au centre, à gauche** Francis Jalain/Explorer ; **130 en bas** Christian Sarramon ; **131** Christian Sarramon ; **132 en haut** Agence Susan Griggs/Monique Jacot ; **132 en bas** Denis Hughes-Gilbey ; **133 en haut** Guy Bouchet ; **133 en bas** Stafford Cliff ; **134** Christian Sarramon ; **135 à gauche** Christian Sarramon ; **135 à droite** Hervé Gloaguen/Rapho ; **136** Jean-Erik Pasquier/Rapho ; **137** Serge Korniloff ; **138 en haut, à gauche** Jean Mounicq/ANA/Agence John Hillelson ; **138 en haut, à droite** Denis Hughes-Gilbey ; **138 en bas** Jean Mounicq/ANA/Agence John Hillelson ; **139 à gauche** Denis Hughes-Gilbey ; **139 à droite** Michelangelo Durazzo/ANA/Agence John Hillelson ; **140 en haut** Jean-Paul Dumontier ; **140 en bas** René Volot/Explorer ; **141 en haut** Serge Chirol ; **141 en bas** Ciccione/Rapho ; **142** sir Terence Conran ; **144 en haut** Jean Gaumy/Magnum/Agence John Hillelson ; **144 en bas** Jean-Paul Dumontier ; **145 à gauche** Bibliothèque du *Photographer*/Mike Busselle ; **145 à droite** Christian Sarramon ; **146 en haut** Jean-Paul Dumontier ; **146 en bas, à gauche** Jean Gaumy/Magnum/Agence John Hillelson ; **146 en bas, à droite** Jean-Paul Dumontier ; **147 en haut** Bernard Descamps/VU ; **147 en bas** Antoine Rozès ; **148 en haut** Robert Estall ; **148 au centre** Alex MacLean/Conran Octopus ; **148 en bas, à gauche** Sabine Weiss/Rapho ; **148 en bas, à droite** Raymond de Seynes ; **149** Bibliothèque photographique Anthony Blake **150-151** Bibliothèque du *Photographer* ; **151 en haut** Bibliothèque photographique Anthony Blake ; **151 en bas** Gilles de Chabaneix ; **152 en haut** Alex MacLean/Conran Octopus ; **152 au centre** Jean-Paul Dumontier ; **152 en bas** Jean-Paul Dumontier ; **153 en haut** Alex MacLean/Conran Octopus ; **153 au centre** Alex MacLean/Conran Octopus ; **153 en bas** Michelangelo Durazzo/ANA/Agence John Hillelson ; **154 en haut** Michelle Garrett ; **154 en bas** Rosine Mazin/Agence Top ; **155 en haut** Denis Hughes-

Gilbey ; **155 en bas** Michelle Garrett ; **156-157** Denis Hughes-Gilbey ; **157** Laurent Rousseau/Agence Top ; **158 en haut** Denis Hughes-Gilbey ; **158 en bas, à gauche** John Garrett ; **158 en bas, à droite** Guy Bouchet ; **158-159** Michael Busselle ; **159 à gauche** Patrick Ward ; **159 à droite** Denis Hughes-Gilbey ; **160** Lorna Yabsley/Landscape Only ; **161** Stafford Cliff ; **162 en haut, à gauche** Philippe Perdereau ; **162 en haut, au centre** Christian Sarramon ; **162 en haut, à droite** Denis Hughes-Gilbey ; **162 en bas, à gauche** Christian Sarramon ; **162 en bas, au centre** Jean-Paul Dumontier ; **162 en bas, à droite** Bibliothèque photographique Anthony Blake ; **163 en haut, à gauche** Denis Hughes-Gilbey ; **163 en haut, au centre** Denis Hughes-Gilbey ; **163 en haut, à droite** Agence Susan Griggs/Adam Woolfitt ; **163 en bas, à gauche** Denis Hughes-Gilbey ; **163 en bas, au centre** Patrick Ward ; **163 en bas, à droite** Guy Bouchet ; **164-165** Denis Hughes-Gilbey ; **166** Christian Sarramon ; **167 à gauche** Denis Hughes-Gilbey ; **167 à droite** René Burri/Magnum/Agence John Hillelson ; **168** Guy Bouchet ; **169 en haut** Raymond de Seynes ; **169 au centre** Guy Bouchet ; **169 en bas, à gauche** Gilles de Chabaneix ; **169 en bas, à droite** Raymond de Seynes ; **170 à gauche** Tessa Traeger ; **170 à droite** Raymond de Seynes ; **171 à gauche** Tessa Traeger ; **171 à droite** Richard Kalvar/Magnum/Agence John Hillelson ; **172 en haut** Bruno Barbey/Magnum/Agence John Hillelson ; **172 en bas, à gauche** Bibliothèque photographique Anthony Blake ; **172 en bas, à droite** Michelle Garrett ; **173** avec la permission de Stafford Cliff ; **174-175** FAZ Magazin/Hermann Dornhege ; **176 en haut** Hervé Donnezan/Rapho ; **176 au centre** Agence Susan Griggs/Adam Woolfitt ; **176 en bas** Denis Hughes-Gilbey ; **177** Raymond de Seynes ; **178 en haut, à gauche** Patrick Ward ; **178 en haut, à droite** Dailloux/Rapho ; **178 au centre** Christian Sarramon ; **178 en bas, à gauche** Frederic Pitchal/REA ; **178 en bas, à droite** Bibliothèque du *Photographer* **179** Tony Stone Worldwide/Jon Wyand ; **180 en haut, à gauche** Rex Features/SIPA/Cinello ; **180 en bas, à gauche** Moët & Chandon ; **180 à droite** Serge Korniloff ; **181** Spectrum Colour Library ; **182** sir Terence Conran ; **184 en haut** François Halard ; **184 bas** Alex MacLean/Conran Octopus ; **185** Charlie Waite/Landscape Only ; **186** Gilles de Chabaneix ; **187 en haut, à gauche** Pascal Hinous/Agence Top ; **187 en haut, à droite** François Halard ; **187 en bas, à gauche** Christian Sarramon ; **187 en bas, à droite** *La Maison de Marie-Claire*/Chabaneix/Belmont ; **188 en haut** *La Maison de Marie-Claire*/Mounicq/Vallery-Radot ; **188 au centre, à gauche** Serge Chirol ; **188 au centre, à droite** Anne Gaël ; **188 en bas, à gauche** Gilles de Chabaneix ; **188 en bas, à droite** Jean-Paul Dumontier ; **189 en haut** Christian Sarramon ; **189 en bas** *100 Idées*/Bouchet/Le Foll ; **190** Michael Busselle ; **191 en haut, à gauche** Christian Sarramon ; **191 en haut, à droite** Jean-Paul Dumontier ; **191 en bas, à gauche** Alexandre Bailhache ; **191 en bas, à droite** Christian Sarramon ; **192** Jean-Paul Dumontier ; **193** Christian Sarramon ; **194** Francis Jalain/Explorer ; **195 en haut** The Bank Image/Hans Breedveld ; **195 au centre** Gary Sommer/Explorer ; **195 en bas** Christian Sarramon ; **196 en haut** Philippe Perdereau et Brigitte Thomas ; **196 au centre** Christian Sarramon ; **196 en bas** Guy Bouchet ; **197** Christian Sarramon ; **198 en haut** The Bank Image/Francisco Hidalgo ; **198 au centre** Jean-Paul Hervy/Explorer ; **198 en bas** Robert Auvin/Agence Top ; **199** Charlie Waite/Landscape Only ; **200 en haut, à gauche** Andy Hasson ; **200 en haut, à droite** Guy Bouchet ; **200 en bas, à gauche** Michael Busselle ; **200 en bas, à droite** Guy Bouchet ; **201 en haut** Guy Bouchet ; **201 en bas** Francis Jalain/Explorer ; **202 en haut** Gilles de Chabaneix, **202 en bas** Yves Duronsoy/*Mon Jardin et Ma Maison* ; **203** Antoine Rozès ; **204-205** *World of Interiors*/Jacques Dirand ; **206 en haut** Jean-Paul Bonhommet ; **206 en bas** Jean-Paul Dumontier ; **207 en haut** Pascal Hinous/Agence Top ; **207 en bas** Yves Duronsoy/*Mon Jardin et Ma Maison* ; **208** Gilles de Chabaneix ; **209 en haut, à gauche** Yves Duronsoy/*Mon Jardin et Ma Maison* ; **209 en haut, à droite** Christian Sarramon ; **209 en bas, à gauche** *La Maison de Marie-Claire*/Eriaud ; **209 en bas, à droite** Yves Duronsoy/*Mon Jardin et Ma Maison* ; **210** *Maison Française*/Jacques Dirand ; **211 en haut** François Halard ; **211 au centre** Yves Duronsoy ; **211 en bas** Guy Bouchet ; **212-213** Pascal Hinous/Agence Top (designer Jacques Granges) ; **213** *La Maison de Marie-Claire*/Nico/Dhar ; **214 en haut** Peter Baistow ; **214 en bas** *World of Interiors*/Jacques Dirand ; **215** *World of Interiors*/Jacques Dirand ; **216 en haut** Tessa Traeger ; **216 en bas** Gilles de Chabaneix ; **217 en haut** Jean-Paul Bonhommet ; **217 en bas** Yves Duronsoy/*Mon Jardin et Ma Maison* ; **218 à gauche** Alexandre Bailhache ; **218 à droite** Guy Bouchet ; **219 en haut** Christian Liaigre ; **219 en bas** *Maison Française*/Jacques Dirand ; **220 en haut** Guy Bouchet ; **220 en bas** *World of Interiors*/Jacques Dirand ; **221** Jean-Paul Bonhommet ; **222** sir Terence Conran ; **224** Cinémathèque Française ; **225 en haut** Jean Mounicq/ANA/Agence John Hillelson ; **225 au centre** Jean Mounicq/ANA/Agence John Hillelson ; **225 en bas** Denis Hughes-Gilbey ; **226 à gauche** Derry Moore ; **226 droite** Ingalill Snitt ; **227 à gauche** Louis Tirilly/2e Bureau ; **227 à droite** François Halard ; **228** Agence Top ; **229 en haut, à gauche** Mansell Collection ; **229 en haut, au centre** Centre d'Enseignement et de Documentation du Costume ; **229 en haut, à droite** Christian Dior ; **229 au centre, à gauche** Christopher Moore ; **229 au centre** Christopher Moore ; **229 au centre, à droite** tiré de l'édition anglaise de *Vogue* © The Condé Nast Publications Ltd/Lothar Schmid ; **229 en bas** Christopher Moore ; **230-231** Guy Bouchet ; **232 en haut, à gauche** Guy Bouchet ; **232 en haut, à droite** Raymond de Seynes ; **232 au centre** Gilles de Chabaneix ; **232 en bas, à gauche** *La Maison de Marie-Claire*/Hussenot/Belmont ; **232 en bas, à droite** Antoine Rozès ; **233** Avec la permission de sir Terence Conran ; **234** Guy Bouchet ; **235 en haut, à gauche** Raymond de Seynes/Rapho ; **235 en haut, à droite** Raymond de Seynes ; **235 en bas, à gauche** Raymond de Seynes/Rapho ; **235 en bas, à droite** Raymond de Seynes ; **236 en haut, à gauche** Guy Bouchet ; **236 en haut, à droite** François Tetefolle/Explorer ; **236 au centre, à gauche** Serge Chirol ; **236 au centre, à droite** Gilles de Chabaneix ; **236 en bas, à gauche** Christian Sarramon ; **236 en bas, à droite** Martin Fraudreau/Agence Top ; **237** Tony Stone Worldwide ; **238 en haut** Agence Susan Griggs/Michael Boys ; **238 au centre** Dennis Stock/Magnum/Agence John Hillelson ; **238 en bas** Jean-Paul Dumontier ; **239** Guy Bouchet ; **240** Bibliothèque photographique Robert Harding/John G. Ross ; **241 en haut, à gauche** Jean-Paul Dumontier **241 en haut, à droite** Serge Chirol ; **241 centre** Christian Sarramon ; **241 en bas, à gauche** Roland Allard/VU ; **241 en bas, à droite** Wang Zhiping/ANA/Agence John Hillelson ; **242 en haut, à gauche** Musée de la Publicité — Paris ; **242 en haut centre** Michelin, France ; **242 en haut à droite** Musée de la Publicité — Paris (© ADAGP, Paris 1987) ; **242 au centre, à gauche** Musée de la Publicité — Paris ; **242 au centre** Musée de la Publicité — Paris (© ADAGP, Paris 1987) ; **242 au centre, à droite** Musée de la Publicité — Paris (© DACS, 1987) ; **242 en bas, à gauche** Musée de la Publicité — Paris ; **242 en bas, au centre** Musée de la Publicité — Paris (© ADAGP, Paris 1987) ; **242 en bas, à droite** Nicolas ; **243** Musée de la Publicité — Paris (© DACS, 1987) ; **244 en haut, à gauche** Au Printemps ; **244 en haut, à droite** Perrier ; **244 en bas, à gauche** Publicis Conseil, Paris ; **244 en bas, à droite** BSN/Branche Biscuits ; **245 en haut** Musée de la Publicité — Paris ; **245 en bas** Référence Saatchi Saatchi Compton ; **246 en haut** Archives Retrograph, Londres ; **246 en bas** Philippe Perdereau ; **246-247** BSN/Branche Biscuits ; **248-251** Terry McCormick/Conran Octopus.

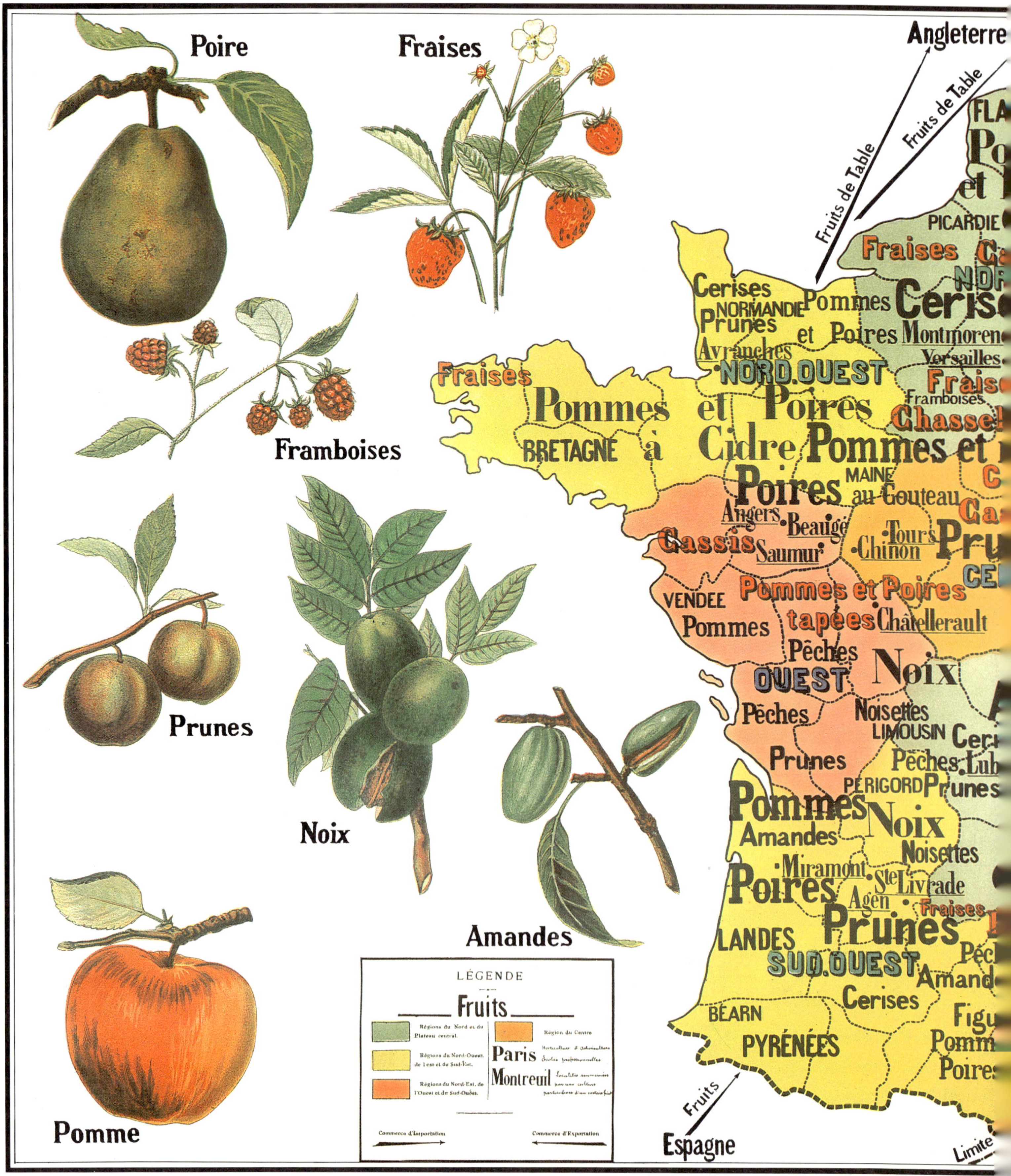
Poire
Fraises
Framboises
Prunes
Noix
Amandes
Pomme
LÉGENDE
Fruits
Régions du Nord et du Plateau central.
Régions du Nord-Ouest, de l'est et du Sud-Est.
Régions du Nord-Est, de l'Ouest et du Sud-Ouest.
Région du Centre
Paris
Montreuil
Commerce d'Importation
Commerce d'Exportation
Angleterre
Fruits de Table
Fruits de Table
Espagne
Fruits
Limite
FLA
PICARDIE
Fraises
NORD
Cerises
NORMANDIE
Prunes
Pommes
et Poires
Montmorenc
Avranches
NORD.OUEST
Versailles
Fraises
Framboises
Chasse
Pommes et Poires à Cidre
BRETAGNE
Pommes et
Poires
MAINE
au Gouteau
Angers
Beaugé
Gassis
Saumur
Chinon
Tours
CE
VENDEE
Pommes et Poires tapées
Châtellerault
Pommes
Pêches
OUEST
Noix
Pêches
Noisettes
LIMOUSIN
Prunes
Pêches
PERIGORD
Prunes
Pommes
Noix
Amandes
Noisettes
Miramont
Poires
Ste Livrade
Agen
Fraises
Prunes
LANDES
SUD.OUEST
Amand
Cerises
BEARN
PYRÉNÉES
Figu
Pomm
Poires